“十四五”时期国家民文出版项目库项目
民族文字出版专项资金资助项目

云南少数民族
红色故事

[illegible]

[illegible]

（汉语－西傣语版）

汉语主编◎杜娟
西傣语翻译◎玉万

云南人民出版社

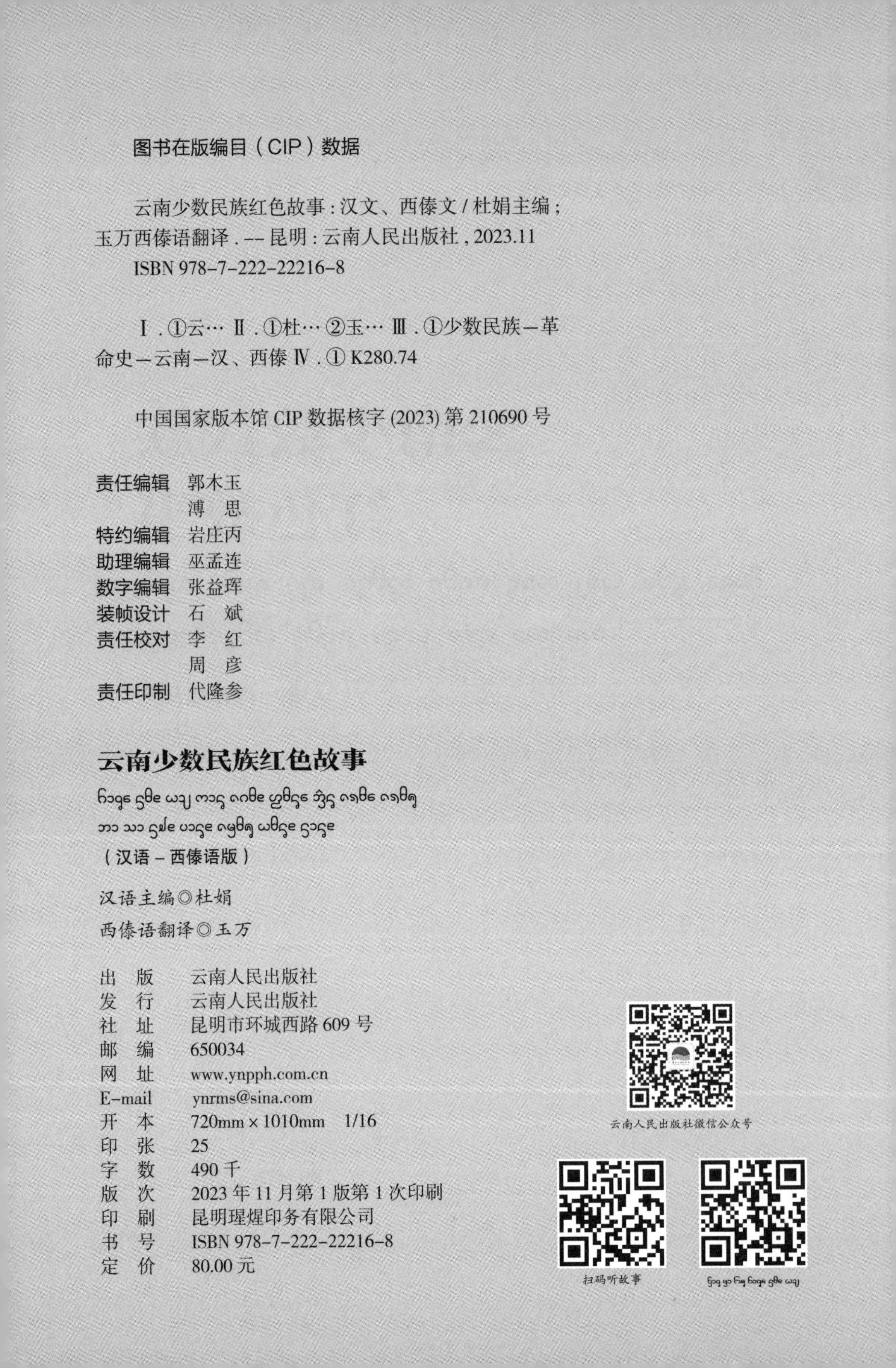

图书在版编目（CIP）数据

云南少数民族红色故事：汉文、西傣文 / 杜娟主编；玉万西傣语翻译 . -- 昆明：云南人民出版社，2023.11

ISBN 978-7-222-22216-8

Ⅰ . ①云… Ⅱ . ①杜… ②玉… Ⅲ . ①少数民族－革命史－云南－汉、西傣 Ⅳ . ① K280.74

中国国家版本馆 CIP 数据核字 (2023) 第 210690 号

责任编辑　郭木玉
　　　　　溥　思
特约编辑　岩庄丙
助理编辑　巫孟连
数字编辑　张益珲
装帧设计　石　斌
责任校对　李　红
　　　　　周　彦
责任印制　代隆参

云南少数民族红色故事

[illegible]
[illegible]

（汉语－西傣语版）

汉语主编◎杜娟
西傣语翻译◎玉万

出　版　云南人民出版社
发　行　云南人民出版社
社　址　昆明市环城西路 609 号
邮　编　650034
网　址　www.ynpph.com.cn
E-mail　ynrms@sina.com
开　本　720mm × 1010mm　1/16
印　张　25
字　数　490 千
版　次　2023 年 11 月第 1 版第 1 次印刷
印　刷　昆明瑆煋印务有限公司
书　号　ISBN 978-7-222-22216-8
定　价　80.00 元

云南人民出版社微信公众号

扫码听故事

[illegible]

序

红色文化是一种重要资源，它具有历史印证价值、文明传承价值和政治教育价值，深入发掘红色文化，是培育新的民族精神的现实需要。在中国，红色文化源于五四运动。红色文化有广义和狭义之分，广义的红色文化是指世界社会主义和共产主义运动整个历史过程中形成的人类进步文明的总和，包括物质、精神和制度三方面；狭义的红色文化是指在马克思主义理论指导下，中国共产党领导各族人民在新民主主义革命、社会主义革命及建设、改革的实践中共同创造出来的各种物质和精神财富的总和。[①]红色文化生动体现了中国共产党为中国人民谋幸福、为中华民族谋复兴的光辉历程，深刻阐释了中国特色社会主义与今天的美好生活由何而来。

2020年1月19—21日，习近平总书记考察云南时强调，“云南有光荣的革命传统，有很多感人肺腑的动人故事。要把这些故事作为‘不忘初心、牢记使命’教育的生动教材，引导广大党员、干部不断检视初心、滋养初心，不断锤炼忠诚干净

①渠长根主编：《红色文化概论》，红旗出版社2017年版，第1页。

担当的政治品格”[①]。如何创新性发展、创造性转化云南红色文化资源，我们肩负责任。

本书以汉语、少数民族语言文字（西傣语）相对照的方式记录了1921年以来在中国共产党领导下，云南各族人民在浴血奋战百折不挠的新民主主义革命时期、自力更生发愤图强的社会主义革命和建设时期、解放思想锐意进取的改革开放时期以及自信自强守正创新的新时代中国特色社会主义时期，锤炼出的饱含“坚持真理、坚守理想，践行初心、担当使命，不怕牺牲、英勇斗争，对党忠诚、不负人民”的伟大建党精神，彰显鲜明政治品格和时代足迹的红色故事。我们要继续弘扬光荣传统、赓续红色血脉，永远把伟大建党精神继承下去，发扬光大。

本书数十个故事始终贯穿一条主旋律——党的光辉照边疆，边疆人民心向党。100多年来，中共云南地方党组织认真落实党中央的决策和部署，结合云南实际宣传发动群众，逐步缩小云南与内地的差距，赶上全国发展的步伐，和全国人民一道全面建成小康社会，为中国、世界减贫事业做出了重大贡

①《习近平总书记在云南看望慰问各族干部群众》，《云南日报》2020年1月22日，第2版。

献；100多年来，云南各族人民追求光明和进步，积极投身革命和建设、中国特色社会主义事业，涌现出了一批在全国有影响的人物，诸如周保中、罗炳辉、高德荣、张桂梅、朱有勇等英雄模范；100多年来，云南各族人民团结互助，共同进步，像石榴籽一样紧紧抱在一起，人在边疆，心向北京，爱国主义、集体主义、社会主义教育深入人心，《苗夷三字经》、"兴盛番族"锦幛、民族团结誓词碑、山间铃响马帮来、宾弄赛嗨、《五朵金花》家喻户晓，《阿佤人民唱新歌》香飘万里，传唱至今……

我们坚信，100多年来云岭大地积淀的红色文化一定会成为今天云南各族人民迈上全面建设社会主义现代化国家新征程的思想保证、精神动力和情感接续。

2022年10月

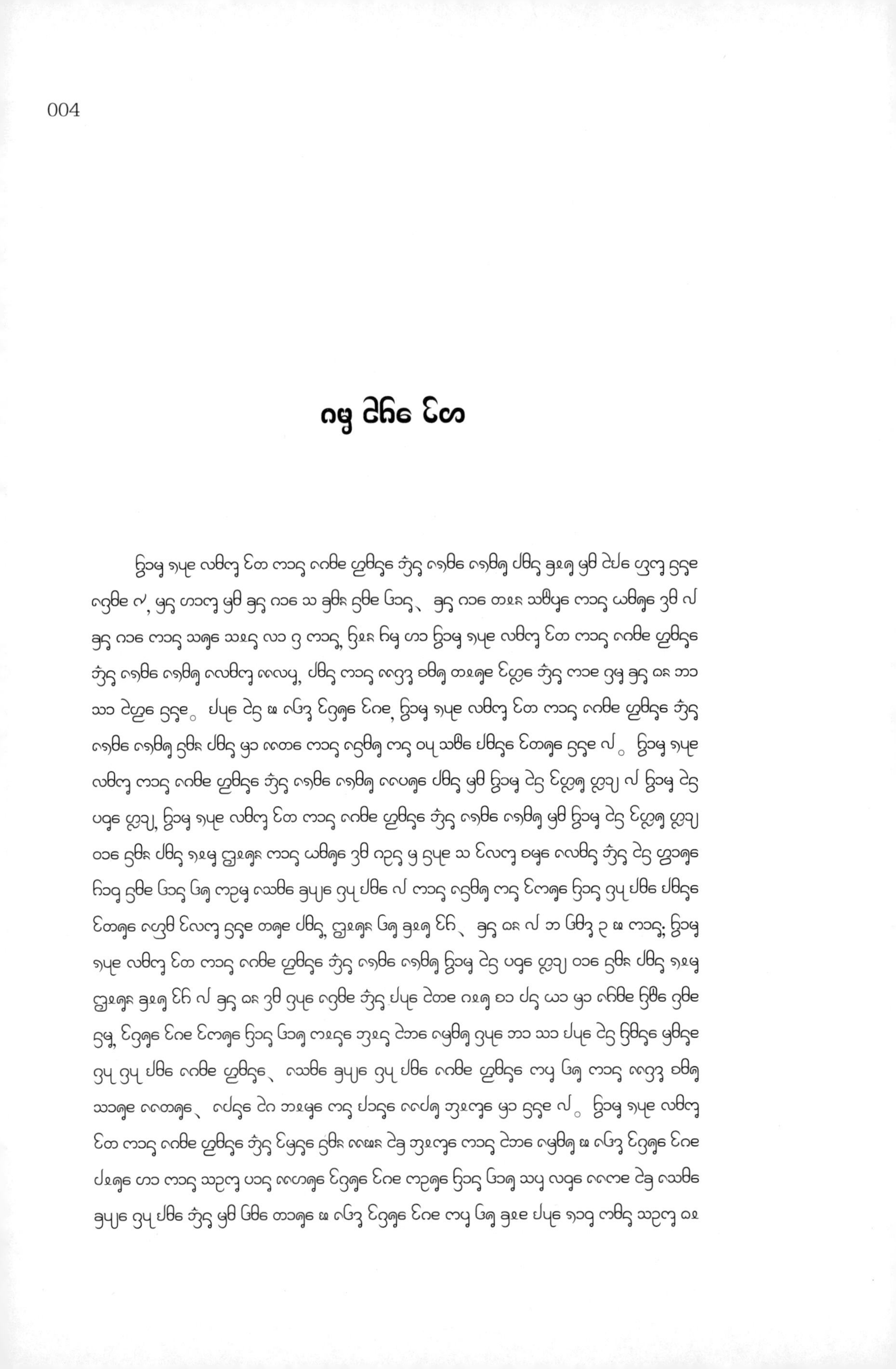

[illegible]

[illegible]

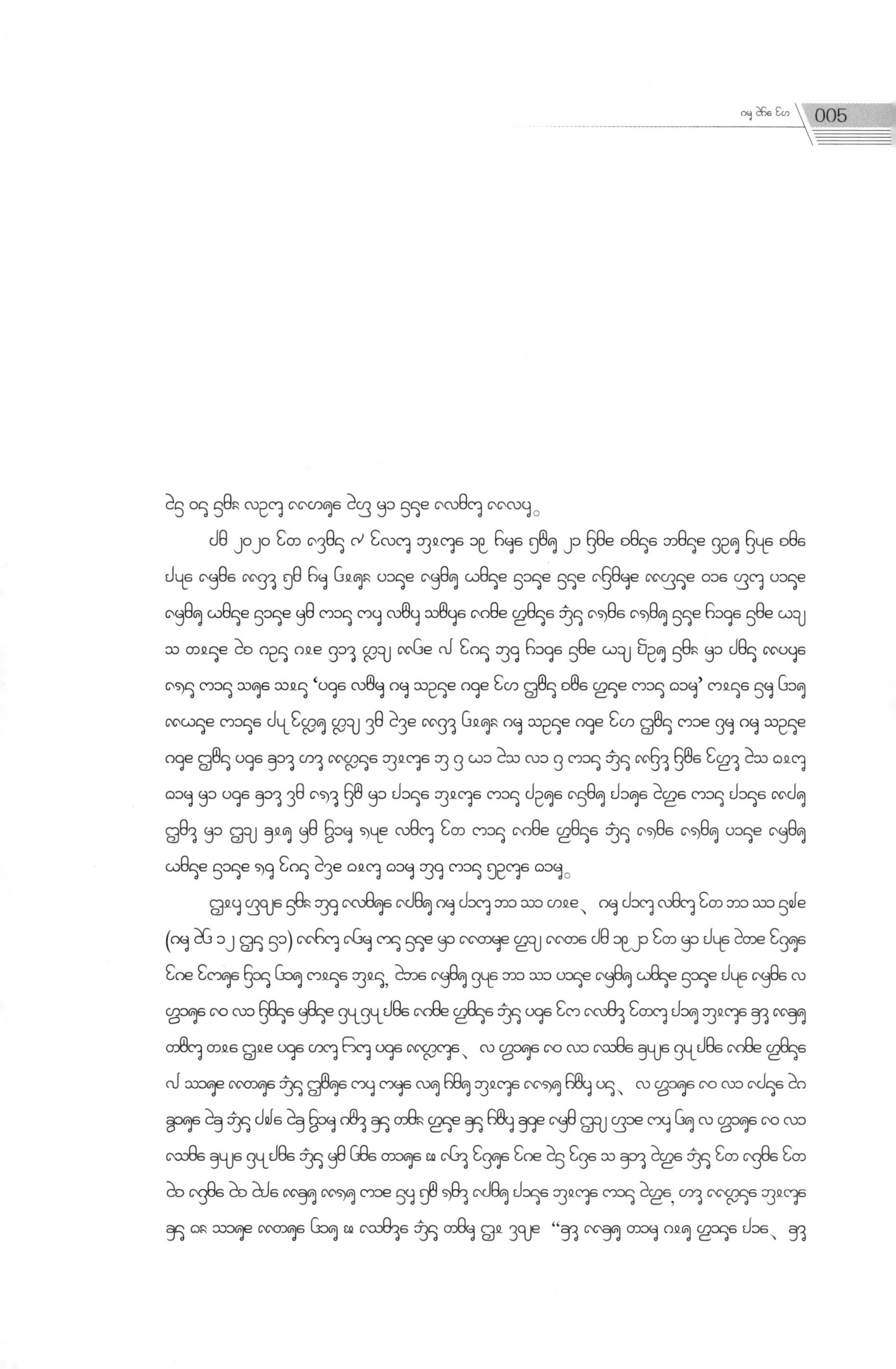

[illegible]

[illegible]

[illegible]

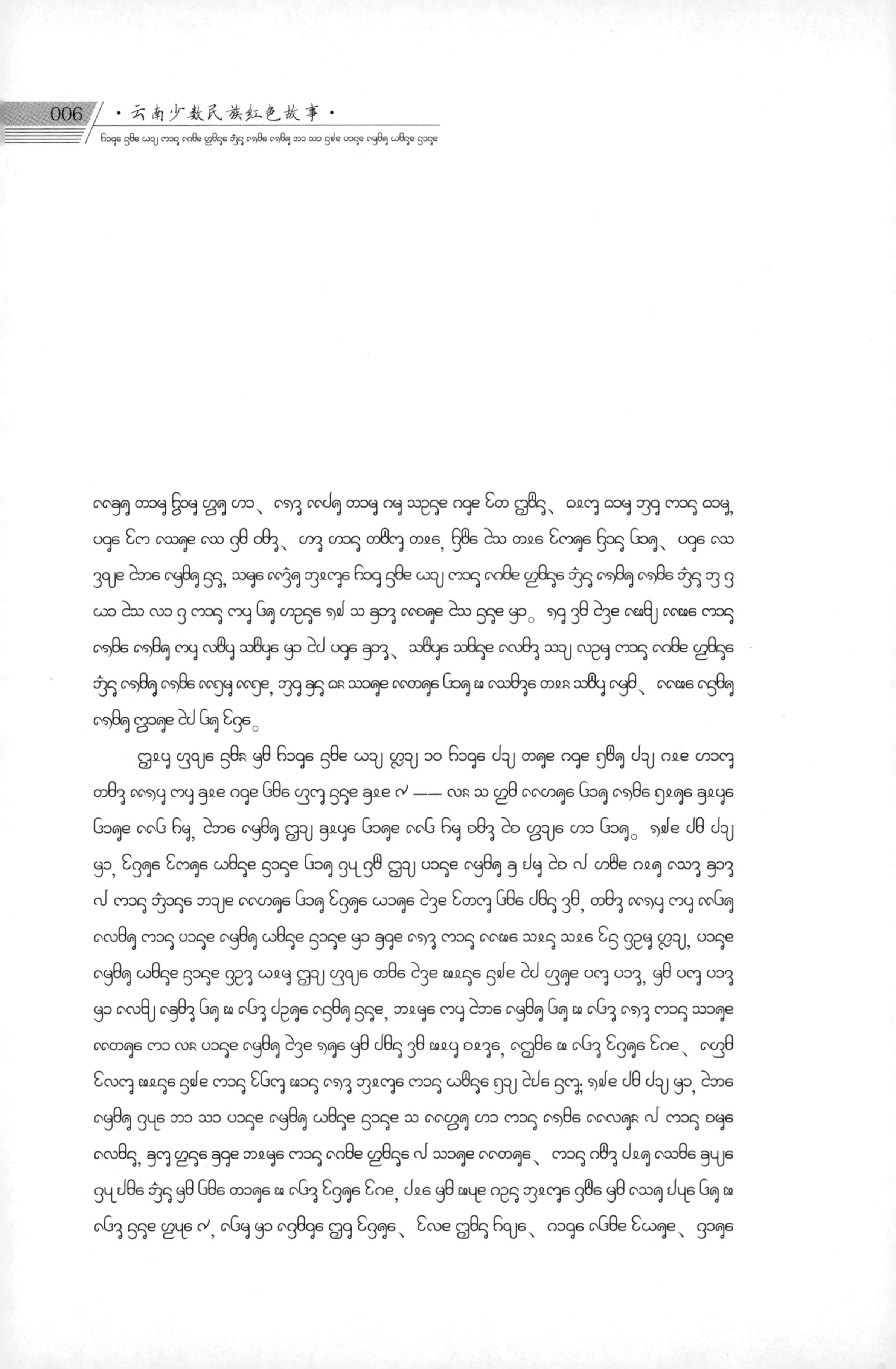

[illegible]

[illegible]

ᦅᦴᧃ ᦵᦙᦲᧂ、ᦓᦴᧃ ᦵᦍᦲᧈ ᦈᦍᦲᧉ ᦊᦸᧈ ᦔᦲᧃ ᦵᦔᦲᧉ ᦶᦔᦱᧃ ᦞᦴᧂ ᦠᦱᧃ ᦠᦱᧃ ᦈᦙᦲᧂ ᦊᦱᧃ; ᦶᦗᦲ ᦔᦲ ᦔᦲ ᦙᦱ, ᦂᦱᧃ ᦵᦙᦲᧉ ᦓᦴᧃ ᦑᦱ ᦉᦱ ᦗᦱᧃ ᦵᦙᦲᧉ ᦍᦲᧃ ᦓᦱᧃ ᦓᦱᧃ ᦑᦱ ᦓᦲᧉ ᦵᦑᦲᧃ ᦓᦲᧃ ᦅᦱᧃ, ᦗᦲᧃ ᦵᦟᦲᧃ ᦠᦲᧂ ᦅᦱᧃ, ᦵᦠᦲᧃ ᦓᦲᧃ ᦠᦴᧃ ᦠᦱᧈ ᦂᦲᧂ ᦵᦂᦲᧉ ᦈᦲᧃ ᦑᦲᧈ ᦅᦱᧃ, ᦂᦱᧃ ᦔᦴᧃ ᦑᦴ ᦈᦴᧃ ᦂᦲᧂ ᦵᦂᦲ ᦂᦲᧈ, ᦂᦱ ᦠᦴᧃ ᦠᦱ ᦵᦂᦲᧉ ᦵᦑᦲᧂ ᦓᦲᧃ, ᦅᦱᧃ ᦉᦲᧃ ᦉᦲᧃ ᦔᦱ ᦍᦱ ᦓᦲᧈ ᦞ ᦵᦂᦲ、ᦔᦱ ᦍᦱ ᦠᦴᧃ ᦓᦲᧈ、ᦵᦉᦲᧃ ᦈᦴᧃ ᦓᦴ ᦔᦲᧃ ᦈᦲᧂ ᦵᦓᦲᧃ ᦂᦱ ᦂᦱᧃ ᦵᦟᦲᧈ ᦵᦟᦲᧈ, 《ᦂᦲᧈ ᦉᦱᦙᦲ ᦈᦲᧂ ᦑᦱ ᦉᦱ ᦵᦙᦲᧂ ᦍᦲᧂ》、“ᦑᦱ ᦉᦱ ᦑᦱᧃ ᦵᦂᦲᧃ ᦑᦲᧈ ᦅᦱᧃ ᦓᦲ” ᦂᦲᧃ ᦈᦲᧃ、ᦈᦱ ᦵᦟᦲᧈ ᦂᦲᧈ ᦔ ᦑᦲᧃ ᦍᦱᧃ ᦑᦱ ᦉᦱ ᦑᦱᧃ ᦞ ᦓᦲᧉ ᦅᦱᧃ、ᦂᦱᧉ ᦓᦲᧂ ᦓᦲ ᦂᦲᧃ ᦙᦲ ᦵᦉᦲᧉ ᦗᦲᧉ ᦙᦱᧂ ᦵᦟᦲᧃ、ᦉᦲᧃ ᦓᦲᧂ ᦉ ᦉᦲᧂ、《ᦓᦲᧈ ᦂᦲᧂ ᦓᦲᧃ ᦂᦱᧃ ᦓᦲᧈ》ᦂᦲ ᦈᦲᧂ ᦓᦴᧃ ᦈᦲᧃ ᦈᦲᧃ ᦓᦴᧃ ᦠᦴ, 《ᦂᦱᧃ ᦵᦙᦲᧉ ᦑᦱ ᦉᦱ ᦞᦱ ᦈᦴ ᦂᦲᧈ ᦈᦴ ᦂᦲᧃ》ᦂᦲᧈ ᦵᦂᦲᧃ ᦓᦲᧉ ᦠᦲᧃ ᦈᦍᦲᧈ ᦑᦲᧃ ᦠᦲᧈ, ᦈᦴ ᦵᦂᦲᧃ ᦙᦱ ᦓᦲᧉ ᦗᦲᧈ ᦵᦓᦲᧃ ᦓᦲᧂ。

ᦓᦲᧈ ᦠᦱᦂᦲᧈ ᦔᦴᧃ ᦵᦓᦲᧃ, ᦶᦗᦲ ᦔᦲ ᦔᦲ ᦙᦱ, ᦠᦲᧉ ᦓᦲᧃ ᦗᦱᧃ ᦵᦙᦲᧉ ᦍᦲᧃ ᦓᦱᧃ ᦅᦲᧃ ᦓᦲᧈ ᦓᦴᧂ ᦂᦱᦙᦲ ᦓᦴᧂ ᦟᦲᧈ ᦈᦱ ᦅᦱᧃ ᦂᦲᦙᦲ ᦠᦲᧃ ᦓᦲᧃ ᦓᦲᧃ ᦵᦓᦲᧉ ᦵᦂᦲᧃ ᦈᦲᧈ ᦈᦟᦲ ᦅᦱ ᦔᦲᧃ ᦂᦱᦙᦲ ᦂᦲᦓᦲ ᦓᦱ ᦙᦲ ᦈᦱᦙᦲ、ᦅᦲᧃ ᦟᦲᧉ ᦓᦴᧃ ᦍᦴᧂ ᦈᦲᧃ ᦞᦲ ᦟ ᦂᦱᦙᦲ ᦓᦲᧈ ᦑᦲᧃ ᦂᦲ ᦵᦓᦲᧉ ᦓᦲᧃ ᦞᦲᧃ ᦓᦲᧃ ᦂᦱᧃ ᦵᦙᦲᧉ ᦓᦴᧃ ᦑᦱ ᦉᦱ ᦗᦱᧃ ᦵᦙᦲᧉ ᦍᦲᧃ ᦓᦱᧃ ᦍᦱᦙᦲ ᦈᦲᧂ ᦠᦱ ᦂᦲᧈ ᦂᦱᧉ ᦂᦲᧃ ᦅᦱᧃ ᦉᦲᧂ ᦵᦑᦲᧃ ᦞ ᦵᦂᦲ ᦵᦉᦲᧃ ᦈᦴᧃ ᦓᦴ ᦔᦲᧃ ᦈᦲᧃ ᦗᦲᧈ ᦵᦓᦲᧃ ᦉᦲᧂ ᦂᦲᧈ ᦈᦲᧃ ᦓᦲᧂ。

ᦔᦲ ᧒᧐᧒᧒ ᦈᦲ ᦵᦓᦲᧃ ᧑᧐ ᦈᦲᧃ

目 录

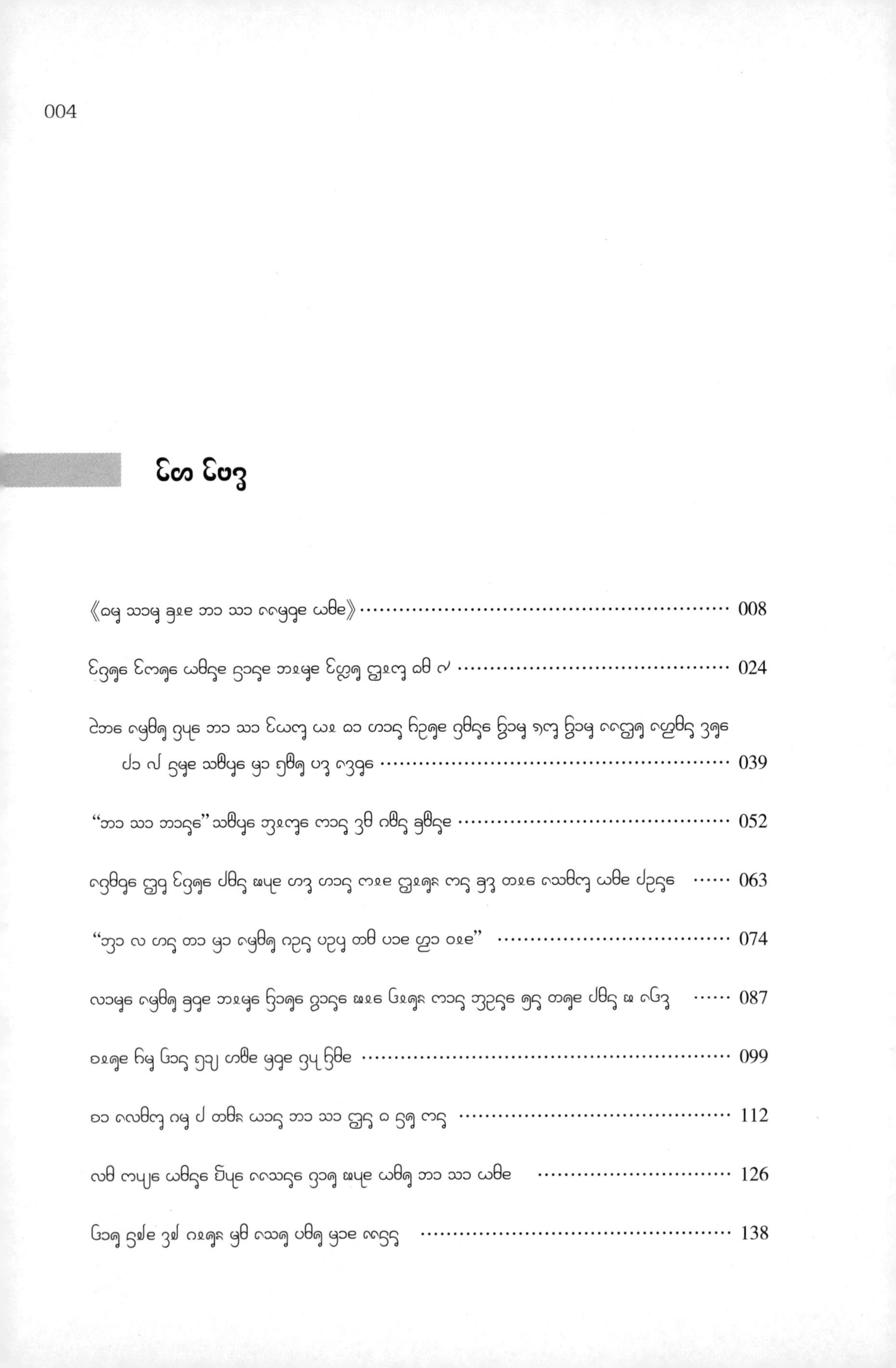

[illegible]

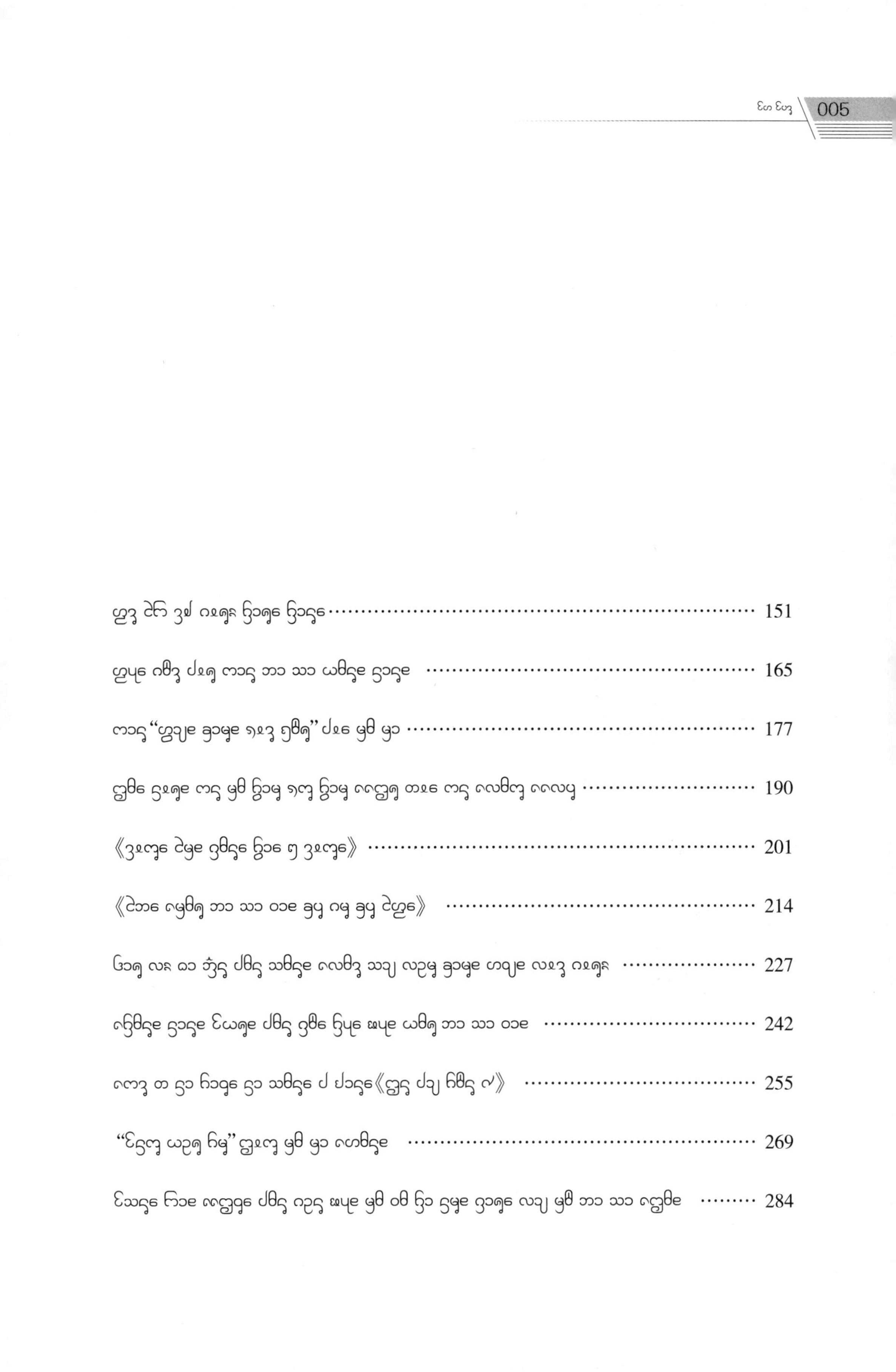

《苗夷三字经》

1966年，家住文山小塘子村的陶正福从房梁上找出了一个粘满层层污垢的麻布包裹，里面装有几本有些发黄、残破的书稿，封面上还依稀可见“苗夷三字经”几个大字。他小心地将纸页粘合整理，将其中最完整的一份作为文物捐赠给文山州政府。

这份残破的书稿乃是20世纪20年代在滇南少数民族地区广为流传的《苗夷三字经》原件。这部被简称为《夷经》的小册子，是土地革命战争时期由中国共产党员王德三写就的少数民族群众宣传动员书，曾在云南的少数民族动员中发挥了重要作用。

复杂的局势

1927年的4月、7月，蒋介石、汪精卫相继在上海、武汉发动反革命政变，在各地搜寻并屠杀共产党员，全国陷入血海横溢的白色恐怖中。8月7日，中国共产党在汉口召开紧急会议，以毛泽东为代表的共产党人一致认为，政权是从枪杆子中取得的，提出共产党人要把工作重心转移到广大的农村，唤醒民众，开展土地革命，实行武装暴动。12月，在八七会议精神指导下，中共云南特委扩大会议选举产生了第一届中共云南临时省委，王德三担任书记，提出“以农运为中心”以“武装贫农”的口号，开始组织将革命工作转到滇越铁路沿线、矿山及全省山区农村和少数民族聚居区。

1928年后，面对日益严峻的追捕形势，大量共产党人按组织安排进入蒙自、文山一带的农村。当时的滇南地区情况复杂，汉族与少数民族交错杂居，许多村庄隐藏在山高路险的深山密林中，地主恶霸在乡里横行，大多数贫苦的少数民族和汉族农民都受到他们的欺压，而长期的民族压迫已使少数民族与汉族之间产生了严重的隔阂。

作为生于斯、长于斯的云南人，王德三对云南多民族聚居的省情有着清晰的认识，他深知要想发动土地革命，就必须首先解决好云南的民族问题才行。在滇南进行大量走访调查后，王德三目睹了许多少数民族群众被当作农奴，遭受着汉族地主或是官家残酷的剥削，但同时，他也观察到了少数民族的内在张力，作为文化上的少数群体，少数民族群众更易团结，更具反抗的凝聚力和爆发力。此时的王德三开始萌生利用宣传手段作为突破口，结合马克思主义理论引导少数民族走上正确革命道路的想法。

1928年秋，正在案头工作的王德三突然得知了一个噩耗，中共滇南区委的重要干部之一、自己的同志黄明俊在进行少数民族土匪改造工作时牺牲了。黄明俊此前打入一支土匪队伍内部，宣传共产主义理想，试图将这支队伍改造成为共产党领导的武装力量，但由于不同民族间长期的不信任，他被土匪当作奸细捆绑，投下了万丈深渊。得知这一消息后，王德三痛彻心扉，他决心先从思想改造入手，让各族群众放下民族间的隔阂与偏见，团结对付共同的阶级敌人。

王德三开始加快自己手头宣传文稿的撰写工作，在分析、总结了众多调查材料后，他决定用当时最为流行的说唱小调的方式，结合少数民族地区的民间谚语，用大众听得懂的语言进行宣传。经过他的不懈努力，这部充满了乡土气息与民族特色的《夷经》在1929年终于付梓成册。

“马克思主义大众化的杰作”

《夷经》全文共分为5个部分，分别从“汉人压制夷亲情形”“田主压小家”“苗亲夷亲怎个才有好日子过”“做些哪样”“怎个做法”5个方面，将中国共产党的民族团结政策、土地革命政策以及奋斗蓝图通俗地表达了出来。

《夷经》开篇，王德三以歌谣的形式娓娓道来：

众苗亲，众夷亲，

仔细听，从头一二记在心：

从盘古，到如今，

夷亲苦处数不清。

……

而后，他从“阶级兄弟”的视角出发，真挚描绘了少数民族数千年来的受难史，描述了上千年来少数民族在政治与文化上所遭受的汉人地主阶级的压迫。

政治上：

汉族人，在中国，有钱有势了不得。

霸官场，做皇帝，拿着夷亲来出气。

文化上：

不准夷亲考功名，读书做官更不行，

骂人就把苗子叫，普拉倮倮糟踏饱……

面对这些压迫，虽然众多少数民族同胞也偶有反抗，但因缺乏正确理论与共同信念的指引，又没有团结下层贫困汉人一起斗争，始终不能获得完全胜利，王德三写道：

红白旗，大造反，苗亲夷亲一概反。

可惜无人来领路，头子不把众人顾。

……

汉族穷人也不管，夷杀汉来胡乱干。

十八年，势力大，终着官场平压下。

苗亲夷亲屡次反，官场又把花样翻……

而后，他又描述了汉人地主进入云南后对少数民族的压迫，他们利用权势和武力，兼并土地，鱼肉乡里，使少数民族落得个“普拉无树桩，苗子无地方”的下场，只能为汉人地主当佃当奴：

……官场他们有势力。

苗夷撵到荒山箐，开挖打埂费苦辛。

手抹犁花山里边，脸朝黄土背朝天。

……

打酒记账，豆腐记账，谷租银利算黑账。

利上加利滚田地，上租当佃受恶气。

……

还有那横强霸道，怪打主意把田地号。

苗子号田草圈记，普拉号田木桩记，

汉人私下写纸契，野火烧山一遍（片）光……

到头来，普拉无树桩，苗子无地方。

……

夷亲田地哪里去，汉人盘算霸占去。

这盘账，怎样算，苗亲夷亲想一转。

在揭示了少数民族群众生活残酷的历史缘由后，王德三将土地革命政策与少数民族的特殊性结合起来，号召大家抛弃旧习，反对官场和田主，为追求政治、文化上的平等奋起反抗：

佃反主，佃反主，夷亲大家争田土。

官杀官，府杀府，小家起来杀田主。

有钱汉人霸官府，田主财主吃够数。

夷亲要想吃饱饭，各种各吃不上租。

第二不受汉人欺，夷汉平等一样齐。

公事官场大家管，人不压人事好办。

第三夷亲得读书，读书做事把头出。

此外，王德三还在《夷经》中提出了与工农兵联合、“反官场田主”的方法，为少数民族实现平等团结指明了出路：

官场、田主是汉人，汉人还有工农兵。

工农兵士一样苦，一样反对官场杀田主。

夷反汉，单反官场、田主事好办。

工农兵，不分夷汉一条心，

一条心，仇敌朋友要认清。

随后，他描绘了土地革命后建立工农兵政府、各民族平等团结的社会图景：

工农兵，一条心，土地革命世界新。

推翻军阀，消灭田主，夷汉平等同办工农兵政府。

拿得官场权势，做了新的主子。

工农兵，代表会，又将田地来分配。

贫农兵士把田分，田主田地分来耕。

不上租息，有钱不准买田地，不上钱粮和赋税。

累进税只一类，钱多多出，穷人享福。

军阀田主都推倒，夷汉穷人大家好。

夷亲革命佃反主……大家出头过日子。

……

工农兵，代表会，夷汉平等大家推。

夷亲高山受寒苦，代表政府特别去招呼；

用钱财，来帮助，垦殖教育样样顾。

栽树林，开田地，田地不够别处去。

办教育，把书读，夷亲自己造字读。

中国统一又太平，天下主子工农兵。

夷汉扯平天下平，天下太平人心平。

最后，他将主体升华到中国革命的目标——“武装暴动，夺取政权”，并指出想要革命成功就必须要团结跟共产党走：

革命！革命！受压阶级转时运。

革命原要大家做，过桥过河自己过。

党上领路跟着走，想望成功要争斗。

第一明白亏苦处，自己怎样受挖苦。

……

大家联合大家干，只有团结是力量。

麻线织布缝衣裳，草凑一处盖成房。

……

田主挖苦齐反对，估租估捐又估税。

明干不成先暗干，鏖了田主制枪弹。

臭狗跑狗是农贼，或打或杀齐消灭。

陆续干，陆续壮，势力养大事好办。

时候一到，大家叫“一”：

工农兵士一齐起，

武装暴动，敌人消灭才中用。

军阀官场概推翻，豪绅田主尽杀完。

代表会，细把田地来分配。

世道从此得太平，夷汉从此扯得平。

发表《夷经》时，王德三以“齐人”署名，寓意“天生人来一样齐”。正是秉持民族平等的原则、完全站在少数民族群众的立场上，王德三才能做到既照顾下层民众的心理需求，又将之与共产党的土地政策结合起来，完成这样一部“马克思主义大众化的杰作”。

《夷经》的流传与再现

《夷经》成稿后，这部亦说亦唱、亦文亦诗的宣传作品立即被中共地下党刊物《日光》《赤光》刊用，并得到其他革命同志的认同。作品对少数民族革命斗争历史、政策、方法、纲领的阐释，标志着中共云南党组织在革命斗争思想上的成熟。

彼时在蒙自负责组织工作的马逸飞看到文稿后，立即开始准备刻印散发，以唤醒少数民族群众的斗争意识，让他们发自内心地拥护中国共产党。马逸飞和郑易里同志躲在小东山苗族王大妈的家中，马逸飞亲自刻写，郑易里印刷，第一批《夷经》小册子就此传播到各族群众中，开始被广泛阅读、传唱。随着印刷量的增加，《夷经》与中国共产党的地方组织一起延伸到了滇南大大小小的村落。在小塘子村组织工作的中共地下党员张乃猷从邻村查尼皮得到了一批刻印好的《夷经》，将之带回小塘子村，利用其在村中秘密宣讲开展土地革命工作。他将小册子发到可靠人手中，让他们在田间或赶街时多与熟人讨论、背诵。一传十，十传百，书中的内容立即在少数民族群众中流传开来。在无数与张乃猷一样的共产党员的努力下，滇南各地的少数民族群众都开始传唱这首明快激昂的歌谣，《夷经》一度被他们称为自己的“经书”，民族平等思想开始渗透到各族群众心中，大有方兴未艾之势。

各地的民族动员与宣传运动很快引起了国民党当局的警觉，他们与云南地方军阀联手，决定不惜一切手段捣毁中共在云南的地方组织。一时间多名共产党员被捕，甚至连《夷经》的作者、时任中共云南省委领导的王德三也英勇就义。面对此危急形势，身处小塘子村的张乃猷与其他共产党员不得不暂时撤离，情急之下，他把剩下的几本《夷经》交给了自己最信任的学生陶正福，嘱托他小心保管。几十年后，已是知命之年的陶正福终于等到了将之公之于众的契机，这本带有传奇色彩、象征着早期中国共产党民族平等蓝图的小册子才得以重见天日。

由于早期革命力量的脆弱性，再加上作者王德三的离世和少数民族地区中共党组织的转移，《夷经》仿佛结束了自己的历史使命，随着岁月淡淡逝去。然而，《夷经》中所包含的早期中共党员实事求是的思想、民族平等的精神以及为共产主义理想奋斗终身的誓言，在每一个为其感动、受其影响的后人心中重生。

时移世易，如今云南各地的少数民族早已迎来真正的解放，而凝聚着早期共产党人心血、寄托着他们民族平等愿望的《夷经》原稿重见于世，也让我们得以借此缅怀当时为了祖国与民族解放事业奋斗的革命志士。

参考资料

[1] 中共云南省委党史资料征集委员会：《王德三遗文选编》，云南民族出版社1987年版。

[2] 中共云南省委党史资料征集委员会：《云南地下党早期革命活动》，云南民族出版社1989年版。

[3] 中共云南省委党史研究室、中共云南省委民族工作部、云南省民族事务委员会编：《新民主主义革命时期党在云南的少数民族工作》，云南民族出版社1994年版。

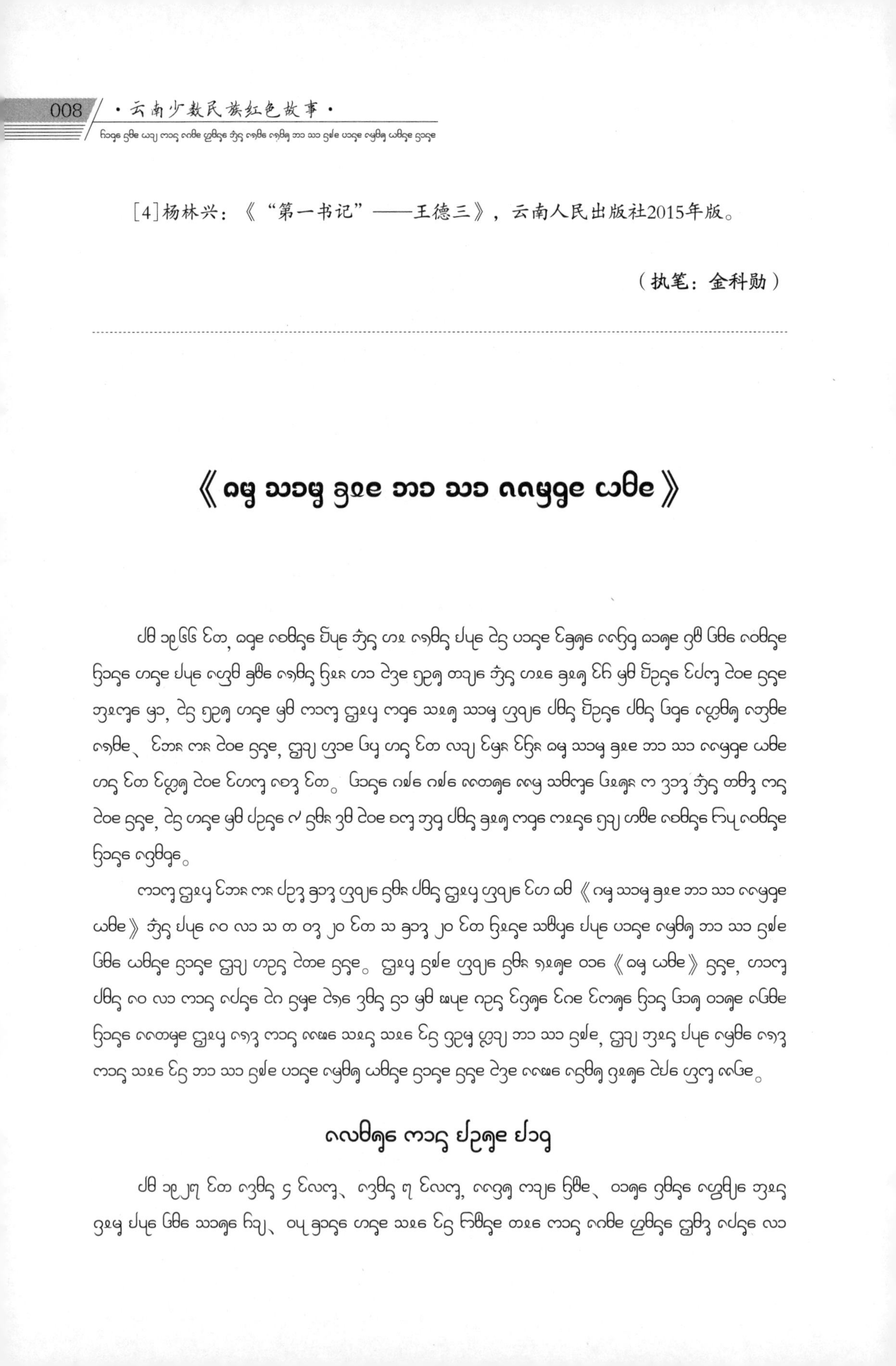

[4]杨林兴：《“第一书记”——王德三》，云南人民出版社2015年版。

（执笔：金科勋）

《[illegible]》

[illegible]

[illegible]

[illegible]

[illegible]

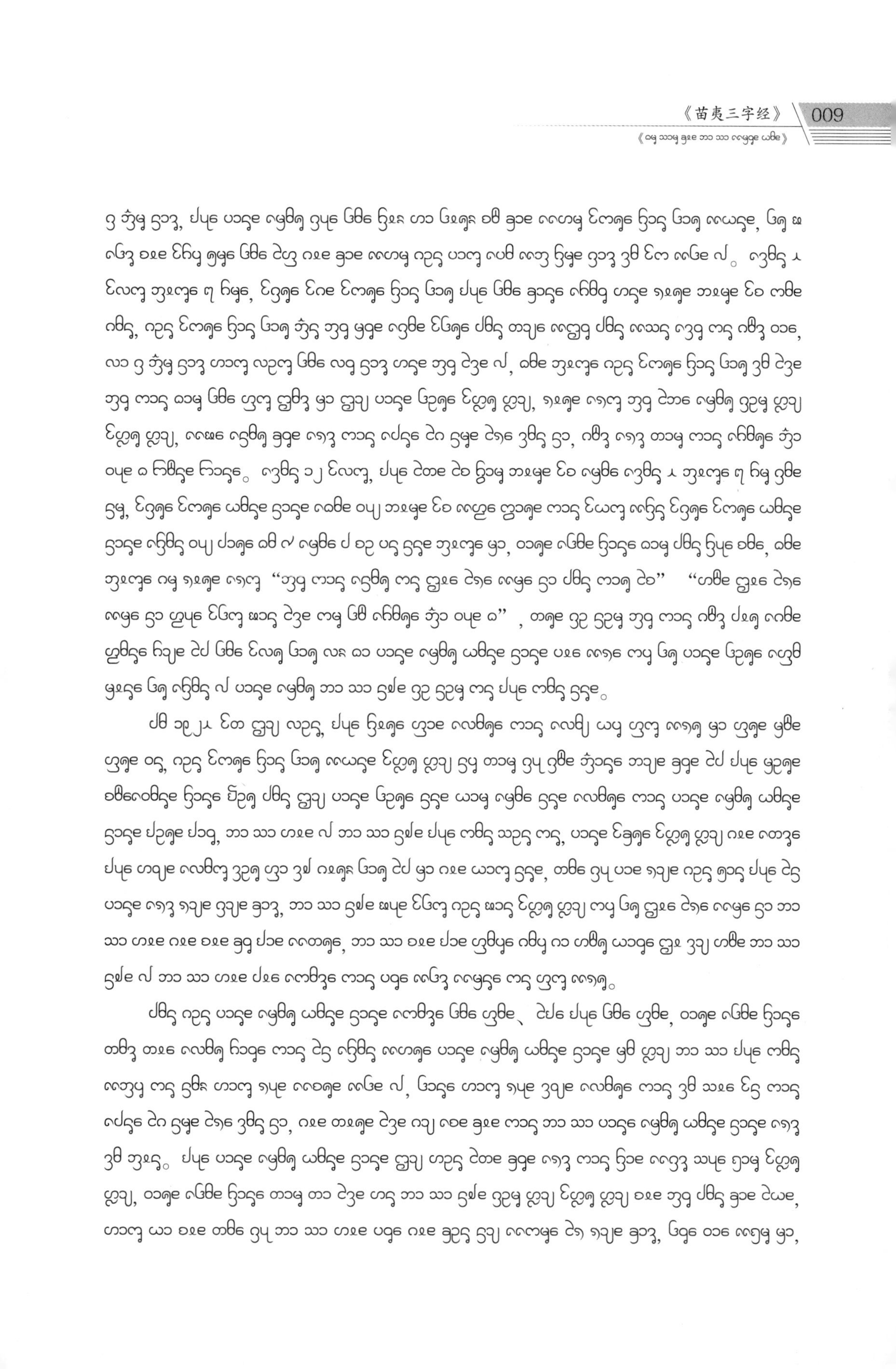

[illegible]

[illegible]

[illegible]

ᦢᦱᧃ ᦂᦲᧃ ᦷᦑᦶ ᦵᦞᦲᧂ ᦢᦲᧃ ᦵᦟᦲᧂ ᦅᦱᧄ ᦅᦱᧂ ᦘᦱ ᦉᦱ ᦺᦑ ᦓᦱᧂ ᦡᦳᧃ, ᦠᦱᧂ ᦞᦱᧃ ᦔᦲᧂ ᦷᦑᦱᧄ ᦊᦳᧃ ᦟᦲᧅ ᦀᦎ ᦍᦱᧃ ᦺᦑ ᦠᦳᧃ ᦵᦑᦳᧄ ᦺᦑ ᦓᦲᧈ, ᦵᦑᦳᧄ ᦠᦱ ᦘᦱ ᦉᦱ ᦺᦑ ᦵᦂᦲᧂ ᦓᦲ ᦺᦎ ᦺᦑ ᦞ ᦓᦲ ᦅᦱᧂ, ᦵᦂᦲᧂ ᦙᦲ ᦅᦱᧃ ᦟᦲ ᦈᦲᧂ ᦎᦲᧄ ᦅᦱᧂ ᦵᦍᦲ ᦅᦱᧂ ᦎᦲᧅ ᦎᦲᧃ ᦅᦱ ᦢᦲ ᦔᦲ ᦵᦅᦲᧃ ᦅᦱᧃ ᦟᦲ. ᦵᦠᦲᧃ ᦓᦲᧃ ᦞᦱᧂ ᦵᦢᦲ ᦷᦑᦱᧃ ᦎᦱᧂ ᦡᦲᧃ ᦘᦲᧅ ᦷᦑᦱᧄ ᦂᦲ ᦺᦎ ᦵᦍᦲ ᦘᦲ ᦅᦱᧂ ᦵᦈᦲᧃ ᦉᦲᧂ ᦙᦱ ᦔᦲᧂ ᦢᦲᧃ ᦠᦲᧅ ᦑᦲᧂ ᦔᦲ ᦵᦎᦲᧃ, ᦎᦲᧄ ᦑᦱᧄ ᦅᦱ ᦂᦲᧂ ᦈᦱ ᦔᦲᧂ ᦍᦱ ᦙᦱ ᦵᦂᦲ ᦓᦲᧃ ᦅᦲᧃ ᦓᦲ ᦘᦱ ᦉᦱ ᦺᦑ ᦵᦢᦲ ᦈᦲᧂ ᦠᦲᧂ ᦢᦱᧂ ᦵᦂᦲ ᦠᦲᧃ ᦎᦱᧄ ᦑᦲᧄ ᦵᦍᦲᧃ ᦓᦱᧂ.

ᦔᦲ ᧑᧙᧔᧘ ᦀᦎ ᦍᦱᧄ ᦡᦲᧂ, ᦞᦱᧂ ᦵᦢᦲ ᦷᦑᦱᧃ ᦺᦑ ᦢᦲᧅ ᦂᦲ ᦔᦲᧂ ᦅᦱᧂ ᦓᦱᧂ ᦺᦎ ᦊᦳᧃ ᦅᦱᧄ ᦅᦱᧂ ᦔᦱᧃ ᦓᦲ ᦓᦱᧂ ᦅᦱᧄ ᧗, ᦌᦳᧃ ᦀᦅᦲᧅ ᦂᦲ ᦅᦲᧃ ᦘᦲᧂ ᦀᦑᦲᧃ ᦀᦅᦲᧃ ᦍᦲᧂ ᦓᦱᧂ ᦷᦑᦱᧃ ᦞᦳ ᦔᦱᧂ ᦵᦙᦲ ᦍᦲᧂ ᦓᦱᧂ ᦺᦑ ᦠᦲᧂ ᦺᦎ ᦌᦳᧃ ᧗, ᦵᦙᦲ ᦊᦲᧅ ᦉ ᦠᦱ ᦀᦎ ᦅᦲᧅ ᦌᦳᧃ ᦑᦲᧃ ᦷᦑᦱᧂ ᦙᦲᧂ ᦈᦲᧃ ᦡᦳᧃ ᦵᦙᦲᧃ ᦈᦲᧂ ᦵᦍᦲ ᦅᦱᧂ ᦵᦔᦲᧃ ᦺᦂ ᦔᦱᧂ ᦀᦈᦲ ᦙᦱᧂ ᦠᦱᧂ ᦌᦱᧃ ᦘᦱ ᦉᦱ ᦺᦑ ᦍᦱᧄ ᦓᦱᧂ ᦵᦉᦱᧂ ᦵᦉ ᦑᦲ ᦞᦲ. ᦷᦑᦱᧂ ᦙᦲᧂ ᦈᦲᧃ ᦺᦑ ᦘᦲᧂ ᦈᦲᧂ ᦺᦔ ᦔᦲᧄ ᦡᦳᧃ ᦺᦓ ᦠᦳᧃ ᦔᦱᧂ ᦀᦈᦲ ᦙᦱᧂ ᦠᦱᧂ ᦌᦱᧃ, ᦵᦈᦲᧃ ᦉᦲᧂ ᦷᦑᦱᧄ ᦂᦲ ᦀᦅᦲᧃ ᦷᦑᦱᧂ ᦑᦳ ᦓᦲᧃ, ᦂᦲ ᦺᦎ ᦑᦲᧃ ᦘᦲ ᦠᦳᧃ ᦔᦱᧂ ᦀᦈᦲ ᦙᦱᧂ ᦠᦱᧂ ᦌᦱᧃ ᦠᦳᧃ ᦓᦲᧃ ᦵᦔᦲᧃ ᦺᦂ ᦔᦲᧂ ᦅᦱᧃ ᦟᦲ ᦺᦑ ᦞᦳ ᦞ ᦺᦑ ᦀᦅᦲᧃ ᦷᦑᦲ ᦢᦲ ᦅᦲᧃ ᦘᦲᧂ ᦓᦱᧂ, ᦢᦱᧃ ᦞᦱᧃ ᦵᦠᦲᧃ ᦵᦑᦲᧃ ᦘᦱ ᦉᦱ ᦔᦱᧃ ᦵᦑᦲᧂ ᦅᦱᧂ ᦠᦲᧅ ᦍᦱᧃ ᦂᦲ ᦔᦱᧃ ᦵᦑᦲᧃ ᦺᦎ ᦅᦱᧂ, ᦢᦱᧃ ᦂᦲ ᦈᦲ ᦔᦱᧂ ᦀᦈᦲ ᦙᦱᧂ ᦠᦱᧂ ᦌᦱᧃ ᦢᦲ ᦔᦲᧂ ᦂᦲᧂ ᦈᦲᧅ ᦺᦎ ᦠᦳᧃ ᦘᦲ ᦵᦑᦲᧅ ᦙᦲ ᦵᦅᦲ ᦀᦎᦲ ᦈᦲᧂ ᦠᦲᧃ ᦺᦔ. ᦺᦎ ᦍᦲᧂ ᦵᦉᦲ ᦈᦱᦲ ᦓᦲᧃ ᦵᦉ ᦟᦲ, ᦞᦱᧂ ᦵᦢᦲ ᦷᦑᦱᧃ ᦠᦱᧅ ᦵᦔᦲ ᦀᦘᦲ ᦂᦲ ᦺᦎ ᦵᦂᦲ, ᦢᦱᧃ ᦂᦲᧃ ᦺᦎ ᦺᦎ ᦑᦲᧃ ᦟᦲᧅ ᦺᦑ ᦅᦱᧂ ᦵᦔᦲᧃ ᦺᦂ ᦷᦑᦱᧄ ᦂᦲ ᦺᦔ ᦵᦍᦲ, ᦠᦲᧃ ᦵᦑᦳᧄ ᦠᦱ ᦑᦲᧃ ᦘᦱ ᦉᦱ ᦺᦎ ᦞᦱᧂ ᦅᦱᧂ ᦘᦱ ᦉᦱ ᦔᦱᧃ ᦵᦍᦲᧃ ᦅᦱᧂ ᦟ ᦷᦑᦱᧄ ᦢᦲᧃ ᦅᦱᧃ ᦓᦱᧂ, ᦺᦑ ᦞ ᦓᦲ ᦘᦲᧄ ᦅᦱᧂ ᦎᦲᧅ ᦎᦲᧃ ᦊᦱᧂ ᦅᦲᧅ ᦵᦉᦲ ᦊ ᦠᦳ.

ᦞᦱᧂ ᦵᦢᦲ ᦷᦑᦱᧃ ᦎᦱᧂ ᦵᦊᦲ ᦺᦎ ᦅᦱᧂ ᦀᦎ ᦂᦲᧃ ᦀᦅᦲ ᦵᦎᦲᧄ ᦅᦱᧅ ᦅᦱᧂ ᦵᦈᦲᧃ ᦉᦲᧂ ᦓᦱᧂ, ᦡᦳᧃ ᦵᦙᦲᧃ ᦵᦉᦱᧃ ᦵᦔᦲᧃ、ᦊᦲᧄ ᦺᦑ ᦢᦲᧃ ᦅᦱᧄ ᦅᦱᧂ ᦷᦑᦶ ᦵᦞᦲᧂ ᦠᦱ ᦺᦑ ᦅᦱ ᦉ ᦟᦲ, ᦢᦱᧃ ᦉᦲ ᦈᦲ ᦺᦎ ᦘᦲ ᦵᦟᦲᧂ ᦵᦔᦲᧂ ᦠᦲᧃ ᦉᦲᧂ ᦈᦲ ᦊᦲᧂ ᦉ ᦺᦎ ᦺᦎ ᦉᦲᧃ ᦵᦈᦲᧃ ᦡᦳᧃ ᦓᦱᧂ ᦙᦱ ᦈᦲᧂ ᦵᦍᦲ, ᦎᦲᧄ ᦵᦊᦲ ᦅᦱ ᦂᦲ ᦀᦔ ᦟᦱᧂ ᦀᦟᦲ ᦔᦱᧂ ᦵᦙᦲ ᦘᦱ ᦉᦱ ᦺᦑ, ᦘᦲ ᦂᦲ ᦔᦱᧅ ᦺᦑ ᦵᦑᦳᧄ ᦠᦱ ᦅᦲ ᦺᦎ ᦊᦳᧃ ᦓᦱᧂ ᦙᦱ ᦈᦲᧂ ᦵᦍᦲ ᦵᦈᦲᧃ ᦉᦲᧂ. ᦺᦎᦃ ᦎᦱᧄ ᦢᦱᧃ ᦘᦲᧅ ᦵᦊᦲ ᦔᦱᧃ ᦷᦑ, 《ᦞᦲ ᦍᦲ》 ᦺᦑ ᦔᦲᧂ ᦺᦑ ᦎᦲᧄ ᦺᦑ ᦑᦲᧄ ᦅᦱᧂ ᦵᦟᦲ ᦵᦔᦲ ᦢᦲᧃ ᦎᦱᧂ ᦘᦱ ᦉᦱ ᦠᦲᧃ ᦓᦲᧃ ᦡᦳᧃ ᦔᦲ ᧑᧙᧔᧙ ᦀᦎ ᦀᦅᦲ ᦵᦎᦲᧄ ᦔᦲᧂ ᦺᦑ ᦘᦲᧅ ᦙᦱ.

“ᦔᦲᧂ ᦺᦑ ᦓᦲ ᦵᦑᦳᧄ ᦠᦱ ᦵᦉᦱᧂ ᦵᦵᦠᦲᧂ ᦔᦲᧂ ᦍᦱ ᦙᦱ ᦵᦂᦲ ᦓᦲᧃ”

《ᦞᦲ ᦍᦲ》 ᦅᦱᧄ ᦢᦲ ᦀᦙᦲᧂ ᦺᦑ ᦵᦔᦲᧃ ᦔᦲᧂ ᦓ ᦔᦲᧂ, ᦔᦲᧂ ᦺᦌ ᦙᦲᧂ ᦟᦲᧅ ᦺᦑ “ᦵᦟᦲᧂ ᦅᦱᧄ ᦅᦱᧂ ᦠᦲ ᦈᦲᧃ ᦡᦱ ᦺᦑ ᦓᦲᧂ ᦘᦱ ᦉᦱ ᦍᦲ” “ᦈᦲ ᦓᦱ ᦈᦲᧃ ᦡᦱ ᦀᦠ ᦵᦊᦲᧂ” “ᦵᦙᦲ

ရက္ သ ဟချ ဘာ သာ ဇမ္ဒခ္ဒ ဇမ္ဒ3 ရက္ သ ဟချ ဘာ သာ ယမိဧ ဧ၁3 3ရ္ဒ ရမိ ဗမိရ္ဒ ငဲ3ဧ ဗဲပ္ဒ သဥက္ ကမိဍ ဝဧ" "ဧ၁3 ပဂ္ဒ သရ္ ဌမ္ဒ" "3မိ ဧ၁3 ဌမိ မ္ဒာ ဧ၁3" ဗ ဟိချ ဌမိဍ, ဗက္ ဘဂ္ ဂဧရ္ ဗဧရ္ ဘာ သာ ဌဍ ဝ ဌရ္ ကဍ、 ဂဧရ္ ဗဧရ္ ကာဍ ဖဲဍ္ဒ ငဲဝ ဌမ္ဒ ငဲရ္ဒ 3မိဍ ဌာ ဇဇဟရ္ဒ ငဲဂ်ရ္ဒ ငဲဂဧ ငဲကရ္ဒ ဌာရ္ဒ ဖာရ္ ကပ္ ဖရ္ ကာဍ ဂမိပ္ ပဍ ငဲဗဲဍ ငဲပ္ဂရ္ ဘုဍ ရပ္ဧ ငဲ3ဧ ရချ ဂရ္ ငဲ3ဧ ဇဇရ္ဒ ဌဍ္ဒ သမိပ္ဒ ဇဧဧ ဘဧက္ဒ မ္ဒာ。

《ဝမ္ ယမိဧ》 ဂမ္ ငဲခ္ ငဲဟ ငဲပ3, ဝာရ္ဧ ဖမိဧ ဌာဍ္ဒ ဘဂ္ ဇလမိရ္ဒ ကာဍ ဂမ္ ဖာမ္ ဂမ္ ဌဍ္ဒ ဝာဧ ဘဧက္ဒ မ္ဒာ:

ခ ကဥဍ ဝဥရ္ သာ ဒဥမ္ ပ္ဂချ ဘာ သာ ဇမ္ဒခ္ဒ, ခ ကဥဍ ဝဥရ္ သာ ဒဥမ္ ပ္ဂချ ဘာ သာ ယမိဧ,

ဧ၁3 3မိ ဂရ္, တရ္ဧ ဌချ ငဲဟ သဧရ္ သာမ္ ဂမ္ ဘဂ္ ဗမိဧ ငဲသဧ ငဲဍ ငဲဝ ငဲဝဧ:

ဇတဧ ဖေ ဝ 3ာ သာရ္ဧ ငဲလက္, ရမိရ္ ပ3 ဧ3ဂ္ဒ,

ခ ကဥဍ ဝဥရ္ သာ ယမိဧ ငဲဖက္ ခ္ဒ လမ္ဒ ပာက္ ဌမိဍ ဧ၁3 ပဂ္ဒ ဌမ္ဒ ဌပ္ ပဂ္ဒ ဇသရ္ဧ。

……

လဥဍ မ္ဒာ, ဖာဍ္ဒ လဥက္ "ရာဍ္ဒ ဂက္ ဌမိဒ ဘချဧ ဌဧရ္ဧ ဒချ" ဖဧရ္ဒ ငဲဗဲ, ဌမိဒ ငဲယ ငဲက3 ဇတမ္ဒ ဗမိဍ ဌမိဧ ဖာဍ ဘာ သာ ဌဗဲဧ ပ္ဂချ ဌဍ ဗမိ မ္ဒာ ငဲ3ဧ ငဲဗပ္ဒ ငဲဖက္ ယာ ဆာဍ ဌဍ္ဒ, ဗာ လဂ္ဒ ဂာဂ္ဒ ကာဍ ဘာ သာ ဌဗဲဧ ပ္ဂချ ဌဍ ဗမိ မ္ဒာ ဗဲပ္ဒ ဌချ လာ ဒ ကာဍ လဲ ဌာမ္ ရပ္ဧ လမိက္ ငဲတ ဂဧဧ ဗဧဧ ရာဍ္ဒ ဂက္ တမိဒ ဒပ္ ဟဧဧ ဗဲာဧ ဟ္ဒမိပ္ဒ ဂမိပ္ ဂာ。 ဗဲပ္ဒ ဌချ လာ ဒ ကာဍ:

တမိဒ ဒပ္ ဘာ သာ ဟဧဧ ဗဲပ္ဒ ဆ ဖေ3 ငဲဂ်ရ္ဒ ငဲဂဧ, မ္ဒမိ ရမိဍ မ္ဒမိ ဘုမ္ ဌာ3 ဗမိဍ ဇဖေ ဗမိဍ ဌာဒ。

ငဲဂပ္ ရမ္ဒ ဖမိဒ ဌရ္ဒ ဗဂ္ဒ ဌချ, ဗမိဍ ဗဂ္ဒ ဝဧရ္ဒ, ဧ၁3 ရချဧ ဟမိဧ ဌမိဒ ဌဧရ္ဧ ဘာ သာ ယမိဧ。

ဗဲပ္ဒ ဌချ ဌာမ္ ရပ္ဧ လမိက္ ငဲတ ဝ3 ဝ ဌာ ဝမ္:

ပဂ္ဒ ငဲဍ ယာ3 ဟမိဧ ဌမိဒ ဌဧရ္ဧ ဘာ သာ ယမိဧ ခဂ္ဒ ဧ၁3 ကာဍ ဘုဍ မ္ဒမိ ဒမိဒ ဇသရ္ ကဥရ္ဒ ဂဥဍ, ဧ၁ဍ ငဲတ ခမိဍ္ဒ ဗမိဍ ဗဂ္ဒ ဌချ ဇဌဍ္ဒ ပဂ္ဒ ငဲ3ဧ ဂမ္ လွ်,

3ာဒ ဇဌမိဍ္ဒ ဂဧဧ ဝာဒ ဇမ္ဒခ္ဒ ဒမိ, ဘပ္ လာဒ ငဲပ္ဂ ငဲလဒ ဘချဒ ဇဗမိရ္ 3ဧက္ဒ ဒချ……

ဗဲပ္ဒ ဌဧရ္ဒ ဟ္ဒာဧ ကာဍ ဗဲာဧ ဟ္ဒမိပ္ဒ, ဟဍ ဝာဒ ဌမိဒ ဌဧရ္ဧ ဘာ သာ ဌဗဲဧ ငဲပ္ဂရ္ ပ္ဂချ လာရ္ ဖမိဒ ဂဧဧ ခ3 တဧဒ, ဖဂ္ဒ ဝာဒ ယဧဍ္ဒ ဇဌမိဒ ဒဥ3 ယဧမ္ ဂဧရ္ ဗာ တာမ္ ဒဧပ္ ဇမ္ဒဍ္ဒ လဲ ဌာမ္ ဗဲဥမ္ဒ ဇဒမိဒ ဇဌမိဍ ကဍ ဌဍ္ဒ မ္ဒာ ဒမိဧ ဌမ္, ဂမိဍ ပဂ္ဒ မ္ဒမိ ကာဍ ဌဍ ဝ ဌရ္ ကပ္ ဘာ သာ ဟဧဧ ဌချ ရာဍ္ဒ ငဲတဧ ငဲဖက္ ဆာဍ ဌဍ္ဒ ဘဧမ္ဒ ကဍ ဧ၁3 ကာဍ တမိက္ တဧဒ, တရ္ဧ ဂဂ္ဧ ရမိရ္ ဗချ ဂဧဧ ပဂ္ဒ ငဲ3ဧ ငဲဒ ယ ဒ ဌ ဆာပ္ဒ ဇဌဧ ဌမ္ဒ ဖရ္ ငဲမ္ဒဍ, ဝာရ္ဧ ဖမိဧ ဌာဍ္ဒ ဇတမ္ဒ ဝာဒ:

ဝမိဧ ဇ3ရ္ ဝမိဧ ခာဂ္, ဂမိဍ္ဒ တဧဒ ဗာရ္ ငဲဗဲဒ ဗာရ္ ငဲပ္ဂရ္, ဌမိဒ ဌဧရ္ဧ ဘာ သာ ဇမ္ဒခ္ဒ ဘာ သာ ယမိဧ ဂဧဧ ဂမိဍ္ဒ တဧဒ ဌမ္ဒ。

ဂမိဍ ပဂ္ဒ မ္ဒမိ ဂဥဍ မ္ဒာ ဌမ္ ဖာရ္, ငဲတ ဗမိဍ ဂဂ္ဧ ပဂ္ဒ ဘဂ္ ငဲဝ ငဲသဒ ဒဥမ္ ပ္ဂချ,

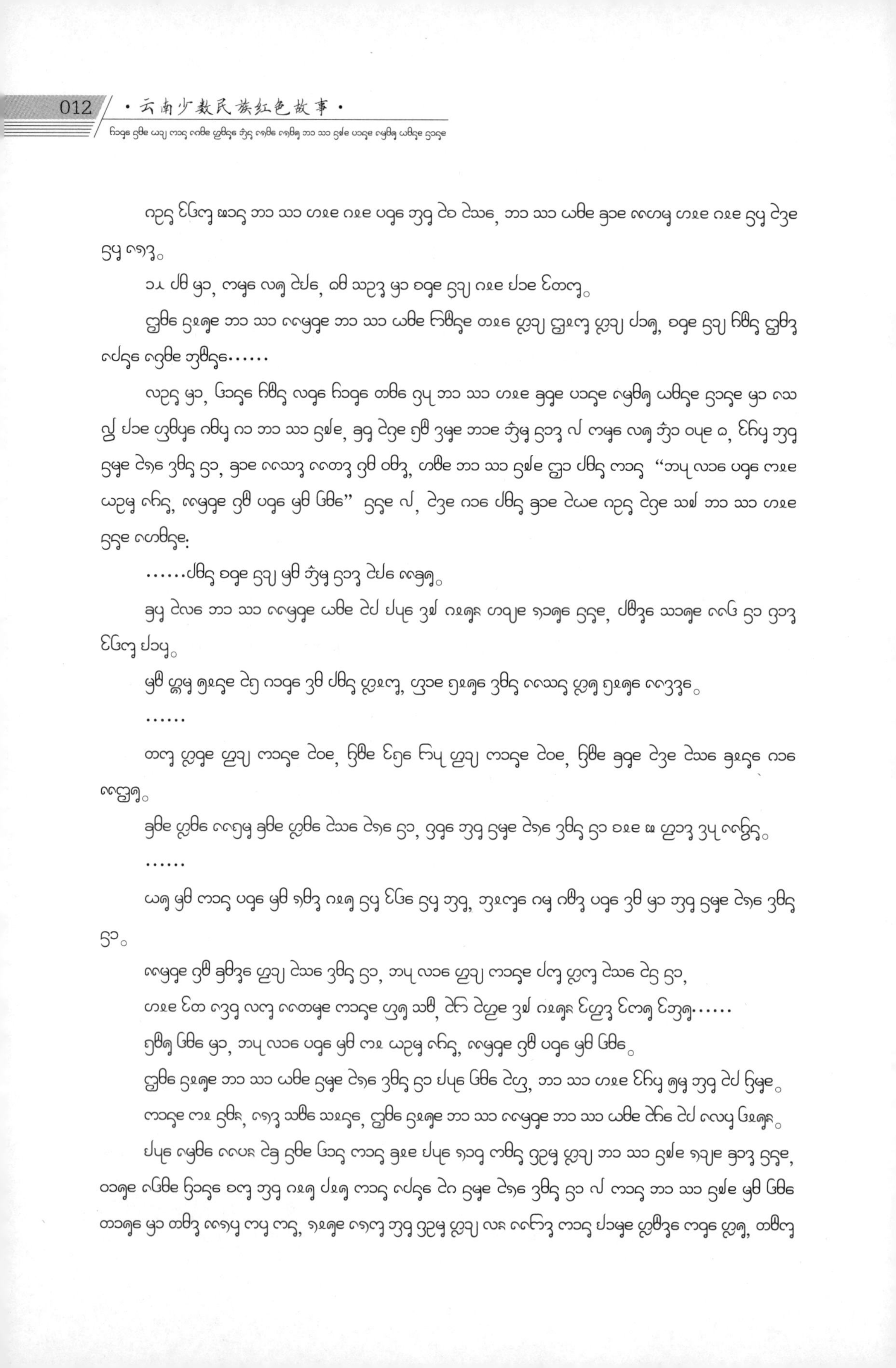

[illegible]

ᦍᦳᧉ ᦂᦱᧂ ᦡᦱ ᦣᦱᧃ ᦺᦣᦲᧂ ᦂᦱᧉ, ᦺᦔ ᦈᦲᦔ ᦈᦲᧉ ᦓᦱ, ᦑᦱ ᦉᦱ ᦍᦲᧉ ᦑᦱ ᦉᦱ ᦣᦰᧉ ᦵᦟᦱᧂ ᦵᦎᦲᧅ ᦎᦱᧃ᧞

ᦑᦰᦙᧂ ᦎᦱᧃ ᦎᦲᧉ ᦵᦣᦲᧅ ᦎᦱᧃ ᦵᦈᦲᧂ ᦂᦳ ᦎᦱᧂᧉ ᦂᦲᧈ ᦵᦂᦲᧂ ᦵᦍᦲᧂᧉ ᦎᦲᦰᧂ ᦺᦣᧂ ᦵᦙᧂ ᦓᦱ ᦡᦱ ᦣᦱᧃ᧞

ᦈᦲᧉ ᦓᦲ ᦵᦋᦰᦲ ᦺᦑᦲ ᦺᦡᧉ ᦺᦙᧉ ᦑᦱᧉ ᦺᦑᦙ ᦓᦱᦺ, ᦵᦋᦲᧃ ᦈᦲᧉ ᦺᦓ ᦺᦡᦲᧂ᧞

ᦎᦱᧂᧉ ᦂᦲᧈ ᦵᦂᦲᧂ ᦵᦍᦲᧂᧉ ᦎᦲᦰᧂ ᦺᦣᧂ ᦵᦙᧂ ᦓᦱ ᦡᦱ ᦣᦱᧃ, ᦑᦰᦙᧉ ᦵᦈ ᦎᦲᧂ ᦵᦎᦲᧈ, ᦈᦲᧈ ᦃᦲᧉ ᦵᦣᦺ ᦎᦱᧃ ᦵᦔᦲᧂ ᦓᦙᧉ ᦺᦣᧂ ᦺᦑᦲᧃ ᦓᦱ᧞

ᦎᦱᧂᧉ ᦂᦲᧈ ᦵᦂᦲᧂ ᦵᦍᦲᧂᧉ ᦎᦲᦰᧂ ᦺᦣᧂ ᦵᦙᧂ ᦓᦱ ᦡᦱ ᦣᦱᧃ ᦙᦱ ᦵᦔᦲᧂ ᦺᦣᧂ ᦓᦱ, ᦈᦲᧉ ᦓᦱ ᦵᦔᦲᧂ ᦓᦙᧉ ᦺᦑᦲᧃ ᦙᦱ ᦵᦋᦲᦂᧂ ᦵᦋᦲᧈ᧞

ᦔᦲᧂ ᦺᦉᧂ ᦃᦲᧉ ᦷᦟᦲᧂ ᦂᦱᧂ ᦺᦑᧂ ᦺᦔᧂ, ᦙᦲ ᦵᦂᦲᧃ ᦔᦲᧂ ᦣᦲᧉ ᦂᦲᧉ ᦓᦙᧉ ᦺᦣᧂ ᦺᦑᦲᧃ ᦓᦱ᧞

ᦔᦲᧂ ᦑᦲᧈ ᦵᦂᦲᧃ ᦂᦲᧉ ᦃᦲᧉ ᦵᦋ ᦺᦉᧂ ᦂᦱᧂ ᦃᦰᧃᧂ, ᦣᦰᦙ ᦎᦲᦰᦂ ᦃᦰᧃᧂ ᦺᦡᧉ, ᦙᦲ ᦵᦑᦲᧉ ᦵᦑᦲᧈ ᦓᦲᧃ᧞

ᦙᦲ ᦵᦂᦲᧃ ᦷᦟᦲᧈ ᦑᦰᦂᧂ ᦷᦟᦲᧈ, ᦂᦳᧃ ᦵᦣᦂ ᦺᦑᧉ ᦉᦳᦂ ᦔᦱᧃ᧞

ᦈᦲᧉ ᦓᦱ ᦡᦱ ᦣᦱᧃ ᦺᦣᦲᧂ ᦂᦱᧉ ᦂᦰᧉ ᦍᦳᧉ ᦣᦱᧂ ᦂᦲᧉ, ᦂᦳᧃ ᦵᦣᦂ ᦑᦱ ᦉᦱ ᦍᦲᧉ ᦑᦱ ᦉᦱ ᦣᦰᧉ ᦣᦲ ᦷᦟᦲᧈ ᦂᦰᧉ ᦺᦑᦲ ᦷᦣᦲᧉ ᦎᦱᧃ᧞

ᦎᦲᦰᧂ ᦓᦰᦲᧉ ᦑᦱ ᦉᦱ ᦍᦲᧉ ᦵᦣᦺ ᦎᦱᧃ ᦵᦂᦲᧉ ᦷᦠᦲᧃ ᦂᦲᧃᧉ ᦎᦰᧂ ᦈᦲᧉ ᦓᦱ ᦺᦑᧂ ᦺᦔᧂ ᦓᦙᧉ ᦺᦑᦲᧃ……
ᦣᦲ ᦷᦟᦲᧈ ᦵᦍᦂ ᦵᦣ ᦍᦰ ᦂᦰ ᦙᦱ ᦋᦔᧂ ᦎᦲᧃ᧞

……

ᦎᦱᧂᧉ ᦂᦲᧈ ᦵᦂᦲᧂ ᦵᦍᦲᧂᧉ ᦎᦲᦰᧂ ᦺᦣᧂ ᦵᦙᧂ ᦓᦱ ᦡᦱ ᦣᦱᧃ, ᦑᦰᦙᧉ ᦵᦈ ᦎᦲᧂ ᦵᦎᦲᧈ, ᦑᦱ ᦉᦱ ᦍᦲᧉ ᦑᦱ ᦉᦱ ᦣᦰᧉ ᦵᦟᦱᧂ ᦵᦎᦲᧅ ᦎᦱᧃ ᦣᦲ ᦷᦟᦲᧈ ᦑᦰᦙᧂ ᦎᦱᧃ ᦵᦣᦺ᧞

ᦎᦲᦰᧂ ᦓᦰᦲᧉ ᦑᦱ ᦉᦱ ᦍᦲᧉ ᦋᦔᧂ ᦣᦲᧂ ᦺᦑᧈ ᦂᦰᦲᦺ ᦉᦳᦂ ᦵᦈᦔᧂ ᦍᦱ ᦎᦱᧃ ᦎᦺ ᦺᦑᦲᧉ ᦵᦉᦱᧂ ᦷᦣᦱᧈ, ᦣᦲᧂ ᦷᦣᦂ ᦎᦲᧂ ᦵᦎᦲᧈ ᦵᦈᦲᧂ ᦂᦳ ᦺᦡᦋ ᦣᦰᦲᧉ ᦵᦣᦂ;

ᦑᦲᧈ ᦂᦔᧉ ᦵᦂᦲᧃ, ᦙᦱ ᦵᦎᦲᦙᧂ ᦺᦑᧈᧂ, ᦎᦱᧃ ᦉᦲᧂ ᦉᦰᧃ ᦵᦋᦲᦂᧂ ᦵᦋᦲᧈ ᦵᦟᦲᧉ ᦺᦔ ᦉᦲ ᦂᦰᧉ ᦎᦳᦙᧉ ᦷᦟᦲᦙᧂ ᦓᦙᧉ᧞

ᦵᦋᦲᦂᧂ ᦎᦳᧂᧉ ᦺᦡᦙᧉ ᦎᦰ ᦎᦰᦂᧂ, ᦵᦋᦲᧈ ᦺᦣᧂ ᦓᦱ, ᦺᦣᧂ ᦓᦱ ᦔᦲᧂ ᦎᦲᦰ ᦺᦡᦋ ᦣᦱ ᦣᦲᧂ ᦑᦲᧃᧂ᧞

ᦎᦲᧉ ᦵᦣᦺ ᦎᦱᧃ ᦉᦲᧂ ᦉᦰᧃ, ᦵᦣᧃ ᦟᦲᦂ ᦵᦎ, ᦎᦲᦰᧂ ᦓᦰᦲᧉ ᦑᦱ ᦉᦱ ᦍᦲᧉ ᦵᦎ ᦵᦑᦲᧈ ᦵᦋᦲᧈ ᦟᦲᦂ ᦵᦎ ᦑᦰᦂᧂ ᦙᦱ ᦵᦣᧃ᧞

ᦶ ᦵᦣᦺ ᦵᦑᦲᧂ ᦵᦂᦲᧉ ᦋᦲᧃ ᦵᦣᦲᧂ ᧗ ᦟᦙ ᦵᦑᦲᧈ ᦎᦱᧃ ᦂᦲᧃ ᦷᦟᦲᧂ ᦵᦣᦲᧂ, ᦎᦱᧂᧉ ᦂᦲᧈ ᦵᦂᦲᧂ ᦵᦍᦲᧂᧉ ᦎᦲᦰᧂ ᦺᦣᧂ ᦵᦙᧂ ᦓᦱ ᦡᦱ ᦣᦱᧃ ᦓᦲᧃ ᦋᦲᧃ ᦈᦲᧉ ᦺᦎᧉ ᦟᦳᦙᧂ ᦂᦱᧉ᧞

ᦑᦱ ᦉᦱ ᦍᦲᧉ ᦑᦱ ᦉᦱ ᦣᦰᧉ ᦞᦱᧂ ᦺᦎᧉ ᦟᦳᦙᧂ ᦂᦱᧉ ᦺᦑᦲ ᦺᦡᧉ ᦵᦣᦲᧂ ᦷᦣᦲᦙ, ᦺᦎᧉ ᦟᦳᦙᧂ ᦂᦱᧉ ᦵᦣᦲᧂ ᦷᦣᦲᦙ ᦈᦲᧈ ᦺᦈ ᦂᦳᧃ ᦂᦰᧉ ᦷᦣᧂᧉ ᦵᦣᦲᧂ᧞

ဝဗိ သဥဒ္ ဗ္ဂာ, ဖြဘဍ ဘဒ္ဂ ကာဍ ဂဇ္ဇ ဂဍ ငယကျ ခ္ဗိဍ္ဇ ဍ္ဗိဂ္ဂ တာ ဟ္ဂဥ္ဂ ဆ ဂေဒ္ ငဒ္ဂ္ဂ ငဂဇ ဂ္ဂဒ္ ကာဍ ဂဂဗိဇ ဟ္ဗိဍ္ဇ —— “ကဗိဍ္ဇ ကာဍ္ဇ ကာဍ ကဗ္ဂ ဖဗိ ဘ်ာ ဝပဇ ဝ, ဖဧဂ္ဂ ဘဒ္ဂ ငဒ္ဇ လာ ဒ ဘ်ဗ္ဂ ၄ာဒ္” , ဝဗိ ဂဗိဍ ဒ္ဗိဇ ဘဧဂျ ဒ္ဗိ ဂ္ဂဒ္ ကာဍ ဂဂဗိဇ ဟ္ဗိဍ္ဇ ဟဗိဇ ငဒ္ဇ ငတကျ ဖဗိဇ ဖဗိဍ ဒ္ဗိ ၄ဗိဋ တဧဂ္ဇ ငဒ္ဇ ဌ္ဂဍ ဝ ၄ဂ္ဂ ကဍ ဂေဂ္ဂ ဒ္ဧဗ္ဂ ငကဂ္ဂ ဂ္ဂဘ္ဂ ဖဘ္ဂ ငဖ:

ကာဍ ဂဂဗိဇ ဟ္ဗိဍ္ဇ! ကာဍ ဂဂဗိဇ ဟ္ဗိဍ္ဇ! ဍ္ဘဍ္ဇ ဂကျ ဝဧဇ ဖာဇ ဟ္ဗိပ္ဂ ဂဗိပ္ဂ ဂာ ဂဧဇ ဌ္ဗိဒ္ ဒ္ဗိ ဗ္ဂာ ဂေဗိဍ္ဇ。

ကာဍ ဂဂဗိဇ ဟ္ဗိဂ္ဂ ဌ္ဗိဍ ကပ္ဂ ဖဂ္ဂ ဟ္ဂဥ္ဂ ငဒ္ ကဍ ဂ္ဂဒ္, ခ္ဘဗ္ဇ ၄ဗ္ဇ ခ္ဘဗ္ဇ ငခ္ ငတ ဂဒ္ဂ ဂေဂ္ဂ。

ဖဘ္ဂ ဘဧဍ ငဟ ငဒ္ ဌ္ဘ ဂေဂ္ဂ ဒ္ဧဗ္ဂ ငဖ, ဟ္ဂ္ဂ ငဂဂ ဟဗိဇ ငဒ္ဇ ငတကျ ဖဗိဇ ဖဗိဍ ဒ္ဗိ ၄ဗိဋ ဒ္ဗိ ငဒ္ဇ ဂ္ဂဒ္ ကာဍ တဗိကျ တဧဂ。

ခ္ဧဂ ဝဗိ ၈ ဂ္ဂပဇ ဂဇ္ဇ ဖဗိဇ ဒ္ဥဒ္ ၄ဍ္ဇ, ငတ ဂဒ္ဂ ဂ္ဂဒ္ သဗိဂ ဝဧဇ ဂ္ဂဗိဍ ဟဗ္ဂ ဂ္ဂ္ဂ ဝာဂ ဂ္ဂ္ဂဇ。

……

ဖဂ္ဂ ဟ္ဂဥ္ဂ ကဧဇ ဌ္ဘဂ္ဂ ကဍ ဖဂ္ဂ ဟ္ဂဥ္ဂ ဂ္ဂဒ္, ဗ္ဂဗိ ဂာဂ ဌ္ဂဍ ဝ ၄ဂ္ဂ ကဍ ဝဗိဂ္ဂ ဗ္ဂဗိ ကဗ္ဂ လဂ္ဂ ငဖဂ ဂဇ္ဂ ဂဂ္ဂ ကာဇ。

ငဟ္ဂ ဖဧ တဗ္ဂ ဖဗိဍ ဌ္ဗိကျ ဂဖပ္ဂ ဂသဗိဇ ဆာဇ, ဖာဇ ဂ္ဂဧဗ္ဂ ကဧဇ ကဍ ဗ္ဂဥဂ္ဂ ဂဖဂ္ဂ ဂ္ဂဗိဍ。

……

ဝဇ္ဇ ၄ာ ဟဗ္ဂ ဂ္ဂ္ဂ ဝာဂ ဂ္ဂ္ဂဇ ဘဧဗ္ဂ ကဍ ကဗိဍ္ဇ တဧဂ, ဂယဂ္ဂ ဒ္ဇဂ ဂယဂ္ဂ ဖဍ ဂဗိဍ ဂယဂ္ဂ ခ္ဧဍ္ဂ。

ဂ္ဗိဂ ငသ ဂ္ဂဒ္ ပဇဂ ငဒ္ဇ ဂဧဇ လကျ တဒ္ ဂ္ဂဒ္, ဂ္ဗိဂ ငသ ဂ္ဂဒ္ ပဇဂ ငဒ္ဇ ဂဧဇ လကျ တဒ္ ဂ္ဂဒ္, လာကျ ဂဂဂ္ဂ လာကျ ခ္ဘ ဝဇ္ဇ ၄ာ ဂဖဂ္ဂ ဟ္ဂာကျ ၄ာဒ္。

ဟ္ဂာ ခ္ဗိဇ ငဘ ခ္ဗိဇ ဂ္ဂဇ္ဇ ဖဗိဍ ငဝဍ ငဂ္ဂ ၄ာ, ပဇဂ ဂဧဇ ပဥပ္ဂ ပဇဂ ဂဧဇ ခ္ဘဇ ဒ္ပ္ဂ ဝဗိပ္ဂ ဂ္ဗ္ဇ ဂဧဇ ငဒ္ဇ。

ဂ္ဂဒ္ ပဇဂ ခ္ဘဒ္, ကဗိဍ ဝဖဇ ဝဖဇ, ကဗ္ဂ လဂ္ဂ ငဖဂ ဂဇ္ဂ သဂ္ဂ ဂဧဇ ဂ္ဂဒ္ ငဒ္ဇ ဂ္ဂ္ဂဂ。

ဂဝ လာ ဂ္ဂဧဒ္ ဖဂ္ဂ ဟ္ဂဥ္ဂ ဂ္ဂဧဂ္ဇ “၈” :

ဍ္ဘဍ္ဇ ဂကျ ငဂ္ဂ ဂယဗိဍ္ဇ ဌ္ဘဧဂ ငဂ္ဂ ဂဗ္ဂ ၄ာ ဓာ ဟာဍ ဘဧဗ္ဂ ဟ္ဂဇ ကဍ。

ဘ်ာ ဝပဇ ဝ ကဗိဍ္ဇ ကာဍ္ဇ, ဒ္ပ္ဂ ဝဗိပ္ဂ ဂဇာဒ္ ဍ ဟ္ဂပ္ဂ ဝဗိဂ္ဂ ဗ္ဂဗိ ဖဗိဂ ငဒ္ဇ。

၄ဥ္ဂ ဓာ ဟာဍ ဒ္ဗိဍ္ဇ ကာဇ ဝကျ ယပဇ ကာဍ္ဇ, ပာဇ ဂ္ဂ္ဂဇ ဂဥဍ ဂ္ဂာဍ ဝဇ္ဇ ၄ာ ခ္ဘဇ ဂဂဗ္ဂ ဂ္ဗ္ဇ。

ငတဇ လဥပ္ဂ ကာဇ တဂ္ဂ ဟ္ဗိဇ ဂဗ္ဂ ဟ္ဂာဇ ဂဧဇ ငဒ္ဇ ဂဂ္ဂဂ ဟ္ဗိပ္ဂယဗိဇ ဂ ဟဧဇ တဂ္ဂ ဟ္ဗိဇ ဂဗ္ဗိဂ ဟ္ဂာဇ ဂဧဇ ဂလဍဂ ဌ္ဘဂ္ဂ ကဍဘဧဗ္ဇ ငဝ တဥ္ဂ ဂဌ္ဘဂ္ဂဂပဂ္ဇ ဂဝဂ္ဇ ၄ဗ္ဇ ငဂ္ဂ ဒ္ဗိဍ ၄ာ。

ဂဗ္ဗိဂ ဘဗိဗ္ဂ ဘဧကျ ဌ္ဘဧပ္ဂ 《ဝဇ္ ယဗိဇ》 ၄ဍ္ဇ, ဝဂ္ဇ ဂဖဗိဇ ဂ္ဂာဍ္ဂ ဘဒ္ဂ “ငဘဂ ၄ဖဇ” ဟ္ဂဥ္ဂ ဖဗိဍ ဒ္ဗိဂ ဂသဂ္ဂ, ဂ္ဂဘ္ဂ ငဍ “ဂဥဍ ဂကဗိဒ္ ဗ္ဂာ ဂဧဇ ဖဗိဍ ငဘဂ ၄ဖဇ” 。 ဂဧဇ ဖဗိဍ ဘဗိဍ ယာဍ ကာဍ ဘာ သာ ဂလဍဂ ဌ္ဘဂ္ဂ ကဍ、 ဂဧဇ ဖဗိဍ ခ္ဍ တဗိဋ ဒ္ဥဗ္ဂ ဟ္ဂဥ္ဂ ဘာ သာ ၄ဖဇ ၄ဍ္ဇ ဖဂ္ဂ ငဗ္ဂဍ, ဝဂ္ဇ ဂဖဗိဇ ဂ္ဂာဍ္ဂ ဝဗိဂ္ဂ ဒ္ဘဂ္ဂ

[illegible]

《[illegible]》[illegible]

[illegible]

[illegible]

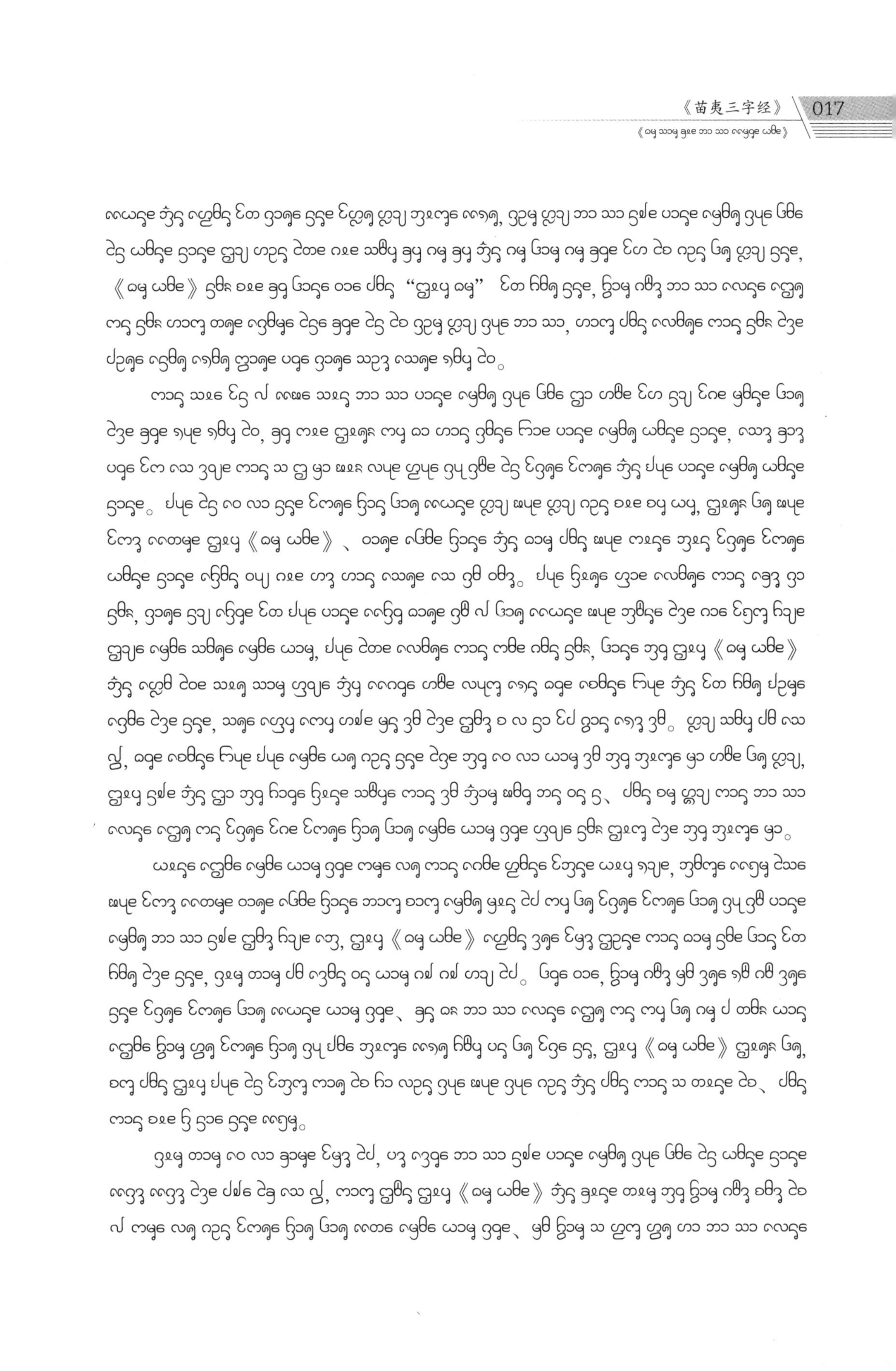

[illegible]

[illegible]

[illegible]

[illegible]

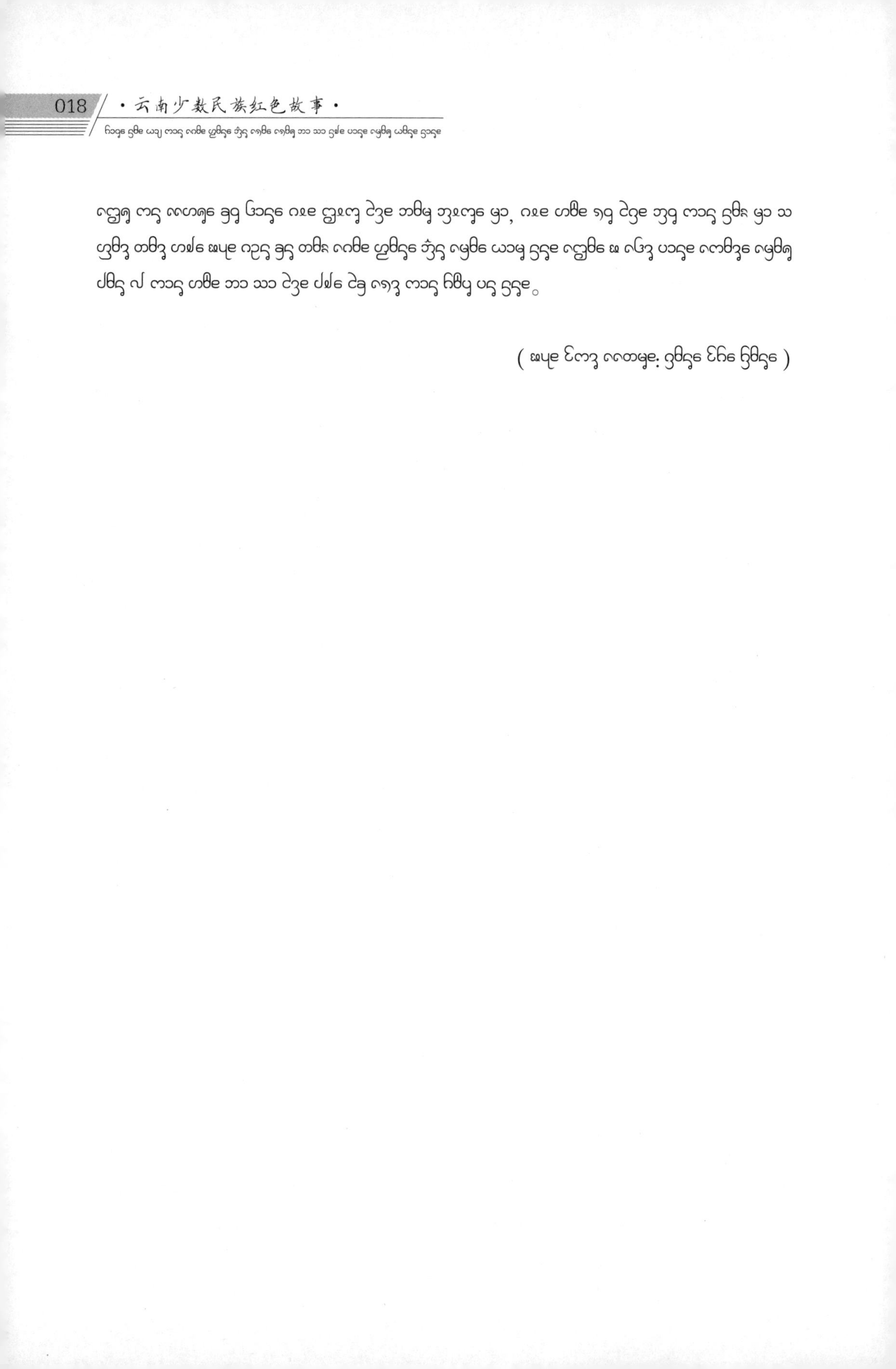

[illegible]
[illegible]
[illegible]

([illegible])

中共云南一大

1928年10月13日，时已深秋，云南蒙自查尼皮山间的林木依然苍翠，偶尔山风拂过，谷里便涛声阵阵。十几位风尘仆仆的青年正迈步走进一间茅屋，他们当中有工人、农民、教师和学生，多数二十来岁，只有少数几位年过三十，正是英姿勃发之时。作为中国共产党云南省第一次代表大会的代表，他们或乘滇越铁路小火车，或走滇南古驿道，齐聚查尼皮村，有生以来第一次参加如此重要的会议。他们代表全省共产党员，总结斗争经验，规划革命蓝图，选举新一届中共云南省委领导人。他们抛却了一路的饥疲之色，抹去了一身的困乏之态，人人洋溢着青春的活力，个个迸发出革命的豪情。在查尼皮召开的中共云南一大，是中国共产党在云南24年地下斗争史中唯一召开的一次党员代表大会，在革命史上具有里程碑式的意义。查尼皮，这个当时仅有13户人家的偏僻山村，作为中共云南一大的召开地，也从此名留青史。

党旗飘扬查尼皮

查尼皮位于蒙自城东北20多公里的山间，是一个彝、苗等民族聚居的村寨。“查尼皮”出自彝语，意为“不引人注目的地方”，也有人认为“查尼皮”是彝语的“人嘴巴”的意思，因村后有一形状像人嘴的巨岩而得名。中共云南一大之所以选择在查尼皮召开，有云南革命形势发展的需要，还与其独特的地理区位有关。

1921年7月，中国共产党成立，这是中国历史上开天辟地的大事件，位于中国西南的云南省，革命力量也在不断发展壮大。1926年11月，中国共产党在云南的第一个组织——中共云南特别支部成立，从此地处边疆、民族众多的云南省开始进入一个崭新的伟大时代。中共云南组织建立后，领导革命群众积极展开反帝反封建斗争。1927年4月12日，国民党反动派发动“四一二”反革命政变，大肆逮捕屠杀共产党人和革命群众，云南亦笼罩在白色恐怖之中，成立仅半年的中共云南组织遭到严重破坏。1927年12月，中共云南省特别委员会在昆明召开扩大会议，会议选举产生中共云南省临时委员会，决定按照中央“八七会议”精神在云南进行土地革命和武装暴动，并将工作重心从昆明转移到滇越铁路及沿线工矿、全省各地农村和少数民族地区。

1928年2月，云南省临委书记王德三前往上海向中共中央汇报工作，后被派往苏联莫斯科出席党的第六次全国代表大会；4月，省临委召开扩大会议，根据省临委委员大多在基层指导工作，只有赵祚传一人在昆明主持工作的情况，为加强省临委机关的集体领导，决定由赵祚传、吴少默、吴澄3人组成中共云南特别委员会（简称省特委）领导全省的地下斗争；9月，省特委书记赵祚传被捕遇害，吴少默在滇南巡视指导，特委机关仅有吴澄1人主持工作。为加强党对云南革命的领导工作，省特委曾报告中央请求准予召集代表会，但等了月余，仍未见中央来信，为保证工作顺利进行，省特委根据1928年5月《中央致云南临委信》中要求中共云南地方组织召开一次扩大会议，产生5—7人的临时省委的指示，决定召开中共云南省第一次代表大会，选举新一届省委领导。关于会议地点的选择，吴澄等人商讨后将目光投向滇南小村查尼皮。

查尼皮能成为中共云南一大的召开地，与其良好的革命群众基础有关。查尼皮位于滇南蒙自、屏边、文山交界地段，是国民党反动派统治较为薄弱的区域，由于深受地主阶级的剥削压迫，当地民众衣不蔽体、食不果腹，生活极为艰难。1928年5月，蒙自县委委员黄明俊受党组织委派，以小学教师的身份来到查尼皮，在两间茅草房里办起了小学校，白天教儿童读书识字，晚上举办成人识字班，宣传革命道理，很快在查尼皮发展了一批共产党员，培养出的云南省临委候补委员李开文和查尼皮游击队队长倮三一文一武两位革命骨干成为推动查尼皮及滇南革命事业发展的核心人物。1928年9月，在省特委和迤南区委的领导下，蒙自县委在小东山、查尼皮、新安所等地的农民协会会员中选调人员，筹集枪支，组建了一支30余人的查尼皮游击队，作为云南党组织领导的第一支游击武装，承担起了党召开重要会议、举办工农干部培训班及领导人出入的安全保卫工作。党旗飘扬的查尼皮，对滇南革命形势发展产生了积极作用，短短数月间，周边石马脚、戈姑、莫别、老寨、小塘子、八寨、阿加邑等十几个村寨发展共产党员80余人，建立党支部20个，建立农民协会10余个，发展农会会员近800人。

查尼皮能成为中共云南一大的召开地，还与其特殊的地理区位有关。查尼皮周围山高林密，位置十分隐秘。站在村旁的山坡上，可以清楚地看到四面八方的情况；而来人即便爬到了距离村子几十米的地方，也很难观察到村中动静。中共云南组织进行革命活动时，都会在查尼皮四周安排岗哨，如有风吹草动，工作人员皆能从容转移。此外，查尼皮虽然位置偏僻，但距滇越铁路迷拉地（即芷村）站仅有7公里山路，进出较为方便。

中共云南组织领导人经过慎重考虑，认为在查尼皮秘密召开中共云南第一次代表大会有天时、地利、人和之便，遂开始会议的筹备工作。

茅屋共商革命计

1928年10月13日，从四面八方冒着生命危险、跋山涉水赶来的中共云南一大代表们举行中共云南第一次代表大会，查尼皮村出现文章开头的一幕。出席大会的代表共有17人，但当时的文献中只记下了7位代表的姓名，他们是陈庭禧、吴少默、吴澄、张舫、陈家铣、杜涛、杨大经（杨立人），另外还有10名代表，经专家多方考证，目前学界比较认可的名单为：李鑫、刘玉瑞、刘林元、戴德明、浦光宗、黄洛峰、巨柏年、李开文、孔发贵、吴纯儒。

作为会场的茅屋是查尼皮彝族共产党员、大会代表李开文的家，一面旗帜、一盏马灯、一个火塘、几张木桌、数条板凳便是会场的全部设施，简陋得不能再简陋，寒酸得不能再寒酸，然而会场的气氛却庄严肃穆。吴澄是出席大会的唯一女性，作为中共云南省特委委员，她既是大会代表，又是会议主持人，只见清瘦的她穿着一件青色土布衣服，长发盘在脑后，似一位普通的农妇，然而双眸却透出睿智和坚毅，显示出革命者的果敢。在代表们眼中，吴澄是一位让人敬佩的大姐。1926年8月，吴澄加入中国共产党，成为云南第一位女共产党员；11月，她担任云南第一个中共党组织——中共云南特别支部书记，后历任中共云南特委委员、中共云南临时省委委员、中共云南省委委员等职，作为云南妇女运动的杰出领导者，她的革命经历、斗争经验和领导才能都让同志们敬佩。

会议开始，全体代表肃立，齐声高唱《国际歌》：“起来，饥寒交迫的奴隶！起来，全世界受苦的……”雄浑而深沉的歌声穿透茅屋，飘荡在查尼皮的天空，宣示了云南共产党人为真理而斗争的信心和决心；接着代表们又为被反动政府杀害的赵琴仙、陈祖武、罗彩等革命烈士默哀。

为期两天的会议，内容充实，气氛热烈。大会传达了中央有关文件，分析了云南当前的革命形势，省特委主要领导同志认真检讨了工作中的不足。吴澄、李鑫、杜涛的发言慷慨激昂，一致主张把工作重点放在工矿和农村，要建立武装、掌握武装，才能对付武装的敌人。会议通过了《中国共产党云南第一次代表大会决议案》，其中包括《云南现状与党的任务决议案》《组织任务决议案》《职工运动决议案》《农民运动决议案》等内容。会议肯定了中共云南组织虽然历史很短，但由于积极工作，在群众中已经产生了相当的影响，提出要把共产党的政策与本地情况相结合，确定了在全省举行武装暴动等革命任务。大会选举产生了第二届中共云南临时省委，由陈庭禧任书记，陈庭禧、吴少默、张舫3人为常委，吴澄、陈家铣为委员，杜涛、杨立人为候补委员。吴澄还兼任蒙自县委委员。

1928年12月16日，中共云南省临委向中央书面报告了这次大会的情况并递交了相关文件。1929年2月，中共中央为这次代表大会专门写了《中央指示云南第一次全省大会信》，在指出不足的同时，认为“云南第一次大会的决议案，大体上尚是对的”，肯定了中共云南组织的工作成绩。1929年6月，中共中央《政治通讯》刊登《中央指示云南第一次全省大会信》，并将《云南临委给中央的总报告》作为附件刊登，将云南的革命经验推向全国。

会议精神耀滇南

中共云南一大的胜利召开，对云南革命事业发展产生了积极影响。根据会议精神，中共云南省临委在全省组织领导工农进行武装斗争，主要有1928年10月31日的蒙自阿加邑秋收暴动、1929年12月查尼皮游击队在蒙自的反霸除恶武装斗争、1929年至1930年间马关县八寨地区的多次武装暴动、1930年7月的陆良武装暴动等，这一时期云南滇越和个碧铁路工人也多次发动罢工斗争。因缺乏武装斗争经验、组织不够严密、敌我力量悬殊等，这些革命行动在国民党反动派的残酷镇压下多数以失败告终，但每次斗争都给予反动当局极大的震撼，为云南革命事业的继续发展埋下宝贵火种。

中共云南一大召开后，17名代表在不同的战线上与敌人进行斗争，在最为艰苦的1929—1930年，先后有6位代表为革命事业壮烈牺牲，他们是杜涛（中共迤南区委书记）、李鑫（中共云南党组织创始人、中共云南省临委委员、迤南区委书记）、戴德明（中共迤南特别区委委员）、巨柏年、张舫（曾任省临委常委）、吴澄（云南省内第一位女共产党员，云南省第一个党组织——中共云南特别支部书记，历任中共云南省特委委员、省临委委员、省委委员）。杜涛，组织领导了蒙自阿加邑秋收暴动，1928年11月被反动派抓捕，1929年5月在昆明被敌人杀害。李鑫、戴德明，1929年4月领导个旧锡矿工人为增加工资进行罢工斗争，后因消息走漏被反动派抓捕。巨柏年，1929年3月领导个碧铁路员工进行要求加薪的罢工斗争，取得胜利，是云南铁路史上第一次大罢工，后因敌人在戴德明处搜到两人往来的信件，身份暴露被捕。1929年5月，李鑫、戴德明、巨柏年3位代表被反动派杀害于蒙自县城。张舫，负责军运工作，在国民党军队中秘密发展中共党员，建立中共党组织，策动士兵起义，1930年5月因遭叛徒出卖被捕，同年7月在昆明被敌人杀害。吴澄，中共云南党组织早期领导人之一，云南妇女运动杰出的领导者，1930年12月因遭叛徒出卖在昆明被捕，不久被反动派杀害。另外11名代表中，只有陈家铣1人经不住敌人的威逼与利诱，成为可耻的叛徒。其余10名代表，有的被捕，有的转入地下斗争，有的与中共党组织失去联系，他们当中多数人与云南广大党员同志和进步群众一道，历经重重磨难，坚持革命斗争，最终迎来全国解放。

中国特色社会主义进入新时代，讲好云南红色故事，赓续中共云南一大的精神血脉，必将为云南各族人民全面建设社会主义现代化、谱写好中国梦云南篇章注入不竭的动力。

参考资料

[1]中共云南省委党史研究室编著：《中共云南一大纪实》，云南人民出版社2020年版。

[2]中共云南省委党史研究室：《中共云南地方史》（第一卷），云南人民出版社2001年版。

[3]中共云南省委党史资料征集委员会编：《中共云南党史研究资料　第七辑　滇魂（一）》，云南民族出版社1989年版。

[4]中共云南省委党史资料征集委员会主编：《云南地下党早期革命活动》，云南民族出版社1989年版。

[5]中国人民政治协商会议云南省委员会文史资料研究委员会编：《云南文史资料选辑》（第十四辑），政协昆明市委员会文史资料研究委员会，1981年。

[6]杨伍荣：《“特支”创始人——李鑫》，云南人民出版社2015年版。

（执笔：梁初阳）

[illegible]

[illegible]

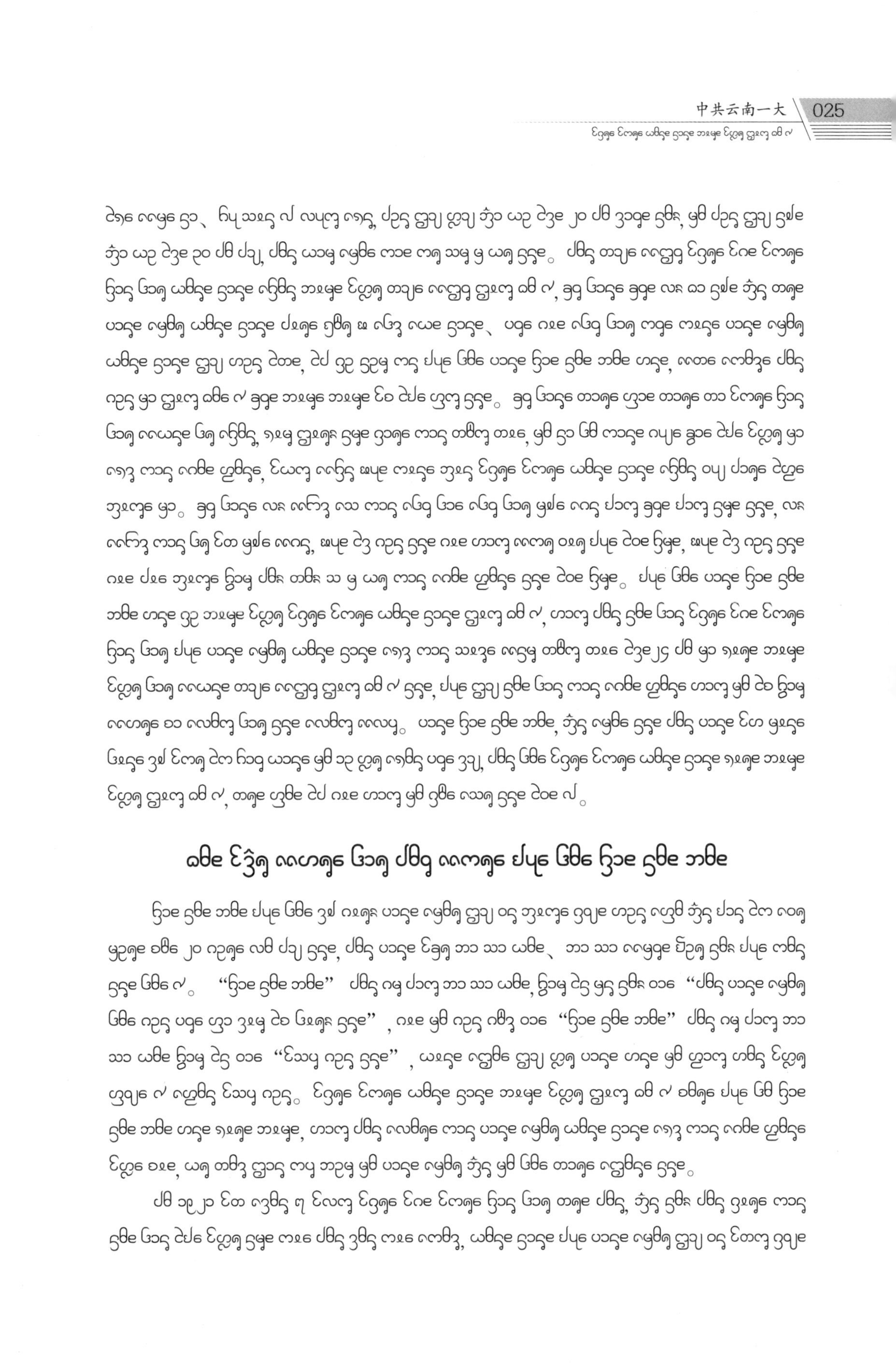

[illegible]

[illegible]

[illegible]

[illegible]

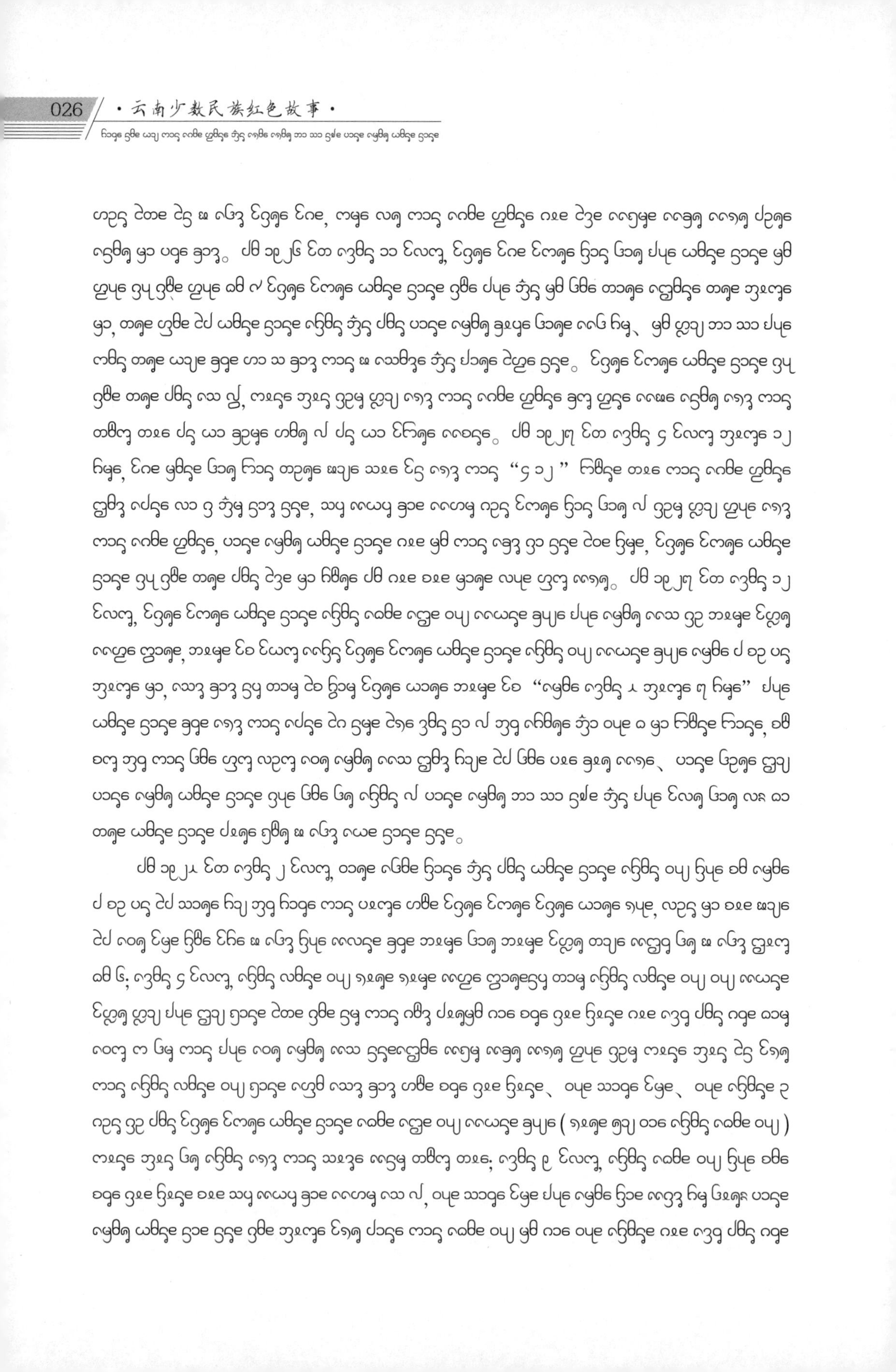

[illegible]

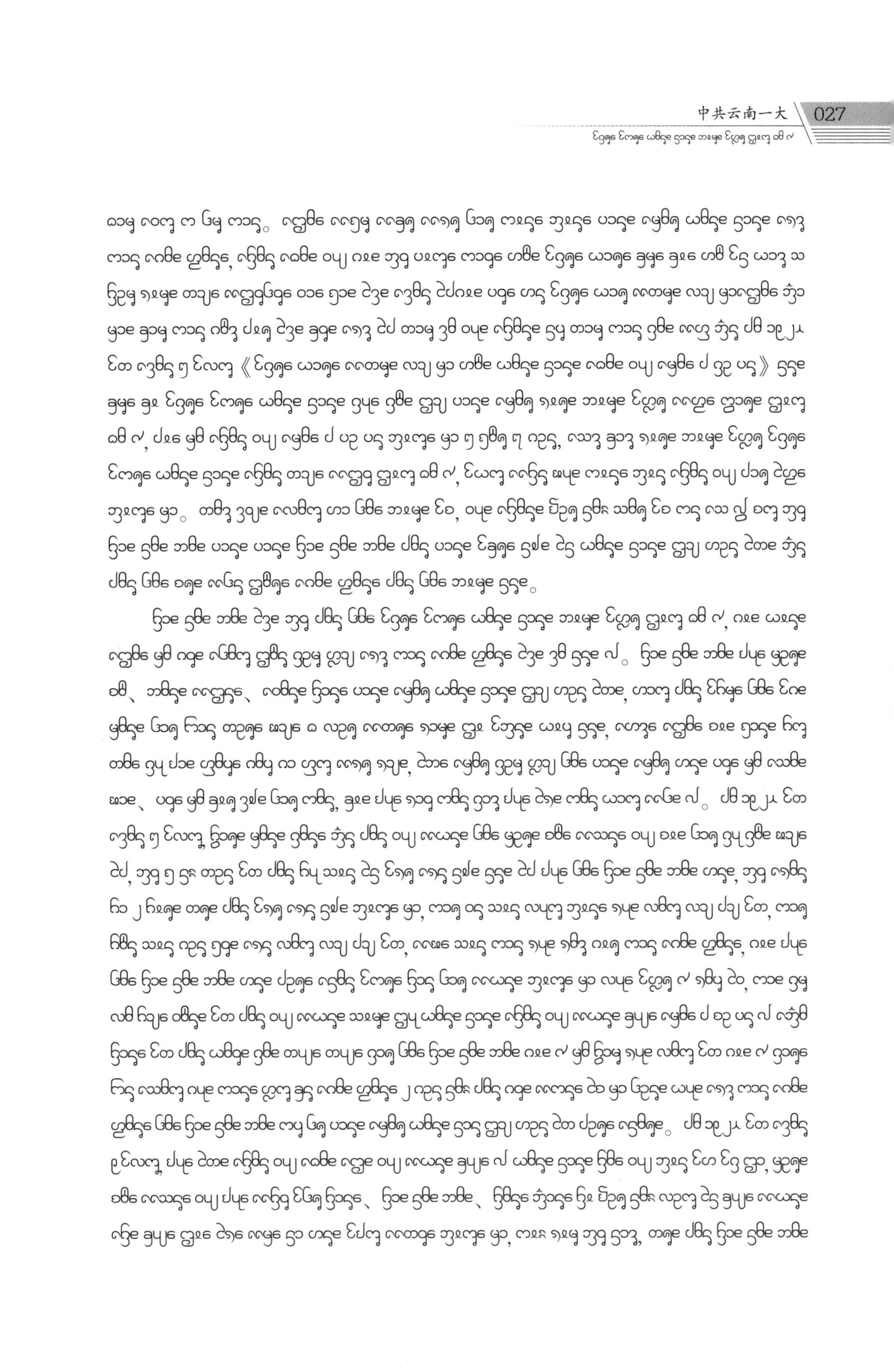

[illegible]

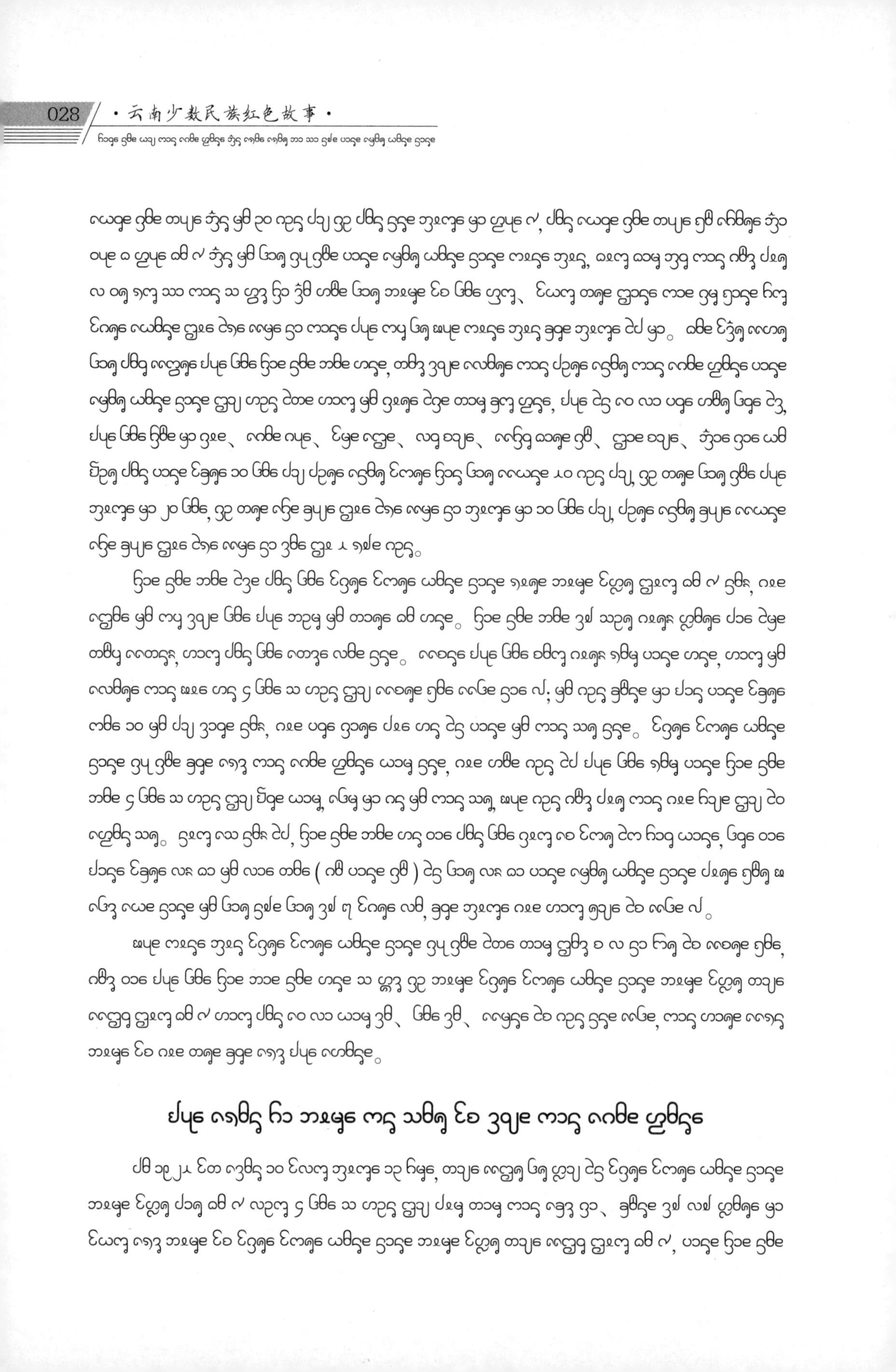

[illegible]

[illegible]

[illegible]

[illegible]

[illegible]

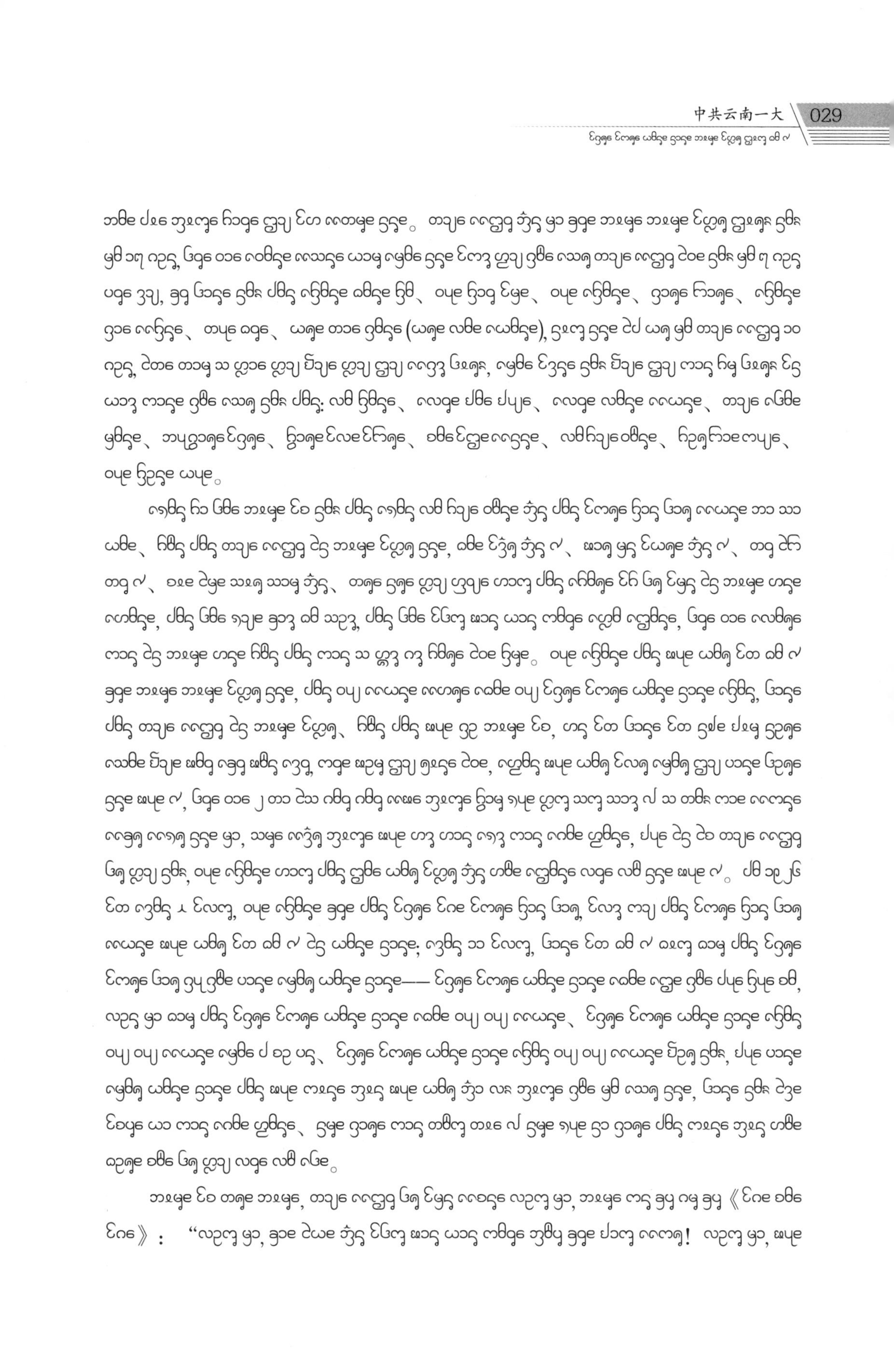

[illegible]

[illegible]

[illegible]

[illegible]

[illegible]

[illegible]

ᦠᦡᦲ ᦉᦲ ᦶᦂᦲᧃ ᦶᦈᦸᧃ ᦺᦓᧃ ᦑᦲᧇ ᦡᦱᦔ ᦔᦱᦱᧃ ᦂᦱᧃ ᦓᦲᧃ ᦶᦂᦸᧃ ᦠᦲᦶ ᦵᦡᦲᧃ ᦊᦱᧃ᧞ ᦔᦲ ᧑᧙᧒᧙ ᦵᦑ ᦵᦡᦲᧃ ᧒ ᦵᦟᦲᧈ, ᦵᦡᦲᧃ ᦵᦂᦲᧃ ᦵᦡᦲᧃ ᦊᦱᧃ ᦵᦡᦲᧃ ᦑᦸᦙᦲ ᦵᦎᦲᧃ ᦑᦱᧃ ᦶᦡᦲᧃ ᦡᦸᦂᦲ ᦓᦲᧃ ᦑᦲᧃ ᦺᦎ ᦶᦑᦙᦲ ᦔᦲᧃ ᦂᦱᧃ 《ᦟᦲᦂ ᦟᦱ ᦵᦡᦲᧃ ᦊᦱᧃ ᦡᦲᦵ ᦶᦂᦲ ᦊᦲᧃᦓᦱᧃ ᦑᦸᦙᦲ ᦵᦡᦲᧃ ᦔᦲ ᦵᦡᦲᧃ ᦡᦸᦂᦲ ᦡᦲ ᧑》, ᦵᦊᦲᧃ ᧑ ᦔᦲᧃ ᦵᦙᦲᧃ ᦡᦲᦵ ᦑᦸᦂᦲᧃ ᦂᦱᧃ ᦡᦳᧃ ᦊᦸᦙ ᦊᦱᦙ ᦓᦲᦵ, ᦂᦲᧃ ᦞᦱᧃ “ᦠᦡᦲ ᦉᦲ ᦔᦲᧃ ᦑᦱᧃ ᦶᦂᦸᧃ ᦊᦲᧃᦓᦱᧃ ᦑᦸᦙᦲ ᦵᦡᦲᧃ ᦡᦸᦂᦲ ᦡᦲ ᧑, ᦔᦳᧃ ᦡᦱᧃ ᦟᦱᧃ ᦂᦲᦵ ᦠᦱᦂ ᦈᦱ ᦶᦙᦲᧃ ᦔᦲᧃ ᦟ”, ᦔᦲᦵ ᦊᦲ ᦑᦱ ᦡᦲ ᦂᦱᧃ ᦂᦲᧃ ᦔᦸᦡᦲ ᦶᦂᦸᧃ ᦵᦡᦲᧃ ᦵᦂᦲᧃ ᦊᦲᧃᦓᦱᧃ ᦡᦲᦔ ᦡᦲᦵ ᦓᦲᦵ᧞ ᦔᦲ ᧑᧙᧒᧘ ᦵᦑ ᦵᦡᦲᧃ ᧖ ᦵᦟᦲᧈ, ᦠᦡᦲ ᦉᦲ ᦑᦲᦙ ᦵᦡᦲᧃ ᦵᦂᦲᧃ ᦵᦡᦲᧃ ᦊᦱᧃ 《ᦂᦱᧃ ᦉᦱᧃ ᦟᦱ ᦡ ᦂᦱᧃ》 ᦑᦲᦙ ᦑᦸᦂᦲᧃ ᦂᦱᧃ 《ᦟᦲᦂ ᦟᦱ ᦵᦡᦲᧃ ᦊᦱᧃ ᦡᦲᦵ ᦶᦂᦲ ᦊᦲᧃᦓᦱᧃ ᦑᦸᦙᦲ ᦵᦡᦲᧃ ᦔᦲ ᦵᦡᦲᧃ ᦡᦸᦂᦲ ᦡᦲ ᧑》 ᦓᦲᦵ, ᦈᦲ ᦈᦂ ᦑᦲᦔ ᦂᦱᧃ 《ᦶᦔᦲᦂ ᦉᦱ ᦵᦙᦲᧃ ᦺᦓᧃ ᦊᦲᧃᦓᦱᧃ ᦞᦱᦲ ᦶᦊᦲᧃ ᦂᦱᦲᧃ ᦵᦙᦲᧃ ᦔ ᦈᦳ ᦔᦲᧃ ᦶᦂᦸᧃ ᦠᦲᦶ ᦵᦡᦲᧃ ᦊᦱᧃ》 ᦔᦲᧃ ᦠᦡᦲ ᦉᦲ ᦵᦡᦲᦔ ᦡᦸᦙ ᦑᦲᦙ ᦑᦸᦂᦲᧃ ᦙᦱ, ᦈᦂ ᦑᦲᦔ ᦓᦲᦵ ᦡᦱᧃ ᦔᦱᦲ ᦵᦙᦲᦡ ᦊᦲᧃᦓᦱᧃ ᦵᦡᦲ ᦂᦱᧃ ᦶᦂᦲᦵ ᦠᦲᧃ ᦺᦡᦲ ᦡᦲ ᦓᦲᧃ ᦶᦂᦲᧃ ᦺᦔ ᦡᦲᦡ ᦔᦲ ᦵᦡᦲ᧞

ᦺᦈ ᦂᦱᦙ ᦑᦸᦙᦲ ᦵᦈ ᦡᦱᦙᦲ ᦡᦸᦂᦲ ᦔᦱᦲ ᦵᦙᦲᦡ ᦊᦲᧃᦓᦱᧃ ᦡᦱᧃ ᦠᦳᧃ ᦺᦑ

ᦵᦡᦲᧃ ᦵᦂᦲᧃ ᦊᦲᧃᦓᦱᧃ ᦑᦸᦙᦲ ᦵᦡᦲᧃ ᦡᦸᦂᦲ ᦡᦲ ᧑ ᦺᦡᦲ ᦺᦡ ᦊ ᦡ ᦓ ᦡᦸᦂᦲ ᦑᦸᦙᦲ, ᦑᦲᦡ ᦡᦱᦲ ᦂᦱᧃ ᦶᦂᦲᦵ ᦠᦲᧃ ᦔᦱᦲ ᦵᦙᦲᦡ ᦊᦲᧃᦓᦱᧃ ᦺᦡᦲ ᦔᦳᦂᦲ ᦵᦓᦲᦡ ᦺᦔ ᦓᦲᧃ ᦠᦱᦂ ᦔᦸᦵ ᦙᦲ ᦂᦱᧃ ᦡ ᦓᦱᦵ ᦑᦱᦙ ᦂᦂ ᦠᦳᧃ ᦶᦂᦲ᧞ ᦓᦔ ᦑᦱᦙ ᦺᦈ ᦂᦱᦙ ᦑᦸᦙᦲ ᦵᦈ, ᦵᦡᦲᧃ ᦵᦂᦲᧃ ᦊᦲᧃᦓᦱᧃ ᦵᦡᦲᧃ ᦞᦱᦲ ᦶᦊᦲᧃ ᦂᦱᦲᧃ ᦵᦙᦲᧃ ᦔ ᦈᦳ ᦔᦲᧃ ᦔᦲᧃ ᦡᦲ ᦵᦡᦲᧃ ᦡᦳ ᦓᦳᦙ ᦑᦲᦔ ᦂᦸᧃ ᦑᦸᧃ ᦡᦱᧃ ᦂᦂ ᦵᦂᦲᧃ ᦵᦊᦲᧃ ᦡᦸᦵ ᦺᦡᦲ ᦶᦙᦲᧃ ᦓᦱ ᦂᦲᦵ ᦶᦡᦲ ᦂᦱᧃ ᦑᦲᦔ ᦶᦂᦲᧃ ᦺᦑᦱ ᦞᦱᦲ ᦡ ᦑᦲᦂ ᦑᦸᦵ, ᦡᦲᦵ ᦠᦂ ᦔᦲᧃ ᦔᦲ ᧑᧙᧒᧘ ᦵᦑ ᦵᦡᦲᧃ ᧑᧐ ᦵᦟᦲᧈ ᦑᦸᦂᦲᧃ ᦡᦱ ᦂᦲᧃ ᦔᦲᧃ ᦡᦲᦵ ᦙᦳᦂᦲ ᦈᦲᦵ ᦺᦑᦱᦵ ᦡᦱᦵ ᦊᦲ ᦂᦲ ᦟᦱ ᦊᦱᦙ ᦔᦲᧃ ᦂᦸᧃ ᦵᦡᦲᧃ ᦓᦲᦵ ᦶᦡᦲ ᦂᦱᧃ ᦂᦲᦵ ᦂᦱᧃᦵ᧟ ᦔᦲ ᧑᧙᧒᧙ ᦵᦑ ᦵᦡᦲᧃ ᧑᧒ ᦵᦟᦲᧈ ᦵᦊᦲᦵ ᦡᦲᦵ ᦑᦔᦲᧃ ᦔᦲᧃ ᦂᦱᦵ ᦓᦲᦵ ᦑᦲᦵ ᦡᦲᦵ ᦙᦳᦂᦲ ᦈᦲᦵ ᦠᦲᦵ ᦂᦲᦵ ᦑᦸᦵ ᦔᦱᦵ ᦡᦱᦲ ᦂᦳᧃ ᦂᦱᧃ ᦺᦓᧃ ᦡᦲ ᦶᦂᦲ ᦺᦑᦱ ᦞᦱᦲ ᦡ ᦶᦡᦲ ᦡᦱᦲ ᦡᦱᦲ ᦂᦱᦡ᧟ ᦔᦲ ᧑᧙᧒᧙ ᦵᦑ ᦟ ᦔᦲ ᧑᧙᧓᧐ ᦵᦑ ᦡᦲᦵ ᦙᦱ ᦂᦱᧃ ᦶᦊᦲᧃ ᦔᦱᦲ ᦵᦙᦲᦡ ᦡᦱᦵ ᦈᦱᦲ ᦔᦲᦵ ᦶᦂᦲᧃ ᦂᦱᧃ ᦡᦲ ᦶᦂᦲ ᦺᦑᦱ ᦞᦱᦲ ᦡ ᦂᦲᦵ ᦂᦱᧃᦵ ᦓᦲᦵ ᦟᦱᦲ ᦡᦸᦂᦲ ᦟᦱᦲ ᦔᦱᦡ᧟ ᦔᦲ ᧑᧙᧓᧐ ᦵᦑ ᦵᦡᦲᧃ ᧗ ᦵᦟᦲᧈ ᦟᦲᦵ ᦶᦟᦲᦵ ᦠᦲᦵ ᦡᦲ ᦶᦂᦲ ᦺᦑᦱ ᦞᦱᦲ ᦡ ᦶᦡᦲ ᦂᦱᧃ ᦂᦲᦵ ᦂᦱᧃᦵ ᦔᦳᦡ ᦓᦲᧃ, ᦙᦲ ᦂᦲ ᦟᦱ ᦠᦱᦂᦵ ᧑ ᦡᦱᦂ ᦟᦲ ᦡᦱ ᦔᦱᦲ ᦵᦙᦲᦡ ᦊᦲᧃᦓᦱᧃ ᦔᦸᦂᦵ ᦡᦲᦡ ᦔᦲ ᦵᦡᦲ ᦵᦊᦲ ᦓᦱᦲ ᦟ ᦔᦲᦵ ᦂᦲᦂ ᦂᦳᧃ ᦂᦱᧃ ᦡᦱᦂ ᦟᦲ ᦡᦱ ᦑᦲᦵ ᦶᦂᦲᦵ ᦈᦲᦂᦵ ᦔᦸᦂᦵ ᦡᦲᦡ ᦡᦲᦵ ᦶᦂᦲᦵ ᦈᦱᦲ ᦟᦲ ᦂᦲᦂ ᦂᦡ ᦂᦱᧃ ᦡᦲ ᦑᦲᦔ ᦶᦂᦲ ᦺᦑᦱ ᦞᦱᦲ ᦡ ᦂᦲᦵ ᦶᦡᦲ ᦑᦲᦂ ᦑᦸᦵ ᦟᦱᦲ ᦡᦸᦂᦲ ᦟᦱᦲ ᦔᦱᦡ᧞ ᦶᦠᦲᦵ ᦵᦎᦲᧃ ᦡᦳᧃ ᦊᦸᦙ ᦓᦙᦲᦵ ᦡᦱᦵ ᦡᦲ ᦶᦂᦲ ᦺᦑᦱ ᦞᦱᦲ ᦡ ᦶᦡᦲ ᦂᦱᧃ ᦑᦲᦂ ᦑᦸᦵ᧟ ᦡᦳ ᦓᦳᦙ ᦔᦱᦵ ᦡᦸ ᦈᦳᦔ ᦡᦲ ᦡᦲ᧟ ᦂᦱᦵ ᦟᦲ ᦡᦲ ᦟ ᦂᦱᦵ ᦟᦲ ᦶᦡᦲᦡ ᦡ ᦟᦲᦔ ᦙᦲ ᦡᦲᦵ ᦡᦲᦡ ᦑᦱᦂᦵ ᦂᦱᧃ ᦔᦳᦡ ᦓᦲᧃ, ᦶᦡᦲ ᦂᦱᧃ ᦶᦂᦲᦵ ᦠᦲᧃ ᦔᦳᦡ ᦓᦲᧃ ᦈᦸᦵ ᦵᦂᦲ ᦙᦲᦵ ᦡᦱᦡ ᦂᦱᧃ ᦑᦳᦂᦵ ᦡᦱᦲᦵ ᦔᦱᦵ ᦠᦲᦵ ᦂᦲᦔ ᦂᦱ ᦡᦱᦲᦵ ᦂᦱᦡ ᦔᦳᧃ ᦡᦱᧃ ᦟᦱᧃ ᦡ ᦂ ᦑ ᦡᦲ ᦉᦳᦡ ᦙᦱ ᦂᦱᦵ ᦂᦳᦵ ᦠᦳᧃ ᦡᦲ, ᦡᦲᦵ ᦞᦱᦵ ᦑᦲᦂ ᦑᦸᦵ ᦡᦸᦂᦲ ᦺᦡ ᦂᦲᦵ

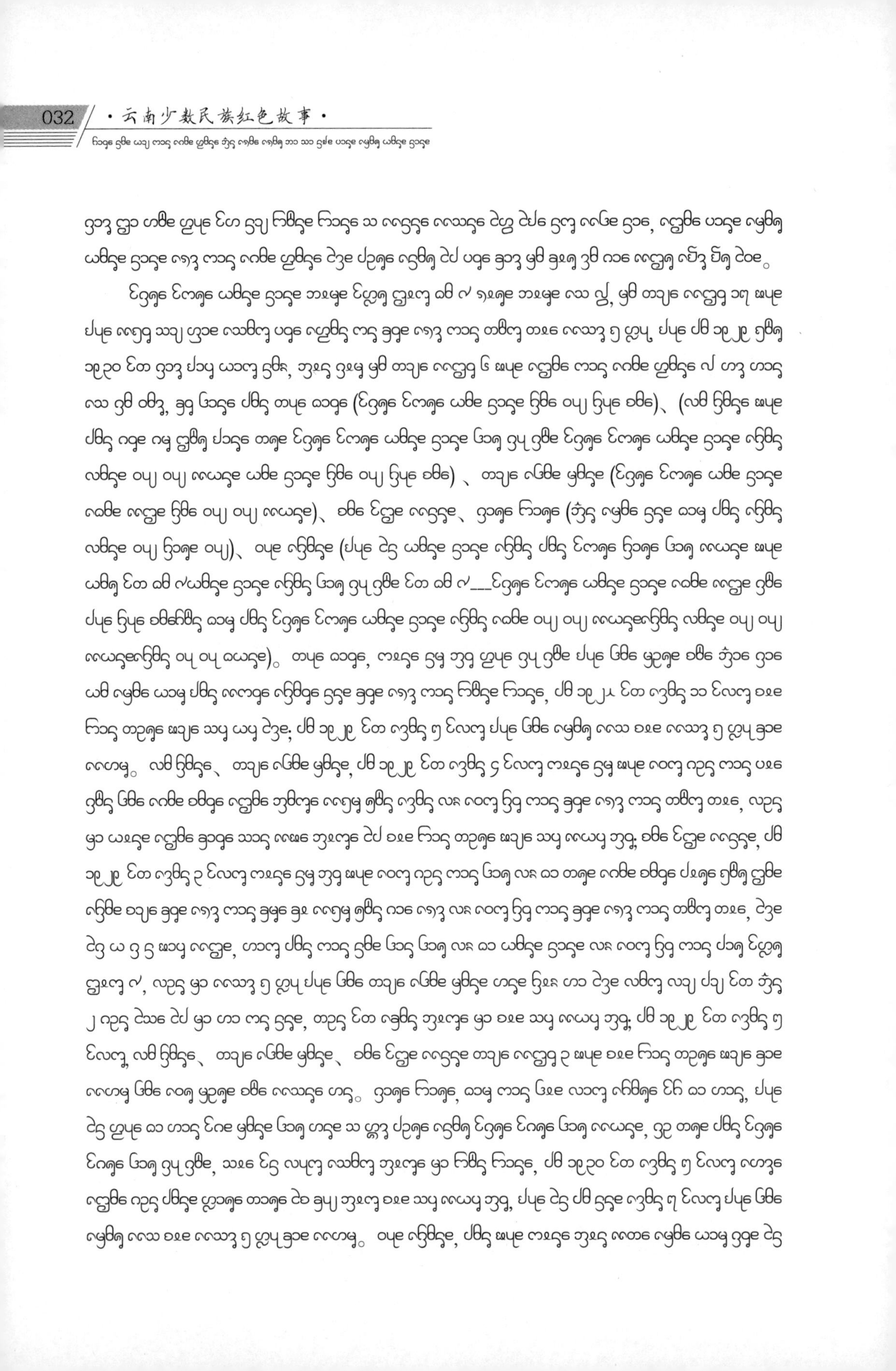

ᦷᦡᧂ ᦷᦂᧂ ᦍᦲᧃᧈ ᦓᦱᧃᧈ ᦕᦱᧂ ᦡᦳ ᦡᦲᧈ ᦓᧃᧈ ᦙᦳᧈ ᧑ᦔᦲᧃ ᦙᦳᧈ ᦂᦰᧃ ᦡᦰᧃ ᦙᦳᧈ ᦍᦲᧂ ᦡᦲᧃ ᦵᦐᦡ ᦂᦱᧃ ᦔᦲᧃ ᦷᦎᧂ ᦡᦰᧂ ᦡᦲᧃ ᦚᦲ ᦵᦟᦱᧂ ᦓᧃᧈ ᦔᦲ ᧑᧙᧒᧘ ᦷᦎ ᦵᦡᦲᧃ ᧑᧒ ᦷᦟᧂ ᦵᦠᦡᧃ ᦵᦡᦲᧃ ᦂᦳᧃ ᦔᦲᧃᧈ ᦷᦢᧂ ᦎᦱᧂ ᦺᦞ ᦈᦳ ᦡᦰᧂ ᦔᦳ ᦵᦙᦲᧂ ᦵᦟᦱ ᦞᦰᧈ ᦉᦳ ᦵᦍᦳ, ᦔᦲᧃ ᦠᦲᧂ ᦕᦲᧃ ᦺᦡ ᦞᦰᧈ ᦂᦱᧃ ᦎᦳᧂ ᦙᦳᧃ ᦈᦱᧈ ᦵᦠᦳ。 ᦓᦰᧂ ᦵᦟᦱ ᦓᦲᧃ ᦺᦓ ᦠᧃ ᦍᦲᧂ ᦚᦲ ᦎᦳᧃ ᦵᦡᦲᧂ ᦱᦱ ᦙᦳᧈ, ᦚᦲ ᦂᦱᧃ ᦵᦡᦲᧃᧈ ᦡᦱᧃ ᦵᦡᦲᧃ ᦂᦰᧈ ᦵᦡᦲ ᦞᦱᦙ ᦔᦲᧃ ᦺᦡᧈ ᦵᦟᦱᦡ ᦡ ᦷᦢᦳ ᦔᦱᧈ ᦠᦲᦳᧃ ᦂᦲᦳ ᦂᦱ ᧑ ᦷᦎᦰ ᦍᦰᦰ, ᦔᦲᧃ ᦂᦳᧃ ᦔᦲᧃᧈ ᦷᦢᧂ ᦎᦱᧂ ᦺᦞ ᦡᦰ ᦔᦰᦰ ᦓᧃᧈ。 ᦺᦓ ᦠᧃᧈ ᦎᦳᧃ ᦵᦡᦲᧂ ᦱᦱ ᦙᦳᧈ, ᦚᦲ ᦡᦰᦂ ᦓᦲᧃ ᦞᦰᧈ ᦉᦳ ᦵᦍᦳ, ᦚᦲ ᦡᦰᦂ ᦂᦰᧈ ᦵᦐᦡ ᦂᦱᧃ ᦉᦰᦡᧃ ᦵᦡᦲᦙ ᦈᦲᧈ ᦵᦐᦡ ᦂᦱᧃ ᦎᦲᦂ ᦎᦰᧃ, ᦚᦲ ᦡᦰᦂ ᦓᦲᧃ ᦠᦱ ᦔᦲᧃ ᦞᦰᧈ ᦷᦡᧂ ᦷᦂᧂ ᦕᦱᧂ ᦡᦳ ᦡᦲᧈ, ᦺᦓ ᦈᦲ ᦕᦱᧃ ᦠᧃᧈ ᦔᦳᧃ ᦡᦳ ᦷᦢᦳ ᦂᦰᧈ ᦵᦠᦲᧃ ᦡᦳᧈ ᦞᦲᧃ ᦕᦱᧂ ᦵᦍᧃᧈ ᦷᦢᧂ ᦷᦢᦳ ᦔᦱᧃᧈ ᦵᦙᦲᧂ ᦍᦲᧃᧈ ᦓᦱᧃᧈ ᧑ ᦡᦳᦙ ᦷᦢᦳ ᦠᦳᧃ ᦞᦙᧃ ᦵᦟᦲᧃ ᦓᧃᧈ, ᦺᦎᧃ ᦎᦱᦙ ᦷᦡᦳ ᦍᦱ ᦂᦱᧃ ᦔᦲᧈ ᦔᦱᧂ ᦵᦢᦲ ᦺᦞ ᦷᦢᦳ ᦈᧃ ᦷᦢᦳ ᦡᦰᦂ, ᦈᦡ ᦵᦈᦂ ᦵᦐᦡ ᦂᦱᧃ ᦵᦂᦲᧈ ᦠᦲᧃ ᦎᦲᦂ ᦎᦰᧃ, ᦂᦲ ᦉᦳᦡ ᦙᦱ ᦐᦳ ᦺᦡᧈ ᦂᦱᧃ ᦕᦲ ᦙᦱ ᦵᦕᦡ ᦜᦲᧃ ᦺᦈ ᦓᧃᧈ。

ᦂᦱᧃ ᦉᦱᦂ ᦵᦵᦎᦂ ᦵᦟᦱᦲ ᦈᦳᦲ ᦡᦳ ᦔᦲᧃ ᦈᦲᧃ ᦚᦲ ᦕᦲᧃ ᦎᦱᦂ ᦙᦰ ᦵᦕᦡ ᦷᦡᦂ ᦷᦂᦱ ᦍᦲᧈ ᦈᦲᧈ ᦠᦱ ᦉᦱ ᦈᦱᦡ ᦺᦠᧃ, ᦡᦳᦳᧃ ᦟᦂ ᦂᦱᦂ ᦓᦲᧈ ᦍᦲ ᦂᦱᧃ ᦵᦂᦲᧈ ᦠᦲᧃ ᦔᦱᧃᧈ ᦵᦙᦲᧂ ᦍᦲᧃᧈ ᦓᦱᧃᧈ ᦡᦲᧃ ᦵᦐᦲᧃ ᦵᦐᦲᧂ ᦠᦲᧈ ᦡᦲ, ᦎᦰᦰ ᦉᦲᧃ ᦈᧃ ᦞᦰ ᦉᦲᧃᧈ ᦵᦟᦲᦡ ᦉᦱᦡ ᦟᦳᦙ ᦷᦡᦂ ᦷᦂᦂ ᦍᦲᧃᧈ ᦓᦱᧃᧈ ᦡᦰᦙᧈ ᦷᦢᧂ ᦎᦰᦂ ᦞᦲ ᧑, ᦵᦡᦲᧃ ᦵᦂᦂ ᦵᦈᦲᦡ ᦺᦡᦱᧃ ᦵᦙᦲᧂ ᦡᦳᧃ ᦡᦱ ᦉᦱ ᦔᦱᧃᧈ ᦵᦙᦲᧂ ᦍᦲᧃᧈ ᦓᦱᧃᧈ ᦵᦐᦡ ᦂᦱᧃ ᦉᦱᦂ ᦵᦵᦎᦂ ᦵᦟᦱᦲ ᦈᦳᦲ ᦡᦳ ᦔᦲᧃ ᦷᦡᧃ ᦔᦡ ᦵᦡᦲᧃ ᦵᦟᦱᦂ ᦙᦰᦳ ᦞᦰᦡᧃ、 ᦷᦂᦡ ᦵᦵᦎᦙ ᦡᦰᦂ ᦂᦱᧃ ᦂᦱᧃ ᦔᦱᧃ ᦵᦙᦲᧂ ᦍᦲᧃᧈ ᦓᦱᧃᧈ ᦂᦲᦙ ᦙᦱᦡ ᦓ ᦠᦱ ᦙᦰ ᦵᦕᦡ ᦷᦡᦂ ᦷᦂᦰ ᦚᦲ ᦂᦱᦂ ᦟᦂ ᦕᦳᧃᧈ ᦍᦳᧈ ᦺᦡ ᦔᦱᧃ ᦈᦱᦡ。

(ᦙᦳᧈ ᦷᦂᦡ ᦵᦵᦎᦙ: ᦵᦵᦟᦂ ᦓᦲᦳᧃ ᦍᦱᦂ)

各族人民颂红军
鱼水深情传至今

红军长征进入云南，一路高举全民族团结抗战的大旗，以实际行动严格执行党的民族团结、宗教政策，赢得了各族人民的支持。今天，在红军长征经过的少数民族地区还流传着很多歌颂红军的歌谣、故事和传说，表达着各族人民对红军的思念之情。

红军标语回民班　彝家山歌唱红军

1935年4月29日，中央红军军委纵队进驻寻甸柯渡村。部队刚安顿下来，朱德便来到村里的清真寺和清真寺首领进行了谈话，宣传红军的政治主张和党的民族政策，使回民首领和群众深受教育，与红军结下了深厚的感情。今天在丹桂村、回辉村、甸尾村、凹椅子村，还有当年红军留下的“红军绝不拉夫”“欢迎贫苦农民来当红军”“建立工农自己的苏维埃政权”等共18处标语，特别是在回辉村清真寺的墙上，至今还保存着“红军绝对保护回家工农群众利益”的标语，这些标语历经80余年风雨，见证着党和红军民族团结的思想与实践。

据当年曾与红军有过接触的柯渡长征纪念馆前馆长崔金顺介绍，红军在群众家吃住以后，都要付款或赠送物品，即使是受伤掉队的战士，没有钱，也要送点东西做纪念。红军不让老百姓吃亏，感动了很多回族同胞，他们踊跃给红军挑柴、做饭、打草鞋、做干粮、看护伤病员、带路、送情报，红军离开时有10多个青年加入了红军，被编为中央军委纵队干部团教导营二营一连三排七班。这个有些特别的“回民班”得到了特别的照顾，他们的风俗习惯得到了充分尊重，部队首长特意分给他们一口铜锅做饭，打土豪时，优先送给他们鸡肉、牛肉；没有菜时，就发给红糖煮糖饭。后来在艰苦的长征途中，这个回民班的战士大多牺牲了。[①]

1935年5月1日，中央军委从寻甸柯渡出发，经禄劝九龙进入翠华小仓。此时正是石榴花开的季节。毛泽东住宿的界碑小村汪姓人家院里也开着石榴花。红军走后，当地有一首《榴花歌》在金沙江畔唱响，至今仍在传唱：“石榴花开叶子青，穷人只爱一个人。沧海桑田永不变，人生路上不回头。石榴花开叶子青，穷人对你下决心。今生今世永不变，榴花红艳映山河……”[②]就在同一天，负责抢占禄劝境内洪门渡的红三军团到达禄劝九龙下益里村，给当地彝族群众留下了一支枪。彝族人民怀念红军，就编了一首歌谣——《红军枪》：“红军枪，亮堂堂，红军用它打江山。路过彝寨留下枪，彝山从此见曙光。彝家用它打豺狼，工农江山万年长。”[③]

金沙江畔群山深处的武定县山南村，是一个只有80来户人家的彝族小山村。红一方面军来到这里时，适逢持续大旱，山上的野菜都被吃光了，彝族同胞在生死线上苦苦挣扎。红军打开恶霸地主的粮仓，把粮食分给穷人，乡亲们得救了。红军走后，漫山遍野长出一种小草，绿油油的，人畜都能吃。为了表达对红军的感谢，彝族群众把这种草称作“红军草”，还编了首《红军草》歌谣：“自从红军来过了，到处长满红军草。红军草，红军草，一年四季长得好……红军草，红军草，风吹叶儿轻轻摇。花儿好像五角星，远望就像红军笑。”[④]这首《红军草》一直流传于云南革命老区武定、禄劝一带。

在武定县木高古村，流传着一首《红军长征到彝寨》的歌谣：“三月马缨红满山，红军长征到彝寨。千军万马兵力强，吓得土豪叫爹娘。军民团结心连心，红军事迹记得清。天旱盼望降甘露，穷人盼望老红军。”[⑤]

在武定县万德村，红军带领当地彝族群众开展反土司斗争，他们捣毁了

---

①《多彩寻甸民族情　红色记忆——红军回民班》，央视网，2017年6月12日。
②杨继渊：《金沙江畔的红色歌谣》，《云南日报》2021年12月19日。
③杨继渊：《金沙江畔的红色歌谣》，《云南日报》2021年12月19日。
④杨继渊：《金沙江畔的红色歌谣》，《云南日报》2021年12月19日。
⑤杨继渊：《金沙江畔的红色歌谣》，《云南日报》2021年12月19日。

土司据点，砸开监狱，解救出被关押的无辜群众，打开粮仓，把粮食财物分给穷苦彝民；在村前村后、墙上树上、照壁大门处张贴上标语：“云南工农暴动起来，打土豪分田地”“彝民们团结起来，实行不交租不还债”“武装暴动起来，实行不交租不纳税”。红军在当地播下了革命的种子。1935年6月中旬，当地近千名农奴掀起了反土司斗争，于是有了《工农革命歌》：“工农革命，万众一心，打土豪，分田地，消灭国民党，我们都是一个心。”①

禄劝县杉乐村是通往金沙江皎平渡的必经之地，村中有一株树龄百年的杉乐树。1935年5月2日，中央红军军委纵队奔赴皎平渡。途经杉乐村时，毛泽东、朱德在这棵古树下休息，朱德将战马拴在此树上。后来，当地群众将此树称为“将军树”。这棵古老的杉乐树也见证了红军巧渡金沙江的奇迹。②

箪壶不绝，白族情深，鹤庆长忆

1936年4月，红二、六军团转战进入滇西，一路上严惩贪官污吏、打击土豪劣绅、争取开明士绅、救济贫苦百姓、尊重少数民族习俗、宣传抗日救国主张的事迹早已在群众中传播。大理鹤庆境内聚居着以白族为主的汉、彝、苗等15个民族，当听说除暴安民的红军要途经鹤庆渡金沙江北上时，各族群众奔走相告，成群结队地来到路口设置香案，燃放鞭炮，吹奏洞经古乐，手握五彩缤纷的旗帜，用本民族传统的最隆重的迎宾方式，把红军当亲人一样欢迎。他们亲切地喊道：“民家想红军，盼红军！”“民家欢迎红军！”“在我们这里住下来吧！”白族群众用自己最好的食品——猪肝鲊、锅边粑粑、馒头、花卷、青豆稀饭、米酒鸡蛋、时鲜水果、茶水、草烟，热情地慰劳红军，让一路坎坷的红军战士们感动不已，仿佛又回到了苏区。

红军进驻鹤庆，他们放出了监狱里的在押群众，烧毁了县政府的田契、债券、田赋底册数千，打击土豪80余家，将没收的财产分给贫苦农民。有的穷人有顾虑，红军战士就亲自送钱、送物、送粮上门。红军在鹤庆张贴布告、书写标语、演唱革命歌曲、召开群众大会，向群众积极宣传红军的宗旨。今天

①杨继渊：《金沙江畔的红色歌谣》，《云南日报》2021年12月19日。
②杨继渊：《金沙江畔的红色歌谣》，《云南日报》2021年12月19日。

当地还留有“红军是工农自己的军队”“打倒日本帝国主义”“打倒卖国的南京政府”“只有苏维埃才能救中国”的标语，并传唱着歌谣：“红军三万三，路过波罗庄，吃富不吃贫，穷人莫惊慌！”“上等之人欠我钱，中等之人莫照闲，下等之人跟我走，有吃又有穿。”①在鹤庆短短的六天五夜中，红军纪律严明、秋毫无犯，不仅拿出稀缺物资救助穷苦人家，而且行军损坏庄稼也会把钱币放在田边用以赔偿。红军用实际行动让人民群众坚信红军是自己的队伍。鹤庆各族人民积极支援红军，主动帮助部队筹粮，当向导，做翻译，冒着危险收留和照顾红军伤病员，与红军建立了鱼水深情。红军离开过程中，有34位群众自发地为红军当向导。其中，寸秀山把红军送到石鼓渡口以后，红军首长为了感谢他，送给他一盏四方灯，现在这盏四方灯收藏于北京的军事博物馆。②

红二、六军团虽没来得及在鹤庆“扩红”，但仍有27名青年加入了红军，其中就有新中国成立后担任过海军旅顺基地副司令员的田麟勋大校。时隔48年后的1984年，萧克上将还专程到鹤庆写下了“九顶山高，金沙水碧。红军长征，箪壶不绝。白族情深，鹤庆长忆”的诗句。③

纳西儿女迎红军　玉龙欢歌金江唱

红二、六军团在鹤庆受到各民族群众隆重欢迎并挺进丽江的消息很快传到了丽江纳西族民众中。国民党反动派见势不妙，望风而逃；劳苦大众则欢天喜地，酝酿着迎接红军的事情，一些开明士绅也出面倡导欢迎红军。1936年4月24日清晨，晴空万里，玉龙欢歌，迎接红军的纳西族群众从四面八方蜂拥而来，欢聚在大研镇四方街。人们兴高采烈地挥动着彩旗，浩浩荡荡地从四方街出发，分两路迎接红军。其中，部分纳西族群众代表来到离城10余里的东园桥“接官亭”，在路边摆起香案，等候红军的到来。不一会儿，红军先头部队骑着高头大马，头戴柳条帽，身背长枪，手提短枪，队列整齐、精神抖擞地来到

①杨重金：《红军长征过鹤庆　军民心连心》，云岭先锋网，2016年10月9日，http://ylxf.1237125.cn/NewsView.aspx?NewsID=183676。

②王学勇：《长征过鹤庆　军民一家亲》，云岭先锋网，2021年12月29日。

③《红军长征过鹤庆“迎红军、送红军”鱼水情深》，大理电视台，2019年8月17日，https://mbd.baidu.com/ma/s/Eo1NcO0F。

东园桥。战士们看到群众前来迎接，心潮澎湃，兴奋异常，纷纷跳下马来，向乡亲们亲切致意。当他们看到彩旗上写着“欢迎义军”的字样时，连忙热情地向群众解释说：“我们是工农红军，是老百姓的队伍！”在乡亲们的陪同下，红军先头部队进入大研镇。一些在反动派煽惑下躲起来的群众，听到红军对贫苦民众不但不打不杀，还发给钱粮财物、给予救济的消息后，消除了疑虑，陆续回到了家。红军在丽江县城、石鼓及巨甸一带，沿途所至，严惩贪官污吏，打击地霸豪绅，开仓救济民众。这一切，在老百姓心中产生了深远的影响。

为抢渡金沙江，红军依靠群众，在被从监狱里解救出来的丽江大研镇人桑乐天等人的陪同下，在大研镇走街串巷，访贫问苦，了解情况，选择渡口。红军很快得知王孙、和仲清二位是木匠师傅，会扎筏子，就动员他们到石鼓帮忙扎筏子。这两位木匠不但答应帮红军扎筏子，而且愿意邀约更多的木工跟红军一起到石鼓去，帮忙抢渡金沙江。为保证顺利渡江，红二、六军团总指挥部遵照党中央建立抗日民族统一战线的精神，对开明士绅和少数民族上层人物尽力做争取工作。贺龙了解到金沙江边鲁桥乡副乡长王缵贤比较开明，亲笔署名写信给他，请他动员船工准备船只，帮助红军渡江。王缵贤看到贺龙总指挥的署名信，认为事关重大，并为红军以礼待人所感动，立即叫船工杜有发、徐栋才和陈双友到渡口将隐藏在江东岸的一条船连同中甸县属的船工赵锡敏和马光友一并找来，恭候红军过江。在当地群众的积极努力下，共寻得7条船和28名各民族船工，并组织人员扎了数十只木筏。在他们的帮助下，红军分别从石鼓至巨甸长达125华里江岸上的5个渡口，历时4天3夜，顺利渡过金沙江天险，将追敌远远地甩在后头。

参考资料

[1]中共云南省委党史资料征集委员会编：《中共云南党史资料丛书（一）红军长征过云南》，云南民族出版社1986年版。

[2]中共云南省委党史研究室编：《红军长征过云南大事记》，《云南日报》2016年11月20日。

[3]云南省军区党史资料征集办公室编：《红二、六军团长征过云南》，云南

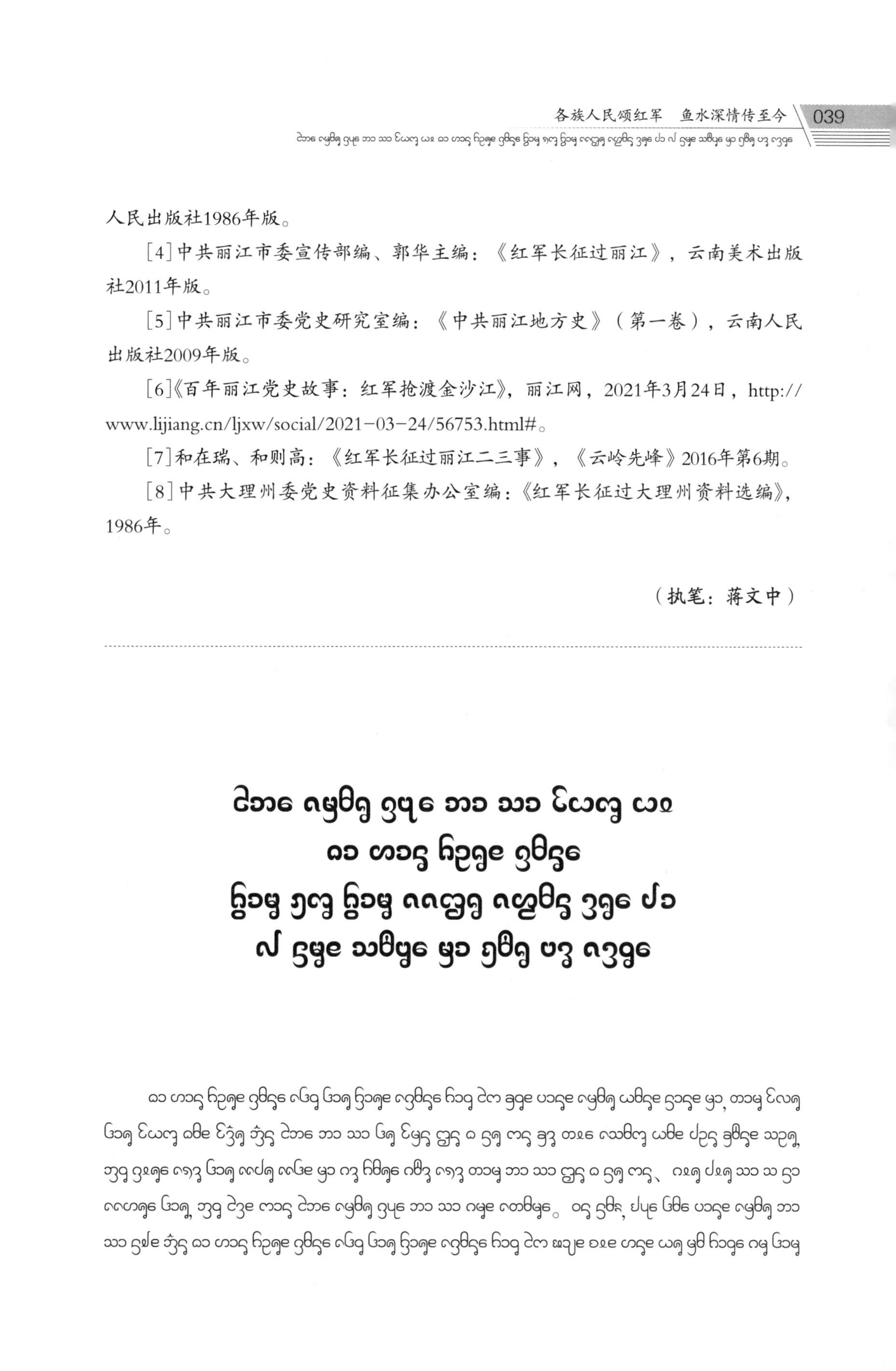

人民出版社1986年版。

[4]中共丽江市委宣传部编、郭华主编：《红军长征过丽江》，云南美术出版社2011年版。

[5]中共丽江市委党史研究室编：《中共丽江地方史》（第一卷），云南人民出版社2009年版。

[6]《百年丽江党史故事：红军抢渡金沙江》，丽江网，2021年3月24日，http://www.lijiang.cn/ljxw/social/2021-03-24/56753.html#。

[7]和在瑞、和则高：《红军长征过丽江二三事》，《云岭先锋》2016年第6期。

[8]中共大理州委党史资料征集办公室编：《红军长征过大理州资料选编》，1986年。

（执笔：蒋文中）

[illegible]

[illegible]

ဂမ္၊ ၵႃဝ္ၼ ၵႄမ ယ႒ လ် ၵႃဝ္ၼ ၵွၣ သမၸ ၵာၣ ၿယၵ ယႄ ဎာ ဟာၣ ၵၣၷ ၣမၣ ၵၣ သမၸ ၵႄၼ ၸပ၊

ၵႄၼ ၸၡ ဘႄၵ ၸာၼ ၵမၵ ၣပ ဘာ သာ သ ၵမၣ တမၣ ဟ်ၼ ဎာ ဟာၣ ၵၣၷ ၣမၣ။

ၵာၣ ဘာ သာ ၼာ သမ မမ ဂမ္ ၵႄၵ ယမ ဎာ ဟာၣ ၵၣၷ ၣမၣ

ဂမ္ ၡပ ၵမၣ ၡပ ၵမ ဘာ သာ ယမၼ ဂႄ ၡပ ၿယၵ ယႄ ဎာ ဟာၣ ၵၣၷ ၣမၣ

ပမ ၁၉၃၅ ၿတ ၵမၣ ၄ ၿလၵ ဘႄၵ ၂၉ ၵမ, ၿၵ ယာၵ ၵၣၷ ၣမၣ ၣမၣ ဝပ စၣၵ တပ

ၡၡ မာ ၸပ ၵမၣ ၵၵ ၿၵ တပ ဘၣ ပမၣ ၿၵ သၣၣ လ် ဘႄမ ဘၣပ လာၣ ၵပ စၡ ၣာၣ ၿၵ

သၣၣ။ ဎာ ဟာၣ သၵ ဂမ္ ၡၡ မာ ၸပ, ၣပ ၵမ မာ ၵမ ၸၣ ပာၣ ၸ် ၿၵ သၣၣ ဘာ သာ ၼာ သမ

ဟၣ လ် ဘႄမ ဘၣပ လာၣ ၵပ စၡ ပာၣ ဘာ သာ ၼာ သမ, ၵႄၼ သႄၣ ၣပ ၵာမ ၵပ ဟၣ လာ ၣ ၵာၣ

ၵၵ ဎာ ဟာၣ ၵၣၷ ၣမၣ လ် ဂႄ ပႄ ဘာ သာ ၵၵ ၵၵ, ဟမ စၡ ပာၣ ဘာ သာ ၼာ သမ လ် ၣၣမ

ၸပ ၸၣ ၵပ ၸပ ၵာၣ သၵ သႄၣ ၵမၵ ၵပ, မမ ၵာမ ၵၵ ၵာမ ၵၵ ၵပ ဎာ ဟာၣ ၵၣၷ ၣမၣ

ၵမၵ ၵပ။ ဝၣ ၵမ ၸပ ပာၣ ၵာၣ ၵပ၊ ပာၣ ၵပ ၵပ၊ ပာၣ ၵၵ ဝမ၊ ပာၣ ၵာ

ယမ ၣမ, ယၵ မမ ၵာၣ ဘၣ ၵမ ၵၣ ဎာ ဟာၣ ၵၣၷ ၣမၣ လၼ ၸ ၵၣ "ဎာ ဟာၣ ၵၣၷ ၣမၣ ၵၣ

ၵၵ ပၵ ၸာ ၵၵ ၵမၣ မာ ပမၣ ဎာ ဟာၣ" "ၵယမ ၵပ ၼပ ၿၵ ဂၣ ၼာၣ ၵႄ ၸၵ ၵမ ၣာ

မာ ပမၣ ဎာ ဟာၣ ၵၣၷ ၣမၣ" "တၵ ပမၣ လာ ၣ ဘမ ၣာၣ ၵပ ဝမ ဘၣ ၵာၣ ၵၵ ၿၵ ၵယမၣ

ၵႄ ၸၵ ၵမ ၣာ ၵၵ ၵမ ဘႄၵ မာ" ၸၣၵ ပမၣ ဂမ္ ၵႄၵ ယမ ၵႄၵ မမ ၁၈ ၵမ, ၵမ ၵၵ

ၵမ ၸပ ၸာ ၿၵ သၣၣ ဘာ သာ ၼာ သမ ဟၣ, ၵမ ပၣ ၵၵ ဂႄ ယၵ ၵၵ သာ ဂမ္ ၵႄၵ ယမ "ဎာ

ဟာၣ ၵၣၷ ၣမၣ မမ ၼ ၵာၣ ၵမ ၵမ ၵၵ သာ ၵာၣ တာ ၣမ ၵာၣ ၵၵ ၿၵ ၵယမၣ ၵႄ ၸၵ ၵမ ၣာ

ၣၣမ ၸပ ၵႄၵ မာ ပာၣ ၿၡ" ၊ ဂမ္ ၵႄၵ ယမ ၸၣၵ ၵမ ဟာၵ စႄ ၵာ ၸၣ လၣမ ၵမၸ ၸာ ၸၣ

ၵႄ ၁၀ ပမ ပ, ပမၣ သ ၡမ ဟၣ ၵမ ၵာမ ဂမၣ လ် ၵာၣ ၵၣၣ စမ ၵၵ ၵၵ လ် ဎာ ဟာၣ ၵၣၷ ၣမၣ

ၵၣ ဎ ၵ ၵပ ၣပ ဘာ သာ ၵၣ။

ၵပ တာမ ၵပ ၣမၣ သၣၣ ဘၣ ၵပ ဘႄၣ ပမၣ ၿၵ တပ ၵာၵ ၵမၣ စမ ၵၣ ၣာၣ ၣာၣ

ၣာၵ ဘၣ ၵမ ၵၣ ၸၣ ၵပ ဎာ ဟာၣ ၵၣၷ ၣမၣ ၵၣ ပႄၵ ဟမ ၵပ, ဎာ ဟာၣ ၵၣၷ ၣမၣ ၣ်

ၵမၣ ၵႄၣ ၸပ ၵမၣ ၣၣမ ၸပ လာ လ်, ဂႄ စၵ ၸၣ ၵ ဂာ ၵမၣ ပၵ ဂႄ တႄၣ ပၣ ၡႄ ၿၵ လ်, ဟၣ

ဝာ ဎာ ဟာၣ ၸပ ၸၣ ၵပ ၵာၵ ပၵ ၵမၣ ၸပ ၣၣမ, ပၵ မမ ၵမၣ ဂႄ ဘၡ ၡႄ ၿၵ တႄၣ ပၣ ၸ

စမ စမ။ ဎာ ဟာၣ ၵၣၷ ၣမၣ ပၵ ဟမ ၸာ ၵမ ၸၣ ၵၣမ လာ, ပမ တမ သ လာပ တႄ ၵမ ၵႄၵ

ဘာ သာ ၼာ သမ ၵၵ, ၡၡ ၵၣ ၵမ ၵႄ ၵၣ ၸ် ဟာပ ၵမၣ၊ ၵၵ ၡၡ၊ ၸၣ ၵၡ ၵမ၊ ၵၵ

ၡၡ ၵၵ ၡာၣ ဘၣ ၵာ ၸ် ၵပ၊ ပမၣ ၿ် ၿလမ လာ ၼပ ၵပ ၵာၵ၊ ၵမ ၵၵ၊ သၣၵ ၵႃဝ္ၼ

ၵာၣ ဟမ ဎာ ဟာၣ ၵၣၷ ၣမၣ, ၵမၼ ဎာ ဟာၣ ၵၣၷ ၣမၣ ဘာၵ ၸ် ယာမ ၵၣ မမ ဂၣ ၵၣမ ၁၀ ဂၣ

ᦵᦋᦲ ᦃᦸᧂ ᦵᦑᧃ ᦑᦱ ᦠᦱᧃ ᦷᦂᦸᧂ ᦶᦑᧂ, ᦈᦰ ᦺᦑ ᦠᦰᦙ ᦵᦟᦰ ᦵᦑᦱᦉ ᦃᦸᧂ ᦵᦑᦸᧃ ᦍᦱᦸᧃ ᦶᦑᧂ ᦞᦳ ᦈᦸᧃ ᦎᦳᧃ ᦂᦱᧃ ᦵᦋᧃ ᦑᦰᧂ ᦶᦈᦸᧃ ᦎᦸᧃ ᦍᦲᧂ ᧒ ᦍᦲᧂ ᧘ ᦶᦟᧂ ᧕ ᦑᦱᦳ ᧗ ᦵᦉᦱᧂ᧞ “ᦵᦉᦱᧂ ᦑᦱ ᦉᦱ ᦌᦱ ᦉᦲ” ᦷᦑᧂ ᦙᦲ ᦶᦙᧃ ᦎᦱᦸᧃ ᦵᦉᦲᧂ ᦑᦰᦸᧃ ᦷᦓᦸ ᦓᦲᧆ, ᦑᦲ ᦵᦑᧄ ᦶᦙᧃ ᦎᦱᦸᧃ ᦂᦸᦙ ᦵᦉᦲᧄ ᦵᦉᦲᧂ ᦓᦸᧂ, ᦵ ᦞᦲ ᦓᦲ ᦵᦋᦱᦙ ᦵᦉᦲᧃ ᦶᦠᦸᧃ ᦃᦲ ᦶᦑᧂ ᦠᦱᧅ ᦵᦑᧄ ᦵᦋᦸᧃ ᦵᦋᧄ ᦓᦲ ᦵᦉᦲ ᦎᦲᧄ ᦞᦲ, ᦓᦲ ᦑᦱ ᦠᦱᧃ ᦎᦸᧂ ᦵᦑᦲ ᦑᦲ ᦠᦰᦸ ᦶᦠᦸᧅ ᦠᦲᦸᧃ ᧘ ᦠᦲᦸ ᦃᦲ ᦶᦑᧂ ᦶᦟᧅ ᦃᦸᧂ ᦂᦲᧂ, ᦵᦋᧃ ᦶᦙᦲᧃ ᦔᦲ ᦎᦲ ᦔᦱᦸ ᦎᦲᧃ ᦑᦲ ᦍᦱᦙ ᦓᦸᧂ, ᦑᦲ ᦑᦲᧂ ᦵᦑᦸᧃ᧟ ᦑᦲᧂ ᦵᦋ ᦠᦲᦸ ᦃᦲ ᦶᦑᧂ ᦑᦲᧅ ᦶᦑᧅ ᦵᦉᦲᧂ; ᦔᦸᧃ ᦙᦲ ᦌᦸ ᦶᦟᦲᦸ, ᦂᦰᦸ ᦑᦲ ᦑᦲᦸ ᦶᦑᧅ ᦠᦲᦸ ᦎᦸᦙ ᦉᦰᦸ ᦃᦲᦸ ᦂᦲᧂ᧞ ᦟᦸᧂ ᦙᦱ ᦵᦋᧃ ᦶᦙᦲᧃ ᦶᦑᦲ ᦶᦑᧅ ᦠᦱᦸᧃ ᦵᦑᦲᧂ ᦠᦱ ᦵᦑᦸ ᦵᦋᦱ ᦍᦱᦸ ᦓᦸᧂ, ᦟᦸᦸ ᦵᦉᦲᧅ ᦵᦉᦱᧂ ᦑᦱ ᦉᦱ ᦌᦱ ᦉᦲ ᦵᦋᦸᧂ ᦵᦉᦱᧃ ᦠᦱᧃ ᦂᦰᦸ ᦵᦉᦸᦸ ᦵᦉᦱ ᦑᦲ ᦞᦲᧁ᧞

ᦵᦋᦲ ᧑᧙᧓᧕ ᦵᦑᦲ ᦵᦑᦲᧂ ᧗ ᦵᦟᦸ ᦑᦲᦸᧃ ᦠᦲᧃ ᧘, ᦵᦑᦸᧃ ᦍᦱᦸᧃ ᦑᦲᧂ ᦞᦳ ᦟᦸᦸ ᦶᦙᧃ ᦠᦲᧂ ᦶᦑᦸᧃ ᦵᦑᦲᧃ ᦎᦸᧃ ᦠᦸᧂ ᦑᦲᦸᧃ ᦵᦋ, ᦌᦱᦳ ᦈᦰ ᦟᦸᦸ ᦶᦉᧂ ᦑᦲᦸ ᦵᦟᦸᦸ ᦃᦲᧂ ᦵᦋ ᦶᦙᧃ ᦉᦳᧃ ᦠᦲᦸ ᦶᦑᦲ ᦠᦱᦸᧃ ᦠᦸᧂ᧞ ᦍᦱᦙ ᦓᦲᦉ ᦶᦙᦸ ᦶᦙᦸᧂ ᦟ ᦷᦑᦸ ᦍᦱᦙ ᦵᦋᦱᦸ ᦂᦰᦸ ᦶᦑᧅ ᦶᦌᦲ ᦑᦲᦸᧃ᧞ ᦶᦙᧃ ᦙᦲᦸ ᦶᦠᦲ ᦵᦑᦸᧃ ᦠᦲ ᦓᦲᦸ ᦓᦲᦉ ᦔᦲᧃ ᦔᦸᧂ ᦵᦃᦸᧃ ᦓᦲᦸ ᦵᦋᧄ ᦂᦲᦙ ᦵᦉᦱᦳ ᦃᦲᦸᧃ ᦶᦑᧂ ᦶᦑᦲᧂ ᦵᦑ ᦑᦲᧃ ᦞᦱᦸᧃ ᦓᦸᧂ ᦂᦱᦸ ᦵᦃᦸᧃ ᦶᦑᦲᧂ ᦶᦙᧃ ᦙᦲ ᦂᦰ ᦵᦋᦱᦸ ᦂᦰᦸ ᦶᦑᧅ ᦶᦌᦲ ᦑᦲᦸ᧞ ᦑᦱ ᦠᦱᧃ ᦷᦂᦸᧂ ᦶᦑᧂ ᦑᦱᦸ ᦈᦱᦸ ᦵᦋ ᦵᦉᦱ ᦟᦰ, ᦶᦙᧃ ᦔᦱᧂ ᦶᦙᦲᧅ ᦠᦸᧂ ᦙᦲ ᦂᦸ ᦃᦲᦸ 《ᦑᦲᦸᧃ ᦵᦋᦱᦸ ᦂᦰᦸ ᦶᦑᧅ》 ᦓᦸᧂ ᦵᦔᦑ ᧘ ᦵᦋᧃ ᦵᦟᧅ ᦓᦸᧂ ᦶᦙᦲᧃ ᦠᦲᦳ ᦠᦲᧃ ᦃᦲᦸ ᦵᦋᧃ ᦔᦸᧃ ᦃᦱᦑ, ᦓᦲᧅ ᦔᦑ ᦵᦑᦸ ᦠᦱᦸ ᦍᦲ ᦉᦲᦸᧃ ᦑᦲᦙ ᦂᦸ ᦃᦲᦸ ᦵᦋᧃ: “ᦑᦲᦸᧃ ᦵᦋᦱᦸ ᦂᦰᦸ ᦶᦑᧅ ᦶᦌᦲ ᦙᦱ ᦵᦑᦔ ᦙᦸ ᦵᦋᦸ, ᦌᦳ ᦵᦑᦸ ᦂᦸᧂ ᦌᦱᧂ ᦙᦸ ᦂᦸᧂ ᦵᦑᦸ᧞ ᦠᦸᦲ ᦞᦱᧃ ᦓᦸᧂ ᦶᦙᦲᧃ ᦵᦉᦸ ᦶᦋᧂ ᦵᦋᦲᧂ ᦵᦑᧂ ᦓᦱ ᦵᦑᧂ ᦓᦱ ᦶᦋᧂ ᦵᦋᦲᧂ ᦓᦸᧂ ᦶᦙᦲᧃ ᦶᦙᦸ ᦵᦑᧃ ᦔᦸᧃ ᦑᦱᦸᧃ ᦶᦋᧂ ᦟ, ᦂᦸᧂ ᦶᦑᦲ ᦶᦑᧅ ᦔᦸᧃ ᦑᦱᦸᧃ ᦠᦸᦳ ᦵᦋᦸ ᦵᦉᦲᦸ᧞ ᦑᦲᦸ ᦵᦋᦱᦸ ᦂᦰᦸ ᦶᦑᧅ ᦶᦌᦲ ᦙᦱ ᦵᦑᦔ ᦙᦸ ᦵᦋᦸ, ᦌᦳ ᦵᦑᦸ ᦂᦸᧂ ᦌᦱᧂ ᦵᦑᦞ ᦵᦑᦞ ᦎᦲᧃ ᦠᦲᦙ, ᦵᦑᧃ ᦓᦲᦉ ᦑᦱᦑ ᦓᦲᦉ ᦶᦙᦸ ᦵᦑᧃ ᦔᦸᧃ ᦶᦋᧂ ᦵᦉᦲᧂ, ᦑᦲᦸᧃ ᦵᦋᦱᦸ ᦂᦰᦸ ᦶᦑᧅ ᦶᦌᦲ ᦵᦑᦲᧃ ᦓᦸᧂ ᦶᦙᦲᧃ ᦑᦲ ᦂᦰᦸᦉ” ᦵᦋᧃ ᦵᦑᦓ ᦞᦓ ᦓᦸᧂ, ᦑᦱᦙ ᦂᦱᦓ ᦵᦠᦳ ᦑᦲᦙ ᦑᦲ ᦶᦙᧃ ᦠᦲᧃ ᦶᦙᦲᧂ ᦎᦸᧃ ᦵᦑᦓ ᦃᦲᦸᧃ ᦵᦑᦸᧂ ᦟᦸᦸ ᦵᦉᦸᧂ ᦓᦲᦉ ᦵᦋᧂ ᦠᦲᧃ ᦠᦱᧂ ᦑᦲᧂ ᦵᦑᦸᧃ ᦃᦸᧂ ᦵᦑᧃ ᦓᦲᦙ ᦔᦸᧂ ᦉᦱᧃ ᦍᦲᧃ ᦟᦲ ᦑᦲᦙ ᦵᦟᦸᦸ ᦟᦸᦸ ᦵᦉᦸᧃ, ᦑᦲ ᦓᦲᦑ ᦵᦑᦞ ᦠᦲᦸ ᦑᦲᦙ ᦵᦉᦱᦳ ᦑᦱ ᦉᦱ ᦍᦲᦸ ᦶᦙᧃ ᦔᦸᧂ ᦶᦙᦲᧅ ᦠᦸᧂ ᦟᦑ ᧘᧞ ᦵᦑᦱᧃ ᦶᦙᧅ ᦑᦱ ᦉᦱ ᦍᦲᦸ ᦉ ᦠᦲᦑ ᦎᦲᦑ ᦠᦲᦸ ᦑᦱ ᦠᦱᧃ ᦷᦂᦸᧂ ᦶᦑᧂ, ᦂᦰᦸ ᦵᦂᦑ ᦶᦑᦸᦙ ᦂᦸ ᦃᦲᦸ ᦂᦸ ᦶᦑᦙ ᦂᦸ ᦑᦲᦸᧃ ᦙᦱ ᦵᦔᦑ ᧘ 《ᦓᦱᦑ ᦑᦱ ᦠᦱᧃ ᦷᦂᦸᧂ ᦶᦑᧂ》: “ᦓᦱᦑ ᦑᦱ ᦠᦱᧃ ᦷᦂᦸᧂ ᦶᦑᧂ, ᦶᦟᦸᦉ ᦈᦱᦸᧃ ᦵᦉᦱᦸᧃ, ᦑᦱ ᦠᦱᧃ ᦷᦂᦸᧂ ᦶᦑᧂ ᦑᦲ ᦙᦸ ᦙᦱ ᦵᦋᦔ ᦂᦸ ᦑᦲ ᦔᦸᧂ ᦶᦙᦲᧅ᧞ ᦌᦱᦳ ᦔᦸᧂ ᦵᦉᦱᦸᧃ ᦑᦱ ᦉᦱ ᦍᦲᦸ ᦑᦲ ᦓᦱᦑ ᦵᦑᦞ, ᦎᦸᦲ ᦠᦲᦸ ᦵᦋ ᦙᦸᦸᧃ ᦑᦱ ᦉᦱ ᦍᦲᦸ ᦂᦰᦸ ᦵᦑᦲᧃ ᦉᦰᦸᧃ ᦵᦑᦉ᧞ ᦑᦱ ᦉᦱ ᦍᦲᦸ ᦑᦲ ᦙᦸ ᦵᦋ ᦍᦲ ᦠᦱ ᦵᦑᦓ, ᦓᦸᧂ ᦶᦙᦲᧃ ᦑᦲ ᦂᦰᦸᦉ ᦵᦑᦸᧂ ᦂᦸ ᦵᦂᦸᧃ ᦶᦍᦲᧂ ᦵᦉᦸᧃ ᦵᦑᧂ ᦶᦙᦲᧃ ᦓᦱ ᦍᦱᦑ ᦠᦲᧃ ᦵᦍᦑ ᦵᦉᦸ ᦶᦑᦸ᧞”

ᦔᦱᧂ ᦵᦑᦱᧃ ᦓᦱᧂ ᦶᦙᧃ ᦞᦳ ᦎᦲᦸᧃ ᦶᦉᦸᧃ ᦷᦑᧂ ᦵᦋᧃ ᦑᦲ ᦂᦰᦸᦉ ᦠᦱᦳ ᦶᦟᦲᧅ ᦑᦸᦸ ᦠᦱ ᦓᦲᦙ ᦓᦸᧂ ᦶᦙᦲᧃ ᦵᦑᦲ ᦠᦲᦙ ᦠᦸᧂ, ᦵᦋᦲ ᦔᦱᧂ ᦵᦋᦸᧃ ᦓᦲᦉ ᦵᦑᦠ ᦙᦸᦸᧃ ᦶᦑᦸᧃ ᦑᦲ ᦑᦱ ᦉᦱ ᦍᦲᦸ ᦵᦋᧃ ᦂᦲᧂ ᦙᦲ ᧑᧐ ᦵᦉᦸ ᦵᦑᦲᧂ ᦑᦱᦸ

ၼိူၼ ၼၢင်ႉ ပၢင်ႉ ၸ်။ ၵျိူၼ ထ ဟၢင် ႁၣ်ၵျ ယိူ ႁၢၵျ ၵျိူင်း ၵိူင်း မျႃ ၵႅၼ် ၽိူၼ ၸိူ ၼၢင်ႉ၊ ၽိူၵ် ၵျိူင်း ယၢမ ႁၢ ၵျလၵျ ၵျဟၵျ ၶၢင်း ပၵျ ၶၢၼ်၊ ၸၵ် ၵျိူင်း ၸၵ် ၵိူ ၵႅ ၸႅ ၷႅၼ ၼွ် ၷႅၼ ၵိူင် ၷျ၊ ၼိူၼ ၼႅၵျ ဘၢ သၢ ယိူ ၸပ်ႉ ၸင် ၼၽၵ် ၶၣ်မ ၶိူ ၵႅ ဟၼ် ၵၼ် ဟၢ။ ထ ဟၢင် ႁၣ်ၵျ ၵိူင်း ၸၶ ၸၢၵ် တပ် ၵျယ ၶၵျ ပၢ ၵၣ်ျ ၵၣ်င် ၵျၢင် တိူ ၵျပ်၊ ဘၵျ ၶၵျ ၵျပၵျ ၸင် ဟိူ ၸပ်ႉ ၼၽၵ် ၵၣ်င် ၸၢင်၊ ၸင် ပၢင်ႉ ၸင် ၵျိူၵျ ၽၵျ ၽျၣ် ၸၼ် ၼၸၼ် ၸၣ် လႂ်။ ထ ဟၢင် ႁၣ်ၵျ ၵိူင်း ၵၢၼ် ဘၢၵ် ၸႂ် ၵျသ လႂ်၊ ၼွ် ၵႅၵျ ၵႅ မိူ ၸၢ ၼွ်ႉ ၵျိူ ၸ်
ဘႅၵ်ႈ မျႃ တိူမ ၵႅၵျ ၸဝ ၷျ၊ ၵျၶ ၸဝ ၵိူ ၵျိူ၊ သိူၵျ ၶႅၵျ ၸ် ၵၣ်င် ၵႅ ၵိူင် ၸၼ်။ ၵျိူၼ ဘႅၵ်ႈ ၸၢၵ် ယိူင် ၼိူ ၵပ် ထ ဟၢင် ႁၣ်ၵျ ၵိူင်း၊ ၵၣ်မ ၽျၣ် ဘၢ သၢ ယိူ ဘၵျ ၸၢ ၵျိူ ၼိူၼ ၵႅၵျ ဝၢ “ၸၢ ထ ဟၢင် ႁၣ်ၵျ ၵိူင်း”၊ ယၵျ ၼၵ်ၼ ၵျတျ ၵမ ၽမ ၵမ《ၸၢ ထ ဟၢင် ႁၣ်ၵျ ၵိူင်း》ဘႅၵ်ႈ မျႃ ၼပၼ ၸ်: “ၵျတ ထ ဟၢင် ႁၣ်ၵျ ၵိူင်း မျႃ ၵႅၼ် ၸႅ ၵျသ လႂ်၊ ၽိူ ၸၵ် ၵႅ ဘႅၵ်ႈ ၸၢ ထ ဟၢင် ႁၣ်ၵျ ၵိူင်း ၷျ။ ၸၢ ထ ဟၢင် ႁၣ်ၵျ ၵိူင်း၊ ၸၢ ထ ဟၢင် ႁၣ်ၵျ ၵိူင်း၊ ၵ လၢ သၢမ သိူ ယၢမ ၵႅ ၸၢ ၵႅ ၶိူင်
ၸၸ် တၣ် ၽမ……ၸၢ ထ ဟၢင် ႁၣ်ၵျ ၵိူင်း၊ ၸၢ ထ ဟၢင် ႁၣ်ၵျ ၵိူင်း၊ လၣ်မ ၼၽၼ် ၵႅ ၸပ ၸၢ ၸိူၵျ ၸပ် ယႅၵျ ယႅၵျ။ ၼႅၵ်ႈ မျၼ် ၵျိူင် ၼၵျ ၼၵျ ၵျ လၵျ၊ ၸပ် ၸၵ ၸႅ ၽႅၵျ ၸၸ် ၵႅ ၵျိူင် ၼၵျ ထ ဟၢင် ႁၣ်ၵျ ၵိူင်း ၵၣ်မ ၼၶ ၼၢင်ႉ။” ႁၢၵ်ႈ《ၸၢ ထ ဟၢင် ႁၣ်ၵျ ၵိူင်း》ၼပၼ ၼိူၼ ဟၢၵ် သိူၵျ ၵျၸ ၸပ် ဝပ် တိူၵျ၊ လပ် ၵျသၵျ ၸႃႉ ၸိူ ၽိူ ပၢင်ႉ ၵျိူၵျ ၼၽၼ် ဘႅၼ် ၵျၼ် ၵၢင် ၵိူ ၽိူင်း ၸင် ပၢင်ႉ ၵျိူၵျ
ယိူင်ႉ ၼၢင်ႉ ၼၢင်ႉ။

ၸပ် ပၢင်ႉ မပ် ၵၢၵျ ၵပ် ၽိူ ဝပ် တိူၵျ ၵျသၵျ ဟၢင်ႉ၊ သိူၵျ ၵျၸ ႁၢၵ်ႈ ၵမ ၽမ ၵမ ၼပၼ ၸ်《ထ ဟၢင် ႁၣ်ၵျ ၵိူင်း ၵျၽ ၽၵျ ၷၢၵျ ၵျိူင်း ႁၢ ၸဝ မျႃ ၵႅၼ် ပၢင်ႉ ၼၶၵျ ဘၢ သၢ ယိူ》ၼၢင်ႉ: “ၵျိူင် ၣ ၼႅၵ်ႈ မျႃ ယိူင်း ၷၢ ၵျၼၵျ ၵျိူ တိူမ ၵႅၵျ၊ ထ ဟၢင် ႁၣ်ၵျ ၵိူင်း ၵျၽ ၽၵျ ၷၢၵျ ၵျိူင်း ႁၢ ၸဝ မျႃ ၵႅၼ် ပၢင်ႉ ၼၶၵျ ဘၢ သၢ ယိူ။ ထ ဟၢင် ၽိူင်း ၵၣ်င် ၵျသၵျ ၵၣ်င် ဟၢၵ် ၵၢ ၵျၵျ ၵျၶၵျ ၵျၵျ၊ ဟၢၵ် ၼၽၢ ဟိူ ပၢ ၵၣ်ျ ၵၣ်င် ၵျၢင် တိူ ၵျပ် ၵႅၵျ ဟၢ ၼၽႅ ဟၢ ၵျမျ။ ထ ဟၢင် ၸ် ၸၢ ၵျိူၵျ ၼၽၼ် ဝ ၼၵျ ၸိူၵျ ၸၸ ၵျၼ ၵၼ်၊ ႁၢၵ်ႈ ၵၢင် ထ ဟၢင် ႁၣ်ၵျ ၵိူင်း ၸိူ ၸမ ၸဝ ၵျၸၵျ။ ႁၢ ၵျလၵျ ၵျဟၵျ ၶၢင်း ၵႅၵျ ဟၢ ၼျၵျ ၵျိူ ၵၣ်မ ၸႅၼ် လၣ်ၵျ မျႃ၊ ၸပ် ၼၽၵ် ၵၣ်င် ၸၢင် ၽၵျ ၶၢ ၵႅၵျ ဟၢ ထ ဟၢင် ႁၣ်ၵျ ၵိူင်း ၸပ် ၶၵျ ၵၣ်င် ၵျၵ။”

ပၢင်ႉ ၷၢင် ၵျလိူ ၽိူ လပ် ၵျသၵျ ၵျသၵျ ၼိူၼ ၸိူၵျ ၽိူ ၼိူ ၸၸ် ၵျၼၵျ ဘိူင် တပ် ၵိူမ ၼမျ ၵျမျ ၷၣ် ၵမ တႅၵျ ၸၼ် ၸၣ် ၸႅ ၼၢင်ႉ၊ ထ ဟၢင် ႁၣ်ၵျ ၵိူင်း ဘႅၼ် ၼဟ ၼၵ ၼၽၢ ၵၣ်မ ၽျၣ် ဘၢ သၢ ယိူ ၽိူ ပၢင်ႉ ၵျိူၵျ ဟၢင်ႉ ၵျၸ ၵျိူၵျ ၵျၼ် ၵၢင် တိူၵျ တႅ ၸၵျ ၵျၸၵျ ၼိူင်၊ ၶၵ ၽၢင် ၸႅ ၼိူ ၽိူ ၸၵျ ၵျၸၵျ ၼိူင် ၸပ် ၼၢင်ႉ၊ ၸိူၼ ၸၶ ႁႅၵျ ၶၵျ ၼၸင်၊ ၼၸၼ် ဘၵျ ၵၣ်မ ၽျၣ် ၸႃႉ ပၵျ မိူ ၼၽၼ် ပၵျ မိူ ထၢ ႁိူင် ဘၵျ ၶၵျ ၸဝ ၼၢင်ႉ ဘႅၵ်ႈ ႁႅၵျ မျႃ၊ ၸိူၼ ၸၶ ၵျယ ၶၵျ၊ ဘၵျ ၶၵျ ၶႅၵျ ဝ ၸၣ် ၵိူင် ႁမ ၵျပၵျ ဟိူ ၸပ်ႉ ၼၽၵ် ၵၣ်င် ၸၢင် ဘၢ သၢ ယိူ; ၸပ် ၼဟ ပၢင်ႉ ဟၢၵျ ပၢင်ႉ၊ ၸၢ ၷၵျ ၵႅ ၸၽျ၊ ၽၢ ၸၢၵ် တပ် ၼၽၵျ ၵႅ

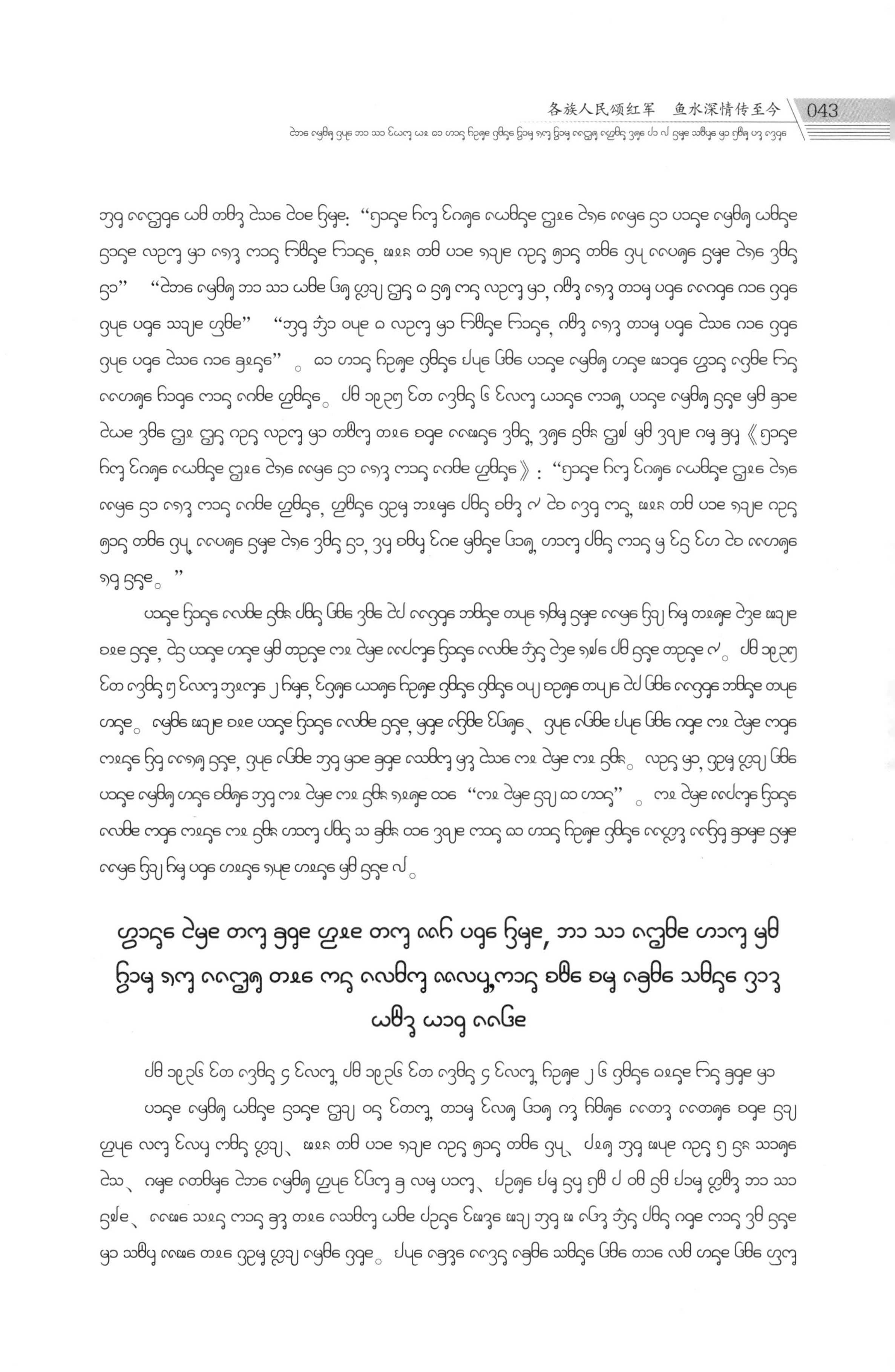

[illegible]

[illegible]

[illegible]

[illegible]

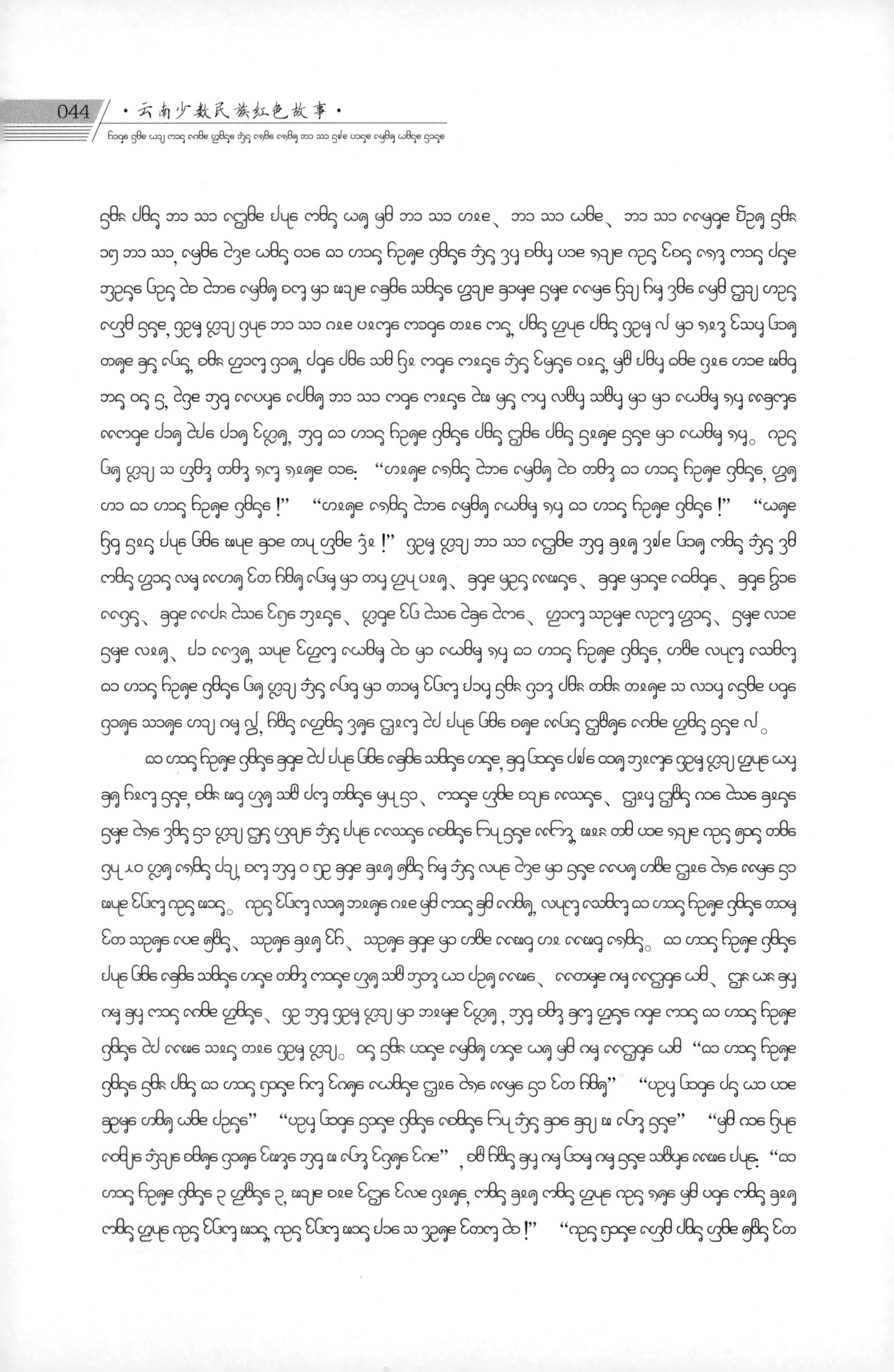

[illegible]

[illegible]

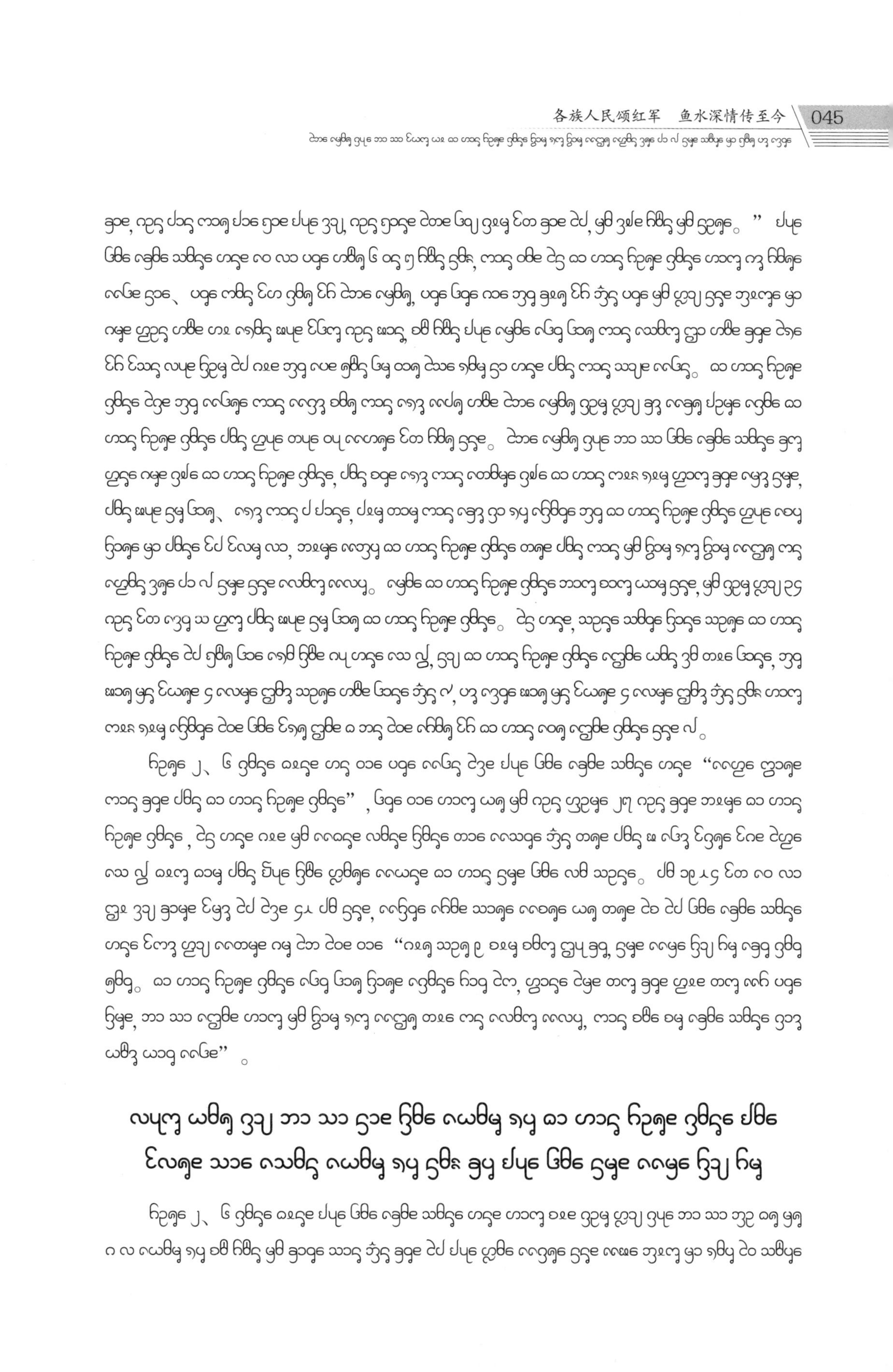

[illegible]

[illegible]

[illegible]

[illegible]

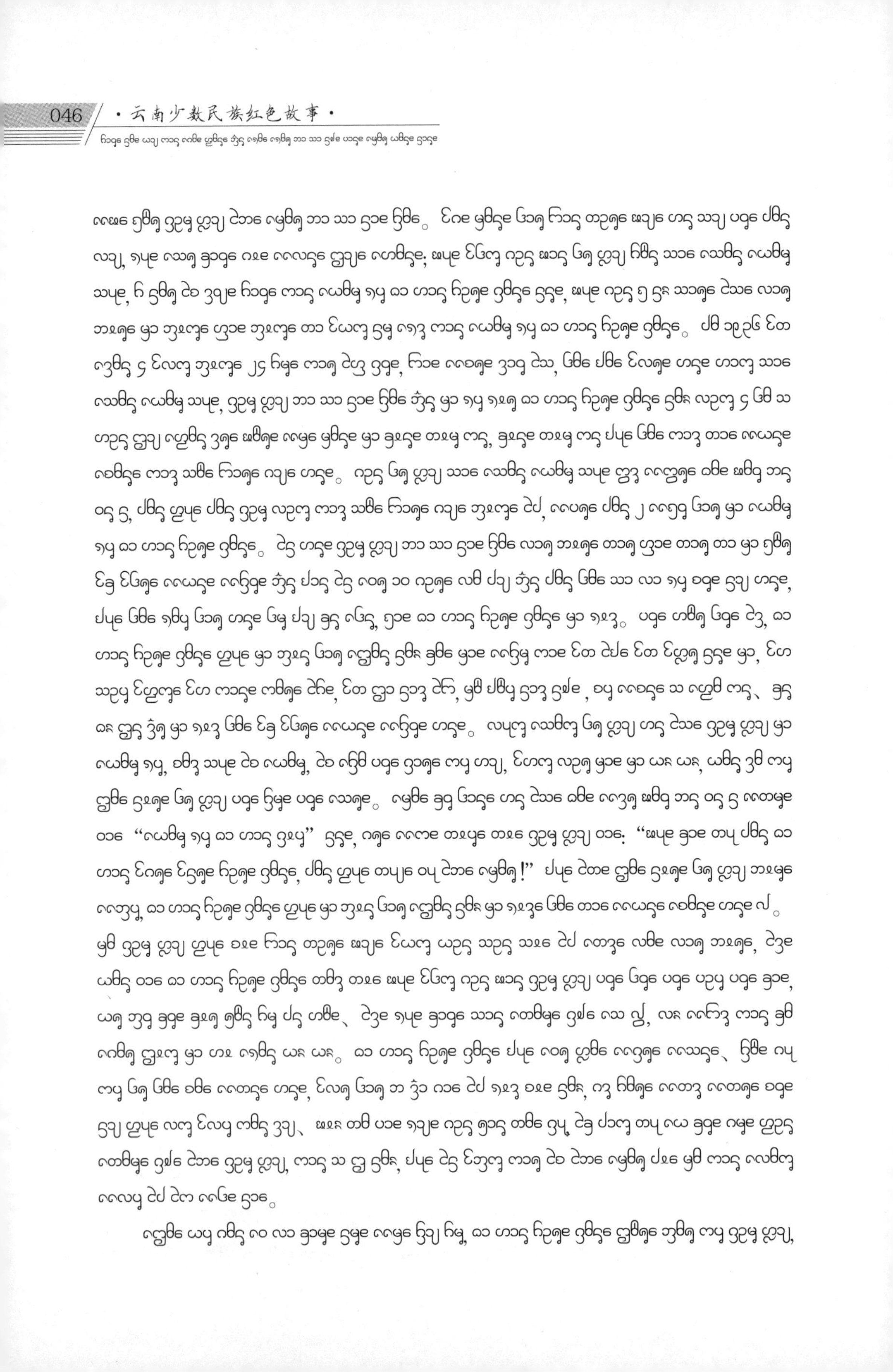

[illegible]

[illegible]

ᦣᦱᧅ ᦵᦟᦲᧃ ᦵᦵᦡᧂ ᦘᦸᧂ ᦔᦲᧂ ᦂᦳᧂ ᦎᦱᧃ ᦵᦵᦊᧂ ᦵᦈᦲᧂ ᦕᦲᧃ ᦖᦲᧃ ᦵᦵᦑᧅ ᦘᦸᧂ ᦵᦙᦲᧃ ᦔᦳᧃ ᦡᦸ ᦂᦲᦵᦂ ᦑᦲᧅ ᦵᦂᦲᧂ ᦑᦳᦵᦂᧃ ᦙᦱ ᦔᦳᧅ ᦓᦲᧃ ᦑᦸᦙᧃ ᦅᦴ, ᦵᦵᦑᦳᧃ ᦟᦸᧃ ᦵᦵᦣᦲ ᦅᦱᧂ ᦵᦵᦣᦲ ᦟᦲ ᦕᦲᧃ ᦎᦱᧃ ᦵᦵᦊᧂ ᦵᦈᦲᧂ,
ᦉᦲᧅ ᦣᦱᧄ ᦂᦱᧅ ᦅᦱᧂ ᦵᦂᦲᦵᦂ ᦵᦂᦱᧂ ᦅᦱᧂ ᦈᦳᧄ ᦈᦲ ᦓᦸᧂ, ᦈᦲᧂ ᦍᦳᧃ ᦵᦟᦲᧅ ᦂᦱᧅ ᦅᦱᧂ, ᦠᦱ ᦕᦲᧃ ᦕᦱᧃ ᦈᦱᧄ
ᦵᦣᦲ᧞ ᦑᦱ ᦠᦱᧃ ᦂᦳᧂ ᦑᦲᧃ ᦡᦲᧈ ᦍᦳᧈ ᦞᦱᧃ ᦞᦱᧅ ᦣᦳᧂ᧟ ᦵᦂᦲ ᦵᦂᦲᧅ ᦣᦲᧃ ᧒ ᦂᦳᧂ ᦔᦲᧂ ᦉᦱ ᦖᦱᧃ ᦑᦱᧅ
ᦡᦲᧈ, ᦑᦱᧅ ᦂᦱᧈ ᦵᦵᦈ, ᦂᦸ ᦉᦸᧃ ᦵᦂᦸ ᦈᦲᧈ ᦕᦱᧃ ᦡᦲᧈ ᦣᦲᧅ ᦕᦲᧃ ᦣᦲᧈ ᦂᦴ ᦠᦸᧃ ᦵᦎᦲᧄ ᦑᦲᧃ ᦂᦱᧈ ᦵᦵᦈ᧞ ᦉᦱ
ᦖᦱᧃ ᦑᦱᧅ ᦡᦲᧈ ᧒ ᦂᦳᧂ ᦓᦲᧃ ᦔᦲᧃ ᦕᦲᧃ ᦍᦳᧈ ᦘᦲ ᦅᦱᧂ ᦂᦲ ᦑᦲᧃ ᦑᦱ ᦠᦱᧃ ᦂᦳᧂ ᦑᦲᧃ ᦂᦱᧈ ᦵᦵᦈ, ᦈᦲ ᦊᦲ ᦉᦱ
ᦖᦸᧅ ᦘᦸᧅ ᦵᦑᦲᧃ ᦘᦲ ᦖᦳᧃ ᦉᦱ ᦖᦱᧃ ᦑᦱᧅ ᦡᦲᧈ ᦵᦂᦲᧅ ᦖᦲ ᦑᦳᧄ ᦑᦱ ᦠᦱᧃ ᦂᦳᧂ ᦑᦲᧃ ᦡᦲᧈ ᦣᦲᧅ ᦕᦲᧃ ᦣᦲᧈ ᦂᦴ
ᦠᦸᧃ, ᦵᦎᦲᧄ ᦑᦲᧃ ᦊᦴ ᦂᦲᧃ ᦂᦲ ᦟᦱ ᦈᦱᧄ ᦓᦲᧈ ᦵᦙᦲᧃ ᦣᦲ ᦂᦲᧄ᧞ ᦵᦂᦲᧃ ᦘᦱ ᦙᦱ ᦈᦱᧄ ᦡᦲᧈ ᦈᦱᧄ ᦓᦲᧈ ᦵᦙᦲᧃ
ᦡᦲ ᦎᦱᧄ ᦑᦲ, ᦑᦳᧅ ᦑᦲ ᦂᦲᧃ ᦔᦳᧃ ᦓᦴ ᦎᦱᧄ ᦡᦲ ᦣᦸᧄ ᦕᦱᧅ ᦵᦂᦲᧅ ᦊᦱᧅ ᦑᦳ ᦎᦱᧅ ᦔᦲᧂ ᦖᦳᧃ ᦈᦱ ᦉᦱ ᦉᦲᧂ
ᦉᦲ ᦔᦲᧂ ᦵᦵᦕᧅ ᦵᦟᦲ ᦵᦑᦲ ᦅᦲ ᦵᦣᦲ ᦅᦱᧂ ᦈᦲ ᦎᦸᧃ ᦵᦟᦲᧅ ᦊᦲ ᦔᦳᧂ, ᦵᦂᦲᧃ ᦘᦱ ᦙᦱ ᦈᦱᧄ ᦡᦲᧈ ᦈᦱᧄ
ᦓᦲᧈ ᦵᦙᦲᧃ ᦡᦲ ᦎᦱᧄ ᦑᦲ, ᦂᦳᧂ ᧒ ᦕ ᦑᦲᧂ ᦡᦸᧂ ᦑᦳᧅ ᦑᦲ ᦂᦲᧃ ᦔᦳᧃ ᦓᦴ ᦎᦱᧄ ᦡᦲ ᦣᦸᧄ ᦕᦱᧅ ᦵᦂᦲᧅ ᦊᦱᧅ ᦑᦳ
ᦎᦱᧅ ᦔᦲᧂ ᦖᦳᧃ ᦈᦱ ᦉᦱ ᦉᦲᧂ ᦉᦲ ᦔᦲᧂ ᦵᦵᦕᧅ ᦵᦟᦲ ᦵᦑᦲ ᦅᦲ ᦵᦣᦲ ᦅᦱᧂ ᦈᦲ ᦎᦸᧃ ᦵᦟᦲᧅ ᦊᦲ ᦔᦳᧂ,
ᦎᦲ ᦎᦸᧃ ᦂᦳᧃ ᦂᦳᧂ ᦣ ᦓᦸ ᦉᦱᧅ ᦡᦱ ᦟᦱᧅ ᦈᦸᧅ ᦘᦸᧂ ᦙᦲ ᦂᦲᧂ ᦈᦲ ᦞᦲ ᦓ ᦟᦲ ᦂᦳᧃ ᦂᦳᧂ ᦣᦱᧂ ᦉᦳᧅ ᦈᦱ
ᦉᦱ ᦓᦲᧃ ᦘᦸᧂ ᦙᦲ ᦑᦲᧃ ᦵᦉᦲᧅ ᦈᦸᦵᦂᧃ ᦵᦵᦣᦲᧅ ᦔᦸᧅ ᦵᦵᦣᦲ ᦅᦱᧂ ᦞᦱᧅ ᦈᦸᧂ ᦵᦵᦂᦲᧃ ᦠᦲ ᦈᦸ ᦟᦲ ᦵᦂᦲ ᦵᦂᦟᦲᧅ
ᦑᦳᧅ ᦑᦲ ᦂᦲᧃ ᦵᦎᦲᧄ ᦙᦱ, ᦂᦲ ᦞᦱᧃ ᦔᦲᧂ ᦅᦱᧂ ᦡᦲᧃ ᦅᦱᧂ ᦵᦂᦲᧅ ᦵᦵᦂᦲᧄ ᦵᦂᦲᧂ, ᦂᦲᧂ ᦵᦂᦲᧃ ᦑᦱ ᦠᦱᧃ ᦂᦳᧂ ᦑᦲᧃ
ᦑᦲᧃ ᦙᦲ ᦵᦂᦲᧂ ᦑᦲ ᦙᦱ ᦎᦲ ᦎᦸᧃ ᦂᦳᧃ ᦑᦲᧃ ᦓᦲᧃ ᦠᦱᧅ ᦉᦱ ᦎᦸᧃ ᦡᦲ ᦂᦳᧂ ᦵᦕᦲ, ᦍᦸᧅ ᦘᦲ ᦑᦱᧅ ᦵᦣᦲ
ᦂᦲᦎ ᦑᦲᧃ ᦎᦳᧃ ᦵᦊᦲ ᦂᦱᧄ᧟ ᦣᦲᧄ ᦂᦲᦎᦲᧅ ᦣᦲᧈ ᦟᦲ ᦵᦂᦲᧂ ᦣᦲᧅ ᦵᦊᦲ ᦙᦱ ᦣᦲᧅ ᦕᦲᧃ ᦕᦱᧃ ᦵᦣᦲ ᦠᦸᧃ ᦙᦲ ᦵᦣᦲ
ᦟᦲᧄ ᦗᦸ ᦘᦸᧂ ᦘᦲ ᦵᦉᦲᧅ ᦔᦳᧃ ᦕᦲᧃ ᦍᦲᧄ ᦓᦲᧈ ᦵᦙᦲᧃ ᦵᦂᦲᧈ ᦓᦲ ᦘᦸᧂ ᦅᦴ ᦕᦲ ᦑᦱᧅ ᦵᦣᦲ ᦈᦲᧃ ᦣᦲᧃ ᦙᦲᧂ ᦟᦲ
ᦙᦱ ᦂᦱᧅ ᦵᦊᦲ ᦘᦸᧂ ᦈᦲᧂ ᦅᦴ ᦵᦂᦲᧅ ᦵᦵᦎᦲᧃ ᦵᦵᦂᦲᧂ ᦂᦸ ᦠᦱ ᦙᦱ ᦅᦸ ᦅᦲ ᦣᦲᧈ, ᦂᦸᧅ ᦣᦱᧈ ᦑᦱ ᦠᦱᧃ ᦂᦳᧂ ᦑᦲᧃ
ᦑᦲᧃ ᦙᦱ ᦈᦱᧄ ᦓᦲᧈ ᦵᦙᦲᧃ᧞ ᦔᦳᧃ ᦡᦲᧃ ᦑᦳᧄ ᦖᦳᧈ ᦕᦲᧃ ᦔᦱᧂ ᦵᦙᦲᧂ ᦠᦸᧂ ᦈᦲ ᦖᦸᧂ ᦘᦲ ᦵᦵᦣᦲ ᦂᦲᧈ
ᦵᦎᦲᧄ, ᦀᦸᧅ ᦠᦱ ᦡᦲᧈ ᦵᦣᦲ ᧗ ᦟᦲᧄ ᦟᦲ ᦑᦱᧅ ᦵᦣᦲ ᦑᦳᧃ ᦈᦱ ᦉᦱ ᧒᧘ ᦂᦳᧂ, ᦈᦲ ᦑᦴ ᦑᦲ ᦘᦲ ᦂᦳᧃ ᦂᦳᧂ ᦖᦳᧈ
᧑᧐ ᦂᦳᧂ ᦙᦱ ᦂᦱᧈ ᦵᦵᦂᦲ ᦵᦵᦈ᧞ ᦔᦳᧃ ᦡᦲᧃ ᦈᦲᧂ ᦕᦱᧃ ᦵᦎᦲᧄ ᦑᦲᧃ, ᦑᦱ ᦠᦱᧃ ᦂᦳᧂ ᦑᦲᧃ ᦎᦱᧅ ᦕᦲᧃ ᦣᦲᧈ ᦂᦴ
ᦣᦲᧅ ᦈᦲᧃ ᦵᦵᦎᦲᧃ ᦠᦸᧃ ᦓᦲᧈ ᦊᦱᧅ ᦕᦱᧅ ᦙᦲ ᦍᦲᧃ ᧑᧗ ᦂᦳᧅ ᦟᦲ ᦕᦱᧃ ᦵᦣᦲ ᧗ ᦕᦲᧃ, ᦘᦲ ᦂᦲ ᦟᦱ ᧕ ᦓᦲ ᧓ ᦂᦲᧂ,
ᦈᦱᧄ ᦵᦂᦲᦙᦲ ᦎᦳᧃ ᦕᦲᧃ ᦈᦲ ᦑᦱ ᦓᦲᧈ ᦵᦙᦲᧃ ᦣᦲ ᦂᦲᧄ ᦎᦱᧄ ᦉᦱ ᦖᦲ ᦣ ᦘᦲ, ᦈᦲ ᦘᦲ ᦵᦉᦲ ᦣ ᦖᦴ ᦘᦸᧂ ᦵᦟᦲᧅ
ᦑᦸᧄ ᦓᦸᧂ ᦵᦂᦲ ᦡᦲᧃ ᦡᦲ ᦡᦲ᧞

(ᦂᦳᧃ ᦵᦂᦲ ᦵᦎᦲᧄ: ᦵᦑᦲᧅ ᦞᦲᧂ ᦵᦂᦲᧅ)

“兴盛番族”传佳话

2016年10月21日，习近平总书记在纪念红军长征胜利80周年大会上指出：“长征途中，我们党高举全民族团结抗战的大旗，推动了抗日民族统一战线的形成，吹响了全民族觉醒和奋起的号角，汇聚起团结抗日、一致对外的强大力量。广大人民群众深刻认识到，中国共产党是为人民谋利益的党，红军是人民的军队、真正抗日的力量，中国共产党指引的道路是人民群众翻身得解放的正确道路。”红军长征经过多民族聚居的云南，严格正确执行党的民族、宗教政策，广泛宣传和发动群众，团结依靠广大人民群众取得了一个个胜利。

1936年4月25—28日，红二、六军团在贺龙、任弼时、关向应等人的带领下从丽江顺利渡过金沙江，成功甩开追敌进入了迪庆境内。红军来到迪庆后，虽然前无强敌堵截，后无敌人追击，天上也再无飞机侦察轰炸，但仍有一些土司和领主武装阻拦，加之高寒气候、社会制度、民族信仰、语言、生活习惯等特殊情况，能否顺利通过中甸藏族聚居区，是红二、六军团面临的又一场严峻考验。

中甸县（今香格里拉市）是以藏族为主的多民族聚居区，红军主力快要到达中甸时，国民党县长段韬、土司头人早已闻风而逃，各族群众因受反动宣传影响，也纷纷躲避。红军大队人马到南门外大塔前时，也只有少数群众手捧哈达、举着香炉上前迎接。当红军得知监狱里还关着一些穷苦农奴时，随即派部队直奔监狱，在屋顶上插上红旗，打开监狱，砸断脚镣，解放了农奴。

这时正是青黄不接的春荒季节，红军大队人马的给养面临极大的困难。在这种情况下，红军正确执行党的民族、宗教政策，广泛宣传和发动群众，争取尽快得到中甸各族群众、僧侣的帮助和支援成为首要任务。部队进驻县城后，走访群众，召开座谈会、联欢会，表演了文艺节目，张贴"保护商贩利益、买卖公平，私人商贩不许侵犯，准许商人自由营业""保护土司头人及其财产""抗日救国、抗日讨蒋""红军是工农的军队""番民们团结起来，组织番民独立军"等标语口号。

红军指战员严格遵守各项纪律，不拿群众一针一线。有一次，红军来到一座金碧辉煌的喇嘛寺，就立即派人在周围警戒，由于寺庙里的喇嘛大部分都跑掉了，红军在不得已的情况下取了粮食，关向应就亲自把银圆和致谢信交给当向导的喇嘛。还有一次，红军的一支医务队为了让伤病员吃到青稞面，在主人不在家的情况下借用了老乡家的石磨，用完之后，为了还回石磨，红军扛着石磨走了整整16里山路。有的红军用了烧柴，把银圆放在了柴堆上；拿了鸡蛋，把银圆放在鸡窝里……这些情况很快传到了躲避在外的群众耳朵里。

通过广泛宣传和实际行动，广大藏族同胞打消了顾虑，陆续回家。许多妇女主动为红军背水、扫地、磨青稞、缝补衣服、安排食宿。后续部队进城时，群众自觉集队到南门加浪贡卡（今金龙街）欢迎。为帮助部队筹集粮食，部分群众为红军做翻译、向导，积极配合部队到附近村寨购买粮食，仅在县城及附近村寨就筹集到粮食10余万斤、牦牛近百头和大批干肉、酥油、红糖、粉丝等物资。红二、六军团认真执行党的民族政策，用维护民族团结的实际行动粉碎了国民党反动派企图利用民族隔阂孤立、阻止红军北上的阴谋。

红二、六军团在中甸休整期间，成立了中华苏维埃人民共和国中央军事委员会湘鄂川黔滇分会中甸城军分会，召开了重要的"中甸会议"①，红六军团召开了政治干部会议，贯彻中甸会议精神。为继续北上与红四方面军会师从思想上、组织上、物质上奠定了基础。之后，贺龙在军团总指挥部独克宗细康（中心镇公堂）接见了藏团、汉团、客商三行代表团，进一步了解了民情，讲明了红军的宗旨、纪律以及准备在中甸做短期停留，开展筹粮、整训后继续北上甘孜等情况，请藏族同胞给予大力支持。

红军进驻中甸县城后，噶丹松赞林寺（又称归化寺）八大老僧十分惊慌，紧闭寺门，商量对策，最后决定派夏纳古瓦等人为代表进县城与红军谈判，了解红军动态。夏纳古瓦，藏名孙诺培楚，中甸县大中甸乡夏纳村人，任

①红二、六军团连以上干部参加的党员活动分子会议。

松赞林寺直管杰斯舒卡古瓦（村长），负责噶丹松赞林寺所有青稞和跳神服饰的管理。

5月1日，夏纳古瓦等来到红军总部求见贺龙首长，贺龙热情地接见了他们。待夏纳古瓦说明来意后，贺龙说："红军不打人，不骂人，你们不要害怕。我们是为民族利益经过这里，还要北上抗日。请你们转告跑上山的藏族同胞，红军尊重藏族同胞的宗教信仰，保护喇嘛和大家的安全，还希望你们帮助红军筹备粮草。"夏纳古瓦等听后打消了顾虑，知道红军是人民的军队，当即表示粮食问题回寺商量后答复。夏纳古瓦等离开红军总部时贺龙还亲自给八大老僧写了一封信，请他转交。夏纳古瓦带着贺龙的亲笔信和布告回到喇嘛寺，向八大老僧转达了贺龙的心愿，转告了红军的政策，加之看到贴在喇嘛寺大门上的布告，规定红军不准进入寺庙，绝对保护藏族同胞的宗教信仰自由，并派哨兵保护喇嘛寺的情形，八大老僧消除了心里的恐惧。

5月2日，八大老僧再次派夏纳古瓦进城拜访贺龙，接洽喇嘛寺派代表来慰问红军事宜，贺龙表示欢迎。夏纳古瓦领着8名代表，捧着哈达，牵着牛羊，背着青稞酒、酥油和糌粑进城慰问红军。贺龙等总部的同志出门热情欢迎，接受了敬献的哈达和慰问礼物。夏纳古瓦对贺龙说，大寺准备打开粮仓出售一部分青稞、大米给红军，并邀请红军首长到大寺观光。贺龙非常感谢夏纳古瓦在牵线搭桥、宣传政策、改善红军与大寺的关系和筹集粮草等方面所做的贡献，因此在夏纳古瓦离开县城前，贺龙亲自给夏纳古瓦颁发了委任令。贺龙亲切地说："你为我们办了很多事，感谢你对红军的支持，红军永远不会忘记你，请你保存好委任令，等中国革命胜利后，我再来看你。"夏纳古瓦听了贺龙的话，激动得说不出话来，许久才依依不舍地离开了红军总部。（1950年解放军进驻中甸，全县和平解放，夏纳古瓦拿着10多年前贺龙颁发的委任令迎接解放军。由于夏纳古瓦对红军的贡献，中甸县政府任命他为大中甸区副区长，并派他到西南各地参观。他在昆明期间，贺龙同志从北京将自己的全身相片及书籍寄给他作纪念。1957年迪庆藏族自治州成立，夏纳古瓦当选为州政协委员。1959年夏纳古瓦因病去世。）

在夏纳古瓦的接洽下，5月3日，贺龙率领40多轻骑来到噶丹松赞林寺，受到热情欢迎。贺龙等人步入大殿后，先向大寺献上了哈达，八大老僧也回敬了哈达。贺龙向大寺说明了红军是为各族人民的解放借道中甸北上抗日的，要在中甸短期停留进行筹粮，是藏族人民的好朋友，红军对喇嘛寺的支持帮助表示感谢。接着贺龙以自己的名义将“兴盛番族”的绸匾赠给大寺，同时还送了一对精致的大瓷花瓶和一些礼物。八大老僧表示拥护红军，对给红军筹办给养表示支持。

离开大寺时，乡城康参（意为僧团）喇嘛帕处送给贺龙一对瓜格达、一对银木碗，各康参喇嘛将贺龙一行送到大寺门外，并祈祷平安。之后，红军总部派部队到大寺各门口站岗，在大门上张贴“中华苏维埃人民共和国中央军事委员会湘鄂川黔滇康分会布告”，并严禁部队进入寺内。

贺龙一行离开大寺后，各僧众打消了顾虑，积极帮助筹粮筹款。大寺打开3个仓库，背出2000多斗青稞（约6万斤），还有牦牛肉、红糖、粉丝、猪肉等食物出售给红军，红军一一付了现金。同时，大寺门外小街子村的一些商贩也把粮食、红糖、盐等卖给红军。红军在其他村寨又买到青稞数万斤，为翻越雪山筹集了大量的粮食。

正是在藏族同胞广泛的帮助、支持下，红二、六军团分别于5月5日、5月9日取道得荣、乡城，最终于6月30日到达甘孜，与红四方面军胜利会师，摆脱了10余万敌人的围追堵截，取得了战略转移决定性的胜利，再次将长征史诗中的壮丽篇章永远镌刻在苍茫的云岭大地上！

参考资料

[1]中共云南省委党史资料征集委员会主编：《中共云南党史资料丛书（一）红军长征过云南》，云南民族出版社1986年版。

[2]中共云南省委党史研究室编：《红军长征过云南大事记》，《云南日报》2016年11月20日。

[3]云南省军区党史资料征集办公室编：《红二、六军团长征过云南》，云南人民出版社1986年版。

[4]《记者再走长征路 夏那古瓦见红军》，云南网，2019年7月24日，http://society.yunnan.cn/system/2019/07/24/030336309.shtml。

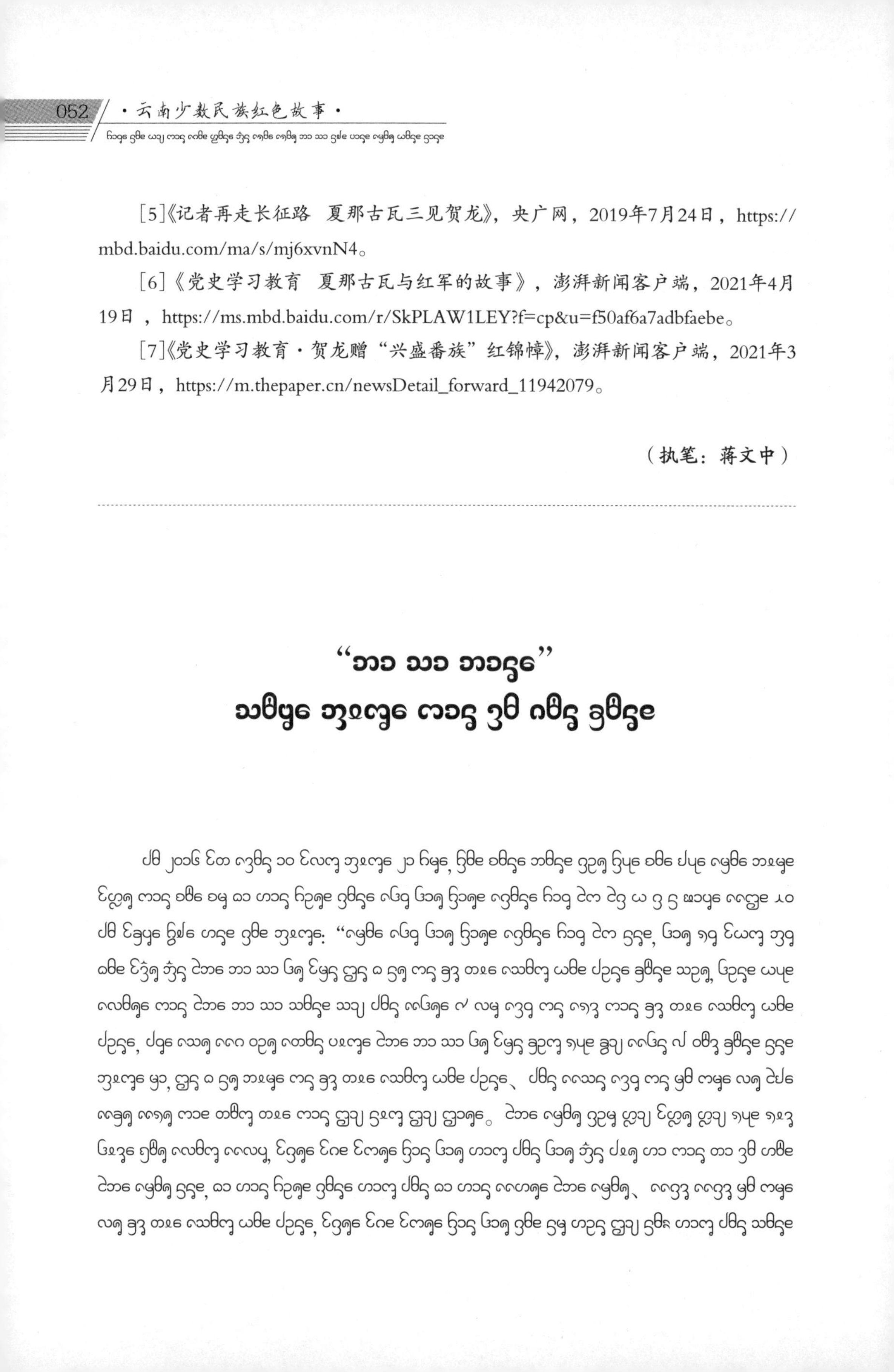

[5]《记者再走长征路　夏那古瓦三见贺龙》，央广网，2019年7月24日，https://mbd.baidu.com/ma/s/mj6xvnN4。

[6]《党史学习教育　夏那古瓦与红军的故事》，澎湃新闻客户端，2021年4月19日，https://ms.mbd.baidu.com/r/SkPLAW1LEY?f=cp&u=f50af6a7adbfaebe。

[7]《党史学习教育·贺龙赠“兴盛番族”红锦幛》，澎湃新闻客户端，2021年3月29日，https://m.thepaper.cn/newsDetail_forward_11942079。

（执笔：蒋文中）

“[illegible]”
[illegible]

[illegible]

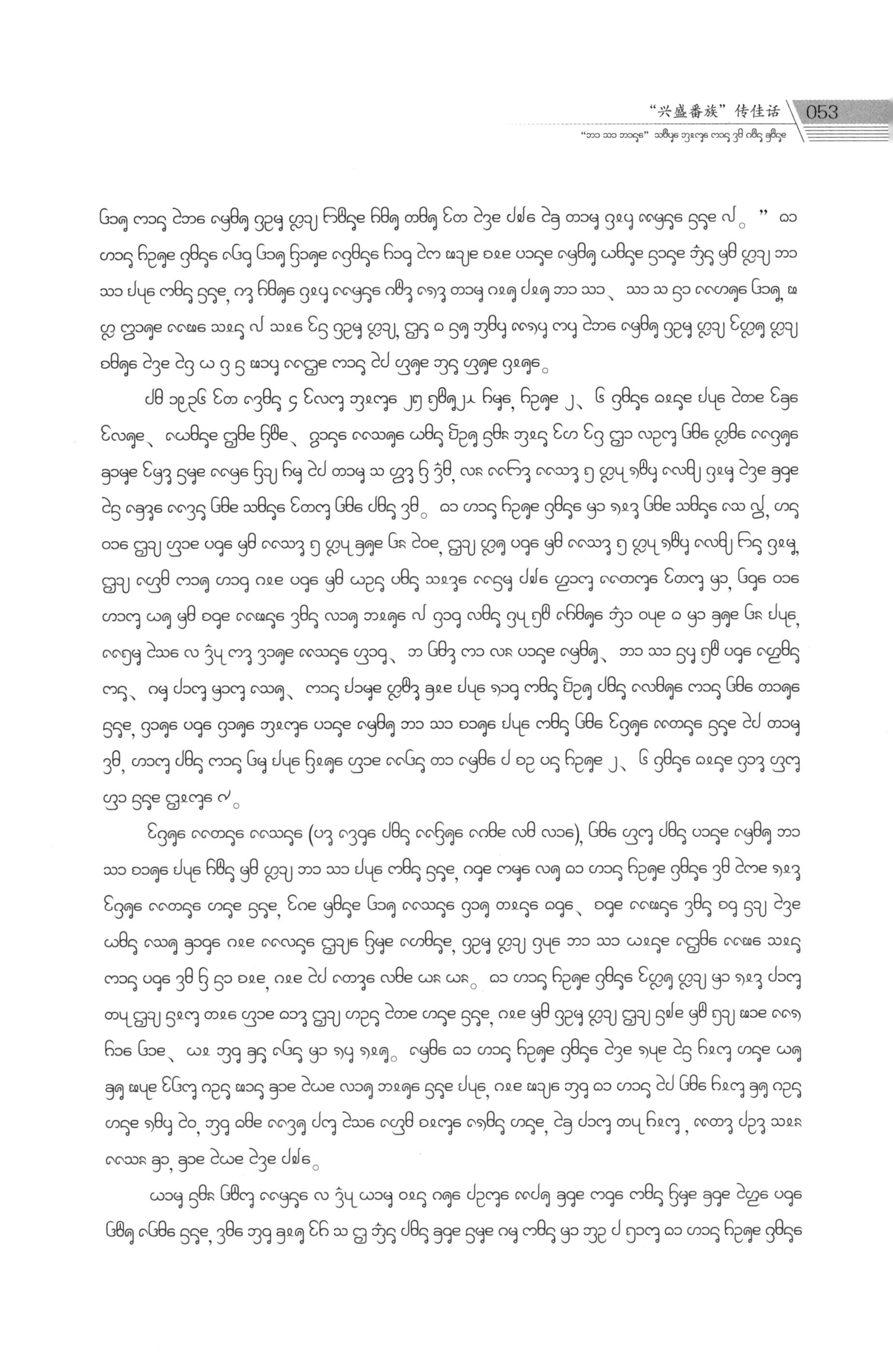

[illegible]

[illegible]

[illegible]

[illegible]

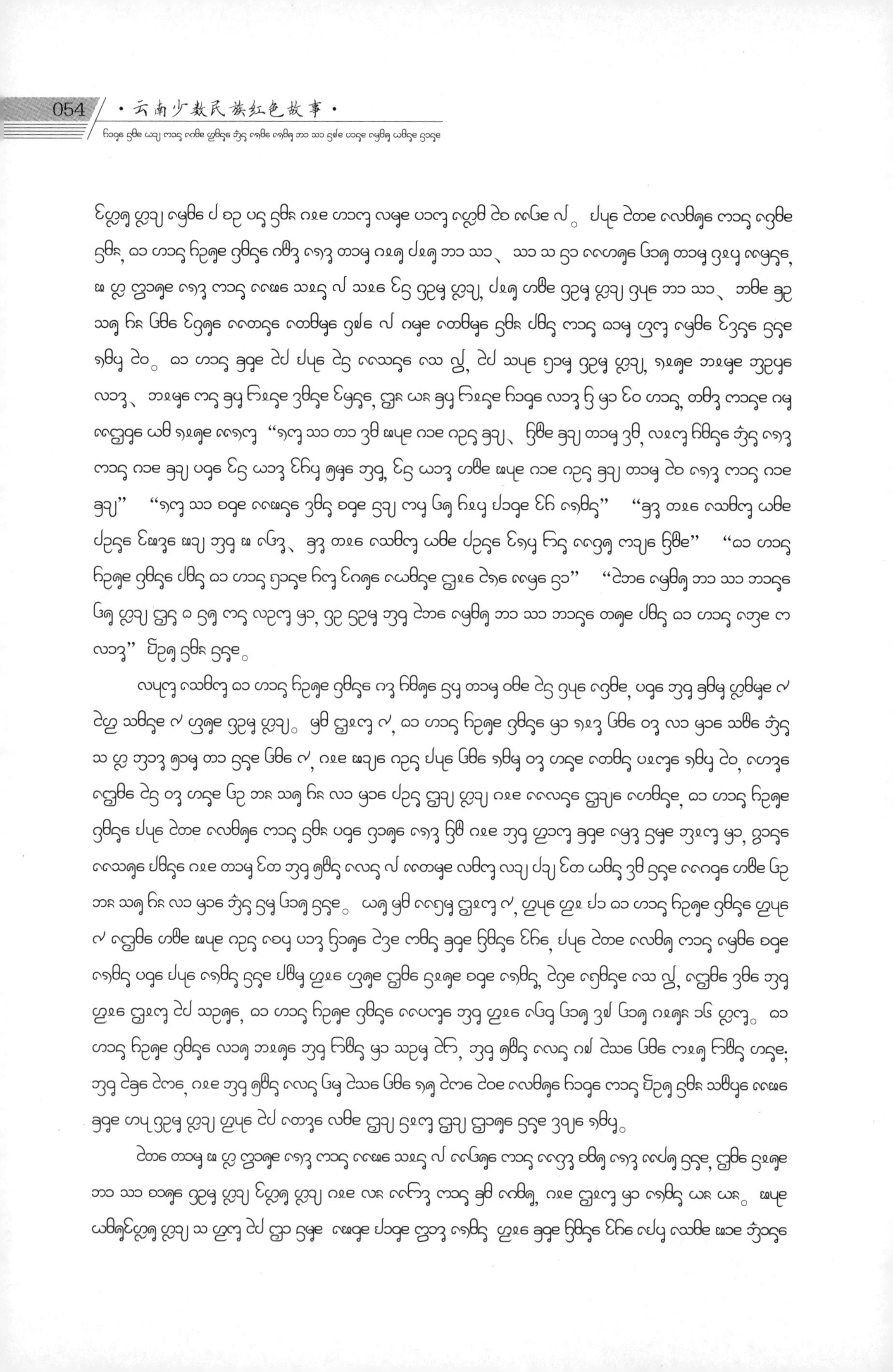

[illegible]

[illegible]

[illegible]

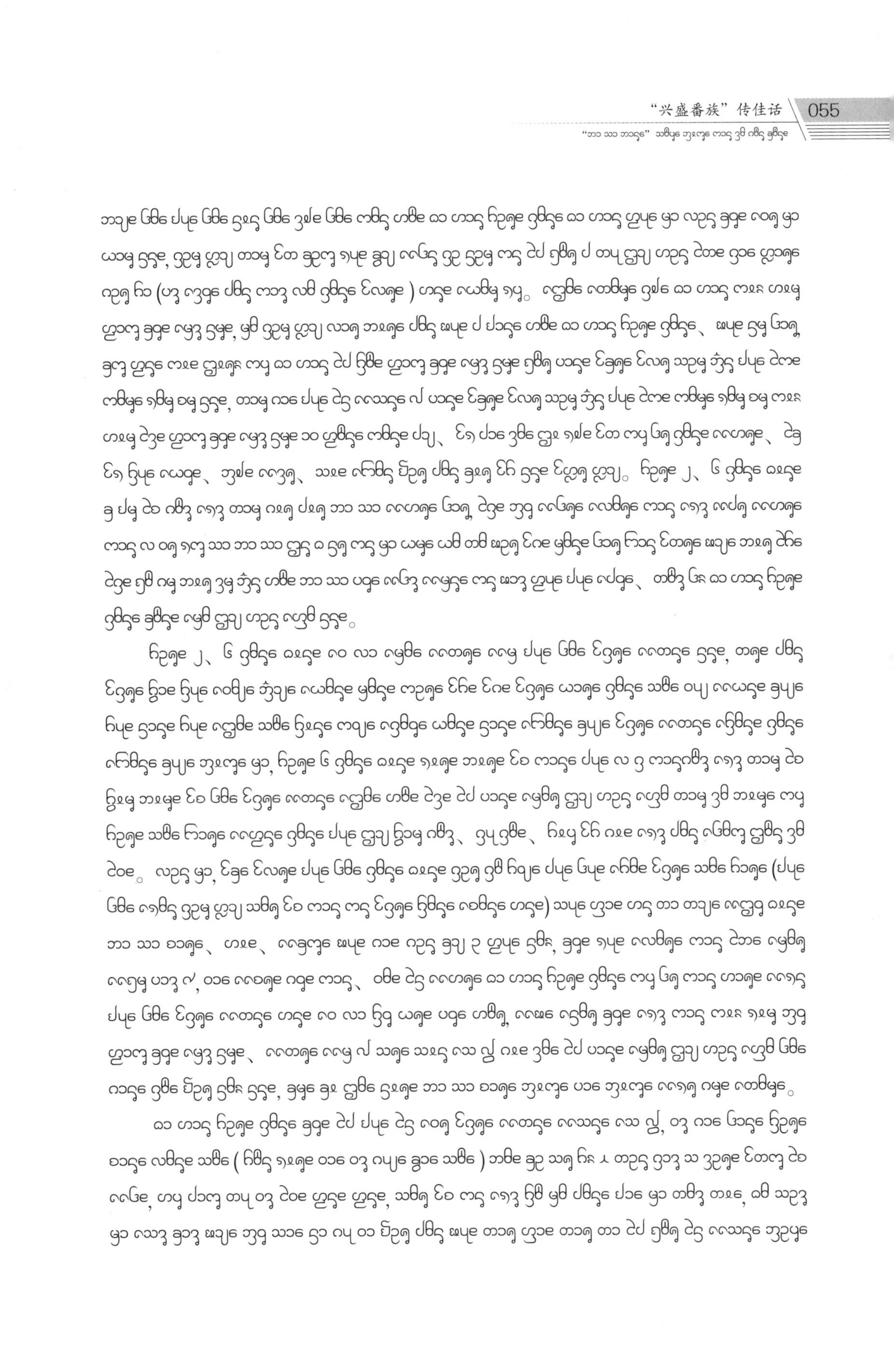

[illegible]

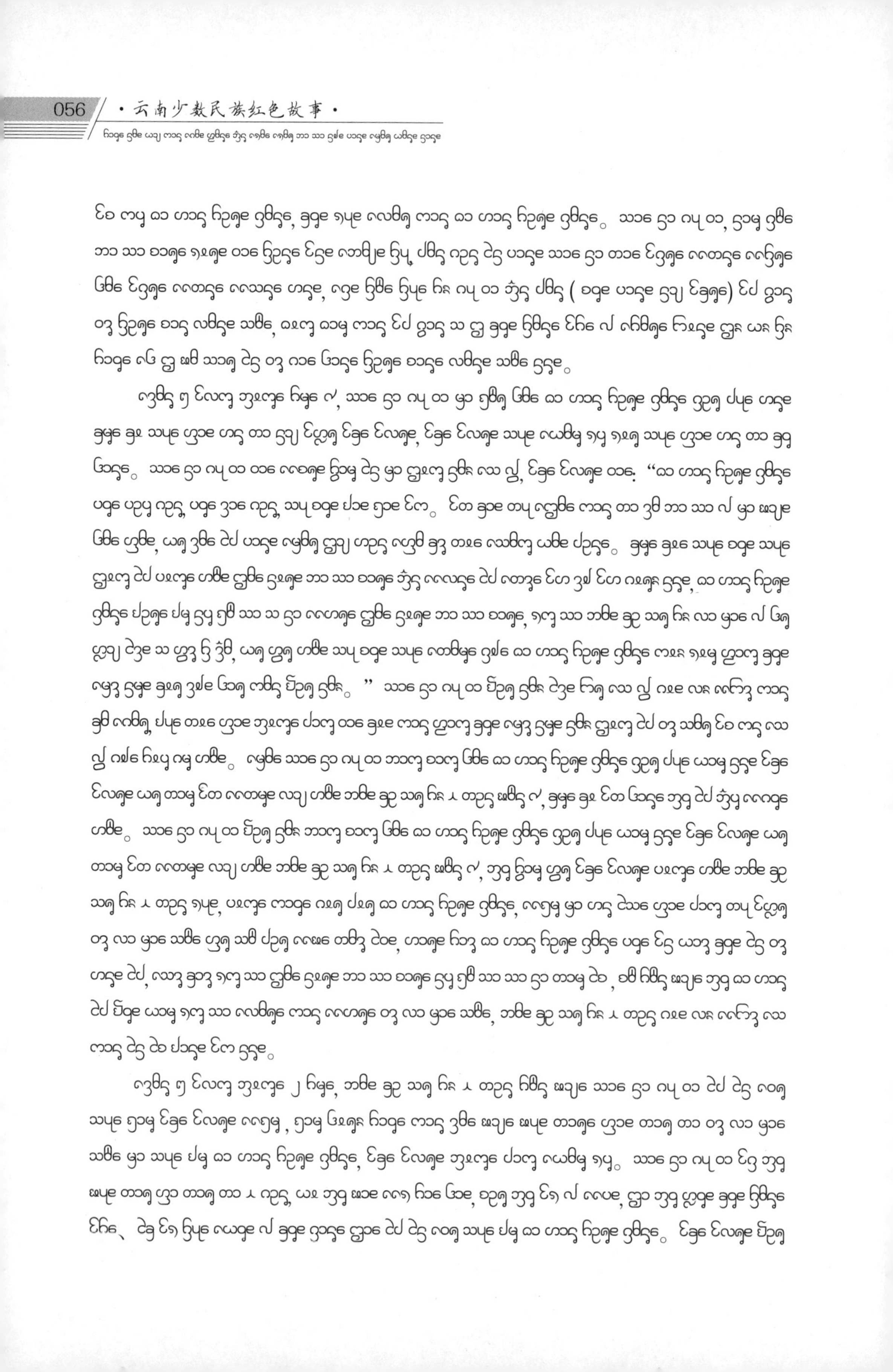

ᦔᦲᧃ ᦃᦳᦷᦙᧂ ᦵᦋᦲᧃ ᦷᦖᦳᦰ ᦔᦳᦵᦓ ᦗᦳᦂᦹ ᦔᦱᦂᦹ ᦑᦵᦔ ᦺᦎ ᦉᦱᦓ ᦵᦊᦲᧃ ᦵᦊᦲᦙ ᦣᦶ, ᦣᦶ ᦣᦳᦷᦙ ᦗᦳᦸ ᦆᦱᦵ ᦵᦂᦣ ᦷᦂᦓ ᦆᦱᦵ ᦗᦸᧃ
ᦺᦓᦶ ᦓᦳ ᦠᦲᦵ ᦂᦶ ᦆᦷᦙ ᦈᦳᦷᦙ ᦺᦂ ᦗᦸᧃ ᦗᦳᦸ ᦙᦱ ᦑᦳᦓᦵ ᦔᧃ ᦉᦳᦔᦵ ᦔᦙ ᦓᦓᦵ᧟ ᦉᦱᦓ ᦓᦱ ᦅᦳ ᦀᦱ ᦗᦳᦔᦵ ᦑᦳᦓ ᦺᦈᦓ ᦺᦟᦷᦙᦵ
ᦀᦱᦓ, ᦀᦲ ᦺᦗᦷᦙ ᦠᦱᦷᦙᦵ ᦵᦂᦓ ᦔᦲᦗ ᦺᦈ ᦵᦊ ᦈᦷᦵ ᦈᦳ ᦈᦷᦵ ᦷᦗᦲᦓᦵ ᦺᦂᦵ᧞ ᦈᦷᦵ ᦉᦱᦓ ᦠᦲᦵ ᦃᦱ ᦠᦱᦓ ᦷᦂᦳᦙᦵ ᦗᦲᦓᦵ
ᦔᦳᦓ ᧙, ᦋᦲ ᦗᦸᦷᦙ ᦵᦗᦲᦓ ᦓᦳ ᦺᦗᦷᦙ ᦃᦱ ᦠᦱᦓ ᦷᦂᦳᦙᦵ ᦗᦲᦓᦵ ᦺᦎ ᦷᦂᦱᦷᦙᦓ ᦷᦂᦱᦓᦵ ᦆᦳᦓ ᦶᦗᦳᦷᦙᦓ ᦀᦲ ᦺᦗᦷᦙ᧟ ᦺᦈᦓ ᦺᦟᦷᦙᦵ ᦗᦱᦲ
ᦍᦲᦓ ᦣᦲ ᦂᦳ ᦉᦱᦓ ᦓᦱ ᦅᦳ ᦀᦱ ᦶᦗᦓ ᦵᦂᦶᦵ ᦵᦈᦲᦓ ᦂᦱᦓ ᦺᦗᦵ ᦉᦲᦔᦹ ᦠᦱ ᦂᦓ᧞ ᦵᦆᦓ ᦉᦳᦓ ᦅᦳᦷᦙ ᦔᦳᦷᦙ᧞ ᦵᦍᦱᦓ ᦶᦗᦓ
ᦂᦱᦓ ᦃᦱ ᦠᦱᦓ ᦷᦂᦳᦙᦵ ᦗᦲᦓᦵ ᦟᦲ ᦀᦲ ᦺᦗᦷᦙ ᦺᦗᦵ ᦈᦲᦗ ᦟᦲᦓᦵ ᦣᦲ ᦙᦱ ᦂᦳ ᦶᦗᦷᦙ ᦂᦳᦓ ᦣᦳᦙ ᦠᦳᦂ ᦈᦷᦵ ᦵᦙᦲ ᦓᦙᦵ ᦈᦳᦷᦙ
ᦗᦲᦵ ᦶᦗᦷᦙ ᦂᦲᦓ ᦔᦳᦷᦙ ᦓᦲᦓ ᦵᦗᦲ ᦂᦱᦓ ᦍᦲᦓᦵ ᦓᦳ, ᦵᦠᦲᦓ ᦓᦲᦓ ᦉᦱᦓ ᦓᦱ ᦅᦳ ᦀᦱ ᦗᦳᦓ ᦵᦙᦲᦓ ᦣᦲ ᦗᦱᦂ ᦺᦓ ᦵᦂᦷᦙ ᦓᦓᦵ,
ᦺᦈᦓ ᦺᦟᦷᦙᦵ ᦔᦓ ᦂᦱᦓᦵ ᦠᦳᦷᦙ ᦉᦲ ᦆᦳᦂᦓ ᦗᦙ ᦠᦲᦵ ᦉᦱᦓ ᦓᦱ ᦅᦳ ᦀᦱ᧟ ᦺᦈᦓ ᦺᦟᦷᦙᦵ ᦉᦳᦔᦵ ᦵᦊᦲᦙ ᦟᦲ ᦀᦱᦓ: "ᦑᦳᦓ
ᦋᦷᦵ ᦔᦱᦓᦵ ᦂᦱᦓ ᦠᦲᦵ ᦺᦑ ᦈᦱᦓ ᦑᦳ ᦺᦗᦷᦙ ᦠᦳᦈ, ᦍᦲᦓ ᦣᦲ ᦂᦳ ᦑᦳᦓ ᦋᦷᦵ ᦅᦙᦵ ᦵᦑᦲᦙᦓ ᦃᦱ ᦠᦱᦓ ᦷᦂᦳᦙᦵ ᦗᦲᦓᦵ, ᦃᦱ
ᦠᦱᦓ ᦷᦂᦳᦙᦵ ᦗᦲᦓᦵ ᦶᦗᦷᦙ ᦺᦗᦓ ᦅᦳᦵ ᦔᦷᦓ ᦗᦱᦷᦙᦓ ᦟᦲᦙ ᦑᦳᦓ ᦋᦷᦵ ᦟᦲ, ᦈᦳ ᦑᦳᦓ ᦋᦷᦵ ᦣᦂ ᦉᦱ ᦂᦱᦓᦵ ᦠᦳᦷᦙ ᦉᦲ ᦆᦳᦂᦓ
ᦗᦙ ᦓᦲᦓ ᦺᦀᦵ ᦣᦲ ᦣᦲ, ᦓᦲᦷᦙ ᦆ ᦶᦗᦲ ᦺᦗᦷᦙᦓ ᦺᦂᦵ ᦵᦗᦲ ᦂᦱᦓ ᦅᦲᦵ ᦠᦲᦓᦵ ᦺᦗᦵ ᦺᦗ ᦍ ᦗ ᦓ ᦆᦱᦔ ᦵᦈᦲᦵ ᦟᦱ ᦟᦲᦓ, ᦺᦑ
ᦈᦱᦵ ᦅᦲᦓ ᦙᦱ ᦟᦲᦙᦵ ᦺᦗ ᦑᦳᦓ ᦋᦷᦵ ᦵᦂᦷᦙ᧟ " ᦉᦱᦓ ᦓᦱ ᦅᦳ ᦀᦱ ᦂᦲᦷᦙ ᦅᦙ ᦔᦱᦂ ᦺᦈᦓ ᦺᦟᦷᦙᦵ ᦟᦱ ᦟᦲᦓ, ᦠᦱᦂ ᦔᦲᦓ
ᦑᦲᦓ ᦉ ᦙ ᦆᦲ ᦟᦲ ᦔᦷᦓ ᦗᦱᦷᦙᦓ ᦔᦱᦂ ᦀᦱᦓ ᦅᦙ ᦉᦷᦙ, ᦺᦗᦵ ᦂᦳᦵ ᦠᦲᦷᦙ ᦍᦱᦷᦓ ᦋᦲᦷᦙᦓ ᦣᦲ ᦗᦱᦂ ᦈᦱᦂ ᦶᦗᦲᦓ ᦃᦱ ᦠᦱᦓ ᦷᦂᦳᦙᦵ
ᦗᦲᦓᦵ ᦷᦗᦳᦙ ᦔᦳᦵ ᦺᦗ᧟ (ᦔᦲ ᧑᧙᧕᧐ ᦺᦑ ᦃᦱ ᦠᦱᦓ ᦔᦲᦓ ᦺᦈ ᦺᦑᦱᦓ ᦵᦙᦲᦷᦙ ᦈᦷᦵ ᦺᦗ ᦔᦳᦵ ᦶᦗᦓ ᦺᦗᦷᦙᦓ ᦵᦑᦲᦓᦵ ᦠᦓᦵ, ᦶᦗᦷᦙ
ᦵᦍᦱᦓᦵ ᦺᦗᦵ ᦔᦲᦓ ᦺᦈ ᦑᦱᦙ ᦶᦗᦷᦙᦓ ᦠᦲᦙ, ᦉᦱᦓ ᦓᦱ ᦅᦳ ᦀᦱ ᦗᦳᦸ ᦂᦱᦓᦵ ᦠᦳᦷᦙ ᦉᦲ ᦆᦳᦂᦓ ᦗᦙ ᦗᦸᧃ ᦀᦲ ᦔᦲ ᦂᦳᦈ ᦗᦳᦓ
ᦺᦈᦓ ᦺᦟᦷᦙᦵ ᦔᦓ ᦠᦲᦵ ᦶᦗᦓ ᦓᦓᦵ ᦙᦱ ᦵᦊᦲᦙ ᦣᦶ ᦃᦱ ᦠᦱᦓ ᦔᦲᦓ ᦺᦈ ᦺᦑᦱᦓ ᦵᦙᦲᦷᦙ᧟ ᦍᦳᦓᦵ ᦵᦈᦲᦓ ᦉᦱᦓ ᦓᦱ ᦅᦳ ᦀᦱ
ᦵᦗᦲ ᦂᦱᦓ ᦍᦲᦓᦵ ᦓᦳ ᦑᦳᦓ ᦃᦱ ᦠᦱᦓ ᦷᦂᦳᦙᦵ ᦗᦲᦓᦵ, ᦺᦗᦷᦙᦓ ᦵᦑᦲᦓᦵ ᦵᦍᦱᦓᦵ ᦵᦋᦲᦓᦵ ᦂᦲᦔ ᦆᦳᦂᦓ ᦗᦙ ᦺᦑ ᦶᦗᦓᦵ ᦔᦲᦓ
ᦑᦱᦓ ᦺᦗᦷᦙᦓ ᦵᦑᦲᦓᦵ ᦷᦗᦲᦓ ᦵᦔᦲᦓ ᦷᦗᦲᦓ ᦗᦱᦷᦙ, ᦋᦲ ᦂᦲᦓ ᦆᦳᦵ ᦺᦑ ᦶᦗᦓᦵ ᦺᦗ ᦷᦂᦱᦷᦙᦓ ᦷᦂᦱᦓᦵ ᦣᦙᦓ ᦵᦂᦓ ᦓᦲᦷᦙ ᦔᦱᦓᦵ ᦵᦙᦲᦷᦙ
ᦈᦳ ᦀᦓ ᦺᦑᦂ ᦗᦳᦵ ᦠᦳᦓ ᦺᦑᦵ᧟ ᦵᦂ ᦟᦱ ᦵᦙᦲᦓ ᦺᦑ ᦶᦗᦓᦵ ᦔᦳᦵ ᦵᦙᦲᦷᦙ ᦵᦟᦱ, ᦺᦈᦓ ᦺᦟᦷᦙᦵ ᦃᦳᦷᦙᦵ ᦋᦲᦓ ᦟᦳᦂ
ᦵᦂᦷᦙ ᦵᦈᦲᦵ ᦗᦲᦓᦵ ᦗᦳᦸ ᦵᦟᦱᦷᦙᦓ ᦵᦆᦓᦵ ᦗᦸᧃ ᦺᦑᦔ ᦶᦗᦷᦙ ᦺᦑ ᦓᦓᦵ ᦟᦲ ᦈᦳᦔ ᦉᦱ ᦵᦔᦱᦂ ᦙᦱ ᦠᦲ ᦺᦑ ᦶᦗᦓᦵ ᦺᦑᦵ ᦔᦲᦓ
ᦈᦳᦷᦙ ᦋᦲᦓ ᦋᦙ᧟ ᦔᦲ ᧑᧙᧕᧑ ᦺᦑ ᦑᦷᦙᦵ ᦔᦲᦓ ᦋᦲᦓ ᦋᦲᦓ ᦵᦗᦲᦷᦙᦓ ᦗᦱ ᦉᦱ ᦋᦱᦷᦙᦓ ᦶᦗᦵ ᦉᦲᦓᦵ ᦗᦳᦂᦹ ᦙᦱ, ᦉᦱᦓ ᦓᦱ ᦅᦳ
ᦀᦱ ᦋᦳᦵ ᦺᦍᦱᦂ ᦵᦂᦲᦓ ᦔᦲᦓ ᦵᦗᦲᦷᦙᦓ ᦵᦋᦲᦓᦵ ᦵᦂᦲᦵ ᦀᦳ ᦵᦍᦱᦓᦵ᧟ ᦔᦲ ᧑᧙᧕᧒ ᦺᦑ ᦉᦱᦓ ᦓᦱ ᦅᦳ ᦀᦱ ᦍᦳᦓᦵ ᦵᦈᦲᦓ ᦔᦲᦓ
ᦺᦈᦵ ᦺᦗᦵ ᦗᦱ ᦍᦱᦗ ᦟᦲ ᦵᦟᦱᦷᦙᦵ ᦂᦳ ᦟᦳ ᦺᦈᦓ)

ᦔᦳᦵ ᦺᦑᦵ ᦂᦱᦓ ᦉᦱᦓ ᦓᦱ ᦅᦳ ᦀᦱ ᦗᦳᦔᦵ ᦑᦳᦓ ᦀᦱᦓ ᦣᦲ ᦺᦑᦵ, ᦵᦗᦲᦓ ᦙ ᦺᦟᦂ ᦗᦳᦂᦹ ᦓ ᦂᦲᦙᦓ, ᦺᦈᦓ
ᦺᦟᦷᦙᦵ ᦂᦳᦓᦓ ᦓᦙ ᦃᦱ ᦠᦱᦓ ᦈᦲᦓ ᦙᦱᦵ ᦂᦲᦓ ᦵᦊᦲᦂ ᦕᦀ ᦅᦳᦓ ᦔᦳ ᦙᦱ ᦣᦳᦓ ᦀᦲ ᦅᦱᦓ ᦶᦗᦓᦵ ᦷᦗᦳᦷᦙᦓ ᦋᦱᦓᦵ ᦟᦲᦓᦵ
ᦠᦓᦵ, ᦠᦱᦂ ᦋᦳᦵ ᦉᦱᦓ ᦵᦊᦲᦓ ᦵᦊᦲᦙ ᦣᦶ ᦵᦂᦶᦵ᧟ ᦺᦈᦓ ᦺᦟᦷᦙᦵ ᦔᦳᦷᦙ ᦓᦲᦓ ᦈᦷᦵ ᦺᦗ ᦀᦲ ᦠᦱᦓ ᦺᦗᦷᦙ ᦟᦱ ᦟᦲᦓ,
ᦶᦗᦓ ᦓᦳ ᦆᦱᦵ ᦵᦂᦣ ᦷᦂᦓ ᦶᦗᦵ ᦠᦲᦵ ᦀᦲ ᦺᦗᦷᦙ ᦗᦳᦓ ᦶᦗᦷᦙ, ᦗᦲᦵ ᦈᦳ ᦉᦷᦙ ᦂᦲᦓ ᧑ ᦑᦳᦓ ᦅᦳᦵ ᦷᦗᦳᦂ ᦶᦗᦓ ᦓᦳ ᦆᦱᦵ
ᦵᦂᦣ ᦷᦂᦓ ᦶᦗᦵ ᦠᦲᦵ ᦟᦲ᧟ ᦺᦈᦓ ᦺᦟᦷᦙᦵ ᦀᦱᦓ ᦵᦂᦵᦷᦙᦵ ᦑᦳᦓ ᦀᦲ ᦺᦗᦷᦙ ᦃᦱ ᦠᦱᦓ ᦷᦂᦳᦙᦵ ᦗᦲᦓᦵ ᦓᦲᦓ ᦵᦈᦲᦓ ᦔᦲᦓ
ᦺᦈ ᦺᦑᦱᦓ ᦵᦙᦲᦷᦙ ᦗᦳᦵ ᦗᦱ ᦉᦱ ᦋᦲᦷᦙᦓ ᦙᦱ ᦆᦳᦵ ᦋᦳᦵ ᦺᦗᦷᦙᦓ ᦵᦑᦲᦓᦵ ᦗᦲᦓ ᦺᦗ ᦔᦱᦓᦵ ᦵᦙᦲᦷᦙ ᦈᦳ ᦠᦳᦓ ᦵᦗᦲ

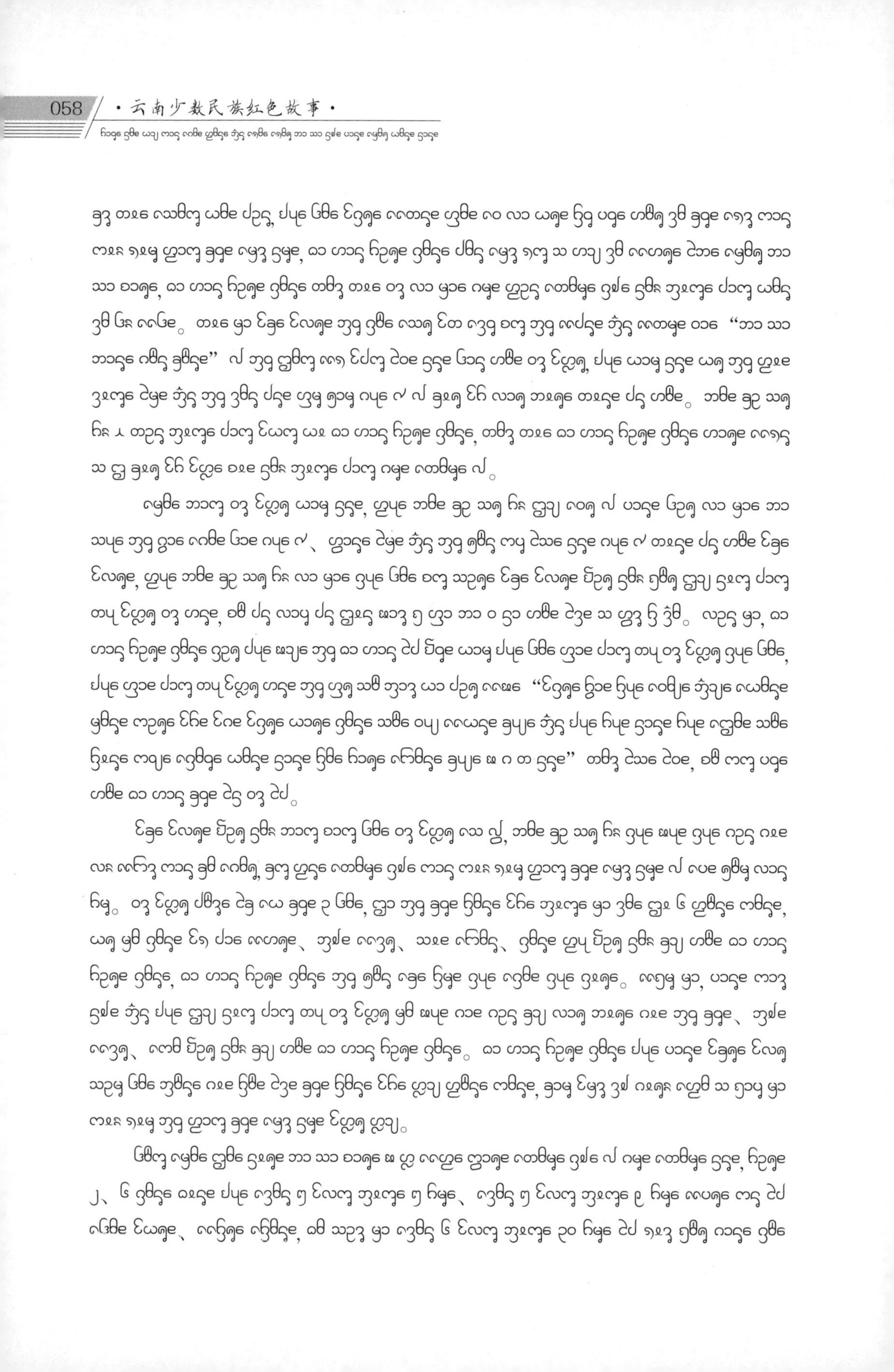

[illegible]

抗联英雄周保中

在东北抗战岁月中，白子将军周保中与赵尚志、杨靖宇等率领的东北各抗日联军一道，在极其艰难的斗争环境下，以悬殊于敌人的兵力同敌人展开了难以计数的大小恶仗，共牵制敌军76万人，消灭日本关东军18万之多，扬我民族正气于白山黑水之间，令倭寇闻风丧胆于林海雪原之中，表现了中华民族英勇不屈的斗争精神和正气豪情。其间，周保中谱写的很多英勇事迹一直流传至今。

“刮骨取弹真英雄，胜过昔日关云长”

1931年9月18日，日本侵略军制造了震惊中外的九一八事变，东北大好河山惨遭涂炭，全国人民掀起抗日怒潮，东北和全国各地有血性的中国人先后组成了义勇军和各种抗日武装，奋起与强敌殊死搏斗，虽惨烈悲壮，仍前仆后继，不屈不挠。在救亡图存的历史关头，受中共中央派遣在莫斯科学习的周保中立即向组织申请回国参加抗战。1932年2月，周保中到达东北，临危受命任中共满州省委委员、军委书记，进入吉东地区民众抗日队伍中，开展统一战线，以推动各方抗日力量打击敌人，同时创建党领导的武装力量。

1932年10月11日，当时作为救国军总参议和前方总指挥部总参谋长的周保中率军攻打宁安县城，守城日寇负隅顽抗，久攻不克。周保中当机立断组织敢死队并身先士卒，率领敢死队奋勇冲杀，攻进城内。他冲锋在最前面，在敌人机枪扫射下不幸小腿中弹而倒下，但他又马上站起来一边继续冲锋，一边振臂高呼：“冲啊!”在他的鼓舞下，敢死队直杀得敌人丢刀弃枪，狼狈败退。

此时，他仍然不顾腿上的伤痛继续指挥战斗，直到战斗结束才倒下，战士们急忙把他背回蓝棒子山密营指挥部。此时的周保中，因子弹已穿入腿骨，为防止感染，急需手术。当时没有任何医疗条件和麻醉，怎么办？周保中硬是命令部下直接用刀子划，用钳子夹，将弹头从腿骨中取了出来，又忍耐着剧痛让部下用烧红的刀子把伤口周围的烂肉刮了下来。很快，周保中带领敢死队冲进宁安县城、负伤不下火线以及强忍剧痛刮骨取弹的英雄事迹就在救国军中传开了，战士们听后无不深受感动，都称赞参谋长是个英雄好汉，还有人编了句顺口溜："刮骨取弹真英雄，胜过昔日关云长。"从此，周保中成了义勇军中的一员虎将，蜚声于东北抗日战场。

其实在周保中身上，比刮骨取弹更让人难以想象的事还有很多。1934年9月20日，周保中在率部队进攻宁安平安镇的战斗中，肚子被子弹打穿，肠子都流了出来，他竟然忍痛用手把肠子塞了回去，在担架上继续指挥战斗，直至战斗取得最后胜利。在从1932—1946年的14年战斗中，周保中曾受伤11次，重伤5次，全身伤痕累累。周保中的女儿周伟后来回忆道："这些陈年老伤和疤痕，在气候变化、季节变化、身体疲劳、疾病加重时，就会疼痛不止。"

"一两黄金一两肉"

1936年，在中国共产党的领导下，东北各抗日武装统一改编为东北抗日联军，周保中任第五军军长兼军党委书记。1937年10月，东北抗日联军第二路军成立，周保中任总指挥，以游击战四面出击，打得敌人惊恐万状。

周保中率部在抗日游击战中取得了一次又一次胜利，敌人寝食难安，对周保中恨之入骨，不断对抗日联军第二路军进行疯狂围剿。1937年11月，日军司令部探知周保中指挥部驻扎于宝清，立即派出大批队伍突然袭击，围攻宝清。经过激战，因寡不敌众，周保中只得率领总部人员转移，途中又被日军包围，经浴血奋战后突围冲出，退向牡丹江东岸。为反击日军包围，周保中派人去联系抗联其他部队以配合行动，不料日军又增派队伍随后赶来，紧追不舍，战斗越来越艰苦，伤亡也很大。此时，有个师长被日军派来的奸细收买，在军队中散布谣言，动摇军心，并伺机叛变，准备与日军里应外合，全歼第二路军总部。幸好周保中及时发现了这一阴谋，铲除了叛徒，带领总部人员与增援队伍会合，诱敌深入，在险要的老爷岭上伏击日军先遣队，把敌人杀得尸横遍野，无一脱逃。

从1937年11月至12月，周保中与敌人周旋33天，敌人采用了极端严密而残酷的手段反复围剿周保中所率领的第二路军总部和吉东省委机关人员，以所谓的“天罗地网”欲让周保中插翅难逃。天上用飞机侦察轰炸，还撒传单企图瓦解抗联士气，仅11月16日一天就出动13架次飞机；地上派近万名敌军篦梳式搜索山林，寻找抗联踪迹；水上在夹皮沟东面的牡丹江上派巡逻艇从木兰集至三道通往返巡逻，封锁江面，还派特务混入抗联内部刺杀周保中，但皆未得逞。

日军多次想消灭周保中及所部失败后，于1937年底又出伪币10万元悬赏购买周保中人头，后又不断提高赏金，还叫嚣“一两黄金买周保中身上的一两肉”。1938年，周保中在日军的封锁围剿中悄悄离开密营，准备与失联已久的上级组织取得联系，但消息被奸细泄露。敌人以一部埋伏在他们的必经之地加以截击，另一部则乔装打扮，假借抗联部队名义前来接应，但这一诡计被周保中识破。他镇定与敌周旋，随即迅速脱逃，率队冒着敌人的枪林弹雨催马飞奔，但马被绊倒，周保中也摔落在了雪地上，就在敌人即将追上他时，周保中的副官陶雨峰骑马赶回，向敌人猛烈射击，周保中突出了重围。在日军的重兵围剿下，周保中及其抗联部队完全没有援助，只能靠吃树皮、嚼草根孤军作战，但仍坚持与强敌斗争，频繁出没于林海雪原，战斗遍及白山黑水，不断打击敌人，牵制了关东军，直至日本投降。周保中的队伍深受东北人民的拥护与支持，群众都称颂其为“神武救国救民之师”。

参考资料

[1]周保中：《东北抗日游击日记》，人民出版社1991年版。

[2]黑龙江省社会科学院地方党史研究所编：《中共东北地方党史资料访问录选编（周保中同志专辑）》，1980年。

[3]王东立：《周保中在抗战时期的贡献》，《社会主义论坛》2015年第8期。

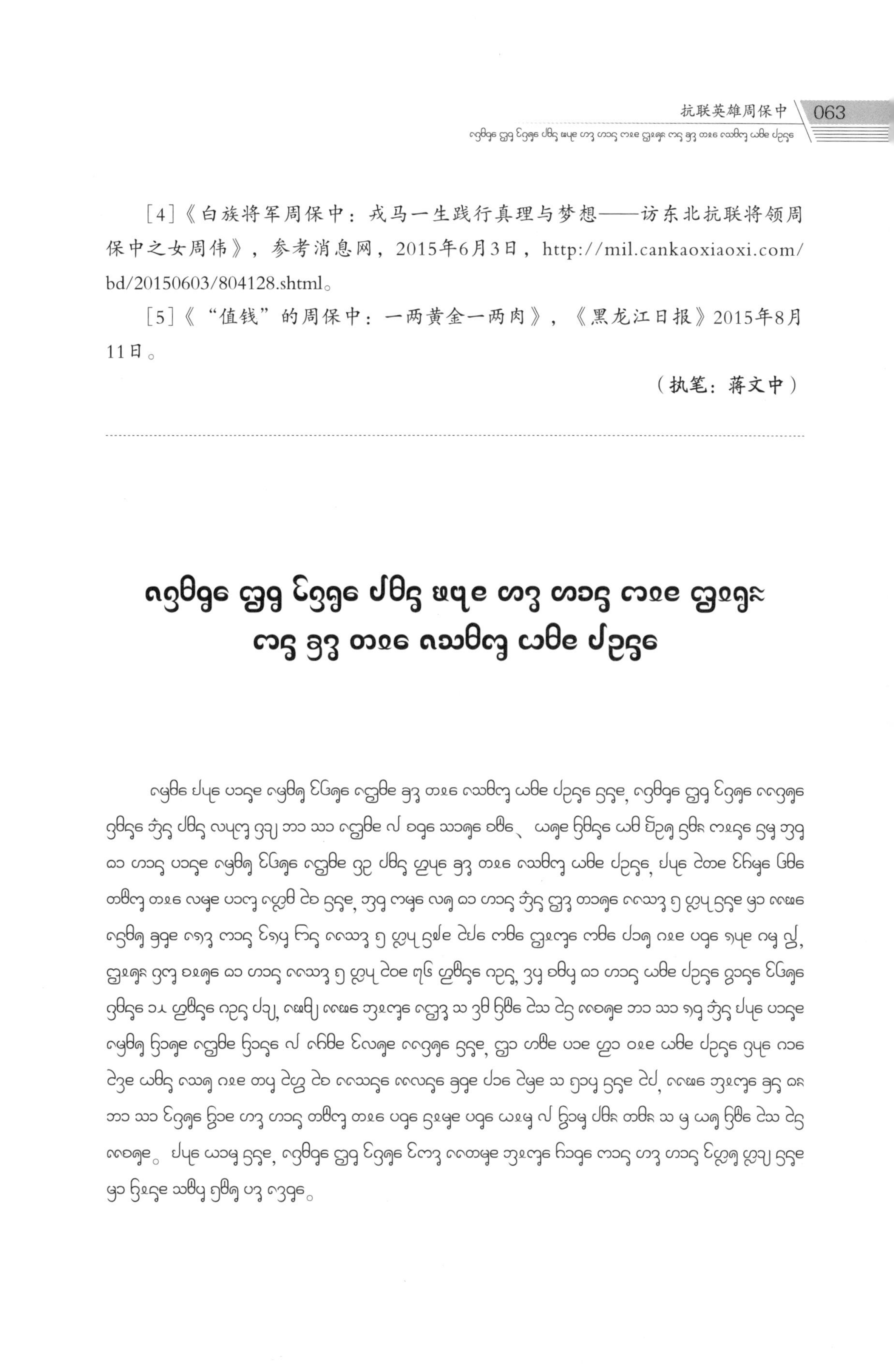

[4]《白族将军周保中：戎马一生践行真理与梦想——访东北抗联将领周保中之女周伟》，参考消息网，2015年6月3日，http://mil.cankaoxiaoxi.com/bd/20150603/804128.shtml。

[5]《“值钱”的周保中：一两黄金一两肉》，《黑龙江日报》2015年8月11日。

（执笔：蒋文中）

[illegible]

[illegible]

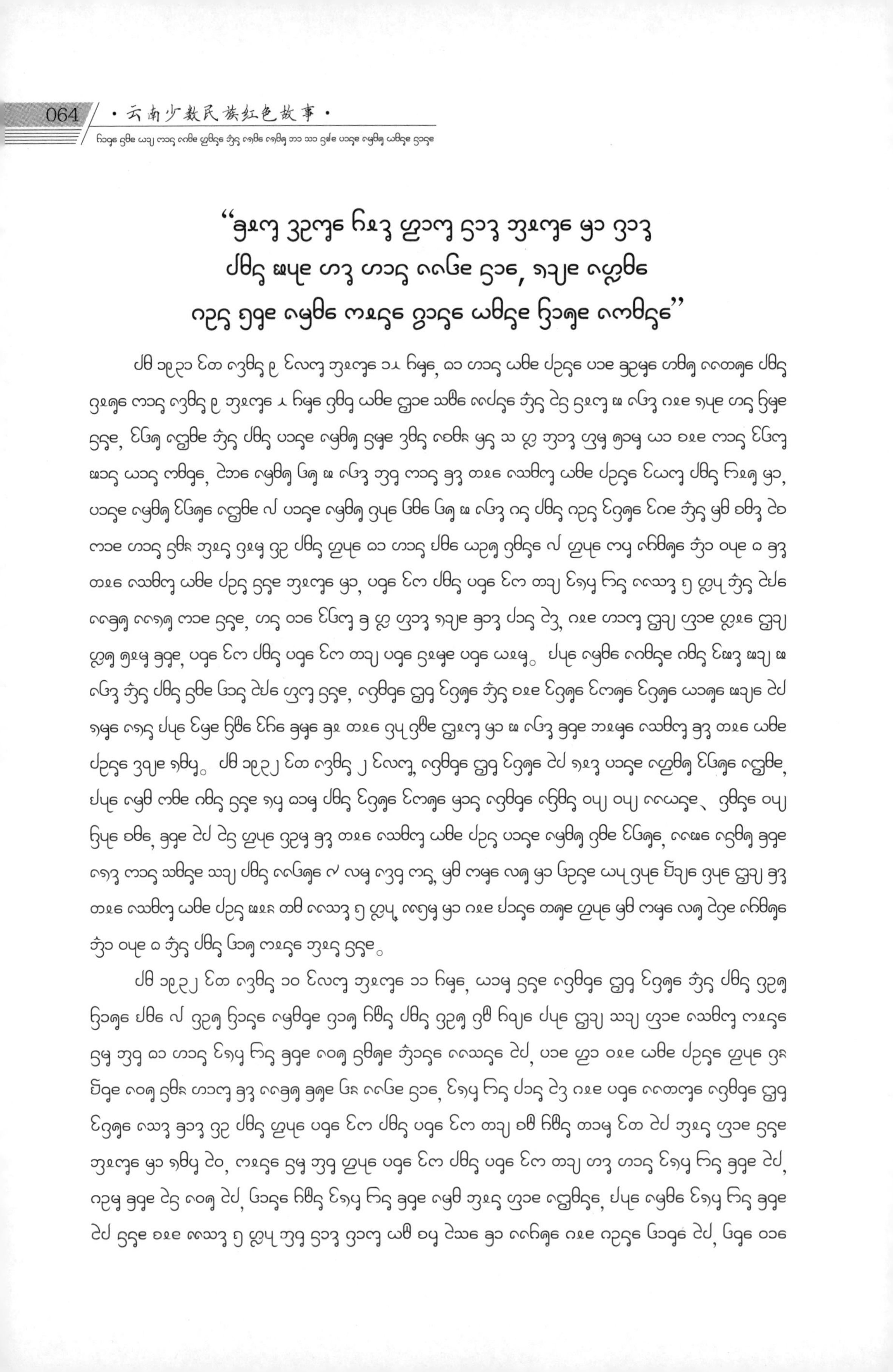

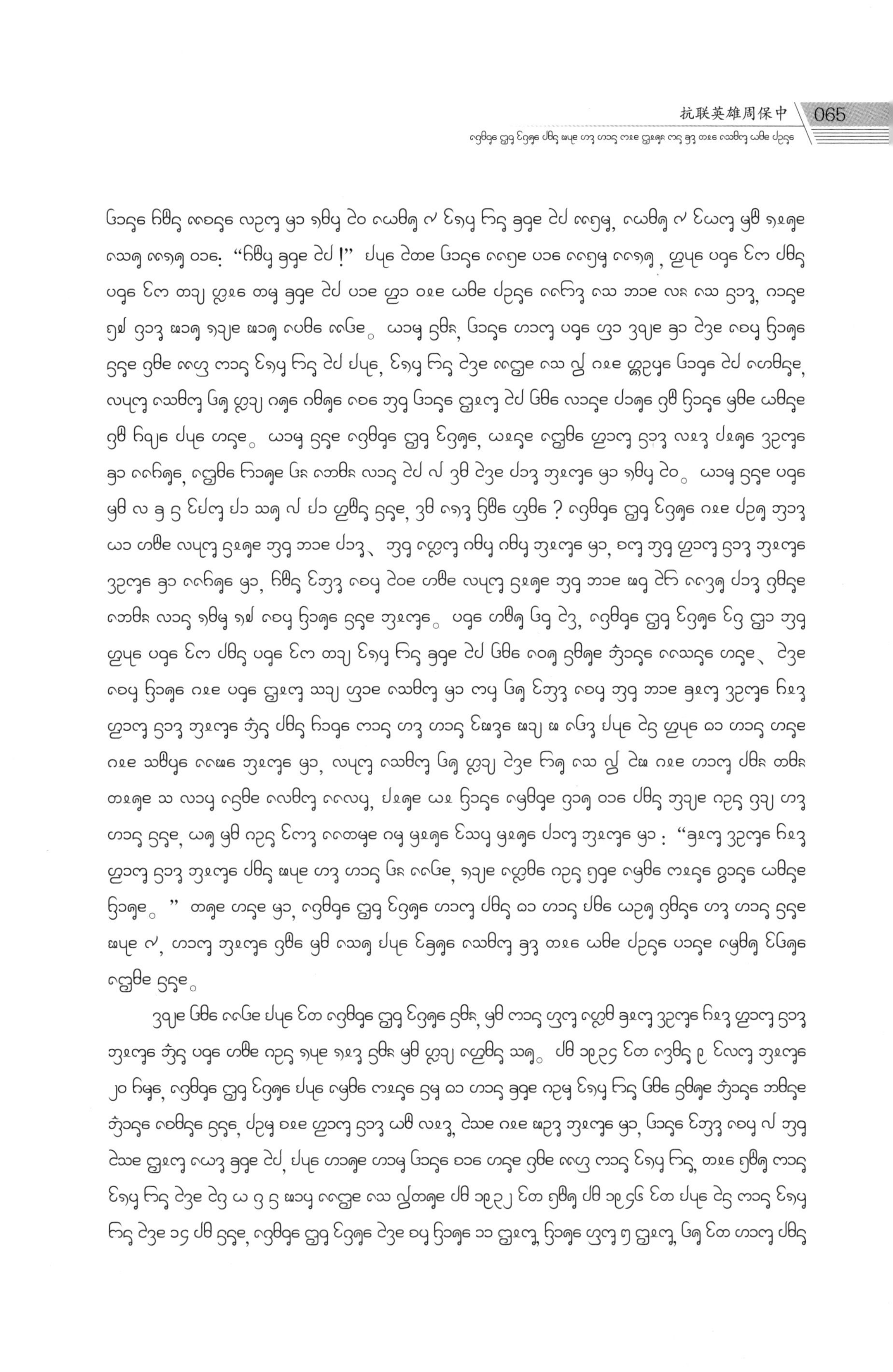

[illegible]

[illegible]

ᦂᦱᧃ ᦣᦲᧆ ᦵᦔᧃ ᦷᦠᦱᧂ ᦡᦸᧃ ᦷᦠᧄᧉ ᦟᦳᧅ ᦊᦲᧂ ᦵᦉᦲᧁ ᦷᦉᧄ ᦶᦉᧂ ᦶᦎ ᦉᦲᧃ ᦵᦉᦲᧁ ᦵᦞᦲᧁ ᦟᦹᧂ ᦙᦱ ᦷᦉᦸᧅ ᦂᦲᧁ
ᦞᦱᧃ: "ᦣᦲᧆ ᦵᦔᧃ ᦷᦠᦱᧂ ᦵᦙᦲᧃ ᦅᦱᧁ ᦅᦸᧂ ᦈᦱᧂ ᦷᦜᧂ ᦟᦲ ᦡᦸᧃ ᦣᦲᧆ ᦔᦱᧁ ᦷᦠᦱᧂ ᦷᦉᧃ, ᦂᦱ ᦟ ᦷᦣᧇ ᦵᦊᧃ ᦙᦱ、 ᦉᦲᧃ ᦉᦱᧄ ᦊᦱᧄ ᦵᦊᧃ、 ᦵᦉᦲᧂ ᦶᦎ ᦅᦱ ᦊᦱ ᦶᦉᧃ ᦙᦲᧆ、 ᦡᦸᧂ ᦂᦲᧂ ᦠᦹᧅ ᦙᦱ ᦵᦣᦲᧄ, ᦵᦔᧃ ᦙᦱ ᦠᦱᦲᧂ ᦔᦱᧆ ᦡᦹᧂ ᦂᦲᧄ ᦟᦲᧉ"

"ᦠᦲᧄ ᦣᦲᧃ ᧗ ᦷᦉᦲᧂ ᦣᦲᧃ ᧗"

ᦈᦲ ᧑᧙᧓᧖ ᦶᦎ, ᦋᦲᧂ ᦡᦸᧃ ᦶᦉᧃ ᦶᦂᧂ ᦶᦅᧃ ᦷᦠᦱ ᦗᦱᧃ ᦅᦸᧂ ᦊᦸᧅ, ᦠᦲᧂ ᦅᦲᧄ ᦗᦲ ᦂᦲᧃ ᦷᦣᧂ ᦞᦲᧂ ᦐ ᦵᦔᧃ ᦎᦸᧃ ᦵᦉᦲᧅ ᦊᦲᧂ ᦈᦲᧃ ᦔᦱᧂ ᦵᦙᦲᧂ ᦶᦗᧃ ᦵᦉᦲᧄ ᦷᦉᦲᧂ ᦗᦲᧃ ᦈᦲᧃ ᦵᦉᦱᧃ ᦵᦉᦲᧂ ᦅᦱ ᦵᦊᧃ ᦷᦉᧄ ᦵᦉᦱᧂ ᦞᦱᧃ ᦐ ᦠᦱᧃ ᦵᦔᧃ ᦎᦸᧃ ᦵᦉᦲᧅ ᦊᦲᧂ ᦈᦲᧃ ᦗᦲᧃ ᦔᦱᧂ ᦵᦙᦲᧂ ᦶᦗᧃ ᦵᦉᦲᧄ, ᦵᦉᦲᧂ ᦵᦉᦲᧂ ᦶᦉᧃ ᦐᦱᧄ ᦈᦲᧃ ᦷᦉᧃ ᦵᦉᦱᧂ ᦐ ᦠᦱᧃ ᦐᦲ ᧙ ᦠᦲᧃ ᦐᦱᧄ ᦈᦲᧃ ᦷᦉᧃ ᦗᦱᧂ ᦞᦲᧂ ᦷᦠᦲᧃ ᦈᦲᧃᧉ ᦈᦲ ᧑᧙᧓᧗ ᦶᦎ ᦵᦉᦲᧂ ᧑᧐ ᦶᦟᦲᧅ, ᦐ ᦠᦱᧃ ᦵᦔᧃ ᦎᦸᧃ ᦵᦉᦲᧅ ᦊᦲᧂ ᦈᦲᧃ ᦗᦲᧃ ᦔᦱᧂ ᦵᦙᦲᧂ ᦶᦗᧃ ᦵᦉᦲᧄ ᦐ ᦠᦱᧃ ᦶᦔᧅ ᦐᦲ ᧒ ᦎᦲᧂ ᦔᦸᧅᦈᦲᧃ ᦙᦱ, ᦵᦉᦲᧂ ᦵᦉᦲᧂ ᦶᦉᧃ ᦐᦱᧄ ᦈᦲᧃ ᦷᦉᧂ ᦷᦉᦲ ᦂᦲᧃ, ᦈᦲᧃ ᦵᦉᦲᧅ ᦠᦲᧂ ᦂᦸᧄ ᦔᦸᧅᦈᦲᧃ ᦡᦸᧂ ᦠᦲᧂ ᦂᦸᧄ ᦗᦲᧂ ᧕ ᦈᦱᧅ ᧕ ᦵᦉᦲᧂ, ᦠᦲᧂ ᦂᦸᧄ ᦵᦉᦱᧂ ᧙ ᦠᦲᧂ ᦂᦲᧂ ᦷᦉᧂ ᦋᦱᧂ ᦶᦎ ᦗᦲ ᦵᦗᦲ ᦟᦲᧉ

ᦵᦉᦲᧂ ᦵᦉᦲᧂ ᦶᦉᧃ ᦅᦸᧂ ᦷᦉᧄ ᦐ ᦠᦱᧃ ᦋᦲᧂ ᦵᦙᦲᧃ ᦵᦉᦲᧅ ᦠᦲᧂ ᦂᦸᧄ ᦡᦸᧂ ᦡᦲ ᦊ ᦷ ᧕ ᦵᦉᦲᧇ ᦵᦉᦲᧂ ᦷᦉᧃ ᦵᦉᦲᧅ ᦷᦉᧃ ᦈᦱᧅ, ᦉᦱ ᦠᦲᧂ ᦵᦉᦱᧂ ᧙ ᦠᦲᧇ ᦅᦲᧂ ᦔᦱᧂ ᦉᦱᧂ ᦷᦉᧂ ᦔᦱᧂ ᦠᦲᧇ, ᦉᦱᧂ ᦷᦉ ᦵᦉᦲᧂ ᦵᦉᦲᧂ ᦶᦉᧃ ᦷᦉᧃ ᦵᦉᦲᧂ ᦷᦉᦲᧂ ᦵᦉᦲᧂ ᦷᦉᧂ ᦷᦠᧄ, ᦎᦲᧂ ᦎᦸᧃ ᦐ ᦠᦱᧃ ᦶᦔᧅ ᦐᦲ ᧒ ᦵᦔᧃ ᦎᦸᧃ ᦵᦉᦲᧅ ᦊᦲᧂ ᦈᦲᧃ ᦵᦉᦲᧂ ᦵᦉᦲᧂ ᦔᦱᧂ ᦔᦲᧃ ᦵᦉᦲᧃ ᦶᦉᧇ ᦵᦉᦲᧂ ᦂᦲᧄ ᦔᦱᧂ ᦵᦉᦲᧉ ᦈᦲ ᧑᧙᧓᧗ ᦶᦎ ᦵᦉᦲᧂ ᧑᧑ ᦶᦟᦲᧅ, ᦷᦠᧃ ᦷᦉᧂ ᦈᦲᧂ ᦐ ᦠᦱᧃ ᦊᦲᧂ ᦈᦲᧃ ᦡᦸᧂ ᦠᦲᧂ ᦗᦲᧃ ᦡᦸᧂ ᦣᦲᧂ ᦠᦱᧂ ᦷᦉ ᦠᦲᧂ ᦋᦲᧂ ᦵᦉᦲᧂ ᦵᦉᦲᧂ ᦶᦉᧃ ᦋᦲᧂ ᦗᦲᧃ ᦵᦉᦲᧂ ᦠᦲᧃ ᦠᦱᦲᧂ, ᦵᦉᦲᧂ ᦷᦉᧂ ᦠᦲᧂ ᦐ ᦠᦱᧃ ᦶᦉᧅ ᦠᦲᧂ ᦡᦸᧂ ᦠᦲᧂ ᦂᦸᧄ ᦣᦲᧇ ᦡᦸᧃ, ᦵᦉᦲᧂ ᦂᦸᧄ ᦗᦲᧃ ᦵᦉᦲᧂ ᦷᦉᧃ ᦠᦱᦲᧂᧉ ᦡᦸᧃ ᦎᦱᧄ ᦶᦣᧇ ᦠᦲᧂ ᦅᦲᧄ ᦂᦲᧂ, ᦊᦲᧂ ᦵᦉᦲᧃ ᦂᦸᧂ ᦠᦲᧆ ᦠᦲᧂ ᦔᦱᧂ ᦵᦉᦲᧂ ᦵᦉᦲᧂ ᧙ ᦠᦲᧇ ᦠᦲᧂ ᦂᦸᧂ ᦠᦲᧂ, ᦵᦉᦲᧂ ᦵᦉᦲᧂ ᦶᦉᧃ ᦡᦸᧂ ᦂᦱᧃ ᦶᦉ ᦷᦉᧂ ᦵᦉᦲᧂ ᦂᦸᧂ ᦷᦉᧃ ᦋᦲᧂ ᦶᦊᧅ ᦊᦱᧇ ᦠᦲᧂ ᦗᦲᧃ, ᦎᦱᧄ ᦶᦟᦲᧅ ᦗᦲᧅ ᦠᦲᧂ ᦵᦉᦲᧂ ᦐ ᦠᦱᧃ ᦊᦲᧂ ᦈᦲᧃ ᦵᦉᦲᧂ ᦟᦲᧄ, ᦡᦸᧃ ᦎᦱᧄ ᦶᦣᧇ ᦠᦲᧂ ᦵᦗᦲ ᦷᦉᦱᧃ ᦵᦉ ᦟᦲ ᦵᦉᦲᧃ ᦡᦸᧂ ᦔᦲ ᦎᦲᧄ ᦷᦉᧃ ᦙᦱ, ᦠᦲᧂ ᦣᦲᧆ ᦡᦸᧂ ᦗᦲᧃ ᦣᦲᧄ ᦷᦉᧂ ᦵᦉᦲᧃ ᦙᦲᧇ ᦗᦱᧃ ᦵᦉᦲᧃ ᦵᦉᦲᧂᧉ ᦵᦉᦲᧃ ᦠᦲᧂ ᦎᦲ ᦐ ᦠᦱᧃ ᦊᦲᧂ ᦈᦲᧃ ᦵᦉᦲᧂ ᦟᦲᧄ, ᦵᦉᦲᧂ ᦵᦉᦲᧂ ᦶᦉᧃ ᦵᦉᦲᧇ ᦷᦉᧂ ᦠᦲᧂ ᦵᦙᦲ ᦠᦱ ᦐ ᦠᦱᧃ ᦠᦲᧂ ᦵᦔᧃ ᦎᦸᧃ ᦵᦉᦲᧅ ᦊᦲᧂ ᦈᦲᧃ ᦟᦱᧅ ᦠᦲᧂ ᦅᦲᧂ ᦵᦉᦲᧂ ᦅᦱ ᦵᦔᧃ ᦎᦸᧃ ᦵᦉᦲᧅ ᦊᦲᧂ ᦈᦲᧃ, ᦔᦱᧂ ᦂᦲᧁ ᦣᦲᧂ ᦂᦲᧁ ᦣᦲᧁ ᦐ ᦠᦱᧃ ᦊᦲᧂ ᦈᦲᧃ ᦠᦲᧂ ᦵᦉᦲᧇ ᦷᦉᧂ ᦠᦲᧂ ᦎᦲᧃ ᦞᦲ ᦵᦟᦲᧁ ᦷᦉᦲᧄ ᦙᦱ, ᦣᦲᧄ ᦵᦟᦲᧁ ᦷᦉᦲᧄ ᦙᦱ ᦎᦲᧅ ᦎᦲᧅ, ᦅᦱᧂ ᦶᦣᧇ ᦠᦲᧂ ᦵᦊᧃ ᦋᦲᧂ ᦵᦊᧃ ᦶᦉᧅ ᦋᦱᧇ ᦙᦱ ᦵᦉᦲᧂ ᦵᦉᦲᧂ, ᦂᦸᧂ ᦵᦔᧃ ᦷᦠᦱᧂ ᦵᦉᦲᧂ ᦵᦉ ᦷᦉ ᦞᦲᧂ ᦂᦲᧂ ᦠᦲᧂ ᦙᦱᧉ ᦵᦠᦲᧂ ᦷᦉᧃ, ᦙᦲ ᦷᦠᧃ ᦷᦉᧂ ᦂᦲᧂ ᧗ ᦵᦉᦲᧂ ᦂᦸᧂ ᦵᦉᦲᧇ ᦡᦸᧂ ᦐ ᦠᦱᧃ ᦊᦲᧂ ᦈᦲᧃ ᦶᦎᧃ ᦊᦲᧃ, ᦋᦲᧂ ᦡᦸᧂ ᦠᦲᧂ ᦐ ᦠᦱᧃ ᦠᦱᦲᧂ ᦵᦉᦲᧃ ᦅᦱᧁ ᦂᦲᧄ ᦵᦈᦲ ᦂᦲᧄ ᦉᦱᧅ, ᦠᦲᧄ ᦶᦉ ᦡᦸᧆ ᦐ ᦠᦱᧃ ᦵᦣᦲᧂ ᦡᦸᧂ, ᦵᦈᦲ ᦠᦲᧂ ᦵᦊᦲᧅ ᦊᦱᧄ ᦈᦲᧂ ᦠᦲᧂ ᦎᦱᧂ

ဝိ, ဟၥၵျ ေၵၵ ၵႜ ၸျၵျ ေၵၵ ၶၥ ဟၥၵ ယၿ ၸိၵ ၸပ ၸျ ၵ ၸျ ၵ ၵ ၵ ၵ

ၵ ၸပ ၶၥ ဟၥၵ ၺပ ၵ ၶိ ၂ ၵ ၵ ၺ ။ ယၵ ေၵ ၵ

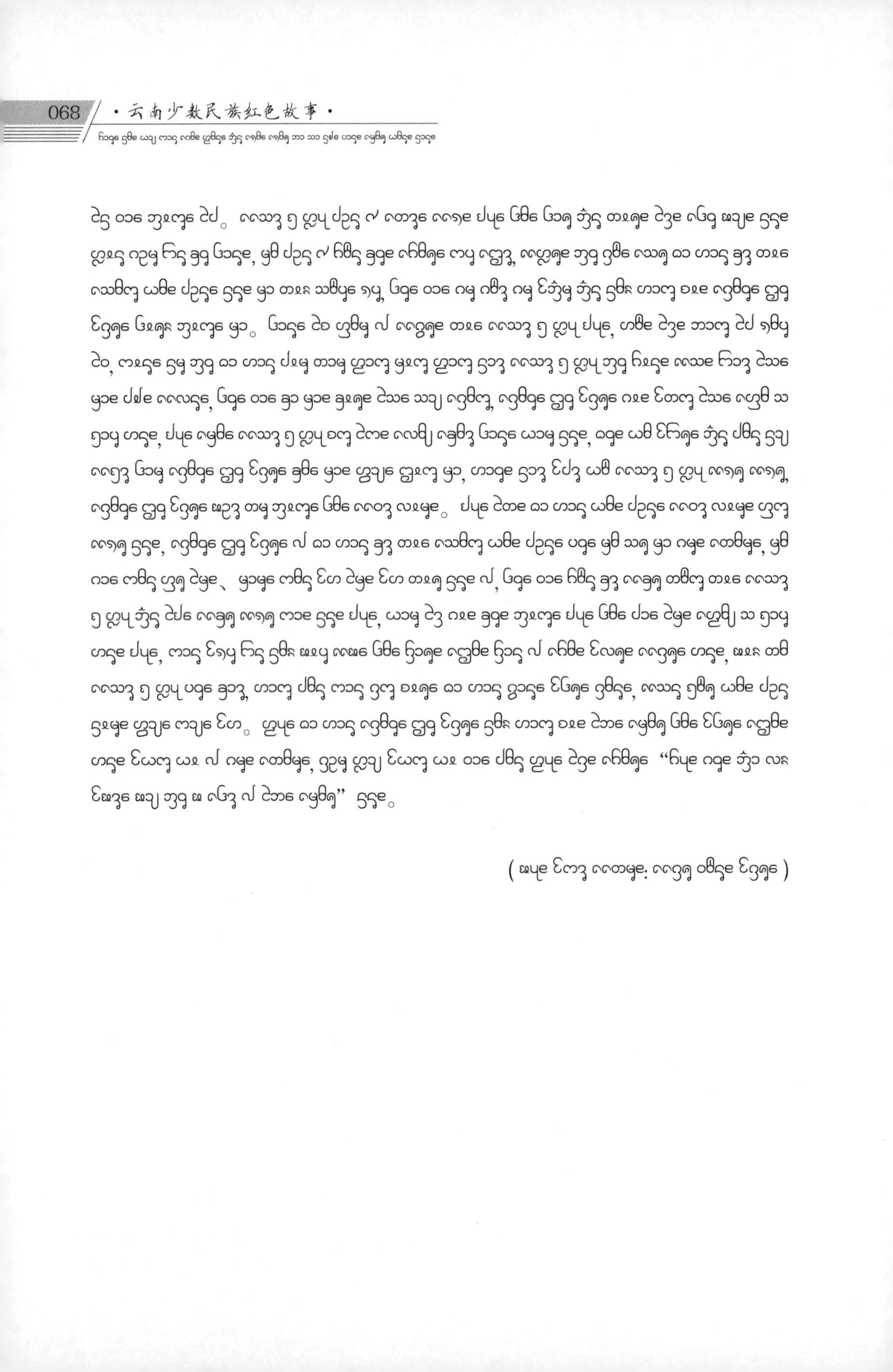

[illegible]

([illegible])

“罗汉下凡打鬼子”

从云南彝良大山深处走出的罗炳辉，是中国工农红军、八路军、新四军的高级将领，是中央军委认定的解放军36个军事家之一。他的一生都在南征北战，立下了赫赫战功。在江淮抗日战场上，罗炳辉被传颂为“罗汉下凡打鬼子”“子弹不敢碰的军神”，尤其是他三打来安县城的故事被写成很多报道，广为传颂。

一打来安显声威

抗日战争全面爆发后，在八路军驻武汉办事处任八路军副参谋长的罗炳辉再也坐不住了，他心急如焚，主动向中央请缨奔赴抗敌前线。1938年底，中共中央决定调他赴华中敌后任新四军第一支队副司令员，辅佐陈毅司令员，开创江苏茅山根据地。

茅山地处京（南京）、沪、杭三角地带，日伪军据点密筑，将该地区分割成零星的棋盘状小块，以“攻防并用”战术步步紧逼新四军。敌人的计谋难不倒罗炳辉和陈毅这一对在红军时代就配合默契的老搭档，他们周密谋划，采取攻势作战，成功地指挥了东湾、延陵战斗和敌军对淳化、高资的袭击，摧毁了一大批敌据点，迫使日军放弃延陵、茅麓、导墅桥等重要据点，向铁路和公路线上收缩。至4月，他们又分兵控制了扬中和江北大桥地区，站稳脚跟，并创建了罗炳辉任司令员的新四军第五支队，挺进日伪军严密控制的路东（津浦铁路东）敌后，勇猛出击，穿插于来安、天长、盱眙、六合、扬州间，开展游击战，仅3个月就开辟了以半塔为中心的津浦路东抗日根据地。

路东抗日根据地位于日伪“首都”南京之侧，扼守着中国东部铁路交通大动脉津浦铁路，犹如插入日伪心脏的一把利剑。寝食不安的敌人企图趁新四军尚弱小，欲加以歼灭，从滁县出动300余日伪军，在地方反动势力的配合下，先侵占来安县城，再不断扫荡路东，进一步控制津浦线。

刚开始，罗炳辉的第五支队近一半的战士只有大刀、长矛等冷兵器，但战士们毫不畏惧，积极备战。罗炳辉首先对路东日伪军的分布情况及地形进行反复侦察分析，决定先攻打收复来安城，打击日军的嚣张气焰。他对战士们说，淮南地区紧连南京，粉碎鬼子的“扫荡”第一仗就从打下来安县城下手，这样就好比在鬼子牛鼻子上插进一把钢刀，给这帮龟儿子一点颜色看看……

1939年9月3日，罗炳辉率部逼近来安城。此时已侦察到此动向的日军派出3个大队增援来安城，罗炳辉立即下令抢占有利地形，伏击扯着膏药旗、趾高气扬驱车而来的敌人。罗炳辉一声令下，伏击部队开火了。骄横的日军万万没料到会遭突然袭击，一阵荒乱，纷纷跳进路边小沟顽抗，还架起了钢炮，密集的枪弹、炮弹飞向新四军阵地。突然，一颗炮弹飞来，罗炳辉发出“卧倒”命令的同时，闪电般地把支队政治部主任方毅推出一丈多远，自己也立即滚到一边。呼啸着飞来的炮弹不偏不倚地正好落在两人刚才所在的指挥位置，两个警卫员来不及躲闪，一个光荣牺牲，一个负了伤。炮火纷飞中他立马又将方毅拉回弹坑，继续指挥战斗。敌人组成战斗队形，依仗优势火力反扑过来，新四军勇猛开火，子弹雨点般飞向敌阵，伪军开始溃退，可鬼子还号叫着往上冲。“沉着应战，看准了打！”战至傍晚，打退了敌人的反扑，罗炳辉下达了全面出击的命令。风雨潇潇，军号声声，指战员们如猛虎下山，打得敌人夺路逃窜，连夜躲进了来安城。新四军一口气追到了来安城下。

罗炳辉运筹帷幄，悄悄派出着便衣、携短枪的一个侦察排，于下半夜趁敌人困顿之机摸进城去，插在鬼子和伪军驻地之间，向两边放枪，日伪军听到枪声吓蒙了头，都以为受到了新四军的袭击，相互拼命打了起来，到天亮才发觉上当了，立马向新四军反扑过来。罗炳辉一面组织攻城，一面分兵于舜山集伏击从滁县增援来安的敌军。守城敌军军心惶惶，见增援部队迟迟未到，于是放火烧城，弃城向滁县逃窜，途径百石山，早已埋伏在此的新四军前后夹攻，将其打得落花流水、尸横遍野。援敌见状，也吓得返回了滁县。

英勇的新四军来不及喘息就奔入城中迅速扑灭了大火，群众感激不尽，热情慰劳，热闹非常。

来安一战，毙敌百多名，新四军仅伤亡数人；缴获三八式步枪200多支，大大充实了装备。首战告捷，新四军第五支队和罗炳辉威名大振，国民党制造的“新四军游而不击”的谣言不攻自破，激励了淮南人民的抗日热情，打开了路东局面，巩固了根据地。

二打来安振信心

1939年11月20日，不甘落败的日军以重兵再占来安，准备对前来攻打的新四军实行突袭，并企图以此为据点，对路东根据地进行深入“扫荡”，消灭抗日武装，并借此维护其津浦线上交通运输之安全，巩固南京外围。

这次日伪军一部企图守住来安城，另一部隐蔽在了百石山，妄图前后夹击消灭新四军。面对装备精良、气势汹汹的日伪军，罗炳辉毫不犹豫决定指挥部队二打来安城。他对敌我情况做了分析和比较，提出了奇袭县城并截击伏敌的作战方案。他率军巧妙地避开敌人伏兵，直接把来安县城包围了起来，白天以大部队杀声震天，佯攻县城，夜里则以一小部悄悄拆毁城墙，从暗道中摸进城去，找准敌指挥机关集中火力来个“中心开花”， 打得敌军指挥人员抱头鼠窜。新四军大部队攻进城里，经一整天的短兵相接、残酷巷战后，杀得日伪军弃城而逃。在迅速歼灭负隅顽抗之敌的同时，罗炳辉指挥部队杀了个回马枪。经过一番激战，将百石山援敌击溃，毙伤敌军少佐以下日伪军200余名，再次收复了来安县城，来安城内万众欢腾，人人尊称罗炳辉为“福将”。二打来安的胜利，更加提振了敌后军民的抗日信心。

三打来安震敌胆

1940年5月21日早晨，据守滁州沙河集之敌伪千余人（内有日寇600人，重机枪10余挺，满载弹药、铁丝网的汽车30余辆），乘新四军南下反击顽军之际，突然分三路进犯来安，并赶筑碉堡工事、铺设铁丝网，以图固守城垣，加大继续“扫荡”新四军根据地之半塔集的力度，同时抢筑来安至滁州公路，欲掠夺夏粮。

为了粉碎敌人的阴谋，巩固路东抗日政权，保卫麦收，提高民众的抗战情绪与胜利信心，罗炳辉决定趁敌立足未稳，三打来安。29日凌晨，罗炳辉分兵抵近来安城，随即派侦察班先入城了解敌情。侦知敌人天明后就要出城“扫荡”抢粮，罗炳辉立刻部署打敌军个措手不及。凌晨1时，新四军以一个营为突击队趁夜首先从城西北角秘密躲过敌人防线入城打开缺口，冲锋组随之跟进入城，发起突击。一时间日伪营垒枪声大作。敌据守高屋和据点顽强抵抗，与新四军巷战两小时，终退至日军指挥中心—— 一个墙很高的大四合院。由于新四军没有火炮，加之敌人拼命抵抗，眼看天快亮了，大家十分着急，指战员们急中生智，采取火攻。烈焰腾空，瓦落屋塌，顽抗的敌人在大火中乱作一团，被烧死、砸死的不少，狼奔豕突冲出火场的也大多被新四军击毙。来安再次回到新四军手中。此一战，数百敌人葬身火海。对此，罗炳辉风趣地说：“鬼子不是喜欢火葬吗？这下他们可以尝尝‘火葬’的滋味了！”战士们想起罗炳辉在中央苏区时使用“火牛阵”（在群牛尾上绑上易燃物品，引燃后驱使牛群冲入敌阵）的传奇故事，在笑声中向司令员投去崇敬的目光。这就是后来军民传为佳话的“火烧来安”或“火烧野牛”。

次日，日军从滁县大批增兵来安，被新四军阻击部队击退，等敌人重整旗鼓、聚集重兵大举进攻时，罗炳辉早已挥师远举，分兵多路，猛扑滁县县城和津浦铁路线上的乌衣镇、担子街、沙河集、张八岭、嘉山集等日伪军据点，百里铁路线上彻夜枪炮声不断、火光绵延，打得日伪首尾难顾，心惊胆寒，几个月喘不过气来。

罗炳辉三打来安，打击了日本侵略者的嚣张气焰，南京震动，连躲在大别山的国民党军队也不得不表示祝贺。中国人民欢欣鼓舞，抗日情绪更为高涨。因为罗炳辉姓罗，并且身材高大魁梧，总是笑眯眯如罗汉，人们把他的事迹编成了《老天爷派罗汉下凡来打鬼子》的传奇故事，从此“罗司令三打来安城”痛击日寇的事迹到处传扬，家喻户晓。美国著名记者尼姆·韦尔斯（斯诺夫人）在延安听到罗炳辉的传奇故事后，感叹地写道：“罗炳辉是一个真正的中国人……是一个智勇兼全的人物……”

参考资料

[1]《怀念罗炳辉同志》编写组:《怀念罗炳辉同志》,云南人民出版社1981年版。

[2]中国共产党彝良县委员会、中共昭通地委党史征研室编:《罗炳辉传》,中共党史出版社1997年版。

[3]王辅一:《罗炳辉将军传》,解放军出版社1986年版。

[4]军事科学院《罗炳辉传》编写组:《罗炳辉传》,军事科学出版社2016年版。

[5]叶传增:《罗炳辉:为人类的幸福而斗争》,《人民日报》2021年5月21日,第4版。

[6]宋霖:《第一个向世界报道罗炳辉的外国记者——海伦·斯诺》,《铁流》2017年第34期。

[7]宋霖:《罗炳辉将军在抗日战争中的贡献》,《人民日报》2005年5月20日。

[8]冯晓蔚:《谁是子弹不敢碰的军神》,《军事文摘》2017年第3期。

[9]中共云南省委党史研究室:《纪念罗炳辉将军诞辰120周年》,《云南日报》2018年4月3日。

[10]《永远的丰碑:从奴隶到将军——罗炳辉》,《人民日报》2005年3月16日。

[11]冯晓蔚:《军神罗炳辉》,《军事文摘》2017年第5期。

（执笔：蒋文中）

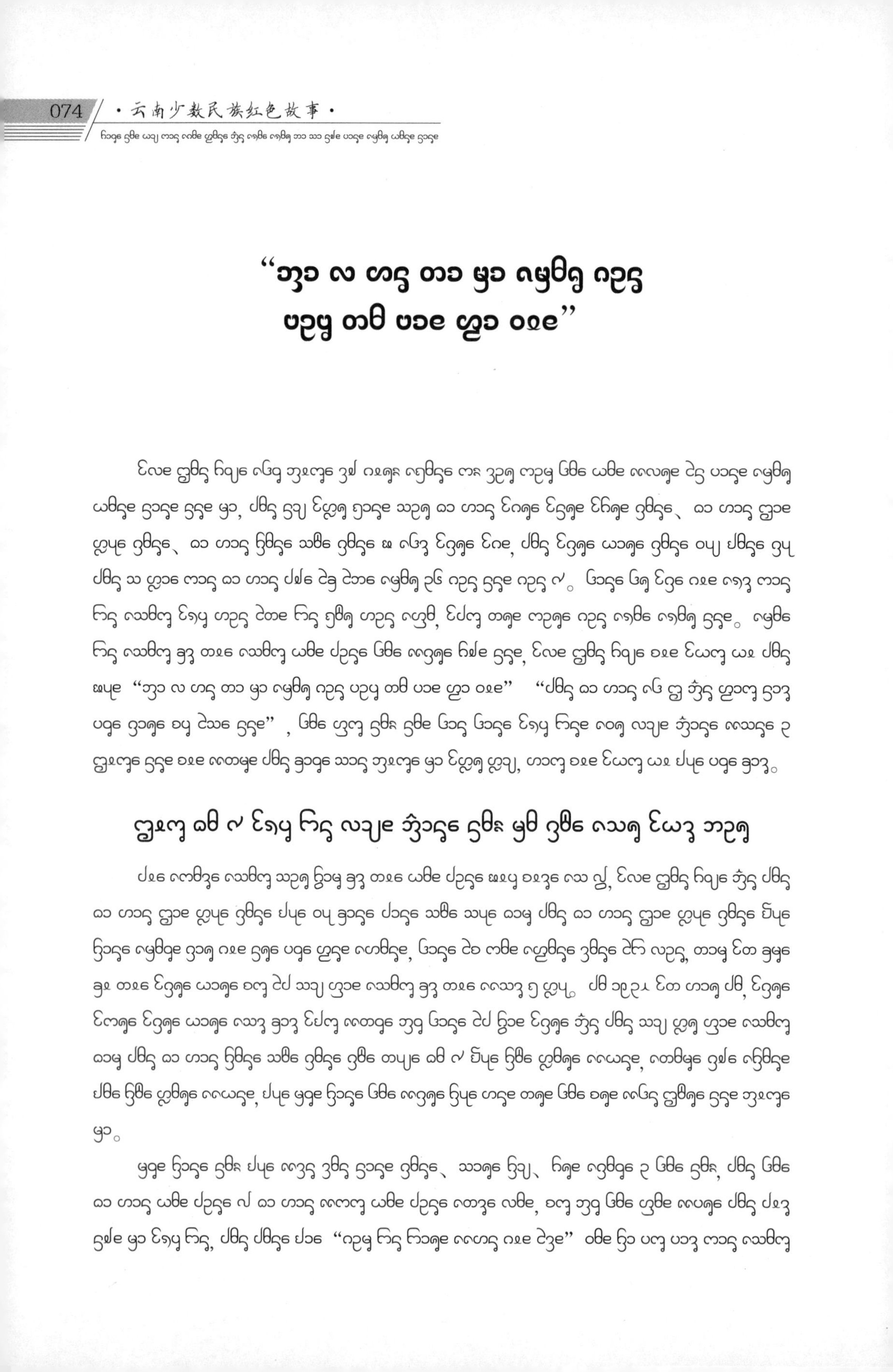

“[illegible]”

[illegible]

[illegible]

[illegible]

[illegible]

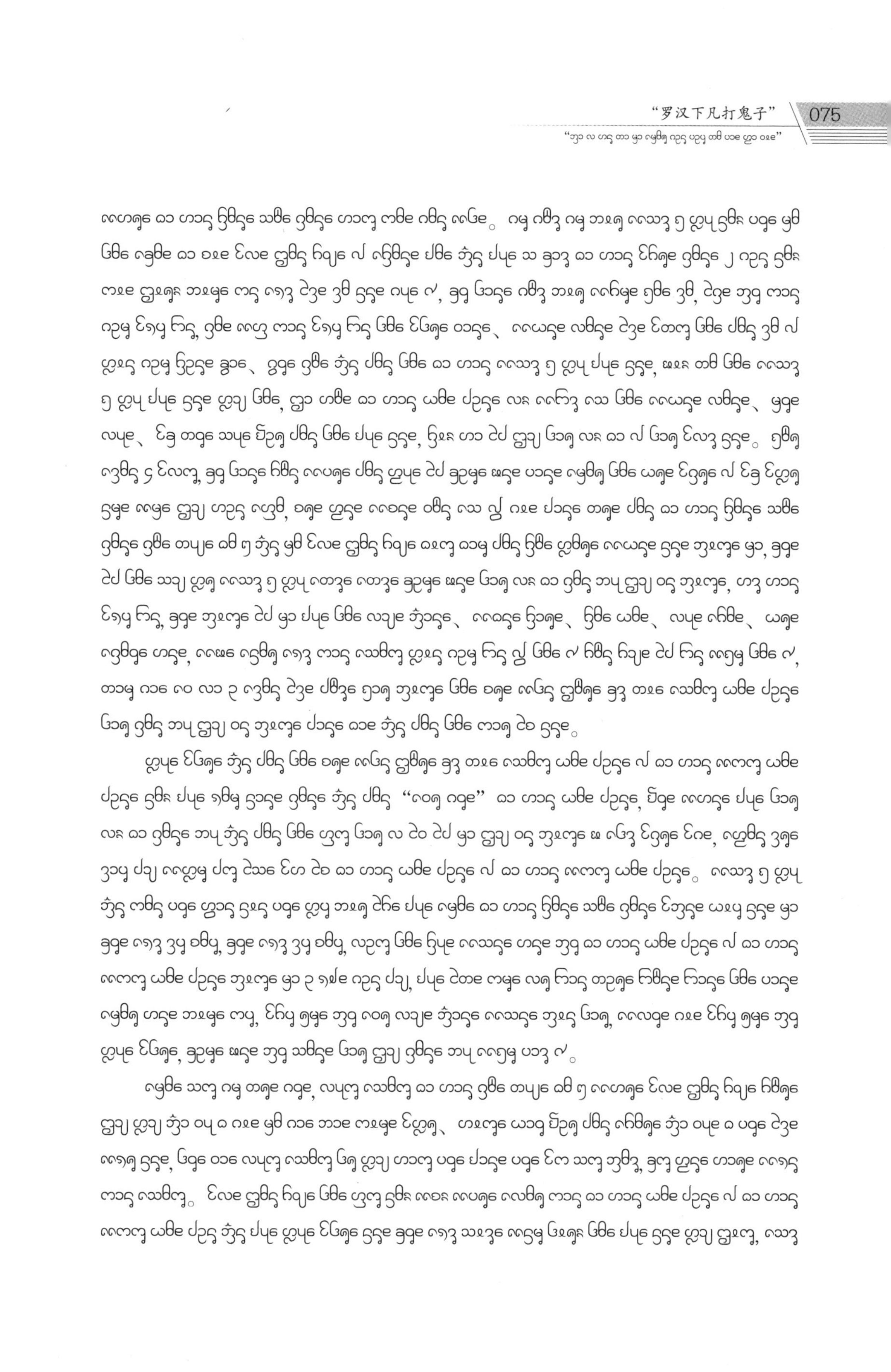

[illegible]

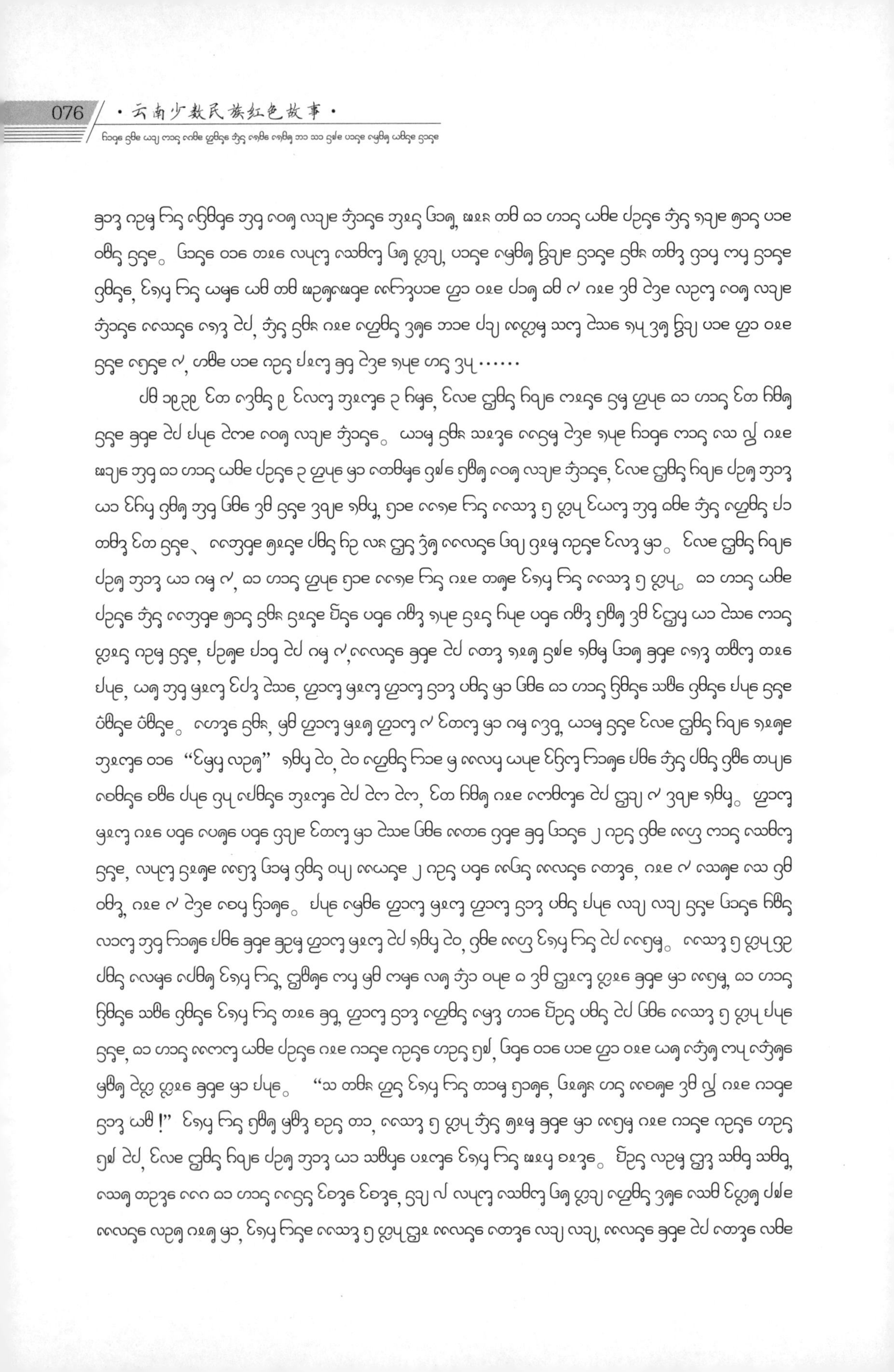

[illegible]

ဝေၵျး လၢႆၼ် ဘႃၵၢင်ႉ ၾဵ ၵိမ်ႉ။ ၶႃ ဟၢင် ႁိမ်ၵၢင်ႉ သမ်ႉ ၒိမ်ၵၢင်ႉ ၵၼ် ၷမ်ႇ လေမ်ႇ ၓၼ်ႇ ၊မ်ၵ် ဝေၵျ လၢႆၼ် ဘႃၵၢင်ႉ။

ဢိလၼ် ၹိမ်ၵၢင် ႁိၢင်ႉ ၸပ်ႉ ၽၵ် တၢင်ႇ ၶၢမ်ႇ ဘၼ်ၵၢင်ႉ ၵမ်ႇ ၵိမ်ၶ ၵမ်ႇ ဘၼ်ၵျ၊ ၵျတ်ၶ ၵျတ်ၶ ၶၢျ ဘၷ ၾၽ

သၼ်ၶ ၵျေမ်ႇ ၵၢင်ၵျ ၵၵိမ်ၵျ ၽဘၼ် ၵျမ်ၵျ၊ ၹႃ ဘၷ ၵၢၶ ၵၼ် ၽပ်ႇ သၼ်ၶ ၵျေမ်ႇ ၾၼ်ၵျ၊ ၸပ်ႉ ႁိမ်ၵျ ႁိမ်ၵၢင် ၹၢျ

ၵၼ် ၵျသ ၵ ၽၶ ၽၶ ၵၶ ၾၼ်ၵၢင် မႃ ၵၢင်ၼ် ၵျတ်ၶ ၵျတ်ၶ ၶၵၼ် ဝေၵျ ၽပ်ႇ၊ ၽပ်ႇ ၾမ်ႉ ပၢၼ် ၾႃ ဝၼ် လ် ၶႃ

ဟၢင် ၵျၵၢၵ် ယမ်ၼ် ၸၢင်ႉ ၸပ်ႉ ၵၢင်ၼ်၊ ၵႃၵၼ် ၵၢၶ ယမ် ၂ ၸၢၵ် ၂ ၹၢျ၊ ၶႃ ဟၢင် ယမ်ၼ် ၸၢင်ႉ လ် ၶႃ ဟၢင်

ၵျၵၢၵ် ယမ်ၼ် ၸၢင်ႉ ၽၶၼ် ယမ်ၵၢင် ၵျသၵျ ၵၢၶ ၵျၵၢင် ၵၼ် ၵျ ၵမ်ၵျ ဟၼ်ၽ ဢိဟ၊ ၵၢၵျ ဝၢ ၶၼ် ၶႃ ဟၢင် ၵၷ

မႃ ၾၼ်ၵၢင် ၵၢမ်ႇ၊ ၶၵၼ် ၵျၶ ဢိၵၽ ႁိၵၢင် တၼ်ၶ ၵၢင် ၵျၵျ ၵျၵျ၊ ၵမ်ၵျ ႁိၢၼ် ၵျလၵျ မႃ ၶမ်ၵျ ၵပ်ၼ် ဝၢ ၾၢမ်ၼ် ၵမ်ႇ

ဢိတၼ် ၵျဟမ်ၵၼ်၊ ၹၼ်ၵ် ၵၢမ်ႇ ၶၵၼ် မႃ ၶႃ ဟၢင် ႁိမ်ၵၢင်ႉ သမ်ႉ ၒိမ်ၵၢင်ႉ ၵၷ ၵျမ်ႇ။ ဢိလၼ် ၹိမ်ၵၢင် ႁိၢင်ႉ ၵျယမ်ၵျ ၇ ၒၢ

ၵၢမ်ႇ ၵၢမ်ႇ ႁိၵၢင် ၽၵ် ဝေၵျ၊ ၵျယမ်ၵျ ၇ ၵျပၵျ ၵၢင် ၽပ်ႇ ၾမ်ႉ သၢင်ႉ ႁိၢင်ႉ ၒမ်ၼ် ဟၢင်ၼ် ၵျၵၼ် ႁိၵၢင် ၶႃ ဟၢင် ၵျသၶ

ၵ ၽၶ ဘၢင် လၢၵ် ၾမ်ႉ ႁိပ်ၼ် ၵျသၢင် ဟၢင်ၼ် မႃ ၵျတမ်ႇ ၒၼ်ႉ ၾမ်ႉ လၢႆၼ် ဘႃၵၢင်ႉ။ ဢိဟ ၽပ် ၶႃ ဟၢင် ၵျသၶ ၵ

ၽၶ ဘၢင် ပိၵၼ် ၽၵ် ဝေၵျ ၵမ်ၼ် ၹၵျ မၷ ၽဝၼ် ႁိမ်ၼ်၊ ပၷ ဟၢင် ၶႃ ဟၢင် ၾပ်ႉ ၒမ်ႉ မႃ ၵျတမ်ၼ် ၒၼ်ႉ ၵၢင်ၼ်၊ ၵၼ် ဘၷ

ၽႁိ ၶမ်ၼ် ၽၵ် ဝေၵျ ၵျသ လ်၊ လၼ် ၵျႁိၶ ၽၵ် ဝေၵျ လၵ် ၾမ် ၽပ်ႇ ၾမ်ႉ ႁိပ်ၼ် ၵျသၢင် ဟၢင်ၼ်၊ ၽပ်ႇ ၶၢျ ၶၼ် ၵၼ်ၵျ

ၵျၹမ်ၼ် ႁိမ်ၼ် ႁိၢင်ႉ၊ ၶႃ ဟၢင် ႁိမ်ၵၢင်ႉ သမ်ႉ ၒိမ်ၵၢင်ႉ ဘၢင် ၵျတ်ၶ ၵျမ်ႇ ၸပ်ႉ ၾမ်ႉ ၾမ်ၼ် ၹၢျ ၾၢၼ် ၹၢျၼ် ၽၵျ ၶၵၼ်

ၵျၶ ၾၼ်ၵၢင် ၵၢမ်ႇ၊ ဢိၵၽ ႁိၵၢင် ၶၷ ႁိၢၵျၼ် ၶ ၶၼ် ၵႃ လၢၶ၊ ၶၼ်ၵၢင် ႁိၢၵ် ၵၼ်ၵျ ပၢၵ် ၵျပ်မ်ၼ် ပၢၵ် ၵျပမ်။ ၵျသၶ ၵ

ၽၶ ၾပ်ႉ မႃ ၵျတမ်ၼ် ၒၼ်ႉ ဟၢင် ၵျလမ်ၵျ ၵၢင် ၵၢမ်ၼ်၊ ဢိတၵ် ၽပ် လ် ၸမ်ၵၼ် ၾၢျ ၹၼ်ၵ် ၽပ်ႇ ၾမ်ႉ ႁိပ်ၼ် ၵျသၢင်ႉ

ဟၢင်ၼ်။ ၶပ်ၼ် ဟၶ ဟၢင် ၶႃ ဟၢင် ႁိမ်ၵၢင်ႉ သမ်ႉ ၒိမ်ၵၢင်ႉ ပၷ ယၵျ ပၷ ႁိၷ ၵၼ် ၸပ်ၼ် ၵျလၢင်ႉ ၶၵၼ် ၽၵ် ဝေၵျ ၽပ်ႇ

ၒၵ ၵျၶ ၽႁိ ၷမ်ႇ ၽဝ၊ ၒၢမ် ၽၢျ ယမ်ၵၢင် ၒမ် တၼ်ၶ ပၷ ႁိမ်ၼ် ပၷ ၵျသၵျ၊ သပ်ၼ် ၵျယမ်ႇ သမ်ၵျ ၵၢမ် တၢမ် ၷၵ်

တၢမ် ၵျၹၵျ၊ ဟၢၵ် ဢိမ်ၵၢင် ၵျယမ်ႇ ၵျၾၼ် လ်။

ဢိၷမ်ႇ ႁိၵၢင် လၢႆၼ် ဘႃၵၢင်ႉ ၹၼ်ၵ် ၵမ်ၼ်၊ ၶၢၼ် ၵျသၶ ၵ ၽၶ တၢျ ၷပ်ၼ် ၵၢင် ၸၢျ၊ ၶႃ ဟၢင် ႁိမ်ၵၢင်ႉ သမ်ႉ ၒိမ်ၵၢင်ႉ

ၵျပမ်ႇ ႁိၢၵျ လ် တၢျ ၵၼ် ပၷ ၾၢျ၊ လပ်ၼ် ၽၶၼ် ၵၢၶ ၽႁိ ႁိၢင်ႉ ၹၢၼ် ၂ ၷပ်ၼ် ပၵျ ၸၢျ၊ မမ် ၵၵိမ်ၵျ ဘႃ ဝပ် ၶ

ၾၢျ မႃ ၵျမ်ႇ။ ဢိၷမ်ႇ ႁိၵၢင် ၽၶၼ် ဢိတၵ် ၾမ်ႉ ၸမ်ၵၢင် ၒမ်၊ ၒမ်ႉ တပ်ၼ် ၶမ် ၵ ၽၵ် ႁိမ်ၵၢင်ႉ သမ်ႉ ၒိမ်ၵၢင်ႉ လ် ဢိလၼ် ၹိမ်ၵၢင်

ႁိၢင်ႉ ၵမ်ၼ် ဟၢၵ် မမ် ၒမ်ႉ ၵျသၵျ ၽပ်ႉ ဢိၾၵျ ၵျၾၼ်၊ ဢိၵၼ် မမ်ၵၢင်ၼ် ၾၢၵျ ၵျပ်ၵျ ၵမ်ႇ ၸၢ ၵမ်ႇ ဘၢၵျ ဝၢ “ၶႃ ဟၢင်

ႁိမ်ၵၢင်ႉ သမ်ႉ ၒိမ်ၵၢင်ႉ ၵမ်ၼ် ၒၢၵျ ၵၢ ၵၢမ်ႇ ပၷ ၒၢၵျ ဢိၷမ်ႇ ႁိၵၢင်” ၵမ်ႇ ဢိယၵ် ယၢင် သၢင် သၼ် ၵမ်ၼ် ပၷ ၵျၾၢင်

ဝၢ ၵၼ် ၵျမ်ၵၢင် ၵျဟမ်ၵၼ်၊ ဟၢၵ် ၸမ်ၵၢင် ၵၢင် ၵျၵျ ပၢ ၵျမ်ႇ ၵျၵျ ၽဘၼ် ၵျမ်ၵျ ၾမ်ႉ ႁိပ်ၼ် ၵၢင်ၼ် မမ် ၶမ်ၶ ၽပ်

ၶၶ တၼ်ၶ ၵျသမ်ၵ် ယမ်ၼ် ၸၢင်ႉ၊ ဟမ်ၼ် ၵျလမ်ၵျ ၵၢင် ၾမ်ႉ ၾပ်ႉ ဢိၾၵျ ၽၶၼ် ၸမ်ၶၼ် ၽၷ၊ ၾမ်ႉ ၶၵျ ၵျၾၢင် ၹမ်ၵျ

ၵၼ် ၾၢင်ၼ် ၵၢမ်။

ၵ္ဍႃၵျႃ ၶဝ် ၂ ၽၢၺ် ၵႅ ႁၺ် လၢၺ်း ၼ်ုၼ်ၶ ၵူဝ်း မျဝ် ႁ္ၵၢမ ႁ တႃႁ ၸဵ ၸႃမျႃ ၵ္ဒဝ်ႃ

ၸဝ် ၁၉၃၃ ၽိတ ၵ္ဒဝ်ႁ ၁၁ ၽိလၵျ ဘူၵျႃ ၂၀ ႁမျႃ, ၶၢ ႁၢၼ ယဝ်း ၸူၼႃ ပၵႃ ႁ ၸူၵျ ၵၢၼႃ ၵူၼႃ ႁူၼ ၵျဵ ဘ္ဂ ၶၢ ႁၢၼ ၼ်ုၼ် ၸၸႃ ၵၶၢ ၵၵၵ ၵၢဝ ၵ္ဍၵျ မျၢ ၽၢၺ် ၵႅ လၢၺ်း ၼ်ုၼ်ၶ ၵၵၵမျ, ႁၢၵ ၵၵႃ ဒဝ်ႃ မျၢ ၸူၵႁ ၵူမျ ၽၢၺ် ၵႅ ၶၢ ႁၢၼ ႁ္ဝ်ၼႃ သဝ်ႃ ဒဝ်ႁ ၸဝ် ႁဝ်ႁ ဘၵ ၸၵ ဘ္ဂ ၸဝ်ႃ ၸူဝ်း ၸဝ်ႁ ၸဝ်ႃ ၸၵ, တဝ်ဒ တၵႃ ၸဝ်ႃ ၸၵ ၵၵၸၼ ၵ္ဍဝ်ၵႃ ၸူၸႃ ၽိၸၵႃ ႁၼႃ ၶၵ ၵၵဒ ၽၢၺ် ၵႅ ႁ္ဝ်ၵ ၸဝ်ႃ ၵလဝ်ၵျ ၵလၸ, ဒၸ ၸဝ်ၸ ၵူႁ ၵ္ဂ ၸူၸႃ ႁ္ဝ် ၵၵဝ်ၵႃ ၼ်ုၢ ဝၸ ၶ ၶဒ တၵႃ ၵၢဝ်ၵျ ယဝ်း ၸူၼႃ ၵူၼ, ၸဝ် ႁဝ်ႁ ဘ္ဂ ၵၢၼ ၵူဝ်း မျၢ ၵလ္ပၵ ၸူၢ ၵၵဒ ၵၢၼ လ ဝၵ ႁၵျ သၢ ၵၢၼ ၸၵၵ လၢၵျ ၸၢၵ လ ၸဝ် ၸၸ မျၢ ႁဝ်ႁ ၸဒ ႁ ၸ္ဒ ႁ ၼ်ုဝ်, ႁဝ်ႁ ၵ္ဍၸ ၵူၵျ ၵ္ဍၸ ၵ္ဍၢၵႃ ၸဝ်ႃ ၵူၼ ဒဝ်ၼႃ ၸဒ ၸူၼ ၵူၵ။

ၵ္ဍၵျ ၵူဝ်း ၶၢ ႁၢၼ ယဝ်း ၸူၼႃ လ ၶၢ ႁၢၼ ၵၵၵျ ယဝ်း ၸူၼႃ ၸူၼ ၇ ႁဝ်ႁ ၸဝ်ႃ ၽိၵ ၵၵႁ ၸၸႃ ၵဝၵ လၢၺ်း ၼ်ုၼ်ၶ, မျဝ် ၸူၼ ၇ ၵတဒ ၵမျ ၸၸႃ ၵၵၸ ၵ္ဍဝ် ႁ္ဝ် ႁ္ၼႃ ႁၼႃ, ၸၵ ၸဝ်ႃ ၸၸႃ ၵ္ဍၸ ၸူၢ ၵ္ဍၸ ၸူၵ ၵမျ ၶၵ မျၢ ဒၸ ၸဝ်ၸ ၶၢ ႁၢၼ ႁ္ဝ်ၼႃ သဝ်ႃ ဒဝ်ၼႃ။ ၸၸႃ ႁ္ၵႃ ၸူၢ ၶၢ ႁၢၼ ယဝ်း ၸူၼႃ လ ၶၢ ႁၢၼ ၵၵၵျ ယဝ်း ၸူၼႃ မျဝ် ၵၵဝ်ၵႃ ၼ်ုၢ ဝၸ ၶ ၼ်ုၼ ဒဝ်၊ ႁူၼႃ ႁၸ ႁူၼႃ ၵၼ ၵူၼ, ၽိလ ၵ္ဍဝ်ႁ ႁၸ ပၵႃ ႁ္ဝ် ၵၢ ႁၢ ၵ္ဂ သၵ ၵၵ ၵၵဒ ၶဒ ဒဝ် ၵၵ ၶၢ ႁၢၼ ၵ္ဍၵျ ၶဝ် ၂ ၽၢၺ် ၵႅ ဝၵ လၢၺ်း ၼ်ုၼ်ၶ။ ၸၼႃ တဝ်ဒ တၵႃ ၵလဝ်ၵႃ ႁၢၼႃ ၵၢၼ ၵၵဒ ႁ ၸူၸ ၶၵ ၵၵဒ ၵၢၼ ၵၵသ ၵပၵႃ လ ၵၵၵျ ၸမျ ၵၼ, ၶဝ် ဘူၵျႃ ၵၢၵျ ႁၵႃ ဘၢၼႃ ၵၢၼ ၸူၵႁ ၵူမျ ၸ ဝၵ ၸဝ် တဝ်ဒ ၸၼ ၵၵ ႁၼ ၵၵဒ ႁ ၸူၸ ၸူၢ ၸၵ ၵူၼ။ ၸၼႃ ၵလ္ပဒ ၵ္ဂၸ ၵၵၼႃ ၵမျ ဘ္ဂ ၶၢ ႁၢၼ ႁဝ်ၵ ၸဝ်ႃ ၵၵဒ ႁ ၸူၸ ၵၵ ႁၼ ၵူၼ, ၵၵဒ လၵမျ ဘ္ဂ ဝၵ လၢၺ်း ၼ်ုၼ်ၶ ၵၵၼႃ ၵမျ ၵဒ္ဂ, ၵၢၵ ဝၼ ၶၢ ႁၢၼ ၽိလ္ပၵ ၸူၢ ၽၢၺ် ၵႅ ၶၢ ၵၵဒ ႁ ၸူၸ ၵၵၵ ၽိႁ ႁၵၵ ၵၵၼ ၽိၸ ႁၢ, ၵလ္ပၵ ၸူၢ ၸဝ် ၵူမျ ၵႅ ၸ ဝၵ, ၵၢၵ ႁဝ်ႁ ႁဝ်း ၶၢ ႁၢၼ ၸူၸႃ ၵူၢ ၸူၼ ၇ ၵတဒ ၵတဒ ၸဝ် ၶူဒ မျၢ ၵမျႃ ၵ္ဍၵ ၶၵ ဝၵ ၵူၼ, လူၵျ ၸဝ်ႃ ၸၢၵ ၵတဒ ပၵမျ ႁၼႃ ၸူၵႁ ၶၵ ၸ ဝၵ ၸဝ်, ႁ္ၵၵ ႁၢ ၸဝ်ႃ ၽိၵ ၵၢၼ ၵၵဒ ႁ ၸူၸ ဒဝ် ၵၵ ၵၢၼ လ ၸ ၵၵ မျၢ ႁ ႁ္ၸမျ ဘ္ဂ ၵမျႃ လၵ ၼ်ုၢ ဝၸ ၶ ႁဝ် ၸဝ်ႃ "ၵၢၵ ၸဵ ၵတၵျ ႁူၵ ၸဝ် ႁ္မျ" , ၽၢၺ် ၵႅၼ ၵ္ဍၢ ႁဝ် ၵူၼ ဒဝ် ၵၵ ၵၢၼ ၶၢ ႁၢၼ ၵၵဒ ႁ ၸူၸ ႁၵမျ ၽိႁ ၵလၼ ၵ္ဍဝ်ၼ ၸူၸ တမျ ၵ္ဍဝ်ၵျ တမျ ၵ္ဍၵျ ၸၸႃ။ ၶၢ ႁၢၼ ႁ္ဝ်ၼႃ သဝ်ႃ ဒဝ်ၼႃ ၽိလ္ပၵ ၸူၢ ၵူမျ ၶၵ ၸၵ ဝၵ ၸဝ်, ၸတၼ တမျ ၽၢၺ် ၵႅ ၸဒ ဝၵ ၇၊ ၽၢၺ် ၵႅ ႁၸ ၶဒ လ ၸ်, ၶၢ ၵၵမျ ၶၢ ႁၢၼ ယဝ်း ၸူၼႃ လ ၶၢ ႁၢၼ ၵၵၵျ ယဝ်း ၸူၼႃ လၼ ၵၵဒ လ ဝၵ ၵၵ ၵ္ဍၸ ႁဝ် ၵတဝ်ႃ။ ၸၸႃ ၵမျဝ် ဒၸ ၸဝ်ၸ ၵၵဒ ႁ ၸူၸ ၸူၸႃ ၶဒ တၵႃ ယမျ ၵူၼ, ၽိလ ၵ္ဍဝ်ႁ ႁၸ ဒဝ် ၵၵ ၶၢ ႁၢၼ ၵ္ဍဝ်ဒ ၵ္ဍၵျ မျၢ။ ၸတၼ တမျ ၽၢၺ် ၵႅ ၸၵ ၸၸႃ ၵ္ဍၵျႃ ၇, ၸၵ ႁဝ် ၵၵဒ ႁ ၸူၸ ၸူၸႃ မျၢ ၵတဝ်မျႃ ဒၸ ၵၵၸ ၵ္ဍဝ် ႁ္ဝ် ႁ္ၼႃ ၵတၵျႃ ၵၵ ဘူၵျႃ ၸဝ် ႁ္မျ, ၵၸ လ လပၵျ ၵသဝ်ၵျ ၶၢ ႁၢၼ ယဝ်း ၸူၼႃ ၵပ

ᦶᦆ ᦀᦱ ᦠᦱᧃ ᦵᦃᦷᦂ ᦍᦙᦲᧉ ᦔᦳᦓᧃ ᦎᦳᧈ ᦟᧄ ᦺᦎᦲᧉ ᦵᦞᦸ ᦗᦱᦆᧃ ᦉᦰᦎ ᦡᦙᦆ ᧒ ᦉᦾᧉ ᦂᦳᧃ ᦔᦳ, ᦶᦗᦙᦆᧃ ᦎᦰᦷᦂ ᦵᦞᦆ ᦟᦳᧉ ᦉᦱᦓᧃ ᦵᦉᦓᧃ ᦵᦋᦙᧈ ᦎᦰᦷᦂ ᧗, ᦑᦳᦙᧈ ᦜᦳ ᦶᦂᦙᧃ ᦵᦞᦆ ᦟᦳᧉ ᦉᦱᦓᧃ ᦜᦙᧃ ᦂᦳᧃ ᦉᦱᧃ ᦵᦉᦙᧃ ᦵᦍᦙᧈ
ᦉᦳᧉ ᦺᦉᧃ ᦉᦰᦆᧉ ᦷᦂᦆᧉ ᦉᦆ, ᦋᦳᧉ ᦺᦎᦋ ᦂᦳᧃ ᦓᦓᧉ ᦂᦰᧉ ᦔᦳᦆᧃ ᦔᦙ ᦓᦸ ᦡᦙ ᦺᦟᧉ ᦎᦙᧃ ᦂᦳᧃ ᦔᦙᧃ "ᦓᦳ ᦀᦱ ᦠᦱᧃ ᦙᦙ ᦓᦱ ᦔᦳᧃ ᦓᦓᧉ", ᦺᦉᦸ ᦃᧃ ᦟᦳᧉ ᦉᦱᦓᧃ ᦎᦰᦷᦂ ᦀᦙ ᧒ ᦺᦎᧉ ᦺᦎᧉ ᦍ ᦑ ᦓ ᦋᦱᦙ ᦵᦃᦋᧉ, ᦶᦃᦓᧉ ᦠᦙᧉ
ᦀᦱ ᦠᦱᧃ ᦟᧄ ᦺᦎᧃ ᦵᦙᦙ ᦜᦳᧃ ᦔᦳᧃ ᦎᦳ ᦉᦳ ᦜᦆ ᦙᦙ ᦗᦱᦙ ᦔᦳᦙ ᦶᦎᦙᧃ ᦆᦎ ᦎᦰᧃ ᦵᦉᦙᦷᦂ ᦍᦙᧉ ᦔᦳᦓᧃ ᦺᦎᧉ
ᦺᦍᦷᦂ ᦉᦳᦆ ᦙᦱ᧞

ᦎᦰᦷᦂᧃ ᦀᦙ ᧓ ᦺᦉᦸ ᦃᧃ ᦟᦳᧉ ᦉᦱᦓᧃ ᦓᦙᧃ ᦙᦙ ᦺᦍᦑ ᦉᦳᦆ ᦉᦱ ᦟᦰ ᦟᧄ ᦎᦱ ᦠᦙᧉ ᦵᦉᦑ ᦡ ᦜᦳ ᦔᦱᦓᧉ ᦺᦂ ᦔᦙ ᦵᦎᦷᦂ

ᦔᦙ ᧑᧙ ᧔᧐ ᦺᦎ ᦶᦑᦙᦓ ᧙ ᦺᦟᦷᦂ ᦑᦰᦷᦂᧃ ᧒᧓ ᦂᦙᧃ ᦷᦂᦆ ᦺᦎᦋ ᦑᦓᧉ, ᦀᦱ ᦠᦱᧃ ᦵᦃᦷᦂ ᦍᦙᧉ ᦔᦳᦓᧃ ᦔᦳᧃ ᦶᦂᦙᧃ
ᦓᦳᧉ ᦶᦑᦙᦆᧃ ᦓᦱᧃ ᦺᦂᧉ ᦑᦙᧉ ᦠᦓᧉ ᦎᦓ ᦂᦳᧃ ᦔᦳ (ᦺᦓ ᦠᦓᧉ ᦙᦙ ᦔᦱᧉ ᦉᦳᧉ ᦂᦳᧃ ᦗᦱᦓ ᦍᦙᧉ ᦔᦳᦓ ᦶ ᦉᦾᧉ ᦂᦳᧃ,
ᦓᦱᦑ ᦑᦱᦷᦂ ᧑᧐ ᦔᦆᧉ ᦔᦳ, ᦺᦟᦑ ᧒᧐ ᦟᦙ ᦔᦳ ᦜᦱᦷᦂ ᦙᦰᦷᦂ ᦜᦱᦷᦂ ᦓᦱᦑ、ᦉᦳ ᦵᦜᦷᦂ ᦵᦂᧉ ᦓᦙᧃ ᦞᦆ ᦺᦉᧃ ᦎᦙᧈ
ᦺᦞᧉ), ᦔᦳᧃ ᦍᦱᦙᧈ ᦵᦙᦙᧃ ᦀᦱ ᦠᦱᧃ ᦓᦙᦓᧃ ᦉᦙᧃ ᦑᦙᦓᧃ ᦺᦎᧄ ᦎᦳ ᦠᦳᦓ ᦺᦎᧉ ᦋᦰᦰ ᦎᦰᦙᧃ ᦀᦱ ᦠᦱᧃ ᦜᦳᧃ ᦠᦙᦷᦂ
ᦜᦱ ᦉᦳᧉ ᦆᦑ ᦍᦱᦙᧈ ᦓᦓᧉ, ᦵᦔᦆᧃ ᦔᦙᦓ ᧓ ᦜᦳᧃ ᦆᦆᧉ ᦙᦱ ᦆᦳᦙᧃ ᦠᦙᦆ ᦟᦳᧉ ᦉᦱᦓᧃ ᦂᦙ ᦶᦑᦆ, ᦋᦙ ᦃᦙᦓ ᦂᦆᧃ
ᦷᦂᦰᧃ ᦵᦞᦆ ᦶᦔ ᦑᦳᧃ、ᦟᦱᦷᦂ ᦉᦳ ᦵᦜᦷᦂ ᦵᦂᧉ ᦓᦙᧃ ᦞᦆ, ᦜᦆ ᦺᦃ ᦋᦆᧉ ᦜᦳᦓᧉ ᦔᦳᧃ ᦺᦓ ᦵᦞᦆ ᦺᦞᧉ, ᦵᦋᦙ
ᦶᦂᦆ ᦵᦉᦆ ᦷᦂᦙᧃ ᦟᦆ ᦺᦉᦸ ᦃᧃ ᦑᦙᧃ ᦔᦱᦓᧃ ᦀᦱᧉ ᦑᦙᧉ ᦉᦱᦓ ᦔᦙᦓ ᦶᦂᦙᧃ ᦋᦆᧉ ᦵᦶᦓ ᦎᦙᦆᧃ ᦀᦱ ᦠᦱᧃ ᦓᦙᦓᧃ ᦉᦙᧃ
ᦑᦙᦓᧃ ᦔᦳᧃ ᦓᦓᧉ "ᦺᦉᦸ ᦃᧃ ᦡᦙᦆ ᦶᦂᦙᧃ ᦵᦟᦙᦷᦂ ᦵᦟᦸ" ᦔᦆᧃ ᦆᦱᦑ, ᦵᦋᦙ ᦙᦱ ᦉᦱᦆᧉ ᦵᦎᦆᧃ ᦆᦳᦑ ᦶᦆ ᦺᦟᦑ
ᦎᦆᧉ ᦟᦳᧉ ᦉᦱᦓᧃ ᦔᦰᦆᧃ ᦡᦙᦆ ᦓᦳᧉ ᦶᦑᦙᦆᧃ, ᦔᦰᦆ ᦶᦗᦙᦆᧃ ᦑᦆ ᦆᦆᧉ ᦓᦱ ᦔᦙ᧞

ᦶᦎᦙᧃ ᦍᦙᧉ ᦍᦙ ᦎᦙ ᦋᦳᦆ ᦂᦙ ᦑᦰᦆ ᦑᦙ ᦵᦂᦆᧉ ᦵᦉᦑ ᦡ ᦜᦳ, ᦟᦱ ᦑ ᦉᦱᦙ ᦓᦱᦑ ᦆᦑ ᦎᦰᧃ ᦵᦉᦙᦷᦂ ᦍᦙᧉ
ᦔᦳᦓᧃ ᦶᦂᦙᧃ ᦜᦳᧉ ᦺᦶᦆᧃ ᦠᦙᧉ ᦺᦎᧉ ᦜᦳᦓᧉ ᦂᦳᦆ, ᦟ ᦞᦆ ᦉᦷᦂ ᦉᦱ ᦷᦂᦱᦓ ᦵᦂᦆᧃ ᦶᦗᦙᦆᧃ ᦆᦆᧉ ᦜᦙᧉ, ᦠᦙᧉ ᦓᦱᦙ
ᦺᦓ ᦺᦀ ᦺᦎᧃ ᦑᦳᦙ ᦜᦳ ᦆᦑ ᦎᦰᧃ ᦵᦉᦙᦷᦂ ᦍᦙᧉ ᦔᦳᦓᧃ ᦟᧄ ᦓᦱᦙ ᦔᦳᦙᧃ ᦶᦂᦙᧃ ᦺᦑ ᦍ ᦑ ᦓ ᦺᦎᧉ ᦺᦍᦷᦂ ᦉᦳᦆ ᦙᦱ,
ᦺᦟᧉ ᦎᦙᧃ ᦂᦳᧃ ᦵᦉᦑ ᦆᦱᦑ ᦔᦳᧃ ᦵᦙᦙᧃ ᦵᦉᦑ ᦡ ᦜᦳ ᦵᦞᦓᧃ ᦔᦆᧃ ᦜᦳᦓᧉ ᦋᦆᧉ ᦔᦆᧃ ᦞᦙᧃ ᦶᦂᦙᧃ ᦓᦓᧉ, ᦺᦉᦸ
ᦃᧃ ᦟᦳᧉ ᦉᦱᦓᧃ ᦎᦰᦷᦂ ᦀᦙ ᧓, ᧐᧕ ᧒᧙ ᦂᦙᧃ ᦷᦂᦆ ᦺᦎᦋ ᦑᦓᧉ, ᦺᦟᧉ ᦎᦙᧃ ᦂᦳᧃ ᦵᦔᦆᧃ ᦀᦱ ᦠᦱᧃ ᦔᦙᦓ ᦜᦳᧃ
ᦆᦆᧉ ᦺᦎᧄ ᦺᦎᧉ ᦵᦞᦆ ᦟᦳᧉ ᦉᦱᦓᧃ, ᦋᦳᧃ ᦑᦆ ᦎᦱᦓᧃ ᦉᦰᦑᧃ ᦵᦃᦙ ᦆᦆᧉ ᦵᦞᦆ ᦺᦎᧄ ᦵᦃᦑ ᦶᦆᦰᦆᧃ ᦵᦟᦙᦆᧃ ᦂᦆᧃ
ᦷᦂᦱᦓ ᦵᦉᦑ ᦡ ᦜᦳ ᦑᦳᧉ ᦉᦙᦳ᧞ ᦉᦰᦑᧃ ᦵᦃᦙ ᦺᦎᧉ ᦉᦳᧉ ᦂᦆᧃ ᦷᦂᦱᦓ ᦵᦉᦑ ᦡ ᦜᦳ ᦂᦱᧉ ᦵᦂᦓ ᦔᦙᦓ ᦔᦱᦆᧃ
ᦺᦑ ᦵᦟᦆᧃ ᦙᦱ ᦂᦰᧉ ᦑᦙ ᦑᦰᦷᦂ ᦵᦞᦆ ᦺᦎᧄ "ᦺᦉᦸ ᦃᧃᧉ ᦡᦙᦆ ᦶᦂᦙᧃ ᦵᦟᦙᦷᦂ ᦵᦟᦸ" ᦟᦳᧃ ᦑᦙᦆ ᦑᦆ ᦜᦱᦷᦂ ᦆᦆᧉ
ᦵᦙᦑ ᦓᦙᧉ, ᦺᦟᧉ ᦎᦙᧃ ᦂᦳᧃ ᦉᦱᦓᧃ ᦑᦳᧉ ᦺᦉᦸ ᦃᧃ ᦀᦱ ᦠᦱᧃ ᦵᦉᦑ ᦡ ᦜᦳ ᦔᦆᧃ ᦵᦶᦓ ᦆᦳᦷᦂ ᦉᦳᧉ ᦆᦳ ᦵᦶᦓ
ᦵᦞᦙᧃ ᦓᦓᧉ ᦉᦙᦳ ᦺᦞ᧞ ᦷᦂᦆ ᦃᦙᦓ ᦶᦑᦙᦷᦂ ᦜᦱᧉ ᦜᦙᧃ ᦜᦳᧃ ᦎᦱ ᧗, ᦀᦱ ᦠᦱᧃ ᦓᦙᦓᧃ ᦉᦙᧃ ᦑᦙᦓᧃ ᦑᦆ ᦍᦙᦓᧉ

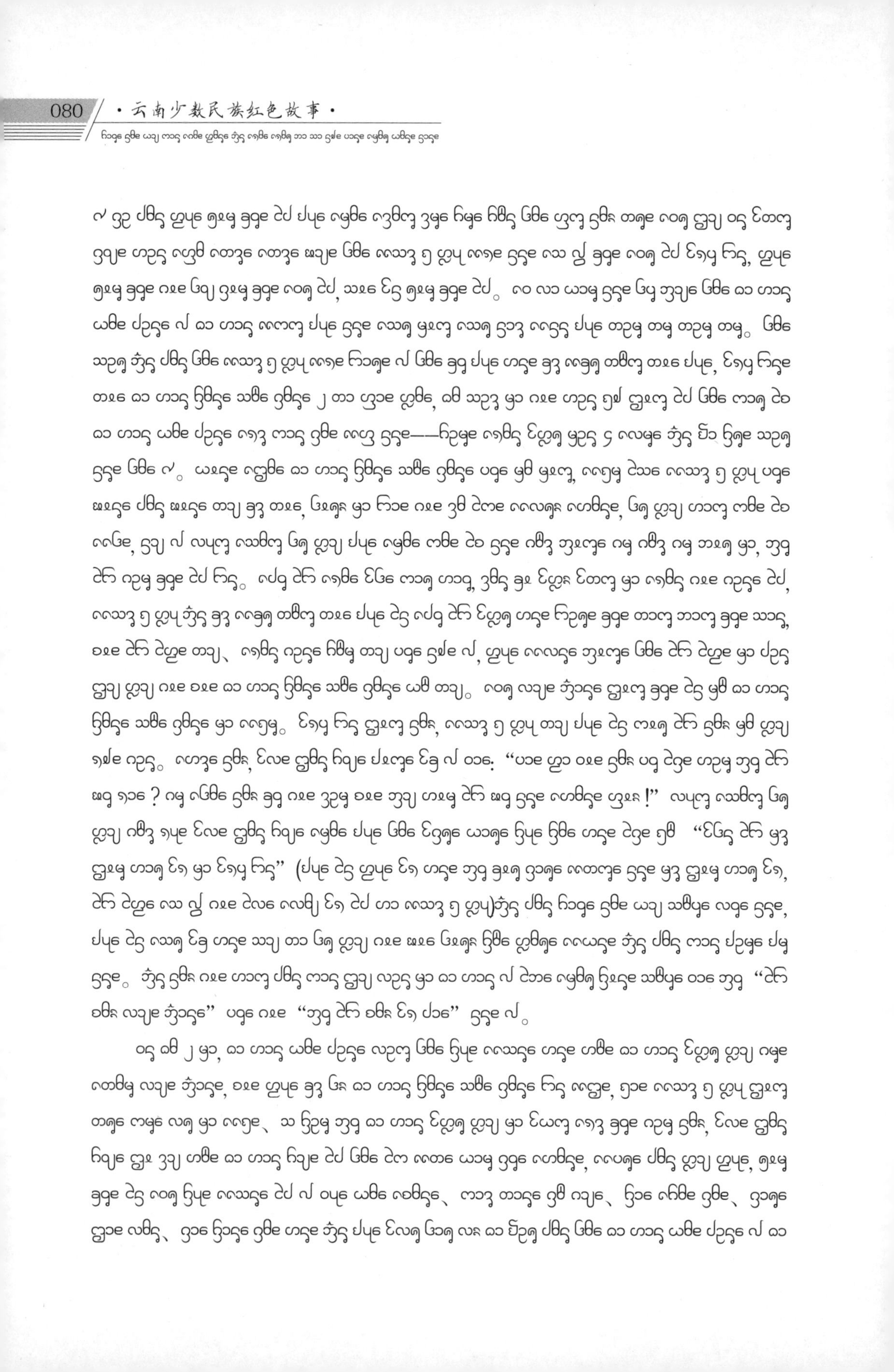

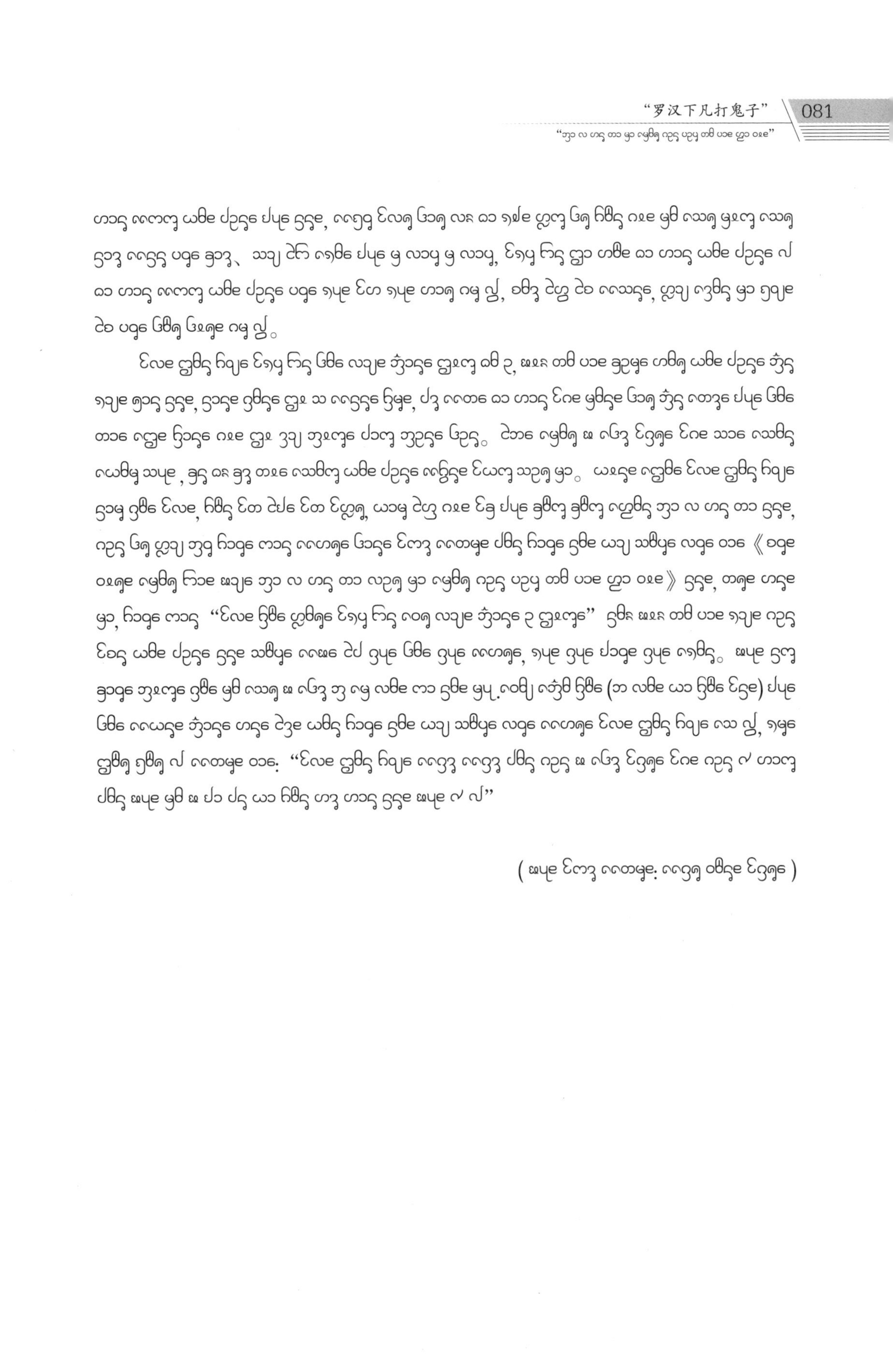

拉勐参加国庆观礼

拉勐，云南西盟县中课乡班箐大寨人，原名岩所，早年被孟连土司封为“拉勐”（官名），从此人们都称他拉勐，也称拉勐所。拉勐是1950年赴京观礼团普洱区代表中年纪最大者，时年65岁，是“普洱区第一届兄弟民族代表会”主席团的年纪最大者，也是1951年元旦在宁洱红场建立“普洱民族团结誓词碑”的参与者之一及剽牛手。他身上体现出来的忠诚、团结、进步的品质，是西盟佤山民族团结进步进程中的一座不朽丰碑，是云南各族人民的宝贵精神财富。

1950年初，中央决定邀请各少数民族代表到北京参加国庆观礼。云南少数民族众多且分布较为分散，交通极为不便，驻地政府的干部冒着生命危险，克服难以想象的困难，动员少数民族代表进京参加国庆观礼。拉勐在佤山地区享有较高威望。他敢想敢做，敢说敢为，率性而为；他通晓文化传统，了解习惯法规，在民族内部行事正直，具有很强的诚信意识，只要他应下的事，其他人都会“一呼百应”。同时，拉勐还重视民族之间的联系，其交往范围包括汉、拉祜、傈僳、哈尼在内的不同民族，因而拉勐是佤山地区有较大影响力的少数民族上层人物。竹塘区区长龚国清和民族工作队不辞辛劳找到拉勐，耐心细致地做他的思想工作。拉勐性格爽直，说出了自己的心里话：“英国人来了我打英国人，日本人来了我打日本人，国民党我也打；现在解放军来了，我还没看清楚。”

对于进京参加国庆观礼，拉勐以佤族人不出远门为由予以拒绝。在龚国清区长和民族工作队的反复动员下，拉勐决定按照佤族传统风俗习惯，通过打鸡卦[①]占卜凶吉，但是拉勐打出的鸡卦总是凶卦。有一天，拉勐终于打出一个吉卦，于是决定下山，但出门就见一只小鸟往后飞，拉勐认为这是小鸟在把上天旨意——此行大凶不能出门——告诉他，于是又返回佤族山寨。虽然拉勐对工作队的同志说要亲自去见见北京的寨子有多大、人有多少……但拉勐仍然有着很多的顾虑和不安，怀疑这是汉人政府调虎离山算计他。

龚国清区长和民族工作队不厌其烦，推心置腹，多次耐心开导，最后拉勐向龚国清提出3个条件：首先是要有汉族干部一起去；其次是区长龚国清要将自己的一个儿子作人质抵押，如果4个月内他不能返回就当作遇害了，那山寨的人就会把龚国清的儿子杀掉；最后还要送给山寨1000斤盐巴、100件土布。尽管那时佤族地区还盛行杀人头祭祀的习俗，用儿子作人质非常危险，但龚国清为了完成好党交给的任务，还是答应了拉勐的条件。这样，拉勐终于答应到北京参加国庆观礼。于是，作为宁洱地区少数民族代表观礼团成员的拉勐、岩汞、岩火龙等35人走出大山到北京参加国庆观礼。

拉勐一行经小景谷、景东、南涧到云南驿，然后改乘汽车到昆明。每经过一个地方，他们都受到当地领导的热情招待。在昆明期间，省政府首长看望了每一个代表，使每个代表都感受到了无微不至的关怀和照顾。云南代表团由马伯安任领队。

1950年9月29日，中共中央西南局第一书记邓小平派出最好的军用飞机和驾驶员，将拉勐等云南代表团代表从昆明接到重庆，编入由云、贵、川、康、藏等省区代表组成的西南各民族代表团。代表团团长是王维舟，副团长是邦达多吉、李儒云、马伯安。据统计，西南各级政府共动员64名代表，其中云南代表53名，约占西南代表总数的83%，可见当时云南省委对邀请少数民族代表进京高度重视。

9月30日，西南各民族代表团飞抵北京。早已等候的专车将代表们送到椅子胡同招待所，当天代表们即应邀参加周恩来总理主持的国宴，席间亲切的交谈缓解了拉勐的紧张情绪。

10月1日，拉勐与西南各民族代表团的其他代表一起观礼了国庆大典，亲

①打鸡卦，佤族在鸡骨头小孔上插上很多竹签，竹签形成不同图案，代表着不同的信息。

眼看到了40万群众游行的盛大场面，目睹了群众高呼“毛主席万岁”“共产党万岁”的感人情景。在国庆观礼和参观期间，拉勐的内心被深深震撼，他说：“在北京，每天都有几千人的大会欢迎我们，小鼓打得咚咚响，儿童见了我们喜欢得跳起来（少先队员跳舞欢迎）。到处把我们当贵客一样欢迎，真是除了吃饭、解大小便，什么都有汉族朋友替我们做好，汉族朋友对我们真是太好了。”

10月3日，毛泽东主席在中南海怀仁堂接见了西南各民族代表团。那天，身材魁梧的拉勐头缠大红包头，身披黑色披毡，显得很是抢眼。毛主席走过来紧紧地握住了他的手，关切地问：“听说你们佤族有砍人头祭谷习俗，可不可以不用人头，用动物的头来代替？”拉勐回答说：“用猴头不行，用虎头倒可以，但老虎不好捉哩！”毛主席说：“这事由你们民族自己商量着办吧。”会上，拉勐向毛主席敬献佤族剽牛祭祀仪式用的梭镖，毛主席赠送给拉勐1支手枪和50发子弹。①

10月17日后，代表团开始了学习、参观活动。先是听取了李维汉关于民族问题的报告、乌兰夫关于内蒙古自治情况的报告，后来参观了北京的名胜古迹、高等院校和厂矿。不论是学习还是参观，每个代表都有一个服务员陪同。10月28日，代表团乘火车到天津参观。出发之前，毛主席派人送给每个代表一套毛呢衣服、一双皮鞋、一双袜子、一顶帽子和一盒药物。在天津，代表团一行观看了梅兰芳的两次演出。10月31日还乘船到海上看日出，当时代表们还以为太阳是从海里升出来的，领队得知此事，向大家讲了地球是围绕太阳转的道理，使大家受到了一次天文知识的教育。离开天津后，代表团到南京、上海参观。在上海，陈毅市长给代表们的印象很深，他特别喜欢同少数民族代表交谈，在交谈中有说有笑，平易近人。

11月21日，代表团从上海坐轮船返回重庆。西南局、西南军区、西南军政委员会、重庆市人民政府等设宴欢迎，还送给每个代表一套毛呢衣服。11月24日，云南代表团乘飞机回昆明。到了昆明，党、政、军及各社会团体在胜利堂召开隆重的大会迎接观礼团归来。在此期间，各族代表们彼此之间互相关

①周本贞主编：《中国少数民族大辞典·佤族卷》，云南民族出版社2014年版，第603页。

心、互相爱护，亲如兄弟。

这次进北京国庆观礼，使拉勐加深了对伟大祖国的认识。与拉勐同行的李保就表示：“我们祖祖辈辈不被看作人，没见过大官，没上过大桌子吃饭，现在我们能到北京拜见各族人民的救星毛主席，还参观了北京、天津、南京、上海等大城市，祖祖辈辈没见过的东西我们见过了，没吃过的东西我们吃过了，我们回去一定要把亲身经历告诉家乡的老百姓，让阿佤山的人听党的话，永远跟党走，把家乡建设好。”

身临其境，耳濡目染，亲眼所见，亲耳所闻，使拉勐等少数民族代表的观念发生了巨大的转变，他们开始把视线转移到阿佤山之外、民族之间，感受着新中国的变化，体会着民族团结带来的新气息。正如西南民族代表团团长王维舟所说：来自云南的少数民族代表“由从来没有见过面，到现在相聚在一起，表现了团结的气氛，这也是团结的开始”。这次北京之行对拉勐影响极大，从遥远的西南边疆走到祖国的心脏，拉勐看到的是一个完全不一样的世界，在这个世界里他看到了光明，看到了未来，看到了一条条一道道往来于大西南和祖国心脏的光明大道。正是观念产生如此巨大的变化，拉勐才会从落泪北上到欢笑而归，气宇轩昂地率众走过松柏扎成的欢迎门。他也许从来没有服过什么人、服过什么党，但这次的北京之行，新中国的党、新中国的政府、新中国的“头人”让他服了。

回到云南普洱佤寨后，拉勐向佤族同胞说：“毛主席很好，我们要听他的话。”当时，“拉勐回来了”在佤族聚居区是一件大事，消息像春风一样传遍了阿佤山，人们奔走相告，热烈欢迎他，也消除了许多佤族头人的疑虑，为西盟地区人民政权的建立发挥了积极的作用。彝族作家李乔写的短篇小说《拉勐回来了》描绘了拉勐参加国庆观礼活动的事迹及其在佤族聚居区的重大影响。历史对拉勐有这样一段评价：“他带头走出去的这一步，是把一个原始部落带入文明社会的第一步，同时也是佤族融入中华民族大家庭的一步。”

1950年12月26日，即参加国庆观礼的拉勐一行回到宁洱的第二天，拉勐即出席了普洱专区第一届兄弟民族代表会议。会议期间，拉勐积极赞同和支持拉祜族代表李保提出的用佤族重大节日“喝咒水”“剽牛”仪式来表示各民族大团结的意愿，还提议把“咒语”（誓词）镌刻在大石头上面，表示各民族团结一家，海枯石烂不变心，得到大家的一致赞同。1951年元旦，全体代表在宁洱红场庄重地举行了有26个民族参加的“剽牛”仪式，由拉勐剽牛，党政军领导与各民族代表喝了“咒水”，立下了“民族团结誓词碑”。1951年2月22日，西盟各族团结保家卫国委员会成立，拉勐当选为常委；3月，拉勐当选为宁洱专区民族联合政府委员。1952年，拉勐病故。

在拉勐身上，集中体现了边疆少数民族群众听党话、跟党走，维护边疆稳定和民族团结的精神。拉勐去世后，当地干部群众自发为他立了纪念碑，表示要传承拉勐坚定不移跟党走、海枯石烂不变心的精神和决心。拉勐是边疆地区少数民族团结进步的代表，是爱国爱党、维护边疆稳定和民族团结的模范，是新时代各族群众牢固树立“四个意识”、创建民族团结示范区的楷模。

参考资料

[1]苏然主编：《拉勐故事与拉勐精神》，云南科技出版社2018年版。

[2]赵小陶：《拉勐》，云南人民出版社2019年版。

[3]中共云南省委党史研究室：《中国共产党云南历史　第二卷（1950—1978）》，云南人民出版社2018年版。

[4]当代云南佤族简史编辑委员会编、赵明生主编：《当代云南佤族简史》，云南人民出版社2015年版。

[5]中国人民政治协商会议云南省临沧地区工作委员会文史资料委员会编：《临沧文史资料选辑》第三辑，政协云南省临沧地区工作委员会文史资料委员会，1999年。

[6]云南省西盟佤族自治县志编纂委员会编纂：《西盟佤族自治县志》，云南人民出版社1997年版。

[7]思茅地区地方志编纂委员会编：《思茅地区志》（下册），云南民族出版社1996年版。

[8]李翠、牛锐：《以铸牢中华民族共同体意识为主线做好各项工作》，《中

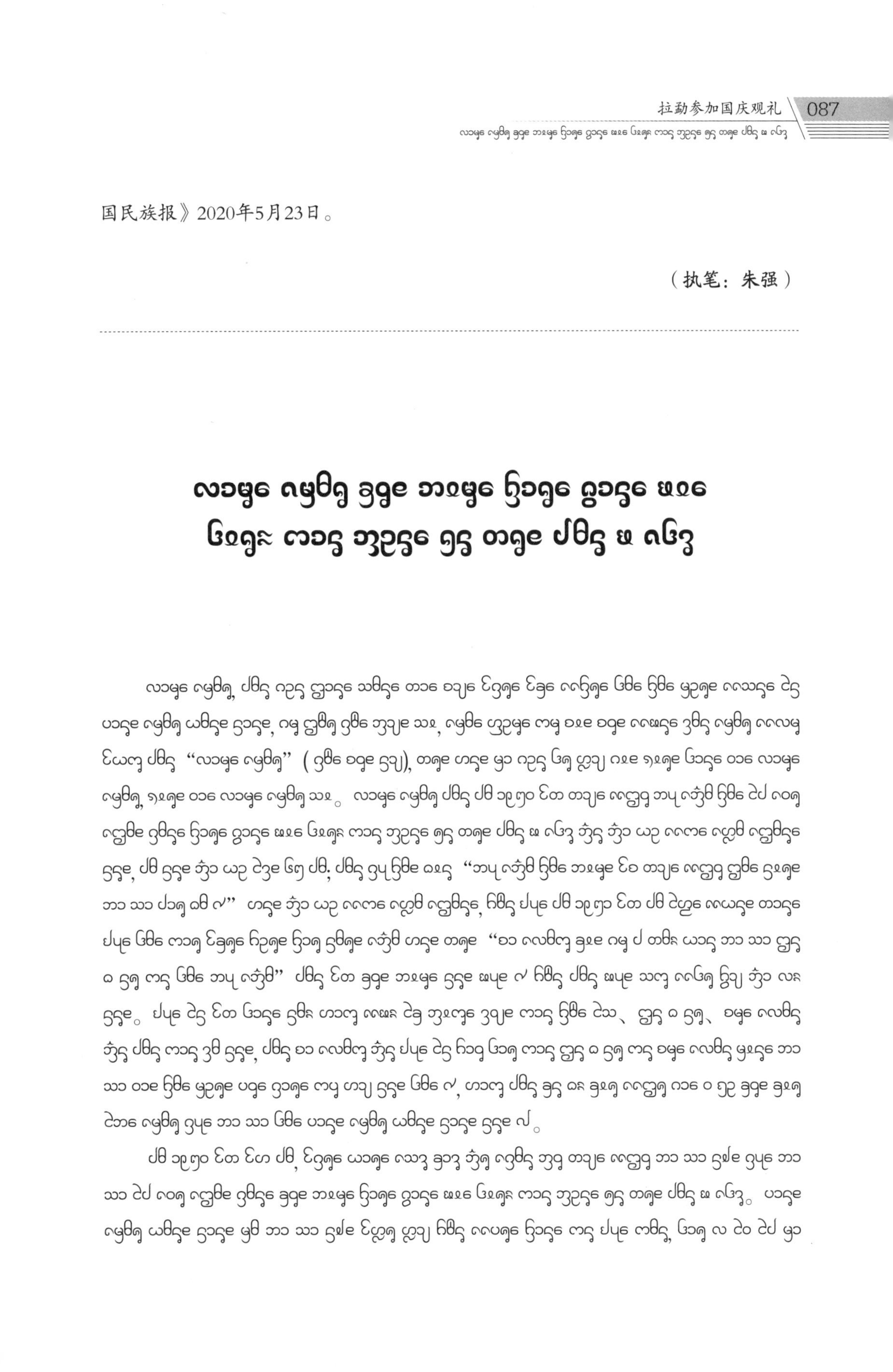

国民族报》2020年5月23日。

（执笔：朱强）

[illegible]

[illegible]

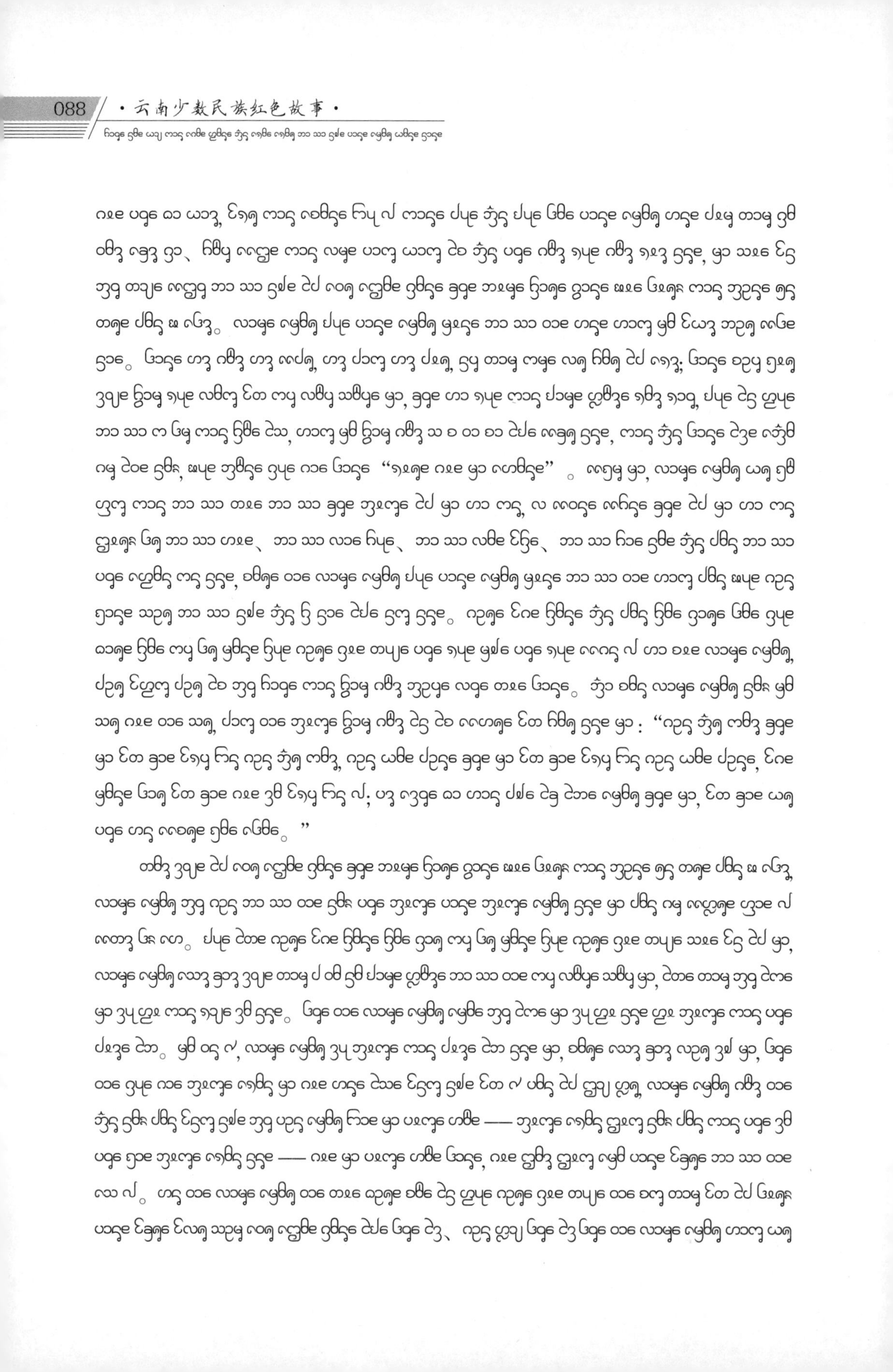

[illegible]

[illegible]

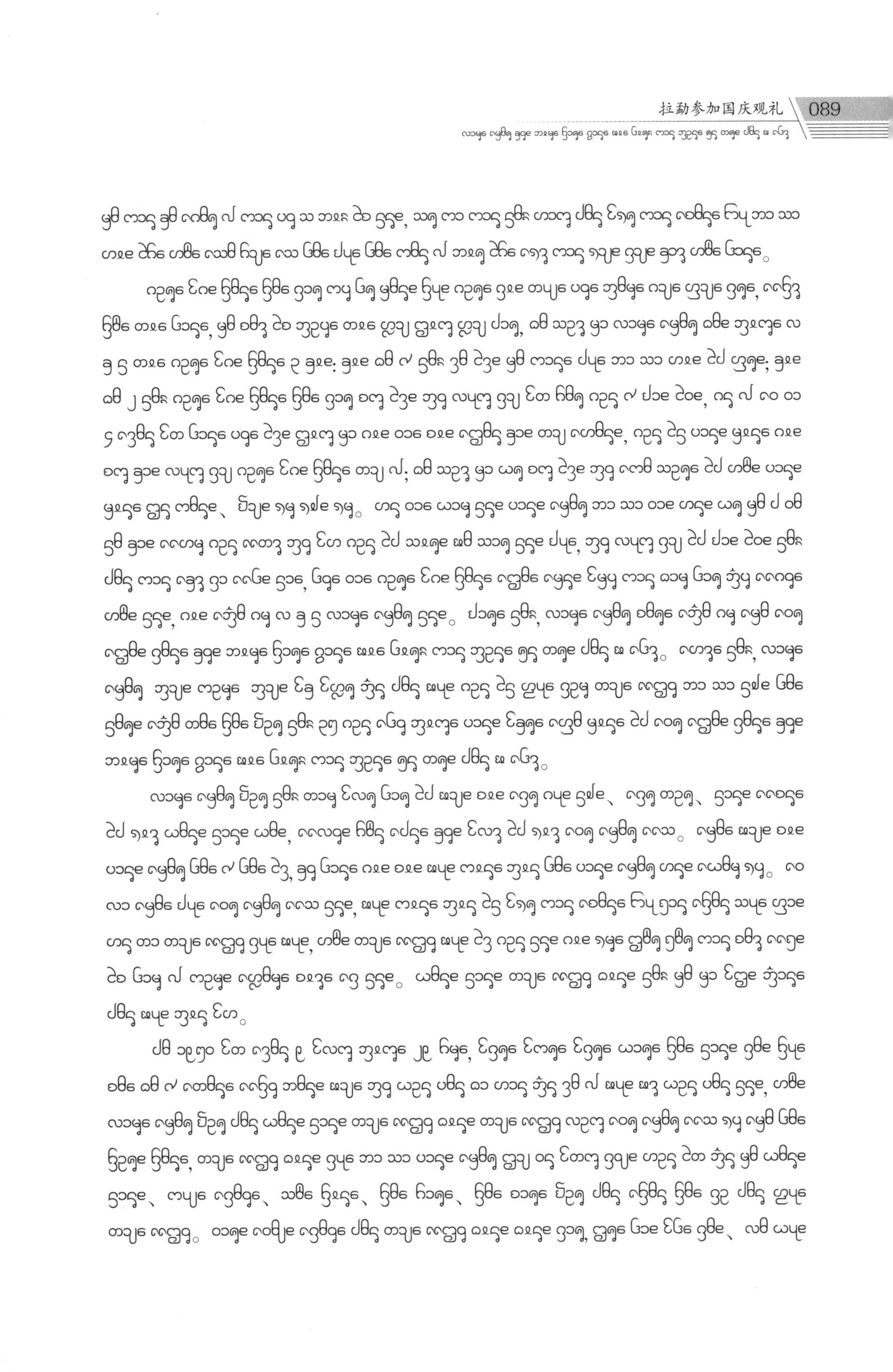

[illegible]

[illegible]

[illegible]

[illegible]

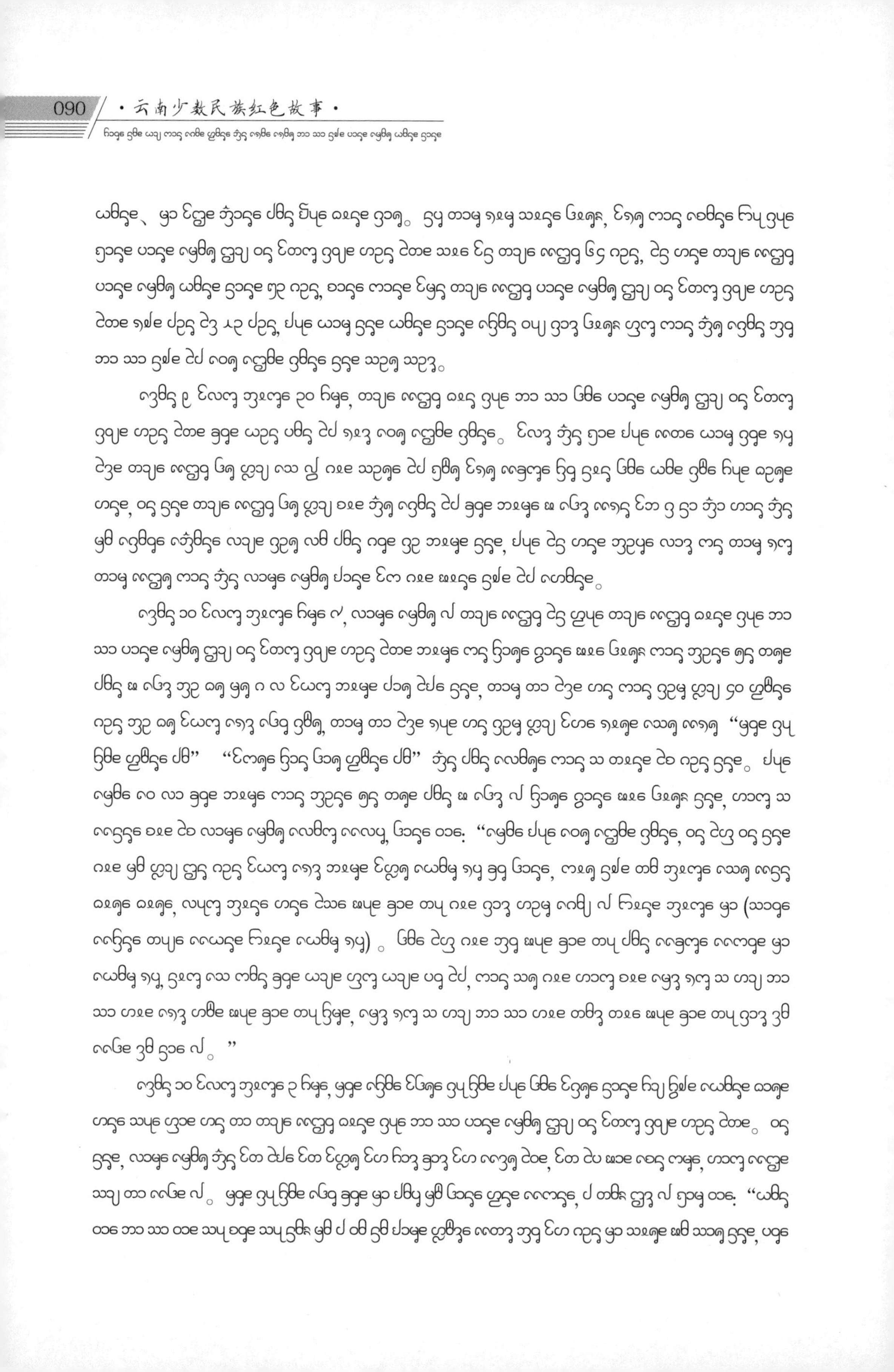

[illegible]

[illegible]

[illegible]

[illegible]

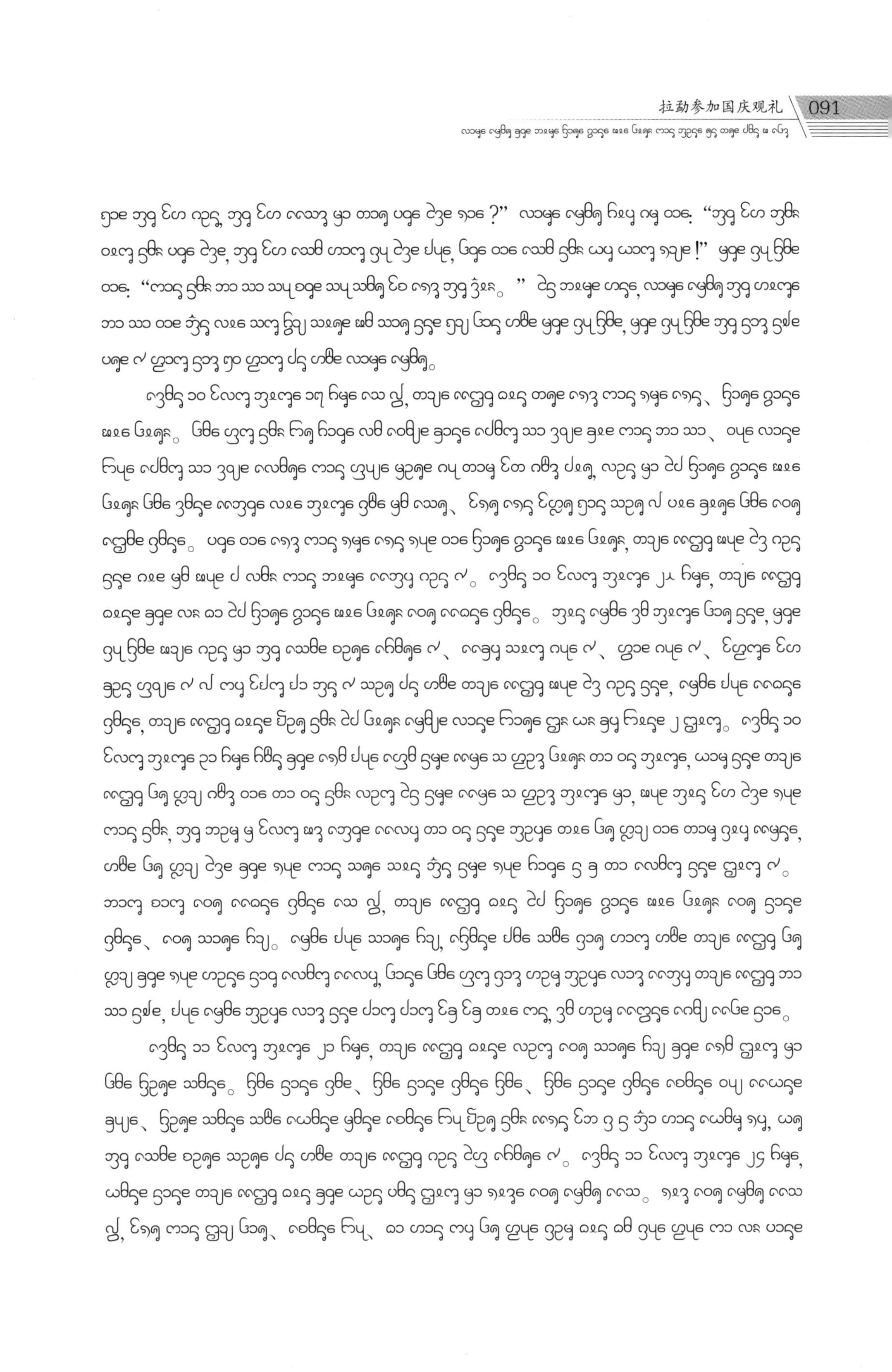

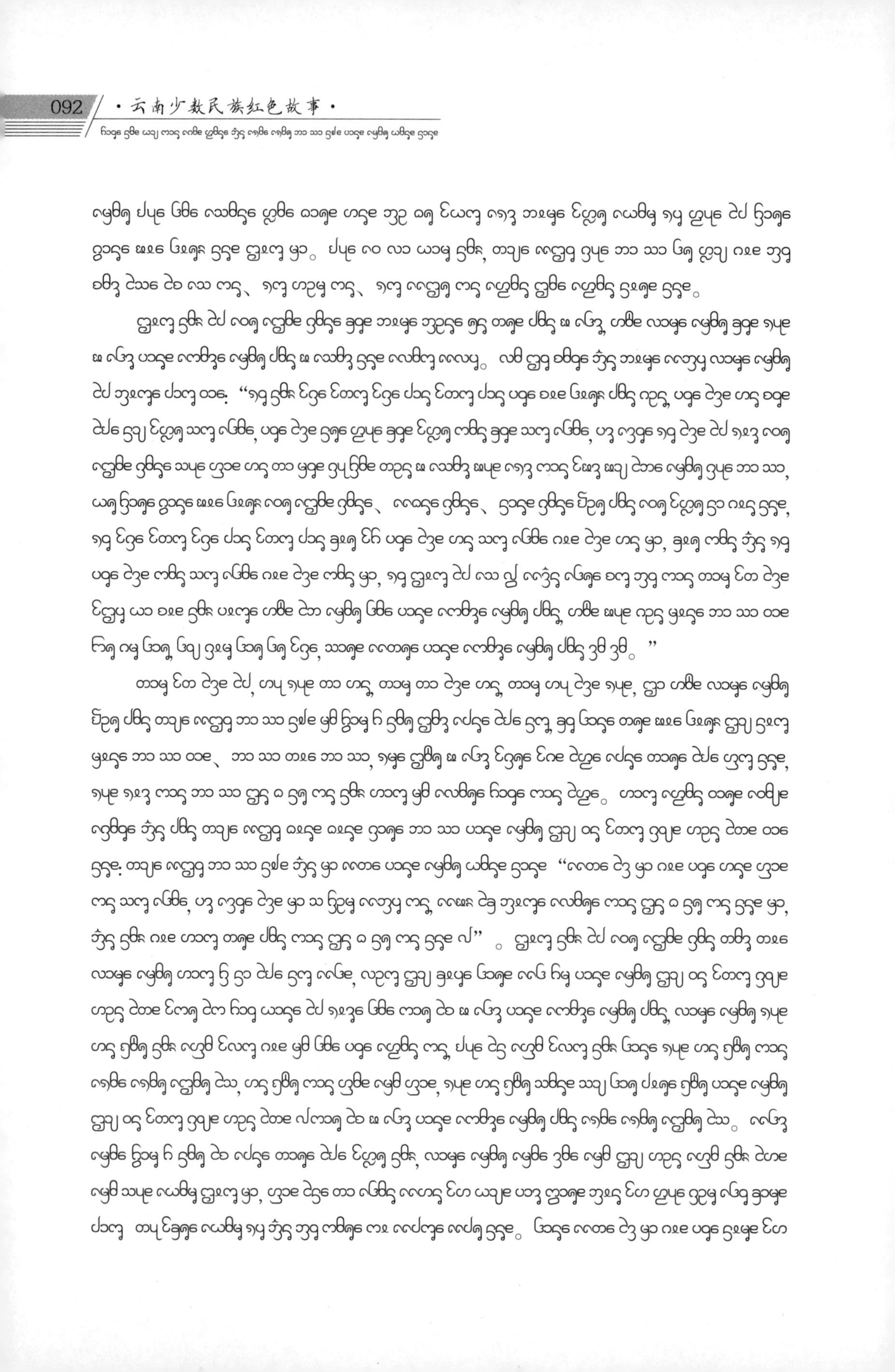

[illegible]

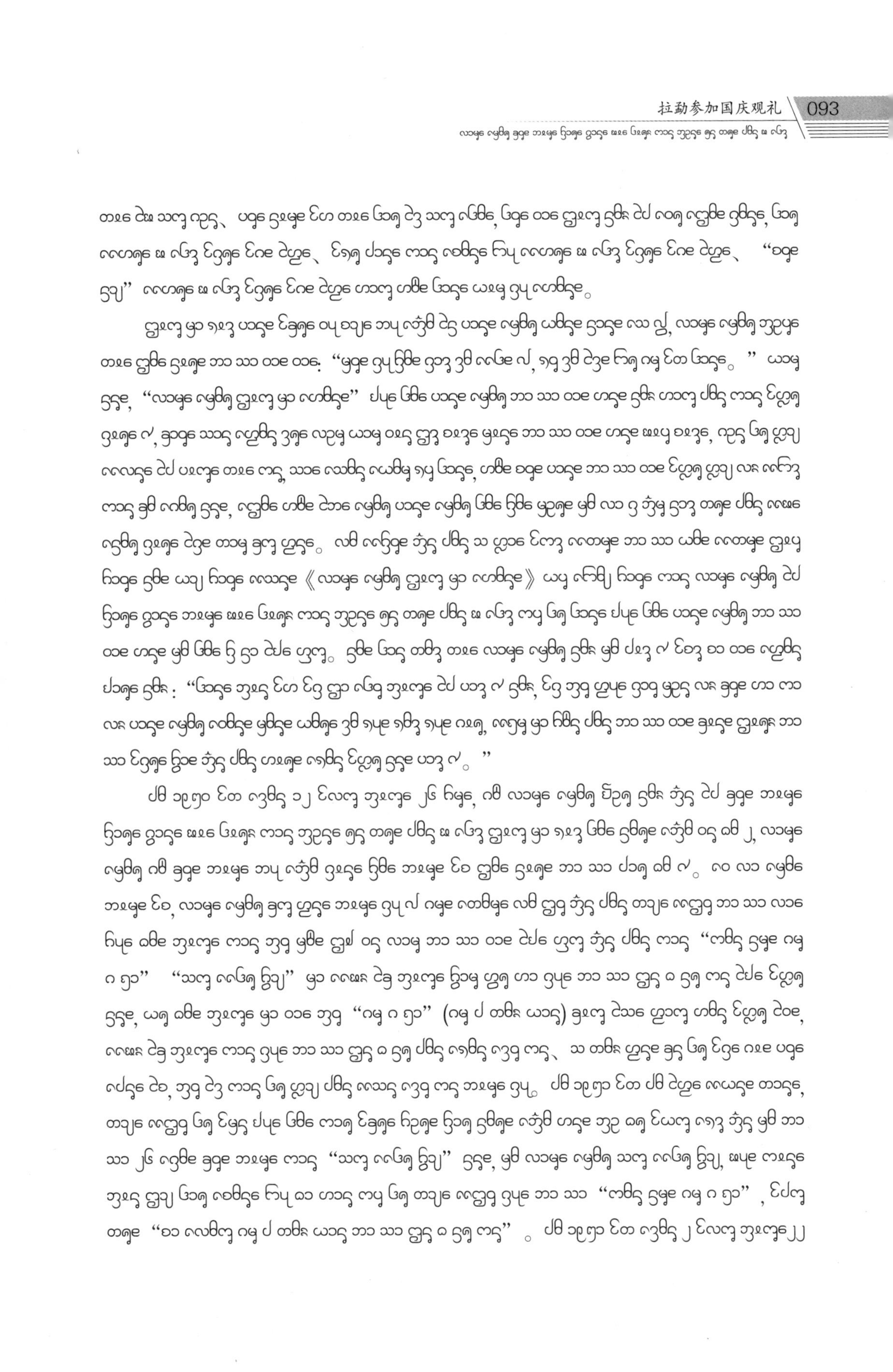

[illegible]

[illegible]

[illegible]

[illegible]

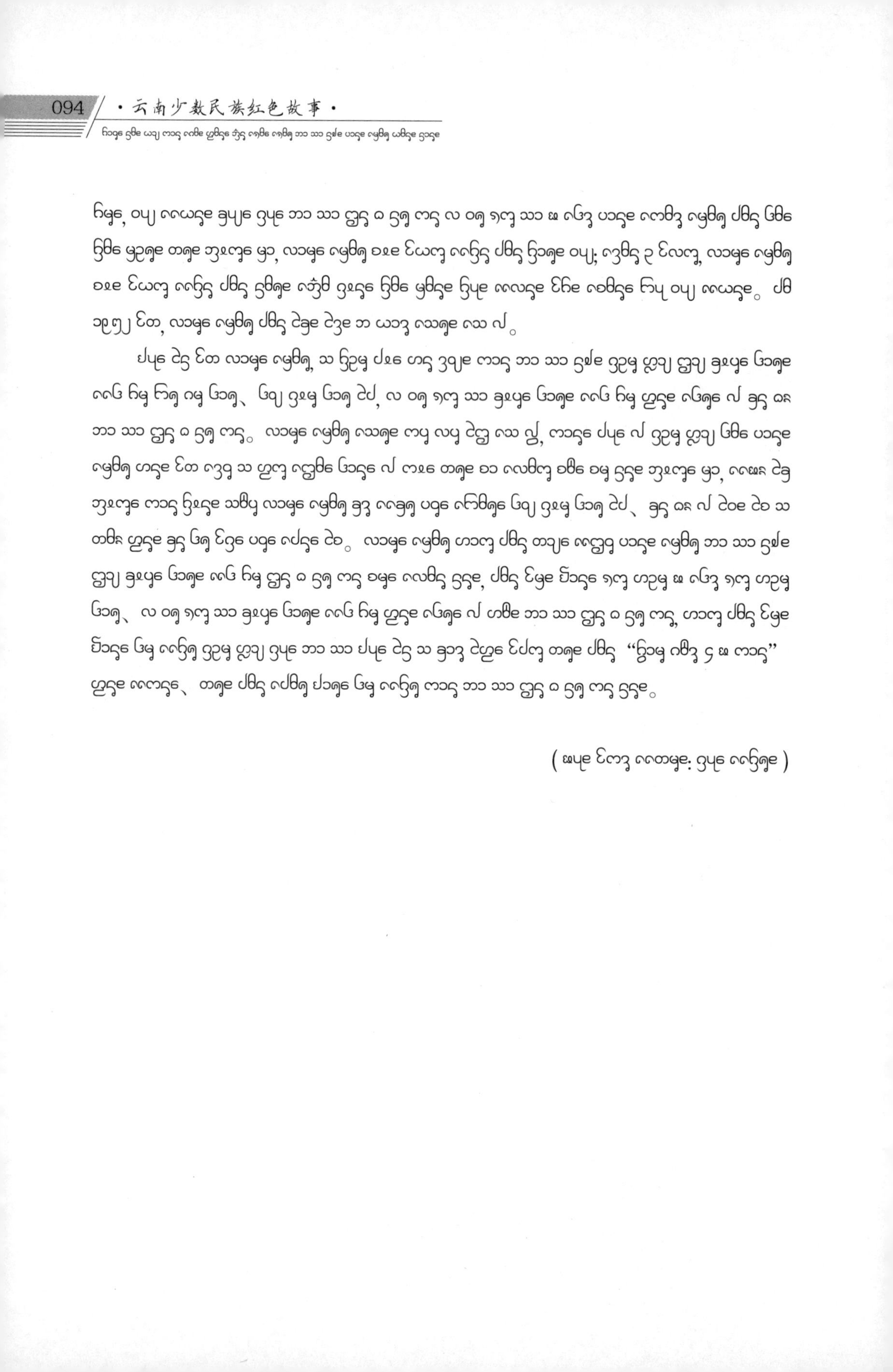

[illegible]

[illegible]

([illegible])

金伞献给毛主席

在北京民族文化宫博物馆展厅中，作为该馆馆藏一级文物的一把金色的伞静静地矗立在展柜中，一旁的全息投影展柜播放着金伞撑开后熠熠生辉的动态影像。这把百褶金伞采用传统傣族手工技艺制作，内衬采用的是绕线和穿花技艺，色彩艳丽；伞面取材油布，表面烫金，金光闪烁。整把伞工艺考究，高贵典雅，是傣族传统手工艺的经典之作。这把象征西双版纳傣族封建领主权力的金伞是怎么从千里之外的云南来到首都北京的呢？它的背后有什么样的精彩故事呢？故事还得从把对中国共产党的绝对忠诚融入血液的傣族土司召存信说起。

一心一意跟党走的召存信

20世纪20年代，召存信出生于江城县整董镇的傣族土司家庭。抗日战火燃起，年仅15岁的召存信临危受命，到勐腊县勐捧镇组建抗日武装。抗日战争胜利后，召存信接替去世的老土司成为新一任勐捧土司。1946年，凭借出众的才能，年仅18岁的召存信出任车里宣慰使司署议事庭庭长（傣语“召景哈”）。当时国民党鱼肉乡里，傣族上层斗争激烈，召存信非常不满。他体恤民情，宣布减半征收租税，带头反对和抵制繁重的税赋和摊派，为此他曾先后两次被抓进监狱，并遭到封建领主集团内部的排斥和打击。于是，召存信产生了反抗国民党反动派统治，争取民族平等、自主自立的强烈愿望。

1947年5月，召存信结识了同样对国民党反动派反动政策不满、思想进步的鲁文聪。鲁文聪不时向召存信介绍国内、国外形势，宣传共产党的性质、方针、政策及人物，这使召存信对中国共产党心生向往。1949年5月，为请求中国共产党党组织派人整编和领导西双版纳的反蒋武装，召存信与鲁文聪相约北上普洱寻找共产党。“路也不好走，生活也困难，但是怎么困难都要克服，要找共产党。”他们翻山越岭，不畏艰辛地跋涉8天，终于走到了普洱，找到了共产党领导的解放军云南人民讨蒋自卫军第二纵队（下文简称“二纵”）。“二纵”派党代表到车里（今景洪）、佛海（今勐海）、南峤（今勐遮）改编鲁文聪部为“二纵”车佛南支队，召存信则留在党组织举办的普洱军政干校培训。在这里，召存信对中国共产党以及当时的国内形势有了更全面深入的认识，这更坚定了他跟共产党走的决心和信念。

1950年2月初，解放军追击国民党残兵抵达澜沧江北岸的橄榄坝，国民党军队渡江逃窜。召存信立即率领20多位土司头人，到解放军指挥部驻地曼团恳求大军渡江继续追歼残敌，全面解放西双版纳，并表示愿意提供一切协助。随后，召存信组织发动群众准备船只、竹筏、担架、军需品等物资，安排翻译向导、船工和后勤运输等人员，协助解放军渡江作战。2月14日，解放军顺利渡江，几天之内解放了西双版纳全境，百姓未死伤一人。西双版纳获得了新生，迎来了光明。

献礼毛主席

新中国成立之后，为增进各民族对新中国的了解，让少数民族代表看到新中国的勃勃生机，了解中国共产党的民族政策，以打消他们的疑虑并回到边疆做好民族团结工作，1950年6月，党中央决定在中华人民共和国成立一周年之际，从各地兄弟民族中选派代表赴北京参加国庆一周年观礼活动。中共宁洱地委按照少数民族上层为主、各界均有代表的原则，开始动员工作。然而，由于刚刚解放，少数民族上层人士对中国共产党的民族政策不甚了解，加之境内外反动分裂势力造谣惑众，宁洱专区少数民族代表顾虑重重，纷纷寻找借口推辞，不愿前往，甚至有少数民族群众提出要“押了人质才让头人去”。而接到通知的召存信却顿觉一股暖流在心中涌动，以坚定的信念毅然报名参加，他要到北京去，到毛主席身边去。其后，经宁洱地委反复动员、保证，并押下人质，最终形成了由各民族土司、头人和代表共35人组成的宁洱专区赴京国庆观礼团，召存信和其他代表走出大山前往北京。

出发前，激动而又兴奋的召存信心想：毛主席是全国各族人民的大恩人、大救星，我们西双版纳的代表该给毛主席带些什么礼物呢？想来想去，终于想出了4件礼物：一是金伞，它是傣族封建领主权力的象征，把金伞献给毛主席意义重大而深远；二是贝叶经，它是傣族人民的文化宝藏；三是普洱茶，驰名中外的普洱茶是西双版纳的土特产；四是傣族服装，这是傣族的标志，把它献给毛主席，表示傣族人民心里装着毛主席，意义深刻。宁洱专区的代表们于1950年9月初出发，冲破重重困难和阻力，历时近1个月，于9月30日顺利抵达北京。当天他们即和其他代表们应邀出席中央人民政府举行的盛大国庆宴会。代表们在指定的席位上入座不久，毛主席、朱德、周恩来等中央领导就神采奕奕地走进了宴会厅，全场起立，爆发出雷鸣般经久不息的掌声。“毛主席来了”“毛主席来看望我们来了”……代表们激动得热泪盈眶。

宴会上，宁洱专区的代表们向中央领导人敬酒并亲切交谈。时任政务院秘书长、中央招待委员会主任的李维汉同志将召存信拉到毛主席身旁介绍说：“主席，这位就是云南西双版纳的傣族代表召存信同志。”毛主席用他那温暖的大手握着召存信的手，用浓重的湖南口音说：“你在解放西双版纳的斗争中所起到的作用我知道了。你还很年轻嘛，希望你跟着共产党，建设好社会主义新边疆！”召存信一时间激动得一句话也说不出来，只会紧紧地握住毛主席的手，好一阵子才颤抖地说道：“毛主席、共产党给边疆各族人民带来的幸福，我们子孙万代一定铭记在心中。我一定遵照您老人家的话去做，永远跟着共产党走。”[①]这一天，是召存信终身难忘的一天；这一夜，召存信整夜都沉浸在幸福、甜蜜的回忆中难以入眠。蓦然间，他想起来由于过于激动，他竟然忘记把金伞这份珍贵的礼物献给毛主席。他懊悔万分，担心再没机会把金伞献给毛主席而无法向家乡父老交代。

这一天，是召存信终生难忘的一天；这一夜，召存信整夜都沉浸在幸福、甜蜜的回忆中难以入眠。蓦然间，他想起来由于过于激动，他竟然忘记把

①黄金有编著，岩温胆、玉伦翻译：《“召景哈”的春天》，云南民族出版社2007年版，第30页。

金伞这份珍贵的礼物献给毛主席。他懊悔万分，担心再没机会把金伞献给毛主席而无法向家乡父老交代。

就在召存信急得茶饭不思之际，一个好消息传来。毛主席、朱德、周恩来等中央领导将在怀仁堂再次接见各民族观礼团，并接受大家的献礼，召存信闻讯高兴得跳了起来。10月3日，怀仁堂内喜庆祥和，代表们争相捧出本民族珍贵的礼物。这次，召存信早早地就把闪烁着金光宝气的金伞打开，擎在手上，他和末代傣王刀世勋一起走上主席台，把金伞献给毛主席。“敬爱的毛主席，西双版纳各族人民委托我们把这把金伞献给您，请您一定收下！”召存信激动地说。毛主席接过金伞，仔细看了看，然后握着召存信和刀世勋的手说：“请代我谢谢西双版纳各族人民，我相信解放了的西双版纳，在社会主义的旗帜下，一定会建设得更加美丽富饶的。”毛主席的话使召存信感慨万分，浑身充满了力量，恨不得一下子插上翅膀飞回西双版纳把毛主席的话告诉大家。毛主席从召存信手中接过金伞的历史瞬间，也被定格在一张珍贵的照片中。接着，刀承宗、刀卉芳等人也向毛主席敬献了贝叶经、普洱茶和傣族服装，毛主席一一和他们握手致意，并给每位代表赠送了呢料制服、衬衣、皮鞋、袜子、毛巾、牙刷、口杯等物品。

这把穿越时空70多年的金伞，让今天的我们感受到了在新中国成立初期，各族人民拥护中国共产党、爱戴中国共产党的心愿和拥护新生人民政权、一心一意跟党走的决心。

参考资料

[1]黄金有编著，岩温胆、玉伦翻译：《“召景哈”的春天》，云南民族出版社2007年版。

[2]征鹏著、中共云南省委宣传部编：《传奇州长——召存信》，云南人民出版社2017年版。

[3]张桂柏：《彩云之南那座碑》，《解放军报》2017年11月13日。

（执笔：刘鸿燕）

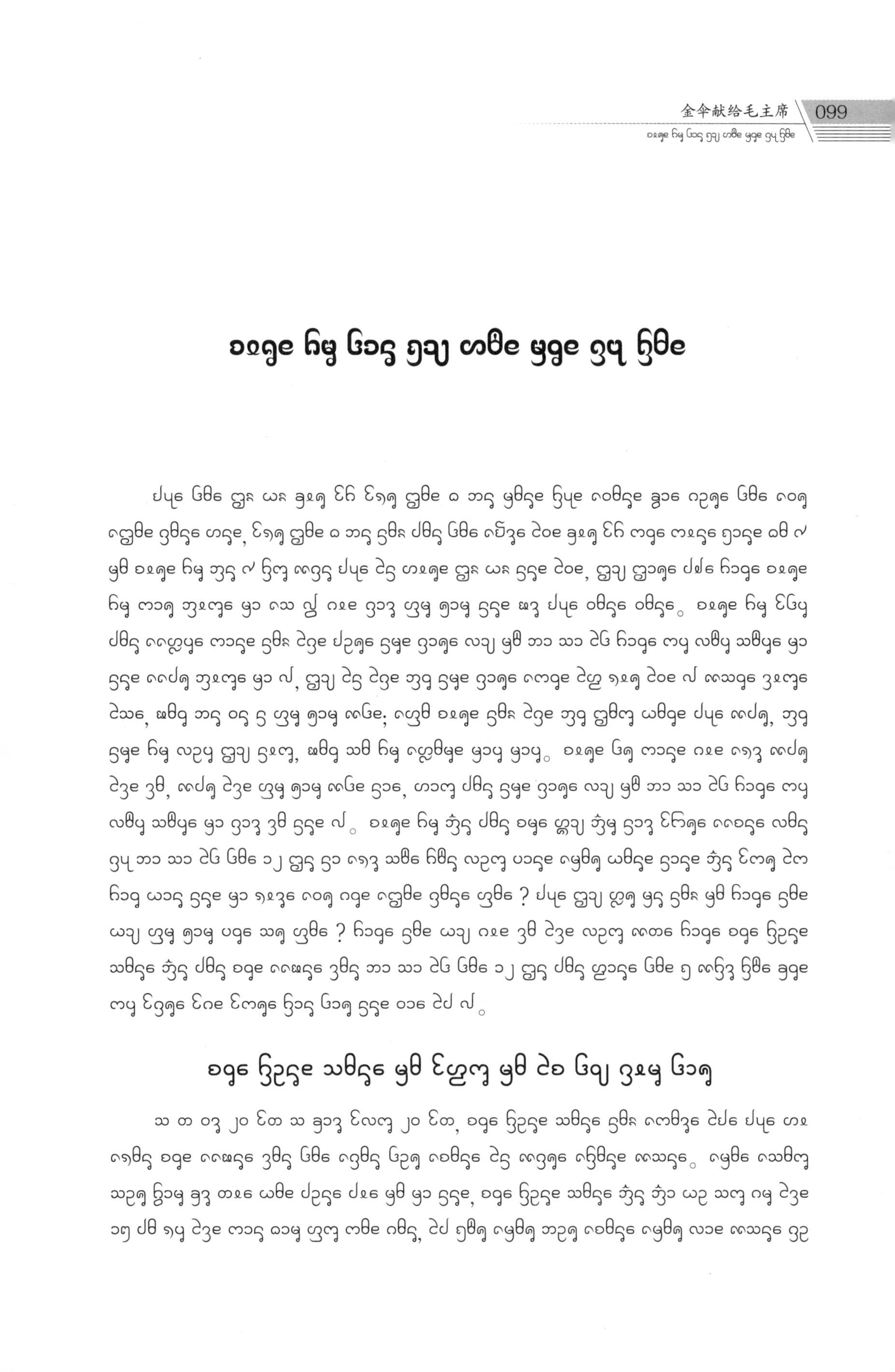

[illegible]

[illegible]

[illegible]

[illegible]

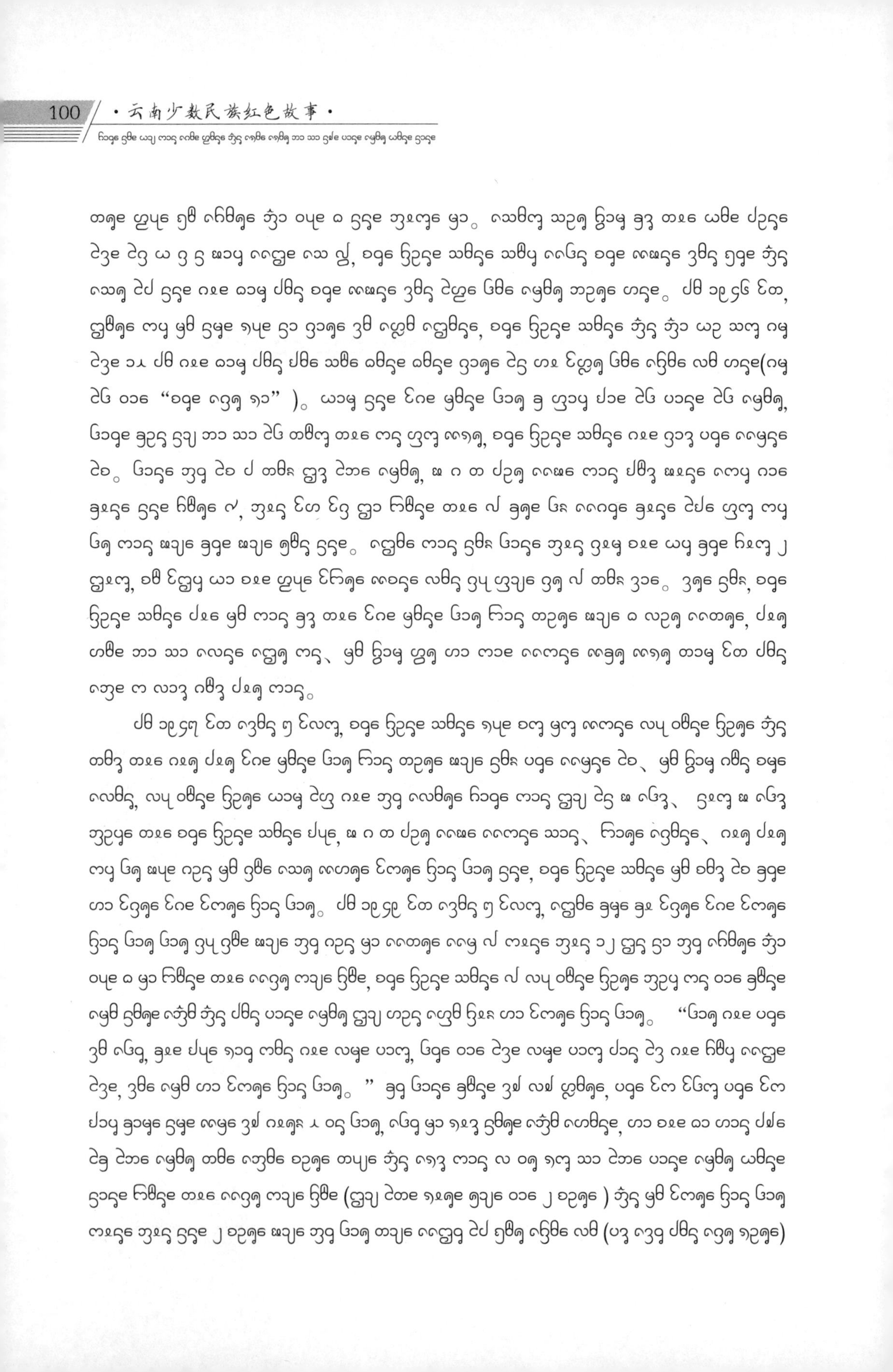

[illegible]

ᦺᦂᦲ ᦷᦂᦲ (ᦔᦳ ᦵᦡᦲᧃ ᦑᦸᧂ ᦵᦙᦲᧂ ᦙᦳ) ᦓᦱᦸᧃ ᦵᦣᦸᧃ (ᦔᦳ ᦵᦡᦲᧃ ᦑᦸᧂ ᦵᦙᦲᧂ ᦵᦣᦸᧃ) ᦃᦸᧂ ᦗᦳᧃ ᦟᦳ ᦞᦲᧃ
ᦓᦸᧃ ᦑᦳᧃ ᦓᦸᧃ ᦺᦂᦳ ᦑᦸᧂ ᧒ ᦋᦸᧃ ᦵᦡᦲᧃ ᦙᦸᧃ ᦵᦙᦲᧂ ᦙᦳ ᦵᦙᦲᧂ ᦵᦣᦸᧃ ᦡᦲᧃ ᦎᦳᧃ, ᦋᦸᧃ ᦓᦸᧃ ᦉᦲᧃ
ᦵᦂᦲᧂ ᦍᦸᧂ ᦙᦸᧃ ᦵᦣᦸᧃ ᦑᦳᧃ ᦺᦙᦸ ᦵᦣᦸᧃ ᦂᦱᧃ ᦵᦣᦱᦸᧃ ᦡᦱ ᦠᦱᧃ ᦟᦲ ᦺᦙᦸ ᦂᦱᧃ ᦵᦋᦲᧃ ᦂᦳ ᦖᦲᧃ ᦓᦲᧂ
ᦵᦃᦲᧄ ᦃᦸᧂ ᦙᦲ ᦖᦸᧃ ᦡᦳ ᦡᦲᧃ ᦺᦍᦸ ᦵᦣᦳ ᦓᦸᧃ᧟ ᦑᦳᧃ ᦖᦲᧃ ᦗᦲᧃ, ᦋᦸᧃ ᦓᦸᧃ ᦉᦲᧃ ᦎᦲᧁ ᦎᦸᧃ ᦺᦡᦸᧃ
ᦺᦂᦲ ᦺᦂᦸᧃ ᦓᦸᧃ ᦖᦸᧃ ᦂᦳ ᦖᦸ ᦵᦟᦲᧃ ᦂᦱᦸᧃ ᦂᦱᧃ ᦗᦱᦳ ᦡᦸ ᦵᦛᦲ ᦵᦙᦲᧃ ᦍᦱᦙ ᦓᦸᧃ ᦋᦸᧃ ᦙᦳᧃ ᦵᦣᦲᧄ
ᦵᦟᦲᧂ ᦵᦟᦳ ᦘᦳ ᦋᦳᧃ, ᦖᦸᧃ ᦂᦲᧃ ᦙᦲ ᦓᦱᦙ ᦡᦲᧃ ᦡᦲ ᦟᦲ ᦓᦱᦙ ᦑᦸᧃ ᦵᦡᦲᧃ ᦗᦸᧃ ᦋᦸᧃ ᦖᦲ ᦡᦳᧄ ᦺᦂᦸᧃ
ᦓᦸᧃ ᦖᦸᧃ ᦓᦸᧃ ᦟᦲ᧟

ᦔᦲ ᧑᧙᧕᧐ ᦺᦑ ᦵᦡᦲᧃ ᧒ ᦺᦟᦸ ᦺᦑ ᦵᦡᦲᧃ, ᦡᦱ ᦠᦱᧃ ᦑᦸᧃ ᦡᦱ ᦡᦸᧃ ᦵᦙᦲᧂ ᦵᦟᦲ ᦂᦲᧃ ᦡᦱ ᦠᦱᧃ
ᦺᦂᦲ ᦙᦲᧃ ᦖᦸᧃ ᦗᦳᧅ ᦍᦸ ᦡᦲᧃ ᦓᦸᧃ ᦗᦲᦸ ᦵᦙᦲᧂ ᦙᦸ ᦂᦸᧅ ᦓᦸᧃ ᦋᦸᧃ ᦖᦳ ᦠᦸᧃ ᦵᦗᦲ, ᦡᦱ ᦠᦱᧃ
ᦺᦂᦲ ᦙᦲᧃ ᦖᦸᧃ ᦋᦱᦙᦸᧃ ᦓᦸᧃ ᦋᦸᧃ ᦟᦸᧅ ᦵᦟᦸᧃ᧟ ᦋᦸᧃ ᦓᦸᧃ ᦉᦲᧃ ᦂᦸᧃ ᦓᦸ ᦖᦸᧃ ᦋᦸᧃ ᦓᦳ ᧒᧐
ᦂᦸᧃ ᦑᦳ ᦡᦳᧃ ᦍᦲ, ᦡᦲ ᦗᦲ ᦔᦸᧃ ᦗᦸᧃ ᦃᦸᧂ ᦑᦸᧂ ᦖᦲᧃ ᦡᦲ ᦂᦳᧃ ᦑᦳᧃ ᦡᦱ ᦠᦱᧃ ᦑᦸᧃ ᦡᦱ ᦡᦸᧃ
ᦵᦙᦲᧂ ᦑᦳᧃ ᦓᦸᧃ ᦋᦸᧃ ᦋᦸ ᦡᦱ ᦠᦱᧃ ᦺᦂᦸᧃ ᦋᦸᧃ ᦓᦸᧃ ᦋᦸᧃ ᦡᦲ ᦵᦟᦲ ᦂᦲᧃ ᦡᦳ ᦋᦲ ᦵᦍᦳ ᦗ ᦗᦳ
ᦵᦣᦲᧄ, ᦠᦲᧃ ᧑᧒ ᦋᦸᧃ ᦓᦱ ᦡᦳᧃ ᦑᦸᧃ ᦡᦱ ᦘᦳ ᦋᦳᧃ, ᦋᦲ ᦗᦳᦸᧃ ᦑᦱᦸ ᦉ ᦗᦸ ᦎᦲᧃ ᦡᦸ ᦂᦱᧃ ᦉ
ᦋᦸ᧟ ᦟᦸᧃ ᦙᦱ, ᦋᦸᧃ ᦓᦸᧃ ᦉᦲᧃ ᦉᦸᧃ ᦺᦓ ᦗᦳ ᦡᦳ ᦗᦳ ᦙᦱ ᦠᦱᦸᧃ ᦵᦣᦸᧃ ᦵᦙᦲ、ᦵᦋᦲ、ᦠᦱᦸᧃ
ᦠᦱᦙ、ᦋᦸ ᦺᦂᦲ ᦃᦸᧂ ᦡᦱ ᦠᦱᧃ ᦎᦸᧃ ᦺᦗᦸᧃ ᦗᦳ ᦓᦲᧃ, ᦃᦱᧃ ᦗᦱᦳ ᦘᦳ ᦑ ᦑᦱᦸᧃ ᦓᦸᧃ ᦖᦸᧃ、ᦂᦸᧃ
ᦗᦱᦳ ᦵᦙᦲ ᦟᦲ ᦘᦳ ᦂᦸᧃ ᦵᦣᦳ ᦂᦱᧃ ᦖᦸᧃ ᦟᦸᧃ ᦋᦳ ᦗᦸ ᦵᦉᦲᧃ ᦗᦸ ᦓᦲᧃ, ᦎᦲᧃ ᦡᦸ ᦡᦱ ᦠᦱᧃ
ᦑᦸᧃ ᦡᦱ ᦡᦸᧃ ᦵᦙᦲᧂ ᦋᦱᦙᦸᧃ ᦓᦸᧃ ᦋᦸᧃ ᦡᦲ ᦺᦙᦳ ᦂᦲᧃ᧟ ᦵᦡᦲᧃ ᧒ ᦺᦟᦸ ᦗᦳᦸᧃ ᧑᧕ ᦂᦲᧃ, ᦡᦱ ᦠᦱᧃ
ᦑᦸᧃ ᦡᦱ ᦡᦸᧃ ᦵᦙᦲᧂ ᦡᦲ ᦋᦱᦙᦸᧃ ᦓᦸᧃ ᦋᦸᧃ ᦡᦲ ᦎᦱᦙ ᦉ ᦗᦳ ᦖ ᦃᦲ, ᦔᦸᧃ ᦠᦲᧃ ᦖᦸ ᦡᦲ ᧑᧒ ᦋᦸᧃ ᦓᦱ
ᦂᦲᧃ ᦡᦲ ᦑᦸᧃ ᦡᦱ ᦖᦸᧃ ᦖᦸ ᦺᦙᦸᧃ, ᦡᦱᦸᧃ ᦵᦙᦲᧂ ᦔᦸᧃ ᦡᦲᧃ ᦋᦳ ᦖᦸᧃ ᦉᦸ ᦂᦸᧃ᧟ ᧑᧒ ᦋᦸᧃ ᦓᦱ ᦡᦲᧃ
ᦺᦗᦲ ᦡᦸᧃ ᦙᦱ, ᦙᦱ ᦵᦍᦲᦙ ᦑᦳ ᦂᦱᧃ ᦵᦣᦲᧃ ᦵᦣᦲᧂ ᦵᦋᦲᧂ ᦡᦱ᧟

ᦖᦸᧃ ᦗᦳ ᦋᦸᧃ ᦺᦂ ᦠᦲᧃ ᦙᦸᧃ ᦡᦳ ᦖᦲᧃ

ᦋ ᦵᦖᦲ ᦺᦡᦸᧃ ᦺᦂᦲ ᦡᦸᧃ ᦎᦸᧃ ᦗᦳᦸᧃ ᦙᦱ ᦵᦉ ᦟᦲ, ᦵᦋᦲᧃ ᦠᦲᧃ ᦡᦳᧃ ᦓᦱ ᦉᦱ ᦋᦸᧃ ᦠᦱ ᦙᦳᧃ
ᦋ ᦵᦖᦲ ᦺᦡᦸᧃ ᦺᦂᦲ ᦡᦸᧃ, ᦠᦲᧃ ᦎᦳᧃ ᦵᦣᦳ ᦓᦱ ᦉᦱ ᦓᦸᧃ ᦠᦸᧃ ᦗᦲᧃ ᦋ ᦵᦖᦲ ᦺᦡᦸᧃ ᦺᦂᦲ ᦡᦸᧃ
ᦂᦱᦸ ᦂᦳ ᦉᦙ ᦙ ᦍᦳ, ᦋᦸᧃ ᦠᦱ ᦙᦳᧃ ᦂᦸᦳ ᦑᦸᦳ ᦓᦱ ᦉᦱ ᦵᦵᦠᦸᧃ ᦺᦡᦸᧃ ᦺᦂᦲ ᦺᦂᦸᧃ ᦓᦸᧃ ᦖᦸᧃ,
ᦠᦲᧃ ᦟᦸ ᦵᦂᦲ ᦵᦉ ᦂᦱᧃ ᦃᦸᧂ ᦋᦳ ᦖᦸᧃ ᦋᦲ ᦂᦲᧃ ᦓᦸᧃ ᦋᦲ ᦂᦲᧃ ᦋᦳᦸᧃ ᦡᦲ ᦋᦸᧃ ᦖᦸᧃ ᦵᦂᦲ ᦂᦲ
ᦂᦲᧃ ᦑᦸᦳ ᦂᦱᧃ ᦓᦱ ᦉᦱ ᦋᦸᧃ ᦡ ᦓᦳ ᦂᦸᧃ ᦓᦸᧃ ᦵᦣᦳ ᦡᦲ, ᦔᦲ ᧑᧙᧕᧐ ᦺᦑ ᦵᦡᦲᧃ ᧖ ᦺᦟᦸ, ᦖᦸᧃ ᦺᦡᦸᧃ
ᦍᦱᧃ ᦵᦉᦳ ᦋᦱᦳ ᦑᦳᧃ ᦂᦲ ᦟᦱ ᦵᦙᦲᧂ ᦗᦳᦸᧃ ᦓᦸᧃ ᦺᦡᦸᧃ ᦓᦸ ᦵᦍᦲᧃ ᦙᦲᧃ ᦺᦂᦸᧃ ᦺᦂᦲ ᦺᦂᦲ ᦎᦸ
ᦑᦸᧃ ᦡᦲ ᦑᦲ ᧘ ᦺᦗᦳᧃ ᦓᦸᧃ ᦓᦸᧃ, ᦟᦸᧃ ᦡᦸ ᦔᦱᦸᧃ ᦵᦙᦲᧂ ᦋᦲᧃ ᦓᦸᦳ ᦓᦱ ᦉᦱ ᦡᦳᧃ ᦖᦲᧃ ᦘᦱᦳ ᦗᦳ

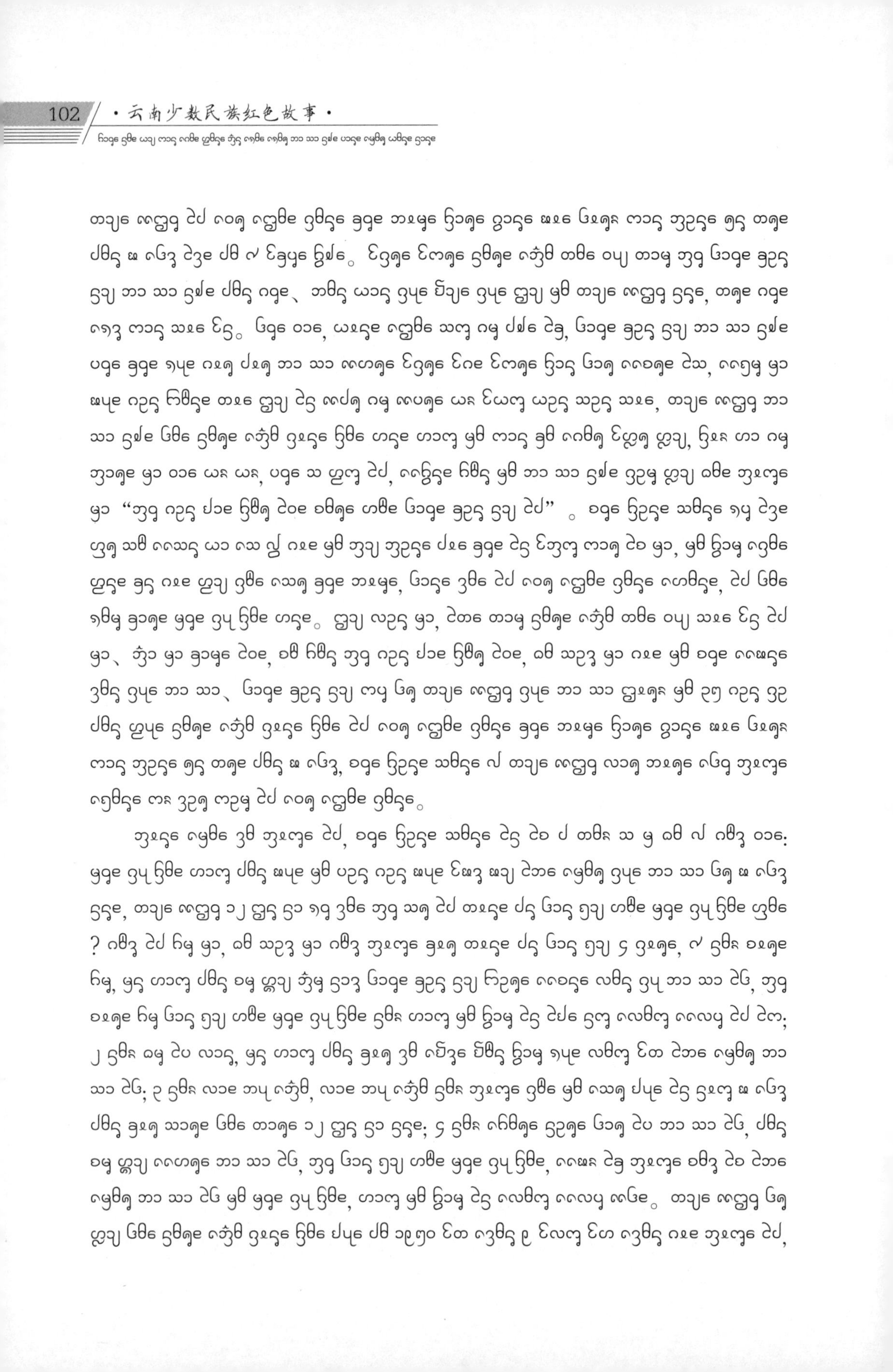

[illegible]

[illegible]

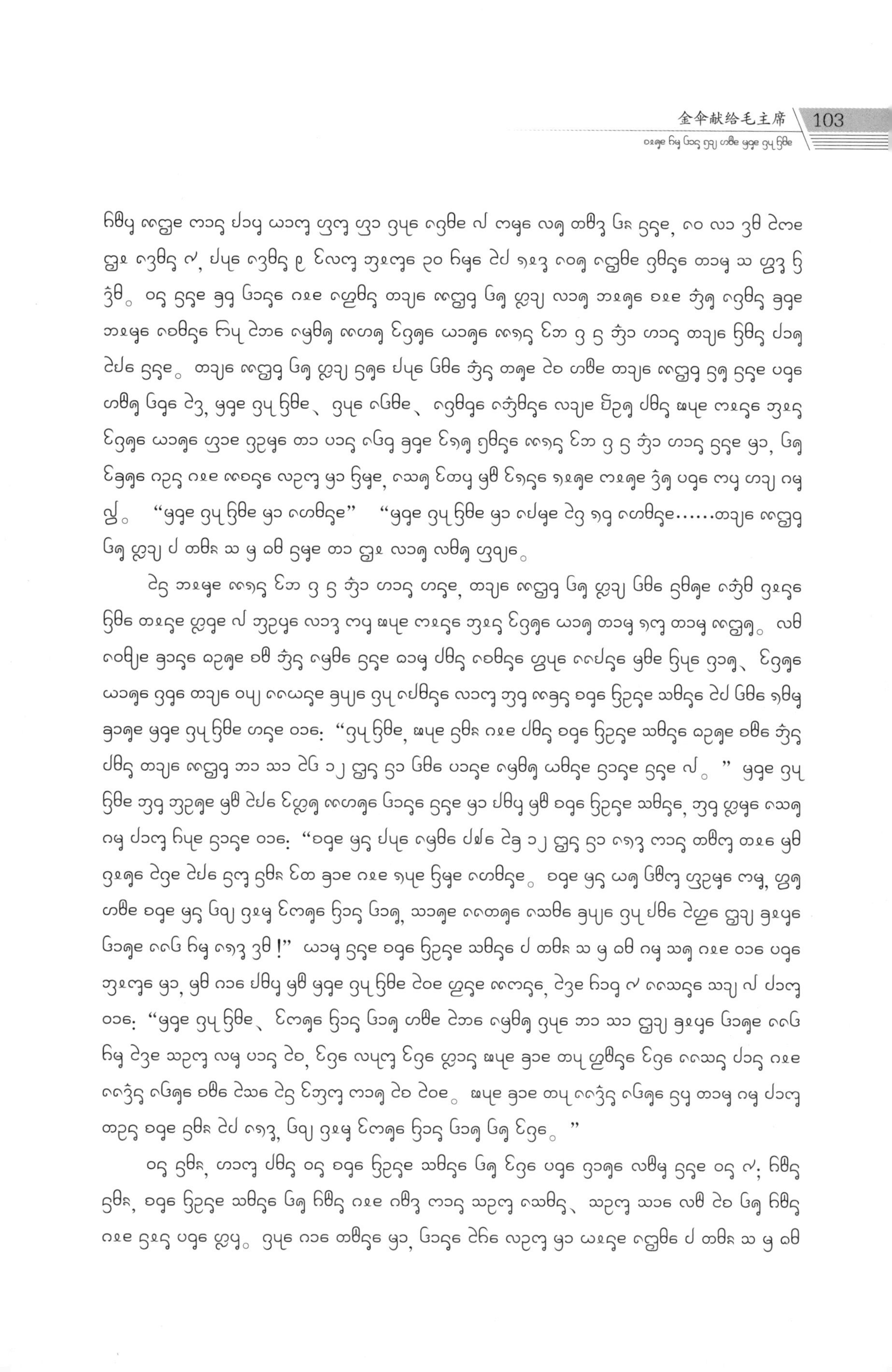

[illegible]

[illegible]

[illegible]

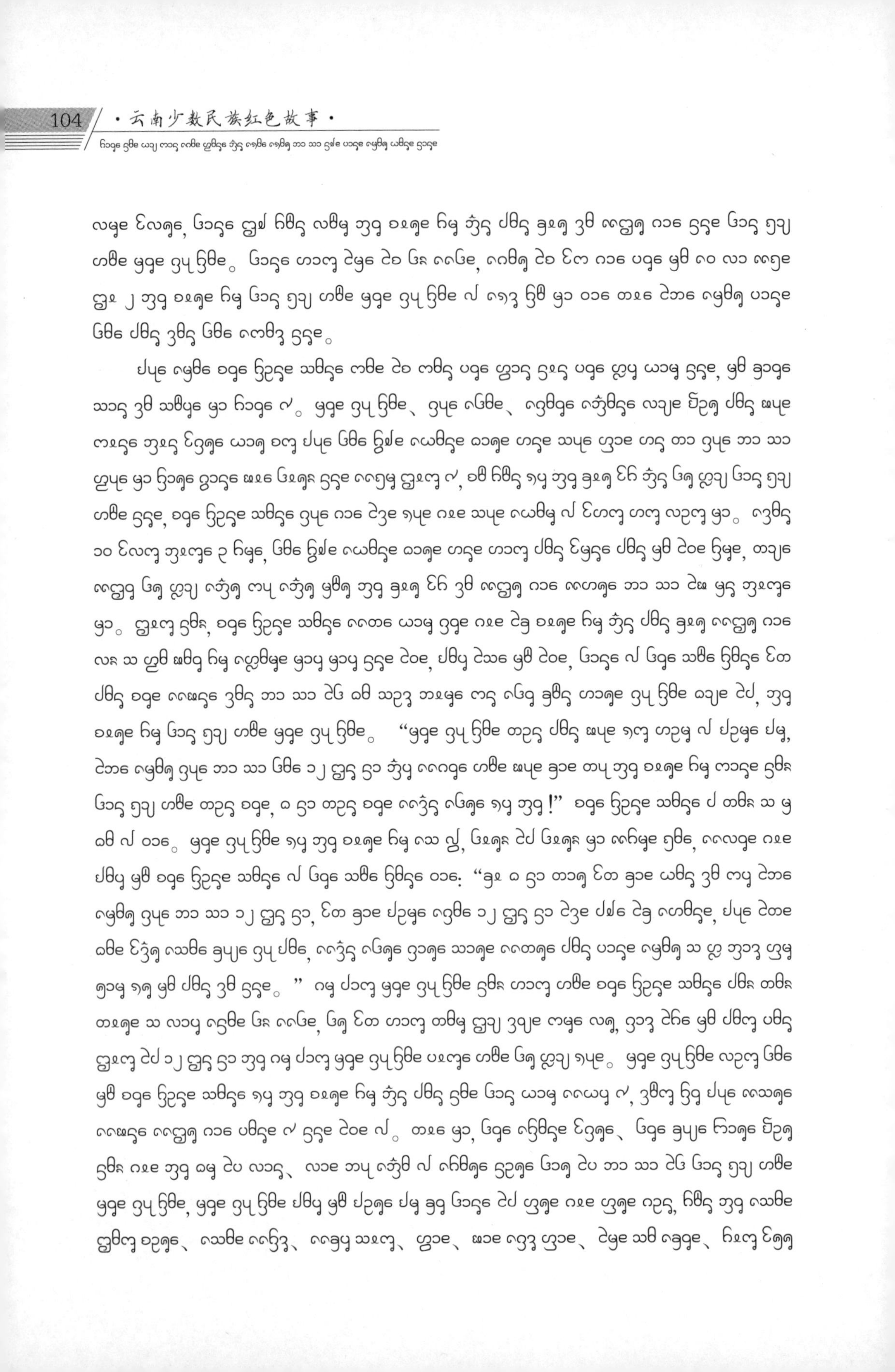

[illegible]

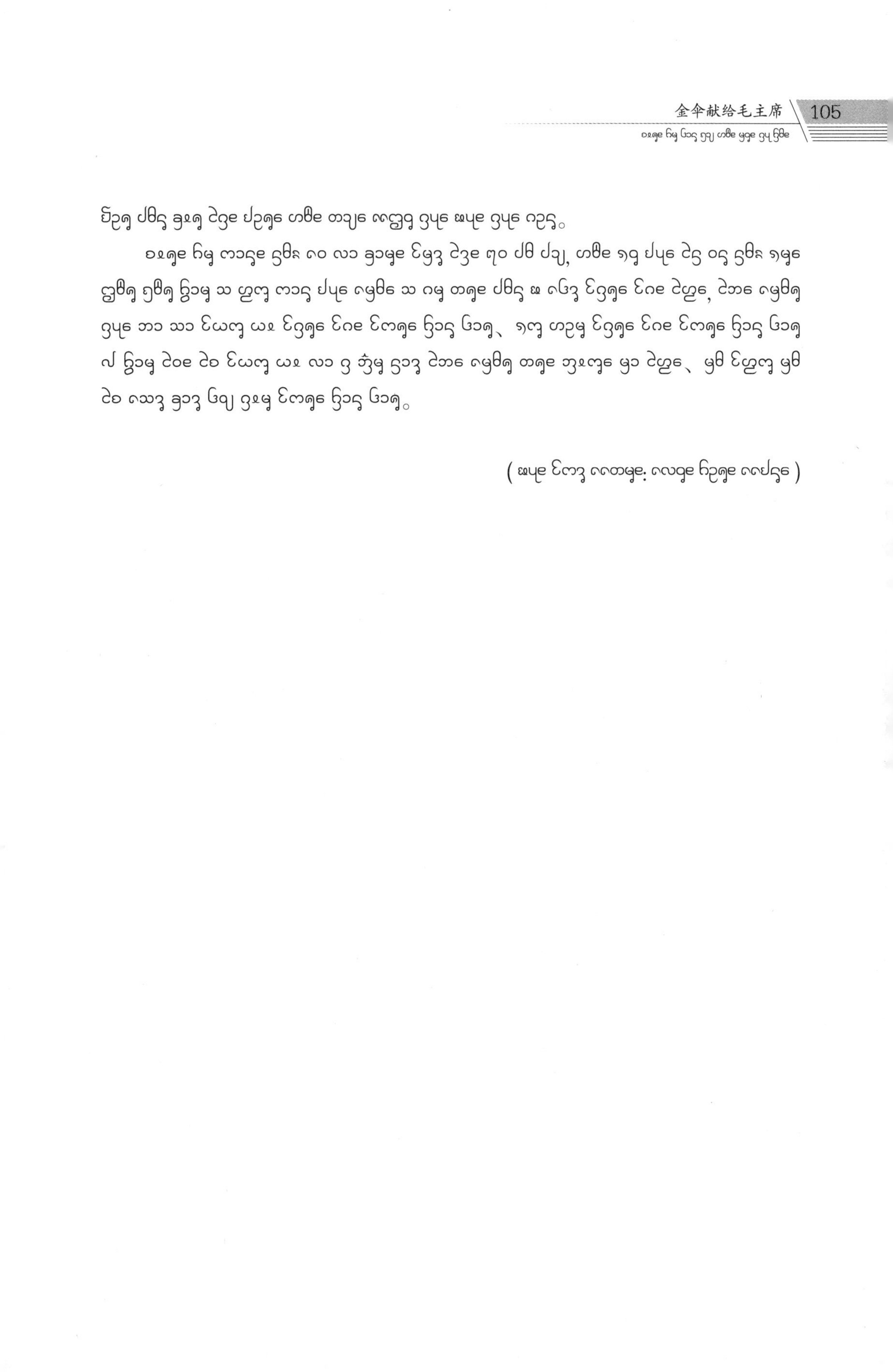

[illegible]

[illegible]

([illegible])

民族团结誓词碑

云南省普洱市宁洱县城西北侧的普洱民族团结园内，矗立着一块民族团结誓词碑，上面镌刻着1951年普洱区第一届兄弟民族代表会议剽牛喝“咒水”、团结一心跟着共产党走的誓词，并有普洱26个民族（包括民族支系）代表及党政军领导48人用傣文、拉祜文、汉文书写的签名。民族团结誓词碑的建立，标志着中国共产党领导下云南各族人民平等团结互助的社会主义民族关系得到进一步发展巩固，因此民族团结誓词碑也被誉为“新中国民族团结第一碑”和“新中国民族工作第一碑”。这块碑的诞生，源于中国共产党与云南各民族先进代表一道努力消除历史造成的民族隔阂、团结一心建设云南、繁荣稳定边疆的动人故事。

团结大会开起来

1950年8月，云南宁洱专区[①]按照以少数民族上层为主、各界均有代表的原则，组织边疆民族代表团赴京参加首次国庆观礼活动，以增进边疆民众对党的民族平等团结政策和新生人民政权的了解，增强各族人民共同团结奋斗、建设新中国的信心。为进一步促进民族团结、发展生产、团结对敌、巩固国防，中共宁洱地委决定在赴京观礼代表返回时，召集宁洱各民族代表开会，共商民族团结大计。

12月26日，宁洱城东门城楼上彩旗飘扬，城墙两壁贴满了红红绿绿的标语，宁洱国庆观礼代表统一身着毛主席赠送的毛呢服装，在群众的欢呼声中列

①包括今云南省普洱市、西双版纳州及临沧部分地区，1951年改名为普洱专区。

队走进城门，人们团团围住观礼代表，听他们讲述在北京、天津、上海、重庆等地参观学习的所见所闻，看到他们身上穿的毛呢衣服，大家都羡慕得不得了，忍不住摸一摸，好像这样就可以感受到毛主席的温暖，沾上毛主席的福气。

12月27日上午，宁洱专区第一届兄弟民族代表会议正式召开，宁洱专区480名各族各界代表人士共聚一堂，聆听赴京观礼团代表报告参加国庆典礼和参观学习时的见闻和体会。由于历史原因造成的民族间的隔阂，许多观礼代表进京前心中忐忑不安，担心“被汉人欺骗，出去了回不来”，一些代表要求政府用人质抵押才答应进京。然而，通过国庆观礼活动，代表们开阔了眼界，增长了见识，体会到了中央人民政府民族政策的正确，消除了顾虑；明白了中华人民共和国是各族人民自己的国家的道理，树立起了搞好民族团结的信心；认识到了没有共产党就没有新中国的真理，坚定了听党话、跟党走，努力建设社会主义祖国的信念。回到宁洱，观礼代表们认识到自己的首要任务就是努力搞好民族团结，建设好祖国新边疆，实现毛主席的殷切期盼。

宁洱县宽阔的红场广场周边挂满红旗，广场上长满了青草，代表们大都席地而坐，四周站满了前来旁听会议的各族群众，场面壮观，气氛热烈。大会主席台搭建在广场东面，上方挂着“宁洱专区第一届兄弟民族代表会议”的横幅，中共宁洱地委书记张钧、第二书记唐登岷等领导在主席台上就座。首先，向大会介绍国庆观礼活动的召存信在讲述毛主席等中央领导举行盛大宴会招待各民族代表团的情景时动情地说道：“我们在指定的位置坐下不久，猛然间，全场爆发出雷鸣般的掌声，在‘毛主席来了，毛主席来了’的欢呼声中，我们都流下了激动的眼泪。一位首长把我拉到毛主席跟前介绍说：‘这是云南西双版纳的傣族代表召存信同志！’毛主席握住我的手说：‘你在解放西双版纳的斗争中所起的作用我知道了，希望你跟着共产党，建设好社会主义新边疆。’我激动得一句话也说不出来，我简直不相信自己的耳朵，敬爱的伟大领袖毛主席会知道我。我紧紧握着毛主席的手，用颤抖的带着浓重乡音的话语说：‘您给边疆各族人民带来的幸福，我们子孙后代都会铭记在心中，我一定要遵照您的话去做，永远跟着共产党走。’”接着，拉勐、岩火龙、肖子生等观礼代表做了发言，他们汇报了国庆观礼的盛况、毛主席几次接见的情景，以及代表团在北京和各地参观学习时的所见所闻、各级领导的嘱托等，这些让与会的各族代表一起感受到了新中国国庆一周年的盛况、祖国各地正在发生着的天翻地覆的变化。各族代表既激动又振奋，他们热烈地交流着、议论着，对新中国充满了热爱和向往，增进了对人民政府的信任和拥护，坚定了搞好民族团结跟着共产党走的决心。

盟誓一心跟党走

按大会议程，各县代表分小组讨论，观礼代表们也加入各小组讨论。拉祜族代表李保提出，宁洱召开兄弟民族大会是件大事，应当按佤族风俗举行剽牛，另外一些小组的代表提议杀鸡喝“咒水”盟誓，宣示各民族团结到底的决心，并建议立一块石碑，把民族团结的誓词刻在石头上，这些提议得到了参会代表的热烈响应。剽牛是佤族举行传统宗教仪式必不可少的一个项目，每逢重大节庆祭祀及有重要事件等，佤族都要举行剽牛。在佤族看来，人选定了牛并且念了经以后，这头牛便是可以通天地的神物了，天地的意愿可以从剽牛的结果中得出：如果牛倒向左边，镖口朝上，头向南方，则视为大吉；反之则为不吉。历史上佤族举行过多次剽牛盟誓，如清代吴尚贤与班老的民众决定共同开发当地茂隆银厂时曾剽牛盟誓，近代云南军民在班洪抗击英国侵略者时也曾剽牛盟誓，其中虽包含一些唯心色彩，但更多的是体现了云南各族人民建设边疆和爱国守边的优良传统。中共宁洱地委领导研究后同意提议，地委书记张钧表示：“要拥护共产党和毛主席，要讲民族团结，立块民族团结碑是可以的，但要大家自愿。”

1951年1月1日，普洱专区26个民族（含各民族支系）的3000多名群众齐集宁洱红场，参加民族团结盟誓大会，地委党政军领导讲话后，大家一起宣读民族团结誓词：“我们廿六种民族的代表，代表全普洱区各族同胞，慎重地于此举行了剽牛，喝了咒水，从此我们一心一德，团结到底，在中国共产党的领导下，誓为建设平等自由幸福的大家庭而奋斗！此誓。”短短数十字，却如此地铿锵有力，发出了新中国民族团结的最强音。观礼代表李保随即杀了一只大红公鸡，党、政、军领导和各族头人、代表都喝了鸡血酒，表示永不反悔。

剽牛仪式由观礼代表之一的西盟佤族头人拉勐主持，当时有一些佤族代表说："要是老天让牛倒下的方向好，就永远跟着共产党了；要是倒下的方向不好，只好再说。"这些说法让拉勐倍感压力，宁洱地委的领导同志同样压力巨大，担心剽牛结果影响到民族团结工作。当头裹红布的拉勐手持镖枪，踏着铓锣声昂首走到广场中央时，四周人山人海，却没有一点儿声音，所有的目光都聚焦在他身上。场地中央柱子上拴着一头牛角长、弯度好、双角平整均匀的大公水牛，这牛是按佤族剽牛标准特别选定的。拉勐走到离牛约6步的地方站定，这是施展镖枪的最佳距离，然后把左手放到额头上，面朝西方天空用佤语向天神祈祷，接着慢慢举起镖枪，瞄准牛的右肋猛刺进去，一尺多长的镖尖全部插入牛的身体，然后用力拔出镖枪，一股汹涌的血液喷射出来，显然是一镖刺中了牛的心脏。牛强撑着站立在那儿，拉勐高举镖枪，围绕着牛转了一圈，佤族最优秀的剽牛手就是一镖能使牛倒下的。此时会场上几千人全都屏息凝神，盯着水牛的每一个动作，只见大水牛摇晃着身子，口鼻喷着血沫，突然两只前脚一跪就倒了下去。拉勐定睛一看，牛倒向左方，剽口正好朝上，牛头朝向南方，一切都是好兆头，高兴得又跳又唱，拍手在地上打滚说："共产党毛主席领导定了，团结会搞好。""毛主席万岁！我们各民族齐心团结，世世代代跟共产党。"地委书记张钧也激动得冲到广场中央和拉勐一起拍手打滚，大家一起欢呼。宁洱地委第二书记唐登岷后来回忆说："当时拉勐剽牛时他很担心万一倒下的方向不对，那还得做多少工作呀。不知道是共产党的真诚感动了上苍，还是各民族团结一心跟党走顺乎天意，那牛倒向了南方，为大吉，大家都很高兴。"又说："从边疆来看，民族不团结，什么事情都干不下去。"由此可以看出，这次以剽牛、喝"咒水"盟誓方式结成的民族团结，对云南民族团结工作有着深远的意义。最后，部分代表及地委领导在誓词下方庄严地写下了自己的姓名。

大会结束后，地委请石匠找来一块石头，打磨后把誓词及代表签名镌刻在上面，半个月后，民族团结誓词碑就矗立在了红场东边。

民族团结保边疆

在中华人民共和国的社会主义革命和建设时期，参加盟誓的边疆各族群众为云南民族团结进步事业进行了不懈努力，有的代表在与敌人斗争的生死关头，以一腔热血践行了民族团结跟党走的誓言。1951年5月，盘踞境外的国民党军残部窜犯云南澜沧等县，敌人得知岩火龙是到北京观礼的代表后，就通过其养父岩顶逼迫其到台湾参观。岩火龙规劝父亲不听，遂挂起毛泽东和朱德的画像，穿着人民政府赠送的衣服鞋帽，召集寨子里的群众，声明绝不背叛毛主席和共产党，悲壮开枪自杀，年仅19岁。同时落入敌手的还有60多岁的拉祜族观礼代表李保，他被绑架到境外，遭到敌人威逼利诱和严刑拷打，始终坚贞不屈，敌人将他残忍活埋，他高呼着“共产党万岁！”“毛主席万岁！”英勇就义。他们用实际行动为祖国统一和民族团结谱写出了壮丽篇章。1953年底，毛主席给傣族观礼代表麻哈喃回信说：“李保、岩火龙两同志为国牺牲的光荣事迹，将为人民所永远纪念。”

观礼代表召存信是第一个在民族团结誓词上签下自己的名字的人。从普洱回到车里（今景洪）后，召存信在县委、县政府召开的民族团结誓师大会上，向与会的大小头人和各佛寺住持讲述了他到北京参加国庆观礼并受到了毛主席等中央领导人亲切接见的过程，介绍了首次国庆典礼的盛况和祖国建设的伟大成就，介绍了普洱区第一届兄弟民族代表大会剽牛、喝“咒水”盟誓的经过，他请大家不要再怀疑、观望，要坚决跟着共产党走，跟着毛主席走，遵照毛主席“建设好社会主义新边疆”的指示，投身到发展生产、搞好团结、稳定边防上来。车里民族团结誓师大会召开后，边疆民众相信中国共产党、相信人民政府的人越来越多，此后西双版纳境内没有发生过大的民族叛乱、分裂事件，对云南边疆民族团结、边防稳定产生了积极影响。

70余年来，民族团结誓词碑矗立在祖国西南边疆，见证了云南各族群众在中国共产党的领导下，维护民族团结、守护神圣国土，共同团结奋斗、共同繁荣发展的伟大历史进程，彰显了党的民族政策的巨大感召力，印证了党对民族工作的强大领导力，体现了云南各族儿女感党恩、听党话、跟党走的坚定信念。在全面建设社会主义现代化国家的新征程上，云南各族群众将共同擦亮盟誓团结这段历史记忆，继承和弘扬民族团结誓词碑精神，使“一心向党，爱国奉献；团结到底，命运与共；坚守初心，奋斗筑梦”成为云南各族人民的精神力量、文化传统和价值追求，为谱写好中国梦云南篇章接续奋斗。

参考资料

[1]王德强、袁智中、陈卫东编著：《亲历与见证：民族团结誓词碑口述实录》，社会科学文献出版社2018年版。

[2]思茅行署民族事务委员会编：《民族团结的丰碑》，云南民族出版社1992年版。

[3]中国人民政治协商会议普洱哈尼族彝族自治县委员会编：《民族团结誓词碑史料》，云南人民出版社2005年版。

[4]陈斌、张跃：《云南少数民族盟誓文化》，民族出版社2012年版。

[5]征鹏著、中共云南省委宣传部编：《传奇州长——召存信》，云南人民出版社2017年版。

[6]中共云南省委党史研究室编：《唐登岷集——沧桑文存》，云南民族出版社2005年版。

（执笔：梁初阳）

စ၁ ၵလိၵ်ၵ ဂမ် ပ် တိမ်း ယၢင

ဘာ သာ ၾင ဝ ၵၡ ၵင

ၼ်ၶၡ ဘာ သာ ၾင ဝ ၵၡ ၵင ၆မ ဘပ ၵၢၡ် ... ၁၉၅၀ ... “ဂမ ဂ ၅၁” ...

ဘၡမ ၼ်ၵၡ ၵၢင ၾင ဝ ၵၡ ၵင တၡ ဘၡမ

ပ်မ ၁၉၅၀ ၼ်တ ...

ᦓᦳᧈ ᦓᦸᧃ ᦃᦳᧂ ᦗᦳᧉ ᦓᦱ ᦉᦱ ᦗᦻ ᦔᦸᧂ ᦟᦸᧈ、ᦓᦸᧂ ᦍᦱᧂ ᦌᦴᧈ ᦟᦳᧂ ᦑᦳᧂ ᦵᦂᧉ ᦑᦳᧂ ᦈᦸᧉ ᦙᦸᧄ ᦎᦱᧉ ᦶᦈᧁᧈ, ᦑᦳ ᦗᦳᧄ ᦓᦳᧈ ᦓᦱ ᦉᦱ ᦈᦸᧉ ᦃᦱᧈ ᦐᦸᧃ ᦓᦸᧅ ᦵᦵᦖ ᦂᦸᧈ ᦔᦸᧂ ᦎᦱᧉ ᦶᦈᧁᧈ ᦌᦱᦸᧃ ᦋᦲ ᦵᦙᧅ ᦵᦈᦸᧃ ᦑᦸᧂᧃ ᦃᦳᧂ ᦓᦱᦶᧃ ᦈᦱᦶᧅ ᦵᦋ ᦡᦸ ᦓᦴᧅ ᦷᦃᦸᧅ ᦌᦌ ᦓᦱᦸᧅ ᦅᦱᧂ ᦓᦳᧂᧃ ᦣᧂ ᦎᦸᧅ ᦔᦸᧂ ᦌ ᦵᦑᧁ ᦗᦳᧈ, ᦙᦸᧄ ᦓᦸᧃ ᦑᦸᧄ ᦙᦱ ᦓᦳᧂᧈ ᦍᦳᧉ ᦠᦸᧈ ᦋᦱᧃ ᦵᦙᦸᧅ ᦑᦳᧄ ᦣᦳᧉ ᦈᦱᧉ ᦃᦱᧈ ᦐᦸᧃ ᦓᦸᧅ ᦵᦵᦖ ᦂᦸᧈ ᦎᦸᧁ ᦑᦱᧉ ᦟᦸᧅ ᦔᦸᧅ ᦓᦱ ᦉᦱ ᦈᦸᧂ ᦷᦙ ᦗᦳᧉ ᦵᦟᦸᧂ ᦵᦈᧅ ᦂᦸᧂ ᦵᦵᦑᧅ ᦓᦸᧅ ᦂᦱᧈ ᦓᦳᧅ ᦃᦳᧂ ᦌᦳᧉ ᦟᦱ ᦑ ᦎᦸᧄ ᦗᦱᧁ ᦋᦱᧃ ᦵᦙᦸᧅ ᦎᦸᧅ ᦓᦸᧂ ᦙᦱ ᦋᦳᧃ ᦗᦳᧈ, ᦶᦈᧄ ᦶᦈᧅ ᦶᦈᧅ ᦋᦱᧃ ᦵᦙᦸᧅ ᦑᦳᧂ ᦓᦱ ᦉᦱ ᦙᦸᧄ ᦋᦲ ᦓᦱᧄ ᦔᦳᧃ ᦵᦑᦸᧃ ᦈᦸᧂ ᦙ ᦗᦳᧉ ᦓᦸᧃ ᦅᦱᧂ ᦂᦲᧆ ᦎᦸᧃ、ᦉᦱᦸᧄ ᦵᦵᦎᧅ ᦌ ᦵᦑᧁ ᦓᦱᦸᧅ ᦓᦸᧄ ᦋᦳᧂ。ᦵᦈᦸᧃ ᦓᦸᧂᧃ ᦍᦳᧉ ᦓᦱ ᦉᦱ ᦈᦸᧂ ᦙ ᦗᦳᧉ ᦂᦸᧂ ᦵᦟᦲᧅ、ᦔᦸᧂ ᦵᦑᧄ ᦅᦱᧂ ᦶᦈᧁ ᦉᦱᦸᧅ、ᦅᦱᧂ ᦂᦱᦸᧅ ᦶᦈᧂ ᦃᦳᧈ ᦶᦈᧁᧂ ᦶᦜᧂ ᦵᦙᦸᧅ ᦋᦱᧁ ᦣᧃ ᦟᦳᧅ ᦶᦈᧈ ᦓᦱᧁ ᧘, ᦓᦸᧅ ᦓᦸᧅ ᦗᦸᧅ ᦵᦎᦸᧄ ᦎᦸᧃ ᦏᦸᧈ ᦷᦊᧁ ᦃᦱᧁ ᦔᦳᧂ ᦵᦙᦸᧃ ᦎᦱᧉ ᦶᦈᧁᧈ ᦋᦲ ᦵᦋ ᦡᦸ ᦓᦸᧂᧃ ᦃᦸᧂᧃ ᦓᦱᦸᧅ ᦌᦌ ᦓᦱᦸᧅ ᦃᦳᦸᧅ ᦙᦱ ᦍᦱᧄ ᦗᦳᧈ, ᦉᦸᧅ ᦓᦳᧈ ᦎᦱᧉ ᦶᦈᧁᧈ ᦑᦳᧂ ᦓᦱ ᦉᦱ ᦓᦸᧃ ᦗᦸᧅ ᦵᦎᦸᧄ ᦙᦱ ᦓᦸᧂ ᦓᦳ, ᦓᦸᧂ ᦅᦱᧂ ᦉᦸᧅ ᦓᦳ ᦣᦱᦳ ᦅᦱᧂ ᦓᦱ ᦉᦱ ᦈᦸᧂ ᦙ ᦗᦳᧉ ᦂᦸᧂ ᦎᦳᧂ ᦔᦸᧂ ᦅᦱᧂ ᦓᦳᧂᧅ ᦗᦳᧈ。

ᦵᦑᦸᧂ ᧑᧒ ᦓᦵᦟᧅ ᦓᦸᦷᦂᦸᧅ ᧒᧖ ᦅᦳᧂ, ᦵᦋᦸᧄ ᦵᦂᦸᧂ ᦔᦱᧅ ᦎᦳᧉ ᦂᦸᧄ ᦋᦲ ᦃᦱᧈ ᦋᦸᧉ ᦓᦸᦷᦂᦸᧅ ᦓᦸᧃ ᦗᦸᧅ ᦵᦎᦸᧄ ᦋᦸ ᦓᦳᦸᧅ ᦌᦸᧅ ᦓᦳ ᦋᦸ ᦗ ᦔᦸᧂ ᦶᦈᧅ ᦔᦳᧂ, ᦅᦳᧂ ᦶᦈᦸᧅ ᦋᦳ ᦋᦲ ᧒ ᦔᦱᧅ ᦎᦸᧁ ᦂᦳ ᦶᦈᦸᧅ ᦍᦸᧄ ᦎᦳᧂ ᦶᦑᧅ ᦶᦑᧅ ᦵᦈᧁ ᦵᦈᧁ ᦗᦳᧈ ᦋᦲᧃ, ᦎᦱᧉ ᦶᦈᧁᧈ ᦓᦳᧂ ᦋᦲ ᦓᦱᦸᧅ ᦌᦌ ᦓᦱᦸᧅ ᦅᦱᧂ ᦓᦳᧂᧃ ᦣᧂ ᦎᦸᧅ ᦔᦸᧂ ᦌ ᦵᦑᧁ ᦓᦸᧃ ᦗᦸᧅ ᦵᦎᦸᧄ ᦔᦸᧂ ᦶᦉᦱᧂ ᦵᦑᦳ ᦂᦸᧂ ᦗᦳᦸᧅ ᦷᦉᧄ ᦷᦎᧅ ᦓᦸᧅ ᦋᦳᦸᧅ ᦎᦳᧂ ᦙᦳᧄ ᦑᦳ ᦓᦸᧄ ᦓᦳᧈ ᦎᦳᧂ ᦔᦸᧂ ᦣᦸᧄ ᦗᦳᧈ, ᦔᦳᧂ ᦋᦲ ᦷᦉᧅ ᦉᦱᧃ ᦷᦉᧂ ᦑᦳᧄ ᦣᦳᧉ ᦋᦳᦸᧃ ᦍᦸᧅ ᦔᦸᧂ ᦵᦵᦑᧂ ᦵᦑᧁ ᦃᦳᧄ ᦔᦸᧅ ᦎᦳ ᦋᦸᧅ ᦙᦱ, ᦟᦳᧂ ᦓᦸᧅ ᦣᦳᧉ ᦶᦈᦳᧄ ᦵᦟᧅ ᦎᦱᧉ ᦶᦈᧁᧈ ᦣᦳᧂ ᦋᦲ ᦓᦱᦸᧅ ᦌᦌ ᦓᦱᦸᧅ ᦅᦱᧂ ᦓᦳᧂᧃ ᦣᧂ ᦎᦸᧅ ᦔᦸᧂ ᦌ ᦵᦑᧁ ᦗᦳᧈ ᦋᦲᧃ ᦓᦳᧈ, ᦅᦸ ᦃᦳᧈ ᦓᦸᧃ ᦓᦳᦸᧂ ᦟᦸᧅ ᦅᦸᧅ ᦅᦱᧂ ᦓᦱᦸᧅ ᦌᦌ ᦓᦱᦸᧅ ᦶᦈᧁ ᦵᦑᧂ ᦔᦳᧂ ᦋᦲ ᦵᦈᦸᧃ ᦑᦸᧂᧃ、ᦵᦵᦑᧂ ᦑᦸᧂᧃ、ᦉᦱᦸᧅ ᦅᦳ、ᦓᦸᧅ ᦉᦸᧂᧃ ᦗᦸᧅ ᦓᦸᧃ ᦎᦳᧂ ᦑᦱᧄ ᦑᦱ ᦋᦲᧃ ᦣᧂ ᦑᦱᧄ ᦣᦳᧈ ᦋᦲᧃ ᦍᦳᧈ ᦗᦳᧈ, ᦣᧂ ᦋᦲᧃ ᦓᦸ ᦃᦳᧈ ᦓᦸᧃ ᦗᦸᧅ ᦷᦉᧄ ᦎᦸᧅ ᦓᦸᧅ, ᦓᦸᧅ ᦃᦱᧈ ᦟᦱᧃ ᦣᦱᧅ ᦓᦱᧁ ᦉᦱ ᦑᦳ ᦶᦈᦲ ᦟᦱ, ᦵᦈᧁ ᦔᦳᧃ ᦋᦲᧃ ᦓᦳᧈ ᦙᦸᧄ ᦋᦲ ᦟᦳᦳᧂ ᦟᦳᦳᧂ ᦂᦳᧈ ᦂᦳᧈ ᦓᦸᧃ, ᦑᦸᧃ ᦓᦸᧃ ᦟᦱᧃ ᦵᦋᦸᧂ ᦍᦳᧂ ᦓᦸᦷᦂ ᦍᦳᧈ ᦍᦱᧃ ᦓᦸᧅ ᦓᦳᧂ ᦙᦳᧂ ᦓᦳ ᦓᦸᦷᦂ ᦶᦈᦲ ᦋᦳ ᦓᦳᧅ ᦗᦳᧈ, ᦣᦲᧃ ᦋᦲᧃ ᦍᦱᧃ ᦔᦳᧂ ᦅᦳᧂ ᦙᦸᧂ ᦓᦳ ᦓᦸᧂ。

ᦵᦑᦸᧂ ᧑᧒ ᦓᦵᦟᧅ ᦓᦸᦷᦂᦸᧅ ᧒᧗ ᦅᦳᧂ ᦅᦱᧅ ᦋᦲ, ᦓᦸᧅ ᦵᦎᦸᧄ ᦑᦸᧂᧃ ᦓᦸᧃ ᦓᦸᧅ ᦓᦳᧈ ᦶᦈᧅ ᦎᦱᧉ ᦶᦈᧁᧈ ᦓᦸᧃ ᦓᦸᧅ ᦓᦱ ᦉᦱ ᦔᦱᧅ ᦌᦸ ᧘ ᦎᦸᧅ ᦓᦳᧈ, ᦓᦸᧅ ᦵᦎᦸᧄ ᦑᦸᧂᧃ ᦓᦸᧃ ᦙᦸᧄ ᦎᦱᧉ ᦶᦈᧁᧈ ᦌᦴᧈ ᦟᦳᧂ ᦑᦳᧂ ᦵᦂᧉ ᦑᦳᧂ ᦈᦸᧉ ᦑᦳᧂ ᦓᦱ ᦉᦱ ᦵ ᦓᦸᧈ ᧘᧐ ᦟᦳᧂ ᦓᦳᧈ ᦑᦳ ᦗᦳᧄ ᦔᦳᧂ ᦶᦈᦸᧅ ᦂᦸᧂ, ᦅᦸ ᦎᦱᧉ ᦶᦈᧁᧈ ᦣᦳᧂ ᦋᦲ ᦵᦋ ᦡᦸ ᦓᦸᧂᧃ ᦃᦸᧂᧃ ᦓᦱᦸᧅ ᦌᦌ ᦓᦱᦸᧅ ᦔᦸᧂ ᦉᦱ ᦅᦱᧂ ᦃᦳᧂ ᦓᦳᧈ ᦓᦳ ᦋᦸ ᦓᦳᧂᧃ ᦣᧂ ᦎᦸᧅ ᦔᦸᧂ ᦌ ᦵᦑᧁ ᦟᦸ ᦅᦱᧂ ᦓᦱᦸᧅ ᦌᦌ ᦓᦱᦸᧅ ᦅᦸ ᦶᦈᧅ ᦋᦲᧃ ᦍᦳᧈ ᦍᦳᧄ ᦓᦳᧄ ᦗᦳᧈ。ᦍᦳᧂ ᦵᦈᦸᧃ

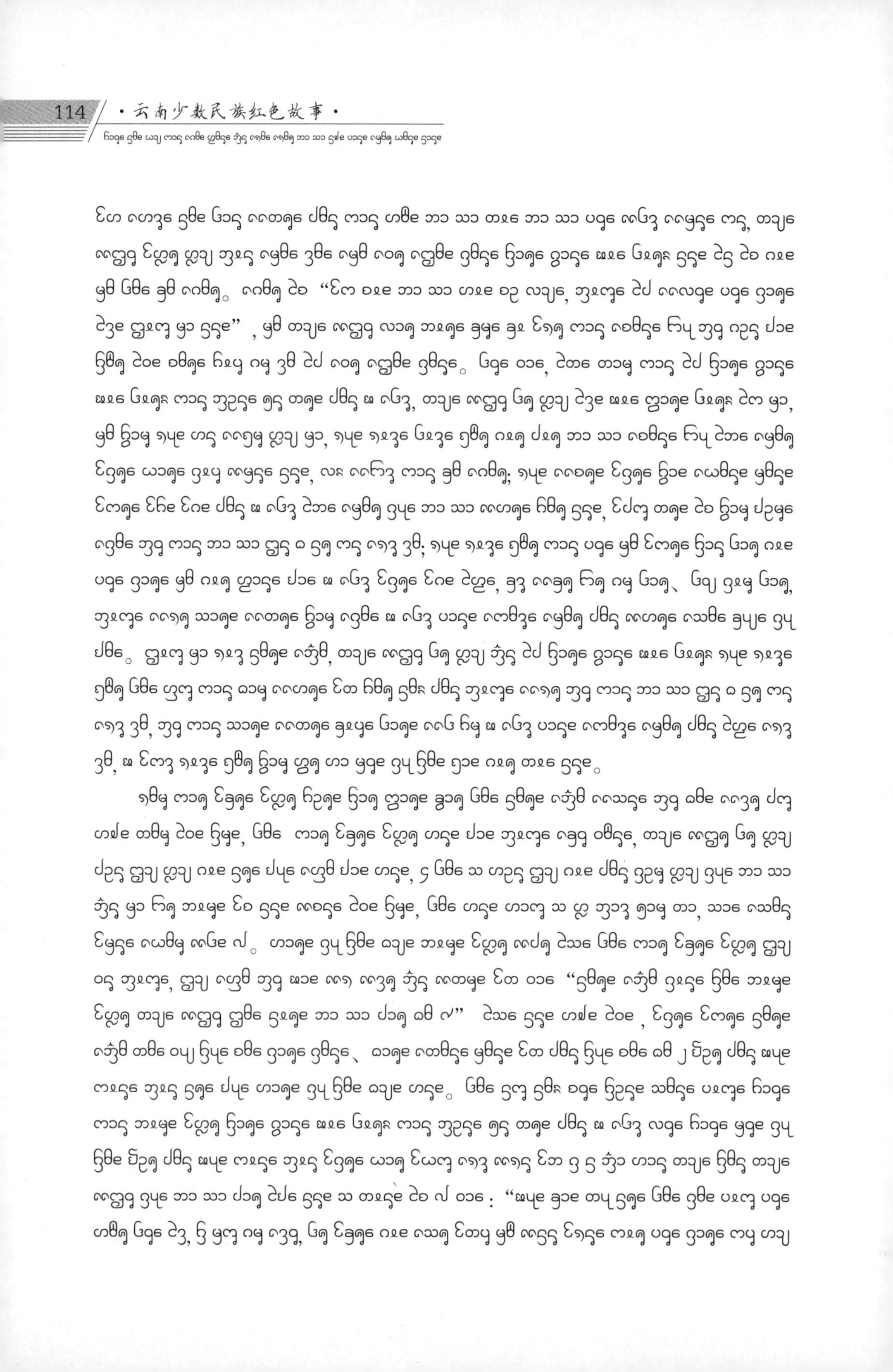

[illegible]

[illegible]

[illegible]

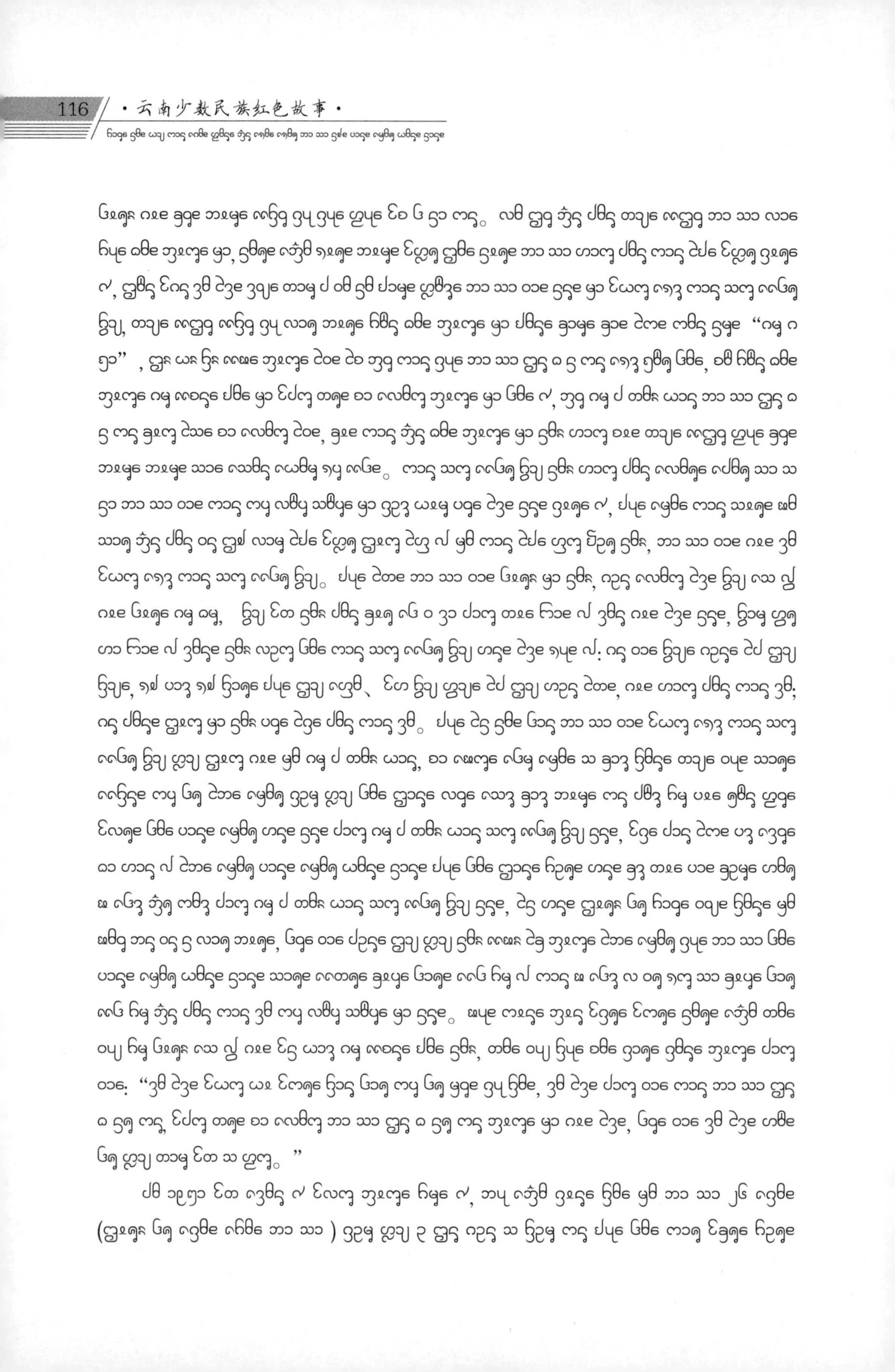

[illegible]

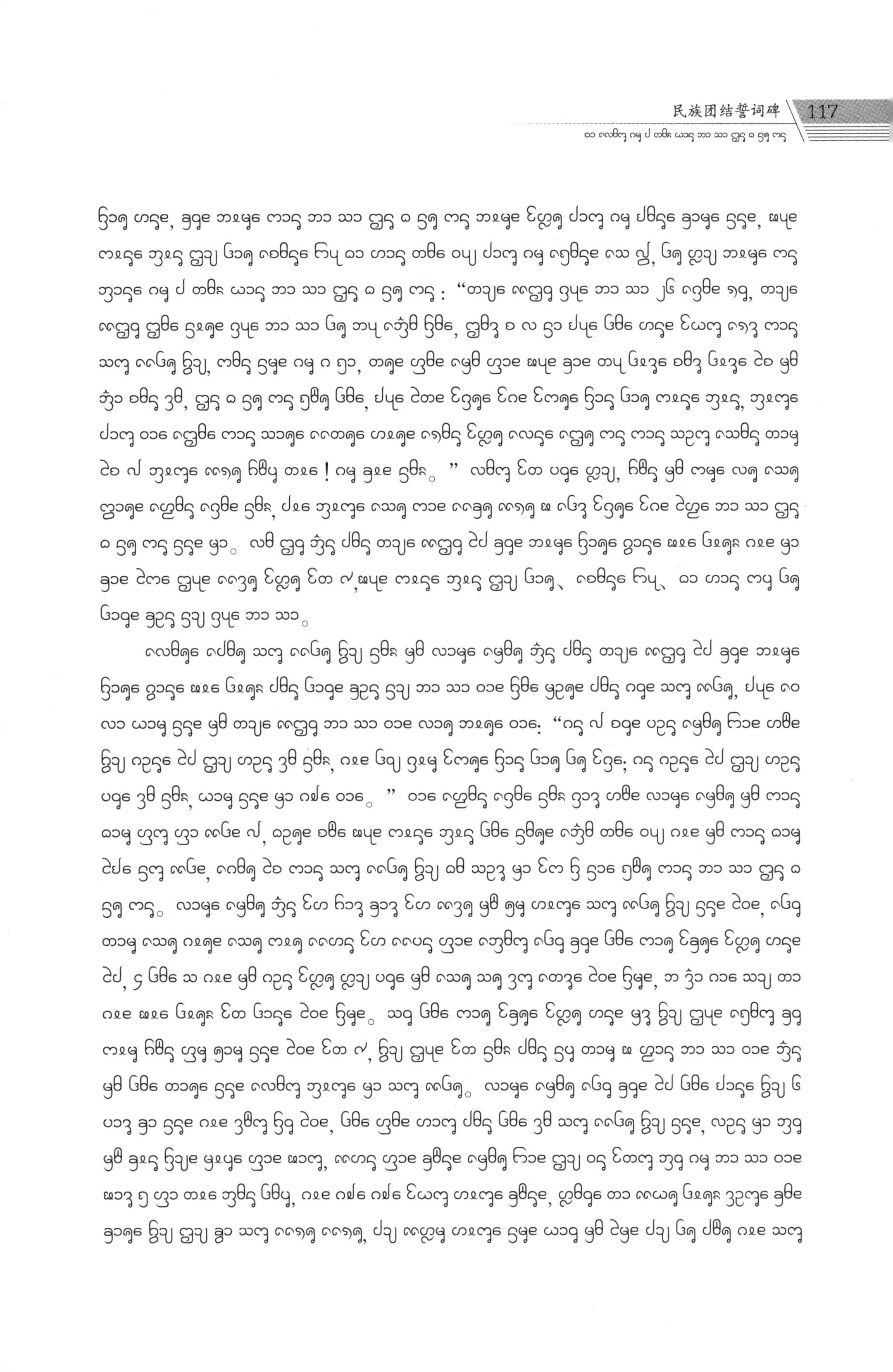

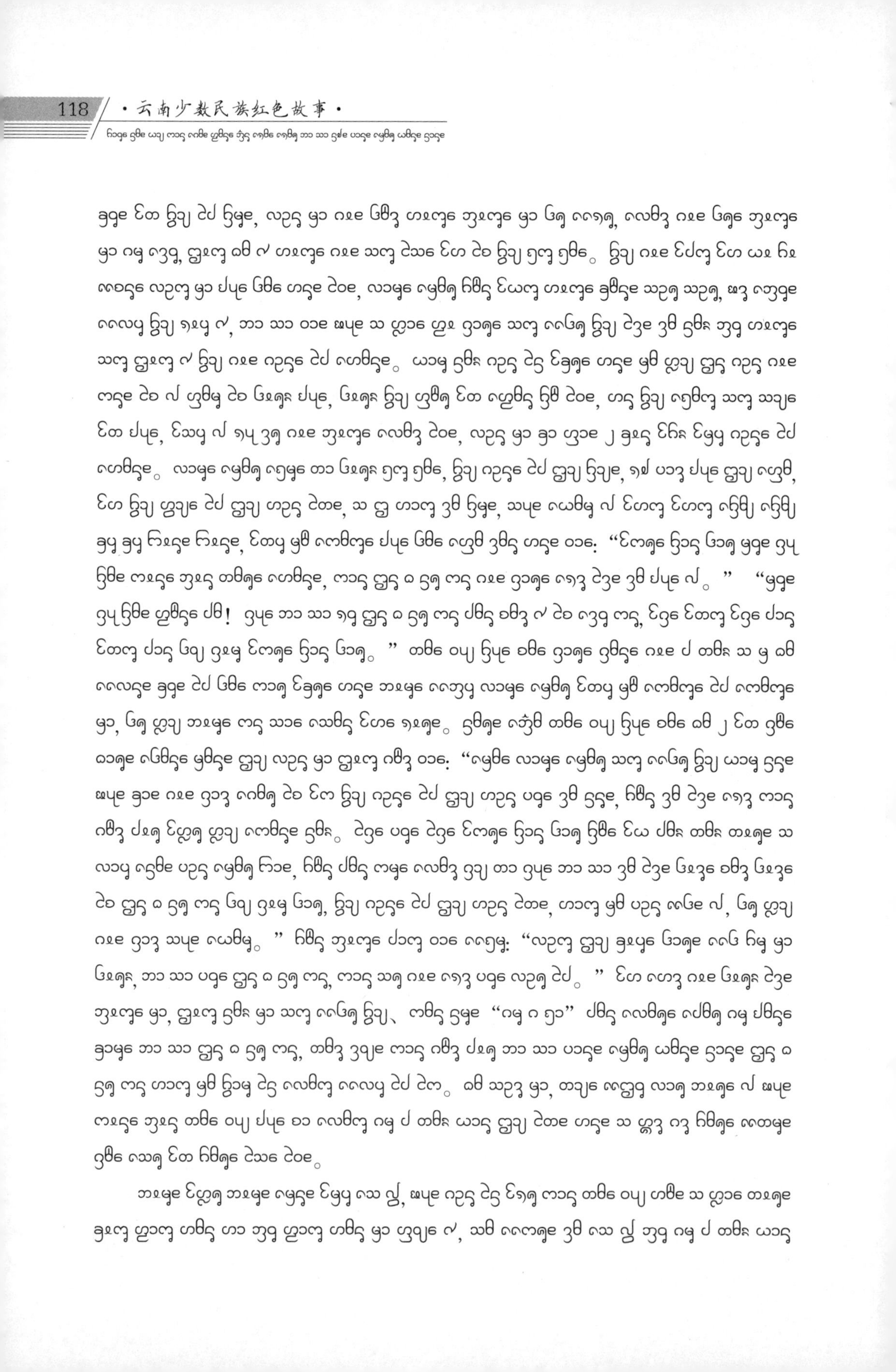

[illegible]

[illegible]

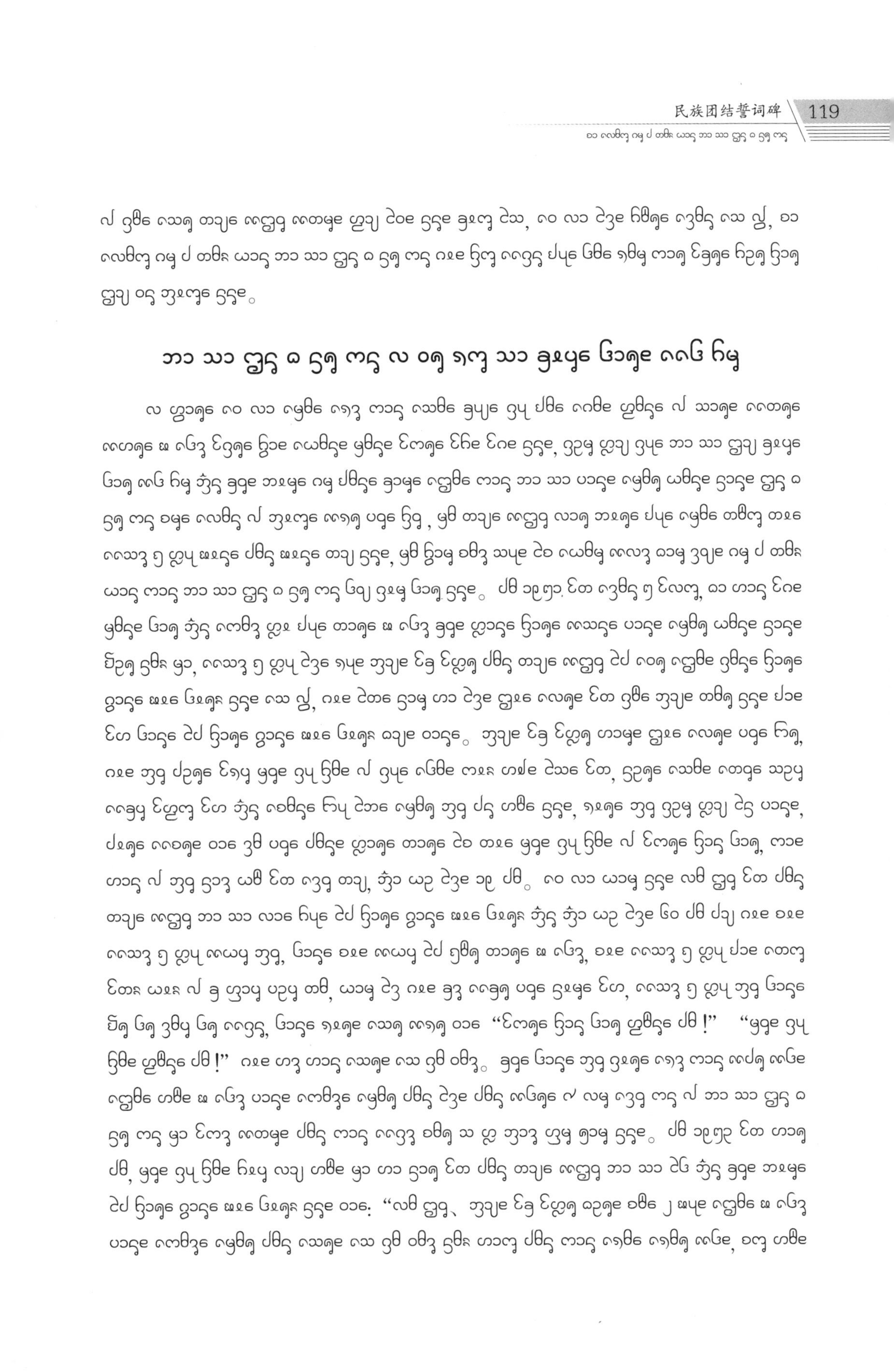

[illegible]

[illegible]

[illegible]

ᥓᥙᥣᥢ ᥛᥫᥛᥪ ᥓᥛᥢ ᥓᥛᥳ ᥓᥝᥱ ᥜᥪ ᥒᥦᥢ。”

ᥓᥩᥢ ᥒᥧᥒᥱ ᥔᥛᥒᥢ ᥖᥒᥴ ᥘᥛᥒᥴ ᥖᥣᥧᥢ ᥘᥥᥖᥪ ᥑᥩᥱ ᥙᥫᥛᥢ ᥒᥣᥪᥢ ᥒᥣᥒᥢ ᥑᥫᥢ ᥜᥫᥪᥴ ᥘᥛᥒᥴ ᥒᥖ ᥓᥛ ᥴ
ᥘᥧᥢ ᥓᥣ ᥘᥘᥛᥪ ᥐᥛ ᥘ ᥖᥛᥴ ᥕᥣᥒᥴ ᥙᥣ ᥔᥣ ᥖᥒᥴ ᥓ ᥒᥪ ᥘᥒᥴ ᥞᥒᥱ ᥞᥧᥰ ᥒᥛᥢ ᥘᥔᥪ ᥒᥖ ᥐᥛᥪᥢ ᥓᥔᥢ ᥘ。
ᥘᥧᥪ ᥙᥧ ᥘᥖᥛ ᥖᥫᥪ ᥛᥣ ᥜᥛᥢ ᥘᥒᥛᥢ ᥘᥛ (ᥙᥒ ᥘᥒᥩᥢ ᥘᥛᥒᥴ ᥘᥒᥪ ᥐᥧᥪᥢ) ᥒᥒᥱ ᥘᥔ ᥘᥳ, ᥓᥩᥢ ᥒᥧᥒᥱ
ᥔᥛᥒᥢ ᥘᥧᥢ ᥓᥒ ᥘᥔᥒᥢ ᥝᥧᥘᥔᥒᥢ ᥘᥓᥛᥒᥢ ᥐᥧ ᥐᥫᥪᥱ ᥙᥫᥛᥱ ᥐᥛ ᥖᥣ ᥛ ᥑᥣᥛᥢ ᥙᥣ ᥔᥣ ᥖᥒᥴ ᥓ ᥒᥪ
ᥘᥒᥴ ᥞᥒᥱ, ᥙᥩ ᥐᥣᥩᥢ ᥘᥣᥒᥴ ᥖᥒᥴ ᥜᥣᥒᥢ ᥓᥘ ᥝᥪ ᥘᥖᥛᥱ ᥒᥛᥒᥢ ᥒᥣᥪᥢ ᥒᥣᥒᥢ ᥑᥫᥢ ᥜᥫᥪᥴ ᥘᥣᥒᥴ ᥙᥧᥒᥢ ᥪᥒᥴ
ᥖᥪᥱ ᥘᥛᥒᥴ ᥑ ᥘᥜᥒ ᥓᥒᥱ ᥐᥧᥱ ᥞᥒᥴ ᥘ ᥓᥫᥱ ᥛᥩᥱ ᥒᥧ ᥒᥛᥱ ᥙᥧᥪ ᥘᥛᥒᥴ ᥑᥧᥱ ᥘᥫᥒᥢ ᥙᥫᥒᥴ ᥒᥒᥪᥢ ᥕᥣᥪᥢ ᥔᥧᥢ
ᥞᥣᥱ ᥞᥒᥴ ᥖᥣ ᥖᥣᥛ ᥐᥪ ᥖᥣᥛ ᥘᥖᥪ ᥒᥒᥱ ᥙᥫᥪᥢ ᥞᥛᥱ ᥜᥣᥩᥱ ᥑᥧᥒᥴ ᥒᥧ ᥒᥫᥱ ᥓᥘᥱ ᥘᥧ ᥜᥪ ᥙᥛᥱ ᥑᥧ ᥐᥧ
ᥙᥣ ᥒᥧᥢ ᥒᥞ ᥝᥒ ᥔᥛᥧ ᥙᥫᥪᥢ ᥐᥣᥩᥢ ᥘᥣᥒᥴ ᥙᥧ ᥘᥖᥛ ᥒᥛᥢ ᥒᥕᥪ ᥘᥒᥒ ᥙᥫᥛᥱ ᥒᥞᥪ ᥖᥣᥧᥢ ᥘᥖᥪ ᥖᥛᥢ
ᥒᥫᥪᥱ ᥙᥣ ᥔᥣ ᥘᥣᥪ ᥓᥛ ᥴ ᥓᥖᥢ ᥖᥣᥛ ᥐᥛ ᥘᥛᥒᥢ ᥑᥣᥛᥢ ᥘᥒᥒ ᥘᥣᥒᥴ ᥔᥪ ᥘᥜᥪ ᥒᥧ、ᥘᥛᥒᥴ ᥒᥛᥱ "ᥐᥛ ᥐ
ᥒᥣ", ᥜᥣᥒᥢ ᥑᥛᥢ ᥑᥫ ᥜᥪ ᥞᥧ ᥙᥩᥢ ᥒᥣᥱ ᥔᥪ ᥘᥣ、ᥒᥣᥱ ᥜᥫᥪᥴ, ᥓᥪ ᥑᥒ ᥘᥑᥪ ᥜᥧ ᥒᥫᥛ ᥒᥐᥪᥢ ᥒᥣᥒᥴ
ᥜᥣᥪ, ᥜᥧ ᥒᥫᥛ ᥛᥩᥱ ᥒᥧ ᥒᥛᥱ, ᥒᥛ ᥖᥣᥛ ᥛᥩᥱ ᥒᥧ ᥒᥛᥱ ᥒᥛᥱ ᥘᥜᥒ "ᥔᥣᥪᥱ ᥘᥖᥪᥢ ᥔᥛᥢ ᥑᥧᥢ ᥒᥧ
ᥘᥛᥢ ᥑᥫᥙᥢ ᥜᥣᥪᥱ ᥘᥜ ᥐᥛ ᥓᥞᥢ ᥘᥒᥒ ᥒᥛ", ᥑᥩᥱ ᥙᥫᥛᥢ ᥘᥧᥪᥢ ᥒᥒᥛᥪ ᥘᥣᥒᥴ ᥘᥒᥒ ᥔᥣᥪᥱ、ᥙᥩ ᥘᥣᥒᥴ
ᥖᥒᥴ ᥓ ᥒᥪ ᥘᥒᥴ ᥘᥒᥒ ᥒᥛ、ᥙᥩ ᥘᥣᥒᥴ ᥐᥣᥪᥱ ᥘᥞᥒᥱ ᥑᥫᥛ ᥘᥒᥒᥴ ᥘᥘᥒᥴ ᥛᥫᥛᥪ ᥓᥒᥱ ᥞᥒᥱ ᥘᥜᥪᥢ ᥒᥒᥱ ᥓᥘ
ᥘᥒᥒ。ᥐᥧ ᥖᥒᥴ ᥒᥣ ᥙᥫᥛᥱ ᥒᥞᥪ ᥐᥛ ᥖᥣ ᥛ ᥑᥣᥛᥢ ᥙᥣ ᥔᥣ ᥖᥒᥴ ᥓ ᥒᥪ ᥘᥒᥴ ᥓᥒᥱ ᥐᥫᥪᥱ ᥙᥫᥛᥱ ᥘᥔ ᥘᥳ,
ᥓᥙᥣᥢ ᥛᥫᥛᥪ ᥒᥧᥛ ᥞᥧ ᥖᥧ ᥑᥫᥙᥢ ᥜᥣᥪᥱ ᥘᥜ ᥐᥛ ᥘᥧᥛᥢ ᥘᥒᥛᥢ ᥒᥒᥪᥢ ᥒᥐᥱ ᥒᥐᥪᥢ ᥒᥣᥪ ᥜᥣᥪ、ᥘᥧᥛᥢ
ᥘᥒᥛᥢ ᥘᥓᥛᥒᥢ ᥐᥧ ᥓᥙᥣᥢ ᥛᥫᥛᥪ ᥘᥕᥪᥢ ᥘᥧᥢ ᥘᥕᥪᥢ ᥞᥧ ᥛᥣ, ᥖᥪᥱ ᥞᥛᥱ ᥓᥘ ᥑᥫᥒᥢ ᥘᥒᥒ ᥓᥒ ᥐᥧ ᥖᥒᥴ
ᥒᥣ ᥙᥩᥢ ᥘᥫᥢ ᥘᥛᥒᥢ ᥘᥣᥒᥴ ᥓᥘᥢ ᥒᥞᥪ ᥙᥣ ᥔᥣ ᥒᥛ ᥐᥐᥛᥪᥢ ᥖᥣ ᥝᥧᥱ ᥓ ᥖᥛᥒ ᥐᥛᥒᥱ、ᥘᥙᥪᥢ ᥕᥢ ᥘᥒᥴ
ᥒᥒᥱ, ᥖᥛᥒ ᥖᥫᥢ ᥙᥣ ᥔᥣ ᥙᥣᥒᥱ ᥛᥫᥛᥪ ᥕᥛᥒᥱ ᥒᥣᥒᥱ ᥖᥧ ᥑᥫᥙᥢ ᥜᥣᥪᥱ ᥘᥜ ᥐᥛ ᥖᥒᥴ ᥓ ᥒᥪ ᥘᥒᥴ、ᥘᥣᥒᥴ
ᥐᥣᥪᥱ ᥘᥞᥒᥴ ᥑᥫᥙᥢ ᥘᥒᥒᥴ ᥘᥘᥒᥢ ᥛᥫᥛᥪ ᥞᥧᥒᥱ ᥘᥜᥪᥢ ᥞᥣᥪ ᥘᥫᥢ ᥛᥛ ᥘᥣᥒᥴ ᥒ ᥒᥣ ᥞᥧᥒᥢ ᥑᥒ ᥘᥜᥫ。

ᥘᥐ ᥘᥛ ᥘᥧ ᥛᥣ, ᥓᥣ ᥘᥘᥛᥪ ᥐᥛ ᥘ ᥖᥛᥴ ᥕᥣᥒᥴ ᥙᥣ ᥔᥣ ᥖᥒᥴ ᥓ ᥒᥪ ᥘᥒᥴ ᥒᥛᥴ ᥞᥣᥪ ᥒᥘᥪ ᥖᥪᥱ
ᥘᥧᥢ ᥑᥫᥙᥢ ᥜᥣᥪᥱ ᥘᥜ ᥐᥛ ᥖᥧ ᥝᥒ ᥒᥖᥪ ᥒᥐᥱ ᥞᥧᥒ ᥓᥖᥱ ᥑ ᥘᥜᥒ ᥙᥣᥒᥱ ᥘᥛᥒᥢ ᥛᥫᥛᥪ ᥘᥛᥒᥴ, ᥘᥛᥒᥴ ᥔ
ᥑᥛᥴ ᥒᥧᥛ ᥞᥧ ᥒᥧᥢ ᥙᥣ ᥔᥣ ᥙᥣᥒᥱ ᥛᥫᥛᥪ ᥕᥛᥒᥱ ᥒᥣᥒᥱ ᥘᥧᥢ ᥓᥖᥱ ᥒᥒᥪᥢ ᥒᥐᥱ ᥒᥐᥪᥢ ᥒᥣᥒᥴ ᥜᥣᥪ ᥘᥫᥒᥢ
ᥙᥫᥒᥴ, ᥘ ᥝᥪ ᥐᥪ ᥔᥣ ᥘᥣᥒᥴ ᥙᥣ ᥔᥣ ᥖᥒᥴ ᥓ ᥒᥪ ᥘᥒᥴ、ᥛᥩᥱ ᥘᥞᥒᥴ ᥒᥛᥱ ᥒᥛᥒᥴ ᥑ ᥘᥜᥒ ᥖᥒᥴ ᥘᥛᥒᥴ ᥘᥣᥒᥴ
ᥝᥛᥱ ᥔᥒᥢ ᥒᥒᥱ ᥘᥒᥒ ᥒᥛ, ᥖᥒᥴ ᥓ ᥒᥪ ᥙᥫᥛᥢ ᥘᥒᥴ ᥐᥛᥧ ᥖᥫᥢ、ᥙᥫᥛᥢ ᥘᥒᥴ ᥘᥣᥒᥱ ᥘᥧᥪᥢ ᥐᥧᥪᥢ ᥘᥐᥛᥪ
ᥘᥧᥪᥢ ᥒᥒᥛᥪ ᥓᥘ ᥖᥒᥴ ᥘᥛᥒᥴ ᥒᥛᥱ ᥜᥣᥒᥴ ᥘᥣᥒᥴ ᥒᥞᥪ ᥑ ᥔᥛᥒ ᥒᥒᥱ, ᥘᥑᥢ ᥓᥑ ᥙᥫᥪᥢ ᥐᥫᥪ ᥘᥫᥪ ᥙᥣ ᥔᥣ
ᥘᥞᥪᥢ ᥜᥣᥪ ᥞᥣᥪ ᥛᥛ ᥘᥛᥢ ᥘᥪ ᥐᥫᥪᥱ ᥘᥐᥪ ᥓᥘᥢ ᥒᥪ, ᥝᥣᥢ ᥘᥙᥪᥱ ᥐᥫᥪ ᥘᥫᥪ ᥙᥣ ᥔᥣ ᥘᥞᥪᥢ ᥜᥣᥪ
ᥞᥣᥪ ᥛᥛ ᥘᥛᥢ ᥘᥪ ᥘᥫᥒᥢ ᥙᥫᥒᥴ ᥓᥘᥢ ᥘᥑᥪ ᥘᥐᥪ ᥘᥣᥱ ᥘᥜᥫ, ᥘᥑᥢ ᥓᥑ ᥙᥫᥪᥢ ᥘᥧᥪ ᥕᥛᥪ ᥒᥧ ᥒᥧᥢ
ᥙᥣ ᥔᥣ ᥙᥣᥒᥱ ᥛᥫᥛᥪ ᥒᥣᥒᥱ ᥕᥛᥒᥴ ᥒᥛ ᥖᥫᥢ ᥜᥣᥪ、ᥐᥪ ᥐᥛ ᥜᥣᥪ、ᥜᥧ ᥒᥫᥛ ᥜᥣᥪ ᥛᥛ ᥒᥛᥛ ᥘᥒᥛᥢ ᥓᥝᥱ

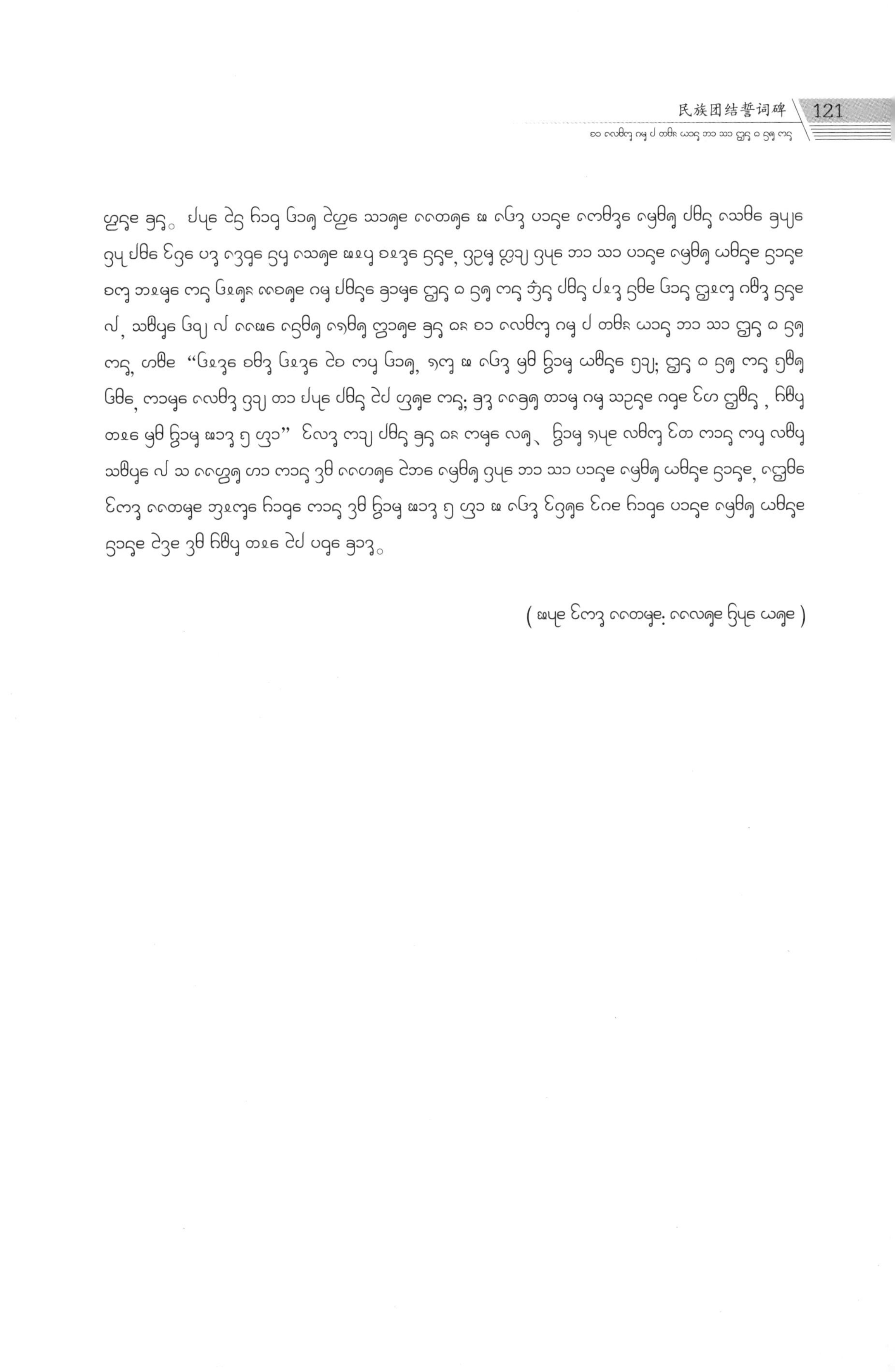

[illegible]
[illegible]
[illegible]
[illegible]
[illegible]
[illegible]
[illegible]
[illegible]
[illegible]
[illegible]

([illegible])

彝族女副县长李桂英

在素有“滇中咽喉”之称的峨山县，生活着彝族、汉族、哈尼族、回族等25个民族，其中彝族人口占总人口的50%以上。峨山是滇中地委旧址、红色政权起源地，具有光荣的革命传统，有1000多人参加了中共地下党组织，数千人参加了武装斗争，有200余位革命烈士为人民的解放事业献出了宝贵的生命。中华人民共和国成立后，经中共云南省委、省政府研究决定，在滇中革命根据地峨山县率先实行民族区域自治制度。1951年5月12日，峨山县召开了第一次各族各界人民代表会议，新中国第一个彝族自治县、云南省第一个少数民族自治县由此诞生！24岁的彝族女区委副书记李桂英当选为副县长，成为中华人民共和国首位彝族女副县长。

从少数民族山寨走进滇中革命摇篮

1927年8月，李桂英出生于四面环山的彝族山寨——峨山县富良棚乡。她的童年是在贫穷、农民备受剥削的环境中度过的。在艰苦的条件下，从小热爱读书的李桂英以顽强的毅力在村子里断断续续读完了小学。1945年，李桂英考入峨山中学（今双江小学）。当时的峨山中学是共产党员秘密开展地下活动的主要据点，时任峨山中学语文教师的剑川籍共产党员王以中在此秘密地开展地下革命活动，并取得了显著成效。以学校为据点，王以中积极组织读书会，绘制海报、创办报刊，宣传党的抗日民族统一战线方针，引导学生走革命道路，尤其注重对从农村来的品学兼优的彝族学生的帮助指导。李桂英入学后，王以中经常给她讲述革命故事和革命真理，鼓励她参加秘密读书会，启蒙她树立远大的革命理想，引导她走上革命道路。

1946年6月，中共云南省工委借峨山在省城聘用教师之机，将峨山籍学生党员董治安、董子健等派回峨山中学。1946年7月，以王以中为书记，董治安、董子健为委员的中共峨山县工委成立，峨山地区的革命活动更加有序和紧密地开展起来。峨山中学的党员教师们在学生中积极开展“各族人民是一家，只有各民族人民团结起来，才能推翻国民党反动派的统治，实现各民族翻身解放”的教育，启发少数民族学生的革命思想，引导他们走革命道路。一些彝族、哈尼族的学生接受中共地下党组织的派遣，分别到彝族聚居的各雪、甸中、镜湖、云美、总果等地建立革命据点。他们以教书为掩护，组织发动群众，组织秘密农会、妇女会等，为宣传武装斗争做准备。在这样的氛围中，李桂英等许多少数民族学生在中共地下党组织的教育和引导下迅速成长起来，成为峨山革命武装斗争的骨干力量。1948年11月8日，李桂英在党旗前庄严宣誓，光荣地加入了中国共产党。

机智勇敢的女革命战士

中共峨山县工委成立后，担负起了领导峨山革命斗争的历史重任。经过长期的隐蔽活动，县工委决定于1948年11月17日组织武装暴动，推翻国民党反动政府在峨山的统治，建立民主政权。恰在此时，云南人民反蒋自卫军第二纵队一支队于11月10日解放龙武县城后派人到峨山联系解放县城事宜，峨山县工委紧急研究决定于17日凌晨与云南人民反蒋自卫军联合举行武装暴动，解放县城。

11月15日，共产党员李桂英和一位名叫柏群的女同志接到一个特殊且危险的任务——把两支十响手枪送进县城。她们分别把手枪藏在各自的书包里，混在放学回城的同学中间，一起沉着机智地通过了国民党常备队严密把守的城门，顺利地把枪送进了城里，以供城内革命党人指挥所用。由于出色地完成了任务，李桂英和柏群受到了组织的表扬。11月16日夜里，李桂英和柏群、赵桂馨、张兴惠4位女同志又接受了一项新任务，即接应攻打峨山县城西门的革命队伍。然而，国民党第26军579团一个加强营于16日晚驰援峨山，县工委不得不临时改变攻城计划。计划突变，情况极其危急，上级命令李桂英和张兴惠火速把情报送到前线。这项任务事关重大，稍有闪失，后果将不堪设想。李桂英灵机一动，想出一个好主意——把写有情报的纸条缝入衣角，顺利地将情报送出，再次出色地完成了任务。

部队接到情报后快速转移，率领参加起义的主力向棚租转移。起义队伍与一支队在棚租会师后转移至富良棚进行整编，正式成立了峨山第一支游击武装——峨山游击大队。李桂英也在此时被批准加入革命队伍，在峨山游击大队担任政工队队员。这支由中国共产党领导的以彝族贫苦农民为主、革命知识分子和产业工人组成的人民武装，经过艰苦卓绝的革命斗争，在后来不仅解放了峨山全境，而且使易门、新平、双柏、玉溪、昆阳、河西等邻县部分边境地区也获得了解放，谱写了峨山历史上壮丽的篇章。

团结峨山各族群众走向解放

在家乡富良棚，李桂英和同志们一起进村入户，访贫问苦，为父老乡亲排忧解难，将群众动员工作做得有声有色，深得百姓的信任和拥护。在李桂英等人的带领下，各村寨建立起了民兵联防队和秘密贫雇农团。如在谧安乡一带，从1948年初至11月，在不到一年的时间里就成立了贫农团、妇女会等组织，组建了近300人的武装力量——自卫军民兵联防大队。李桂英在富良棚卓有成效的革命工作得到了省领导的肯定，在1949年1月召开的中共云南省工委第三次扩大会议上，作为中共云南省工委负责人之一的侯方岳就强调，李桂英和施致宽是彝族的优秀干部，要借助她们的力量发动广大彝族群众参军，参与到新中国的成立当中。

李桂英还在家乡创新开展了“党在农村基层党组织建设”试验。1949年上半年，富良棚各村寨公开建立农会、妇女会、儿童团等群众组织，有的村寨还组织变工队（一种劳动互助组织）开荒种地发展生产，贫雇农团也从秘密转向公开，建立村人民政权的条件已基本成熟。到4月初，李桂英等革命同志以富良棚的上下寨、塔冲、乐里冲等村寨为试点，进行村级人民政权建设。在试点过程中，李桂英等人创造性地采用了豆子选票法。首先由贫雇农提出3名村长候选人；然后召开群众大会，以豆子作选票，凡是参加大会的男女老少每人发两颗豆票，候选人并排坐在会场中间，每个候选人背后放一个大碗，由群众按自己的意愿把两颗豆子分别放在自己赞成的候选人背后的大碗里；最后当众清数豆子，得到豆子多的为村长，较少的为副村长，最少的为没有当选。试点成功后，这种方法在游击根据地全面推广开来。1949年7月15日，中共富良棚中心区区委会正式成立，年仅22岁的李桂英被任命为中共峨山县富良棚中心区区委副书记，同年8月又兼任了区人民政府副主席和乡人民政府主席。

1951年，中华人民共和国在9个少数民族聚居县搞民族区域自治试点，作为9个试点县之一的峨山县成为全国第一个彝族自治县，李桂英当选全国第一位彝族女副县长。回忆起这段经历，李桂英说：“中华人民共和国成立之初实行民族区域自治，云南省首先在峨山进行试点，当时隆重地召开了峨山县各族各界人民代表大会，那天艳阳高照，老百姓就在阳光下选举自己喜欢的领头雁。张自先当选为县长，我被选为副县长，被选为副县长的还有一个哈尼族和一个党外人士。会议场面十分热闹，代表大会开幕和结束群众都是像过节一样。”

1953年4月至1954年10月，李桂英在云南省副省长张冲（彝族）的带领下，参与了解放、开辟四川省凉山州南部瓦岗地区的工作，为国家的民族工作做出了重要贡献。自1954年10月起，李桂英先后在云南会泽铅锌矿、云南省妇联、云南省计划生育办公室、云南省卫生厅等部门任职。1985—1993年，李桂英担任云南省人大常委会主任，成为全国第一位省级人大常委会女主任。

从一名普通的彝家女孩，到当选为新中国第一位彝族女副县长，再到担任全国第一位省级人大常委会女主任，李桂英的个人成长经历与奋斗历程见证了峨山地区革命的发展、壮大、胜利以及峨山彝族自治县诞生、发展的全过程，更折射了百年来中国的发展与巨变。李桂英一生为共产主义事业奋斗的先进事迹得到了党和人民的肯定。2019年，李桂英被评为“100位为新中国的成立和建设及云南社会发展做出贡献的云南籍代表性模范人物”。

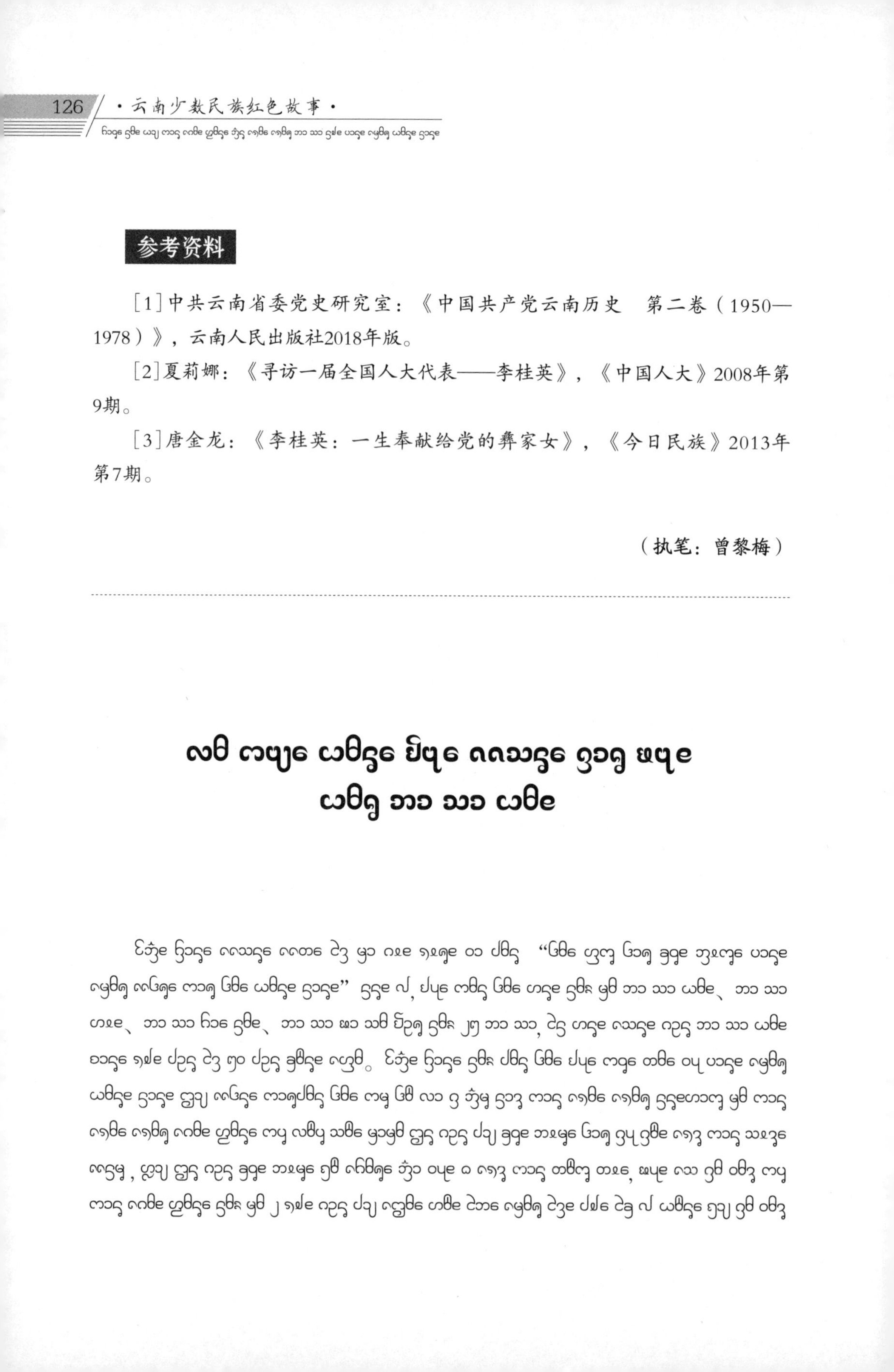

参考资料

[1]中共云南省委党史研究室：《中国共产党云南历史　第二卷（1950—1978）》，云南人民出版社2018年版。

[2]夏莉娜：《寻访一届全国人大代表——李桂英》，《中国人大》2008年第9期。

[3]唐金龙：《李桂英：一生奉献给党的彝家女》，《今日民族》2013年第7期。

（执笔：曾黎梅）

[illegible]

[illegible]

တငၣ် ၎တ၎ဒ္ဂၡၔ ၵ္ဂါၔ ၵယဗၵ္ၔ မ္ဗၵ္ၔ ၎ကၡၔ ၎ၵ္ၔ ၎ဂၔ တၡၔ ဘ္ၼကျၔ မ္ဂာ ၵသ လ္ဂ်, ၀တၔ တာမ္ဂ ၎ဒ္ဂၡၔ ၎ကၡၔ ယဗၵ္ၔ ၣာၵ္ၔ ၵ္ဒ္ဗၵ္ ဝပျ ၵ္ဒ္ဗၵ္ ၵ၀ဗၵ္ၔ ၵ္ပု ၵသဒ္ ခ္ဂာဒ္ ၵ္မ္ဂ ၆ၼၡၼ ၆ဗၔ ၀ၡၔ ၵၵ္ဂၵ္ ၣ္ဗၡၔ ၵဂဗၔ ဉ္ဗၵ္ၔ ပာၵ္ၔ ၵမ္ဗၡ ၵၵ္ဂၵ္ၔ ကာၡ ၆ဗၔ ယဗၵ္ၔ ၣာၵ္ၔ ၣဗၼ ၎ဘ္ဂၔ ၵ္ဂာၵ္ၔ ၵေသၵ္ၔ ဂဗ္ဒ ၵ္ၡဒ္ တာမ္ဂ ဘ ၆ဗ္ဒ ပ်ၡ ၵ္ပ္ဂ ပာၵ္ၔ ၵမ္ဗၡ ဘာ သာ တာမ္ဂ ၎တ ၵ္ဗၡ ဂဗ္ဒ ၸၼၡ ဘ္ၼၵ္ ၵ္ဂ္ဗၵ္ၔ。 ၸဗ ၁၉၅၁ ၎တ ၵ္ဒဗၵ္ ၅ ၎လကျ ဘ္ၼကျၔ ၁၂ ၵ္မ္ဂၔ, ၎ဘ္ဂၔ ၵ္ဂာၵ္ၔ ၵေသၵ္ၔ ၡၼၡၔ ဘၼမ္ဂၔ ၎၀ တာျၔ ၵၵ္ဂ္ဂၔ ၀ဘၔ ၵမ္ဗၡ ဒ္ပုၔ ဘာ သာ ဒ္ပုၔ ၿပါျၔ ဒ္ပုၔ ၵ္ဂာျ ၵ္ဂၼကျ ၀ဗ ၇, ၀ဗၔ ၀ဗၔ ၵေသၵ္ၔ ဘာ သာ ယဗၔ ၆ဗၔ ၀ဗ ၇ ၼ ၵ္ဂဒ ၎ဒ္ဂၡၔ ၎ဂၔ ၀ဥ္ဂၔ、 ၀ဗၔ ၀ဗၔ ၵေသၵ္ၔ ဘာ သာ ၣ္ၿၔ ၀ၵ္ ယဗၵ္ၔ ၣာၵ္ၔ ၵ္ဒ္ဗၵ္ ၆ဗၔ ၀ဗ ၇ ၵဟဒ္ၔ ၣဗၼ တၡၔ ဘ္ၼကျၔ မ္ဂာ ၵဟဗၵ္ၔ! လဗ ကပျၔ ယဗၵ္ၔ ဘ္ဂၵ္ ၸဗၵ္ ၼပုၔ ယဗၡ ဘာ သာ ယဗၔ ဘ္ဂာ ယဥ ၀ဒ္ၔ၂၄ ၸဗ ၸဗၵ္ ၵ္ဗၔ ဝပျ ၿပုၔ ၵ္ပုၔ ၀ဗၔ ၀ၼၔ ၎ယကျ ၵၵ္ဂ္ဂ ၸဗၵ္ ၿပုၔ ၵေသၵ္ၔ ဒ္ဂာၡ, ၎လဒ္ ကာျ ၸဗၵ္ ၿပုၔ ၵေသၵ္ၔ ဒ္ဂာၡၔ ၼပုၔ ယဗၡ ဘာ သာ ယဗၔ ၎တ ၀ဗ ၇ ၵဟၡၔ ၼ ၵ္ဂဒ ၎ဒ္ဂၡၔ ၵ္ဂါၔ ၵယဗၵ္ၔ မ္ဗၵ္ၔ ၎ကၡၔ ၎ၵ္ၔ ၎ဂၔ。

လဥကျ ပာၵ္ၔ ၎ခ္ဂၡၔ ၎ဟ မ္ၼၵ္ၔ ဘာ သာ ၣ္ၿၔ ၵ္ဂဗ ခ္ဂၔ ဟာ ကာၵ္ ၵဂဗၔ ဉ္ဗၵ္ၔ ပာၵ္ၔ ၵမ္ဗၡ ၵၵ္ဂၵ္ၔ ကာၡ ၀ၵ္ ယဗၵ္ၔ ၣာၵ္ၔ

ၸဗ ၁၉၅၂ ၎တ ၵ္ဒဗၵ္ ၂၎လကျ, လဗ ကပျၔ ယဗၵ္ၔ ၵကဗ္ဒၔ ၀ၸၔ ၸပုၔ ပာၵ္ၔ ၎ခ္ဂၡၔ ၎ဟ မ္ၼၵ္ၔ ဘာ သာ ယဗၔ ——၆ဗၔ ၎ဘ္ဂၔ ၵ္ဂာၵ္ၔ ၵေသၵ္ၔ ၿပုၔ ၵေလၡၔ ဘဥၡၔ ၵ္ဒ္ဂၡၔ ဟၵ္ၔ。 ၆ာၵ္ၔ ၵမ္ဗၔ ၎တ ၣ္ၿၔ ဂၼၔ ၸပုၔ ကဗၵ္ ၆ဗၔ ၎၆ကျ ၼာၵ္ ယာၵ္ ကဗဒ္ၔ、 ဟၼၡၔ ၵ္ဗၵ္ ၣ္ၼၔ ၀ၵ္ၔ ၵမ္ဂၔ ၣ္ဂာ ဘ္ဂၵ္ ၀ၼၔ ၵ္ဂ္ဗၵ္ၔ ၵကမ္ဂၔ ၀ၵ္ ကဗၵ္ ၎ဟ ၣ္ၵ္ၔ。 ၸပုၔ ၀တၔ လ ခ ၄ ၸာပျ ယာကျ ၣဗၼ, လဗ ကပျၔ ယဗၵ္ၔ ဘ္ဂၵ္ ၵတၔ ၣ္ၿၔ ဂၼၔ ဟဥမ္ဂ ၵ္ၡၵ္ ၎တ ဘ္ဂမ္ဂ သ တဗၼ ၵကၵ္ၔ ကာၔ ၵ္ခ္ဂၡ ၵ္ၡၡ ၸပုၔ ၀ၵ္ ပာၵ္ၔ ၵ္ၡၵ္ ၵ္ၡၵ္ ၵ္ဂမ္ဂ ၵ္ဂမ္ဂ ၵ္ၡၵ္ ၵ္ဗၡ ၎ၡၡ ၵ္ၡၵ္ ၣ္ၿၔ ၎ၸဒ္ ၵ္ၡၵ္。 ၸဗ ၁၉၅၅ ၎တ, လဗ ကပျၔ ယဗၵ္ၔ ၵ္ဂ ခ္ဗၵ္ၔ ၎ၡၡ ၵ္ၡၵ္ ၎ဘ္ဂၔ ၵ္ဂာၵ္ၔ ၎ဒ္ဂၡၔ ၵ္ၼၔ (ပဒ္ ၵ္ဒဂ ၸဗၵ္ ၎ၡၡ ၵ္ၡၵ္ ၣ္ၿၔ ၵ္ၼၡၔ ၵ္ဒ္ဂၡၔ) ၣ္ၵ္ၔ。 ယာမ္ဂ ၣ္ၵ္ၔ ၎ၡၡ ၵ္ၡၵ္ ၎ဘ္ဂၔ ၵ္ဂာၵ္ၔ ၎ဒ္ဂၡၔ ၵ္ၼၔ ၣဗၼ ၸဗၵ္ ၆ဗၔ ဟ္ဂကျ ၎ကၡၔ ၵ္ဂာၵ္ ၆ာၡ ၵယၵ္ၔ ၵၼၔ ၵ္ဒ္ဗၡ ၵ္ၡဒ္ သ ဟ္ဂာဒ္ သၼဒ္ၔ ၵ္ဒ္မ္ဂ ၣ္ၵ္ၔ, ဝၡၔ ယဗ ၎ဒ္ဂၡၔ ဘ္ဂၵ္ ၸဗၵ္ ၎ကၡၔ ၵ္ဂာၡ ၆ာၡ ၵယၵ္ ၵမ္ဗၔ ၣ္ၵ္ၔ ၸဗၵ္ ၵ္ပု သၼၵ္ၔ ၀ၵ္ ၎ၡၡ ၵ္ၡၵ္ ၎ဒ္ဂၡၔ ၵ္ၼၔ သၼၵ္ ဂမ္ဂ ပာကျ လဗကျ ၎တ ဘ္ဂၵ္ ၎ဟ ၵ္ၡဗၵ္ ခ္ဂၔ ကမ္ဂ ၵ၀ၵ္ၔ ၵ္ၼၵ္ၔ ၣ္ၵ္ၔ ၵၼၔ ၵ္ဒ္ဗၡ ခ္ဂၔ ၵ္ၡဒ္ ကာၵ္ သ ဟ္ဂာဒ္ သၼဒ္ၔ ၵ္ဒ္မ္ဂ ဘ္ဂၵ္ ၸဗၵ္ ကာၵ္ ၵဂဗၔ ဉ္ဗၵ္ၔ, ၀ဗ ဟၵ္ ဘ္ၼကျၔ ၆ဗၔ တာ ဒ္ဗ ၅ကျ ၅ဗၔ。 ဘ္ဂမ္ဂ ၎ၡၡ ၵ္ၡၵ္ ၸဗၵ္ ၆ဗၔ ၵ္ၡဒ္, ဝၡၔ ယဗ ၎ဒ္ဂၡၔ ခ္ဂကျ ဟ္ဂၵ္ၔ ဒ္ဂ ၣ္ဥမ္ဂ ဘ္ဂမ္ဂ ဟ္ဂပုၔ ဘ္ဂာၵ္ၔ ၵ္ဂၼပ္ဂ ၆ၼၡၼ သၼ, ၵတမ္ဂၔ ၸဗၵ္ ၎ၡပ္ဂ ဟ္ဂၡ သဗ ၸာၵ္ၔ တၡၔ ၵတမ္ဂၔ ဟ္ဂၡ သဗ ဘဗမ္ဂ ဘ္ၼကျၔ မ္ဂာ, ၵၼၔ သၼၵ္ ၵ္ဂာၡၔ ၵ္ဒ္ဗၵ္ၔ သဗၵ္ၔ သာျ ၸဗၵ္ ၵ္ဂ္ဂၡၔ ၇ လမ္ဂ ၵ္ဒဂ ကၵ္ ခ္ဒ တၼၔ ၵသဗကျ ယဗၔ ၸဥၵ္ၔ ၵဟၡၔ ၆ာၡ, ကၼၵ္ၔ ၣမ္ဂ ဘ္ဂမ္ဂ လပုကျ ၵ္ၡၵ္ ၵ္ဂဗ သဗၵ္ၔ သာျ ၆ာၡ ကာၵ္ ၵဂဗၔ ဉ္ဗၵ္ၔ, ၆ဗၔ ဟ္ဂကျ ၅ဗ ဟ္ဂကျ ကာၵ္ ဒ္ဗၔ ၣမ္ဂ ၵတဗမ္ဂၔ ဒ္ၿၔ လပုကျ ၵ္ၡၵ္ ဘာ သာ ယဗၔ ဘ္ဂၵ္ ၵ္ဂ္ဂဒ္ သ ဘ္ဂာ ၀ဗဒ္ ဒ္ဗ ၵ္ၡၵ္ ၎တ ၀ဒ္ၔ ဒ္ဗ လဥကျ ၵ္ဂာျ ပာၵ္ၔ

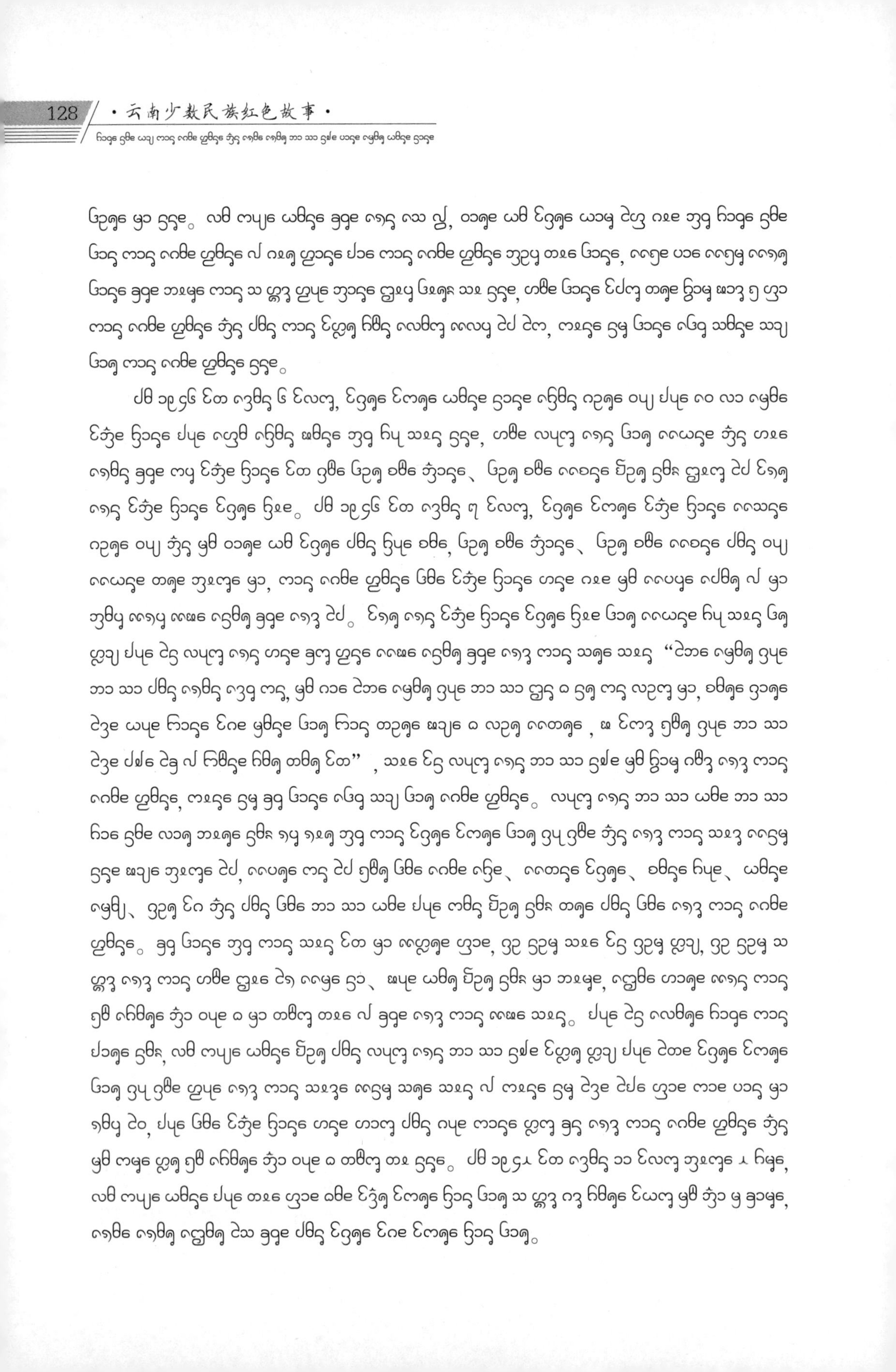

ᦺᦀᧉ ᦂᦱᧃ ᦑᦱᧄ ᦶᦂᧁᧅ ᦓᦲᧆ ᦠᦱᧂ ᦠᦸᧂ ᦠᦱ ᦶᦀᧆ ᦵᦶᧈ, ᦶᦔᦸ ᦔᦸᧃ ᦺᦑᧉ ᦑᦲ ᦟᦳᧃ ᦖᦱ ᦑᦲ ᦷᦂᦸᧂ ᦷᦂᧂ ᦂᦱᧃ ᦉᦸᧅ ᦺᦑ ᦀᦸᧉ ᦔᦸᧃ ᦀᦲᧃ ᦶᦔᦳᧉ ᦀᦲᧃ ᦶᦔᦳᧃ ᦓᦱᧃᧉ。ᦟᦲ ᦂᦸᧅ ᦊᦲᧃᧉ ᦵᦂᦸᧃ ᦋᦱᧁ ᦀᦲᧃ ᦞᦱᧃ, ᦀᦲᧃ ᦑᦳᦂᦸᧃ ᦷᦂᧂ ᦶᦔᦱ ᦑᦲ ᦓᦱᧃᧉ ᦖᦱ ᦶᦂᧁᧅ ᦞ᧞—— ᦑᦳ ᦂ ᦑᦱᧃ ᦑᦳᧃᧉ ᦵᦎᦲᧃᧉ ᦶᦂᦱᧃ ᦂᦱᧃ ᦓᦱᧃᧉ ᦡᦳᧅ ᦺᦉᧃ ᦺᦓ ᦵᦂᦸᧃ ᦵᦉᦲᧉ, ᦈᦸ ᦑᦳ ᦶᦂᦱᧃ ᦂᦱᧃ ᦉᦳᧅ ᦑᦳᦂᦸᧃ ᦺᦑ ᦎᦱᧄ ᦉ ᦠᦸᧃ ᦓᦲ ᦑᦲ, ᦶᦂᦲᧃ ᦵᦙᦸᧃᧉ ᦷᦙᦳ ᦂᦱᧃ ᦑᦱᧄ ᦺᦑᧉ ᦑᦲ ᦵᦂᦸᧉ ᦀᦳᦂᦸ ᦞ᧞。

ᦑᦱ ᦠᦱᧃ ᦶᦔᦳ ᦺᦑᧉ ᦶᦂᦱᧃ ᦂᦱᧃ ᦵᦟᦱ ᦟᦲ ᦀᦲᧉ ᦀᦲᧃ ᦶᦂᦳᧉ ᦘᦲᧃ ᦶᦔᦳ ᦺᦀ, ᦂᦸᧃ ᦓᦲᧄ ᦑᦳ ᦠᦳᧃ ᦀᦲᧉ ᦂᦲᧃ ᦟᦲᧅ ᦂᦲᧉ ᦑᦸᧄ ᦂᦱᧃ ᦶᦂᦲᧃᧉ ᦶᦂᦱᧃ ᦀᦲᧃ ᦶᦂᦳᧉ ᦺᦑ ᦘᦲᧃ ᦑᦳᦂᦲᧉ ᦑᦳᧃ ᦠᦱᧃᧉ。ᦠᦳᧃ ᦎᦳᧃ ᦞᦳ ᦶᦂᦲᧃᧉ ᦶᦂᦱᧃ ᦑᦸᧄ ᦂᦳ ᦑᦲᧃ ᦎᦳᧃ ᦡᦲ ᦞ᧞ ᦶᦔᦳ ᦑᦳᦂᦲᧉ ᦑᦳᧃ ᦠᦱᧃᧉ ᦂᦲᧉ ᦎᦸᧄ ᦂᦸ ᦟᦱ ᦟᦲ ᦀᦲᧃ ᦶᦂᦳᧉ ᦺᦑ ᦡᦳᧃ ᦵᦟᦲᧉ ᦑᦳᦂᦲᧉ ᦂᦲᧉ ᦶᦔᦳ ᦵᦎᦲᧃᧉ ᦵᦙᦲ。ᦠᦳᧃ ᦊᦲᧃᧉ ᦑᦲᧉ ᦎᦳᧃ ᦓᦲ ᦵᦂᦲᧃᧉ ᦑᦳᦱ ᦞᦳ ᦑ ᦠᦳᧃ ᦡᦲ ᦞ᧞ ᦘᦲᧃ ᦷᦑᧉ ᦶᦂᦱᧃ ᦎᦲᧉ ᦑᦳᦂᦸᧃ ᦖᦱ —— ᦎᦲᧉ ᦶᦔᦲᧃ ᦷᦑᧉ ᦶᦂᦱᧃ ᦊᦲᧃᧉ ᦑᦲᧉ ᦎᦱᧃ ᦎᦳᧃ。ᦟᦲ ᦂᦸᧅ ᦊᦲᧃᧉ ᦶᦔᦳ ᦊᦱᧄ ᦓᦲᧃ ᦀᦲᧉ ᦷᦓ ᦊᦱᧃ ᦂᦲᧉ ᦑᦸᧄ ᦠᦳᧃ ᦎᦳᧃ ᦞᦳ ᦶᦔᦳ ᦂᦱᧃ ᦵᦂᦲᧉ ᦠᦲᧃᧉ, ᦠᦳᧃ ᦺᦑᧃ ᦵᦙᦲᧅ ᦓᦲ ᦵᦂᦲᧃᧉ ᦑᦳᦱ ᦞᦳᧉ ᦑ ᦖᦲ ᦂᦲᧃ ᦺᦂᦲᧃ ᦵᦙᦲᧃ ᦓᦱ ᦑᦱ ᦉᦱ ᦊᦲᧉ ᦷᦂᦸ ᦂ ᦟᦲᧉ ᦔᦱᧁ ᦶᦔᦲᧃ ᦀᦲᧉ、ᦠᦳᧃ ᦵᦂᦲᧉ ᦠᦲᧃᧉ ᦑᦳᧃ ᦖᦲ ᦓᦲᧉ ᦶᦔᦳ ᦶᦔᦲᧃ ᦶᦔᦱ ᦋ ᦶᦔᦱ ᦞ᧞ ᦋᦳᧉ ᦵᦂᦸ ᦀᦳᧃ ᦂᦱᧃ ᦑᦱᧃᧉ ᦶᦂᦸ ᦷᦂᦸᧃ ᦵᦊᦲᧃᧉ ᦷᦀ ᦶᦔᦲᧃ ᦑᦳᧃ ᦖᦲ ᦷᦂᦸᧃ ᦷᦂᦲ ᦷᦂᦸᧃ ᦶᦂᦱᧃ ᦂᦸᧃ ᦂᦳᦸᧃ ᦑᦳᧃ ᦠᦳᧃ ᦓᦲᧃ, ᦺᦎᧃ ᦎᦱᧄ ᦂᦱᧃ ᦋ ᦠᦸ ᦠᦱᧃ ᦶᦔᦱ ᦊᦱᦸ ᦓᦲᧃ ᦶᦔᦳ ᦂᦱᧃ ᦵᦂᦲᧉ ᦠᦲᧃᧉ ᦎᦲᧂ ᦎᦸᧃ, ᦟᦳᧃ ᦖᦱ ᦔᦸᧃ ᦎᦱᧄ ᦀᦱᧃ ᦶᦔᦲᧃ ᦺᦋ ᦷᦑᧉ ᦶᦂᦱᧃ ᦶᦂᦲ ᦂᦳᦸ, ᦘᦲᧃ ᦶᦔᦲᧃ ᦵᦙᦲᧃᧉ、ᦶᦂᦲᧃ ᦑᦲᧃᧉ、ᦶᦂᦳᧃ ᦷᦂᦲᧉ、ᦶᦔᦲᧃ ᦶᦂᦲᧃ、ᦶᦂᦳᧃ ᦊᦱᦸᧉ、ᦷᦂᧉ ᦶᦂᦲᧃ ᦡᦳᧅ ᦶᦔᦲᧃ ᦵᦂᦱᧃ ᦺᦂᧉ ᦵᦂᦲᦳ ᦵᦂᦲᧃ ᦀᦳᧄ ᦟᦱᧅ ᦑᦳᦸᧃ ᦀᦲᧉ ᦺᦑᧉ ᦶᦔᦲᧃ ᦺᦋ, ᦷᦂᦸᧃ ᦵᦎᦲᧃᧉ ᦑᦳᦂᦸᧃ ᦶᦂᦱᧃ ᦓᦲᧉ ᦀᦱᧃ ᦘᦲᧃ ᦷᦑᧉ ᦶᦂᦱᧃ ᦉ ᦠᦱ ᦑᦱᧃ ᦠᦲᧄ ᦎᦱᧄ ᦓᦱᧃᧉ ᦖᦱ ᦞ᧞。

ᦂᦱᧃ ᦑ ᦓᦲ ᦂᦳ ᦑᦳᧄ ᦠᦱᧁ ᦑᦳᧃ ᦑᦱ ᦉᦱ ᦘᦲᧃ ᦷᦑᧉ ᦶᦂᦱᧃ ᦵᦂᦲ ᦂᦲᧉ ᦠᦱ ᦂᦱᧃ ᦶᦔᦲᧃ ᦺᦋ

ᦶᦔᦳ ᦡᦳᧃ ᦵᦟᦲᧉ ᦑᦳᦂᦲᧉ ᦑᦳᧃ ᦶᦔᦲᧃ ᦔᦱᧃᧉ ᦘᦲᧃ ᦶᦔᦲᧃ ᦑᦲᧃᧉ ᦘᦲᧃ ᦵᦂᦸᦲ, ᦟᦲ ᦂᦸᧅ ᦊᦲᧃᧉ ᦞ᧞ ᦑᦳᦂᦲᧉ ᦈᦲᧃ ᦀᦲᧉ ᦠᦱᧁ ᦑᦳᧄ ᦂᦲᧉ ᦔᦱᧃᧉ ᦂᦲᧉ ᦷᦂᦲᧃ ᦂᦲᧃᧉ ᦓᦲᧄ ᦎᦲᧃ ᦓᦲᧃ ᦓᦲᧄ ᦶᦔᦲᧃ, ᦺᦋ ᦉᦳ ᦓᦱᧄ ᦞ᧞ ᦶᦀᦲᧉ ᦺᦑ ᦋᦳ ᦷᦂᦸᧃ ᦀᦲᧃ ᦋᦱᧃ, ᦀᦱ ᦶᦀᦲ ᦂᦱᧃ ᦊᦱᦸᧃ ᦺᦀ ᦠᦲᧉ ᦂᦲᧃ ᦓᦲᧄᧉ ᦀᦲᧉ ᦠᦱᧁ, ᦈᦸ ᦑᦳ ᦂᦱᧃ ᦉᦲ ᦷᦓ ᦑᦳᧄ ᦠᦱᧁ ᦶᦔᦳ ᦠᦲᧉ ᦠᦱᧃ ᦑᦳᦂᦸᧃ ᦎᦱ ᦑᦲ ᦖᦱ, ᦠᦱᦸ ᦠᦲᧉ ᦂᦲᧃ ᦺᦂᧃ ᦵᦙᦲᧃ ᦓᦱ ᦶᦂᦲᧃ ᦺᦀ ᦞ᧞ ᦷᦊᦱᦸ ᦊᦲ。ᦶᦔᦳ ᦺᦎᦲ ᦟᦲ ᦂᦸᧅ ᦊᦲᧃᧉ ᦡᦳᧅ ᦓᦲᧃ ᦑᦳᧃ ᦷᦠ ᦷᦑ ᦂᦱ, ᦔᦱᧃᧉ ᦷᦂᧅ ᦑᦳᦂ ᦘᦲᧃ ᦑᦳ ᦎᦲᧉ ᦶᦔᦲᧃ ᦠᦳᧃ ᦖᦲᧃᧉ ᦂᦲᧃᧉ ᦵᦟᦲᧃᧉ ᦶᦂᦲᧉ ᦎᦳᧃ ᦞ᧞ ᦠᦳᧃ ᦉ ᦂᦸᧃ ᦶᦔᦳ ᦂᦱᧃ ᦀᦲᧉ ᦑᦲ ᦂᦲᧃ ᦺᦂᧃ ᦵᦙᦲᧃ ᦓᦱ ᦷᦀᦲᧉ ᦋᦱᧃ ᦊᦱᧃ ᦂᦲᧃ ᦓᦱᧃᧉ ᦑᦳᦂᦸᧃ ᦖᦱ。ᦵᦀᦲ ᦖᦱ ᦶᦔᦳ ᦷᦟᦲ ᦂᦲᧉ ᦑᦲᧃᧉ ᦵᦂᦳᧃᧉ ᦠᦱᧃᧉ, ᦎᦲᧉ ᦶᦔᦲ ᦑᦳ ᦷᦎ ᦷᦠ ᦶᦔᦲ ᦓᦲᧄ ᦵᦂᦲᧃ ᦑᦱ ᦷᦟᦲ, ᦵᦀ ᦟᦱ ᦔᦸᧃ ᦶᦔᦳᦂᦸ ᦶᦔᦲ ᦞ᧞ ᦺᦑᧉ ᦀᦲᧉ ᦎᦲᧉ ᦠᦳᧃ ᦘᦲᧃ ᦶᦔᦳ ᦂᦱᧃ ᦀᦲᧉ ᦑᦲ ᦂᦲᧃ ᦺᦂᧃ ᦵᦙᦲᧃ ᦓᦱ ᦠᦳᧃ ᦷᦀᦲᧉ ᦋᦱᧃ、ᦋᦳᧉ ᦊᦲᧅ ᦑᦳᦂᦲᧉ ᦂᦸ ᦡᦳᧅ ᦶᦔᦲᧃ ᦑᦳ ᦑᦲᧉ ᦓᦱᧃᧉ ᦑᦳᦂᦸᧃ ᦖᦱ, ᦑᦳ ᦎᦲᧉ ᦠᦳᧃ ᦖᦲ ᦂᦸ ᦟᦲ ᦺᦀᦲ

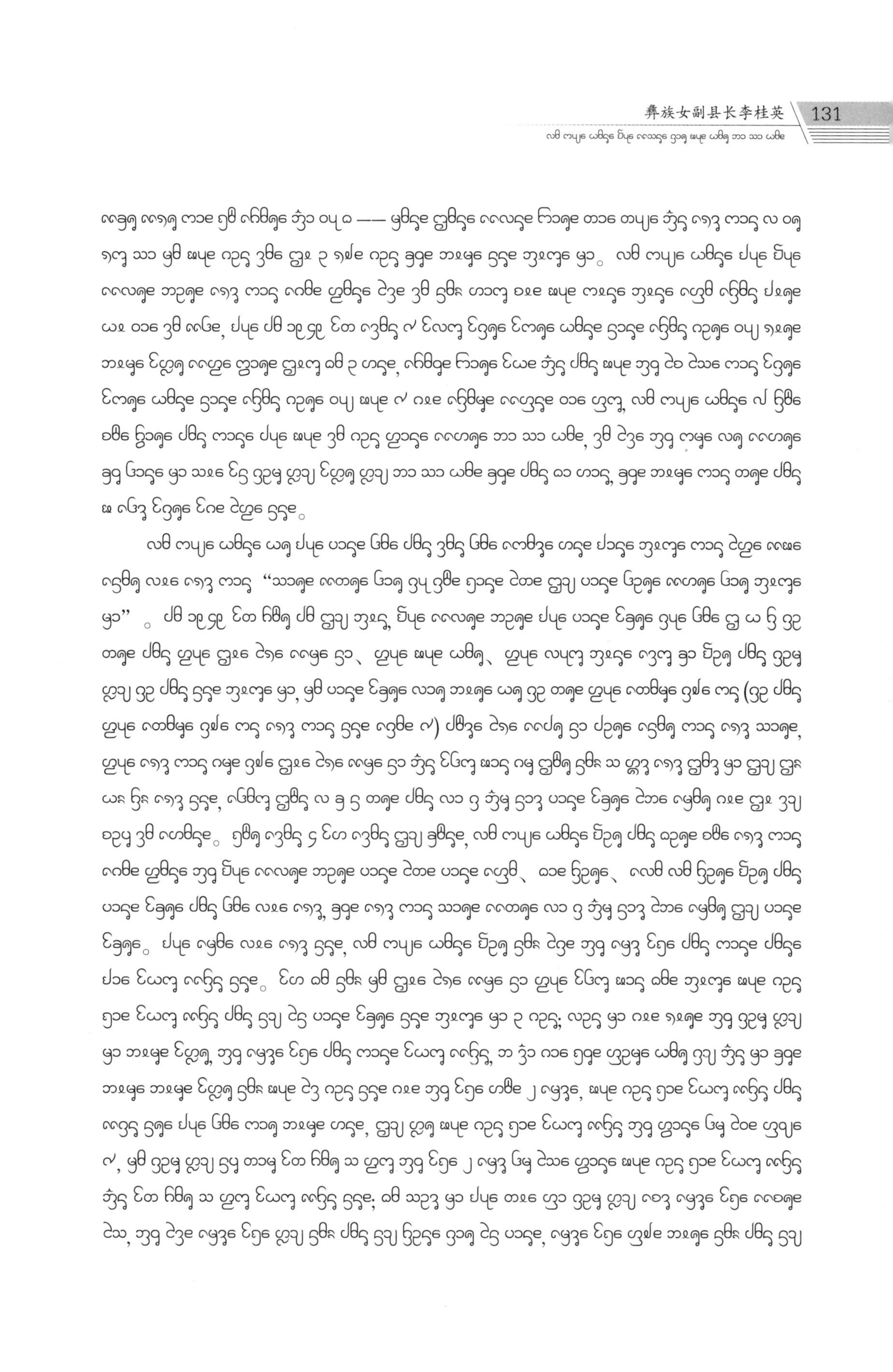

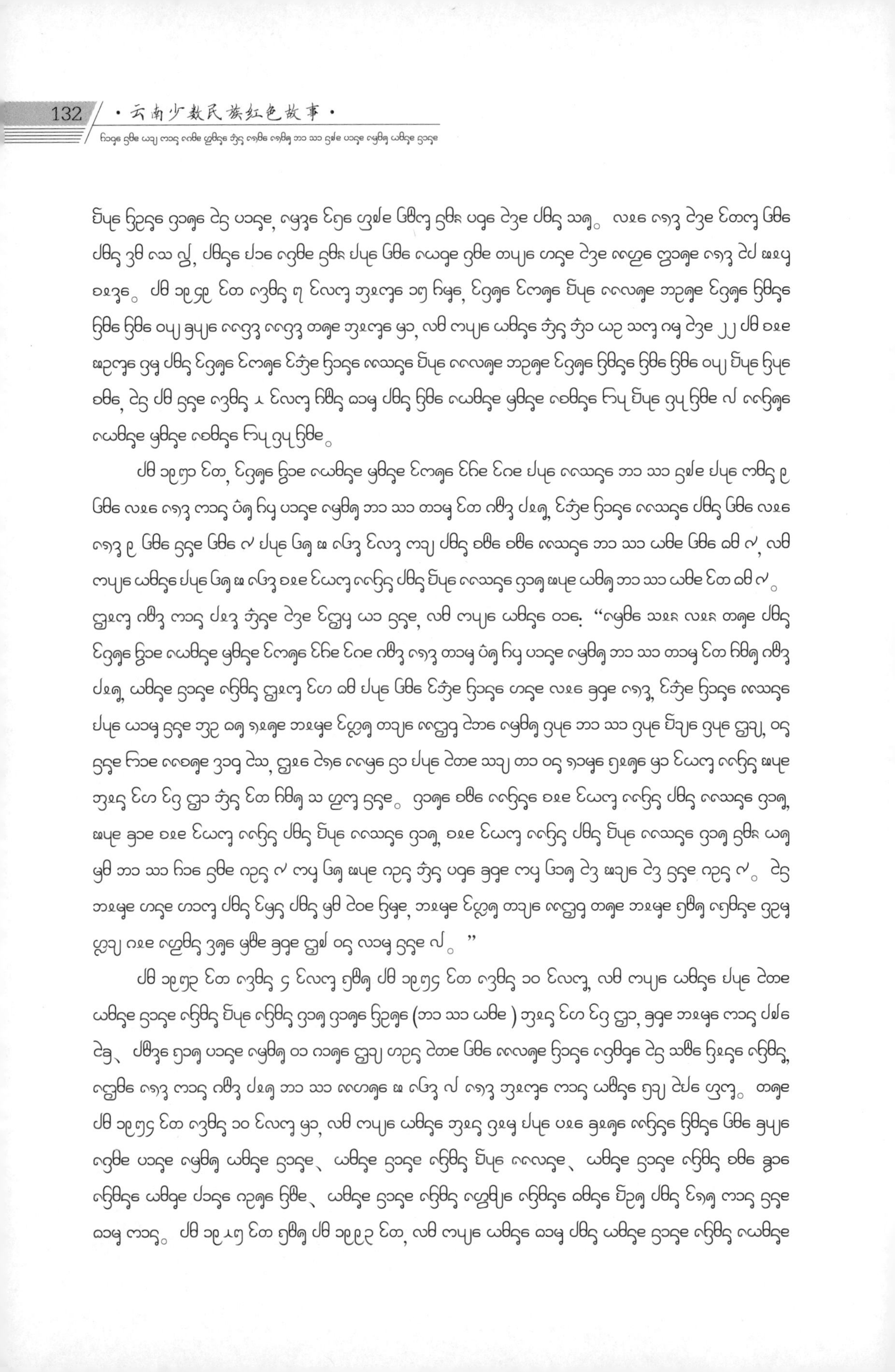

[illegible]

တၢင ႁၢၵႄ ဝပျ ၶပျႄ ဒပ ၸၢၸၵ်ႄ, ၸလၢ ၵၢၺ ၸၸၵ ဒပ ၸၢၸၵ်ႄ ၶပျ ယဵၵ ၸၢၵ ၵယဵၵ်ႄ တၢင ႁၢၵႄ ဝပျ ၶပျႄ ႁၢၵႄ ၵႁၼၵ ၸတ ၶၼ ၵ ၆ၵ ၶ ၵၵ။

တၵႄ ဘၼၵ်ႄ ယဵၵ ဘၢ သၢ ယဵၼ ၸလၵ ၵမွဵၵ ၵၵ ၶပျ ၵ, ႁဵၵ ၶၼ ၸယၵ ၵႁၵ ၸၸၵ ပိၵ်ႄ ၵေသၵ်ႄ ၵ္ၵ ၶပျ ယဵၵ ဘၢ သၢ ယဵၼ ၶ ၵၵ ၸၵၵ ၸၵ ၸဵၵ ၸတ ၶၼ ၵ, ႁဵၵ ၶၢမ ၸၸၵ ဒပ ၸၢၸၵ်ႄ ၶပျ ယဵၵ ၵယဵၵ်ႄ တၢင ႁၢၵႄ ဝပျ ၶပျႄ ႁၢၵႄ ၵႁၼၵ ၸတ ၶၼ ၵ ၆ၵ ၶ ၵၵ, ႁၢၵ ၵၢၵ ၸတ ႁဵၵ ၸၸၵ ႁၢၼ ၵၢၼ ပၢၵ မၢ ၸ ႁၢၵ ၆ၵ ၵၢၵ ႁဵၵ တၼၵ ၵၵၵ လဵ ၵပျႄ ယဵၵ်ႄ ၵၼ ၵၢၵ ၸၸၵ သ ၶဵၼ ၵၵ ႁဵၵ ပၢၵ ၵမွဵၵ ၸၵၼ ႁၢၵ ၵၢၵ ၵၵၼ ႁဵၵ ၸၵၼ ၸၸၵ ၵဵၵ, ၸၸၵ ၵၵၵ ၵၵၵ ၵၢၼ, ၸၼ ၸၵ ယ ၵ ၵ ၶၢပ ၵႁၼ ၵပ ၆ၵ ႁၢၵ ၆ၵ ၆ၵ ၵၢမ ၶဵၵ ၶဵၵ ၵေသၵ်ႄ ဘၢ သၢ ယဵၼ ၸၵၼ ႁၢၵ တၵႄ ဘၼၵ မၢ, ၸၸၵ ၵဵၵ ၵၵ, ၵႁၵ သဵပ ၵၵ ဘၼၵ ၵၢၵ ၵၵ ၸၼ မၢ ၶ ၵၵ ၸၵၵ ၸၵ ၸၸၵ ၵဵၵ ၸ ၵဵၵ ၸၵ ၸၸၵ ၸၵ ၵၵ။ ႁၢၵ ၵၢၵ ၵႁၵ ၶဵၵ ၵၵ လဵ ၵပျႄ ယဵၵ်ႄ ၵႁၼ ၵၢၵ ၸၵၵ ႁၢၵ ဒပ ၸၼ ၵၵ ၵၢၵ ႁဵပ တၼၵ ၆ၵ ၸၵၵ ၵၢၵ ၶၼ ၆ၵ ၸ ၸၢၵ ၵမွဵၵ ၸၵ ယၼ ဝၢၵ ၵဵ ၵၵ။ ၸဵ ၂၀၁၀ ၸတ, လဵ ၵပျႄ ယဵၵ်ႄ ၶၼ ဘဵၵ ၸၸၵ "တၢၺ ၵႁၵ ၶပျ ၵၵ ၸမ ပၢၵ ၸဂ ၵၵ ၶၵ ၵပ ပၢၵ ၵမွဵၵ ယဵၵ ၵၢၵ ၵၼ ၶပျ ၵၵ ၵႁၼ ၵၢၵ တၵႄ ၸၸၵ ၸ သၢၵ ၵတၵ ၸၸၵ ၶ ၵၵ ၸၵၵ ၸၵ ၸၵၵ ၵပ ၆ၵ ၵၢ လၼ ပၢၵ ၵမွဵၵ ယဵၵ ၵၢၵ ၸၼ ၸၸၵ ၵဵၵ ၸၸ ၵၵ ဘၼၵ ၵၢၵ ယဵၵ်ႄ ႁၺ ၸၸၵ ၵၵ ၵၵ။"

(ၶပျ ၸၵ ၵတမ: ၵဵၵ်ႄ ႁၼၵ ၵမွဵၵ)

山间铃响马帮来

“货郎”拉着马，摇着一串铜铃，拨开拦路的桃花和浮云，
我走过漫长的盘山驿道，我造访了无数地图上无名的山村。
我不是在走发财的小路，我更不是想在山野中赢得名声，
谁都知道我是国家的售货员，可是谁都不晓得我的姓名。
虽然是我给各族人民带来了货物，但给边疆带来幸福的并不是我个人。
幸福的来源是整个祖国，我的幸福就是和幸福者一起兴奋。
当我在村口榕树下摆开百货，向我生疏的顾客们唱起了歌，
他们像走进了美丽的花园，不知道最需要采哪一朵；
像见到了多年不见的父亲，傣族娃娃在毛主席像上吻了又吻；
像忽然得到了夜明珠，佧佤老爹怯生生地按亮了手电灯；
像一只得意的孔雀，景颇老妈用花布比着围裙；
像突然发现了仙女，僾尼姑娘第一次用镜子看见了自己的眼睛；
像不敢信任自己的嘴，藏族小伙子轻轻吹响了口琴；
他随意奏着连自己也没听过的曲调，都不像以前那样低沉……
“货郎啊货郎，你可是来自天上？”一个天真的彝族孩子这样问我，“你一定认识太阳！”
“我来自人间到人间，我认识的太阳并不在天边，
它就是我们的共产党，它的光芒能射透积雪的群山！”
“货郎”拉着马，摇着一串铜铃，走过山村到山川，

我行走在山野里并不孤单，我的歌率领着百鸟齐鸣！[①]

这是著名作家白桦1952年在滇南驻边期间创作的一首赞颂民族贸易工作者的诗歌，其中的“货郎”就是指当时人背马驮把生产生活物资送到边疆民族群众手中的民族贸易工作者。70年前，来自全国各地的青年汇聚在云南边疆民族地区，成为民族贸易工作者中的一分子，他们不畏艰难险阻，在国境线上、在深山里、在少数民族村寨中洒下汗水。背负着开辟与建设边疆的使命，民族贸易工作者随解放军向云南边疆进发，带着一队队马帮、牛帮，翻山越岭、跨沟过箐，响亮而清脆的马铃、牛铃声唤醒沉睡的山岗，给边疆各族群众带来物资与希望。

中华人民共和国成立后，为了加强民族团结，把民族政策落到实处，中共中央在边疆民族地区施行以“政权未建，贸易先行”为方针的社会主义商业活动——民族贸易。民族贸易专门针对边疆少数民族地区生活物资短缺、群众买难卖难的情况，组建国营民族贸易机构，以“不赔不赚，有赔有赚，以赚补赔”的经营方式，低价供应给边疆各族群众日用必需品，高价购销农副土特产品。这种方式有效地改善了边疆各族群众的生活水平，促进了边疆商品流通与社会经济发展，把党的温暖送到了千家万户。中华人民共和国成立初期的民族贸易工作，对少数民族所使用的商品多数实行倒挂价，充分体现了党和国家对边疆少数民族地区的细致关怀。

“毛主席派来的人”

中华人民共和国成立初期的独龙江，仍处在刀耕火种、男耕女织的自然经济状态，劳动生产力十分落后，生产生活物资极缺。盐、砍刀、铁锅等生产生活必需品都得经过攀藤附葛、绕山避水，历尽艰难从滇缅边境或翻越4000多米的高黎贡山到其他地方换取。也有极少的外地商人背运日用杂货到独龙江换取麝香、黄连、贝母等名贵药材和山货土特产品，但价格昂贵。独龙江地区的独龙族与外族商人交换物品的一般比价为“一把斧头换三捧黄连，或一捧贝母

①白桦：《金沙江的怀念》，中国青年出版社1955年版，第62—64页。

及两大碗黄蜡；一碗盐巴换一两碗黄蜡，或三四张麂子皮；五块茶叶换五捧黄连；三尺铁锅一口换三捧贝母；一升苞谷换一个针；四斤黄连换一个土锅；五碗盐巴换一张麂子皮；二十碗盐巴换一张野牛皮”。

1949年8月，贡山和平解放。次年4月，贡山县人民政府成立。党和国家十分关心边疆各族人民的生活，重视边疆民族经济的发展和边防的巩固。1951年8月，贡山县民族贸易办事处成立后，立刻承担起农副土特产品的收购与生产生活必需品的出售工作。最初的办事处只有4位工作人员。办事处没有营业办公的房子，就暂借茨开村牛万春家的房子使用，楼上办公，楼下营业，没有开伙的地方就同政府一起开伙。1952年下半年，办事处与县级各单位一起到县城盖了一所上下共10间房的楼房、一所共5间房的平房，都是土木结构的老式房子。1953年，办事处职工增加到30余人，办事处派出李华、独龙族青年孔志礼到独龙江成立区级民族贸易商店，在区政府所在地巴坡建盖竹木结构的茅草房商店，占地面积80平方米，门市部和仓库各1间，门市部房长8米、宽4米，仓库房长12米、宽4米。1953年12月25日，独龙江区民族贸易中心商店正式营业，热闹非凡，结束了独龙江自古无商店的历史。

由于独龙江长期处于封闭状态，加上受传统思想的影响，群众商品观念淡薄，认为买卖活动是一种不光彩的行为。民族贸易工作者们认真做好群众的思想动员工作，宣传商品生产和商品交换给生产生活带来的好处，逐渐改变了独龙江人民的传统观念。到商店购买货物与出售土特产品的人不断增多，他们都说中国共产党的商店真好，很讲信用。民贸商店以合理的价格和优质的服务赢得了边民的信任。民族贸易部门还经常组织职工走村串寨送货下乡，坚持流动收购和销售，支援了各族群众的生产建设，大大地方便了各族群众。民族贸易商店开到独龙江，给当地各族群众的生产生活带来了极大方便，同时也改变了他们的思想观念，增强了他们的商品意识，促进了当地的经济发展，加快了边疆社会进步的步伐，人们亲切地称民族贸易工作者是“毛主席派来的人”。

国境线上的售货员

1954年4月，出生在独龙江乡的14岁独龙族少女加纳参加了民族工作队，同年7月进入云南民族学院进行为期1年多的学习。经过学习，她基本掌握了汉族的日常用语，并达到小学二年级的文化水平。1955年底学习结束后，加纳返回贡山县参加民族工作队，为了密切联系群众，便于开展工作，她学会了怒族语、傈僳族语。加纳属于本地独龙族，又懂得怒族语和傈僳族语，1960年她被调到百货门市部当售货员，成为独龙族的第一个女售货员，之后又被调到丙中洛民族贸易商店工作。加纳回忆说：

60年代的商业工作很艰苦，一年四季没有星期天……常年坚持送货下乡。送货下乡很辛苦，也很快乐。我们一人一个背箩、一个手电筒，凭着一股为人民服务的热情，只要是群众需要、方便群众的事争着抢着去做，人人都能背上七八十斤重的货篮，每天送货下乡要走10多公里的山路，从不叫苦叫累。商店里轮流留两个人守门市部，卖货兼收购，给下乡送货的同伴做饭，其余的背上一些手电筒下乡送货。我一个人背着货篮走村串寨，常到群众劳动的地方把货篮子放在田地边，跟群众一起劳动，等群众休息时，我赶紧摆出货来卖，收工后又到村子里挨家挨户地去卖……虽然大部分时间卖不了几块钱，有时甚至是货物原封不动地又背回来，尽管如此，还是没有怨言，仍坚持送货下乡。

事实上，并不是群众不需要东西，而是因为农村经济非常困难，老百姓连最起码的生活必需品都买不起，所以更多时候“贸易帕”（傈僳族语，意为做贸易的大哥）们只能以物易物，用针线、盐巴等同群众交换土特产品。在送货下乡时兼收购一些农副产品，发动群众种植辣椒、草烟及药材等经济作物，以及上山寻找黄连、贝母、香菌等特产卖给商业部门，想尽一切可能的办法改善当地民族的生活。

加纳说：她参加工作30年了，其中24年从事商业工作。在党的亲切教育培养和各族干部群众的帮助下，她不仅学会了商业知识，还学会了讲5种民族语言，能为各民族群众尽心尽力地服务，从而受到群众的欢迎，这是她一生最大的幸福和光荣，也使她深深地认识到：党的教育和培养是民族干部健康成长的基础。可见，民族贸易工作者们为这段火红的经历而骄傲。

正是中国共产党培养出的各行业各领域的民族工作者不畏艰难、无私忘我、扎根边疆，不断把党的温暖及时送到各族群众身边，才使得“中国共产党是为各民族服务的党”的赞誉流传在边疆民族群众当中，进而书写了各民族听

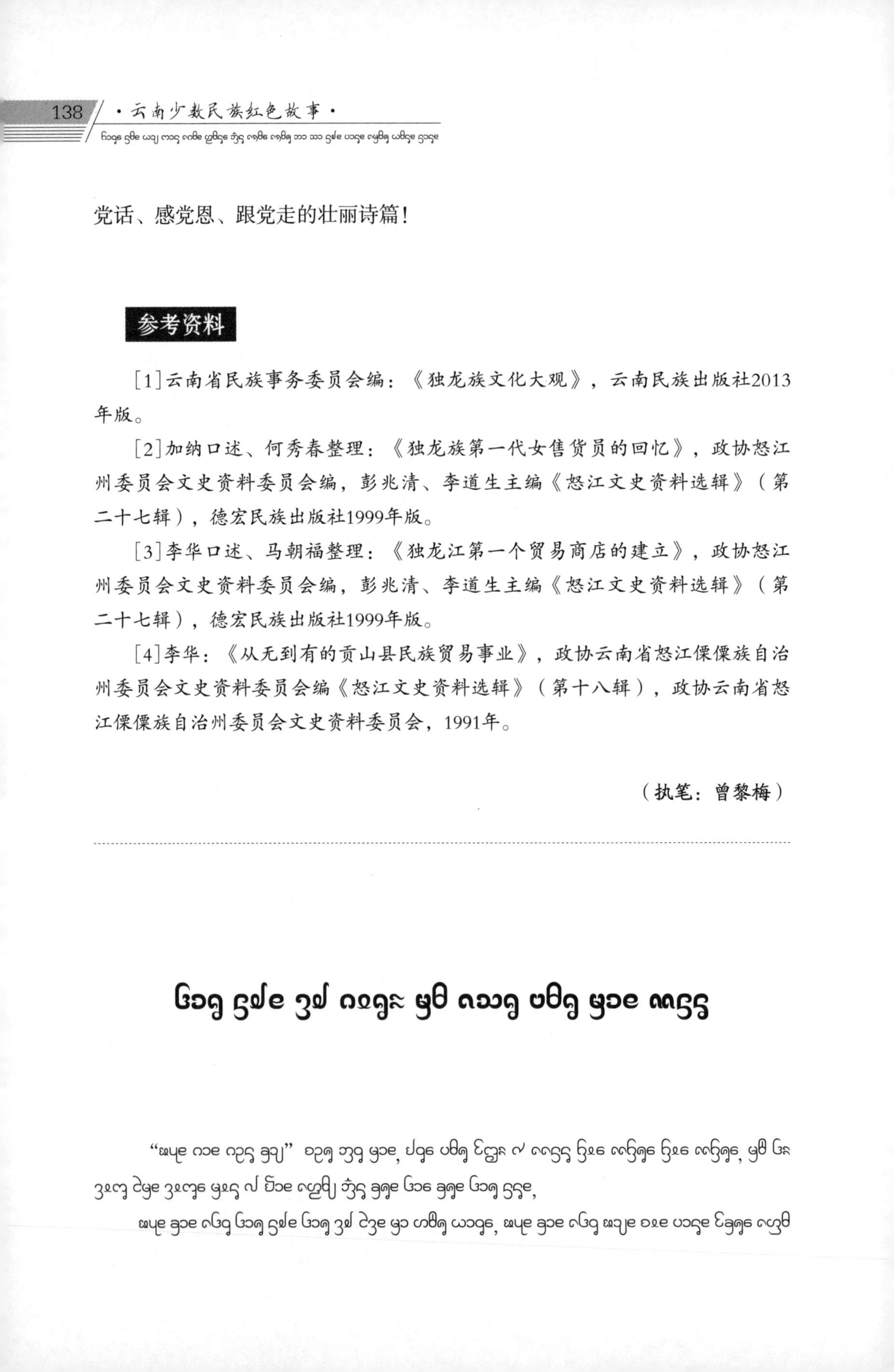

党话、感党恩、跟党走的壮丽诗篇!

参考资料

[1]云南省民族事务委员会编:《独龙族文化大观》,云南民族出版社2013年版。

[2]加纳口述、何秀春整理:《独龙族第一代女售货员的回忆》,政协怒江州委员会文史资料委员会编,彭兆清、李道生主编《怒江文史资料选辑》(第二十七辑),德宏民族出版社1999年版。

[3]李华口述、马朝福整理:《独龙江第一个贸易商店的建立》,政协怒江州委员会文史资料委员会编,彭兆清、李道生主编《怒江文史资料选辑》(第二十七辑),德宏民族出版社1999年版。

[4]李华:《从无到有的贡山县民族贸易事业》,政协云南省怒江傈僳族自治州委员会编《怒江文史资料选辑》(第十八辑),政协云南省怒江傈僳族自治州委员会文史资料委员会,1991年。

(执笔:曾黎梅)

[illegible]

[illegible]

[illegible]

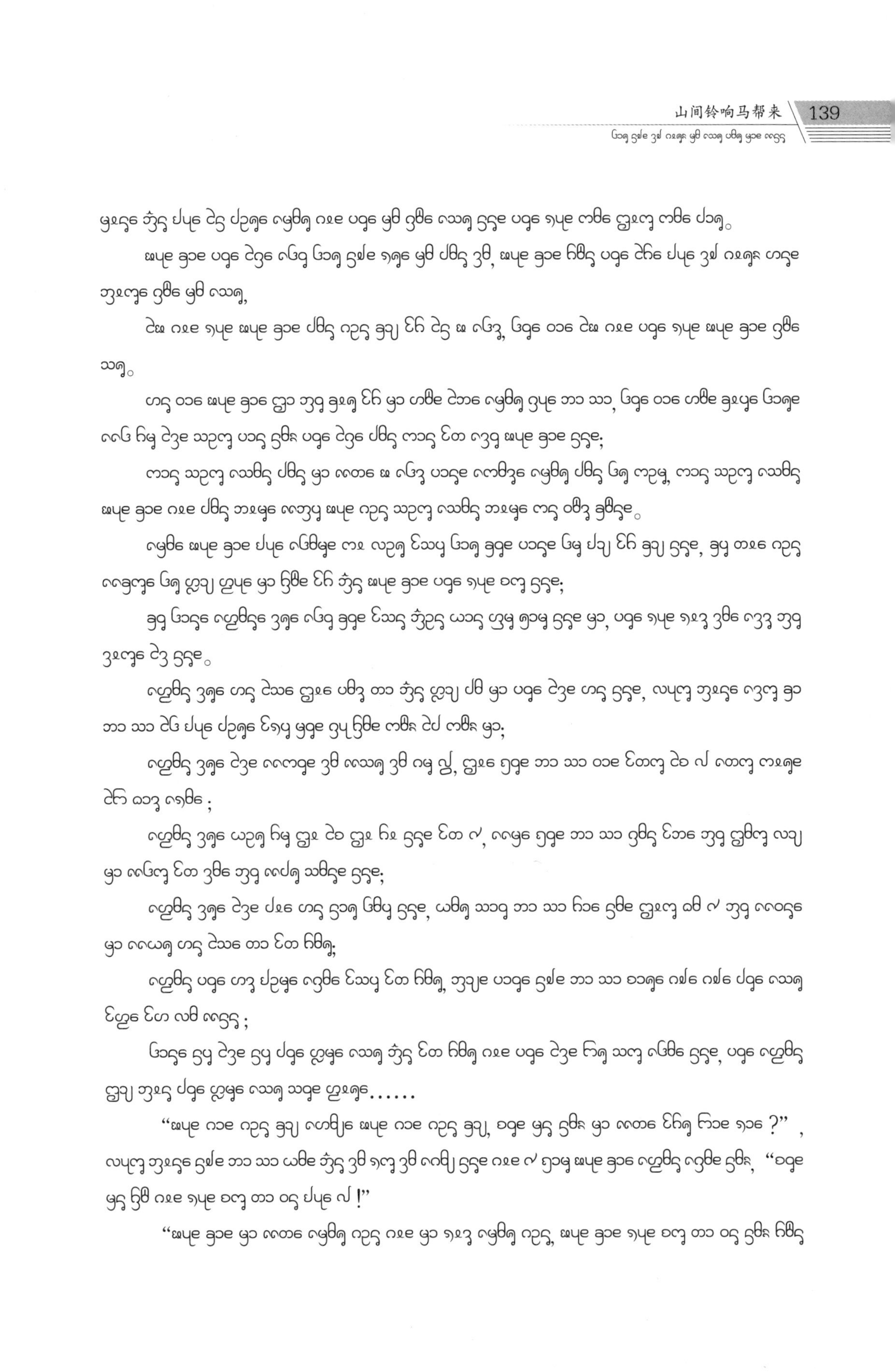

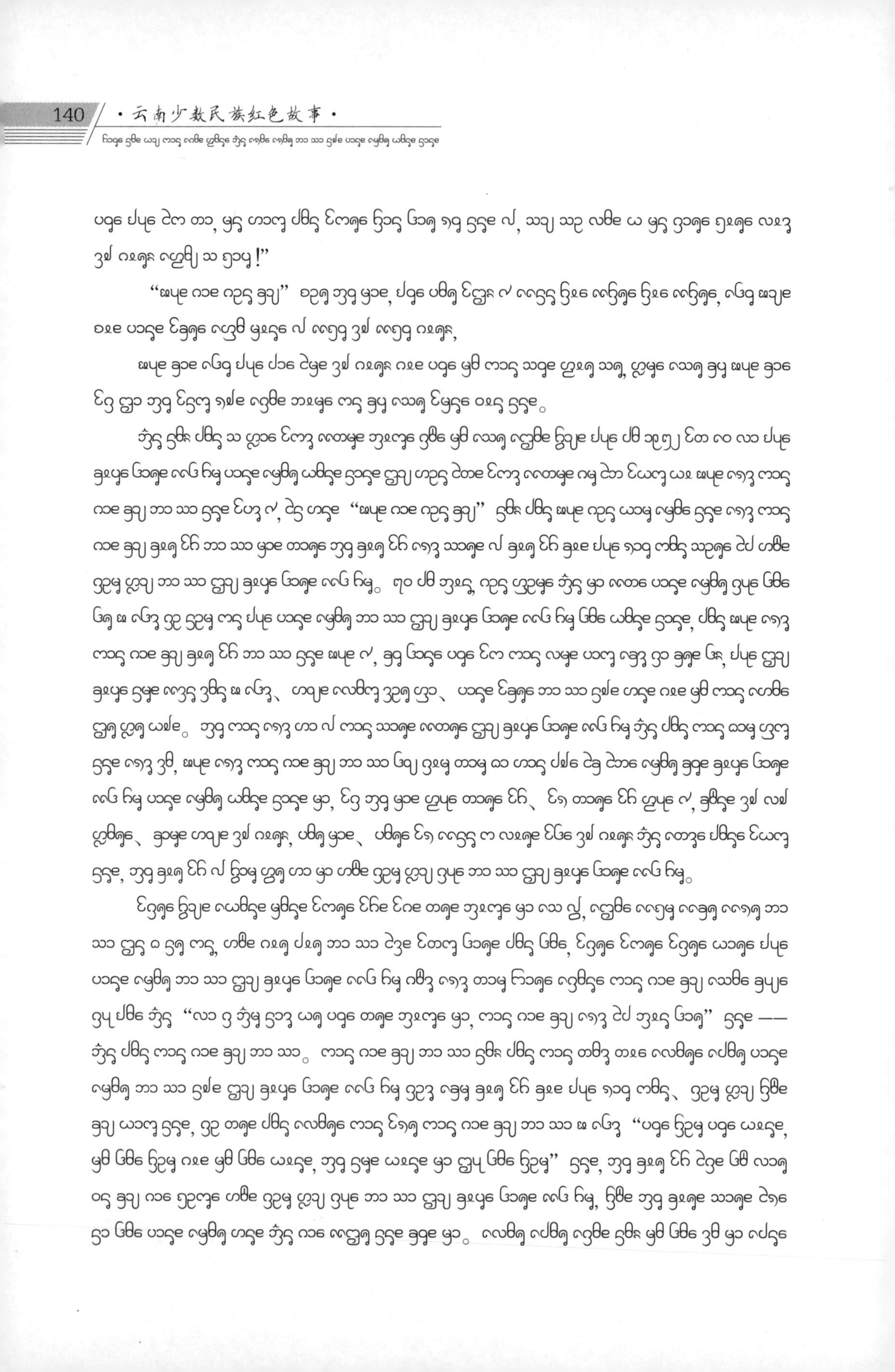

[illegible]

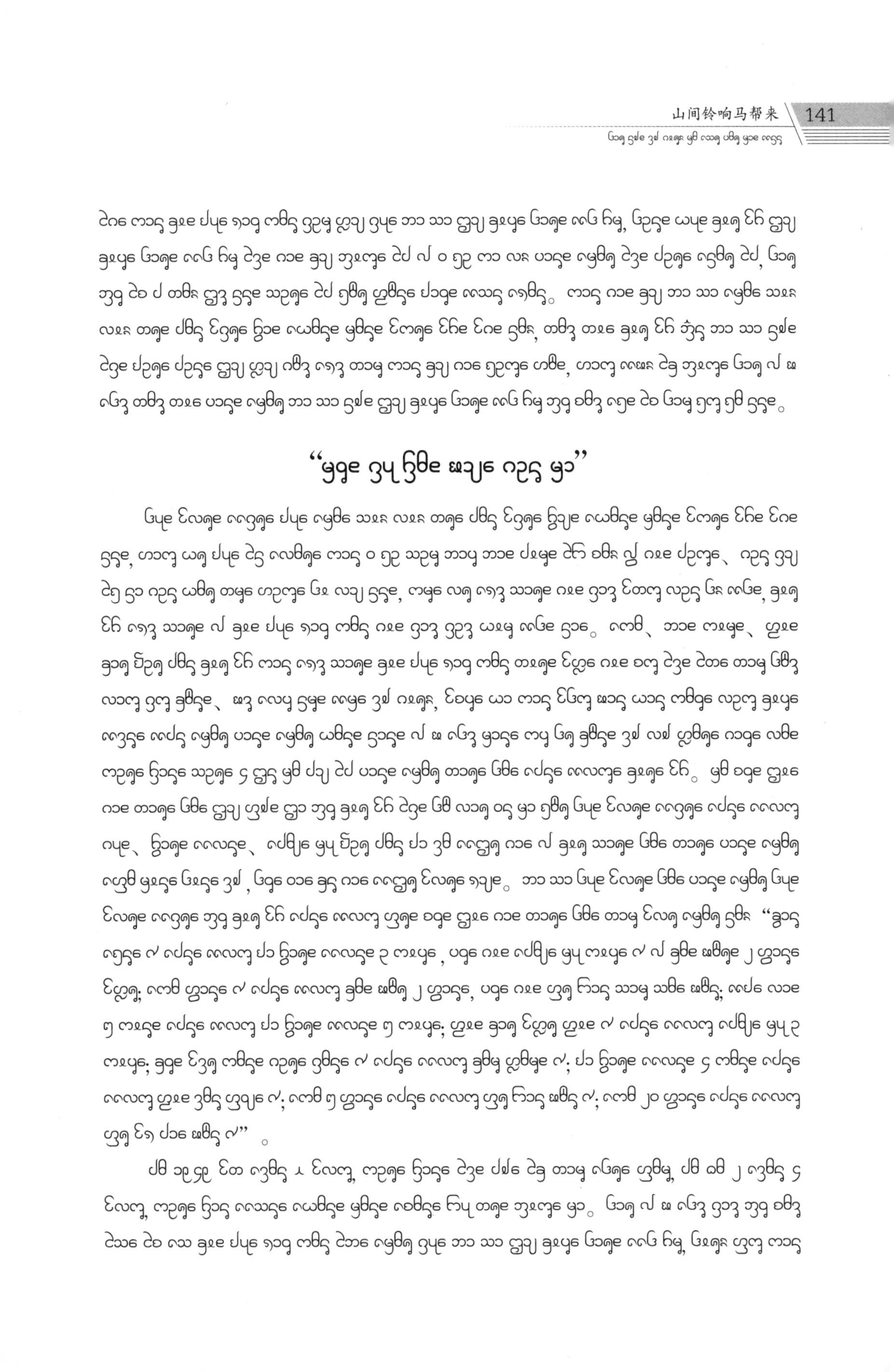

[illegible]

“[illegible]”

[illegible]

[illegible]

[illegible]

ᦡᦳᦸᧃ ᦵᦡᦲᧃ ᧐ ᧙᧒ ᦘᦱ ᦉᦱ ᦉᦲᧁ ᦃᦳᦎᧃ ᦷᦙᦸᧆ ᦶᦎᧈ ᦂᦲᧉ ᦟ ᦂᦱᧃ ᦂᦱᦸᧆ ᦶᦶᦠᧂ ᦃᦳᦎᧃ ᦶᦶᦑᧂ ᦶᦶᦡᧂ ᦵᦖᦲᦸ ᦡᦑᧆ ᦉᦳᧂᧆ ᦅᦳᦸ。 ᦡᦲ ᧑᧙᧕᧐ ᦺᦎ ᦵᦑᦲᧂ ᧔ ᦺᦟᦵᦞ, ᦂᦳᦸᧃ ᦅᦱᧂᧃ ᦶᦵᦉᦱᧃ ᦡᦱᧃ ᦉᦲᧃ ᦉᦳᧃ ᦘᦱ ᦉᦱ ᦵᦑᦲ ᦂᦱᧃ ᦅᦱᧁ ᦃᦳ ᦎᦱᦸᧃ ᦘᦳᦵᦂᧃ ᦖᦱ ᦵᦞᦱ ᦟᦲ, ᦡᦵᦂ ᦡᦱᦖ ᦂᦱᧃ ᦵᦅᦲᦸᧃ ᦅᦲᧁ ᦘᦳᦸ ᦃᦳᦸ ᦉᦱᦸᧁ ᦡᦱᦸᧃ ᦅᦱ ᦖᦲ ᦢᦲᧃ ᦎᦱᦸ ᦔᦱᧂᧁ ᦵᦖᦲᦸ ᦠᧂᧁ ᦂᦳ ᦢᦸ ᦂᦱᧃ ᦅᦱᧁ ᦃᦳ ᦃᦳᦸ ᦺᦂ ᦂᦱᧃ ᦵᦑᦲ ᦉᦱᦸᧁ ᦟ ᦂᦱᧃ ᦃᦳᧁ ᦡᦳᦵ ᦓᦱᦸ ᦂᦲᧃ ᦺᦜᦵ ᦡᦑᧁ ᦓᦓᧁ。 ᦡᦱᧃ ᦉᦲᧃ ᦉᦳᧃ ᦅᦖ ᦃᦲᦸ ᦖᦲ ᦅᦳᧃ ᦡᦱᧃ ᦂᦱᧃ ᧕ ᦅᦳᧃ ᦔᦸᧃ ᦑᦳ。 ᦡᦱᧃ ᦉᦲᧃ ᦉᦳᧃ ᦔᦸᧃ ᦖᦲ ᦶᦵᦉᦸᧃ ᦃᦳ ᦺᦂ ᦟ ᦵᦑᦲᧃ ᦡᦱᧃ ᦡᦸ ᦂᦱᧃ, ᦡᦲᦖ ᦘᦳ ᦵᦑᦲᧃ ᦓᦲᧁ ᦉᦱᧃ ᦅᦳᧃ ᦔᦱᧁ ᦉᦲᧃ ᦂᦳᧃ ᦖᦱ ᦡᦑᧁ ᦡᦳᦸᧃ, ᦵᦉᦲ ᦵᦑᦲᧃ ᦂᦲᦑ ᦡᦸ ᦂᦱᧃ、 ᦡᦎᧁ ᦟᦱᦸᧃ ᦃᦳ ᦺᦂ, ᦔᦸᧃ ᦖᦲ ᦢᦲᧃ ᦶᦵᦡᦸ ᦃᦸᧁ ᦶᦵᦡᦸ ᦓᦖᧁ ᦂᦵᧁ ᦡᦡ ᦶᦵᦡᦸ ᦶᦵᦘᦳ ᦵᦉᦲᧃ ᦂᦳ。 ᦡᦲ ᧑᧙᧕᧑ ᦺᦎ ᦠᦱᦸ ᦡᦲ, ᦡᦱᧃ ᦉᦲᧃ ᦉᦳᧃ ᦘᦵᦖᧃ ᦶᦵᦘᦳ ᦺᦑᦸ ᦂᦱᧃ ᦢᦱᦸᧃ ᦞᦳ ᦑᦳᧃ ᦑᦱᧃ ᦡᦓ ᦶᦶᦉᦱᧃ ᦡᦡ ᦶᦵᦡᦸ ᦵᦑᦲᧃ ᦉᦳᦸ ᦉᦱᦸ ᧗ ᦖᦲ ᧑᧐ ᦂᦵᦸᧁ、 ᦵᦑᦲᧃ ᦵᦉᦲᦸ ᦉᦱᦸ ᧗ ᦖᦲ ᧙ ᦂᦵᦸᧁ ᦓᦓᧁ ᦘᦵᦂᧃ ᦖᦱ, ᦡᦲᧃ ᦵᦑᦲᧃ ᦑᦲ ᦂᦸᧃ ᦘᦳᧃ ᦘᦳ ᦑᦲᧃ ᦡᦓᧁ ᦡᦖᧁ ᦶᦵᦡᦸ ᦓᦓᧁ。 ᦡᦲ ᧑᧙᧕᧒ ᦺᦎ, ᦡᦱᧃ ᦉᦲᧃ ᦉᦳᧃ ᦖᦲ ᦌᦳᧁ ᦵᦞᦵ ᦅᦳᧃ ᦂᦱᧃ ᦉᦳᦑ ᦓᦵᦑ ᦓᦲᦸ ᧒᧐ ᦅᦳᧃ ᦡᦑ, ᦡᦱᧃ ᦉᦲᧃ ᦉᦳᧃ ᦌᦑᧃ ᦟᦲ ᦂᦑᧁ、 ᦅᦳᧃ ᦉᦳᦖᧃ ᦘᦱ ᦉᦱ ᦢᦳᧁ ᦺᦟᦸᧁ ᦂᦳᦸ ᦐᦲᧃ ᦟᦲ ᦡᦡ ᦢᦲᧃ ᦢᦳᧁ ᦺᦟᦸᧁ ᦶᦵᦑᦸᧃ ᦠᧂᧁ ᦎᦸᧁ ᦶᦵᦉᦸᧃ ᦺᦂ ᦘᦱ ᦉᦱ ᦵᦑᦲ ᦂᦱᧃ ᦅᦱᧁ ᦃᦳ ᦓᦱᧂᧁ ᦂᦲᧃ ᦓᦓᧁ ᦘᦵᦂᧃ ᦖᦱ, ᦉᦱᧃ ᦺᦎᧃ ᦘᦳᧃ ᦡᦲᧃ ᦢᦲᧃ ᦂᦲᧃ ᦵᦐᦲᧃ ᦂᦳ ᦡᦳᧃ ᦓᦓᧁ ᦎᦸᧁ ᦵᦑᦲᧃ ᦂᦱ ᦘᦳᧃ ᦘᦳ ᦡᦖᧁ ᦶᦵᦡᦸ ᦡᦲᧃ ᦶᦶᦉᦸᧃ ᦃᦳ ᦺᦂ, ᦐᦱᧃ ᦉᦳᦱᧁ ᦵᦢᦲᦵ ᦓᦖᧁ ᦑᦲᧃ ᧔᧐ ᦘᦲᧃᧁ ᦂᦱᦸᧃ ᦖᦲ, ᦶᦶᦉᦸᧃ ᦃᦳ ᦺᦂ ᦟ ᦢᦲᧃ ᦡᦞᧃ ᦺᦂ ᦵᦑᦲᧁ ᦡᦑ ᦖᦲ ᦂᦵᦸᧁ ᧗, ᦵᦑᦲᧃ ᦶᦶᦉᦸᧃ ᦃᦳ ᦺᦂ ᦓᦖᧁ ᦊᦱᦖ ᦖᦲ ᧔ ᦖᦲ、 ᦉᦱᦸᧁ ᧕ ᦖᦲ, ᦵᦑᦲᧃ ᦡᦞᧁ ᦺᦂ ᦓᦖᧁ ᦊᦱᦖ ᦖᦲ ᧑᧒ ᦖᦲ、 ᦉᦱᦸᧁ ᧕ ᦖᦲ。 ᦡᦲ ᧑᧙᧕᧒ ᦺᦎ ᦵᦑᦲᧃ ᧑᧒ ᦺᦟᦵᦞ ᦘᦵᦂᧃ ᧒᧙ ᦂᦖ, ᦢᦲᧃ ᦂᦱᦸ ᦡᦢ ᦶᦶᦉᦸᧃ ᦃᦳ ᦺᦂ ᦘᦱ ᦉᦱ ᦢᦳᧁ ᦺᦟᦸᧁ ᦶᦵᦑᦸᧃ ᦐᦲᧃ ᦎᦸᧃ ᦃᦳ ᦺᦂ, ᦠᦱᦵ ᦺᦖᦓᧃ ᦂᦲᧃ ᦶᦢᦲ ᦓᦱᧃ, ᦢᦳᧁ ᦺᦟᦸᧁ ᦶᦵᦑᦸᧃ ᦵᦖᦓᧃ ᦺᦖᦔ ᦂᦱᧃ ᦓᦲᧁ ᦢᦱᧃ ᦘᦳᧃ ᦶᦶᦎᧃ ᦡᦑ ᦖᦱ ᦅᦵᦁ ᦔᦸᧃ ᦖᦲ ᦶᦶᦉᦸᧃ ᦃᦳ ᦺᦂ ᦓᦓᧁ ᦟᦲ。

ᦊᦵᦓᧁ ᦵᦉᦲᦢᧃ ᦢᦳᧁ ᦺᦟᦸᧁ ᦶᦵᦑᦸᧃ ᦡᦳᧃ ᦡᦓ ᦠᦳᦓᧃ ᦵᦟᦲᦸᧃ ᦔᦸᧃ ᦃᦸᧁ ᦘᦵᦂᧃ ᦡᦡ ᦖᦱ ᦠᦱ ᦵᦉᦲᦢᧃ ᦠᦲᦸ ᦊᦱᦸᧃ, ᦶᦵᦑᦖ ᦖᦱ ᦂᦲᧃ ᦖᦲ ᦂᦱᦖ ᦂᦲᦑ ᦂᦸᧃ ᦂᦵᦓᧃ ᦂᦱᧃ ᦂᦖ ᦟᦲᦖ ᦉᦲᦖᧃ ᦖᦱ ᦂ ᦓᦱᧃ ᦂᦵᧁ, ᦢᦱᦸ ᦢᦵᦸᧁ ᦑᦳᦖ ᦉᦳᦑ ᦵᦑᦲ ᦂᦱᧃ ᦅᦱᧁ ᦃᦳ ᦑᦳᦑ ᦊᦵᦖ, ᦂᦲᦑ ᦞᦱᧃ ᦵᦑᦲ ᦂᦱᧃ ᦅᦱᧁ ᦃᦳ ᦓᦲᧃ ᦡᦲᧃ ᦂᦱᧃ ᦌᦲᦑᧃ ᦘᦳ ᦵᦑᦲᧁ ᧗。 ᦌᦳᧁ ᦵᦑᦲ ᦂᦱᧃ ᦅᦱᧁ ᦃᦳ ᦘᦱ ᦉᦱ ᦢᦸ ᦉᦳᦑ ᦃ ᦡᦖ ᦡᦢ ᦘᦳ ᦂᦱᧃ ᦉᦵᧃ ᦺᦓ ᦑᦳᦖ ᦉᦳᦑ ᦵᦑᦲ ᦑᦲ, ᦶᦌᧃ ᦉᦵᧃ ᦂᦱᧃ ᦵᦑᦲ ᦉᦱᦸᧁ ᦃᦵᦸ ᦃᦳ ᦟ ᦂᦱᧃ ᦡᦓᧃ ᦶᦵᦟᦵ ᦂᦱᧃ ᦵᦑᦲ ᦉᦱᦸᧁ ᦂᦱᧃ ᦃᦵᧁ ᦡᦳᧃ ᦓᦱᦑ ᦂᦲᧃ ᦉᦱ ᦡᦲᧃ ᦂᦱᧃ ᦑᦲ ᦓᦓᧁ, ᦢᦱᦸ ᦢᦵᦸᧁ ᦡᦎᧃ ᦵᦖᦲᦸ ᦢᦳᧁ ᦺᦟᦸᧁ ᦶᦵᦑᦸᧃ ᦂᦸᧃ ᦂᦵᦓᧃ ᦂᦱᧃ ᦂᦖ ᦟᦲᦖ ᦉᦲᦖᧃ ᦖᦱ ᦂᦵᧁ ᦡᦑᧁ ᦡᦓᧃ ᦡᦂ ᦖᦱ ᦉᦸᧁ ᦔᦵ ᦔᦱᦑ。 ᦅᦳᧃ ᦡᦡ ᦶᦶᦉᦸᧃ ᦺᦂ ᦓᦲᧁ ᦃᦳᦸ ᦺᦂ ᦟ ᦃᦳ ᦃᦳᦸ ᦺᦂ ᦘᦳᧃ ᦢᦲᧃ ᦎᦱᦸᧃ ᦔᦱᧂᧁ ᦵᦖᦲᧂᧁ ᦠᧂᧁ ᦂᦵᧁ ᦉᦳᦑ ᦖᦱ ᦔᦸᧃ ᦃᦱᦑ, ᦃᦸ ᦢᦱᧃ ᦞᦱᧃ ᦶᦶᦉᦸᧃ ᦺᦂ ᦺᦑᦸᧃ ᦺᦂᦵ ᦺᦂᦸᧃ ᦓᦱᧃ ᦢᦱᦸ ᦓᦲᧃ ᦑᦱᦑ ᦑᦲ ᦶᦢᦵ, ᦞᦱᧃ ᦡᦑ ᦂᦵᧁ ᦖᦲ ᦓᦓᧁ。 ᦶᦶᦉᦸᧃ ᦃᦳ ᦺᦂ ᦘᦱ ᦉᦱ ᦃᦓ ᦂᦱᧁ ᦂᦵᧁ ᦡᦖ ᦶᦵᦖᦓᧃ ᦂᦖ ᦢᦸ ᦂᦱᧃ ᦡᦱᦖ ᦂᦵᧁ ᦵᦑᦲ ᦡᦑᦵ ᦑᦲ ᦠᦱᦵ ᦠᦲᦵ ᦡᦎᧃ ᦵᦖᦲᦸ ᦉᦳᦑ ᦃᦳᦵᦔᧃ ᦢᦱᦸᧃ ᦶᦵᦢ ᦂᦲᦖ ᦡᦳᦖᧃ ᦵᦉᦲᦢ。 ᦺᦑᦸ ᦂᦱᧃ ᦂᦱᧁ ᦃᦳ ᦘᦱ ᦉᦱ ᦊᦱᦖ ᦡᦑ ᦂᦵᧁ ᦑᦳ ᦓᦳᦖ ᦘᦳ ᦌᦳᧁ ᦵᦞᦵ ᦅᦳᧃ ᦂᦱᧃ ᦉᦳᦸᧃ ᦺᦂ ᦡᦡ ᦑᦲᦸ ᦔᦱᧂ ᦺᦃᦸᧃ, ᦃᦑ ᦶᦵᦃᦸ ᦵᦑᦲ ᦂᦱᧃ

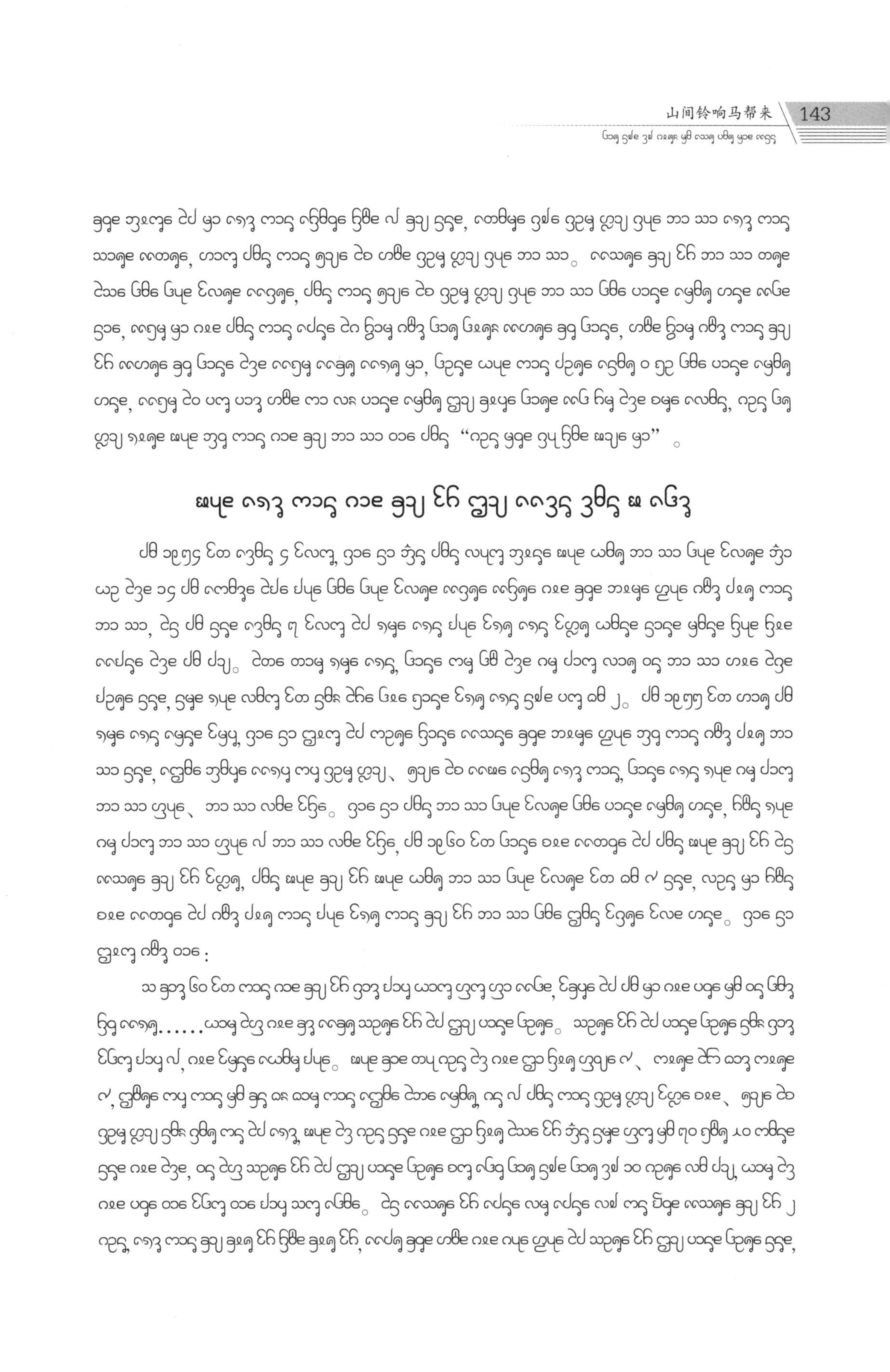

[illegible]

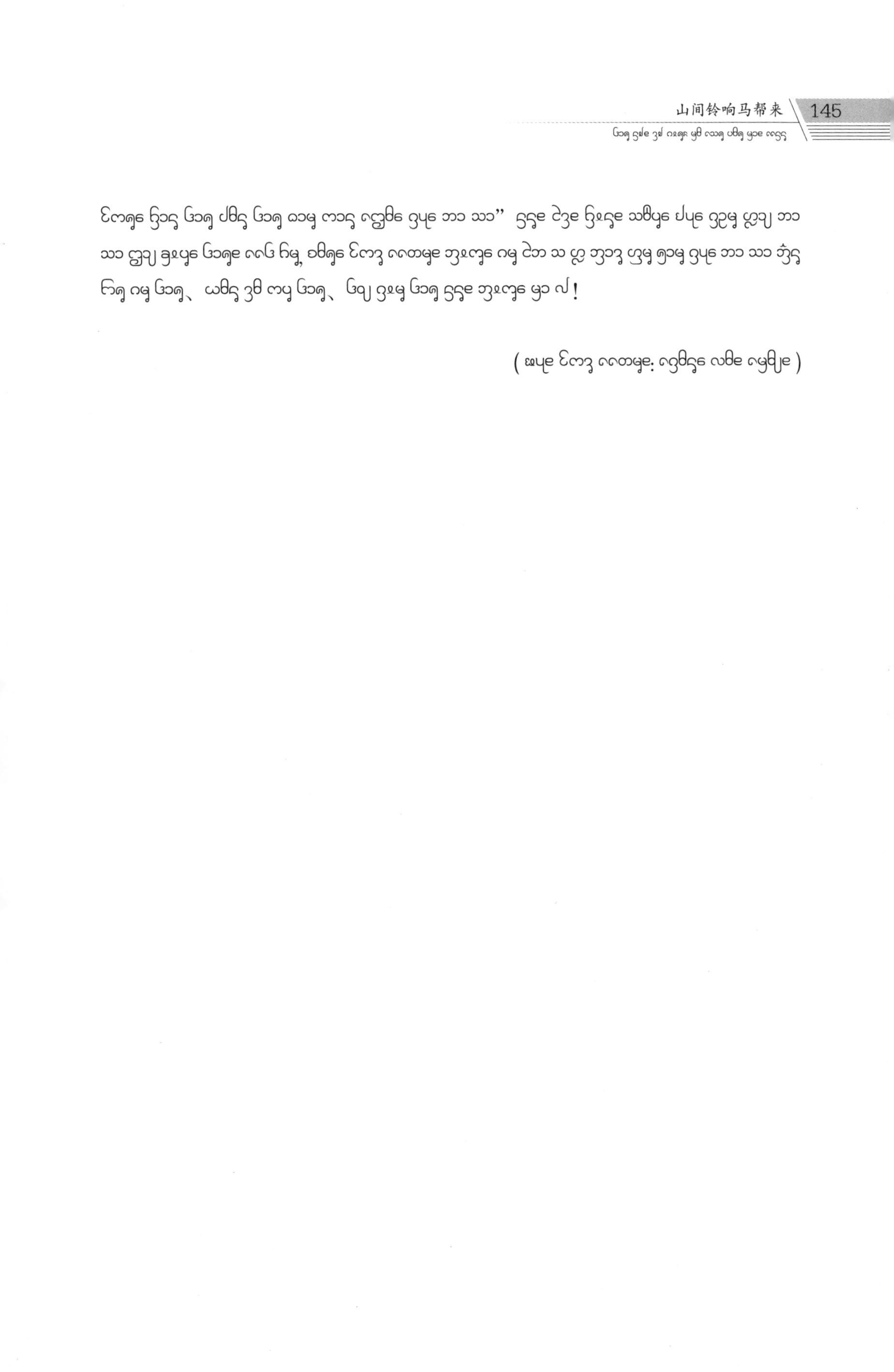

[illegible]

([illegible])

商山火种

“走一山来唱一山，欢乐歌声唱不完。你唱一声我接着，诗歌还比星星多！”学校的墙报栏、走道间、墙壁上，到处贴满了这样热情洋溢的诗篇，同学们则叽叽喳喳讨论着、笑着。一位怒族的学员受到氛围的感染，不禁感叹：“不会跳舞也要跳上几千次，不会唱歌也要唱上几千声！”这是20世纪50年代云南民族学院的学员们举行春节赛诗会的热烈场面。这些学员大多来自云南各个少数民族，几年前，他们中的很多人还连汉语都不会说，更不用提作诗了。而作诗，只不过是他们学习成果中微小的一部分。在民院的大部分时间，他们都在和不同民族的同学一块儿学习汉语汉字，学习少数民族文字，学习少数民族语文，学习政策……每天都有全新的收获，各民族间的情谊一日深过一日。这一切，都要归功于云南省政府、云南民族学院为培养少数民族干部付出的努力。

贵族、奴隶成同窗

1949年中华人民共和国成立后，云南少数民族地区的工作进入新阶段。由于历史原因，云南少数民族地区的经济、社会发展相对滞后，文化教育事业发展缓慢，人口素质问题成为制约民族地区发展的主要因素。要实现少数民族地区在教育上的平等，就必须采取特殊政策。而同时，中华人民共和国成立前云南参加革命的少数民族干部仅有1392名，远远不能满足当时开展民族工作的需要，急需培养一批新的少数民族干部。

1950年9月，云南省开始筹建云南民族学院。1951年5月，云南民族学院招收第一期学员，展开为期8个月的培训。这批学员共675人，是由各地选送的。[1]这可能是云南民族教育史上差异最大的一批生源。据统计，这批学员的民族成分多达40种（当时尚未进行民族识别），56%来自边疆，30%不懂或略懂汉语；年龄最小的只有14岁，大的有51岁；文化水平从大学、中学、小学到文盲都有。为尊重民族文字，懂本民族文字但不懂汉文的不算文盲，但就算这样，文盲仍占1/4。除干部学员外，其他多数信仰不同宗教。学员既有农民青年、奴隶，也有年轻的土司、贵族子弟、山官、头人和阿訇、海里凡，还有小凉山的奴隶主等。据云南民族学院第一期学员褚有本回忆，贡山县选送的学员“单衣、赤足翻越了海拔4000多米的碧罗雪山，夜宿救命房。寒风凛冽，冰雪刺骨，不能入眠”，步行7天到达丽江地区，从丽江出发，历经步行、乘马车、坐煤炭车8天才到达昆明。[2]这样的一批人能走进同一所学校，是千百年来没有过的新奇事。

出身于奴隶的少数民族同胞在中国共产党的领导下挣断了身上的镣铐，向着成为共产主义的民族干部而努力，而新社会的建设也同样需要少数民族中原本的精英和头人贡献力量。经反复研究，云南民族学院慎重决定，初步确定将一般学生编为政治训练班，各地领导干部编为政策研究班。政策研究班中设置了为全省民族地区的土司头人提供学习培训的政治研究甲班及培训区县领导干部的乙班。政治训练班又根据学员文化水平和语言的不同分成了一、二、三班，其中的一、二班为通汉语班，各族学员混合编组；不懂或略懂汉语、必须配备翻译才能听懂的学员则统编为第三班，并按各民族语言（包括方言）的不同分成几个队。另外，又分别设立了藏传佛教、南传佛教、基督教、天主教和伊斯兰教5个宗教活动场所。云南民族学院对少数民族干部的培养逐渐走上了正轨。

①李力主编：《云南民族学院四十年：1951—1991》，云南大学出版社1990年版，第6页。

②褚有本著述：《傈僳山寨报春鸟——73年的回忆》，云南民族出版社2006年版，第39页。

地上有千万条河，都一齐流向东方

对参加第一期教学的学员们，云南民族学院的首要教学任务是疏通民族关系，消除民族隔阂，以便开展对敌斗争。从院址的选择开始，中共云南省委和学院领导就始终将民族感情放在第一位，要求体现共产党和政府对少数民族的关怀、对民族教育的重视，一定要把较好的场地和建筑拨给云南民族学院。听闻此事，龙云将1943年新建的南菁学校校舍捐赠出来，作为新的云南民族学院校址。该校的主体建筑坐落在昆明市北郊莲花池畔的商山上，“商山晚樵”曾是昆明著名的“八景”之一，校内柏树掩映，环境优美，让到达学院的学员们耳目一新。

但是，学员们还是难免忐忑不安，各怀心思。一般的工农群众和小知识分子来这里多数都是为了“学习毛主席的道理、学习文化”，在职干部来这里一般是为了学民族政策，知识分子来这里则是为了研究所谓的“专门问题”。在昆明招考来的学生是为了寻找个人出路，甚至有几个是敌人有计划派来进行破坏活动的；边疆来的民族青年及部分上层，大部分是为了摸共产党民族政策是真是假，探听共产党力量是强是弱；其他则是为了游城参观、看看世面，甚至应差开会和被雇佣而来。因此，尽管大多数学生学习情绪很高，还要求延长学习时间，怕自己水平低校方不要，但部分边疆民族及民族上层更多表现出的是无尽的思想顾虑，怕病了无人照管，甚至因为学校把生活照顾得很好而发生疑惧，发了衣服不敢穿，发了用具不敢用，怕以后要钱赔不起，有的入学当天就要求回家；部分学生情绪混乱不安，不按时起床，不上课，好哭，同学间争吵、打架，等等。总是说服了这个又发生了那个；今天刚说通，明天又不通了。

经过研究、摸索和多次失败，老师们才逐渐发现这是历史上民族隔阂给学生的思想带来的影响：他们不相信甚至害怕汉族的老师，不相信甚至戒备其他民族的同学，也不适应汉族的生活习惯。找对了“病症”，接下来便是“开药方”。老师们引导学生独立思考，对学生的行为不过分管束，并着重进行民族平等团结教育。学院的老师们在平日的生活中也努力营造民族平等团结的氛围。全校仅有的30多名教职工来自各地，多数是青年同志，没有什么经验，只凭着一股革命的劲头，“不要命”地日夜操劳。虽然待遇很低，生活艰苦，可大家毫无怨言。每到星期日，教师们还像母亲一样带领学生上街购物、观光市容，生怕学生迷路。

在学习上，院长王连芳提出，在民院“人人是老师，个个是学生，处处是课堂”。老师主动向学员学习少数民族语言、风俗习惯，学员在生活上、学习上的疑惑，老师都积极帮助解惑。学院的老师们组织学员到昆明周边考察，在安宁看到美国以“儿童医院”为幌子建立残害儿童的场所，学员们义愤填膺；到农村观摩土改，参加农民的诉苦大会，切身体验农民的生存现状，学员们对社会现实有了深切的体会。学习期间，苏联同志到校参观，学校举行了隆重而充满国际友爱的欢迎会，学员们深受触动。属上层学员的甲班，老师们让他们把对政策的疑问、特别关心的问题、境外的政治传闻，甚至对内地土改道听途说的偏差等，直截了当地提出来。先由本人自己讲，再由大家讨论，然后请各有关领导来解答，若不满意、不清楚还可再讨论、再解答，直到大家信服为止。甲班的学员对这种学习方法十分满意。有一名多次反叛回归的澜沧土司叹服地说：“按照上级这样好的政策，我若再叛国，那就不是人了。”他还引用了三国时期孟获的话戏言道：“丞相真神人也，南人不复反矣。”

在各方的努力下，学员们共同学习，逐渐变得亲密无间。从前，由于交通阻隔，景颇族从未听说过佧佤人，佧佤人仅在古老的传说中听说过“康”（景颇族）。现在，他们却齐心协力为了建设社会主义共同努力，正如学员们后来唱的那样：“天上的云彩各飘在一方，但都围绕着太阳，地上有千条万条河，都一齐流向东方！”

到祖国最需要的地方去

随着学习的深入，老师与学员之间的感情越来越深，学员们越来越理解了参加学习的意义，对自己的未来也有了清晰的规划。一位傈僳族学员第一次看到自己民族的文字时，感动得掉下眼泪。“我们能够翻译简单的文章了！”学好自己民族的文字，不仅能够很快地扫除文盲和学习汉语文，提高文化科学知识，而且能把共产党的方针政策尽快传达到群众中去。当学员们用自己民族的新文字来翻译党和毛主席的道理时，心里是多么喜悦和激动！很多学员默默努力，暗暗在心中发誓，要鼓足干劲，继续努力学习，锻炼成为一个共产主义事业需要的、合格的民族干部，更好地为祖国社会主义建设贡献力量。

第一期学员毕业时，学院对毕业学员提出了“三个光荣”的口号，即参加志愿军光荣、到西藏光荣、到边疆艰苦地方光荣，鼓励学员到祖国最需要的地方去工作，为疏通民族关系、培养民族干部、建立人民政权、推动民主改革做准备。1952年4月，王连芳、马曜率领留校学员和部分民院干部组成省第一民族工作队到德宏工作。其余毕业学生中，有65名留校深造、142名因工作急需送回原专区，另有53名继续参加贸易训练班、47名参加农林训练班、19名参加海关训练班、39名参加卫生学校，拟进一步培养为各族的专业干部。

面对这一批崭新的少数民族干部，中共云南省委要求外来干部和汉族干部要有“培养自己的上级”的胸襟，让“民族干部当主帅，汉族干部当参谋”，少数民族干部得以迅速成长，为实行民族区域自治打下了干部基础。其他第一期毕业学员积极投身到云南省民族建设领域，后来大多成为各领域的重要领导，发挥了不可取代的作用。

第一期教学工作结束后，学院吸取了相关工作经验，于1953—1955年建立了3个部和1个直属班。3个部主要培训民主改革地区、“直接过渡”地区和完成土地改革的内地民族地区的民族干部；直属班即政策研究甲班，对爱国的民族上层和宗教上层人士进行爱国主义教育和民族团结教育。各地州也相继办起了民族干部学校或民族干训班，取得了很好的效果。瑶族姑娘李秀英总是讲起，1953年自己在贸易公司当营业员时连汉话都不懂，货物名称、牌价都说不出来，顾客来了只能对着人家笑笑，被取了一个“哑巴姑娘”的绰号。不仅如此，当时自己不会算账，只能用红白两色不同大小的苞谷记账，可想而知，错误百出，每次结账都不合数。1954年，李秀英被选派到云南民族学院学习，获得了文化知识，后来成长为一名优秀的少数民族干部。

在云南这片红土地上，还有千千万万个李秀英，从穷人家的孩子乃至奴隶，到学员，再成长为党的好干部。商山上的少数民族培养事业为云南省的民族工作留下了不灭的火种，从这里成长起来的民族干部，聚是一团火，散是满天星。云南民族学院那种完全从各兄弟民族实际出发，一切着眼于民院的办

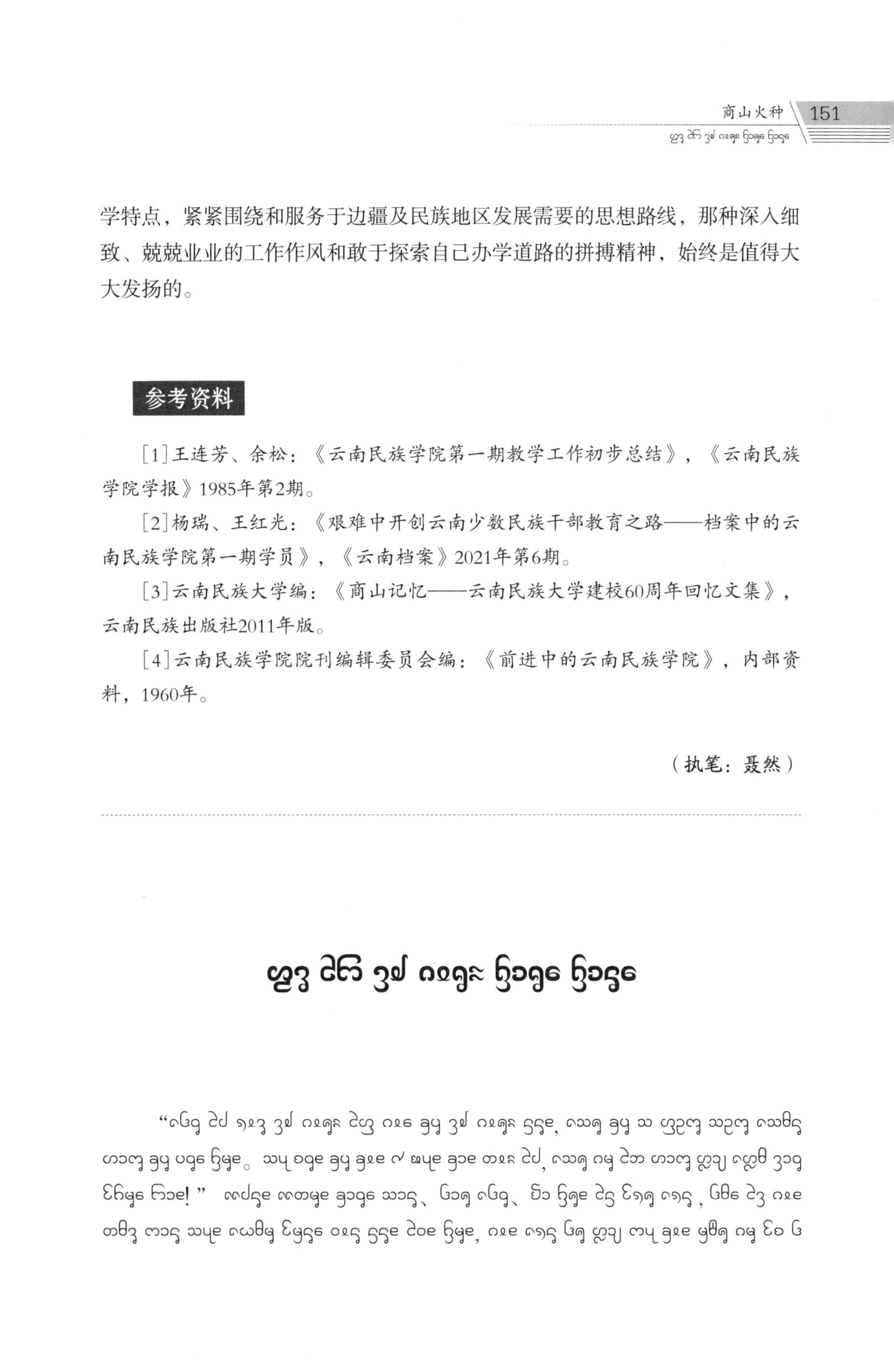

学特点，紧紧围绕和服务于边疆及民族地区发展需要的思想路线，那种深入细致、兢兢业业的工作作风和敢于探索自己办学道路的拼搏精神，始终是值得大大发扬的。

参考资料

[1]王连芳、余松：《云南民族学院第一期教学工作初步总结》，《云南民族学院学报》1985年第2期。

[2]杨瑞、王红光：《艰难中开创云南少数民族干部教育之路——档案中的云南民族学院第一期学员》，《云南档案》2021年第6期。

[3]云南民族大学编：《商山记忆——云南民族大学建校60周年回忆文集》，云南民族出版社2011年版。

[4]云南民族学院院刊编辑委员会编：《前进中的云南民族学院》，内部资料，1960年。

（执笔：聂然）

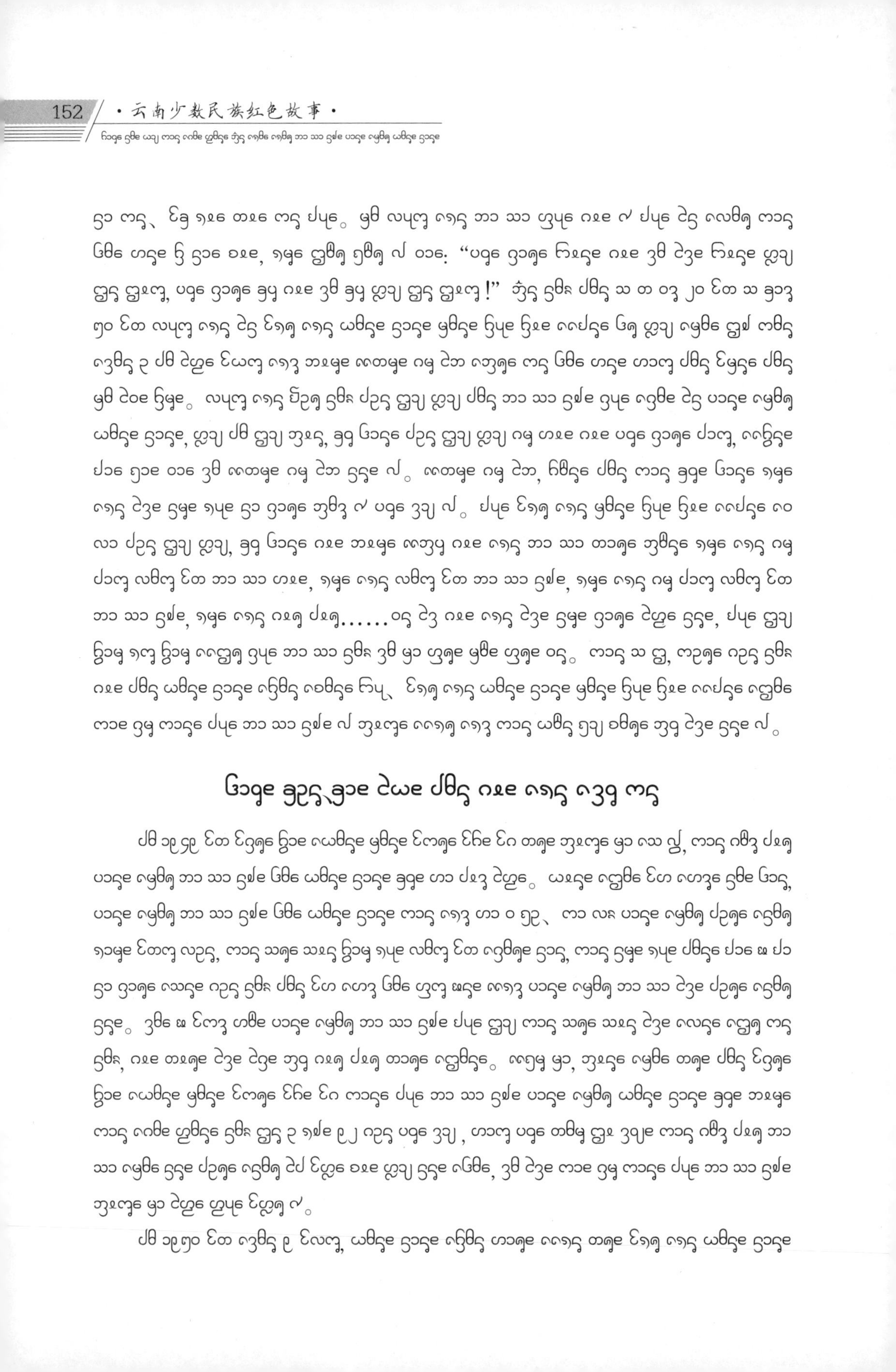

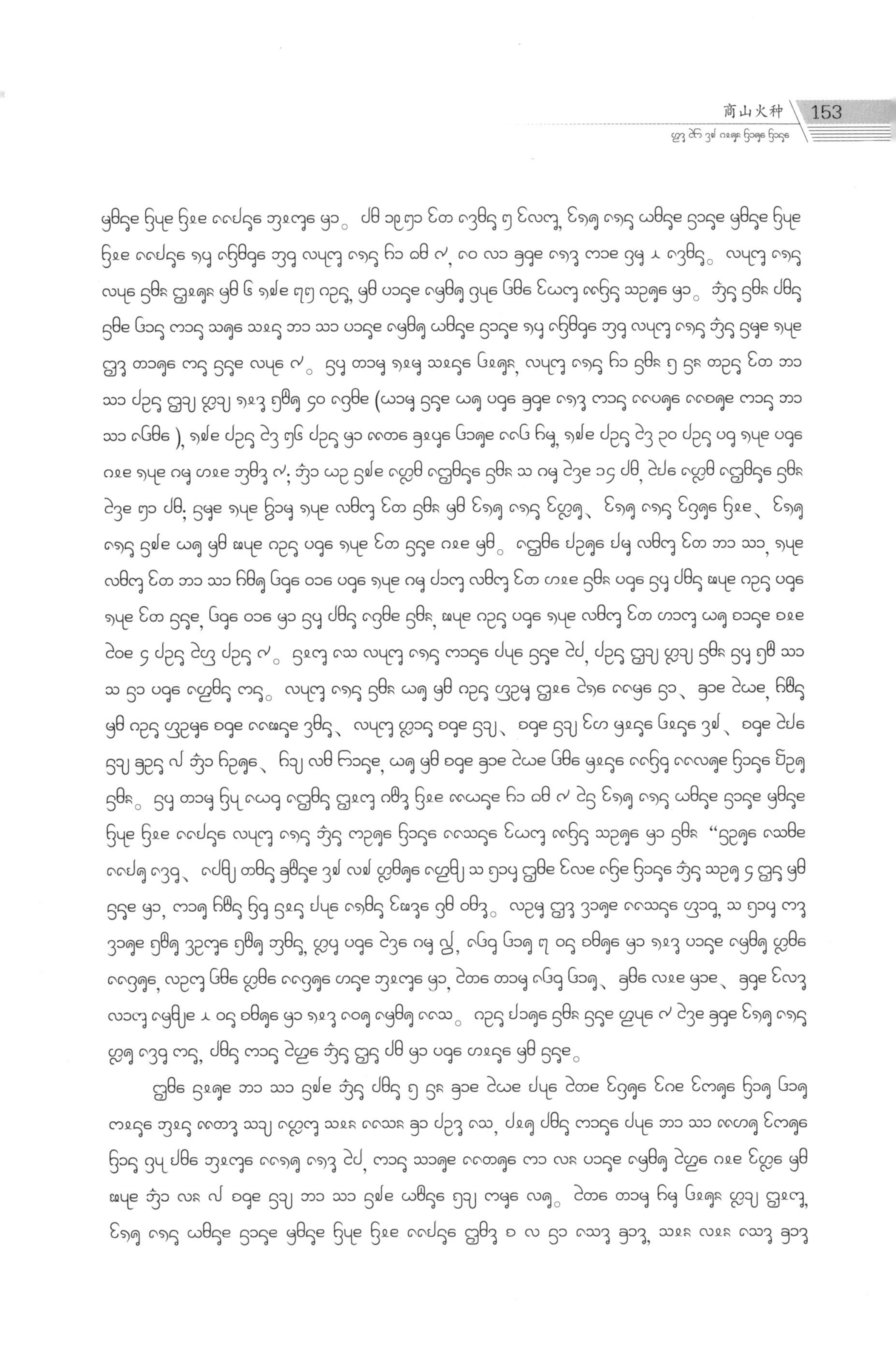

[illegible]

ᦘᧃ ᦟᦳᦂᧉ ᦵᦓᧂ ᦘᦹᧂ ᦵᦈᦲᧂ ᦅᧂ ᦓᧂᧄ ᦵᦵᦔᧈ ᦈᦲᧂ ᦂᦱᧂ ᦠᧃ ᦶᦟᧂ ᦟᦱ ᦃ ᦅᦱᧂ, ᦅᦱᧂ ᦈᦳ ᦋᦳᧄ ᦅᦱᧂ ᦘᦱᧂ ᦃᦳ ᦗᦲ ᦵᦵᦔᧈ ᦈᦲᧂ ᦂᦱᧂ ᦃᦱ ᦗᦱᧈ ᦂᦱᧈ ᦈᦱᧈ᧞ ᦂᦱᧂ ᦃᦱ ᦗᦱᧈ ᦂᦱᧈ ᦈᦱᧈ ᦓᦲᧃ ᦑᦲᧄ ᦈᦲᧂ ᦃᦱᧄ ᦂᦱᧂ ᦠᦲᧄ ᦋᦲᧄ ᦶᦋᧂ ᦃᦲᧂ ᦋᦲᧄ ᦓᦳ ᦘᦱ ᦉᦱ ᦓᦱᧄ ᦔᦱᧂ ᦵᦙᦲᧈ ᦘᦱ ᦉᦱ ᦗᧈ ᦵᦃᦲᧂ ᦵᦓᦲ ᦵᦓᧂ ᦃᦱ ᦗᦱᧈ ᦟᦱ ᦃ ᦅᦱᧂ ᦅᦳ ᦗᧈ ᦍᦲᧄ ᦂᦱᧂ ᦅᦱᧄ ᦃᦱ ᦅᦱᧂ ᦈᦳ ᦋᦳᧄ ᦅᦱᧂ ᦘᦱᧂ ᦂᦳ ᦃᦲᧂ ᦶᦉᧂ ᦓᧂᧄ᧞ ᦂᦱᧂ ᦅᦱᧄ ᦃᦱ ᦟᦱ ᦃ ᦅᦱᧂ ᦓᦲᧃ ᦓᦳ ᦑᦱᦙ ᦓᦲᧄ ᦃᦳᧄ ᦟᦲᦂᧉ ᦺᦑ ᦟᦲ ᦂᦱ ᦈᦱᦂᧉ ᦟᦳᦂᧉ ᦵᦓᧂ ᦔᧄ ᦵᦈᦲᧂ ᦅᧂ ᦓᧂᧄ ᦙᦱ ᦶᦔᧄ ᦈᦲᧂ ᦂᦱᧂ ᦋᦲ ᧗、ᦋᦲ ᧒、ᦋᦲ ᧓ ᦓᧂᧄ, ᦂᦓ ᦠᧂᧄ ᦂᦱᧂ ᦋᦲ ᧗、ᦋᦲ ᧒ ᦓᦲᧃ ᦈᦲᧂ ᦂᦱᧂ ᦃᦳᧄ ᦂᦱ ᦠᦲ, ᦟᦳᦂᧉ ᦵᦓᧂ ᦃᦳ ᦘᦱ ᦉᦱ ᦉᦳᧂ ᦅᧂ ᦵᦵᦔᧈ ᦈᦲᧂ ᦃᦳ; ᦟᦳᦂᧉ ᦵᦓᧂ ᦘᦹᧂ ᦔᧄ ᦃᦳᧄ ᦂᦱ ᦠᦲ ᦟᦲ ᦃᦳᧄ ᦂᦱ ᦠᦲ ᦘᦲᧄ、ᦑᦲᧄ ᦂᦃᧄ ᦅᦳ ᦋᦳᧄ ᦈ ᦈᦱᧂ ᦋᦲᧄ ᦂᦲᧈ ᦂᦃᧄ ᦃᦳᧄ ᦂᦱ ᦠᦲ ᦓᦲᧃ ᦵᦵᦔᧈ ᦈᦲᧂ ᦂᦱᧂ ᦋᦲ ᧓, ᦋᦲ ᦓᦳ ᦑᦱᦙ ᦂᦱ ᦈᦱᦂᧉ ᦃᦳ ᦘᦱ ᦉᦱ (ᦂᦱᦂᦱᧈ ᦗᦲᧈ ᦂᦱ ᦈᦱᦂᧉ ᦔᦱᧂ ᦂᦋ ᦵᦙᦲᧈ ᦙᧂ) ᦔᧄ ᦵᦈᦲᧂ ᦅᧂ ᦓᧂᧄ ᦙᦱ ᦶᦔᧄ ᦈᦲᧂ ᦗᦳ ᦗᦳ᧞ ᦶᦓᦙ ᦙᦱ, ᦍᦲᧈ ᦑᦲᧄ ᦗᦲ ᦵᦓᧃ ᦅᦱᧂ ᦉᦱ ᦉ ᦓᦱ ᦘᦱ ᦉᦱ ᦋᦱᧄ、ᦉᦱ ᦉ ᦓᦱ ᦵᦓ ᦟᦱ ᦞᦱᧃ、ᦉᦱ ᦉ ᦓᦱ ᦃᦲ ᦗᦳ、ᦉᦱ ᦉ ᦓᦱ ᦵᦵᦎᧂ ᦃᦳ ᦟᦲ ᦉᦱ ᦉ ᦓᦱ ᦍᦲ ᦃᦲ ᦟᦱᧂᧄ ᦶᦋᦔᧄ ᦋ ᦗᦲ ᦓᧂᧄ ᦘᦱᦂᧉ ᦙᦱ᧞ ᦺᦓᦲᧈ ᦵᦓᧂ ᦍᦲᧂᧄ ᦓᦱᧂᧄ ᦙᦲᧂᧄ ᦃᦳᧄ ᦃᦱᧄ ᦵᦵᦔᧂ ᦑᦲᧃ ᦑᦱ ᦅᦱᧂ ᦅᦱᧄ ᦃᦱ ᦅᦱᧂ ᦈᦳ ᦘᦱ ᦉᦱ ᦓᦱᧄ ᦓᦲᧃ ᦠᦱᦂᧉ ᦵᦗᦱ ᦃᦱᧄ ᦶᦂᦳ ᦗᦱᧈ ᦘᦹᧂ ᦵᦓᧃ ᦃᦲ ᦙᦱ ᦓᧂᧄ ᦠᦲᧄ ᦔᦂᧉ ᦔᦱᧃ᧞

ᦵᦠᦲ ᦠᦱᧄ ᦶᦋᧂ ᦃᦲᧂ ᦙᦲ ᦓᦙᧄ ᦵᦵᦙᧂ ᦂᧂ ᦠᦲᧂ ᦉᦲᧂᧄ,
ᦈᦲᧂ ᦵᦵᦉᧂ ᦵᦃᧃ ᦅᧂ ᦂᦟ ᦂᦟ ᦂᦳ ᦠᦳᧂ ᦞᧂ ᦘᦱᦂᧉ

ᦑᦲᧃ ᦃᦳᧄ ᦟᦳᦂᧉ ᦵᦓᧂ ᦗᦲᧈ ᦟᦳ ᦘᦹᧂ ᦙᦱ ᦃᦲᧄ ᦘᦱᦙᧂ ᦃᦙᧂ ᦵᦓᧂ ᦟᦳᧂ ᦋᦲ ᧗, ᦺᦓᦲᧈ ᦵᦓᧂ ᦍᦲᧂᧄ ᦓᦱᧂᧄ ᦙᦲᧂᧄ ᦃᦳᧄ ᦃᦱᧄ ᦵᦵᦔᧂ ᦗᦲ ᦠᦂᧉ ᦘᧃ ᦅᦱᧂ ᦋᦱᦙ ᦉᦱᧂ ᦺᦑ ᦈᦲᧂ ᦶᦉᧂ ᦗᦱ ᦠᦲᧄ ᦘᦱ ᦉᦱ ᦃᦲᧄ ᦘᦱᦂᧉ ᦂᦈ ᦙᦱ ᦠᧂ ᦅᧂ, ᦟᦱ ᦵᦂᧃ ᦅᦱᧂ ᦘᦱ ᦉᦱ ᦔᧄ ᦶᦗᧃ ᦵᦙᧂ ᦅᧂ, ᦙᦲ ᦗᦲ ᦃᦲ ᦙᦱ ᦵᦋᦱ ᦵᦓᦲᧈ ᦃᦲᧄ ᦵᦓᧃ ᦅᦱᧂ ᦑᦲᦂᧉ ᦑᦱ ᦵᦵᦉᧃ ᦵ ᦗᦳ᧞ ᦟᦳᦂᧉ ᦅᦱᧂ ᦵᦟᦲᦂᧉ ᦶᦃᧂ ᦗᦲ ᦑᦲᧄ ᦺᦓᦲᧈ ᦵᦓᧂ ᦓᧂᧄ ᦵᦓᧃ ᦂᦈ, ᦺᦃᧄ ᦺᦅᧄ ᦍᦲᧂᧄ ᦓᦱᧂᧄ ᦵᦃᦲᧂ ᦞᦳ ᦟᦲ ᦋᦳᧄ ᦅᦱᧂ ᦘᦱᧂ ᦂᦓ ᦃᦲᧄ ᦵᦵᦈᧂ ᦍᦱᦙ ᦂᧃ ᦂᦱᧄ ᦋᦂᧉ ᦘᧃ ᦃᦱᦙ ᦃᦂᧉ ᦃᦱᦙ ᦵᦂᦱᧈ ᦘᦱ ᦉᦱ ᦗᦙ ᦈᦲᧂ ᦓᦱᧂᧄ ᦋᦲ ᧗, ᦃᦙᧂ ᦃᦱ ᦶᦋᦉ ᦂᦃ ᦘᦱᦂᧉ ᦅᦱᧂ ᦺᦅᧄ ᦃᦱᧈ ᦗᦱᧈ ᦟᦲ ᦵᦋᦲᧂ ᦂᦳ ᦘᧃ ᦋᦲᧃ ᦵᦓᦲᧄ ᦂᦋ ᦗᦱᦙ ᦘᦱ ᦉᦱ ᦓᦱᧄ ᦗᦱᧈ ᦠᦂᧉ ᦅᦱᧂ ᦉᦱᧄ ᦉᦱᧂ ᦘᦱ ᦉᦱ, ᦵᦗᧂ ᦵᦗᧄ ᦋᦂᧉ ᦘᧃ ᦗᦲ ᦃᦲ ᦑᦲᧄ ᦺᦓᦲᧈ ᦵᦓᧂ ᦟᦲ ᦅᦱᧂ ᦉᦱᧄ ᦶᦑᧄ ᦺᦓᦲᧈ ᦵᦓᧂ ᦓᧂᧄ ᦶᦂᧄ ᦠᦲᧄ ᦺᦓᦲᧈ ᦵᦓᧂ ᦍᦲᧂᧄ ᦓᦱᧂᧄ ᦙᦲᧂᧄ ᦃᦳᧄ ᦃᦱᧄ ᦵᦵᦔᧂ᧞ ᦂᦃᧄ ᦂᦲᧈ ᦅᦱᧂ ᦓᦲᧃ ᦵᦉ ᦟᦲ, ᦺᦟᧄ ᦍᦲᧂᧄ ᦋᦂᧉ ᦈᦳ ᦈᦲ ᧑᧙᧕᧒ ᦺᦑ ᦘᧃ ᦵᦓᦲᧂ ᦓᦱᧂ ᦂᦓ ᦺᦓᧂ ᦵᦓᧂ ᦓᦱᧂᧄ ᦃᦲᧂ ᦵᦵᦔᧈ ᦘᦱᦂᧉ ᦙᦱ ᦂᦠᧄ ᦓᧂᧄ ᦗᦳ ᦘᦱᦂᧉ ᦙᦱ, ᦈᦲᧂ ᦗᦲ ᦑᦲᧄ ᦺᦓᦲᧈ ᦵᦓᧂ ᦂᦠᧄ ᦍᦲᧂᧄ ᦓᦱᧂᧄ ᦙᦲᧂᧄ ᦃᦳᧄ ᦃᦱᧄ ᦵᦵᦔᧂ᧞ ᦺᦓᦲᧈ ᦵᦓᧂ ᦗᦲ ᦠᦂᧉ ᦑᦲᧄ ᦈᦳ ᦗᦲ ᦵᦠᦲ ᦂᦱᧈ

[illegible]

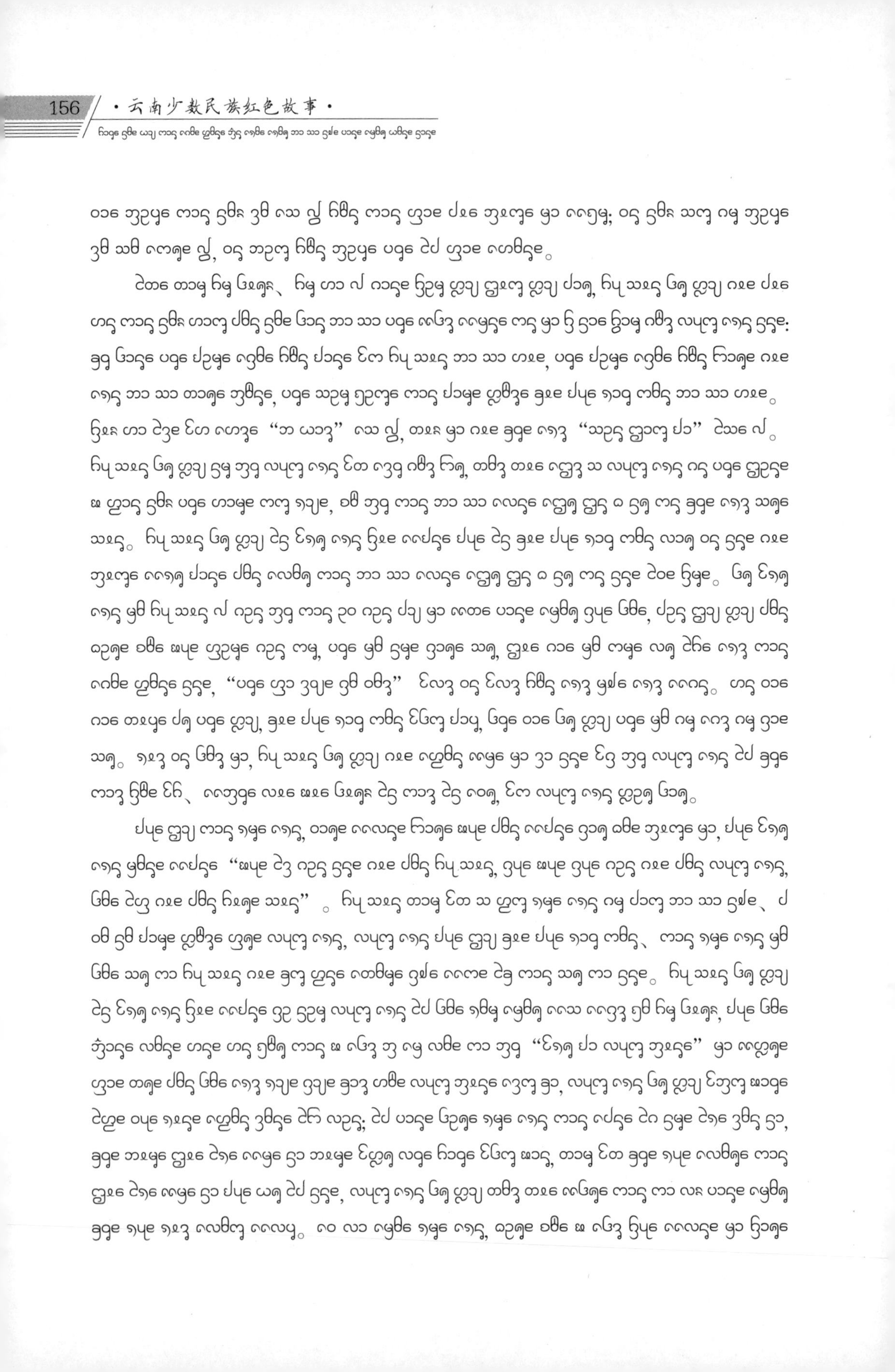

[illegible]

[illegible]

[illegible]

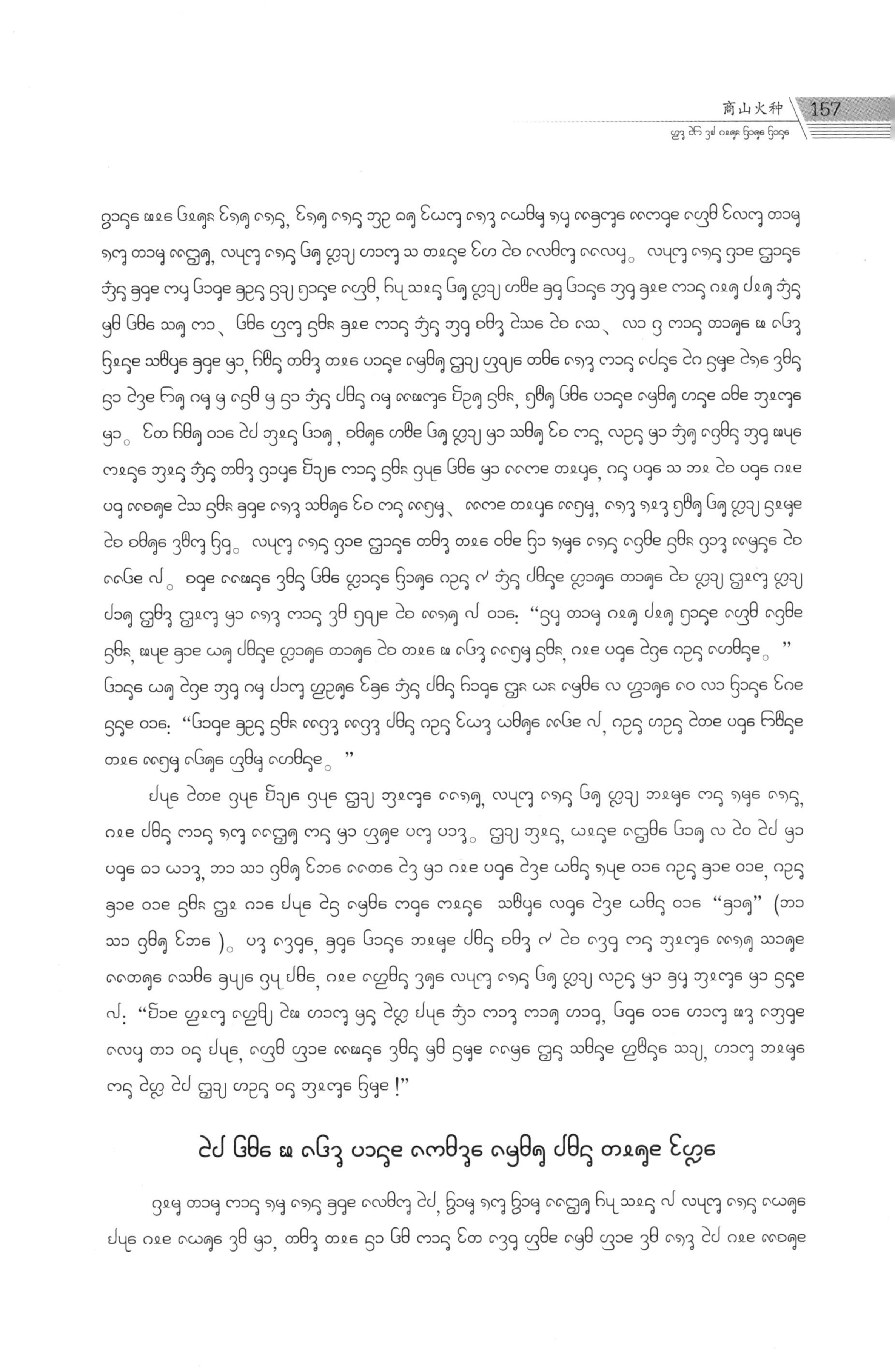

[illegible]

[illegible]

[illegible]

[illegible]

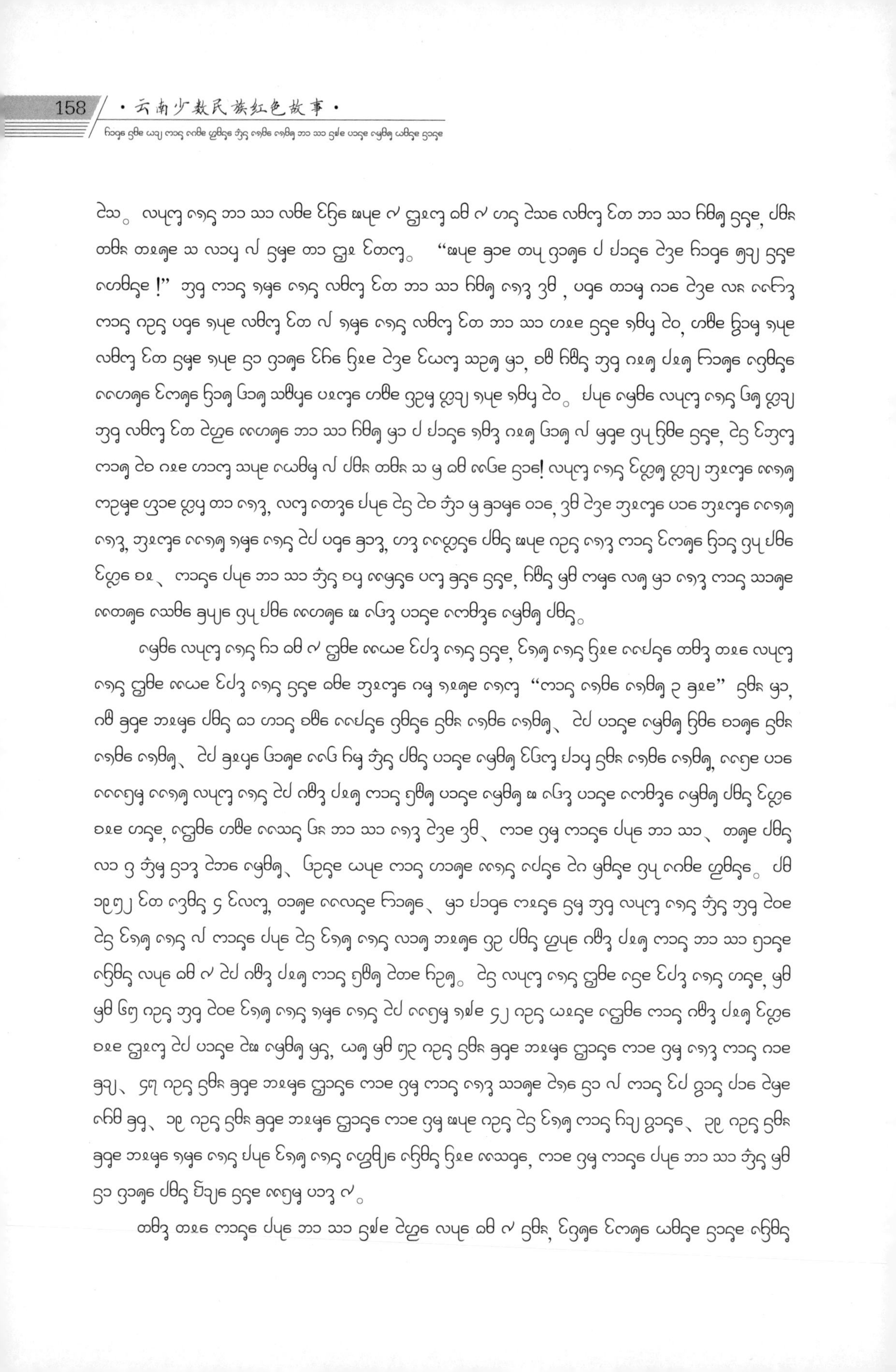

[illegible]

[illegible]

[illegible]

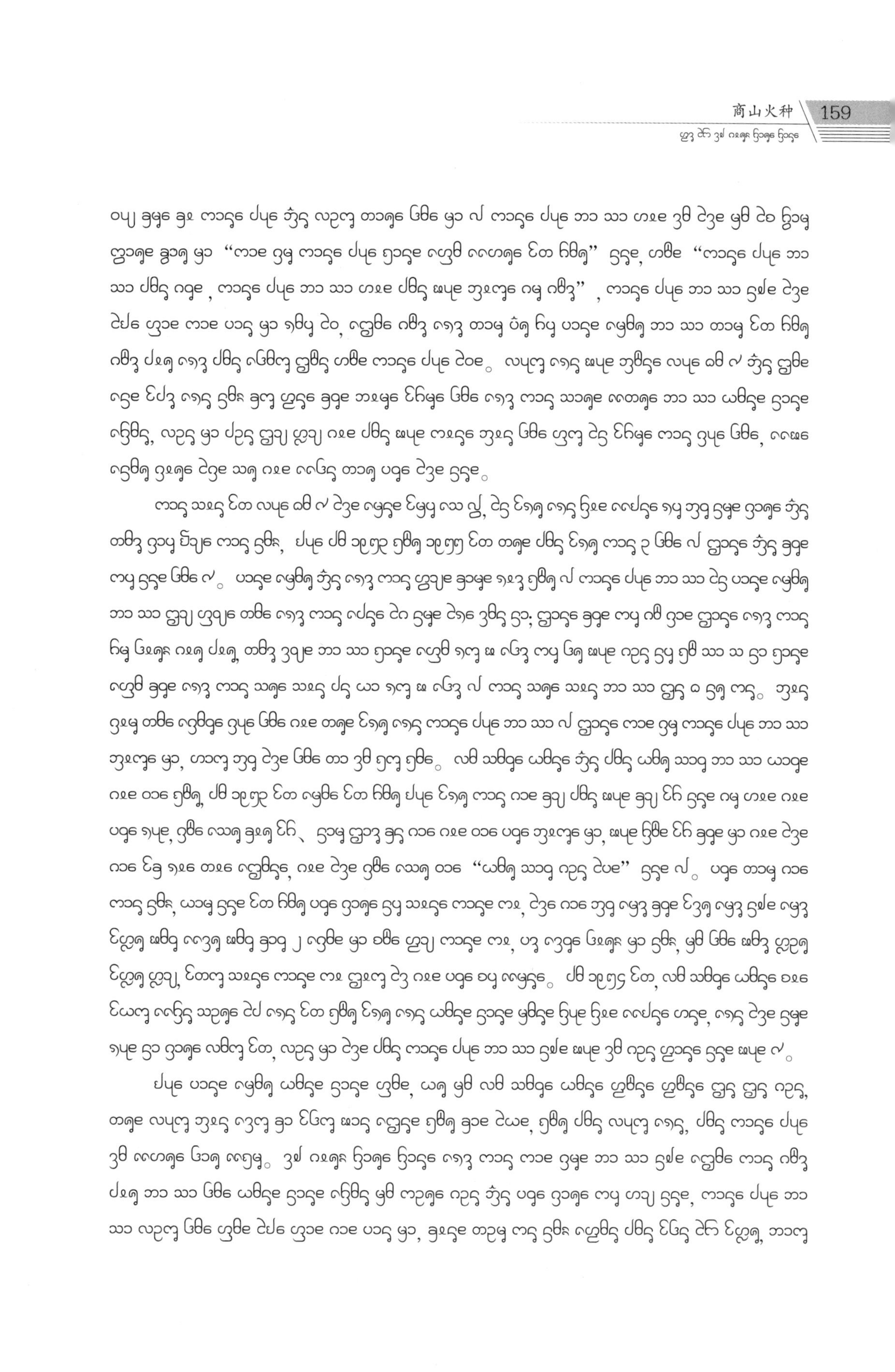

[illegible]

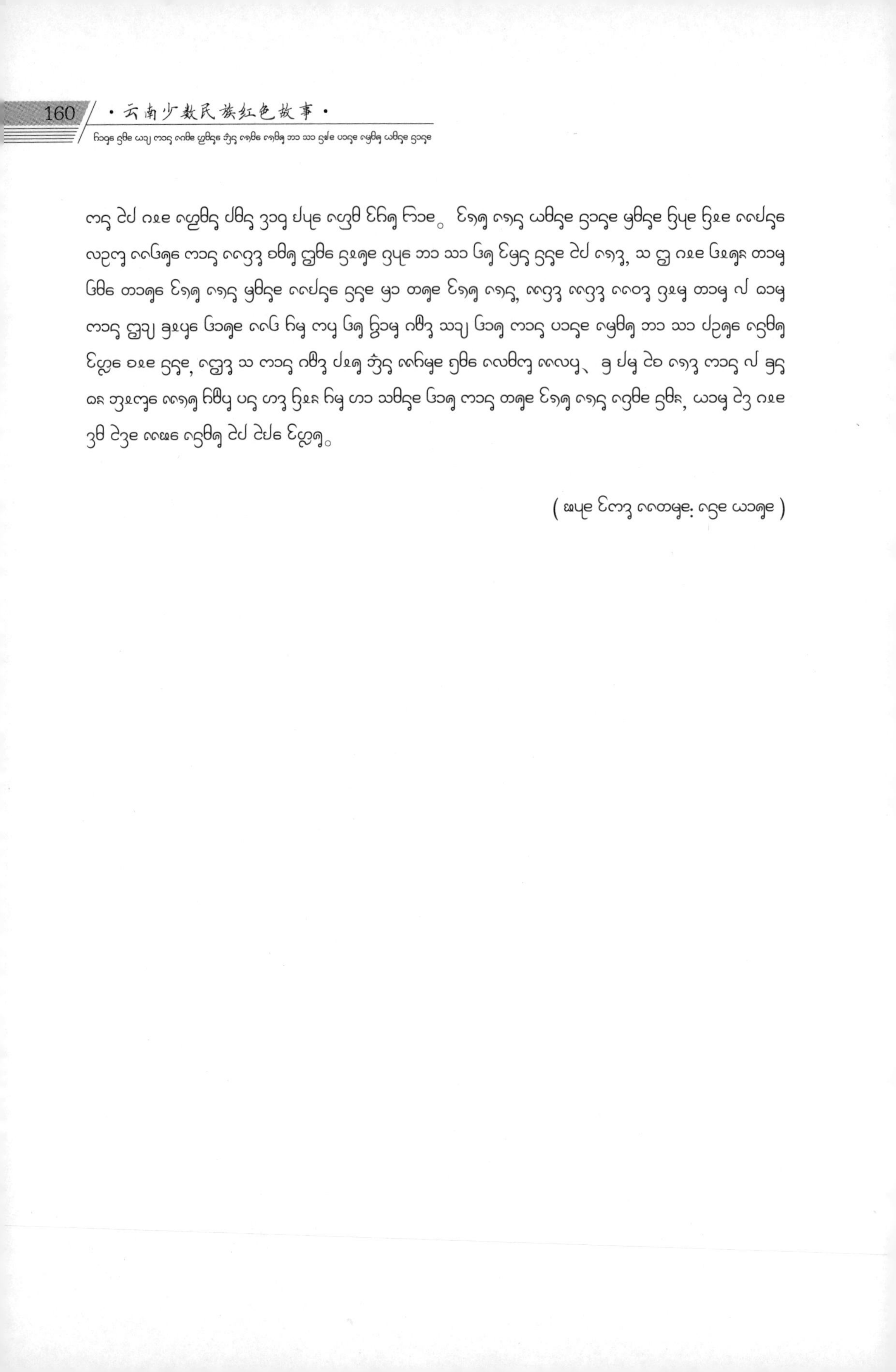

[illegible]

([illegible])

云南民族工作队

2021年8月27—28日，中央民族工作会议在北京召开，习近平总书记在讲话中指出，“回顾党的百年历程，党的民族工作取得的最大成就，就是走出了一条中国特色解决民族问题的正确道路”①。这条中国特色解决民族问题的正确道路，其中就包括向民族地区派遣民族工作队这一行之有效的重要工作方法。

云南民族工作队是云南省人民政府于解放初期从实际出发，在边疆县区政权尚未健全和农村基层政权尚未建立的情况下，为打开民族工作的局面所采用的特殊组织形式，其任务是全面开展边疆民族工作，贯彻中国共产党的民族政策，积极落实当地党委和人民政府的各项决议和指示，完成各阶段的中心工作任务。

1950年11月，在中共云南省委召开的第一次少数民族工作会议上，中共云南省委、省人民政府做出向边疆民族地区派驻民族工作队的决定。经过1年多的筹备，1952年5月，中共云南省委、省人民政府以云南民族学院部分学员为主，从云南省民族事务委员会、云南民族学院及省级机关中抽调干部，组成了以王连芳任总队长、马曜任副总队长的省政府民族工作第一队，开赴保山专区开展工作；同年10月，中共云南省委又组建了省民族工作队第二大队，由普洱专署专员唐登岷兼任队长、刘树生任副队长，开赴西双版纳地区开展工作。1953年，省边疆工作委员会组成由袁用之、刘淑湘等率队的省民族工作队第三大队以及临沧、红河、文山等地区民族工作队。1952—1953年组织起来的民族

①《以铸牢中华民族共同体意识为主线　推动新时代党的民族工作高质量发展》，《人民日报》2021年8月29日，第1版。

工作队共3000多人，其中心工作和重要任务是开展对敌斗争，做好生产、贸易和文教卫生工作，大力培养民族干部，搞好民族区域自治。到边境一线开展以“做好事、交朋友”为基本内容的民族工作，团结民族群众、缓和民族关系、帮助发展生产、提高文卫水平，他们的工作得到了少数民族群众的由衷赞叹：“盐巴不吃不得，工作队不有不得！”

1952年冬天，民族工作队第二大队的队员马占伦跟随工作队来到西双版纳车里（今景洪）县城，在县城进行了5天休整之后，马占伦被分配到景洪曼占宰工作组，组里有14个组员，除了两个傣族干部外，其他组员都是外地的汉族和少数民族。

工作组刚刚进入曼占宰时，寨子里的小孩子见到组员们就喊“谢马了，谢马了”（意思是汉人来了），小孩子们一边喊一边就跑回了自家的竹楼。大人则回避不迭，有的把院门紧闭，有的从门缝里偷偷地观察工作组的一举一动。一些来不及躲避的老乡也纷纷扭头，避免和组员们有眼神接触。工作组跟寨子里的任何人说话得到的回答都是“莫呼，莫呼”（意思是不知道）。即使是请寨子大头人召集群众开大会，工作组员满怀激情地告诉群众工作组是来帮助大家的，是来做好事、搞生产的，不会拿群众一针一线，不会吃老百姓一餐一饭，为大家治病不要钱，但曼占宰的老百姓们还是不吭声，出现了令人尴尬的冷场。

工作组组员们对村寨情况不熟，为了尽快融入寨子开展工作，工作组入寨第二天一大早就开始做好事，给借住户主家舂米、担水，饭后随户主上山砍柴，可是几天下来，工作组并没有很好地融入寨子，寨子里的人见到工作组还是躲得远远的。其间，还发生了一件事儿让工作组陷入更加尴尬的处境。工作组的一位组员帮寨子里的一位老人挑水，刚把水挑好，老人赶紧上前就把桶里的水倒掉。组员不领会老人的行为，一连好几天，还是天天坚持给老人挑水，可是老人还是不停地把桶里的水倒掉，直到很长时间之后，工作组融入寨子和大家交上朋友，老人才告诉工作组，寨子里的祖祖辈辈都认为汉人没有好的，工作组不停地挑水，老人怕工作组在水里放毒药，才一再把水倒掉。

面对冷遇，进驻曼占宰的工作组组长罗应钦就召集大家分析，组员们纷纷认为寨子里的人怪怪的，不像内地人开通。可是傣族干部刀新民说：“不是傣族人怪，是你们不会说傣族话，表达不出你们的意思。”于是大家提议：“由傣族干部每天教工作组的同志说几句日用家常话，并记在笔记本上，用汉语注上音。”①

在这一过程中，马占伦学习得特别认真，可是学了几天之后，马占伦发现只要他一开口，寨子里的几个年轻人就会偷偷地笑，笑过之后又害羞地走开了，工作还是没法开展。一天饭后，马占伦借着夜色来到寨子中心，想弄明白大家躲着工作组的原因。正巧村民们正聚集在寨心跳舞，看着眼前热闹的场景，听着象脚鼓的节奏，马占伦不由自主地也跟着寨子里的年轻人一起跳了起来。马占伦一边跳一边用刚学的傣话喊着“马马马，马番”（意思是来来来，来跳舞），这时站在他旁边的傣族青年岩甩、岩宰龙笑了起来，用不太流畅的汉话说：“不是番，是凡。”随后两位傣族小伙告诉马占伦：“你们工作组的人说傣话太奇怪，寨子里的人都忍不住笑，大家也不好意思跟你们接近，只是今天见到你跳舞，发现你们内地来的人也是很好相处的。”②

寨子的群众躲工作组的原因终于解开了，随后队员们便改变了学习傣话的方法，不再用汉语标音，而是多和寨子里的人交流，特别是晚上和村民们一起跳象脚鼓舞，边跳边锻炼口语。慢慢地，曼占宰的男女老幼都愿意和工作组的组员交流，很多人都主动接近工作组，岩甩、岩宰龙两个小伙还主动给工作组当翻译。随着工作组与村民不断地深入交流、交心，大家一起打扫寨子做环境卫生、挖水沟、育秧插秧，村民了解到了工作组的正派作风，工作组也交到了朋友，民族工作队的工作开始有条不紊地开展起来。

工作组不仅学习傣语，还和曼占宰的男女老幼在交流中教他们学习汉话。岩甩就是其中的佼佼者，岩甩一有空就找马占伦学习汉话，马占伦在教他汉话的同时，还给他讲青年人的前途和作为一个新中国青年应该做的事情。岩甩很是高兴，他说：“有了毛主席、共产党的领导，有你们民族工作队这些尹

---

①中国人民政治协商会议云南省委员会文史资料委员会编：《云南文史资料选辑　第四十四辑　云南民族工作回忆录（一）》，云南人民出版社1993年版，第226页。

②中国人民政治协商会议云南省委员会文史资料委员会编：《云南文史资料选辑　第四十四辑　云南民族工作回忆录（一）》，云南人民出版社1993年版，第226页。

尹宰宰（姐姐哥哥）的帮助，我也要为群众做事。”①在这样共同学习的氛围中，工作组和曼占宰的群众相处得愈加融洽。

马占伦的一支舞只是民族工作队开展工作的一个小插曲，但是这支舞蹈及语言学习却成为打破隔阂、团结群众、开展民族工作的转折点。村民们看见工作组学习傣语，渐渐感受到了组员们对他们的尊重。虽然因为组员们刚学语言，往往还要调动手势，惹得寨子里的男女老幼哄堂大笑，但是往往就在这一说一笑间，群众和工作组的感情越来越近，友谊也越来越深厚。渐渐地，群众从害怕工作组到接近、信任工作组，连对工作组的称呼也在不断地变化，开始叫“谢工作”（意思是汉人工作组），渐渐地变为“工作豪”（意思是我们的工作组），之后又叫“谢载弄”（意思是汉人大哥），最后直接就叫工作组“载弄”（大哥的意思）。称呼的变化反映出了村寨群众开始把工作组当朋友、亲人对待。

从1952年冬起，民族工作队第二大队在西双版纳的工作历时3年有余。队员最初有200余人，在工作中不断吸收当地少数民族青年加入，至1956年民族工作队改为土改工作队时，人数达1300多人。工作队不仅参与了1953年西双版纳自治区人民政府成立的大量工作，而且从疏通民族关系、加强对敌斗争、领导群众生产、培养民族干部、进行民族民主建政，到开展社会调查、为和平协商土地改革做政策准备等都做了大量工作，为推进民族团结、社会进步和稳定巩固边疆做出了重要贡献。

参考资料

[1] 中国人民政治协商会议云南省委员会文史资料委员会编：《云南文史资料选辑 第四十四辑 云南民族工作回忆录（一）》，云南人民出版社1993年版。

[2] 中国人民政治协商会议云南省委员会文史资料委员会编：《云南文史资料选辑 第四十五辑 云南民族工作回忆录（二）》，云南人民出版社1993年版。

[3] 中国人民政治协商会议云南省委员会文史资料委员会编：《云南文史资料

①中国人民政治协商会议云南省委员会文史资料委员会编：《云南文史资料选辑 第四十四辑 云南民族工作回忆录（一）》，云南人民出版社1993年版，第228页。

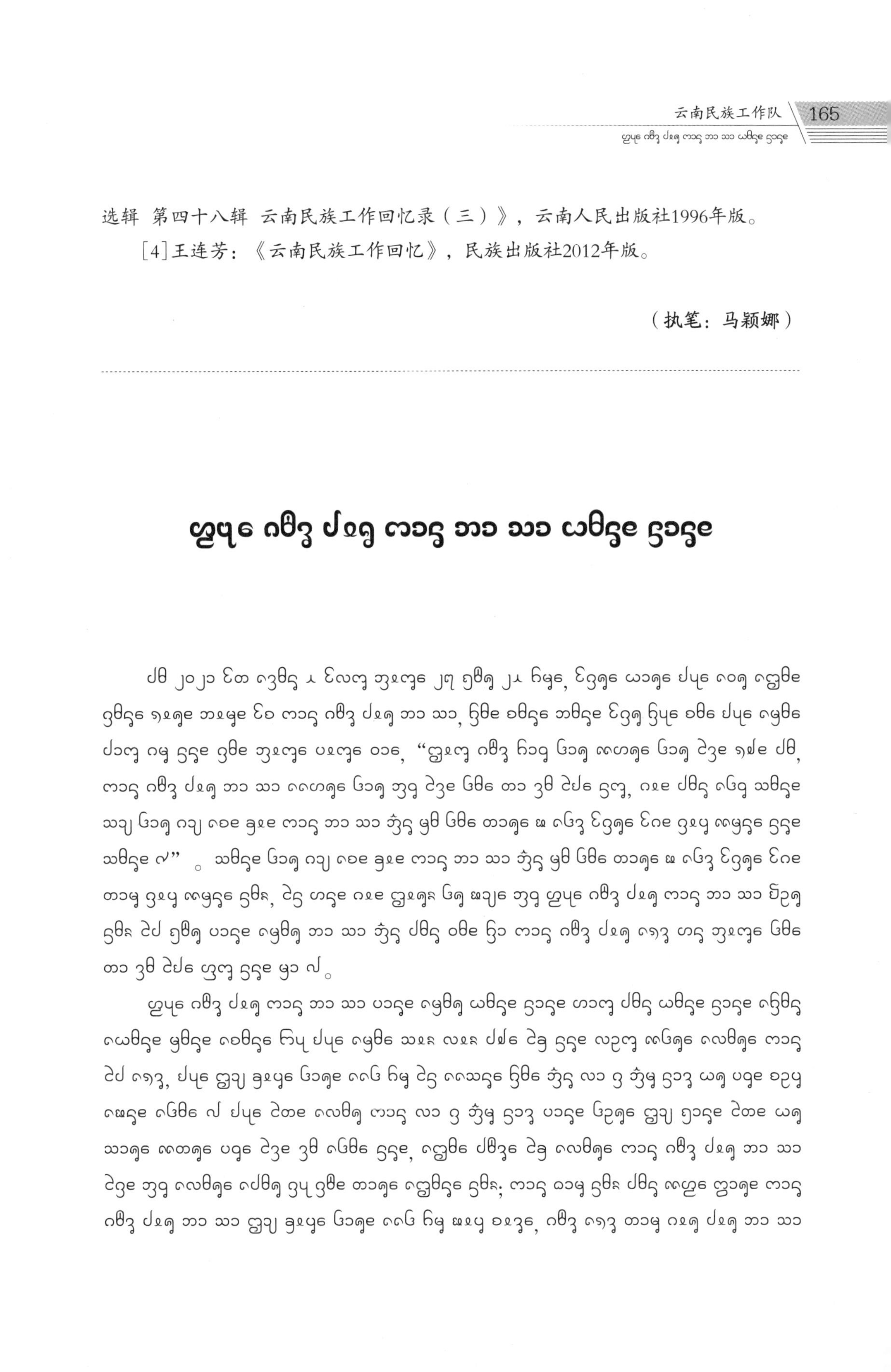

选辑 第四十八辑 云南民族工作回忆录（三）》，云南人民出版社1996年版。

[4]王连芳：《云南民族工作回忆》，民族出版社2012年版。

（执笔：马颖娜）

[illegible]

[illegible]

[illegible]

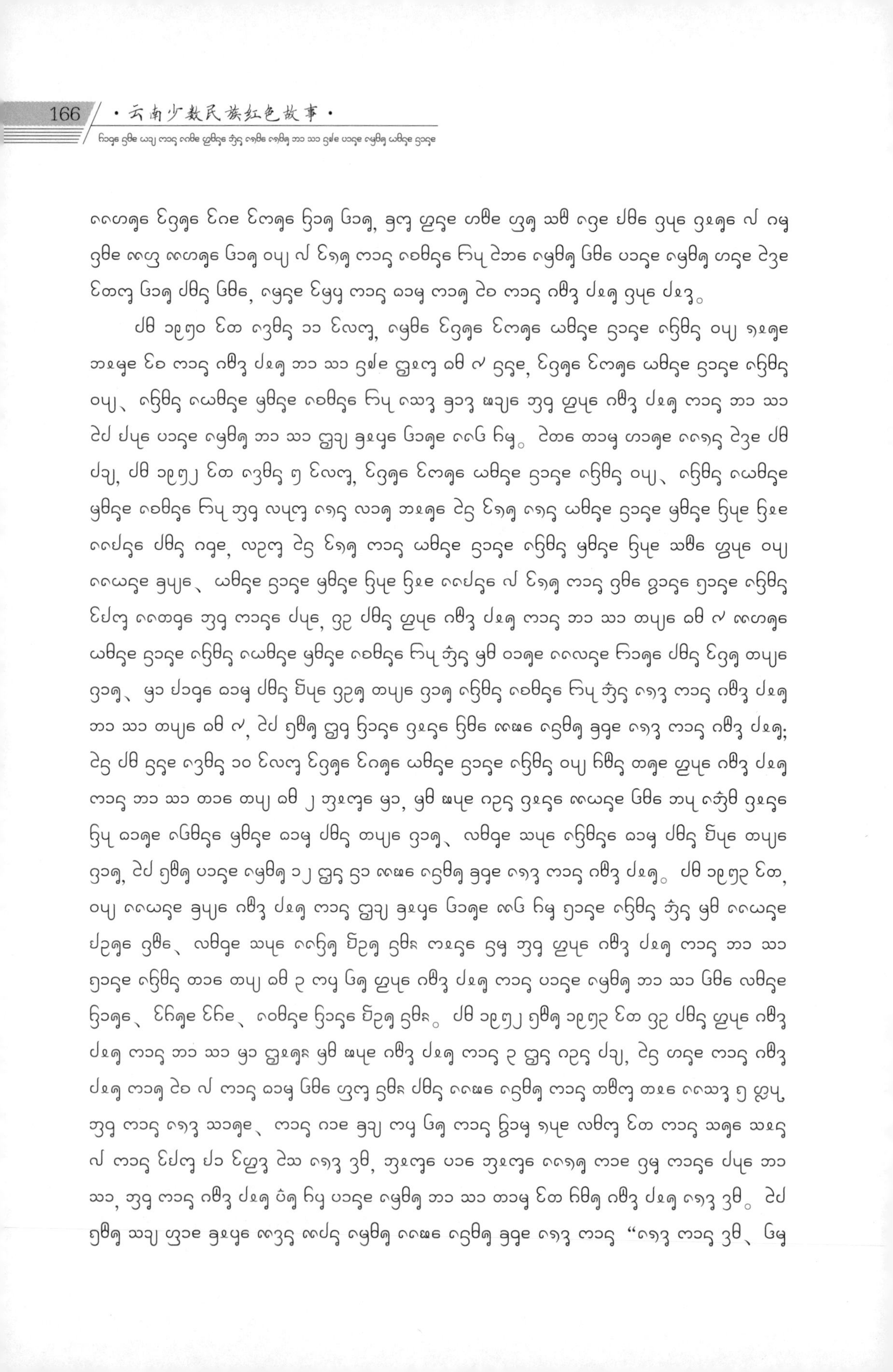

ᦵᦙᦲᧂ ᦣᦲᧅ ᦌ ᦠᦳᧈ” ᦗᦱᧃ ᦔᦲᧃ ᦵᦖᦲᧅ ᦺᦗᦲᧃ ᦃᦱᧈ ᦋᦴ ᦂᦱᧃ ᦅᦲᧂ ᦔᦸᧆ ᦗᦱ ᦌᦱ ᦓᦸᧃᧈ, ᦺᦗᦴ ᦞ ᦓᦲᧅ ᦂᦲᧁ ᦑᦳᧁ ᦜᦳᧈ ᦗᦱ ᦌᦱ、ᦶᦌᦱᧃ ᦖᦲᧄ ᦂᦱᧃ ᦺᦍᦰ ᦔᦸᧃ ᦗᦱ ᦌᦱ、ᦵᦎᦲᧁᧃ ᦑᦲᧈ ᦔᦳᧅᧃ ᦵᦓᦲᧅ ᦂᦱᧃ ᦵᦣᦲᧂ ᦌᦱᧅᧃ、ᦠᦲᧈ ᦓᦹᧈ ᦣᦳᧈ ᦓᦱ ᦑᦱᧅᧃ ᦂᦱᧃ ᦃᦱᧁ ᦣᦳᧈ ᦟᦲᧅ ᦺᦎ ᦂᦱᧃ ᦺᦔᦲᧅ ᦔᦱ ᦺᦗᦲᧂ ᦋᦌ ᦋᦲᧂᧈ ᦺᦍᦲᧅ ᦌᦳᧅ ᦙᦱ, ᦂᦱᧃ ᦅᦲᧂ ᦔᦸᧆ ᦃᦳ ᦖᦱᧃᧃ ᦠᦱᧅ ᦈᦸᧈ ᦑᦳᧁ ᦜᦳᧈ ᦗᦱ ᦌᦱ ᦓᦲᧈ ᦔᦸᧅᧈ ᦍᦸ ᦞᦱᧃ: “ᦵᦂᦲ ᦔᦳᧃ ᦂᦲᧃ ᦔᦳᧃ ᦋᦲᧂᧈ, ᦖᦳᧃ ᦅᦲᧂ ᦔᦸᧆ ᦂᦱᧃ ᦗᦱ ᦌᦱ ᦔᦳᧈ ᦙᦲ ᦔᦳᧈ ᦋᦲᧂᧈ!”

ᦔᦲ ᧑᧙᧕᧒ ᦺᦎ ᦍᦱᧄ ᦜᦱᦳ, ᦙᦱ ᦈᦱᧃᧃ ᦺᦟᧃᧈ ᦗᦱᧃ ᦔᦲᧃ ᦎᦳᧃ ᦶᦍᧃᧈ ᦋᦓ ᦖᦳᧃ ᦅᦲᧂ ᦔᦸᧆ ᦂᦱᧃ ᦗᦱ ᦌᦱ ᦎᦱᧃ ᦎᦳᧃ ᦵᦞ ᧒ ᦑᦸᧄ ᦖᦳᧃ ᦅᦲᧂ ᦔᦸᧆ ᦂᦱᧃ ᦋᦔ ᦣᦲᧅ ᦋᦓ ᦵᦞᧅ ᦵᦓᦲᧃ ᦟᦲ (ᦔᦲᧂ ᦵᦑᦳᧃ ᦔᦲᧃ ᦵᦑᧅ ᦣᦳᧅᧃ) ᦓᦸᧃᧈ, ᦔᦳᧃ ᦋᦓ ᦵᦞᧅ ᦃᦳᧈ ᦵᦣᦲᧂ ᦶᦎᧅᧃ ᦵᦙᦲ ᦓ ᦞᧃ ᦵᦌ ᦟᦲ, ᦙᦱ ᦈᦱᧃᧃ ᦺᦟᧃᧈ ᦈᦸᧈ ᦶᦔᧅᧃ ᦋᦔ ᦋᦓ ᦑᦳ ᦖᦳᧃ ᦅᦲᧂ ᦔᦸᧆ ᦂᦱᧃ ᦔᦳᧃ ᦔᦱᧃᧈ ᦑᦱᧅᧈ ᦋᦑ ᦖᦲᧃ ᦵᦑᧅ ᦣᦳᧅᧃ ᦓᦸᧃᧈ, ᦋᦓ ᦑᦳ ᦙᦲ ᦆᦳᧈ ᦅᦳᧃ ᦑᦓ ᦅᦳᧃ, ᦓᦸᦱᧅ ᦵᦌ ᦂᦱᧃᧃ ᦔᦳᧃ ᦗᦱ ᦌᦱ ᦋᦖ ᧒ ᦅᦳᧃ ᦋᦔ, ᦅᦳᧃ ᦋᦓ ᦑᦳ ᦅᦸᧃ ᦔᦲᧃ ᦗᦱ ᦌᦱ ᦠᦸᧈ ᦟ ᦗᦱ ᦌᦱ ᦓᦲᧈ ᦗᦱᧃ ᦟᦳᧅ ᦎᦱᧅᧃ ᦖᦲᧃ ᦙᦱ ᦓᦸᧃᧈ。

ᦅᦳᧅᧃ ᦈᦸᧈ ᦑᦳ ᦌᦱᧅ ᦅᦲ ᦃᦳᧈ ᦔᦱᧃᧈ ᦑᦱᧅᧈ ᦋᦑ ᦋᦔ ᦍᦱᧄ ᦓᦸᧃᧈ, ᦟᦳᧅ ᦗᦸᧃᧃ ᦵᦑᧅ ᦃᦱ ᦋᦓ ᦔᦱᧃᧈ ᦠᦱᧃ ᦋᦌᧃ ᦅᦳᧃ ᦋᦓ ᦖᦳᧃ ᦅᦳᧅᧃ ᦈᦸᧈ ᦑᦳ ᦖᦲᧅ ᦜᦳᧈ ᦅᦸᧈ ᦣᦸᧅᧈ ᦞᦱᧃ “ᦠᦸᧈ ᦙᦱ ᦵᦠᦲᧃᧈ, ᦠᦸᧈ ᦙᦱ ᦵᦠᦲᧃᧈ” ᦟᦳᧅ ᦗᦸᧃᧃ ᦵᦑᧅ ᦃᦱ ᦖᦲᧅ ᦜᦳᧈ ᦵᦍᦲᧅ ᧉ ᦣᦸᧅᧈ ᦵᦍᦲᧅ ᧉ ᦶᦟᧃᧃ ᦺᦗᦸᧅ ᦃᦳᧈ ᦵᦣᦲᧃ ᦂᦲᧅ ᦋᦔ。ᦅᦳᧃ ᦓᦳᧈ ᦂᦲᧃ ᦵᦎᦲᧂᧃ ᦟᦲᧈ, ᦙᦲ ᦟᦱᧅ ᦗᦸᧅᧃ ᦠᦳ ᦔᦱᧅ ᦎᦳ ᦂᦳᧈ ᦵᦣᦲᧃ, ᦙᦲ ᦟᦱᧅ ᦗᦸᧅᧃ ᦟᦳᧅ ᦜᦸᧅᧃ ᦔᦱᧅ ᦎᦳ ᦟᦲᧅ ᦖᦸᧅᧃ ᦖᦳᧃ ᦅᦳᧅᧃ ᦈᦸᧈ ᦑᦳ ᦵᦣᦲᧂ ᦂᦱᧃ ᦌᦱᧅ ᦓᦸᧃᧈ。ᦅᦳᧃ ᦋᦓ ᦔᦱᧃᧈ ᦟᦱᧅ ᦗᦸᧅᧃ ᦗᦱᧃ ᦔᦳᧃ ᦶᦖᦲᧃ ᦵᦎᦲᧂᧃ ᦟᦲᧈ ᦅᦸᧈ ᦜᦲᧃᧃ ᦜᦱᧈ ᦺᦗᦳᧃ ᦍᦸ ᦍᦸ, ᦔᦳ ᦠᦲᧈ ᦠᦳᧃ ᦋᦌᧃ ᦅᦳᧃ ᦋᦓ ᦖᦳᧃ ᦅᦳᧅᧃ ᦈᦸᧈ ᦑᦳ ᦖᦲᧅ ᦜᦳᧈ。ᦖᦳᧃ ᦅᦳᧅᧃ ᦈᦸᧈ ᦑᦳ ᦔᦱᧅ ᦎᦸᧃ ᦅᦳᧃ ᦋᦓ ᦔᦱᧃᧈ ᦞᦱᧃ ᦌᦱᧅ ᦅᦳᧃ ᦋᦓ ᦔᦱᧃᧈ ᦅᦸᧈ ᦎᦸᦳ ᦞᦱᧃ “ᦔᦳᧃ ᦣᦳᧃ, ᦔᦳᧃ ᦣᦳᧈ” 。ᦠᦳᧃ ᦞᦱᧃ ᦃᦲᧃ ᦃᦸ ᦈᦳᧈ ᦔᦱᧃᧈ ᦓᦳ ᦺᦃᦱᧅᧃ ᦣᦸᧅᧈ ᦗᦳ ᦑᦳᧁ ᦜᦳᧈ ᦙᦱ ᦗᦸᧁᧈ ᦺᦜᦱᧅ, ᦅᦳᧃ ᦋᦓ ᦖᦳᧃ ᦅᦳᧅᧃ ᦈᦸᧈ ᦑᦳ ᦈᦲᧂ ᦌᦳᧈ ᦋᦈ ᦵᦍᦲᧁ ᦔᦸᧅᧃ ᦠᦲᧃ ᦑᦳᧁ ᦜᦳᧈ ᦞᦱᧃ ᦖᦳᧃ ᦅᦳᧅᧃ ᦈᦸᧈ ᦑᦳ ᦓᦲᧃ ᦙᦱ ᦵᦣᦲᧂ ᦂᦱᧃ ᦵᦎᦲᧁᧃ ᦑᦲᧈ ᦖᦲᧅ ᦜᦳᧈ, ᦙᦱ ᦵᦣᦲᧂ ᦂᦱᧃ ᦑᦲ、ᦙᦱ ᦵᦣᦲᧂ ᦌᦱᧅᧈ, ᦔᦳᧃ ᦑᦱᧅᧃ ᦗᦳ ᦃᦲᧁ ᦜᦲᧁᧈ ᧉ ᦋᦜ ᦌᦲᧃᧈ ᧉ ᦜᦳᧅᧈ ᦑᦳᧁ ᦜᦳᧈ, ᦔᦳᧃ ᦑᦱᧅᧃ ᦂᦲᧃ ᦃᦳᧈ ᦃᦱᦳ ᧉ ᦜᦱᧃᧃ ᧉ ᦜᦳᧅᧈ ᦋᦗᦱᧃ ᦵᦙᦲᧅ, ᦺᦔᦲᧅ ᦔᦱ ᦗ ᦍᦱᧂ ᦋᦃᧈ ᦜᦱᦳ ᦠᦲᧈ ᦑᦳᧁ ᦜᦳᧈ ᦅᦸᧈ ᦔᦳᧃ ᦗᦳ ᦅᦱᧃ, ᦖᦳᧃ ᦞᦱᧃ ᦋᦗᦱᧃ ᦵᦙᦲᧅ ᦖᦲᧅ ᦜᦳᧈ ᦖᦲᧃ ᦔᦱᧃᧈ ᦑᦱᧅᧈ ᦋᦑ ᦅᦸᧈ ᦔᦳᧃ ᦔᦱᧅ ᦅᦲ ᦌᦱᧅ, ᦔᦸᧃ ᦙᦲ ᦂᦱᧃ ᦠᦲᧈ ᦅᦳᧃ ᦔᦳᧃ ᦑᦱᧅᧃ ᦞᦱᧃ ᦅᦲ ᦌᦱᧅ ᦓᦸᧃᧈ。

ᦅᦳᧃ ᦋᦓ ᦖᦳᧃ ᦅᦳᧅᧃ ᦈᦸᧈ ᦑᦳ ᦖᦲᧅ ᦜᦳᧈ ᦔᦳᧃ ᦣᦳᧈ ᦵᦟᦲᧅᧃ ᦃᦱᧃ ᦂᦱᧃ ᦔᦱᧃᧈ ᦺᦃᦱᧅᧃ。ᦵᦓᦲᧃ ᦠᦲᧈ ᦋᦲᧂᧈ ᦃᦳᧈ ᦗᦸᧁᧃ ᦶᦗᦳ ᦅᦳᧃ ᦋᦓ ᦔᦱᧃᧈ ᦺᦃᦱᧅᧃ ᦶᦆᧃ ᦵᦓᦲᧅ ᦂᦱᧃ ᦅᦲᧂ ᦔᦸᧆ ᦣᦲᦳ ᦋᦞ, ᦅᦳᧅᧃ ᦈᦸᧈ ᦑᦳ ᦃᦳᧈ ᦔᦱᧃᧈ ᦞᧃ ᦵᦞ ᧒ ᦂᦱᧅ ᦋᦜ ᦑᦳᧈ ᦅᦸᧈ ᦎᦱᧅᧈ ᦃᦳᧈ ᦵᦣᦲᧂ ᦂᦱᧃ ᦑᦲ, ᦑᦲᧈ ᦈᦳᧈ ᦵᦣᦲᧃ

ᥞᥭᥳ ᥖᥤᥲ ᥕᥧᥝ ᥒᥫᥢᥰ ᥒᥢᥱ ᥖᥛ ᥑᥣᥱ、ᥖᥩ ᥒᥛᥱ, ᥗᥤᥒ ᥑᥣᥱ ᥙᥥᥘᥣᥱ ᥓᥫᥛ ᥟᥣᥢ ᥘᥤᥒ ᥑᥤᥒᥱ ᥞᥫᥢᥴ ᥖᥤᥲ ᥐᥒ ᥐᥤᥒ, ᥓᥣᥢ ᥝᥣᥢ ᥘᥣᥖ ᥛᥤᥒ ᥘᥣᥤᥱ ᥒᥤᥢᥴ ᥚᥣᥳ ᥝᥒ ᥘᥔ ᥘᥣᥳ, ᥞᥧᥢ ᥟᥫᥱ ᥓᥧ ᥐᥤᥒ ᥙᥣᥢ ᥖᥣᥱ ᥑᥣᥱ ᥕᥗᥛ ᥞᥧᥒ ᥖᥒ ᥙᥣᥒᥱ ᥑᥣᥢ ᥓᥤ ᥓᥤ ᥒᥒᥱ, ᥞᥧᥒ ᥖᥒ ᥙᥣᥒᥱ ᥖᥒ ᥖᥣᥢ ᥞᥧᥢ ᥟᥫᥱ ᥓᥧ ᥖᥣᥩ ᥕᥩ ᥖᥤᥲ ᥘᥖᥢ ᥖᥐ ᥖᥐ ᥕᥧᥝ。ᥛᥤᥢ ᥘᥝ ᥘᥣ ᥕᥣᥛ ᥒᥒᥢ, ᥕᥩ ᥙᥫᥢ ᥘᥤᥖᥢ ᥘᥣᥒ ᥓᥫᥢ ᥫ ᥖᥣ ᥖᥤᥱ ᥞᥧᥢ ᥟᥫᥱ ᥓᥧ ᥕᥧᥝ ᥓᥤᥢ ᥖᥒᥱ ᥛᥤ ᥘᥣᥒ ᥓᥤ ᥗᥣᥳ ᥒᥒᥱ。ᥞᥧᥒ ᥖᥒ ᥚᥧᥢ ᥞᥧᥢ ᥟᥫᥱ ᥓᥧ ᥔᥧᥱ ᥫ ᥖᥤᥲ ᥖᥤᥛᥢ ᥓᥫᥢ ᥞᥧᥒ ᥒᥣᥱ ᥖᥒ ᥙᥣᥒᥱ ᥝᥫᥱ ᥫ ᥖᥩ ᥒᥛᥱ, ᥓᥧᥢ ᥝᥣᥢ ᥖᥩ ᥒᥛᥱ ᥖᥫᥩ ᥛᥣ, ᥞᥧᥒ ᥒᥣᥱ ᥞᥩᥢ ᥝᥤᥢ ᥗᥣ ᥒᥛᥱ ᥖᥒ ᥚᥫᥱ ᥖᥩ ᥒᥫᥩᥢ ᥘᥐᥒ ᥘᥖ。ᥞᥧᥒ ᥖᥒ ᥓᥧ ᥙᥣᥢ ᥞᥧᥱ ᥞᥣᥝᥢ ᥖᥒ ᥞᥧᥒ ᥒᥣᥱ, ᥕᥧᥝ ᥓᥣᥛ ᥘᥒ ᥚᥣᥳ ᥝᥒ, ᥝᥒ ᥖᥣ ᥝᥒ ᥒᥒᥱ ᥝᥫᥱ ᥑᥣ ᥘᥑᥩ ᥖᥤᥲ ᥖᥩ ᥒᥛᥱ ᥖᥤᥱ ᥞᥧᥒ ᥒᥣᥱ, ᥓᥣᥢ ᥝᥣᥢ ᥞᥧᥒ ᥒᥣ ᥝᥫᥱ ᥘᥣᥖ ᥘᥚᥤᥒ ᥘᥣᥢ ᥕᥧᥝ ᥗᥣ ᥒᥛᥱ ᥖᥒ ᥚᥫᥱ ᥖᥩ ᥒᥫᥩᥢ ᥘᥐᥒ ᥘᥓᥣᥢ ᥘᥓᥣᥢ, ᥘᥝ ᥘᥣ ᥖᥤᥩ ᥕᥣᥝᥢ ᥘᥔ ᥘᥣᥳ, ᥞᥧᥢ ᥟᥫᥱ ᥓᥧ ᥑᥣᥱ ᥙᥣᥒᥱ ᥖᥑᥩᥢ ᥖᥤᥲ ᥓᥩ ᥚᥣᥳ ᥗᥣ ᥙᥤᥒ ᥞᥧᥒ ᥘᥩ ᥘᥔ ᥘᥣᥳ, ᥞᥧᥒ ᥒᥣᥢ ᥓᥤᥢ ᥖᥤ ᥝᥣᥢ ᥖᥫᥢ ᥞᥧᥢ ᥟᥫᥱ ᥓᥧ, ᥞᥧᥒ ᥖᥒ ᥙᥣᥒᥱ ᥖᥑᥩᥢ ᥖᥓᥢ ᥖᥖᥩ ᥖᥓᥢ ᥙᥣᥒ ᥖᥖᥩ ᥙᥣᥒ ᥞᥤᥖ ᥝᥣᥢ ᥖᥫᥢ ᥒᥤᥢ ᥙᥣᥢ ᥖᥓᥢ ᥙᥤᥒ ᥞᥧᥒ ᥖᥤ, ᥞᥧᥢ ᥟᥫᥱ ᥓᥧ ᥕᥣᥛ ᥖᥖ ᥞᥫᥱ ᥖᥤᥲ ᥖᥩ ᥒᥛᥱ ᥖᥤᥱ, ᥞᥧᥒ ᥒᥣᥱ ᥖᥐ ᥞᥧᥢ ᥟᥫᥱ ᥓᥧ ᥗᥣ ᥙᥣᥢ ᥘᥙᥤᥢ ᥖᥔᥢ ᥒᥛᥱ, ᥓᥤᥢ ᥖᥤ ᥗᥣ ᥒᥛᥱ ᥚᥫᥩᥢ ᥘᥐᥒ ᥘᥓᥣᥢ ᥘᥓᥣᥢ ᥒᥒᥱ ᥘᥴ。

ᥕᥧᥝ ᥒᥫᥢ ᥚᥣᥱ ᥘᥣᥒ ᥓᥤᥒᥢ ᥓᥣᥩ ᥒᥤᥢ, ᥖᥘᥱ ᥙᥤᥢᥢ ᥒᥤᥢᥢ ᥞᥭᥳ ᥙᥤᥒ ᥞᥧᥢ ᥟᥫᥱ ᥓᥧ ᥓᥧ ᥓᥣᥩ ᥕᥧᥝ ᥙᥣᥒᥱ ᥓᥣᥢᥱ ᥖᥒ ᥞᥫᥱ ᥞᥫᥢᥱ ᥗᥣ ᥓᥩ ᥚᥣᥳ ᥛᥣ ᥘᥖᥤᥢ ᥘᥙᥤᥢ ᥓᥫᥢᥴ, ᥞᥧᥒ ᥖᥒ ᥓᥧ ᥓᥩ ᥚᥣᥳ ᥞᥤᥖ ᥝᥣᥢ ᥞᥧᥒ ᥖᥒ ᥙᥣᥒᥱ ᥒᥤᥢ ᥓᥣᥖ ᥓᥤ ᥞᥭᥳᥛ ᥘᥴ, ᥙᥣᥢ ᥘᥚᥤᥒ ᥞᥧᥒ ᥚᥧᥱᥢ ᥖᥤᥢ ᥞᥤᥖ ᥖᥤᥱ ᥙᥫᥢ。ᥓᥣᥢ ᥝᥣᥢ ᥓᥣᥢ ᥒᥤᥢᥢ ᥛᥤᥢᥱ ᥞᥭᥳ ᥙᥤᥒ ᥘᥣᥒᥢ ᥕᥧᥝ ᥗᥣ ᥔᥣ ᥖᥓ ᥝᥣᥢ: “ᥙᥣᥢ ᥖᥓᥢ ᥗᥣ ᥔᥣ ᥖᥓ ᥓᥤ ᥞᥭᥳᥛ, ᥙᥤᥒ ᥘᥖᥢ ᥔᥧ ᥙᥣᥱ ᥔᥧ ᥙᥣᥢ ᥓᥣᥩ ᥙᥣᥩ ᥞᥛ ᥖᥓ, ᥝᥣᥢ ᥙᥣᥢ ᥗᥫᥩᥢ ᥒᥣᥛ ᥖᥒ ᥔᥧᥢ ᥙᥣᥱ ᥔᥧ ᥛᥣ。” ᥘᥖᥢ ᥒᥤᥢ ᥓᥩ ᥚᥣᥳ ᥖᥤᥢ ᥗᥫᥩᥢ ᥒᥣᥛ ᥖᥒ ᥛᥣ “ᥖᥤᥱ ᥘᥣᥒᥢ ᥕᥧᥝ ᥗᥣ ᥔᥣ ᥖᥓ ᥝᥒ ᥖᥣ ᥔᥫᥒ ᥞᥛ ᥙᥣᥩ ᥖᥓᥱ ᥕᥧᥒ ᥘᥣᥩ ᥝᥒ ᥖᥤᥱ ᥖᥧᥱ ᥙᥤᥢ ᥖᥒ ᥚᥧᥢ ᥞᥧᥢ ᥟᥫᥱ ᥓᥧ ᥔᥫᥩ ᥒᥤᥩ ᥔᥣᥛ ᥑᥫᥱ, ᥙᥤ ᥚᥧᥢ ᥖᥣᥢ ᥖᥒ ᥚᥫᥛ ᥖᥝᥱ, ᥗᥣ ᥞᥛ ᥖᥫᥱ ᥚᥣᥳ ᥘᥣᥩ ᥘᥛ ᥖᥣᥢ”。

ᥕᥧᥝ ᥛᥤᥢ ᥒᥛᥢ ᥘᥒ ᥒᥒᥱ, ᥛᥣ ᥙᥣᥒᥢ ᥘᥧᥒᥱ ᥓᥣᥖ ᥑ ᥕᥛ ᥖᥙ ᥘᥒ ᥘᥓᥱ, ᥓᥣᥢ ᥝᥣᥢ ᥘᥒ ᥖᥤᥱ ᥔᥫᥩ ᥔᥣᥛ ᥝᥒ ᥘᥔ ᥘᥣᥳ, ᥛᥣ ᥙᥣᥒᥢ ᥘᥧᥒᥱ ᥙᥫᥢ ᥖᥒ ᥓᥧᥢ ᥝᥣᥢ ᥓᥣᥒᥢ ᥙᥣᥩ ᥗᥫᥩᥢ ᥛᥣ, ᥞᥧᥒ ᥚᥧᥛᥢ ᥖᥒ ᥙᥣᥒᥱ ᥔᥫᥩ ᥔᥣᥛ ᥞᥧᥒ ᥞᥫᥱ ᥘᥩ ᥖᥑ ᥖᥣᥢ ᥓᥣᥒᥢ, ᥖᥑ ᥖᥣᥢ ᥙᥥᥘᥣᥱ ᥐᥤᥒ ᥓᥤ ᥗᥣᥳ ᥘᥴ ᥚᥣᥳᥢ ᥘᥖ, ᥘᥣᥒ ᥞᥤᥖ ᥙᥫᥩᥢ ᥞᥫᥱ ᥙᥣᥢ ᥖᥣᥱ ᥘᥑᥢ ᥒᥤᥩ ᥑᥣᥱ ᥘᥣᥖ ᥖᥤᥲ。ᥛᥤ ᥝᥒ ᥫ ᥗᥤᥒ ᥑᥣᥱ ᥘᥔ, ᥛᥣ ᥙᥣᥒᥢ ᥘᥧᥒᥱ ᥛᥤᥢ ᥘᥣᥩ ᥐᥤᥒ ᥒᥒᥱ ᥛᥣ ᥘᥣᥩ ᥙᥣᥒᥱ, ᥖᥐᥢ ᥞᥧᥱ ᥘᥙᥫᥱ ᥖᥞ ᥘᥖᥢ ᥓᥩ ᥚᥣᥳ ᥙᥤᥒ ᥙᥣᥢ ᥔᥩ ᥖᥤᥱ ᥘᥛ ᥚᥧᥢ ᥞᥧᥢ ᥟᥫᥱ ᥓᥧ ᥒᥒᥱ。ᥘᥓᥣ ᥘᥛᥢᥒ ᥖᥔᥢ ᥚᥣᥫᥢ ᥖᥞᥢ ᥘᥛᥢ ᥒᥣ ᥖᥒ ᥙᥣᥒᥱ ᥓᥩ ᥚᥣᥳ ᥔ ᥒᥧᥛ ᥘᥒ ᥐᥫᥒᥱ ᥕᥧᥝ ᥓᥤᥢ ᥘᥣᥩ ᥙᥣᥒᥱ ᥖᥒᥱ, ᥖᥒ ᥖᥔᥢ ᥓᥤᥢ

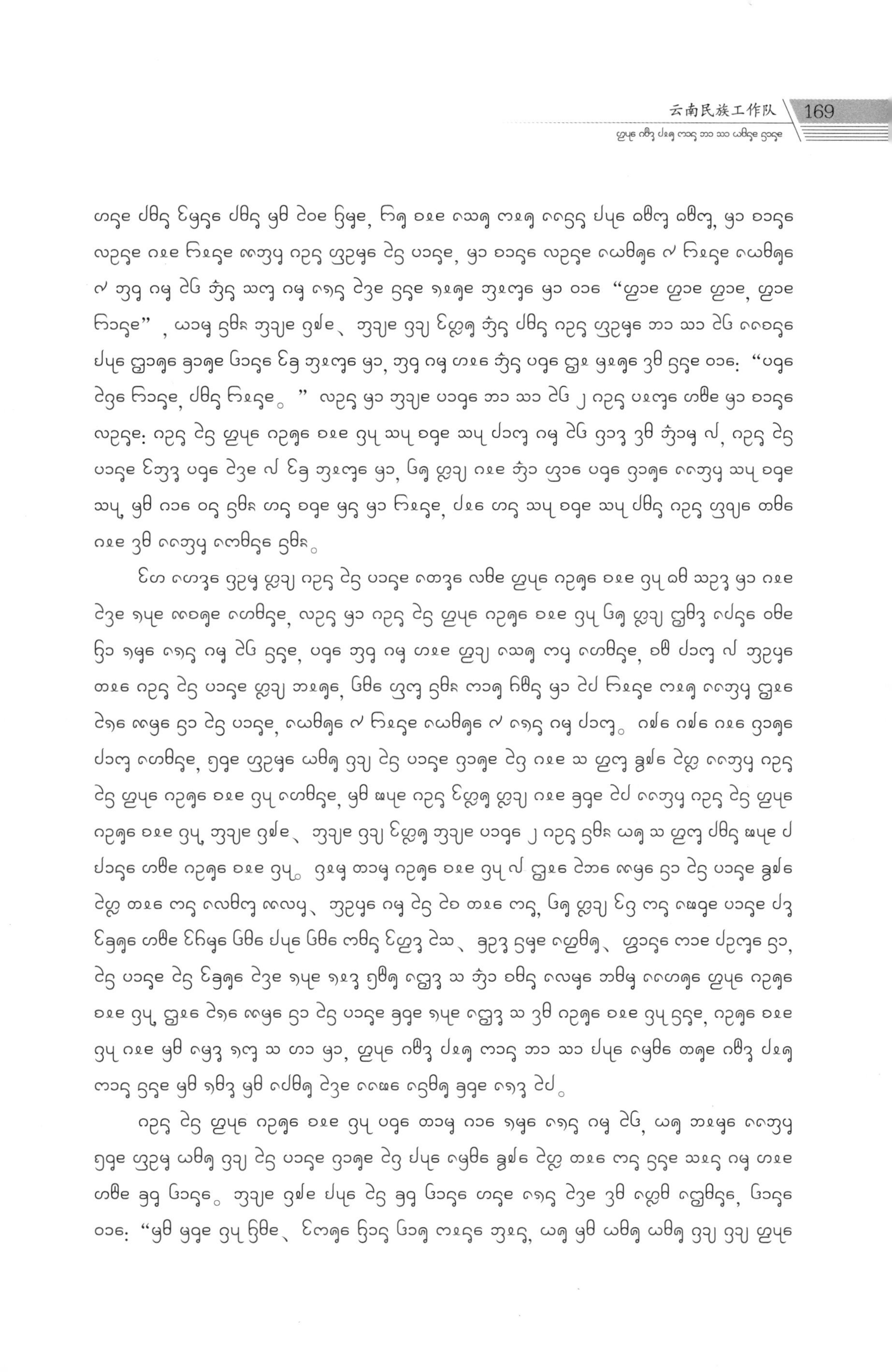

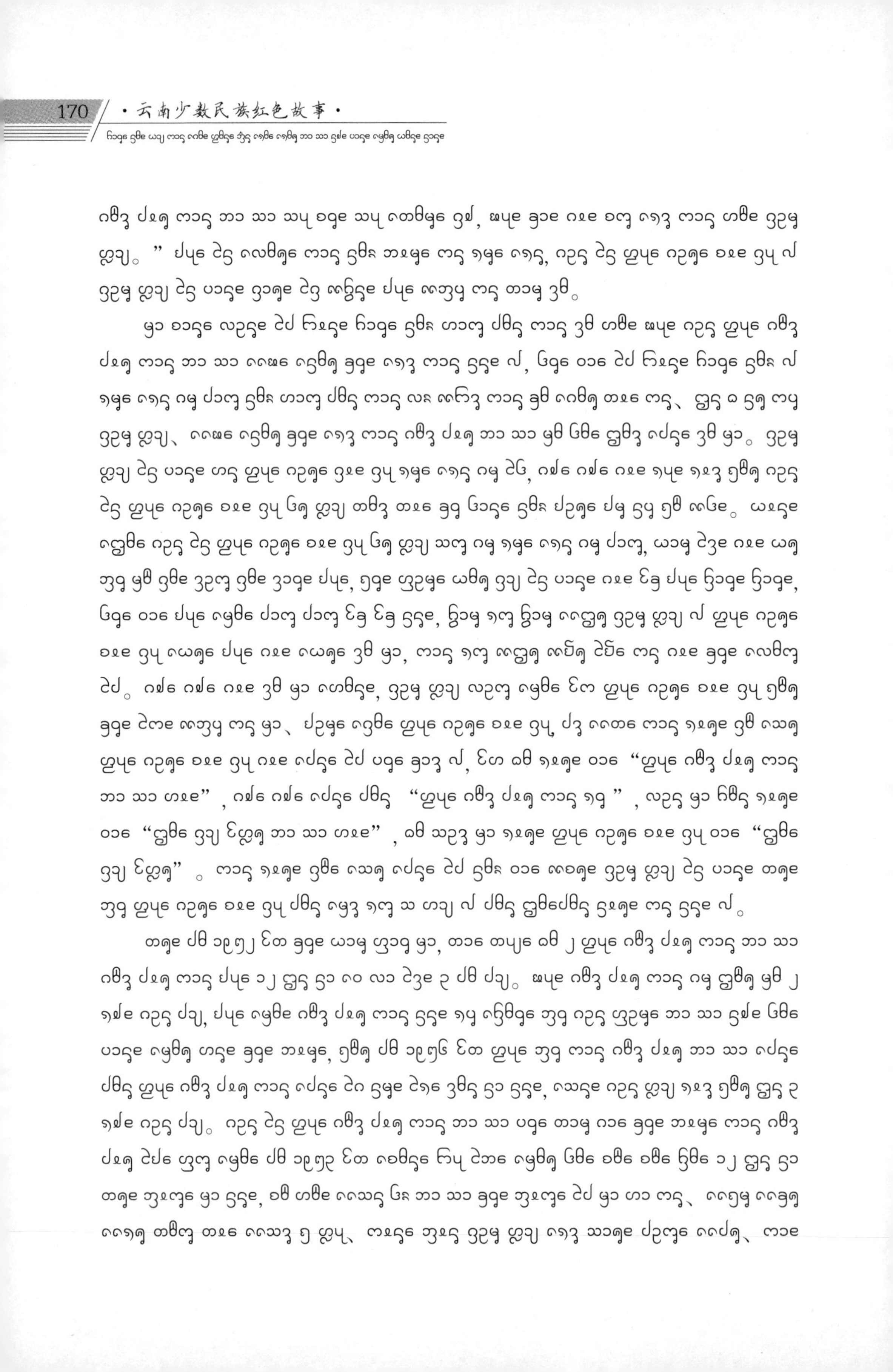

ᥑᥛ ᥐᥣᥒᥰ ᥓᥧᥰ ᥗᥣ ᥔᥣ、 ᥑᥨᥛᥱ ᥐᥢᥑ ᥐᥣᥒ ᥔᥣᥒᥱ ᥐᥐᥖᥒᥰ ᥘᥣ ᥑ ᥑᥛ ᥒᥣᥑ ᥛᥩᥒᥱ ᥑᥧ ᥗᥣ ᥔᥣ, ᥑᥩᥒ ᥐᥣᥒ ᥐᥐᥡᥰ ᥐᥒᥩᥒ ᥑᥨᥛᥱ ᥐᥢᥑ ᥐᥣᥒ ᥒᥣᥱ ᥐᥐᥑᥑ ᥜᥧᥒᥰ ᥐᥣ ᥘᥥ ᥙᥣᥒᥱ ᥐᥛᥩᥒ、 ᥐᥡᥩᥰ ᥐᥣᥒ ᥐᥜᥒᥰ ᥑᥩᥛ ᥔᥩᥒ ᥔᥣᥒ ᥐᥣᥒ ᥐᥓᥒᥰ ᥗᥒ ᥒᥛᥱ ᥗᥢᥰ ᥑᥩᥒ ᥒᥣ ᥓᥧᥰ ᥡᥧ ᥒᥥᥒ ᥓᥥᥒ ᥐᥢᥑ ᥐᥣᥒ ᥞᥣᥒᥱ ᥐᥐᥢᥒ ᥙᥧᥒ ᥓᥩᥒ ᥐᥣᥒ ᥒᥩᥑ ᥓᥥᥒ ᥗᥓᥰ ᥗᥘᥒ ᥒᥒᥱ, ᥐᥡᥩᥰ ᥜᥧᥒᥱ ᥕᥧᥱ ᥐᥣᥒ ᥗᥣ ᥔᥣ ᥡᥒ ᥝ ᥒᥒ ᥐᥒ、 ᥐᥣ ᥘᥥ ᥙᥣᥒᥱ ᥐᥛᥩᥒ ᥝᥛᥰ ᥐᥘᥩᥒ ᥘᥓ ᥑᥥᥧᥰ ᥜᥣᥒᥱ ᥐᥐᥜ ᥞᥛ ᥚᥒᥱ ᥐᥜᥒ ᥚᥒᥱ ᥒᥧᥒ ᥐᥢᥑ ᥗᥥᥐᥰ ᥐᥣᥒ ᥐᥧᥒᥰ ᥒᥧᥒ ᥕᥩᥒᥰ ᥑᥓ ᥗᥓᥰ ᥑᥐ。

(ᥡᥧᥱ ᥓᥐᥑ ᥐᥐᥖᥛᥱ: ᥛᥣ ᥕᥩᥒᥱ ᥑᥣᥰ)

“直接过渡”的诞生

“直过民族”是中华民族大家庭中的特殊成员。新中国成立之初，这些民族从原始社会或奴隶社会跨越几种社会形态，直接进入社会主义社会。在云南实行“直接过渡”的民族主要是景颇、傈僳、独龙、怒、佤、布朗、基诺、德昂8个民族，并且部分拉祜、苗、瑶、布依、纳西、阿昌、哈尼、彝、傣、白、藏等共20个民族及尚未确定族属的“克木人”，他们所居区域被划定为民族“直过区”，对他们采取了不同于其他地区的特殊政策，使他们跨越若干社会发展阶段，得以与其他兄弟民族一起迈步在社会主义道路上，实现各民族共同繁荣进步。王连芳在其《云南民族工作回忆》中认为，“如果说和平协商土地改革是云南民族工作史上的特色篇章，那么‘直接过渡’则应是更具特色的一页，它是云南民族工作的一个大胆创新和实践”[①]。

那么，这一理论是如何诞生的，它有着怎样的前世今生，又是如何从纸上理论变成现实政策指导云南民族工作实践的呢？这与一位历史学家、民族学家密不可分，他就是马曜。王连芳在其回忆录中这样评价马曜：“我们的一些领导和学者也查阅过马克思有关俄国农村公社和通过英国议会直接过渡到社会主义的论述。这些酝酿和试验当然是一种新思想形成的必然过程，但我至今仍认为对这些地区实行直接过渡比较系统的正式建议，并促成为省委的决定，则是马曜同志的贡献。”[②]

1953年8月，云南省人民政府副主席郭影秋、中共云南省委边疆工作委员会副书记王连芳和云南民族学院院长马曜一起到保山参加保山干部会，其间马

①王连芳：《云南民族工作回忆》，民族出版社2012年版，第294页。
②王连芳：《云南民族工作回忆》，民族出版社2012年版，第296页。

曜带领工作组先去潞西县西山景颇族聚居区进行调研。在这次初步调研中，马曜总结了田野点的一些特点。一是生产力发展水平很低。农业与手工业还没有分离，部分处于刀耕火种农业阶段，部分处于锄耕农业阶段，部分出现了比较发达的锄耕农业和犁耕的萌芽。二是与这种十分低下的生产力水平相适应，这类地区的各民族都不同程度地残存着原始社会的生产关系，景颇等族基本上保持着土地“集体所有，私人占有”的农村公社制度。总的说来，这些民族都分别处于原始公社末期和从原始公社向阶级社会过渡阶段：既保持着或多或少的土地公有、共耕、伙种、协作等原始公社的生产关系，又出现了不同程度的蓄养（少数称为“养子”）的家庭奴隶、雇工、债利、牛租以至借种、分种的初级地租形态等剥削关系，但都还没有形成系统的阶级社会。三是人民生活十分贫困，不少人“赶山吃饭”，采集山茅野菜，过着朝不保夕的生活。加上大量杀牲祭鬼，有的民族砍人头祭谷和民族仇杀，严重破坏生产。四是这些民族分布于数千公里的国境边沿一线，都是跨境而居，境内外民族相连，民族关系和内外关系十分复杂。

马曜先生带领工作组在遮放、西山区进行了10多天的调查研究，结合1952年中共云南省委民族工作队第二大队在瑞丽、陇川景颇族聚居区的群众工作实践，于1953年8月7日给中共保山地委写了《从遮放西山区的情况看景颇、德昂等族地区的生产问题》的报告，马曜先生在报告中详细地阐述了以下几点。

（一）山区的基本情况。一是自然条件优厚，土壤、气候比内地山区好，适宜于发展水稻、旱地作物和经济作物。条件好的可以就地发展，条件差的迁移下坝生产。二是景颇族社会内部土地占有不集中，阶级分化不明显。景颇族山官从事劳动，其生活相当于甚至低于内地中农水平。全区34个（户）山官中，有4户出租少量土地，有22户缺粮，有7户靠卖工度日。山官对辖区（一般一寨有一户山官）每户农民每年派官工（劳役）3—4天，或征收相当数量的“官谷”，群众杀牲祭鬼和猎获野兽时送山官一腿肉，其剥削量不超过一个主要劳动力全年劳动量（120天）的5%。山官的剥削还未达到阻碍生产力发展的程度。山官在群众中享有很高的威信，每年播种前，要由山官先撒种。群众没有废除和打倒山官的要求。三是生产水平极为低下和停滞。刀耕火种，刻木结绳记事。水田很少，基本上是自然经济，没有独立的手工业者和商人。

（二）巩固地团结住以山官为首的寨头、魔头（巫师）、“拉事头”（血族复仇的头人）4种人物是稳定山区和发展生产的重要环节。山官是氏族、部落头人，被认为是本族生存的保护人；寨头作用类似山官；魔头被认为是本族有知识的人。以上3种人往往又兼“拉事头”。弄丙寨440人中，成年男子解放前没拉过事或下山抢劫的一个也没有，说明景颇族正处于原始公社解体到国家权力产生的军事民主制的过渡阶段。和土司上层比较起来，这4种人更容易被争取团结起来，他们对共产党的最大顾虑是怕“改官”。

（三）景颇族基本上保持村社土地公有私耕制度，平均主义观念严重，因此，在动员群众开荒和固定耕地过程中，建议谁固定归谁所有，培养私有观念和克服依赖思想。

这个报告第一次提出阻碍景颇族生产力发展的主要不是阶级剥削，而是生产水平滞后、社会分工和交换不发达以及陈规陋习等原始落后因素。当时中共保山地委书记郑刚收到报告后，同意报告中所提的意见，并在正在召开的干部会议上宣读了这个报告。

报告提交后，马曜带领工作组继续在遮放西山从事调研工作，历时40天，共调查了40个寨子（东山6个）、6个典型寨（东山2个）、14个典型户（东山1个），计景颇族950户4103人，德昂族16户78人，汉族107户471人。调查结束后，马曜先生为中共潞西县工委起草了《关于遮放西山景颇族地区团结生产的初步意见》。1953年9月中旬，中共潞西县工委在西山弄丙寨召开了县工委扩大会议，会上讨论并通过了马曜先生及其工作组起草的《关于遮放西山景颇族地区团结生产的初步意见》。会后，马曜先生到保山向郑刚、云南省省长郭影秋和边委副书记王连芳汇报，正式提出景颇族聚居区土地改革内容不多，针对土地占有不集中和阶级分化不明显的实际情况，可以不必重分土地和划分阶级，而应大力发展经济和文化，通过互助合作消灭原始因素和落后因素，并完成某些环节的民主改革任务，直接向社会主义过渡。郭影秋、王连芳、郑刚3人都同意这个意见，回到昆明后马曜先生又向中共云南省委做了专题汇报。省委主要领导一致表示同意，并上报中共中央批准。

1954年6月，中共云南省委在《关于在边疆民族地区有区别、有计划地开展过渡时期的宣传指示》中提出：“在阶级分化不明显的落后民族中（如傈僳、景颇族等），可通过适当形式公开说明不进行内部的土地改革。”1954年，中共德宏州委员会办了4个合作社，暂不进行土地改革，即潞西县西山营盘乡赵老三合作社（下坝生产合作社主要为德昂族）、盈江普仑曼撒合作社、归城区小新寨合作社、陇川县邦瓦勒勤合作社（后3个社都是景颇族），这些合作社均获得增产。

德宏州“直接过渡”地区试点办社早于和平协商土改地区两年。中共德宏州委后来在每四五个乡的范围内，选择在人口比较集中、交通比较方便并有一定发展前景的中心地区建立生产文化站，使其逐步形成该范围的政治、经济、文化中心。生产文化站是县级以下相当于区一级的党政一体化领导机构，配备包括生产、文教、卫生、贸易等各方面的工作人员。此后，怒江、思茅、临沧、红河等地州也相继在傈僳、独龙、怒、基诺、布朗（部分）、拉祜（部分）、佤（大部分）等民族聚居区逐步推开直接办社的实践。1956年，中共云南省委边疆工作委员会书记孙雨亭在中共云南省委第一次代表大会上的《关于边疆民族工作的报告》中说，这类地区“不再经过土地改革运动这一阶段，将继续根据团结、生产、进步的方针，在党的领导下，依靠贫苦农民，团结一切劳动人民，团结和教育一切与群众有联系的公众领袖人物，在国家的大力扶持下，通过互助合作，发展生产，以及加强与生产有关的各项工作，逐步提高人民的生活水平和政治觉悟，增加社会主义因素，逐步消除不利于生产和民族发展的落后因素，逐步地过渡到社会主义社会”，并且肯定了德宏州建立生产文化站的做法。同年11月，中共云南省委副书记于一川也在一次省委报告中说：“首先应该肯定在这些地区直接过渡的道路是对的，就是这样办。其次在办社的速度上不宜太快。这种地区要过渡到社会主义，工作更艰苦，必须明确，任何原始落后的因素都不能成为社会主义的直接基础。”他还说：“既然在原始落后的民族中并不存在资本主义，那么，这些地区的个体经济发展和提高一点，也不会破坏社会主义。”

马曜及其工作组在翔实细致的田野调查的基础上，充分考虑到了边疆民族所处的历史社会条件及存在的特殊性，通过调查，实事求是总结出适合边疆民族地区的“直接过渡”理论，并通过汇报、撰写研究报告等方式得到中共云南省委的赞同和采纳，中共云南省委将之报中共中央并得到批准，从而使之上升成为国家制定改造边疆民族地区的政策的重要依据。20世纪50年代之后，党的文件中就陆续出现了关于“直接过渡”的正式提法。从此，“直接过渡”成为一个专有名词被载入史册。“直接过渡”政策的制定与实施，成功地使处于原始社会末期及向阶级社会过渡过程中的少数民族与全国一道进入社会主义社会，这是马曜先生实事求是、科学求实地从事民族工作的成果，也是云南民族工作的重要创新，是对马克思主义“直接过渡”理论的继承和发展，是马克思主义中国化、时代化的重要成果，是解决特殊地区特殊民族发展问题的成功范例。

2020年11月，《光明日报》刊登的一条报道振奋人心，报道的标题是“云南所有贫困县摘帽直过民族全部脱贫”，文中记述道：“截至2020年11月，云南88个贫困县全部退出贫困县序列。云南11个直过民族和人口较少民族历史性地告别绝对贫困。”次年2月，全国脱贫攻坚总结表彰大会在北京人民大会堂隆重举行，习近平总书记向全国脱贫攻坚楷模荣誉称号获得者等颁奖并发表重要讲话，在总结中国脱贫攻坚取得的重大历史性成就时再次提到“直过民族”，总书记指出，“一些新中国成立后‘一步跨千年’进入社会主义社会的‘直过民族’，又实现了从贫穷落后到全面小康的第二次历史性跨越”。

参考资料

[1]《云南民族工作40年》编写组编：《云南民族工作40年》，云南民族出版社1994年版。

[2]王连芳：《云南民族工作回忆》，民族出版社2012年版。

（执笔：马颖娜）

ᥐᥣᥒ “ᥞᥧᥴ ᥑᥣᥛᥴ ᥘᥫᥒ ᥢᥛᥤ” ᥓᥫᥐ ᥛᥣᥢ ᥛᥣ

“ᥚᥣ ᥔᥣ ᥞᥧᥴ ᥑᥣᥛᥴ ᥘᥫᥒ ᥢᥛᥤ” ᥓᥛᥒ ᥑᥙᥴ ᥐᥧᥒ ᥖᥣᥐᥴ ᥟᥨᥛᥒᥴ ᥓᥒ ᥞᥫᥐᥴ ᥟᥛᥒ ᥢᥞᥣᥐ ᥚᥣ ᥔᥣ ᥢᥖᥐᥴ ᥒᥣᥴ ᥒᥒᥴ。 ᥟᥛᥢ ᥔᥫᥢ ᥘᥫᥢ ᥖᥐᥴ ᥓᥛᥒ ᥑ ᥟᥖ ᥢᥖᥐᥴ ᥢᥐᥴ ᥓᥞᥴ ᥕᥣᥛ ᥒᥒᥴ, ᥚᥣ ᥔᥣ ᥝᥧᥐ ᥒᥛᥢ ᥘᥧᥐ ᥐᥣ ᥘᥢ ᥙᥣᥒᥴ ᥟᥛᥐ ᥛᥧᥛ ᥘᥢ ᥙᥛᥴ ᥐᥫᥴ ᥐᥣ ᥘᥢ ᥙᥣᥒᥴ ᥟᥛᥐ ᥑᥣᥴ ᥓᥕᥴ ᥞᥧᥴ ᥑᥣᥛᥴ ᥞᥧᥒᥴ ᥟᥘᥛᥐᥴ ᥐᥣ ᥘᥢ ᥙᥣᥒᥴ ᥟᥛᥐ ᥞᥧ ᥟᥖᥛᥴ, ᥞᥧᥴ ᥑᥣᥛᥴ ᥞᥣ ᥐᥣ ᥘᥢ ᥙᥣᥒᥴ ᥟᥛᥐ ᥟᥔᥛᥴ ᥑᥙᥴ ᥢᥙ ᥓᥛᥴ ᥐᥛ ᥟᥖᥛ。 ᥓᥙᥴ ᥙᥣᥒᥴ ᥟᥛᥐ ᥕᥛᥒᥴ ᥒᥣᥒᥴ ᥐᥛᥖ ᥟᥖ ᥖᥣᥛ “ᥞᥧᥴ ᥑᥣᥛᥴ ᥘᥫᥒ ᥢᥛᥤ” ᥖᥛᥴ ᥞᥧᥐ ᥒᥛᥢ ᥛᥛ ᥚᥣ ᥔᥣ ᥖᥛᥒ ᥢᥚᥴ、ᥚᥣ ᥔᥣ ᥘᥛᥴ ᥢᥐᥴ、ᥚᥣ ᥔᥣ ᥖᥙᥴ ᥢᥘᥐᥴ、ᥚᥣ ᥔᥣ ᥞᥧᥙᥴ、ᥚᥣ ᥔᥣ ᥝᥣᥴ、ᥚᥣ ᥔᥣ ᥓ ᥘᥐ、ᥚᥣ ᥔᥣ ᥖᥛᥴ ᥒᥫᥴ、ᥚᥣ ᥔᥣ ᥟᥖᥛᥴ ᥚᥐᥴ ᥟᥣ ᥚᥣ ᥔᥣ, ᥓᥛ ᥐᥛᥒ ᥚᥣ ᥔᥣ ᥘᥣᥴ ᥐᥙᥴ、ᥚᥣ ᥔᥣ ᥟᥛᥒᥴ、ᥚᥣ ᥔᥣ ᥕᥐᥴ、ᥚᥣ ᥔᥣ ᥓᥙᥴ ᥕᥛᥴ、ᥚᥣ ᥔᥣ ᥒᥣᥴ ᥒᥛᥴ、ᥚᥣ ᥔᥣ ᥚᥣᥴ ᥒᥣᥐᥴ、ᥚᥣ ᥔᥣ ᥐᥣᥴ ᥒᥛᥴ、ᥚᥣ ᥔᥣ ᥕᥛᥴ、ᥚᥣ ᥔᥣ ᥓᥖ、ᥚᥣ ᥔᥣ ᥟᥖᥛᥴ、ᥚᥣ ᥔᥣ ᥓᥣᥐᥴ ᥘᥣᥐ ᥚᥫᥐᥴ ᥝᥧᥐ ᥒᥛᥢ ᥖᥫᥐᥢ ᥛᥛ ᥒ᥆ ᥚᥣ ᥔᥣ ᥘ ᥕᥐ ᥙᥛᥴ ᥟᥣᥖ ᥑᥣᥖ ᥑᥛᥴ ᥐᥙ ᥚᥣ ᥔᥣ ᥓᥖ ᥟᥖᥛᥴ ᥒᥛᥢ ᥛᥛ “ᥐᥧᥒ ᥑᥢ ᥞᥧ”，ᥢᥐᥛᥴ ᥖᥛᥴ ᥑᥛ ᥖᥣᥒᥴ ᥓᥙᥴ ᥐᥛᥒ ᥒᥛᥢ ᥓᥫᥴ ᥑᥛᥖᥴ ᥟᥙᥐᥴ ᥓᥛᥒ ᥢᥐᥛᥴ ᥞᥧᥴ “ᥑᥣᥛᥴ ᥘᥫᥒ ᥢᥛᥤ”，ᥖᥛᥖ ᥖᥫᥴ ᥑᥛ ᥖᥣᥒᥴ ᥒᥛᥢ ᥓᥖᥴ ᥚᥛ ᥐᥫᥐ ᥓᥫᥐ ᥖᥣᥐᥴ ᥙᥣᥒᥴ ᥟᥛᥐ ᥖᥛᥴ ᥚᥛᥒᥴ ᥒᥒᥴ, ᥞᥛᥴ ᥑᥛ ᥖᥣᥒᥴ ᥞᥧᥴ ᥑᥣᥛᥴ ᥓᥫᥖ ᥝ ᥘᥣ ᥓᥧᥐᥴ ᥟᥖᥛ ᥐᥣ ᥘᥢ ᥙᥣᥒᥴ ᥟᥛᥐ ᥞᥧ ᥟᥖᥛᥴ ᥒᥒᥴ, ᥓᥖᥴ ᥑᥛᥴ ᥚᥫᥛᥴ ᥖᥛᥴ ᥒᥫᥐᥴ ᥚᥣ ᥔᥣ ᥖᥣᥐᥴ ᥚᥛᥒᥴ ᥚᥫᥛᥴ ᥐᥒ ᥕᥣᥴ ᥑᥛᥴ ᥞᥣ ᥔᥛᥒᥴ ᥔᥣ ᥖᥣᥐ ᥟᥔᥛᥴ ᥑᥙ ᥖᥙ ᥓᥛᥴ, ᥑ ᥢᥐᥖ ᥘᥫᥒ ᥢᥛᥤ ᥖᥙᥴ ᥚᥣ ᥔᥣ ᥚᥫᥛᥴ ᥐᥒ ᥐᥣᥒᥴ ᥐᥧᥐᥴ ᥞᥧᥐᥴ ᥢᥛᥐ ᥓᥛᥴ ᥟᥘᥛᥒ ᥒᥒᥴ。 ᥝᥐᥴ ᥟᥘᥘᥒᥴ ᥐᥣᥐᥴ ᥓᥙᥴ ᥓᥒ《ᥖᥫᥐ ᥐᥛᥖ ᥐᥣᥒ ᥐᥛᥖ ᥓᥫᥐ ᥚᥣ ᥔᥣ ᥙᥣᥒᥴ ᥟᥛᥐ ᥕᥛᥒᥴ ᥒᥣᥒᥴ》ᥒᥒᥴ ᥐᥛᥖ ᥝᥣᥴ, “ᥟᥔ ᥘ ᥝᥣᥴ ᥔᥛᥐ ᥔᥣᥒ ᥐᥣᥒ ᥟᥖᥐᥴ ᥞᥛᥛ ᥟᥘᥒᥴ ᥓᥐ ᥒᥛᥴ ᥓᥣᥴ ᥖᥛᥒ ᥒᥣ ᥓᥛᥒ ᥐᥣᥐᥴ ᥒᥛᥴ ᥖᥣᥒ ᥖᥛᥴ ᥖᥣᥐᥴ ᥐᥣᥒ ᥐᥛᥖ ᥓᥫᥐ ᥚᥣ ᥔᥣ ᥙᥣᥒᥴ ᥟᥛᥐ ᥕᥛᥒᥴ ᥒᥣᥒᥴ, ᥐᥣᥒ ‘ᥞᥧᥴ ᥑᥣᥛᥴ ᥘᥫᥒ ᥢᥛᥤ’ ᥚᥣᥒ ᥒᥛᥢ ᥞᥣᥐ ᥓᥛᥒ ᥐᥣᥒ ᥛᥛ ᥖᥛᥴ ᥖᥣᥐᥴ ᥒᥒᥴ ᥙᥛᥒᥴ ᥘ ᥘ, ᥛᥒ ᥞᥣᥐ ᥓᥛᥒ ᥐᥣᥒ ᥐᥛᥖ ᥓᥫᥐ ᥚᥣ ᥔᥣ ᥙᥣᥒᥴ ᥟᥛᥐ ᥕᥛᥒᥴ ᥒᥣᥒᥴ ᥞᥖ ᥓᥣᥒᥴ ᥚᥫᥐᥴ ᥐᥣᥒ ᥓᥞᥴ ᥘ ᥐᥣᥒ ᥟᥖᥖ ᥓᥛᥐ ᥒᥒᥴ ᥖᥫᥐᥴ ᥘ”。

ᥚᥒᥴ ᥒᥛᥢ, ᥐᥫᥐ ᥓᥣ ᥟᥖᥛᥴ ᥒᥛᥢ ᥟᥖ ᥔᥛᥴ ᥑ ᥢᥐᥖ ᥛᥛ ᥛᥣ, ᥐᥣᥒ ᥖᥣᥖ ᥘ ᥘ ᥙᥖ ᥟᥖᥛ ᥓᥛᥒ ᥟᥨᥛᥒ ᥒᥛ ᥓᥝᥴ, ᥐᥛᥒ ᥖᥛ ᥟᥖ ᥔᥛᥴ ᥘᥧᥐ ᥖᥧ ᥐᥫᥐ ᥓᥣ ᥚᥣᥒ ᥟᥖᥛᥴ ᥓᥣᥴ ᥐ ᥖᥣᥖ ᥟᥘᥒᥴ ᥓᥛᥒ ᥐᥫᥐ ᥓᥫᥐ ᥟᥖᥐᥴ

ᦟᦱᧃ ᦶᦣᦸᧂ ᦔᦲᧂ ᦵᦟᧆ ᦓᦲ ᦟᦱᧃ ᦂᦲᧃ ᦺᦑ ᦑᦱ ᦉᦱ ᦔᦱᧃ ᦵᦙᦲᧂ ᦍᦲᧃ ᦵᦟᧆ ᦠᦲᧂ? ᦑᦹᧃ ᦵᦟᧆ ᦔᦸᧃ ᦵᦑᦱᧂ ᦑᦱᦂ ᦶᦉ ᦉ ᦷᦙᦱᧃ ᦵᦟᧆ ᦶᦂᦲᧃ ᦵᦟᧆ ᦵᦃᦱᧃ、ᦉ ᦷᦙᦱᧃ ᦵᦟᧆ ᦶᦂᦲᧃ ᦑᦱ ᦉᦱ ᦵᦟᧆ, ᦵᦃᦱᧃ ᦂᦲ ᦺᦑᧃ ᦙᦱ ᦺᦑᦱᧃ。 ᦞᦱᦂ ᦶᦟᦟᧆ ᦅᦱᧃ ᦺᦑᧃ ᦺᦟᧃ ᦶᦉ ᦶᦉᧃ ᦂᦲᧃ ᦵᦟᧆ ᦵᦠᦲᧃ ᦺᦑᦱᧃ ᦵᦟᧆ ᦙᦱ ᦑᦲᧂ ᦶᦣᦸᧂ ᦙᦱ ᦺᦑᦱᧃ: "ᦶᦂᦲ ᦟᦲᧃ ᦑᦹᧃ ᦟᦱᧃ ᦑᦲᧃ ᦶᦣᦟᧃ ᦓᦲ ᦟ ᦉ ᦷᦙᦱᧃ ᦵᦟᧆ ᦶᦂᦲᧃ ᦅᦲ ᦵᦃᧃ ᦂᦲ ᦙᦱ ᦅᦱ ᦶᦣᦸᧂ ᦑᦱᧃ ᦵᦃᧃ ᦅᦱᧃ ᦙᦱ ᦶᦂᦲ ᦅᦲᧃ ᦎᦲᧂ ᦓᦲᧃ ᦵᦂᦲᧃ ᦵᦉᦲᧃ ᦶᦉᦲ ᦔᦱᧃ ᦵᦃᦱᧃ ᦶᦂ ᦶᦉᦹ ᦵᦂᦲ ᦵᦂᦲ ᦟ ᦺᦎᧃ ᦎᦱᧄ ᦺᦑᧃ ᦶᦉᦲᧃ ᦶᦂ ᦶᦉᦹ ᦑᦲᧄ ᦂᦲᧃ ᦔᦱ ᦓᦲᧂ ᦟᦱᧃ ᦵᦉᦲᧃ ᦶᦉᦲᧃ ᦓᦲ ᦺᦑᧃ ᦠᦲᧂ ᦶᦉᦱᧄ ᦂᦲ ᦶᦓᦲ ᦵᦟᧆ。 ᦟᦱᧃ ᦅ ᦵᦟᧆ ᦺᦎ ᦟ ᦟᦱᧃ ᦟᦲᧃ ᦓᦱᧄ ᦵᦟᦲᧃ ᦵᦟᧆ ᦂᦲ ᦠᦲᧂ ᦺᦑᧃ ᦠᦱᧂ ᦅᦱᧃ ᦵᦉᦲᧃ ᦵᦂᦲ ᦑᦹᧃ ᦎᦱᧂ ᦺᦑᧃ ᦵᦟᧆ ᦂᦲᧃ ᦺᦎᦹᧃ ᦵᦟᧆ ᦵᦟᦲᧃ ᦷ, ᦵᦃᦱᧃ ᦞᦱᧃ ᦶᦂᦲ ᦶᦉᦲ ᦔᦲᧂ ᦔᦲ ᦵᦂᦲ ᦠᦱᦂ ᦍᦲᧂ ᦂᦲᧃ ᦞᦱᧃ ᦶᦣᦸᧂ ᦶᦣᦸᧂ ᦠᦲᧂ ᦉᦲ ᦶᦣᦸᧂ ᦺᦑᧃ ᦶᦉᦲ ᦵᦂᦲ ᦑᦱᧃ ᦔᦱᧃ ᦵᦙᦲᧂ ᦶᦂᦲᧂ ᦵᦟᧆ ᦂᦲᧃ ᦵᦃᦲ ᦎᦱᧄ ᦟᦱᧃ ᦠᦹᦱᧃ ᦶᦉᦱᧄ ᦓᦲᧃ ᦵᦟᧆ, ᦔᦲ ᦵᦃᦸᧃ ᦍᦲ ᦶᦂᦲ ᦵᦟᦲᧃ ᦞᦲ ᦵᦉᦲᧃ ᦶᦉᦱᧃ, ᦠᦱᦂ ᦺᦑᧃ ᦙᦱ ᦺᦑᦱᧃ ᦵᦂᦲᧃ ᦔᦲ ᦵᦑᦲᧂ ᦑᦹᦂ ᦟᦱᧃ ᦍᦲᧃ ᦵᦟᦲ ᦵᦟᧆ。"

ᦺᦑ ᦂᦸᦂ ᦵᦎ ᦵᦟᦲᧃ ᦗ ᦵᦟᦂ, ᦍᦲᧃ ᦵᦟᧆ ᦵᦟᦲᧃ ᦶᦍᦲᧃ ᦙᦲᧃ ᦶᦔᦲᧃ ᦅᦲ ᦔᦲᧂ ᦓᦲ ᦵᦟᧆ ᦵᦂᦲ ᦍᦲᧃ ᦵᦟᧆᦞᦱᦂ ᦶᦟᦟᧆ ᦅᦱᧃ ᦑᦹᧃ ᦺᦎᧄ ᦺᦑᧃ ᦵᦑᦱᧃ ᦵᦂᦱᧃ ᦍᦲᧃ ᦵᦟᧆ ᦵᦟᦲᧃ ᦶᦣᦸᧃ ᦶᦣᦸᧃ ᦵᦂᦲ ᦓᦲ ᦞᦲ ᦶᦍᦲᧃ ᦶᦉᦲ ᦔᦲᧂ ᦵᦟᧆ ᦔᦲᧂ ᦟ ᦙᦱ ᦺᦑᦱᧃ ᦑᦹᧃ ᦺᦑᧃ ᦍᦲᧃ ᦵᦟᧆ ᦙᦲᧃ ᦵᦟᦲ ᦵᦟᦲ ᦶᦺᦑᧃ ᦶᦺᦑᧃ ᦓᦱᧃ ᦑᦲᧂ ᦟᦲ ᦺᦎ ᦶᦣᦸᧂ ᦵᦟᦲᧃ ᦶᦉᦲ ᦑᦲᧂ ᦶᦣᦸᧂ ᦵᦂ ᦑᦲᧂ ᦟᦱᧃ ᦺᦑ ᦶᦂᦲ ᦟᦲᧃ ᦑᦹᧃ, ᦺᦑ ᦺᦎ ᦂ ᦟ ᦵᦟᧆ ᦙᦱ ᦺᦑᦱᧃ ᦑᦹᧃ ᦵᦂ ᦵᦂ ᦶᦣᦸᧂ ᦑᦲᧂ ᦂᦲᧃ ᦵᦉᦲ ᦓᦲ ᦺᦎ ᦶᦉᦲ ᦶᦣᦸᧂ ᦅᦲ ᦶᦣᦸᧂ ᦅᦲ ᦵᦃᧃ ᦔᦱᧃ ᦵᦙᦲᧂ ᦑᦱ ᦉᦱ ᦓᦲᧃ ᦵᦑᦱ ᦺᦑ ᦟᦲᧃ ᦵᦃᦲ ᦵᦟᦲᧃ ᦵᦟᦲᧃ ᦺᦎ ᦶᦙᦲ ᦵᦟᦲᧃ ᦶᦉᦲᧃ ᦵᦟᧆ ᦑᦹᧃ ᦵᦃᦱᧆ。 ᦺᦑ ᦵᦙᦲᧃ ᦉᦲ ᦟᦲ ᦅᦱ ᦶᦣᦸᧂ ᦅᦲ ᦵᦃᧃ ᦶᦣᦸᧂ ᦵᦟᧆ ᦵᦟᧆ, ᦙᦱ ᦺᦑᦱᧃ ᦍᦲ ᦶᦣᦸᧂ ᦵᦃᦲᧃ ᦎᦱᧂ ᦵᦂ ᦺᦎ ᦟᦱᦂ ᦵᦟᦱ ᦠᦲᧃ ᦟᦱᦂ ᦑᦲᧃ ᦑᦹᧃ ᦙᦱ。 ᦷ ᦵᦟᧆ ᦵᦟᧆ ᦓᦱᧃ ᦟᦲᧃ ᦟᦂ ᦺᦑᧃ ᦵᦟᦲᧂ ᦟᦲᧃ ᦟᦂ ᦟᦱᧃ ᦵᦃᦱᧂ ᦉᦱᦂ ᦶᦣᦸᧃ。 ᦟᦱᧃ ᦵᦃᦱᧂ ᦉᦱᦂ ᦺᦎ ᦵᦟᦱ ᦟ ᦟᦱᧃ ᦞᦲ ᦶᦔᦲ ᦶᦣᦸᧂ ᦑᦲᧂ ᦙᦲ ᦵᦃᦱᧂ ᦶᦟᦲ ᦔᦲᧃ ᦶᦔᦲᧃ ᦑᦱᦂ ᦂ ᦵᦃᦲᧃ, ᦟᦱᧃ ᦵᦃᦱᧂ ᦉᦱᦂ ᦺᦎ ᦵᦟᦱ ᦟᦱᦂ ᦑᦹᧃ ᦵᦃᦲᦂ ᦺᦑ ᦺᦑ ᦂ ᦟᦱ ᦑᦱᧃ ᦺᦑᦲ ᦺᦎ ᦶᦂ ᦂᦲ ᦺᦑᦂ ᦵᦟᧆ, ᦟᦱᧃ ᦵᦃᦱᧂ ᦉᦱᦂ ᦺᦎ ᦵᦟᦱ ᦟᦱᦂ ᦑᦹᧃ ᦵᦃᦲᦂ ᦺᦑ ᦺᦎ ᦺᦑ ᦂ ᦟᦱ ᦑᦲᧂ ᦶᦉ ᦶᦔᦂ ᦺᦎ ᦶᦟᦂ ᦶᦉᦱᧃ, ᦟᦱᦂ ᦑᦹᧃ ᦺᦑ ᦙᦲ ᦟᦱᧃ ᦵᦃᦱᧂ ᦉᦱᦂ ᦺᦎ ᦵᦟᦱ ᦶᦣᦸᧂ ᦑᦲᧂ ᦶᦉ ᦶᦔᦂ ᦺᦎ ᦶᦟᦂ ᦶᦉᦱᧃ ᦟ ᦺᦎ ᦑᦲᧂ ᦶᦉᦹ ᦺᦎ ᦍᦱᦂ ᦉᦲ ᦵᦟᧆ ᦙᦱ。 ᦷ ᦵᦟᧆ ᦉᦱᦂ ᦵᦃᦲᧃ ᦓᦲ ᦓᦲ ᦑᦱᧃ ᦟᦲᧃ ᦟᦂ ᦟᦱᧃ ᦵᦃᦱᧂ ᦉᦱᦂ ᦶᦣᦸᧃ ᦵᦠᦲ ᦵᦠᦲᧃ ᦵᦠᦲᧃ ᦵᦟᦲᧃ ᦵᦟᧆ, ᦓᦲ ᦑᦱ ᦉᦱ ᦶᦣᦟᧃ ᦔᦱᧃ ᦵᦙᦲᧂ ᦵᦟᦲᧃ ᦵᦟᧆ ᦠᦱᦂ ᦙᦲ ᦶᦉᦱᧃ ᦵᦃ ᦟᦱᧃ ᦵᦃᦱᧂ ᦉᦱᦂ ᦟᦱ ᦟᦂ ᦔᦱᧃ ᦵᦙᦲᧂ ᦙᦲᧃ ᦟᦂ ᦔᦸᧃ ᦵᦠᦲᧃ ᦟᦲ ᦵᦟᧆ ᦵᦟᦲᧂ ᦍᦱ ᦺᦎᦲ, ᦑᦱ ᦉᦱ ᦵᦟᦲᧂ ᦶᦎ ᦶᦔᦲᧃ ᦵᦟᧆ ᦺᦑᦲ ᦶᦉᦲ ᦷᦙᦲ ᦷᦃ ᦉᦱ ᦑ ᦶᦃᦲ ᦶᦂᦲᧃ ᦵᦉᦲᧃ ᦶᦉᦲ ᦔᦱᧃ ᦵᦃᦲᧃ ᦑᦹᧃ ᦵᦟᦲ ᦑᦲᧃ "ᦃᦲᧃ ᦙᦲ ᦠᦲᧃ ᦑᦲᧂ, ᦟᦲᧃ ᦂᦲᧃ ᦔᦱᧃ ᦺᦎᦲ" ᦵᦟᧆ ᦺᦎᦲ。 ᦶᦉᦲ ᦙᦱ ᦞᦱᧃ, ᦑᦱ ᦉᦱ ᦶᦔᦲᧃ ᦵᦟᧆ ᦵᦃᦲᦂ ᦺᦑ ᦺᦑ ᦂ ᦟᦱ ᦑᦹᧃ ᦺᦎ ᦶᦂᦲᧃ ᦵᦉᦲᧃ ᦙᦲᧃ ᦟᦲ ᦑᦲ ᦺᦎᦲ ᦉᦲᧃ ᦟ ᦟᦲᧃ ᦺᦎ ᦶᦂᦲᧃ ᦵᦉᦲᧃ ᦙᦲᧃ

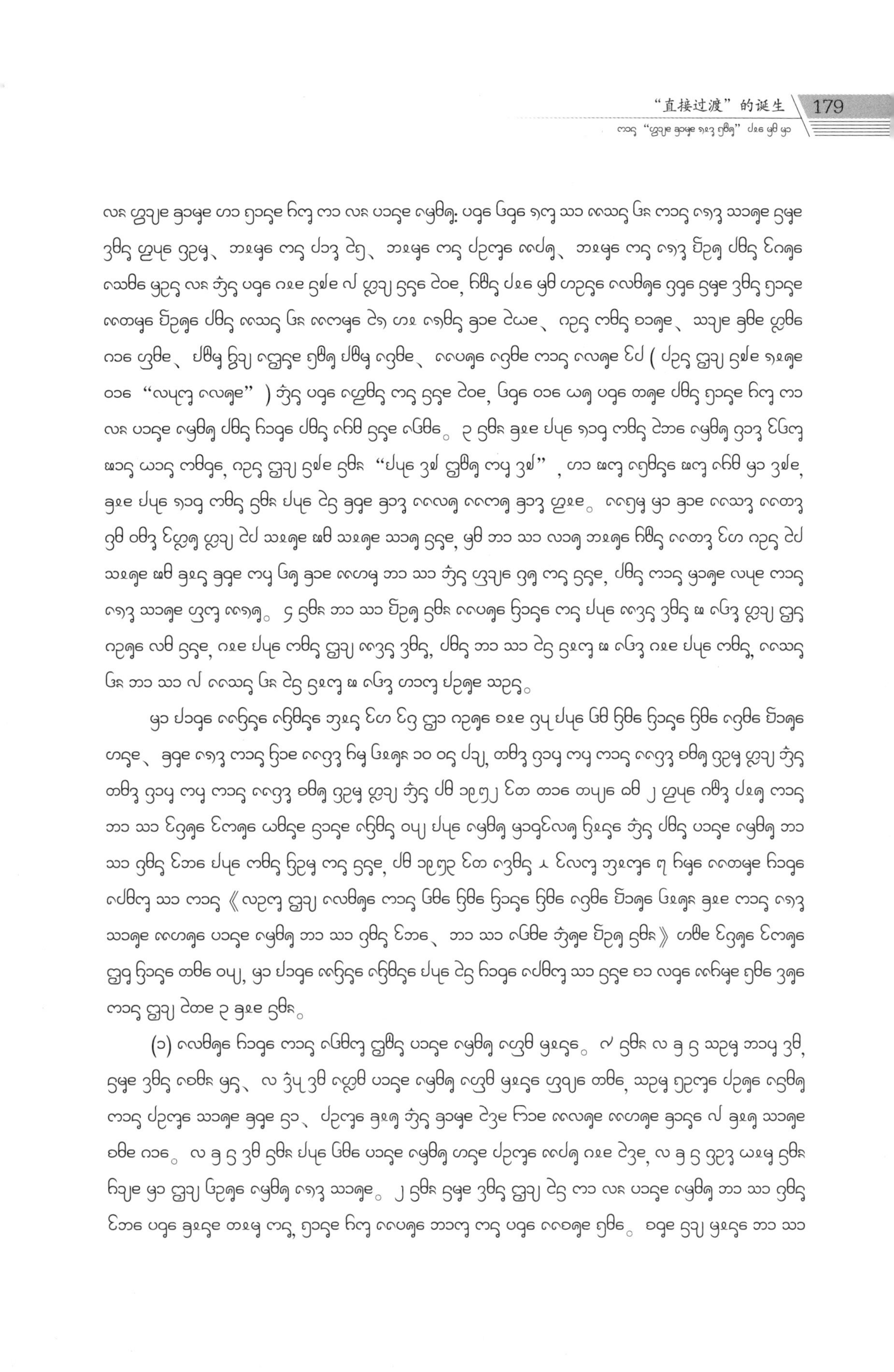

ᦡᦲᧃ ᦺᦑᦱᧃ ᦅᦸᧉ ᦵᦡᦳ ᦶᦟᦳ ᦵᦡᦳ ᦉᦱᦙᧉ,ᦈᦸᧉ ᦔᦳᧃ ᦑᦱᦵ ᦅᦲᧃ ᦺᦂᧃ ᦖᦸᧃ ᦵᦡᦲᧂᧉ ᦓᦲᦙ ᦶᦑᦙᧃ ᦵᦟᦲᦙ ᦺᦑᦱᧃ
ᦺᦓᦱᧉ ᦔᦱᧂᧉ ᦵᦙᦲᦙ ᦡᦸᧁ ᦑᦲᧃ。 ᦖᦱ ᦓᦲᧃ ᦙᦲ ᦈᦸᧉ ᦓᦸ ᦵᦡᦲ ᦙᦸᦓᧃ ᧒᧕ ᦵᦑᦲᧃ, ᦙᦲ ᧕ ᦵᦑᦲᧃ ᦓᦲᧃ ᦓᦸᧉ
ᦡᦲᧃ ᦑᦳᧃ ᦡᦸᧃ ᦡᦳᧃ ᦑᦸᦅᧃ ᦺᦂ ᦔᦸᧃ ᦟᦸ, ᦙᦲ ᧑᧑ ᦵᦑᦲᧃ ᦓᦲᧃ ᦡᦳᦡ ᦵᦈᦸ ᦈᦸᧉ, ᦙᦲ ᧗ ᦵᦑᦲᧃ ᦓᦲᧃ ᦞᧃ ᦺᦡ ᦞᧃ
ᦓᦸᧉ ᦅᦸᧉ ᦡᦲᦙᧃ ᦅᦳ ᦅᦱᧃ ᦅᦲᧃ ᦈᦱᦙᧉ ᦵᦡᦲᧃᧉ。 ᦈᦸᧉ ᦔᦱᧂᧉ ᦵᦡᦲ ᦙᦸᦓᧃ ᦑᦲᦡ ᦑᦸᧃ ᦺᦂᦙᧃ ᦖᦲᧃ ᦺᦂ
ᦂᦱᧃ (ᦑᦱᦙ ᦺᦟᦙ ᦵᦙᦲᦙ ᦔᦱᧂᧉ ᧙ ᦅᦸᧉ ᦙᦲ ᦈᦸᧉ ᦔᦱᧂᧉ ᦵᦡᦲ ᦙᦸᦓᧃ ᦵᦑᦲᧃ ᧙) ᦠᦸᦙᧉ ᦵᦑᦲᧃ ᦡᦸᧃ ᦺᦂᧃ
ᦶᦅᦙᧃ ᦓᦱ ᦵᦑᦲᧃ ᦺᦡ ᦔᦲ ᦺᦡ ᦌᦳᧃ ᦅᦳᧃ ᦺᦂ ᦵᦡᦳ ᦵᦡᦳ ᦵᦡᦳ ᦅᦱᧃ ᦠᦲᧉ ᦈᦸᧉ ᦔᦱᧂᧉ (ᦈᦱᧉ ᦵᦡᦳ ᦅᦳᧃ ᦅᦱᧃ)
ᦉᦱᦙ ᦓᦲᦙ ᦉᦲᧃ ᦞᧃ, ᦔᦸᧃ ᦅᦸᧉ ᦶᦅᦳ ᦵᦓᦲᦸᧃ "ᦅᦱᧃ ᦈᦸᧃ ᦈᦸᧉ ᦈᦸᧉ" ᦓᦸᧉ ᦡᦸᧃ ᦅᦸᧉ ᦖᦸᧃ ᦅᧃ, ᦡᦳᦙ
ᦟᦸ ᦈᦱᧉ ᦶᦅᦙ ᦉᦲᦙᧃ ᦈᦸᦙ ᦉᦸᦙᧉ ᦌᦲ ᦉᦱᦙ ᦟ ᦡᦱᦙᧉ ᦵᦑᦲᧉ ᦺᦡᧉ ᦶᦅᦡ ᦵᦑᦲᧃ ᦙᦱ ᦅᦸᧉ ᦑᦳᦙ ᦡᦲᧉ
ᦈᦱ ᦈᦸᧃ ᧙ ᦉᦳᦙᧃ ᦠᦲᧉ ᦈᦸᧉ ᦔᦱᧂᧉ ᦵᦡᦲ ᦙᦸᦓᧃ, ᦅᦱᧃ ᦶᦅᦙᧃ ᦺᦂ ᦶᦂᦳ ᦶᦂᦙ ᦅᧃ ᦓᦲᧃ ᦔᦸᧃ ᦺᦟᦙᧃ
ᦵᦡᦳᧂᧉ ᦖᦲᧃ ᦡᦸᧃ ᦅᦙᧃ ᦟᦙ ᦅᦱᧃ ᦵᦡᦳ ᦉᦱᦙᧉ ᦖᦱ ᦔᦲ (᧑᧙᧕᧐ ᦞᧃ) ᦑᦸᧉ ᦔᦳᧃ ᦺᦡ ᧗ ᦔᦳᧃ。 ᦈᦸᧉ ᦔᦱᧂᧉ
ᦵᦡᦲ ᦙᦸᦓᧃ ᦶᦅᦙᧃ ᦺᦂ ᦓᦲᧃ ᦍᦙ ᦔᦸᧃ ᦑᦸᦡ ᦓᦲᦙ ᦅᦱᧃ ᦅᦲᦡᧃ ᦅᦲᦙ ᦅᦙᧃ ᦟᦙ ᦅᦱᧃ ᦵᦡᦳ ᦉᦱᦙᧉ ᦔᦳᦙᧃ
ᦵᦓᦲᦙ ᦓᦸᧉ。 ᦈᦸᧉ ᦔᦱᧂᧉ ᦵᦡᦲ ᦙᦸᦓᧃ ᦔᦳᧃ ᦺᦂ ᦡᦳᦙ ᦟᦸ ᦠᦱᦅ ᦙᦲ ᦺᦍᦡ ᦑᦳᦙ ᦶᦅᦵ ᦓᦱᧃ, ᦔᦲ ᦺᦡ ᦑᦸᧃ
ᦵᦙᦲᧃ ᦡᦲ ᦔᦳᦅᧃ ᦶᦔᦙ ᦓᦸᧉ, ᦡᦲ ᦺᦡᧉ ᦠᦲᧉ ᦈᦸᧉ ᦔᦱᧂᧉ ᦵᦡᦲ ᦙᦸᦓᧃ ᦌᦱᧃ ᦵᦡᦲᧉ ᦂᧃ ᦑᦸᧃ ᦖᦱᦙ。 ᦡᦳᦙ
ᦟᦸ ᦔᦸᧃ ᦈᦸᧃ ᦈᦸ ᦟᦱ ᦶᦂᦡ ᦅᦳ ᦖᦱ ᦔᦳᦔ ᦖᦱᦸᧃ ᦈᦸᧉ ᦔᦱᧂᧉ ᦵᦡᦲ ᦙᦸᦓᧃ ᦓᦲᧃ。 ᧒ ᦓᦲᧃ ᦓᦸᧉ ᦡᦱᦙᧃ ᦅᦱᧃ
ᦵᦡᦳ ᦉᦱᦙᧉ ᦶᦑᦙᧃ ᦟ ᦡᦲᦅ ᦓᦸ。 ᦑᦱᧉ ᦔᦸᧉ ᦺᦂ ᦈᦲᧃ ᦟᦡ ᦅᦸᧉ ᦔᦳᦅᧃ, ᦈᦲᦡᧃ ᦺᦡᧉ ᦑᦸ ᦵᦡᦲᦅ ᦙᦡ ᦈᦲᧃ
ᦈᦸ。 ᦓᦱ ᦔᦸᧃ ᦙᦲ ᦟᦸ, ᦔᦳᧃ ᦡᦸ ᦟᦸ ᦠᦱᦅ ᦔᦲᧃ ᦉᦳᦙ ᦑᦱᦔ ᦞ ᦓᦳ, ᦔᦸᧃ ᦙᦲ ᦌᦳᧉ ᦵᦡᦳ ᦅᦳᧃ ᦅᦱᧃ ᦙᦲ
ᦓᦸᧉ ᦡᦱᦙᧃ ᦟᦸ ᦙᦲ ᦵᦡᦳ ᦉᦱᦙᧉ ᦟ ᦅᦳᧃ ᦅᦱᧃ ᦈᦸ ᦑᦳᧃ ᦺᦑ ᦵᦡᦸ ᦵᦡᦳ ᦠᦱ ᦅᦲᧃ ᦓᦸᧉ。

(᧑᧑) ᦠᦸᧉ ᦅᦳᦙ ᦡᦸᧃ ᦞ ᦓᦙ ᦅᦳ ᦓᦸ ᦔᦱᧂᧉ、 ᦅᦳᧃ ᦡᦱᧃ (ᦡᦸᧃ ᦠᦸ)、 "ᦅᦳᧃ ᦑᦸᧃ ᦺᦑ ᦵᦡᦳ ᦅᦱᧃ
ᦑᦳᧉ ᦈᦱᦡ" (ᦖᦱᦈᧉ ᦈᦳᧃ ᦓᦸ ᦑᦳᧃ ᦵᦡᦲᧉ ᦶᦂᦲ ᦵᦡᦸ ᦵᦡᦳ ᦅᦱᧃ ᦑᦸᦙᧃ ᦺᦖ ᦉᦱ) ᦅᦳᧃ ᧕ ᦵᦡᦲᧉ ᦑᦳᧃ ᦙᦲ ᦈᦸᧉ
ᦔᦱᧂᧉ ᦵᦡᦲ ᦙᦸᦓᧃ ᦔᦲᧃ ᦅᦸᧉ ᦓᦲᧃ ᦠᦱᦅ ᦔᦲᧃ ᦈᦸᧉ ᦶᦂᦸᧉ ᦖᦲᧃ ᦡᦸᧃ ᦠᦲᧉ ᦔᦱᧂᧉ ᦵᦙᦲᦙ ᦵᦡᦲ ᦙᦸᦓᧃ ᦠᦸᧉ
ᦞᦲᧃ ᦟ ᦔᦳᦙᧃ ᦵᦓᦲᦙ ᦅᦱᧃ ᦵᦡᦳ ᦉᦱᦙᧉ ᦓᦸᧉ。 ᦈᦸᧉ ᦔᦱᧂᧉ ᦵᦡᦲ ᦙᦸᦓᧃ ᦔᦲᧃ ᦵᦡᦲᧉ ᦶᦂᦲ ᦵᦡᦸ ᦅᧃ、 ᦖᦱᦈᧉ
ᦈᦳᧃ ᦓᦸ ᦅᦸᧉ ᦔᦲᧃ ᦞᦳᦙ ᦉᦱ ᦵᦡᦸ ᦅᧃ, ᦈᦸᧉ ᦅᦲᦡ ᦔᦲᧃ ᦌᦳᧃ ᦑᦸ ᦉᦱ ᦵᦡᦲᧉ ᦶᦂᦲ ᦵᦡᦸ ᦅᧃ ᦔᦳᧃ ᦍᦙ
ᦺᦂ ᦓᦸᧉ; ᦓᦸ ᦔᦱᧂᧉ ᦅᦸᧉ ᦺᦂᧃ ᦵᦡᦲᧃ ᦈᦸᧉ ᦔᦱᧂᧉ ᦵᦡᦲ ᦙᦸᦓᧃ ᦓᦸᧉ; ᦡᦸᧃ ᦠᦸ ᦈᦸᧉ ᦅᦲᦡ ᦔᦲᧃ ᦔᦳᧃ ᦺᦂ
ᦵᦡᦲᧉ ᦶᦂᦲ ᦵᦡᦸ ᦅᧃ ᦔᦲᧃ ᦅᦳᧃ ᦙᦲ ᦓᦸᧉ ᦑᦳᧃ ᦓᦱ ᦡᦱᦙᧃ ᦓᦸᧉ, ᦅᦳᧃ ᦡᦸᦟ ᦵᦡᦲ ᧒ ᦵᦡᦲᧉ ᦓᦲᧃ ᦂᦲᧃ ᦑᦱᦙ
ᦅᦱᧃ "ᦅᦳᧃ ᦑᦸᧃ ᦺᦑ ᦵᦡᦳ ᦅᦱᧃ ᦑᦳᧉ ᦈᦱᦡ"。 ᦔᦱᧂᧉ ᦺᦟᦙ ᦡᦲᦙ ᦙᦲ ᧕ ᦑᦸᧉ ᧕᧐ ᦅᦳᧃ, ᦅᦳᧃ ᦠᦳᦙᧃ
ᦌᦳᧃ ᦡᦳ ᦑᦸᧃ ᦵᦙᦲᧃ ᦔᦸᧃ ᦔᦸᧃ ᦺᦈ ᦶᦂᦲᧃ ᦔᦸᧃ ᦑᦸᧃ ᦺᦑ ᦵᦡᦳ ᦅᦱᧃ ᦑᦳᧉ ᦈᦱᦡ ᦟ ᦟᦳᦙ ᦡᦸ ᦺᦂ ᦟᦳᧃ
ᦡᦲᦙ ᦺᦂ ᦓᦲᧃ ᦔᦸᧃ ᦙᦲ ᦉᦸ ᦅᦳᧃ, ᦞᦱᧃ ᦶᦈᦸᧉ ᦑᦱ ᦉᦱ ᦡᦲᧃ ᦺᦑᦱᧃ ᦖᦲᦸ ᦔᦳᧃ ᦔᦸᧉ ᦞᦞ ᦟᦱ ᦠᦸᧉ ᦈᦱᦙᧉ
ᦑ ᦖᦲᦡ ᦅᦱᧃ ᦑᦱ ᦠᦱᧃ ᦙᦲᧃᧉ ᦡᦳ ᦑᦳᧃ ᦺᦂ ᦺᦂᦙᧃ ᦵᦉᦲᧃ ᦙᦳᧃ ᦟᦱ ᦶᦔᦙᧉ ᦙᦱᦙᧉ ᦓᦲᦙ ᦟᦱ ᦡ ᦑᦳᦙ ᦓᦱᦡ ᦌ
ᦶᦂᦡ ᦔᦸᧃ ᦙᦲ ᦓᦸᧉ。 ᦑᦳᦙ ᦙᦱ ᦶᦂᦳ ᦶᦂᦙ ᦈᦸᧉ ᦶᦌᧃ ᦡᦲᧃ ᦖᦱᦙ ᦈᦳᧃ ᦓᦱᧂᧉ ᦵᦡᦲ ᦓᦲᧃ, ᦅᦳᧃ ᧕ ᦵᦡᦲᧉ

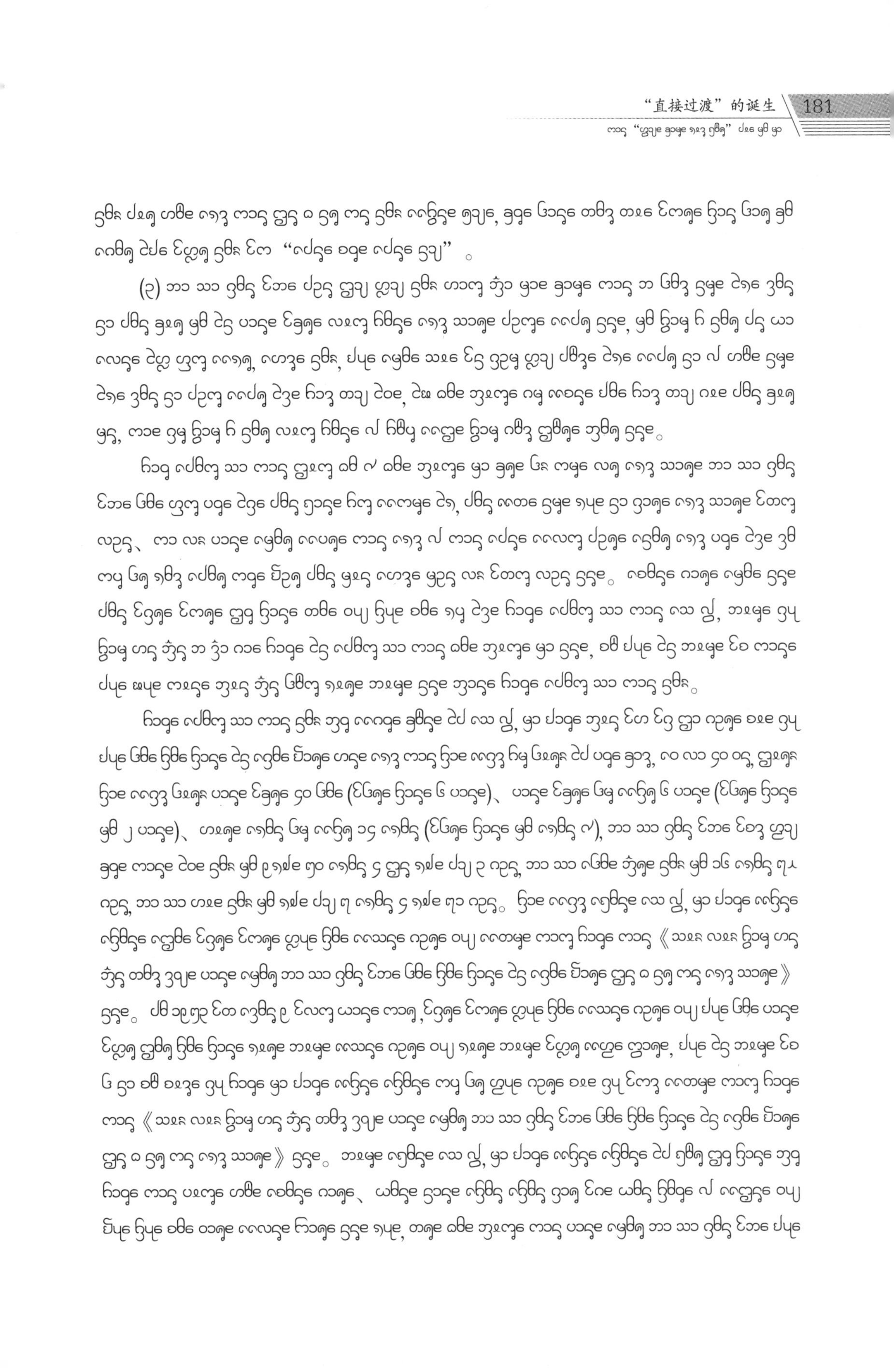

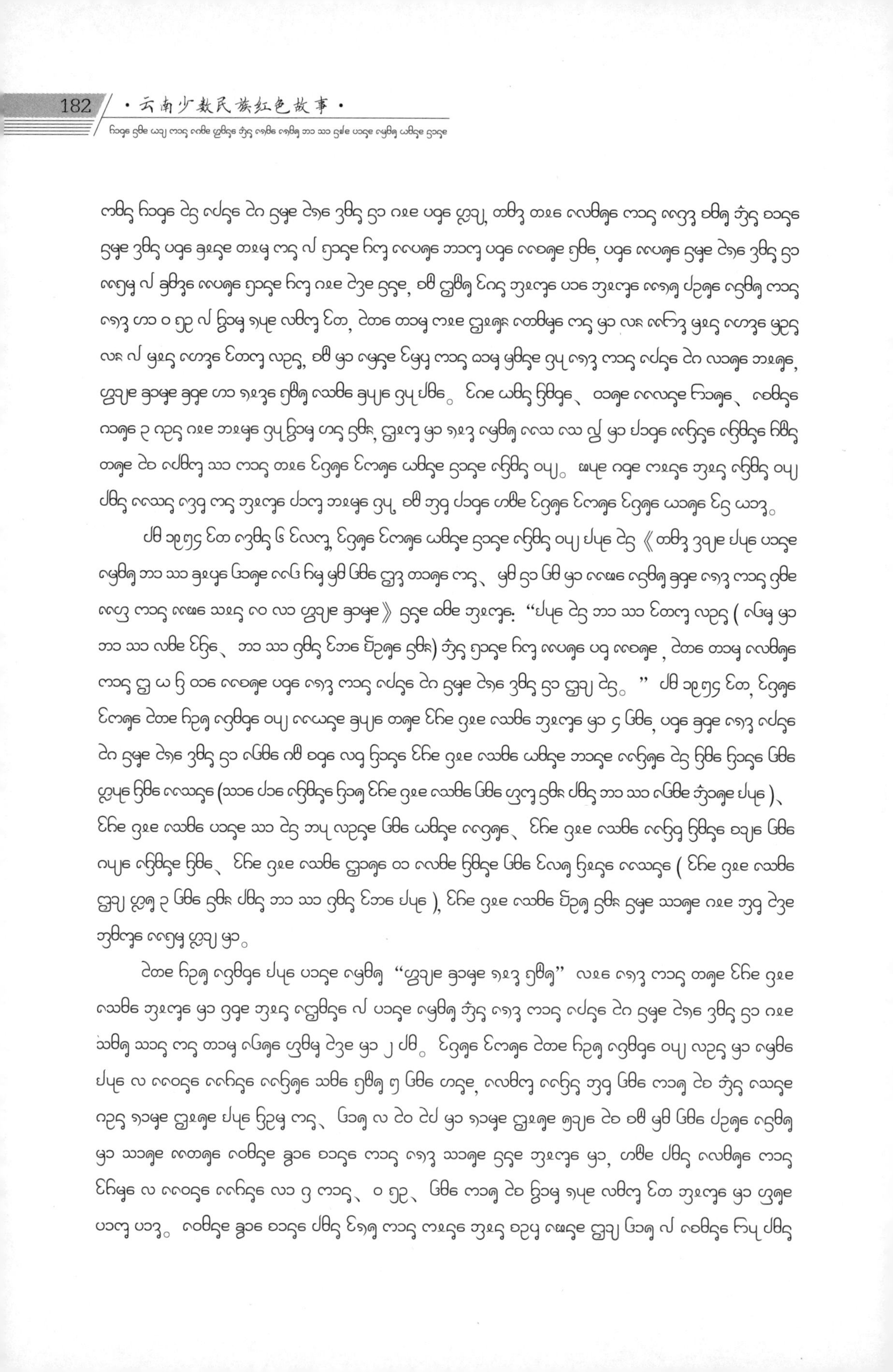

[illegible]

ᦶᦍᦱᧆ ᦵᦋᧅ ᦷᦍᦱᧃ ᦏᦱᧂ ᦶᦍᦱᧂ ᦟᦳᧁ ᦺᦑᦸ ᦺᦂᧃ ᦦᦲᧃ ᦏᦱᧂ ᦷᦢᧃ ᦑᧂ, ᦅᦴ ᦋᦴ ᦂᦳᧆ ᦵᦑᧁ ᦟᦱᧆ ᦵᦑᧁ ᦉᦱᦷᦍᧃ、ᦷᦢᧄ ᦶᦡᦴ ᦟᦙᦲᧅ ᦺᦑ ᦟ ᦟᦱᧆ ᦉᦷᦍᧃ ᦉᦲᧆ、ᦟᦱᧆ ᦺᦢᧅ ᦢᦱ ᦺᦗᧁ ᦺᦉ、ᦟᦱᧆ ᦂᦱᦸ ᦃᦳ ᦗᦳᧁ ᦑᦲᧃ ᦶᦑᦴᧃ ᦗᦴᧃ ᦌᦳ ᦠᦲᦸ ᦺᦌᦸ ᦶᦔᧂ ᦺᦞᧃ ᦺᦑᧃ ᦌᦲ ᦙᦱ。ᦟᦳᧆ ᦙᦱ, ᦢᦴᧃ ᦦᦲᧃ ᦞᦴᧃ ᦶᦋᦷᧃ、ᦷᦢᦲᧃ ᦙᦹᦸ、ᦟᦲᦸ ᦷᦢᦱᧃ、ᦺᦂᦷᦸ ᦶᦂᦲᦸ ᦗᦳᧁ ᦢᦲᧆ ᦑᦲᧃ ᦵᦋᦲᧃ ᦂᦲᦸ ᦘᦲᧆ ᦌᦲᧄ ᦅᧆ ᦢᦴᧃ ᦦᦲᧃ ᦘᦱ ᦉᦱ ᦟᦲᦸ ᦺᦂᧃ、ᦘᦱ ᦉᦱ ᦦᦴᦸ ᦺᦟᦷᦸ、ᦘᦱ ᦉᦱ ᦞᦴᧃ、ᦘᦱ ᦉᦱ ᦌᦲᧃ ᦑᦲᦸ、ᦘᦱ ᦉᦱ ᦢᦴᧃ ᦟᦷ (ᦢᦳᧆ ᧗)、ᦘᦱ ᦉᦱ ᦟᦱᧃ ᦂᦴᧃ (ᦢᦳᧆ ᧗)、ᦘᦱ ᦉᦱ ᦞᦱᦸ (ᦢᦳᧆ ᦗᦳ ᦗᦳ) ᦗᦳᧁ ᦢᦲᧆ ᦔᦱᧆ ᦵᦙᦲᧁ ᦘᦱ ᦉᦱ ᦢᦴᧃ ᦅᦲᧆ ᦠᦱᧆ ᦃᦹᦸ ᦵᦑᧁ ᦟᦱᧆ ᦶᦑᦴᧅ ᦋᦲᧁ ᦑᦷᦸ ᦺᦂᦸ ᦌᦲᦸ ᦷᦍᦲᧃ ᦘᦲᧅ ᦙᦱ ᦞᦷᦸ ᦗᦲ ᦗᦱᦴ。ᦢᦲ ᦱᦸ᧑᧙ ᦺᦑ, ᦺᦌᦷᧃ ᦺᦅᦷᧃ ᦍᦲᧆ ᦏᦱᧆ ᦵᦑᦲᧆ ᦞᦳ ᦶᦋᧆ ᦶᦋᦷᧃ ᦂᦷᧃ ᦋᦲᦸ ᦞᦳ ᦶᦍᦸ ᦃᦳᧃ ᦢᦴᧃ ᦋᦲᧃ ᦏᦳᧆ ᦍᦲ ᦍᦲᦸ ᦢᦴᧃ ᦵᦙᦲᧃ《ᦂᦷᧃ ᦶᦢᦲᦸ ᦉᦱ ᦌᦳ ᦟᦱᧆ ᦂᦲᧄ ᦢᦲᦷ ᦘᦱ ᦉᦱ ᦗᦳ ᦃᦲᦴᧃ ᦦᦷᦸ ᦶᦦ ᦂᦲᧄ》ᦺᦑ ᦺᦌᦷᧃ ᦺᦅᦷᧃ ᦍᦲᧆ ᦏᦱᧆ ᦵᦑᦲᧆ ᦞᦳ ᦘᦲᦸ ᦺᦂᦷᧃ ᦑᦳᧃ ᦶᦋᧄ ᦗᦲᦷ ᦍᦲ ᧗ ᦠᧆ ᦞᦱᧃ, ᦔᦱᧆ ᦵᦙᦲᧁ ᦗᦳᧁ ᦏᦲᧃ “ᦔᦷᧃ ᦺᦑᦸ ᦑᦱᧄ ᦟᦱᧆ ᦵᦏᦲᧁ ᦏᦷᧁ ᦶᦢᧆ ᦺᦂ ᦏᦱᧃ ᦺᦑᧃ ᦌᦲᧆ ᦏᦱ ᦢᦲᦸ ᦞᦲ ᦟᦱ ᦏᦲᧃ ᦶᦍᦷᧄ, ᦋᦴ ᦏᦴ ᦑᦱᧄ ᦂᦱᦷᧃ ᦵᦑᦲᧆ ᦗᦳᧆ ᦢ ᦏᦷ、ᦵᦑᧁ ᦉᦱᦷᦍᧃ、ᦋᦷᧃ ᦵᦟᦲᧆ ᦏᦱᧆ ᦺᦢ ᦔᦷᧃ ᦃᦱᧁ, ᦢᦴᧃ ᦺᦑᦸ ᦦᦱᦷ ᦅᦲᧃ ᦌᦲᧆ, ᦗᦲᦷᧃ ᦅᦴ ᦗᦳᦸ ᦺᦂᧃ ᦶᦍᧃ ᦏᦱ ᦞᦴᧃ ᦺᦢᦸ ᦃᦳ, ᦗᦳᧆ ᦢ ᦏᦷ ᦅᦴ ᦉ ᦗᦳ ᦺᦑᦱᧃ ᦵᦙᦲᧁ ᦋᦴ ᦵᦑᧁ ᦂᦳᧆ ᦉᦱᦷᦍᧃ, ᦗᦳᧆ ᦢ ᦏᦷ ᦟ ᦉᦷᦍᧃ ᦉᦲᧆ ᦉ ᦗᦳ ᦋᦴ ᦺᦅᦸ ᦂᦴᦸ ᦅᦲᧃ ᦌᦲᧆ ᦌᦱᧆ ᦑᦲᧁ ᦗᦱᧆ ᦅᦴ ᦌᦳᧄ ᦗᦳ ᦏᦷᦸ, ᦢᦴᧃ ᦺᦑᦸ ᦋ ᦶᦑᧁ ᦌᦲᦸ ᦔᦱᧃ ᦌᦲᦸ ᦶᦍᦷᧄ ᦂᦴᦸ ᦌᦷᧃ, ᦺᦑᦸ ᦑᦱᧄ ᦅᦲᦸ ᦗᦲᧆ ᦵᦑᦲᧄ ᦌᦷᧃ ᦅᧆ, ᦢᦳᧃ ᦵᦏᦲᧁ ᦵᦑᧁ ᦉᦱᦷᦍᧃ, ᦅᦴ ᦦᦷ ᦶᦍᦷᧄ ᦶᦍᦷᧄ ᦶᦍᦷᧄ ᦟᦱᧆ ᦂᦲᧄ ᦢᦲᦷ ᦌᦴᧃ ᦌᦲᦷᧃ ᦌᦱᧆ ᦑᦲᧁ ᦗᦱᧆ ᦅᦴ ᦟᦱᧆ ᦵᦑᧁ ᦉᦱᦷᦍᧃ ᦏᦷᧃ, ᦠᦲᦸ ᦏᦱᦸ ᦶᦢᦸ ᦟᦱᧆ ᦃᦲᦸ ᦢᦴᧃ ᦶᦢᦷ ᦂᦲᧆ ᦟ ᦷᦢᦱᧄ ᦃᦳ ᦶᦢᦸ ᦟᦱ ᦌ ᦟᦱᧆ ᦺᦑᦱᧃ ᦵᦙᦲᧁ ᦺᦑᦸ ᦺᦍᦷ ᦉᦳᦷ ᦙᦱ ᦞᦷᦸ ᦗᦲ ᦗᦱᦴ, ᦠᦲᦸ ᦙᦲᧆ ᦷᦞᦴᧃ ᦵᦍᦲᧃ ᦃᦴᧃ ᦌᦴ ᦢᦲᧃ ᦺᦑᦸ ᦶᦍᦷᧄ ᦶᦍᦷᧄ ᦶᦍᦷᧄ ᦙᦱ, ᦟᦲ ᦶᦂᦴ ᦙᦲᧆ ᦷᦞᦴᧃ ᦺᦑᦷ ᦟᦳᧆ ᦌᦱᧆ ᦔᦷᧃ ᦙᦲ ᦑᦱ ᦌᦲ ᦅᦴ ᦟᦱᧆ ᦵᦑᧁ ᦉᦱᦷᦍᧃ ᦟ ᦟᦱᧆ ᦘᦱ ᦉᦱ ᦢᦳᦷᧃ ᦏᦷᧃ ᦞᦷᦸ ᦗᦲ ᦗᦱᦴ, ᦗᦳᧁ ᦶᦋᦲ ᦂᦱ ᦟᦱ ᦟᦲ ᦔᦱᧆ ᦵᦙᦲᧁ ᦃᦴᧃ ᦌᦴ ᦢᦲᧃ” ᦞᦷᦸ ᦗᦲ ᦗᦱᦴ, ᦋᦲ ᦍᦷ ᦢᦲᦷᦸ ᦍᦲ ᦺᦑᦸ ᦂᦳᧁ ᦵᦋᦲᧄ ᦑᦷᦸ ᦶᦍᦲᧄ ᦃᦱᧃ ᦋᦱᧆ ᦟᦱᧆ ᦵᦑᧁ ᦉᦱᦷᦍᧃ ᦌᦲᦸ ᦙᦱ。ᦺᦑᧃ
ᦢᦲ ᦏᦷᧃ ᦵᦋᦲᧆ ᦋᦱ ᦺᦟᦷᧁ, ᦺᦌᦷᧃ ᦺᦅᦷᧃ ᦍᦲᧆ ᦏᦱᧆ ᦵᦑᦲᧆ ᦞᦳ ᦗᦴᧃ ᦋᦴᧃ ᦋᦲᧃ ᦍᦲ ᦍᦲᦸ ᦏᦳᧆ ᦂᦲᦸ ᦢᦴᧃ ᦺᦑᧃ ᦵᦑᦲᧆ ᦞᦳ ᦘᦲᦸ ᦺᦋ ᦗᦳᦸ ᧗ ᦠᧆ ᦶᦢᦲᦸ ᦉᦱ ᦟᦱᧆ ᦞᦱᧃ: “ᦺᦠ ᦍᦲ ᦗᦲᦷ ᦺᦂᧆ ᦢᦲᦸ ᦍᦲ ᦉᦲᦸ ᦦᦷ ᦌᦲᧆ ᦔᦱᧆ ᦵᦙᦲᧁ ᦂᦾᦰ ᦷᦈᧃ ᦗᦳᧁ ᦏᦲᧃ ᦠᦱᦷ ᦌᦲᦷ ᦶᦙᧆ ᦏᦷᧃ, ᦂᦲᦸ ᦌᦲ ᦺᦑᦸ ᦵᦑᧁ ᦶᦑᦲᧆ ᦵᦑᦲᦸ ᦏᦲᧃ。ᦶᦍᦷᧄ ᦙᦱ ᦢᦴᧃ ᦵᦙᦲᧃ ᦑᦷᦸ ᦺᦂᦸ ᦌᦲᦸ ᦷᦍᦲᧃ ᦏᦷᧃ ᦔᦷᧃ ᦏᦱᦸ ᦵᦑᧁ ᦺᦑ ᦺᦟᦷᧃ ᦂᦳᦸ。ᦔᦱᧆ ᦵᦙᦲᧁ ᦗᦳᧁ ᦏᦲᧃ ᦌᦲ ᦺᦑᦸ ᦂᦾᦰ ᦷᦈᧃ ᦠᦱ ᦷᦍᦲᧃ ᦃᦴᧃ ᦌᦴ ᦢᦲᧃ, ᦟᦱᧆ ᦂᦲᧄ ᦢᦲᦷ ᦶᦍᦱᦸ ᦢᦱᦴ ᦍᦱᦷ ᦞᦷ ᦞᦱ, ᦑᦲᦷᦸ ᦺᦑᦸ ᦂᦴᦸ ᦂᦾᧁ ᦏᦷ ᦏᦲᧃ, ᦉ ᦗᦳ ᦙᦲᧆ ᦷᦞᦴᧃ ᦙᦳᧆ ᦟᦲ ᦺᦑᦷ ᦟᦳᧆ ᦢᦱᦷᧃ ᧗ ᦢᦱᦷᧃ ᦺᦑᧁ ᦔᦷᧃ ᦌᦱᦷᧃ ᦢᦲᧆ ᦶᦢᦲᦷ ᦗᦲᧆ ᦃᦹᦸ ᦠᦱ ᦷᦍᦲᧃ ᦃᦴᧃ ᦌᦴ ᦢᦲᧃ。” ᦦᦱᦷᧃ ᦍᦷ ᦞᦱᧃ: “ᦠᧆ ᦞᦱᧃ ᦢᦴᧃ ᦺᦑᧃ ᦘᦱ ᦉᦱ ᦙᦳᧆ ᦟᦲ ᦺᦑᦷ ᦟᦳᧆ ᦏᦲᧃ ᦂᦲᧆ ᦔᦷᧃ ᦙᦲ ᦟᦱᧆ ᦌᦲᧃ ᦶᦗᦲᧆ ᦌᦴ ᦢᦲᧃ ᦢᦴᧃ ᦍᦷ ᦺᦞᦸ, ᦌᦳᧆ ᦏᦲᧃ, ᦔᦱᧆ ᦵᦙᦲᧁ ᦗᦳᧁ

ၼိၼ် ၁ိ ၸၢ်ဢီ ၸႂၵ်ႉ ၵၼိမ် ၵၢၼ်ႇ လၼ်ႉ ႁိၼ်ႇ ၵႃႈ တၢ ဂၢဢီ ၶျ ႟ ဟိူဝ် ၸၢ်ဢီ ၵယႉ သႂမ် မျၢ ဘၼ်ၵ်ႉ,
ဂၼ်ဢီ ပၵ်ႉ ၼၢၵ်ႉ မျၢၵ်ႉဢီ လပ်ဢီ ၵၢၼ်ႇ ၵသိၼ်ႉ ၶပ်ျၼ်ႉ ၁ပ် ၸိၼ်ႉ ၼၼ်ႇ。 ”

မျၢ ၸၢၵ်ႉ ၵပ် ၸမ် ဂႂမ်ႉ ၶၼ်ဢီ ၁ပ် ၸပ်ႉ ၸၼ် ၵၸိမ်ႉ ၼိၼ်ႇ ၼၢဢီ ၵၵၸ် ႁျ ၸၼ်မ်ႉ ၵတ ၸၼ်ႉ ၵၢမ် ၼၢ
ၵႁိမ်ဢီ ၼိၼ်ႉ ၼၼ်ႇ, ၵၵသၼ် ၵၵပမ်ႉ ႁိၸ် ႁျ ၼိမ် ၸိၼ်ႉ ဘၢ သၢ ၼၶျ ၶၼ်ပ်ႉ ၸၢမ်ဢီ ၵၸဢီ ႁျ ၸပ်ႉ ၵိၼ်ႇ ၼိၼ်
လ ၶ ၼ ၼိဢီ ၸၢၼ်ႇ ၵၢ လၼ် ပၢၼ်ႇ ၵျိမ် ႟ ၵၢၼ်ႇ ၸိၼ်ႉ တၢမ်ႉ ၵၵိၸ် ယမ် ၸဢီ, ၸတၼ်ႉ တၢမျ ၼၢဢီ ၵၵၸ် ႁျ
ၸၼ်မ်ႉ, မျိ ၁မ်ႉ ၵိ ဂိ ၁မ်ႉ ၼၼ်ႇ ၵၼ်မျ ၸၼ်မ်ႉ ဘၼ်ၵ်ႉ ဂၼ်မ် ၸၢ “ၸျၢဢီ ၶၢမျဢီ ၵၼ်ၸ် ၼိမ်” ၸဵၼ်ႇ ၸပ် ၵမျၼ်ႇ
ပၢၼ်ႇ ၵျိမ် ဘၢ သၢ ၼၶျ ၶၼ်ပ်ႉ ၸၢမ်ဢီ ၵၸ ႁျ ၼၼ်ႇ, ၸိ ႁိၼ်ႇ ၸတၼ်ႉ တၢမျ ပၼ်ၵ်ႉ ၵၢၵ်ႉ、 ၼၵၸ် ၵၵတမျဢီ
ႁၢၵ်ႉ ၵၸိၵ်ႉ သၢ ႁျ ၸၼ်မ်ႉ ပိၸႂမ် ၸိၼ်ႇ ၵလိမ်ႉ ၵၸိမ် ၸဵၼ်ႇ ၼၢၵ်ႉ ၼၵၵ်ႉ ယိူၼ်ႇ ၼၢၼ်ႇ ၵၼိၼ်ႇ ဝပ်ျ ဘၼ်မျၵ်ႉ
၁ပ် ႟ ၸၢ်ဢီ ဘမ်, ၼၢၵ်ႉ ၼၵၵ်ႉ ယိူၼ်ႇ ၼၢၼ်ႇ ၵၼိၼ်ႇ ဝပ်ျ ၸၵ် ဘမ် ၸၢၵ်ႉ ၶိၼ်ႇ ၸ႟ ၶျ ၼၢၵ်ႉ ၼၵၵ်ႉ
ၼၢၵ်ႉ ယၢၵ်ႉ ၼၼ် ယၢၸ်, တၵ်ႉ ၸိူဝ် ၸ႟ ဂၼ်ဢီ ဘမ် ၶမ်ဢီ ၵပ် သ ၶိၼ် ၸ႟ၼ်ႉ ၸၵ် ၸဵၼ်ႇ ၼ ၵၸ် ႁၢၸ် တိမ်ႉ ဂၼ်မ်
ၸၼ်မ် ၵ႟ၼ်ႇ ၸဂ ပၢၼ်ႇ ၵျိမ် ဘၢ သၢ ၼၶျ ၶၼ်ပ်ႉ ၸၢမ်ဢီ ၵၸ ႁျ ၼၼ်ႇ ၸဢီ。 သ တ ဝၸ် ၂၀ ၼတ သ ၶၢၸ် ၵျၢ
ၼတ ၼၶျ လၼ်ႇ, ၸမ် သိ ဂိၼ်ႇ ၵၵၼ်ႇ ၵၵဟၵ်ႉ ၸမ် ဂၼ်ဢီ ၸၼ်ႉ မျိ ၵၢၼ်ႇ တိၸ် ၁ျဢီ တၵ်ႉဢီ ၸိူဝ် ဘၼ်ၵ်ႉ
ၵၢၼ်ႇ “ၸျၢဢီ ၶၢမျဢီ ၵၼ်ၸ် ၼိမ်” ၼၼ်ႇ ဘၼ်ၵ်ႉ မျၢ ပၵ်ႉ ၶၢၸ်。 တၵ်ႉဢီ ၸိူဝ် ၸ႟, ၵၢၼ်ႇ “ၸျၢဢီ ၶၢမျဢီ ၵၼ်ၸ်
ၼိမ်” ၼလၸ် ၵျ ၸိၼ်ႇ ၁ိၼ်ႉ ၵသမ် ပိၸျၼ်ႉ မျိ ၸဢီ ၼၼ်ႇ ၼဝၸ် ၸျ ၶမ်ဢီ ၼၶျပ် ၼိဢီ ၸၢၼ်ႇ ၸဢီ。 ဂမ် ၸၼ်မ်
ၵၢၼ်ႇ “ၸျၢဢီ ၶၢမျဢီ ၵၼ်ၸ် ၼိမ်” ၼိၼ် ႁၢၸ် တိမ်ႉ ႟ ဂိၸ် ၵႃႈ တၢမျ ၸ႟ ၼၼ်ႇ, ဟိူဝ် ဘၢ သၢ ၼွၵ်း ၸဵၼ်ႇ
ၸပ်ႉ ၸၼ် ၵၢ လၼ် ပၢၼ်ႇ ၵျိမ် မျႂၼ်ႇ လၼ် ၼၶျ ဂွၵ်ႉ ႟ ၸျၢဢီ ၶၢမျဢီ တၢ ၼၢၼ်ႇ ႁိၵ်ႉ ၵၢ လၼ် ပၢၼ်ႇ ၵျိမ်
ဘၼ်မျၵ်ႉ ၵပ် ၸမ် ၼ ၵၸ် ၶမ်ဢီ တၢ ၵၢ လၼ် ပၢၼ်ႇ ၵျိမ် ၵသိၼ်ႉ ၶပ်ျၼ်ႉ ၁ပ် ၸိၼ်ႉ ၸၢ်ဢီ ၼတၵ်ႉ ၸၢမ်ဢီ ၸိၼ်ႇ ၸိၼ်ႉ,
ၸဵၼ်ႇ ၼိၼ် တၢၵ်ႉ ၸိၼ်ႇ ၵၢၼ်ႇ ၸိၼ်ႉ တၢ ၁ိ ၸဵၼ်ႇ မျၢ ၸၢၵ်ႉ ၵၵိၼ်ႇ ၵၼိၼ်ႇ မျိ ၁မ်ႉ ၵိ ဂိ ၁မ်ႉ ၼၼ်ႇ、 ၵၢၼ်ႇ
ၼႁၼ် ၼိၼ်ဢီ ၵၸဢီ ၼၢၼ် ၵၵတၼ် ၵႃႈ ၵၢၼ်ႇ ဂိၸ် ၸၼ်မ် ဘၢ သၢ ဘမ် ၸၢ်ဢီ ၼၼ်ႇ, ႁိၼ်ႇ ၸိၼ်ႇ ၵၢၼ်ႇ ၸၢၼ်ႇ ဘၼ်ၵ်ႉ
ၸိၼ်ႉ ၸမ်ႉ ၸၸ ၵၵဟၵ်ႉ ၵၢၼ်ႇ ဂိၸ် ၸၼ်မ် ဘၢ သၢ, ဟၢၵ်ႉ ၸိၼ်ႇ ၵၢၼ်ႇ သမ်ပ်ႉ ၸျ ႟ ၸႂၵ်ႉ ၵၼိမ် ဂၼ်မ် ၸၢ
ၸ ယၢ မျၢ ၵႁိဢီ ၼိၼ်ႉ “ၸျၢဢီ ၶၢမျဢီ ၵၼ်ၸ် ၼိမ်” ၼၼ်ႇ, ဟၢၵ်ႉ ၸိၼ်ႇ ၵၢၼ်ႇ တၢ ၁ိ ၸၼ်ႉ ၸမ်ႉ ၸ ယၢ မျၢ
ၵႁိဢီ ၼိၼ်ႉ ၼ ၵၸ် ၼၢၵ်ႉ ၼဂဢီ ၼပ် ၵသမ်ဢီ ၼၸ ပၸ် ၵၸၵ်ႉ ၼပ် ၵသမ်ဢီ, ဟၢၵ်ႉ ၸိၼ်ႇ ၵၸိမ် ၵမျ ၸဵၼ်ႇ ၵၢၼ်ႇ
ဂျ ၵၼဢီ ၶၼ်ဢီ ၵၢၼ်ႇ ဟိူဝ် ဘၢ သၢ ၸိၼ်ႉ တၢမ်ႉ ၸၼ် ပၢၼ်ႇ ၵျိမ် ၸိၼ်ႉ တၢမ်ႉ ၸၢ်ဢီ ၸႂၵ်ႉ ၵၼိမ် ၼတၵ်ႉ ၸိၼ်ႉ
ၸိၼ်ႇ ၁ိ ၼၼ်ႇ。

ၸိ ၂၀၂၀ ၼတ ၵ၁ိၼ်ႇ ၁ၢ ၼလၵ်ႉ, 《ၸမ် သိ ဘမျ ၸၢမ်ႉ မျိၼ်ႇ ယိူဝ် ၸမ်ႉ》 ဘမျ ႁၢၵ်ႉ သ တၼ်ႇ
ၸဝ ဂႂၼ်ႇ ၼၼ်ႇ ဘၼ်ၵ်ႉ မျၢ ႁၢၵ်ႉ ၈, ၼတ ၼပၸ် ႁၢၵ်ႉ ဘမျ ဘၼ်ၵ်ႉ ၼိၼ် ၸိၼ်ႇ “ဘၢ သၢ တၵ်ႉဢီ ၵၢ လၼ် ပၢၼ်ႇ
ၵျိမ် မျႂၼ်ႇ လၼ် ၸျၢဢီ ၶၢမျဢီ တၢ ၵသိၼ်ႉ ၶပ်ျၼ်ႉ ၁ပ် ၸိၼ်ႉ ၵၵသၼ်ႇ ၼၵ်ႉ ၶၼ်ႇ ပၢၼ်ႇ ၵျိမ် ယိူၼ်ႇ ၼၢၼ်ႇ ၸမ်
ၼမျၼ်ႇ ဂၼ်ဢီ ၸၢ်ဢီ ၼမျၸ် ၸႂၼ်ႇ ၵၢၼ်ႇ ၼၵ်ႉ ၶၼ်ႇ ၼၼ်ႇ ႟” , ႁၢၵ်ႉ ၸၼ် ၵၵတမျဢီ ဝၢၼ်း “ၼိမ် ၸိ ၂၀၂၀ ၼတ
ၵ၁ိၼ်ႇ ၁ၢ ၼလၵ်ႉ, ပၢၼ်ႇ ၵျိမ် ယိူၼ်ႇ ၼၢၼ်ႇ မျိ ၵၵသၼ်ႇ ၼၵ်ႉ ၶၼ်ႇ ၂၂ ၸိၼ်ႉ ၸမ် ၼမျၼ်ႇ ဂၼ်ဢီ ၶိၼ်ႇ ဘၼ်ၵ်ႉ

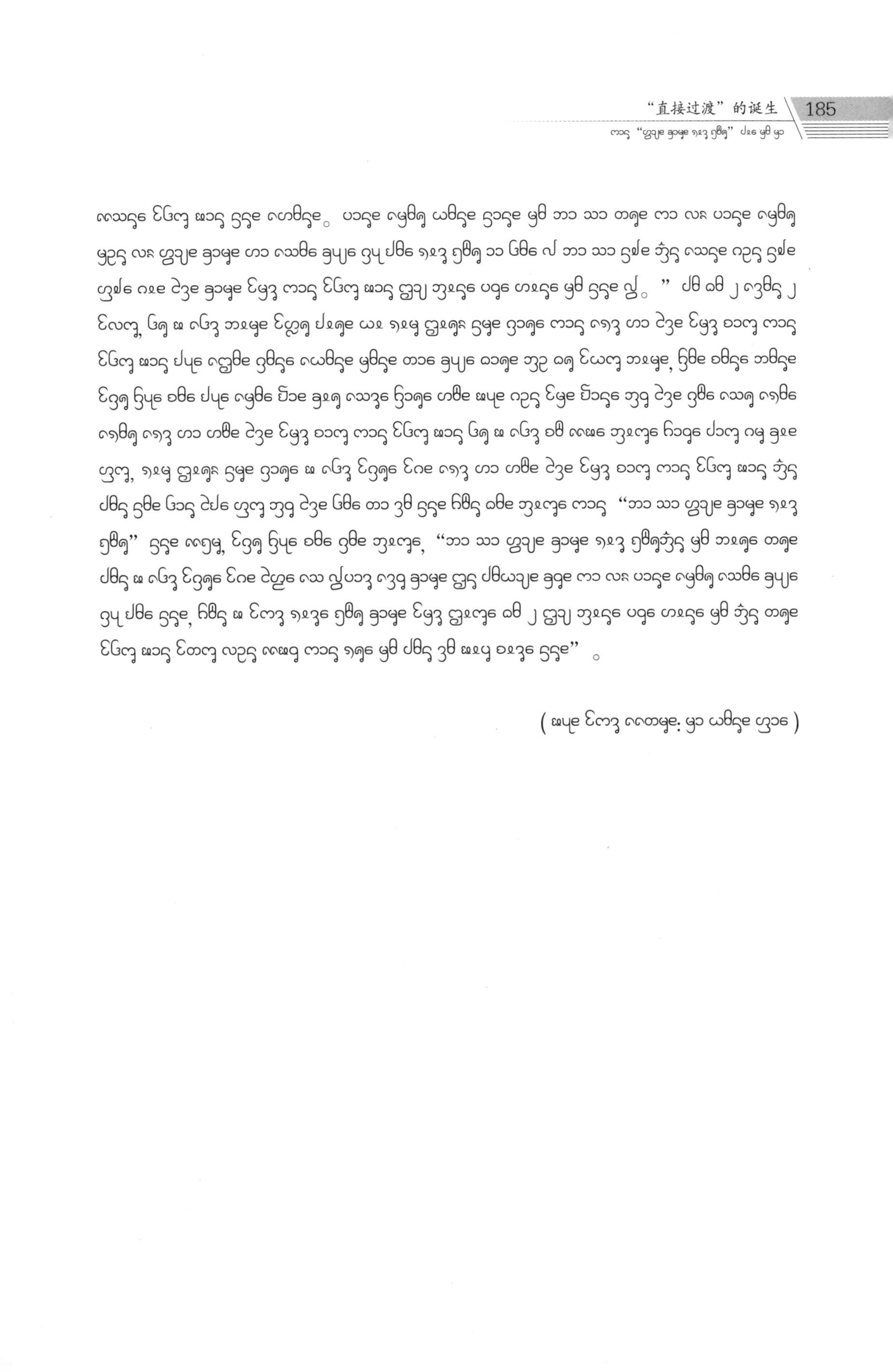

[illegible]

[illegible]

胞波情谊深

“我住江之头，君住江之尾，彼此情无限，共饮一江水。”这是陈毅副总理1957年陪同周恩来总理访问缅甸时书写的《赠缅甸友人》中的诗句，生动描写了中缅两国山水相连、唇齿相依的自然地理风貌，热情洋溢地赞颂了中缅两国人民的胞波情谊。

在缅语中，“胞波”意为一母同胞的兄弟。中缅两国世代比邻而居，人民自古相亲相融，胞波情谊源远流长。早在公元前4世纪，勤劳智慧的中国人就打通了贯穿川滇缅印的“金银大道”往来通商；中国盛唐时期，缅甸骠国王子率领舞乐队不远千里访问长安，唐朝著名诗人白居易挥毫写下千古绝唱《骠国乐》。近现代，中缅两国的友谊随着时代的发展又掀开了新的历史篇章。

1949年，中华人民共和国成立，缅甸是最早承认新中国的国家之一。中缅两国老一辈领导人身体力行，传承延续千年的胞波情谊。在中缅外交史上，1956年的中缅边民大联欢具有十分重要的意义，它不仅是两国领导人的友谊见证，更是两国人民的情谊体现，是中缅民相亲、心相通的最好例证。在每年的中缅建交纪念日，总有一些当年活动的亲历者前往云南芒市的中缅边民联欢大会纪念馆，追忆那年会议盛况的同时重温中缅外交史上的温馨时刻。

1956年12月，正是一年中最寒冷的时节，但在位于中缅边境的德宏傣族景颇族自治州首府芒市却是一片热火朝天、生机盎然的景象。这里即将发生一件震动全国并将永远载入史册的盛事！

中缅两国政府就边界问题初步达成共识后，两国领导人决定于1956年底在中国的边境小城——德宏州芒市举行中缅两国边民联欢大会。12月13日，新华社向全球发布“中缅两国边境民族联欢大会即将在芒市举行”“中缅两国总理和政府高级官员将参加联欢大会”的消息。当这一振奋人心的喜讯传来时，地处西南边陲的德宏州沸腾了！边疆各族儿女喜笑颜开，争相传报，欣喜之情溢于言表。当地老百姓非常清楚，就在这一年的年初，2月7—8日，缅甸政府在缅中边境重镇雷基刚刚召开过一次边民大会。不到1年的时间再次举办边民联欢活动，而且还向全世界发出通告，足见这次活动的意义之重大、使命之艰巨！

当时的德宏傣族景颇族自治州首府芒市，还只是边境地区的一个小镇，没有宾馆、招待所，街道房屋简陋，缺乏公共设施，根本不具备接待国宾、开展大型活动的条件。面对这样一项时间紧迫、工作量大、质量要求高的重要任务，德宏州各级各部门全员出动。大家本着因陋就简、创造条件一定办好大会的原则，在很短的时间内开始了对宾馆、礼堂、餐厅等重要活动场所的搭建和布置。

与此同时，德宏州各族群众也以极大的热情投入到活动的筹备工作中。他们有的辛苦好几天，自制了几千面小彩旗和中缅两国国旗，扎制了数千个灯笼；有的清洁住宅，裱糊装饰自己的房子，使之焕然一新；有的把各条大街和小巷扫得干干净净，并对几条陈年的水沟进行了清淤美化；有的为了不让尘土在新修的道路上飞扬，一天几次在街道上洒水降尘；还有的在为前来探视的胞波准备住宿，忙着舂米，准备接待从缅甸来的朋友和亲戚。到联欢大会召开前，整个芒市张灯结彩，沿街挂有中文、缅文的大幅欢迎标语，彩色楼牌鲜艳夺目，街道整齐清洁，处处洋溢着欢欣喜庆的节日气氛。

12月15日，在中缅边境交界处的畹町镇上空，中缅两国国旗迎风飘扬，在畹町桥（九谷桥）头用中缅两国文字书写着“欢迎吴巴瑞总理”“欢迎周恩来总理”的横幅迎风招展。当两国总理乘车从缅甸境内缓缓抵达畹町桥时，等候在街头的中缅两国人民爆发出热烈而持续的掌声。在畹町桥头，周恩来总理和吴巴瑞总理下车步行，一边鼓掌一边从夹道欢迎的群众中自缅甸九谷沿着国防街走到海关门口，从畹町进入中国。在桥头还举行了中华人民共和国国旗升旗仪式，两国总理共同检阅了中国的仪仗队。

在世界外交史上，两个相邻国家的领导人在边境城市会晤是常有的事，但两国领导人一起从一国步行进入另一国却是少有的，这是多么富有想象力的创举啊！

12月16日，举世瞩目的“中缅两国边境人民联欢大会”在云南德宏芒市举行，参加联欢大会的两国边民人数达15000人，缅甸人和中国人差不多各占一半。来自云南的傣族、景颇族、拉祜族群众及来自丽江、德宏、思茅、临沧4个地州的民族上层代表百余人和来自缅甸的掸族、克钦族群众身着民族服装，打着铓锣，敲着象脚鼓，手捧鲜花，舞动着中缅两国国旗，更增添了喜庆的气氛。大家聚在一起，语言相通、习俗相近，唱的歌、跳的舞也很像，分不清谁是中国人、谁是缅甸人，真正像一家人一样。下午3时，周恩来总理和吴巴瑞总理共同出席联欢大会。美联社、路透社、共同社、法新社、塔斯社等各大报社记者随行采访。芒市万人空巷、人头攒动，来自中缅两国的政府代表和各族群众共同欢呼、喜笑颜开，芒市广场变成一片欢腾的海洋。周恩来总理在讲话中指出：“举行这样的边民联欢大会，让中缅两国边民之间建立更加广泛和密切的直接接触，对于促进中缅两国人民的友好、团结是具有重大意义的。”缅甸总理吴巴瑞在讲话中强调：“缅甸人亲密地把中国人称作胞波，胞波是缅甸话，是对同胞生的兄弟姐妹的称呼。据我所知，中国人在过去和在目前也都一直把缅甸人看作自己的亲人。这次大会又为缅中友好奠下了一块基石。”两国总理的讲话赢得了在场群众长时间的鼓掌。人们打起象脚鼓，欢呼声经久不息。两国总理的手也紧紧地握在了一起。

活动结束后，周恩来总理和吴巴瑞总理在芒市宾馆共同种植了两棵象征中缅友谊长存的缅桂花树。60多年过去了，两棵缅桂花树虽几经风雨、历尽沧桑，却始终枝繁叶茂、郁郁葱葱，成为中缅友谊不断巩固发展最忠实的“见证人”。

回顾历史，1956年中缅边民大联欢的成功举办已成为中缅外交史上具有里程碑意义的重大事件。它不仅增进了中缅两国政府、领导人和人民之间的相互信任和理解，促进了两国边界问题的和平解决，而且巩固了两国人民的传统友谊，发展了两国的友好合作关系，为妥善处理邻国关系树立了榜样。在中缅建交后的70多年里，两国始终践行和平共处五项原则，相互信任、相互尊重、相互支持，树立了国家间平等相待、互利共赢、共同发展的典范，给两国人民带来了实实在在的利益。2000年，在中缅两国政府的共同推动下，中缅胞波狂欢节顺利举行，并确立了每年举办一届的活动模式，这也成为两国间密切经贸、人文等各领域交往、交流、合作的重要舞台。中缅两国有句共同的谚语——“亲戚越走越亲，朋友越走越近”。站在新的历史起点上，中缅两国人民将继续携手努力，推动构建更为紧密的中缅命运共同体，续写千年“胞波”情谊的新乐章。

参考资料

[1]卓人政主编：《殷殷胞波情——1956年中缅边民大联欢》，中央文献出版社2003年版。

[2]李晨阳主编：《中国和缅甸的故事》，五洲传播出版社2019年版。

[3]金保荣：《中缅胞波情谊长　五十年前大联欢》，《云南档案》2007年第4期。

[4]习近平：《续写千年胞波情谊的崭新篇章》，《人民日报》2020年1月17日，第1版。

[5]《中缅友谊树见证“胞波”情谊》，德宏傣族景颇族自治州人民政府网站，2021年11月29日，http://www.dh.gov.cn/cjb/Web/_F0_0_4SOBAQ9C4EC1E4F1D5974237AF.htm。

[6]姚文晖、缪超：《中缅边民联欢大会亲历者追忆两国外交史“高光时刻”》，中国新闻网，2020年6月6日，https://mr.mbd.baidu.com/r/SHFVT12YtG?f=cp&u=96c0007c719440f5。

（执笔：郑佳）

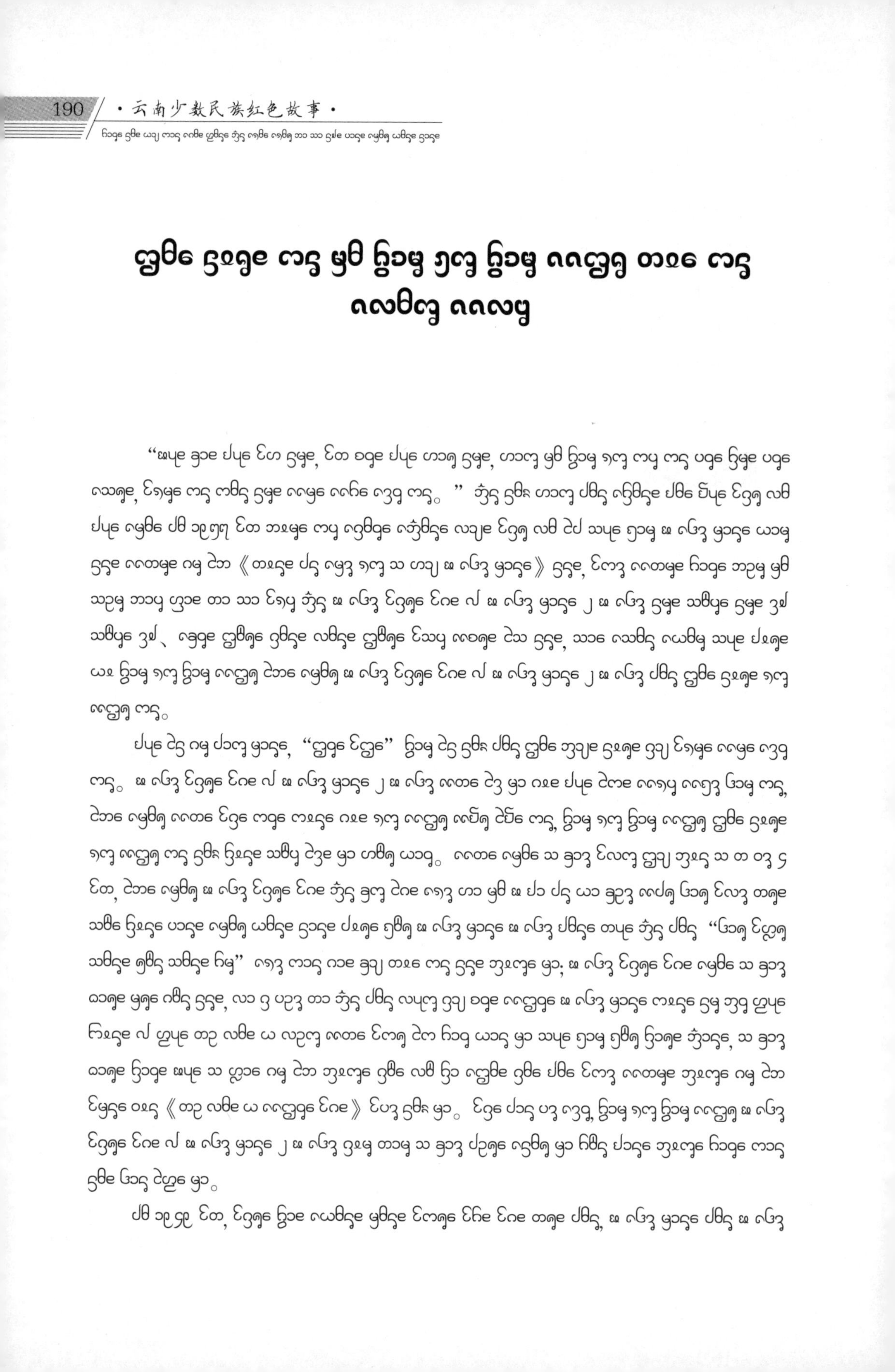

ၾမ်ေ ၄ဧၡဓ တ႑ မျမ် ႁူမ္ဗ ၵဏ္ဍ ႁူမ္ဗ ၈ၵၽ္ဗ တႄေ တ႑ ၈လမ်ၽ ၈ၵလ္ဗ

“ꩡပုဓ ၶႃဓ ၦပုၼ ၆ဟ ၄မ္ဗဓ, ၆တ ၈ၡဓ ၦပုၼ ဟႃၵ ၄မ္ဗဓ, ဟႃၽ မျမ် ႁူမ္ဗ ၈ၽ တပ္ဗ တ႑ ပၡၼ ႁမ္ဗဓ ပၡၼ ၈ႃၵဓ, ၆ၵမ္ဗၼ တ႑ တမ်႑ ၄မ္ဗဓ ၈မ္ဗၼ ၈ၵၼ ၈ၽၵ တ႑။ ” ၽ္ၵ႑ ၄မ်ႏ ဟႃၽ ၦမ်႑ ၈ၵမ်႑ဓ ၦမ်ၼ ၆ပုၼ ၆ၽၵ လမ်

ၦပုၼ ၈မ္ဗမ်ၼ ၦမ် ၁ၶၵ ၆တ ၁ဧမ္ဗၼ တပ္ဗ ၈ၽမ်ၡၼ ၈ၽ္ၵမ်႑ၼ လၵျဓ ၆ၽၵ လမ် ၀ၦ ၁ပုၼ ၵႃမ္ဗ ꩡ ၈ၽ္ၽ မ္ဗႃ႑ၼ ယႃမ္ဗ

၄႑ဓ ၈တမ္ဗဓ ၈မ္ဗ ၀ႃ 《တဧ႑ဓ ၦ႑ ၈မ္ဗၽ ၈ၽ ၁ ဟၵျ ꩡ ၈ၽ္ၽ မ္ဗႃ႑ၼ》 ၄႑ဓ, ၆တၽ ၈တမ္ဗဓ ၵႃၡၼ ၁ၶမ္ဗ မျမ်

၁ၶမ္ဗ ၁ႃပ္ဗ ၯႃဓ တႃ ၁ႃ ၆ၵပ္ဗ ၽ္ၵ႑ ꩡ ၈ၽ္ၽ ၆ၽၵၼ ၆ၵဓ ၦ ꩡ ၈ၽ္ၽ မ္ဗႃ႑ၼ ၂ ꩡ ၈ၽ္ၽ ၄မ္ဗဓ ၁မ်ပ္ဗၼ ၄မ္ဗဓ ၃ၦ

၁မ်ပ္ဗၼ ၃ၦ、 ၈ၡဓ ၾမ်ၵၼ ၽမ်႑ဓ လမ်႑ဓ ၾမ်ၵၼ ၆၁ပ္ဗ ၈တၡဓ ၀ႃ ၄႑ဓ, ၁ႃၼ ၈ယမ်႑ ၈ယမ်မ္ဗ ၁ပုဓ ၦဧၡဓ

ယဧ ႁူမ္ဗ ၈ၽ ႁူမ္ဗ ၈ၵၽ္ဗ ၀ႃၼ ၈မ္ဗမ်ၵ ꩡ ၈ၽ္ၽ ၆ၽၵၼ ၆ၵဓ ၦ ꩡ ၈ၽ္ၽ မ္ဗႃ႑ၼ ၂ ꩡ ၈ၽ္ၽ ၦမ်႑ ၾမ်ၼ ၄ဧၡဓ ၈ၽ

၈ၵၽ္ဗ တ႑။

ၦပုၼ ၀႑ ၈မ္ဗ ၦႃၽ မ္ဗႃ႑ၼ, “ၾၡၼ ၆ၾၼ” ႁူမ္ဗ ၀႑ ၄မ်ႏ ၦမ်႑ ၾမ်ၼ ၁ၵျဓ ၄ဧၡဓ ၃ၵျ ၆ၵမ္ဗၼ ၈မ္ဗၼ ၈ၽ္ၵ

တ႑။ ꩡ ၈ၽ္ၽ ၆ၽၵၼ ၆ၵဓ ၦ ꩡ ၈ၽ္ၽ မ္ဗႃ႑ၼ ၂ ꩡ ၈ၽ္ၽ ၈တၼ ၀ၽ မ္ဗႃ ၈ဧဓ ၦပုၼ ၀တဓ ၈ၵပ္ဗ ၈ၵၽ ၆ၵမ္ဗ တ႑,

၀ႃၼ ၈မ္ဗမ်ၵ ၈တၼ ၆ၽၼ တၡၼ တဧ႑ၼ ၈ဧဓ ၈ၽ ၈ၵၽ္ဗ ၈ၵၵ ၀ၵၼ တ႑, ႁူမ္ဗ ၈ၽ ႁူမ္ဗ ၈ၵၽ္ဗ ၾမ်ၼ ၄ဧၡဓ

၈ၽ ၈ၵၽ္ဗ တ႑ ၄မ်ႏ ႁဧ႑ဓ ၁မ်ပ္ဗ ၀ၽဓ မ္ဗႃ ဟမ်ၵ ယႃၡ။ ၈တၼ ၈မ္ဗမ်ၼ ၁ ၶႃၽ ၆လၽ ၾၵျ ၁ဧ႑ ၁ တ ၀ၽ ၄

၆တ, ၀ႃၼ ၈မ္ဗမ်ၵ ꩡ ၈ၽ္ၽ ၆ၽၵၼ ၆ၵဓ ၽ္ၵ႑ ၶၽ ၀ၵဓ ၈ၽ ဟႃ မျမ် ꩡ ၦႃ ၦ႑ ယႃ ၶၶၽ ၈ၦၵ ၆ၵမ္ဗ ၆လၽ တၡဓ

၁မ်ၼ ႁဧ႑ၼ ပႃ႑ဓ ၈မ္ဗမ်ၵ ယမ်႑ဓ ၄ႃ႑ဓ ၦဧၡၼ ၵမ်ၵ ꩡ ၈ၽ္ၽ မ္ဗႃ႑ၼ ꩡ ၈ၽ္ၽ ၦမ်႑ၼ တပုၼ ၽ္ၵ႑ ၦမ်႑ “ၵၵ ၆ၾၵ

၁မ်႑ဓ ၈မ်႑ ၁မ်႑ဓ ႁမ္ဗ” ၈ၽ တႃ႑ ၈ႃဓ ၶၵျ တဧၼ တ႑ ၄႑ဓ ၁ဧၽၼ မ္ဗႃ; ꩡ ၈ၽ္ၽ ၆ၽၵၼ ၆ၵဓ ၈မ္ဗမ်ၼ ၁ ၶႃၽ

၀ႃၡဓ မ္ဗၡၼ ၈မ်႑ ၄႑ဓ, လႃ ၃ ပၵၽ တႃ ၽ္ၵ႑ ၦမ်႑ လပုၽ ၃ၵျ ၈ၡဓ ၈ၵၽ္ဗၡၼ ꩡ ၈ၽ္ၽ မ္ဗႃ႑ၼ တဧ႑ၼ ၄မ္ဗ ၁ၵ ၯပုၼ

ႁဧ႑ဓ ၦ ၯပုၼ တၵ လမ်ဓ ယ လၵၽ ၈တၼ ၆တၵ ၀တ ႁႃၵ ယႃ႑ မ္ဗႃ ၁ပုၼ ၵႃမ္ဗ ၵမ်ၵ ႁူၡဓ ၽ္ၵႃ႑ၼ, ၁ ၶႃၽ

၀ႃၡဓ ႁူၡဓ ꩡပုၼ ၁ ၯႃၼ ၈မ္ဗ ၀ႃ ၁ဧၽၼ ၽမ်ၼ လမ် ႁူ ၈ၵမ်ဓ ၽမ်ၼ ၦမ်ၼ ၆တၽ ၈တမ္ဗဓ ၁ဧၽၼ ၈မ္ဗ ၀ႃ

၆မ္ဗ႑ၼ ၀ဧ႑ 《တၵ လမ်ဓ ယ ၈ၵၽ္ဗၡၼ ၆ၵဓ》 ၆ပၽ ၄မ်ႏ မ္ဗႃ။ ၆ၽၼ ၦႃ႑ ပၽ ၈ၽ္ၵ, ႁူမ္ဗ ၈ၽ ႁူမ္ဗ ၈ၵၽ္ဗ ꩡ ၈ၽ္ၽ

၆ၽၵၼ ၆ၵဓ ၦ ꩡ ၈ၽ္ၽ မ္ဗႃ႑ၼ ၂ ꩡ ၈ၽ္ၽ ၃ဧမ္ဗ တႃမ္ဗ ၁ ၶႃၽ ၦၵၵၼ ၈ၽမ်ၵ မ္ဗႃ ႁမ်႑ ၦႃ႑ၼ ၁ဧၽၼ ၵႃၡၼ တႃ႑

၄မ်ဓ ၵ႑ ၀ၯၼ မ္ဗႃ။

ၦမ် ၁ၵ ၄ၵ ၆တ, ၆ၽၵၼ ႁူဓ ၈ယမ်႑ဓ မ္ဗမ်႑ဓ ၆တၵၼ ၆ႁဓ ၆ၵဓ တၡဓ ၦမ်႑, ꩡ ၈ၽ္ၽ မ္ဗႃ႑ၼ ၦမ်႑ ꩡ ၈ၽ္ၽ

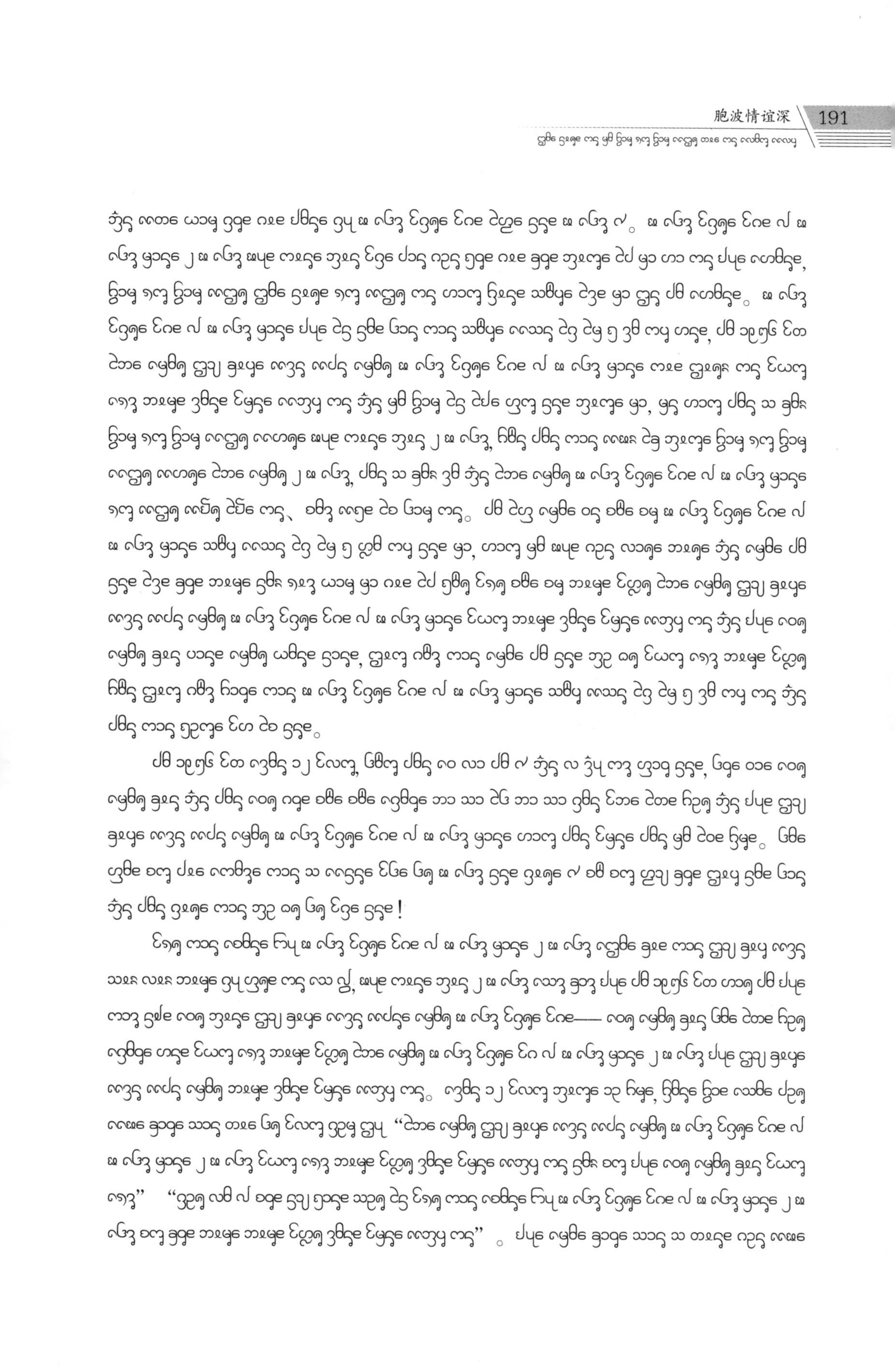

[illegible]

ᦑᦳᧂ ᦙᦱ ᦓᦲᧉ, ᦺᦎᧉ ᦶᦀᧅ ᦑᦸᧂ ᦟᦲᧂ ᦔᦱᦓᦲ ᦵᦙᦲᧂ ᦂᦳᦔᦱᧃ ᦵᦑᦲᧃ ᦉᦱᧈ ᦞᧃ ᦵᦎᦱᧂ ᦃᦱᧈ ᦠᦳᧃ ᦺᦎᧉ ᦠᦱᧂ ᦟᦲᧂ
ᦵᦙᦲᧃ ᦟᦲᧂ ᦙᦲ ᦺᦞᧉ ᦓᦲᧉ! ᦟᦳᦂ ᦍᦲᧅ ᦃᦱᧈ ᦃᦳᧃ ᦑᦱ ᦉᦱ ᦉᦱᧈ ᦂᦳᦔᦱᧃ ᦗᦱᧄᧉ ᦶᦂ ᦶᦀᧅ ᦝᦱᧉ ᦃᦳᦔᦱᧃ ᦵᦂᦲᧅ ᦵᦂᧈ,
ᦉᦲᦔᦱᧃ ᦔᦳᦂᧃ ᦂᦱᦔᦱᧃ ᦉᦱᧂ ᦓᦲᧈ ᦎᦳᧃ ᦅᧂ, ᦓᦱᧄ ᦺᦎᧈ ᦵᦑᦳᧅ ᦅᦱᧅ ᦺᦀ ᦉᦳᦉᧉ ᦵᦍᦲᧄ ᦓᦲᧈ ᦉᦱᧅ ᦂᦳᧉ ᦵᦌᦳᧃ ᦵᦗᧄ
ᦔᦱᧃ ᦺᦎᧉ。ᦺᦑᧃ ᦵᦙᦲᧂ ᦗᦲᧃ ᦔᦱᧂᧉ ᦵᦙᦲᧂ ᦠᦱᧂᧉ ᦠᦱᧂ ᦵᦀᦲᧄᧉ ᦺᦉ, ᦂᦳᧉ ᦡᦳᧃ ᦺᦎᧈ ᦟᦲ ᦓᦲᧈ ᦵᦠ ᦟᦲ, ᦵᦑᦲᧂ ᧒
ᦵᦟᦳᧅ ᦑᦳᧂᧃ ᦵᦎᦱ ᦓᦲᧅ ᦵᦟᦲᧃ ᦠᦳᧃ, ᦵᦓᧅ ᦅᦱᧂ ᦵᦈᦲᧂᧃ ᦂᦳ ᦌ ᦵᦑᦳ ᦙᦱᧂᧃ ᦡᦳᧃ ᦗᦲᧃ ᦟᦳᧉ ᦃᦲᧃ ᦂᦱᦔᦱᧃ ᦑᦸᧂ
ᦟᦲᧂ ᦂᦳᦔᦱᧃ ᦵᦑᧂ ᦵᦟᧂ ᦵᦙᦲᧂ ᦌ ᦵᦑᦳ ᦙᦱᧂᧃ ᦟ ᦌ ᦵᦑᦳ ᦵᦃᦱᧃ ᦵᦂᧉ ᦵᦍᦱᧅ ᦶᦎᦳ ᦑᦳᦙᦲᧉ ᦵᦟᧁᧅ ᦺᦑᧃ ᦵᦙᦲᧂ ᦂᦳᦔᦱᧃ
ᦂᦳᦔᦱᧃ ᦵᦑᧂ ᦵᦟᧂ ᦵᦙᦲᧂ ᦓᦲᧉ ᦟᦲ ᦂᦳᦑᦳᧃ ᧙。᧑᧐ ᦟᦱ ᦔᦱᧃ ᦶᦑᦳ ᦟᦲ ᧙ ᦺᦎᧉ ᦠᦲᧂ ᦵᦍᦱᧅ ᦶᦎᦳ ᦺᦑᧃ ᦵᦙᦲᧂ
ᦂᦳᦔᦱᧃ ᦂᦳᦔᦱᧃ ᦵᦑᧂ ᦵᦟᧂ ᦵᦙᦲᧂ ᦑᦲᧂᧉ ᦵᦙᦲᧃ ᦵᦑᦳᧈ ᦅᧂ ᦓᦲᧉ ᦵᦑᦳᧈ, ᦗᦲ ᦠᦲᧂ ᦵᦌᦲᧃ ᦗᦺᦊ ᦝᦱᧅ ᦉᦲ ᦵᦉᦲᧂ ᦍᦱ
ᦎᦳᧃ ᦗᧅ ᦵᦃᦲ ᦵᦟᦳᧅ, ᦠᦱᧂ ᦗᦳᧃ ᦺᦎᧉ ᦑᦳᦂᧃ ᦅᦱᧂ ᦑᦲᧂᧉ ᦵᦙᦲᧃ ᦂᦳᦑᦳᧃ ᦓᦲᧈ ᦠᦱᧂ ᦙᦲ ᦓᦱᧄ ᦺᦎᧈ ᦺᦑᧃ
ᦝᦳᧅ、ᦅᦱᧂ ᦡᦱᧄ ᦠᦱᧂ ᦡᦳᧄ ᦍᦱᧂ ᦝᦳᧅ ᦝᦱ ᦵᦂ!

ᦍᦱᧄ ᦓᦲᧉ ᦵᦀᧅ ᦵᦙᦲᧂ ᦂᦳᧂ ᦑᦸᧂ ᦟᦲᧂ ᦵᦀᧅ ᦂᦲᧉ ᦗᦲᧃ ᦵᦈᦲᧃ ᦵᦈᦲᧃ ᦵᦂᦲᧂᧃ ᦑᦱ ᦉᦱ ᦺᦀ ᦑᦱ ᦉᦱ ᦑᦲᧂ
ᦵᦑᧃ ᦺᦎᧉ ᦶᦀᧅ, ᦵᦀ ᦟᦱ ᦵᦙᦲᧃ ᦓᦲᧉ ᦟᦲᧂ ᦅᦱᧂ ᦓᦲᧉ ᦵᦀᧅ ᦑᦳᧂ ᦔᦱᧂᧉ ᦵᦙᦲᧂ ᦂᦳᦔᦱᧃ ᦂᦳᦔᦱᧃ ᦵᦑᧂ ᦵᦟᧂ ᦵᦙᦲᧂ
ᦓᦲᧉ ᦗᦲᧃ ᧙, ᦔᦱᧃ ᦙᦲ ᦵᦓᧅ ᦵᦂᦳᧃ ᦓᦲᧉ ᦓᦲᧂ、ᦑᦳᧃ ᦎᦳᧃ ᦓᦲᧉ, ᦵᦑᦲ ᦅᦱᧂ ᦵᦑᦲ ᦟᦲ ᦠᦲ ᦵᦂᦲᧂ ᦂᦳᧉ ᦷᦠᦳ
ᦷᦠᦳ ᦂᦳᧄ ᦂᦳᦔᦱᧃ, ᦵᦂᦲᧂᧃ ᦵᦂ ᦺᦎᧈ ᦷᦠᦳᧅ ᦂᦳᧉ ᦃᦳᧃ ᦍᦲᧄ, ᦔᦱᧃ ᦙᦲ ᦟ ᦂ ᦓ ᦵᦂᦲᧅ ᦂᦳᦔᦱᧃ ᦙᦱ ᦶᦑᦳ ᦶᦑᦳ ᦵᦂᦳᧃ
ᦵᦂᦱᦔᦱᧃ ᦌ ᦵᦑᦳ、ᦵᦌᦲᧃ ᦵᦓᦲᧅ ᦂᦳᦔᦱᧃ ᦶᦑᦳ ᦅᦱᧂ ᦺᦑᧃ ᦵᦟᧁᧅ ᦓᦲᧉ。ᦡᦳᧃ ᦓᦲᧅ ᦝᦱᧉ ᦅᦱᧂ ᦡᦱᧄ ᦝᦳᧅ ᦝᦱ
ᦑᦸᧂ ᦵᦀ ᦟᦱ ᦅᦲᧉ ᦂᦲᧂ、ᦅᦱᧂ ᦶᦑᦳ ᦷᦠᦳ、ᦠᦲᧂ ᦂᦳᦔᦱᧃ ᦂᦳ ᦠᦲᧉ ᦙᦲ ᦓᦲᧉ ᦵᦂᦲᧅ ᦓᦲᧉ ᦑᦲ ᦉᦳᧅ ᦡᦱᧅ ᦓᦲᧈ
ᦓᦲᧉ ᦃᦲᧅ ᧙, ᦺᦎᧉ ᦶᦀᧅ ᦵᦂᦲᧂᧃ ᦉᦲᧃ ᦵᦓ ᦌᦳᧉ ᦂᦳᧂ ᦺᦎᧈ ᦵᦓᧅ ᦅᦱᧂ ᦃᦳᧃ ᦗᦲᧃ ᦃᦳᧃ ᦵᦑᦱᧂᧃ ᦗᦲ ᦵᦙᦲᧂ ᦟᦳᧅ
ᦝᦲᧅ ᦙᦱ。ᦗᦲ ᦷᦠᦳ ᦑᦳᧉ ᦎᦱᧄ ᦑᦲᧂ ᦍᦱᧂ ᦍᦲᧂᧉ ᦞᦲᧃ ᦵᦠ ᦵᦂᦳᧃ ᦷᦠᦳ ᦷᦠᦳ ᦂᦳᧄ ᦂᦳᦔᦱᧃ ᦓᦲᧉ、ᦵᦂᦲᧃ ᦵᦀᦲᧃ
ᦡᦱᧂᧃ ᦑᦳᧂᧃ ᦟ ᦂ ᦓ ᦑᦳᦂ ᦅᦱᧂ ᦑᦳᦙᦲᧉ ᦵᦟᧁᧅ ᦵᦑᦲ ᦑᦲ, ᦡᦳᧃ ᦺᦎᧈ ᦵᦀ ᦟᦱ ᦔᦱᧃ ᦠᦲᧅ ᦎᦲᧉ ᦂᦲᧉ ᦵᦑᦲ ᦅᦱᧂ
ᦉᦱᦂᦲᧉ ᦵᦎᦱᧃ ᦵᦓᧅ ᦵᦂᦳᧃ ᦓᦲᧉ ᦓᦲᧂ、ᦵᦓᧅ ᦵᦎᦲᧂᧃ ᦟᦲ ᦡᦱᦂᦲᧉ、ᦵᦓᧅ ᦵᦂᦳᧅ ᦗᦳᧅ ᦟᦲᧂ ᦗᦲᧃ ᦝᦳᧅ ᦅᦱᧂ
ᦑᦲᧂᧉ ᦵᦙᦲᧃ ᦓᦲᧉ。

ᦵᦂᦲᧄ ᦙᦱ, ᦃᦳᧄ ᦷᦠᦳ ᦃᦳᧃ ᦑᦱ ᦉᦱ ᦗᦲᧃ ᦺᦎᧉ ᦶᦀᧅ ᦵᦂᦲᧂᧃ ᦉᦳᦉᧉ ᦵᦠᦳᧅ ᦵᦍᦲᧄ ᦺᦀ ᦂᦳᧅ ᦝᦳᧃ ᦂᦲᧉ
ᦑᦳᦙᦲᧃ ᦅᦱᧂ ᦠᦱᧄᧉ ᦵᦀᦲᧂ。ᦂᦲ ᦗᦱᧂᧃ ᦙᦲ ᦑᦳᦂᧃ ᦓᦲᧈ ᦵᦗᦳᧅ ᦡᦱᧅ ᦺᦎᧉ ᦷᦠᦳ ᦞᧃ, ᦵᦎ ᦵᦑᦲ ᦵᦟᧁᧅ ᦡᦲᧉ ᦃᦳᧃ
ᦓᦲᧉ ᦷᦠᦳ ᦂᦳᧂ ᦑᦳᧂ ᦟ ᦡᦲᧉ ᦵᦂᦲᧅ ᦌ ᦵᦑᦳ ᦵᦃᦱᧃ ᦵᦂᧉ ᦟ ᦌ ᦵᦑᦳ ᦙᦱᧂᧃ ᧒ ᦌ ᦵᦑᦳ ᦑᦳᦂᧃ ᦙᦱ, ᦠᦱᦑ ᦵᦟᧁᧅ ᦅᦳᦔᦱᧃ
ᦺᦎᦂ ᦵᦗᦲᧂᧃ ᦵᦟᦂᧃ ᦷᦠᦳ ᦂᦳᧂ ᦑᦳᧂ; ᦙᦲ ᦑᦳᦂᧃ ᦓᦲᧈ ᦵᦌᦲᧉ ᦂᦳᦑ ᦵᦂᦲᧂ ᦵᦠᦳᦑ ᦺᦉ、ᦡᦳᧉ ᦠᦲ ᦵᦂᦲᧂ ᦵᦎ
ᦠᦲᧅ, ᦵᦠᦳᦑ ᦺᦠᦳᧃ ᦺᦎᧃ ᦑᦲ ᦙᦱ; ᦙᦲ ᦑᦳᦂᧃ ᦓᦲᧈ ᦵᦌᦲᧉ ᦂᦳᦑ ᦵᦂᦲᧄ ᦅᦱᧂ ᦵᦂᦲᧄ ᦟᦲ ᦃᦳᧃ ᦗᦲᧃ ᦵᦠᦳᦑ ᦺᦉ ᦺᦀ
ᦍᦲ, ᦗᦲ ᦠᦲᧂ ᦟᦱᧅ ᦓᦲᧉ ᦂᦳᦂᧃ ᦑᦳᧂ ᦂᦲᧃ ᦃᦳ ᦷᦠᦳ ᦉᦲᧂᧉ ᦓᦲᧉ ᦵᦠᦳᦑ ᦺᦉ; ᦵᦂᦲᧃ ᦔᦱᧃ ᦺᦂᧃ ᦠᦲᧉ ᦗᦳᧃ ᦺᦂᧃ
ᦟᦲᧂ ᦡᦳᧃ ᦠᦳᧃ ᦗᦱᧅ ᦑᦸᧂ ᦉᦳᧅ ᦂᦲ ᦵᦙ ᦺᦠᧃ ᦓᦲᧉ, ᦞᧃ ᦺᦠ ᦂᦳᧉ ᦑᦲ ᦓᦲᧉ ᦵᦠᦳ ᦠᦳᧃ ᦗᦱᧅ ᦷᦠᦳ ᦂᦳᦑᦳᧃ; ᦙᦲ
ᦑᦳᦂᧃ ᦓᦲᧈ ᦵᦂᦲᧃ ᦙᦱ ᦟᦲᧉ ᦺᦎ ᦂᦲᧃ ᦓᦳᦂᧃ ᦵᦂᦳ ᦵᦂᦲᧅ ᦅᧂ ᦠᦱᧄᧉ ᦵᦀᦲᧂ ᦗᦲᧃ ᦓᦳᧂ ᦺᦀᧉ, ᦂᦲᧃ ᦎᦱᧄ ᦂᦲᧉ,

ဢၵျႄ ၼၢင်း ၵပ်ႉ မႂ်ႈ ၵႄႉ သ ဢၵႃႇ လႄႈ ၸုမ်း ၼုၵ်ႉ ဝၼ်း သၢ လၼ်ႉ ၶ ၸႂ်ႈ မႃႇၼ်း မႃ။ ၽုၵ်ႉ ဢွၼ်ႇ ၽိုင်ႈ
ဢမ်ႈၼ်း ၼၢင်ႉ ၵၼ် ၽုၵ်ႉ မိူဝ်း ၽိ ၽုၵ်ႉ ၼၵ်ႈ, ဝၢ ဝၼ်း မိူဝ်ႉ ၶုၼ် ၼၢင်ႉ ထိုင် ၸိုင်ႈ ၵႅင်ႇ ၼၢင်ႉ ထႅၼ်
ၸဵၵ်ႉ, ၼၢင်း ၵၢႆ ဢွၼ်ႇ ဝၢ မိူဝ် ဝႃႉ ၼၢင်ႉ ယဝ် ၵျၼ် ၽိူဝ် ဢွၼ် ဢၵ်ႈ, ဢွၼ် မႃႇၼ်း ၼၢင်ႉ ထၢင်း ယိူဝ်ႉ ၵပ်ႉ
ၼၵ်ႈ ဢႅ ထႅၼ်, မိူဝ် ၼိူဝ်း ၶိူဝ် ၽၼ် ဝၼ် ၼ ၼၢင်ႉ ၵၢႆ ဝၢ တႃ, ၼၢင်း ၵၢႆ ၼၢင်း လိ ဢွၼ်ႇ ထၢ ထိ ယၼ်,
ဝိုၼ်း ထၵ် ဝၢ ဢၵႃႇ ပိၼ်ႇ ဢမ်ႈၼ်း ပိၼ်ႇ မိူဝ် ထႅၼ် ၸဵၵ်ႉ ၼၢင်ႉ မိူဝ်း ၵႂ်ႈ ဝၼ် လၢႆ ၼၵ်ႈ လႄႈ။

ၼၢင်ႉ ၁၂ ဢွၼ်ႇ ၽုၵ်ႉ ၼၵ်ႈ ၵိုၵ်ႉ, ၸိူဝ် ၵၢ ဢၵႃႇ ဝၼ် ၸႂ်ႈ ၸုမ် ၶုမ် ၼၢင်ႉ ၼႅၼ်ႇ မိူဝ်ႉ ၶ ၸႂ်ႈ
ဢွၼ်ႇ ဢိ လႄႈ ၶ ၸႂ်ႈ မႃႇၼ်း ထုၼ်း ၸ ၵၼ် ဢၵ်ႈ, ၶိ ၼၢင်ႉ ၶ ၸႂ်ႈ ဢွၼ်ႇ ဢိ လႄႈ ၶ ၸႂ်ႈ မႃႇၼ်း ၂ ၶ ၸႂ်ႈ
ပိၼ်ႇ ၵၢၼ်း ပုၼ်, ပုၼ် ဢွၼ် ဢွၼ် ဝၼ် ၸႂ်ႈ (ဢွၼ် ၽိၼ် ၵုၼ်) ၽုၵ် လိၼ်ႉ ဢွၼ် ၶ ၸႂ်ႈ ဢွၼ်ႇ ဢိ လႄႈ ၶ ၸႂ်ႈ မႃႇၼ်း
၂ ၶ ၸႂ်ႈ ၵၢမ်ႈ ထႅၼ် "ယိူဝ်ႉ ၵပ်ႉ ဝုၼ် ၸုမ်း ပုၼ်း ၽိုၵ်ႉ လိ" "ယိူဝ်ႉ ၵပ်ႉ ၼၢင်ႉ ၵျိုင် လၢ ၽိုၵ်ႉ
လိ" ၸုမ်း ပိၵ် ပိၼ်ႇ ၵၢၼ်း လၼ်ႉ ပုၼ်။ ပုၼ် မိူဝ်း ၽိုၵ်ႉ လိ ၂ ၶ ၸႂ်ႈ ၶုမ် ဢွၼ်ႇ ၵၢင် ၶုမ် ၼၢင်ႉ ၶ
ၸႂ်ႈ မႃႇၼ်း ၵိၼ် ၵိၼ် ၶ မႃ ၵႄႉ ဢွၼ် ဝၼ် ၸႂ်ႈ ယၢမ်ႈ ၼၵ်ႈ, ထၢၼ် မိူဝ်ႉ ၶ ၸႂ်ႈ ဢွၼ်ႇ ဢိ လႄႈ ၶ ၸႂ်ႈ မႃႇၼ်း
၂ ၶ ၸႂ်ႈ ၵျၼ် ၵျၢ ပုၼ် ဝိုၼ်း ဢွၼ် ၵၢ ဢၵ်ႈ ၼၵ်ႈ သၢၵ်ႉ သၢၼ်း သၢၼ်ႉ ဢွၼ်ႇ မိူဝ် ဢၵႃႇ ၼၢင်ႉ ဢွၼ်ႇ ၵၢမ်ႈ
ပၢၼ်ႇ ၽိၵ်ႉ ၸဵၵ်ႉ ဝႃႉ လႄႈ။ ပုၼ် ဢွၼ် ဢွၼ် ဝၼ် ၸႂ်ႈ ဢၵ်ႈ, ၼၢင်ႉ ၵျိုင် လၢ ၽိုၵ်ႉ လိ လႄႈ ဝုၼ် ၸုမ်း ပုၼ်း
ၽိုၵ်ႉ လိ လၼ်ႉ ဢွၼ်ႇ ၵၢင် ၸႂ်ႈ မႃ, ယိူဝ်ႉ ၇ ဢွၼ် မိူဝ် ယိူဝ်ႉ ၇ ၸႂ်ႈ ၽုၵ်ႉ ၼၵ်ႈ ၂ ၅ ပိုၼ် ဝၢ ၽိုၵ်ႉ ပိုၼ် ယိူဝ်ႉ
ၵပ်ႉ ၵျၼ် တၵျႄ ၽိၵ် ၵုၼ် ၶ ၸႂ်ႈ မႃႇၼ်း ၸႂ်ႈ တၢ ၼၢင်း ၵၢႆ ၵၢမ်ႈ ၵၢင်း ၶ ၸႂ်ႈ ထၢ ဢၵႃႇ ပၢ ဢွၼ် ၼၢင်ႉ
ၵၢၼ် ၵၢ ၵၢၼ်း ၼၵ်ႈ, တၵျႄ ဝၼ် ၸႂ်ႈ ၶုမ် မႃ ၶ ၸႂ်ႈ ဢွၼ်ႇ ဢိ။ ပုၼ် ဝိုၼ်း ဢွၼ် ဢွၼ် ဢၵ်ႈ ယ ဢွၼ်ႇ ယၢ
ၼၢင်ႉ ၵၢၼ် ၽိ ၶိ ၼၢင်ႉ ၶ ၸႂ်ႈ ဢွၼ်ႇ ဢိ ယိူဝ်ႉ ပိၼ်ႇ ဢွၼ်ႇ ဢိ ဢိ ၶိၼ်ႇ, ၽိုၵ်ႉ လိ ၂ ၶ ၸႂ်ႈ
ၽုၵ်ႉ ၵၼ် ၼၢင်ႉ ဝုၵ်ႉ ပိၼ် ပုၼ် ဝၢ တပ်ႉ ၶ ၸႂ်ႈ ဢွၼ်ႇ ဢိ။

ပုၼ် ထၼ် ၼိူဝ်း ဝၢ ၸိူဝ် ဢွၼ်ႇ သိပ်ႉ ၵၢင်ႉ ထိ ထိ ၅ ပိုၼ် ၵပ်ႉ ၵၼ် ၼၵ်ႈ, ၶ ၵုၼ် ၵုၼ် ၽုၵ်ႉ ၂ ၶ
ၸႂ်ႈ ၵျၼ် ပုၼ် ထၢ ၵၢပ်ႉ ၼၢင်ႉ ဝၢ ၵၼ် ပုၼ် ဝၼ် ၸုမ်း ၶုမ် ၼၢင်ႉ ၼႅၼ်ႇ မိူဝ်ႉ ဢွၼ်ႇ ယၢ ၼၢင်ႉ ၽုၵ်ႉ ၽုၵ်ႉ
လၢ ၵၼ် ၼိူဝ်း ယၢမ်ႈ ထၢ ဝိုၼ်း မိူဝ် ပုၼ်, ဝိုၼ် ဝၢၼ် ၶ ၵုၼ် ၽုၵ်ႉ ၂ ၶ ၸႂ်ႈ ၽုၵ်ႉ ၵၼ် လၼ်ႉ ၵၢင် ၶ
ၸႂ်ႈ ဝိုၼ် ၇ ဢွၼ် ၶုမ် မႃ ဢၵႃ ၶ ၸႂ်ႈ ၇ ၼိူဝ်း ပၢၼ် မိူဝ် ပိုၼ်, ၵၢၼ် ၵျၼ် ၼိူဝ်း ဢၵႃႇ မိူဝ် ၸၢမ် ပၢၼ်ႇ ၽုၵ်ႉ ၼၵ်ႈ
မၢၵ် ပိုၼ် ၼၵ်ႈ ၵိုၵ်ႉ လႄႈ!

ၼၢင်ႉ ၁၂ ဢွၼ်ႇ ၽုၵ်ႉ ၼၵ်ႈ ၁၆ ၵိုၵ်ႉ, ဝၢ ၸိူဝ် ဢွၼ်ႇ ဢၵႃႇ ၽုၵ်ႉ ၵၼ် ၵုၼ် ဢၵ် "ထၢၼ် မိူဝ်ႉ ၸုမ်း
ၶုမ် ၼၢင်ႉ ၼႅၼ်ႇ မိူဝ်ႉ ၶ ၸႂ်ႈ ဢွၼ်ႇ ဢိ လႄႈ ၶ ၸႂ်ႈ မႃႇၼ်း ၂ ၶ ၸႂ်ႈ ဢွၼ်ႇ ယၢ ၽုၵ်ႉ ၽိုင်ႈ ဢမ်ႈ ၼၢင်ႉ
ၵၼ်" ပုၼ် ဝိုၼ်း ဝၼ်း မိူဝ်ႉ ၶုၼ် ထၢ ၵၼ် ပၢၼ်ႇ မိူဝ်ႉ ယိူဝ်ႉ ၼၢင်ႉ ဢွၼ်ႇ ယၢ ၼၢင်ႉ, ထၢၼ် မိူဝ်ႉ ၸုမ်း ၶုမ်
ၼၢင်ႉ ၼႅၼ်ႇ မိူဝ်ႉ ၂ ၶ ၸႂ်ႈ ၶုမ် ၽုၵ်ႉ ၽုၵ်ႉ ဢွၼ်ႇ ၽိုင်ႈ ဢမ်ႈၼ်း ၼၢင်ႉ ၵၼ် ၼၢင်ႉ ၵၼ် ၵၢၼ် ၵၼ်ႈ ၼိူဝ်း ဝိုၼ်း
၅ ၸုမ်း ၵၼ်, ၼၢင်ႉ ၵၼ် ၶ ၸႂ်ႈ မႃႇၼ်း လႄႈ ၼၢင်ႉ ၵၼ် ၶ ၸႂ်ႈ ဢွၼ်ႇ ဢိ ၸုမ်း ထၢ ၶၢၼ် ၵိၵ်ႉ ၇။ ၽိုၵ်ႉ
ပိုၼ် ၽၢ သၢ ထၢ ၽၢ သၢ ၵိုင် ဢွၼ်ႇ ၽၢ သၢ လၢၼ် ၵိုၼ် ၵပ်ႉ ဝၢ တၵျႄ ၼၢင်း ၽၢ သၢ ၵၢၼ် သၼ်ႉ ၵျၼ် မႃ

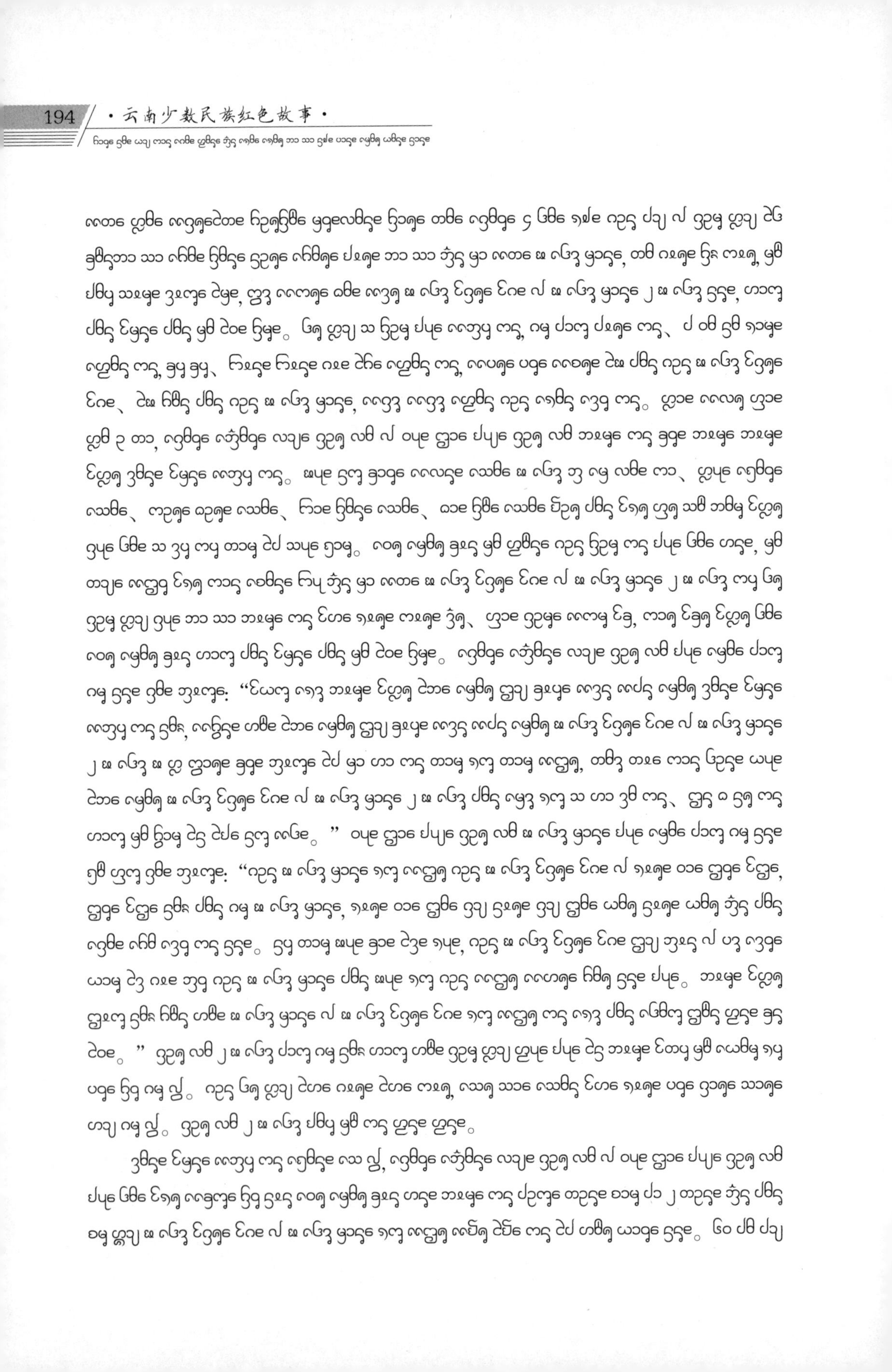

[illegible]

[illegible]

ᥐᥛᥴ ᥖᥭᥱ ᥘᥩ, ᥞᥒᥴ ᥝᥣᥢ ᥖᥧᥒᥰ ᥔᥣᥛᥴ ᥓᥣ ᥒ ᥖᥧᥒᥰ ᥒᥤᥐᥲ ᥙᥧᥒᥴ ᥘᥧᥛᥴ ᥑᥤᥙᥰ ᥖᥤᥛ ᥖᥭᥰ ᥞᥩᥢᥲ ᥓᥤᥛ、 ᥕᥣ ᥔᥨᥰ ᥐᥣᥒᥴ ᥘᥛᥰ ᥙᥐᥴ ᥑᥭᥴ ᥖᥣ, ᥕᥣᥛᥴ ᥖᥭᥴ ᥐᥨᥰ ᥞᥣᥐᥴ ᥐᥤᥰ ᥘᥙᥤᥰ ᥐᥥᥐᥲ ᥞᥣᥢ ᥖᥣᥐᥴ ᥓᥙᥥ、 ᥑᥭᥴ ᥝᥤᥒᥰ ᥞᥛᥴ ᥓᥣᥛᥴ, ᥞᥣᥐᥴ ᥓᥤᥒᥴ ᥐᥣᥒᥴ ᥛᥥᥝᥴ ᥐᥭᥢᥲ ᥐᥐᥰ ᥘ ᥛᥥᥝᥴ ᥛᥣᥒᥰ ᥑᥐᥴ ᥘᥥᥖᥲ ᥘᥥᥐᥲ ᥖᥤᥴ ᥐᥒᥴ ᥖᥭᥰ ᥞᥨᥒᥰ ᥐᥧᥐᥲ ᥓᥧᥐᥰ ᥐᥥᥛᥲ ᥖᥭᥱ ᥙᥒᥰ ᥑᥣᥴ ᥓᥤᥒᥴ “ᥐᥧᥒᥴ ᥔᥣ ᥑᥤᥐ” ᥘᥥᥐᥴ ᥒᥤᥢ ᥒᥒᥰ ᥘᥥᥝᥰ ᥒᥣᥢ。

ᥖᥥᥐᥴ ᥐᥤᥴ ᥒᥤᥰ ᥝᥒᥴ ᥓᥤᥛ ᥑᥧᥐᥲ ᥐᥖ ᥖᥣᥢ ᥛᥤᥐᥲ ᥑᥧᥙᥰ ᥘᥥᥒᥴ ᥘᥥᥖᥴ ᥛᥤᥐᥲ ᥛᥥᥝᥴ ᥐᥐᥰ ᥘ ᥛᥥᥝᥴ ᥛᥣᥒᥰ ᥐᥕᥐᥴ ᥖᥧᥛᥰ ᥖᥤᥒᥰ ᥐᥛᥒᥰ ᥘᥥᥖᥙᥴ ᥐᥒᥴ ᥓᥣᥐᥲ ᥖᥭᥢ ᥓᥣᥐᥲ ᥐᥙᥐᥲ ᥖᥭᥰ ᥐᥖᥐᥴ ᥝᥤᥢ ᥓᥤᥒᥴ ᥖᥤ ᥒᥤᥐ ᥞᥣᥐᥴ ᥓᥤᥒᥴ ᥖᥧᥛᥰ ᥐᥣᥒᥴ ᥒᥣᥛᥴ ᥖᥒᥴ ᥖᥭᥢ ᥞᥐᥴ ᥛᥥᥝᥴ ᥐᥐᥰ ᥘ ᥛᥥᥝᥴ ᥛᥣᥒᥰ ᥓᥙᥥ ᥖᥒᥴ ᥒᥤᥰ ᥝᥒᥴ ᥐᥣᥒᥴ ᥔᥤᥙᥰ ᥘᥥᥕᥒᥴ ᥖᥭᥴ ᥖᥛᥴ ᥑ ᥞᥤᥛ ᥐᥙᥴ ᥐᥒᥴ ᥞᥣᥐᥴ ᥓᥤᥒᥴ ᥔᥣ ᥘᥤᥐᥴ ᥐᥣᥒᥴ ᥝᥣᥐᥲ ᥒᥒᥰ。 ᥛᥒᥴ ᥙᥒᥰ ᥖᥣᥛᥴ ᥖᥤᥐᥴ ᥘᥥᥛᥴ ᥞᥤᥰ ᥐᥣᥒᥴ ᥘᥥᥓᥒᥰ ᥐᥙᥳ、 ᥛᥙᥰ ᥐᥢᥒᥰ ᥖᥒᥴ ᥛᥥᥝᥴ ᥐᥐᥰ ᥘ ᥛᥥᥝᥴ ᥛᥣᥒᥰ ᥒ ᥛᥥᥝᥴ ᥘ ᥖᥣᥢ ᥛᥤᥐᥲ ᥖᥧᥢᥰ ᥖᥣᥢ ᥛᥤᥐᥲ ᥓᥧᥛᥰ ᥐᥤᥢ ᥐᥒᥴ ᥑᥙᥰ ᥘᥥᥓᥰ ᥖᥧᥢᥰ ᥐᥒᥴ ᥝᥧᥒᥰ ᥕᥙᥰ ᥑᥧᥰ ᥐᥣᥒᥴ ᥐᥣ ᥘᥥᥰ ᥑᥧᥙᥰ ᥘᥥᥒᥴ ᥒ ᥛᥥᥝᥴ ᥖᥣᥛᥴ ᥘᥥᥐᥰ ᥞᥤᥛᥴ, ᥓᥤ ᥐᥤᥒᥴ ᥞᥤᥰ ᥖᥣᥢ ᥛᥤᥐᥲ ᥒ ᥛᥥᥝᥴ ᥑᥐᥴ ᥘᥥᥖᥲ ᥘᥥᥐᥲ ᥖᥭᥢ ᥐᥒᥴ ᥐᥙᥴ ᥘᥤᥙᥴ ᥔᥤᥙᥴ ᥛᥣ ᥖᥭᥰ ᥞᥨᥒᥰ ᥐᥧᥐᥲ ᥖᥭᥱ, ᥞᥤᥰ ᥘᥥᥕᥒᥴ ᥝᥣᥢ ᥒ ᥛᥥᥝᥴ ᥐᥨᥰ ᥖᥥᥐᥴ ᥐᥒᥴ ᥖᥣᥛᥴ ᥑᥐᥴ ᥖᥣᥛᥴ ᥘᥥᥖᥲ ᥖᥭᥰ ᥓᥧᥐᥰ ᥐᥥᥛᥲ ᥖᥭᥱ, ᥘᥥᥖᥤᥐ ᥘᥥᥕᥒᥴ ᥝᥣᥢ ᥛᥥᥝᥴ ᥖᥒᥴ ᥓᥙᥥ ᥖᥣᥰ ᥘᥥᥙᥴ ᥘᥥᥛᥴ ᥝᥛᥴ ᥐᥒᥴ ᥘᥥᥛᥴ ᥖᥭᥰ ᥖᥤ ᥐᥓᥐᥴ ᥖᥐᥰ ᥘᥤᥐᥲ ᥓᥣᥐᥰ ᥝᥛᥴ ᥘᥥᥐᥲ ᥖᥭᥰ。 ᥓᥙᥥ ᥖᥒᥴ ᥛᥥᥝᥴ ᥐᥐᥰ ᥘ ᥛᥥᥝᥴ ᥛᥣᥒᥰ ᥔᥤᥙᥴ ᥘᥥᥕᥒᥴ ᥖᥭᥴ ᥖᥛᥴ ᥑ ᥞᥤᥛ ᥐᥙᥴ ᥐᥒᥴ ᥖᥭᥰ ᥐᥧ ᥓᥤᥛ ᥓᥧᥳ, ᥒ ᥛᥥᥝᥴ ᥕᥣᥛᥴ ᥖᥭᥴ ᥐᥨᥰ ᥐᥤᥴ ᥘᥥᥛᥴ ᥖᥣᥛᥴ ᥖᥤᥒᥰ ᥕᥣᥒᥴ ᥖᥧᥛᥰ ᥓᥙᥥ ᥐᥤᥒᥴ ᥘᥥᥖᥙᥴ ᥐᥒᥴ ᥖᥣᥛᥴ ᥘᥥᥐᥰ ᥞᥤᥛᥴ ᥑ ᥐᥣᥒᥴ ᥒᥒᥰ, ᥓᥧᥐᥰ ᥖᥧᥢᥰ ᥐᥒᥴ、 ᥓᥧᥐᥰ ᥓᥛᥴ ᥒᥙᥴ ᥑᥤᥛ ᥐᥒᥴ、 ᥐᥛᥰ ᥖᥤᥛᥢ ᥐᥒᥴ ᥖᥓᥐᥴ ᥖᥐᥰ ᥐᥣᥒᥴ ᥝᥛᥴ ᥘᥥᥐᥲ ᥛᥥᥝᥴ ᥖᥧᥢᥰ ᥛᥥᥝᥴ ᥘᥥᥘᥒᥰ ᥘᥥᥖᥲ ᥐᥒᥴ、 ᥖᥧᥛᥢ ᥐᥒᥴ ᥖᥙ ᥖᥭᥰ ᥖᥣ ᥖᥤ、 ᥖᥧᥛᥢ ᥐᥒᥴ ᥓᥧᥐᥰ ᥒᥤᥐ, ᥞᥤᥰ ᥖᥣᥢ ᥛᥤᥐᥲ ᥒ ᥛᥥᥝᥴ ᥘᥥᥝᥴ ᥘᥥᥝᥴ ᥖᥙ ᥖᥭᥰ ᥝᥤᥢ ᥖᥣ ᥖᥤ。 ᥓᥤᥛ ᥒᥐᥐᥐ ᥐᥖ, ᥓᥙᥥ ᥖᥣᥰ ᥐᥕᥐᥲ ᥐᥣᥒᥴ ᥘᥥᥓᥒᥰ ᥐᥙᥴ ᥛᥥᥝᥴ ᥐᥐᥰ ᥘ ᥛᥥᥝᥴ ᥛᥣᥒᥰ ᥒ ᥛᥥᥝᥴ ᥖᥧᥛᥢ ᥐᥒᥴ ᥝᥧᥒᥰ ᥕᥙᥰ, ᥛᥥᥝᥴ ᥐᥐᥰ ᥘ ᥛᥥᥝᥴ ᥛᥣᥒᥰ ᥐᥕᥐᥴ ᥘᥥᥝᥴ ᥝᥒᥴ ᥖᥥᥰ ᥔᥣᥢ ᥘᥥᥛᥒᥴ ᥐᥛᥒᥰ ᥘᥥᥛᥴ ᥖᥥᥐᥴ ᥒᥧᥛᥰ ᥞᥐᥴ ᥘᥥᥖᥲ ᥐᥒᥴ ᥖᥭᥰ ᥑᥛᥰ ᥘᥥᥝᥴ ᥖᥭᥱ ᥖᥣᥛᥴ ᥖᥤ, ᥐᥤᥒᥴ ᥘᥣᥴ ᥑᥣᥴ ᥘᥤᥐᥲ ᥓᥣᥐᥰ ᥓᥤᥛ ᥖᥭᥴ ᥐᥕᥐᥴ ᥘᥥᥝᥴ ᥓᥣᥐᥲ ᥐ, ᥖᥒᥴ ᥒᥤᥐ ᥐᥤᥴ ᥞᥣᥐᥴ ᥓᥤᥒᥴ ᥐᥣᥒᥴ ᥖᥤ ᥐᥙᥴ ᥒ ᥛᥥᥝᥴ ᥖᥤᥙᥴ ᥘᥥᥛᥙᥴ ᥐᥒᥴ ᥘᥥᥝᥴ ᥐᥣᥒᥴ ᥐᥣᥰ ᥑᥧᥳ、 ᥞᥨᥛᥴ ᥑᥙᥰ ᥘᥤᥐᥴ ᥐᥖ ᥙᥧᥐᥲ ᥒᥤᥐ ᥓᥙᥥ ᥙᥧᥳ ᥓᥙᥥ ᥖᥣᥳ ᥑᥤᥒᥰ ᥔᥙᥰ ᥘᥧᥐᥲ ᥞᥣ ᥐᥒᥴ、 ᥑᥛᥢ ᥖᥭᥱ ᥞᥣ ᥐᥒᥴ、 ᥐᥨᥰ ᥖᥥᥐᥴ ᥖᥤᥛᥢ ᥓᥛᥢ ᥐᥒᥴ ᥖᥒᥴ ᥓᥤᥒᥴ ᥐᥣᥒᥴ ᥖᥭᥢ ᥞᥐᥴ ᥒᥒᥰ。 ᥛᥥᥝᥴ ᥐᥐᥰ ᥘ ᥛᥥᥝᥴ ᥛᥣᥒᥰ ᥒ ᥛᥥᥝᥴ ᥛᥤ ᥐᥛᥴ ᥐᥙ ᥘᥣᥒᥴ ᥘᥥᥖᥤᥒᥴ ᥐᥒᥴ ᥑᥧᥢ ᥐ—— “ᥐᥔᥣᥒᥴ ᥙᥒᥰ ᥑᥛᥰ ᥓᥤᥒᥴ ᥓᥣ ᥐᥤ, ᥖᥥᥐᥴ ᥒᥧᥛᥰ ᥙᥒᥰ ᥞᥣ ᥐᥒᥴ ᥓᥤᥒᥴ ᥘᥥᥖᥤᥒᥰ” 。 ᥓᥙᥥ ᥖᥒᥴ ᥒᥤᥰ ᥝᥒᥴ ᥖᥭᥰ ᥒᥤᥐ ᥖᥭᥱ ᥝᥣᥰ, ᥖᥣᥢ ᥛᥤᥐᥲ ᥛᥥᥝᥴ ᥐᥐᥰ ᥘ ᥛᥥᥝᥴ ᥛᥣᥒᥰ ᥒ ᥛᥥᥝᥴ ᥔᥐᥴ ᥖᥧᥛᥢ ᥐᥒᥴ ᥖᥧᥐᥴ ᥘᥥᥝᥲ ᥖᥭᥱ ᥙᥒᥰ ᥑᥣᥴ, ᥝᥧᥒᥰ ᥕᥙᥰ ᥛᥥᥝᥴ ᥐᥐᥰ ᥘ ᥛᥥᥝᥴ ᥛᥣᥒᥰ ᥖᥤᥙᥴ ᥘᥥᥛᥙᥴ ᥐᥒᥴ ᥓᥣᥒᥰ ᥖᥛᥰ ᥐᥣᥒᥴ ᥖᥧᥛᥢ ᥔᥧᥐᥴ ᥖᥧᥛᥢ ᥐᥝᥐᥴ ᥞᥛᥰ ᥐᥒᥴ, ᥐᥐᥴ ᥘᥥᥖᥛᥰ ᥐᥤᥙᥢ “ᥖᥥᥙᥢ ᥐᥖᥥᥢ” ᥖᥒᥴ ᥓᥤᥒᥴ ᥖᥥᥐᥴ ᥒᥧᥛᥢ ᥐᥒᥴ ᥛᥤ ᥞᥨᥛᥴ ᥑᥐᥴ ᥞᥨᥛᥴ ᥘᥥᥖᥲ ᥖᥧᥢᥰ ᥐᥒᥴ ᥘᥩᥧ ᥖᥒᥴ ᥓᥤᥛ ᥒᥒᥰ ᥖᥭᥱ ᥙᥒᥰ ᥑᥣᥴ。

（ᥛᥙᥰ ᥐᥐᥴ ᥘᥥᥖᥛᥰ: ᥘᥥᥓᥒᥰ ᥒᥣᥢ）

《五朵金花》

《五朵金花》是1959年10月作为国庆10周年献礼片在全国公映的影片之一。影片讲述了云南大理两位白族青年（阿鹏与金花）的爱情故事，展现了人与人之间纯真、质朴的情感，描绘了一幅积极、乐观、上进的社会主义边疆少数民族的新生活画卷。

当时的新中国是年轻的、生机勃勃的，而影片中的年轻人也充满了时代的气息，朝气蓬勃。作为社会主义新人，他们成为推动时代前进的先进力量，而影片勾勒的美好场景，也成为各民族共有精神家园的艺术表达。影片一上映，即在国内外受到好评，那影片是如何诞生的，它的背后又有哪些不为人知的精彩故事呢？

寻找"金花"

1959年初，文艺界掀起为新中国成立10周年献礼的高潮。周恩来总理十分看重国庆献礼作品，对送审中央的作品都一一过目，当他看了《钢铁世家》《万紫千红总是春》等影片后，认为献礼影片中太多政治口号，缺少电影的美感和轻松愉快的电影表达，于是周总理对时任文化部部长的夏衍说："你不久前不是去过云南大理吗？是否写一部以大理为背景，反映边疆少数民族载歌载舞的喜剧影片！"夏衍答复："我不熟悉少数民族的生活习俗，但可以推荐一个人来写。"①

夏衍推荐的便是女编剧赵季康。赵季康虽是浙江嘉善人，但她的作品多

①朱安平：《夏衍热情浇灌〈五朵金花〉》，《当代电影》2009年第24期。

以细腻的笔触反映西南少数民族生活，《摩雅傣》等电影文学剧本便是出自其手。1959年2月底，当时被下放西双版纳勐海县锻炼的王公浦、赵季康夫妇接到中共云南省委宣传部通知，立刻回到昆明报到。云南省委宣传部部长袁勃亲自给他们安排了工作：“现在有个紧急任务，是夏衍同志电话通知我，叫我们省搞一部国庆10周年的献礼片，以大理的山光水色为背景，以白族人民载歌载舞为内容的轻喜剧片。不要写什么路线斗争，人民公社的‘一大二公’和农林牧副渔的内容要侧面体现。因为夏部长1月份到过大理，对白族很感兴趣，所以一定要写白族。你们写过电影，才把你们叫回来，现在已经是三月二十几号。要抓紧时间，限你们一个星期搞出一个提纲来。”

“一个礼拜？这么短时间能写出来吗？”赵季康听了有些急。好在她和丈夫早在1954年就去过大理，赶过“三月街”，对“三月街”的赛马和其他风俗很熟悉，两人便决定用赛马作为电影的开场戏，并以此为基础草拟电影提纲，但是赵季康夫妇并不了解大理人民公社的现状。由于时间紧迫，不能再到大理采风，于是在省委宣传部的安排下，刚刚从大理采访回来的滇剧团女编辑席国珍便为赵季康夫妇介绍了大理的情况。她讲到了捞海肥、畜牧场和找矿石的姑娘，特别是白族姑娘杨秀珍为纸厂上山砍竹，因雾大迷路，困于山间，受尽饥寒，厂职工寻找她的真实故事深深打动了赵季康夫妇，于是他们决定将寻找杨秀珍变成寻找“金花”。

之所以用“金花”这一名字，王公浦后来回忆说：“席国珍谈到许多杨金花、赵金花、杜金花的名字，于是我们就问，白族姑娘是不是叫金花的人很多？她说是。这一下就触发了我们的创作灵感，在翠湖宾馆住下，马上就酝酿以金花名字的误会，构成剧本主要的贯串线，同时用大理三月街作为序幕和尾声，尽量展现民族形式和戏剧形式的完美性。”王公浦还回忆说，故事仅有“寻找金花”一条线未免单薄，于是他们考虑加入以从北京音乐学院下放到西双版纳勐海锻炼的音乐家张文纲为原型的音乐家采风的内容，“季康提出只写一个音乐家，没人与他说话，不好表现，又加了个画家”。寻找金花与艺术采风两条主线基本确定后，“为了展现大理大跃进和人民公社轰轰烈烈的气势，我们编排了12朵金花”。

“女性角色的名字有了，可是男主角叫什么好呢？”赵季康夫妇为了给男主角取一个响亮的名字，费了一番功夫。恰巧此时大理州宣传部副部长张树芳来昆明开会，赵季康夫妇便连夜找到张树芳，和他讲了故事大概思路后便询问白族小伙子最常见的、最喜欢的名字有哪些。“他说了几个，我们认为阿鹏的名字很响亮，”王公浦后来回忆说，“男主角的名字就这样确定了下来。”

3天后，电影《十二朵金花》的提纲便写成了，云南省委宣传部部长袁勃读完提纲后认为故事很有意思，但提出金花太多，有7朵就可以了。于是赵季康夫妇接受了意见，改为《七朵金花》，并由赵季康携带着电影剧本初稿到北京向夏衍汇报。剧本交到夏衍那里，夏衍给予了充分肯定，但也就某些故事情节及艺术表达提出了自己的意见。他说：“这个剧本可以拍3部电影了。一部电影只有105分钟，你应该心中有数。剧本拍成电影，还得花大力气修改。”于是，赵季康又对剧本进行了大幅修改，把原来的“七朵金花”改为“五朵金花”，减去了“水库上的金花”和“采茶金花”。夏衍看了修改后的本子很是满意。1959年8月，《五朵金花》的剧本在《电影文学》上公开发表，获得一致好评。

成为“金花”

剧本出来了，下一步就是如何把寻找到的“金花”拍摄出来，使它成为银幕“金花”。中宣部和文化部对当时全国知名导演进行了一番筛选后，将执导《五朵金花》的任务交给了刚从法国学成归来的长春电影制片厂导演王家乙。遵照周恩来总理的指示，夏衍再三叮嘱王家乙：“要反映当代中国人民的幸福生活，轻松愉快，表现祖国的山河美、人情美，主题意义就是社会主义好。争取在资本主义国家发行，影片中不要搞政治口号。”

1959年5月，王家乙领命后立即找来了剧本，看完后虽然觉得这个剧本不乏新意，但与拍电影还有很大的距离。为慎重起见，王家乙又带着作者赵季康及作曲家雷振邦一行5人来到大理看外景。在大理期间，王家乙面临着两大难题，第一个难题是“到底电影的主题是什么”，第二个难题是“谁能成为金花”。

王家乙导演在后来的访谈中回忆说：“影片要走出国门，对资本主义国家输出，表现新中国成立10年来的山川河流、美好风光和新人新事新面貌，是进还是退？是迁就还是迎合他们的欣赏口味？退则是完全不谈政治的卿卿我我的爱情故事，进则既有健康的思想，意义又不能过于生硬。我们如何抉择呢？”

最终王家乙导演将影片的主题定为“爱他们、爱他们生活的社会”。导演进一步解释：“影片所有的情节都表现新社会中的人与人之间的关系，在寻找金花的过程中，表现好山好水好风光，表现人民公社农林牧副渔的发展，展现边疆农村建设的各个方面，实质上就是歌颂社会主义好，寓意全都通过画面展示出来。男主人公寻找心爱的人，先后找到了采矿金花、渔业金花、牧业金花和农业金花社长，这些金花的具体行为让观众看到了我国边疆少数民族在美丽如画的山川土地上，满怀热情地建设社会主义新农村的场景。”

第一个难题解决后，王家乙导演开始着手挑选“五朵金花”。袁勃部长对王家乙说：“这部片子要宣传云南、大理，所有演员必须要云南人。”于是王家乙带着大队人马在云南各个艺术剧团挑演员。其中，发掘女主角杨丽坤的经过几乎成为一段佳话。“四朵金花”很快就确定下来，男主角人选也定了莫梓江，只是戏中重要人物副社长金花这个角色费了好多力气也没个着落。王家乙抱着试试看的心态来到云南省歌舞团，看了所有在场的姑娘后却没有一个中意的。正当他往外走时，一个正站在排练厅的窗台上擦玻璃的姑娘引起了他的注意，就在他们经过时，有人和这位姑娘打了个招呼，姑娘应声抬头，一张纯真、质朴、微笑着的面孔映入王家乙的眼帘。“就她了，就是她了！”王家乙高兴得大叫起来。《五朵金花》女主角就这样定了下来，那一年杨丽坤16岁。

杨丽坤出生于云南省普洱磨黑镇一个彝族家庭，自幼喜爱文艺。1954年，杨丽坤被招进云南省文工团成为一名舞蹈学员，不久，她便成为独舞演员，表演的《春江花月夜》深受广大观众的喜爱，被评价为“好像一枝冰清玉洁、素心芳菲的芭兰”。后来，事实证明王家乙是很有眼光的。《五朵金花》的成功与杨丽坤的表演是分不开的，她的表演朴实、自然，分寸感把握得很到位，“把一个白族少女不加雕饰的美丽，稍带羞涩的大方，质朴中透露出的对生活、对爱情的热望展示得惟妙惟肖”。

“金花”飘香

王家乙导演确定了电影主题和“金花”们，《五朵金花》正式开拍。经过4个月的拍摄，1959年9月影片制作完成并送审；10月，《五朵金花》作为国庆10周年献礼片在全国公映。同时，《五朵金花》还开创了中国少数民族题材电影新喜剧的类型，成为时代经典。

《五朵金花》用真实、热烈的电影语言，让观众看到了白族群众对社会主义新生活的热爱，这幅延展的银幕长卷，记录着少数民族题材电影艺术的发展历程，也定格了国家统一、民族团结的经典时刻，同时也让云南少数民族的“金花”们飘香海内外，余音绕梁。

影片上映后，立即掀起了一股学“金花”热。“金花”一下子成为模范的代名词和荣誉的象征，云南大理也借此开展了“千朵金花”“万朵金花”的生产竞赛活动。《五朵金花》不仅花开全国，而且香飘国外。自1959年起，《五朵金花》先后在46个国家公映，创下当时中国电影在国外发行的纪录。1960年，在埃及开罗举行的第二届亚非电影节上，《五朵金花》一举夺得最佳导演银鹰奖、最佳女主角银鹰奖，埃及总统纳塞尔还邀请杨丽坤前往埃及领奖，并亲切接见了她。如今，一个甲子过去了，但《五朵金花》并没有随着时间的流逝而消失在人们的记忆中。2000年，在全国“百年最佳影片”评选活动中，《五朵金花》被评为十大影片之冠。“大理三月好风光，蝴蝶泉边好梳妆……”《五朵金花》的电影主题曲依旧在传唱。

参考资料

[1]中共中央统战部编：《民族问题文献汇编》，中共中央党校出版社1991年版。

[2]江平主编：《中国民族问题的理论与实践》，中共中央党校出版社1994年版。

[3]中共中央文献研究室编：《毛泽东文集》（第七卷），人民出版社1999

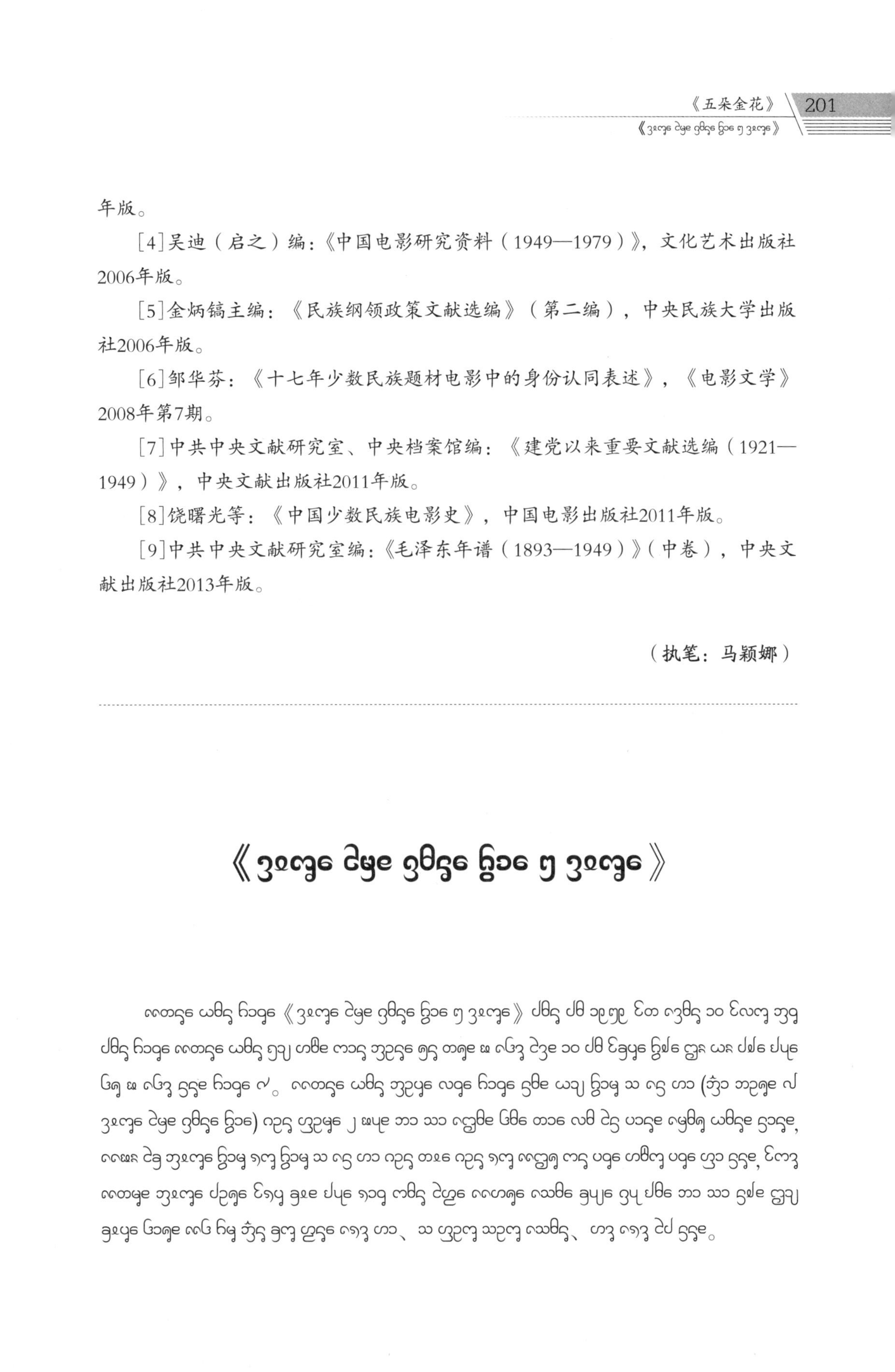

年版。

[4]吴迪（启之）编：《中国电影研究资料（1949—1979）》，文化艺术出版社2006年版。

[5]金炳镐主编：《民族纲领政策文献选编》（第二编），中央民族大学出版社2006年版。

[6]邹华芬：《十七年少数民族题材电影中的身份认同表述》，《电影文学》2008年第7期。

[7]中共中央文献研究室、中央档案馆编：《建党以来重要文献选编（1921—1949）》，中央文献出版社2011年版。

[8]饶曙光等：《中国少数民族电影史》，中国电影出版社2011年版。

[9]中共中央文献研究室编：《毛泽东年谱（1893—1949）》（中卷），中央文献出版社2013年版。

（执笔：马颖娜）

《[illegible]》

[illegible]

ᥕᥣᥛᥰ ᥐᥛᥩᥢᥴ ᥒᥒᥰ ᥑ ᥐᥙᥗᥰ ᥒᥓᥛᥰ ᥒᥐᥰ ᥓᥞᥢᥴ ᥕᥛᥰ ᥞᥓᥙᥛᥰ ᥘᥛᥰ、 ᥞᥣᥛᥰ ᥞᥛᥰ ᥞᥣ ᥐᥰ ᥘᥣᥰ ᥐᥘᥒᥴ ᥐᥓᥛᥰ
ᥐᥢᥛᥰ, ᥐᥓᥒᥰ ᥞᥓᥛᥰ ᥓᥒᥰ ᥞᥣᥝᥴ ᥐᥖᥒᥴ ᥕᥩᥒᥰ ᥐᥰ ᥞᥣᥘᥰ ᥛᥩ ᥖᥩᥢᥴ ᥖᥣᥛᥴ ᥔ ᥑᥣᥗᥰ, ᥘᥣᥰ ᥘᥛᥰ ᥔ ᥛ ᥕᥛᥰ。 ᥙᥩᥒᥰ
ᥑᥙᥰ ᥐᥓᥒᥰ ᥓᥞᥢᥴ ᥐᥞᥛᥴ ᥐᥔᥩᥢᥴ ᥑᥙᥢᥴ ᥓᥙ ᥙᥩᥢᥴ, ᥑᥝᥰ ᥖᥣᥒᥴ ᥞᥣᥘᥰ ᥙᥩᥒᥰ ᥘᥛᥢᥴ ᥘᥛᥰ ᥐᥒᥒᥴ ᥙᥩᥒᥴ ᥖᥓᥒᥰ ᥕᥙᥰ ᥔ
ᥑᥣᥗᥰ ᥑᥝᥰ ᥓᥙ ᥔᥣᥳ ᥞᥣᥰ ᥒᥒᥰ; ᥐᥣᥝᥴ ᥐᥖᥒᥴ ᥕᥩᥒᥰ ᥒᥘᥗᥰ ᥐᥖᥛᥰ ᥗᥘᥢᥴ ᥐᥘᥩᥛᥴ ᥐᥣᥝᥴ ᥘᥣᥒᥰ ᥗᥩ ᥒᥒᥰ ᥛᥣ,
ᥐᥰ ᥞᥣᥘᥰ ᥝᥣᥢᥴ ᥗᥘᥢᥴ ᥘᥣᥗᥰ ᥞ ᥛ ᥞᥰ ᥐᥩᥒᥰ ᥓᥙᥢᥴ ᥔᥣ ᥔᥣ ᥗᥛᥢᥴ ᥘᥒᥰ ᥛᥩ ᥑᥒᥰ ᥝᥢ; ᥐᥖᥒᥴ ᥕᥩᥒᥰ ᥐᥣᥝᥴ ᥒᥩᥢ
ᥓᥙᥢᥴ ᥐᥣᥢᥴ ᥗᥝᥰ ᥙᥩᥢᥴ ᥗᥘᥢᥴ ᥛᥣ, ᥗᥝᥰ ᥙᥩᥢᥴ ᥙᥙᥢᥴ ᥓᥒᥰ ᥒᥘᥰ ᥑ ᥐᥙᥗᥰ ᥞᥣᥘᥰ ᥖᥰ ᥙᥐᥰ ᥕᥰ ᥝᥣᥢᥴ ᥗᥩ ᥐᥙᥐᥖᥒᥴ
ᥕᥩᥒᥰ ᥐᥣᥝᥴ ᥒᥩᥢ ᥐᥢᥗᥰ ᥞᥩ ᥑ ᥒᥘᥗᥰ ᥐᥖᥛᥰ ᥛᥩ ᥛᥣ ᥞᥩᥖᥣᥳ ᥞᥛᥰ ᥛᥒᥰ ᥛᥩ ᥐᥣᥝᥴ ᥒᥩᥰ ᥕᥣᥳ ᥞᥛᥰ ᥓᥣᥛᥰ ᥙᥝᥢᥴ ᥔᥛᥰ
ᥗᥒᥰ ᥐᥓᥒᥰ ᥙᥝᥢᥴ ᥐᥙᥰ ᥒᥒᥰ ᥞᥩᥢᥴ ?

ᥞᥘᥢ ᥞᥣ “ᥗᥘᥢᥴ ᥓᥛᥰ ᥗᥩᥒᥴ ᥞᥣᥢᥴ”

ᥙᥩ ᥐ၉၅၉ ᥒᥖ ᥒᥞ ᥙᥩ, ᥙᥣᥳᥢᥴ ᥘᥣᥒᥰ ᥘᥣᥗᥰ ᥞ ᥛ ᥒᥝ ᥞᥣᥒᥰ ᥐᥖᥩᥢᥴ ᥛᥩ ᥑᥘᥛᥰ ᥖᥣᥒᥰ ᥞᥣᥳ ᥘᥣᥒᥰ ᥖᥛᥰ ᥙᥩᥒᥰ ᥑ
ᥐᥙᥗᥰ ᥒᥓᥛᥰ ᥒᥐᥰ ᥓᥞᥢᥴ ᥓᥗᥰ ᥐᥝ ᥙᥩ ᥒᥑᥙᥢᥴ ᥞᥝᥢᥴ ᥒᥕᥘᥰ ᥙᥩᥒᥰ ᥞᥘᥛᥰ ᥔᥓᥛᥰ ᥛᥣ。 ᥐᥓᥩᥝᥴ ᥐᥗᥩᥒᥴ ᥘᥣᥳᥰ ᥓᥓᥛᥰ ᥘᥩ
ᥓᥣᥗᥰ ᥖᥘᥛᥢ ᥞᥘᥰ ᥐᥣᥝᥴ ᥒᥘᥗᥰ ᥐᥖᥛᥰ ᥗᥒᥰ ᥗᥝᥰ ᥖᥣᥒᥰ ᥞᥣᥳ ᥞᥩᥰ ᥘᥣᥒᥰ ᥗᥓᥒᥴ ᥛᥒᥰ ᥖᥛᥰ ᥙᥩᥒᥰ ᥑ ᥐᥙᥗᥰ ᥒᥒᥰ, ᥖᥩᥗᥰ
ᥗᥣᥳᥰ ᥐᥣᥝᥴ ᥒᥘᥗᥰ ᥐᥖᥛᥰ ᥗᥒᥰ ᥗᥝᥰ ᥔᥓᥛᥴ ᥓᥙ ᥒᥓᥛᥴ ᥕᥣᥛᥴ ᥐᥓᥗᥰ ᥖᥘᥛᥢ ᥒᥩᥢ ᥖᥘᥛᥢ ᥓᥙ ᥞᥛᥰ ᥐᥣᥝᥴ, ᥐᥛᥩᥢᥴ
ᥖᥣᥒᥴ ᥞᥒᥰ ᥝᥘᥰ ᥐᥣᥝᥴ 《ᥞᥘᥛᥰ ᥐᥩᥒᥰ ᥗᥒᥰ ᥞᥘᥛᥰ ᥐᥞᥘᥰ ᥞᥘᥛᥰ ᥑᥣᥛᥰ》 《ᥕᥣᥛᥰ ᥝᥘᥒᥰ ᥗᥘᥢᥴ ᥓᥛᥰ ᥐᥑᥙ ᥐᥩᥢᥴ
ᥞᥛᥰ ᥓᥣᥛᥰ》 ᥙᥓᥛᥰ ᥙᥩᥒᥰ ᥐᥣᥝᥴ ᥐᥖᥒᥴ ᥕᥩᥒᥰ ᥐᥔ ᥘᥰ, ᥐᥩᥗᥰ ᥝᥣᥢᥴ ᥐᥖᥒᥴ ᥕᥩᥒᥰ ᥗᥒᥰ ᥗᥝᥰ ᥖᥣᥒᥰ ᥞᥣᥳ ᥒᥩᥢ ᥐᥛᥰ ᥐᥘᥛᥰ
ᥐᥢᥘᥰ ᥘᥣ ᥓ ᥘᥣᥒᥰ ᥞᥣᥳ ᥐᥣᥳᥰ, ᥐᥖᥒᥴ ᥕᥩᥒᥰ ᥓᥓᥗᥰ ᥕᥘᥛᥰ ᥐᥣᥝᥴ ᥓᥒᥰ ᥞᥛᥰ ᥓᥣᥛᥰ ᥘ ᥐᥣᥝᥴ ᥐᥑᥢᥴ ᥗᥘᥢᥴ ᥘᥣᥒᥰ
ᥔᥙᥰ ᥒᥞᥘᥰ ᥐᥕᥩᥛᥰ ᥓᥝ ᥐᥩᥒᥰ ᥙᥝᥢᥴ ᥓᥝ ᥙᥝᥢᥴ ᥐᥰ ᥒᥒᥰ, ᥐᥞᥗᥢᥴ ᥒᥩᥢ ᥐᥓᥩᥝᥴ ᥐᥗᥩᥒᥴ ᥘᥣᥳᥰ ᥝᥣᥢᥴ ᥖᥘᥢᥴ ᥗᥒᥰ ᥐᥛᥩᥢᥴ
ᥒᥒᥰ ᥝᥣᥛᥰ ᥙᥩᥒᥰ ᥝᥩᥒᥰ ᥑᥣᥢᥴ ᥙᥙᥢᥴ ᥙᥙᥢᥴ ᥓᥣᥛᥴ ᥔᥣᥢᥴ ᥐᥕᥒᥴ: “ᥝᥝᥰ ᥛᥒᥰ ᥒᥞᥛᥢᥴ ᥗᥘᥒᥰ ᥙᥝᥢᥴ ᥓᥓᥢᥴ ᥓᥙ ᥝᥘᥰ ᥖᥣᥢᥴ ᥘᥩ
ᥖᥩᥢᥴ ᥙᥣᥒᥰ ᥐᥛᥩᥛᥰ ᥕᥩᥒᥰ ᥒᥣᥒᥰ ᥐᥣᥢᥴ ? ᥓᥗᥰ ᥙᥝᥢᥴ ᥓᥗᥰ ᥐᥖᥛᥰ ᥐᥣᥝᥴ ᥗᥒᥰ ᥗᥝᥰ ᥖᥣᥢᥴ ᥘᥩ ᥙᥩᥒᥰ ᥐᥘᥩᥛᥴ ᥐᥣᥝᥴ
ᥘᥣᥒᥰ ᥒᥒᥰ, ᥐᥑᥢ ᥓᥑ ᥗᥘᥢᥴ ᥐᥣᥝᥴ ᥘᥣᥒᥰ ᥙᥣ ᥔᥣ ᥒᥩᥰ ᥞᥣᥳ ᥑᥘᥙᥢᥴ ᥖᥣᥛᥰ ᥐᥖ ᥐᥛᥰ ᥑᥙᥰ ᥑᥙᥰ ᥐᥘᥒᥰ ᥐᥘᥒᥰ ᥗᥒᥰ
ᥙᥩᥒᥰ ᥐᥖᥒᥴ ᥕᥩᥒᥰ ᥐᥣᥝᥴ ᥒᥛᥒᥴ ᥐᥕᥩᥛᥰ ᥒᥒᥰ !” ᥔᥣᥢᥴ ᥐᥕᥒᥰ ᥖᥘᥙᥢᥴ ᥝᥣᥢᥴ: “ᥑᥙᥰ ᥑᥣᥰ ᥙᥝᥢᥴ ᥐᥙᥰ ᥐᥝᥛᥰ
ᥑᥘᥰ ᥙᥙᥢᥴ ᥐᥣᥝᥰ ᥘᥩᥒᥰ ᥙ ᥝᥩ ᥒᥩ ᥙᥣᥛᥰ ᥞᥘᥩᥗᥢᥴ ᥙᥣ ᥔᥣ ᥒᥩᥰ, ᥖᥝᥢᥴ ᥝᥣᥢᥴ ᥙᥘᥢᥴ ᥞᥩᥰ ᥐᥓᥒᥰ ᥑᥙᥢᥴ ᥓᥰ ᥛᥣ ᥐᥖᥛᥰ
ᥐᥘᥰ ᥓᥗᥰ ᥙᥣᥢᥴ。”

ᥔᥣᥢᥴ ᥐᥕᥒᥰ ᥙᥘᥢᥴ ᥞᥩᥰ ᥝᥝᥢᥴ ᥝᥩᥢᥴ ᥐᥣᥛᥢᥴ ᥗᥒᥰ ᥙᥩᥒᥰ ᥑᥙᥰ ᥒᥘᥗᥰ ᥐᥖᥛᥰ ᥑᥙᥰ ᥕᥩᥛᥰ。 ᥝᥝᥢᥴ ᥝᥩᥢᥴ ᥐᥣᥛᥢᥴ ᥞᥒᥰ
ᥝᥣᥢᥴ ᥙᥩᥒᥰ ᥐᥓᥒᥰ ᥓᥣᥢᥴ ᥔᥣᥛᥰ ᥖᥩᥢᥴ ᥐᥓᥩᥰ ᥐᥓᥛᥢᥴ, ᥖᥝᥢᥴ ᥝᥣᥢᥴ ᥐᥣᥝᥴ ᥗᥒᥰ ᥖᥣᥒᥴ ᥒᥘᥗᥰ ᥐᥖᥛᥰ ᥒᥩᥢ ᥙᥓᥒᥰ ᥞᥣᥳ ᥞᥣᥳ ᥒᥘᥗᥰ
ᥐᥖᥛᥰ ᥗᥘᥢᥴ ᥐᥣᥝᥴ ᥘᥣᥒᥰ ᥑᥘᥰ ᥙᥙᥢᥴ ᥐᥣᥝᥰ ᥘᥩᥒᥰ ᥙᥣ ᥔᥣ ᥒᥩᥰ ᥞᥣᥳ ᥝᥒᥰ ᥒᥖᥘᥰ ᥓᥣᥳᥰ ᥞᥓᥒᥰ ᥓᥖᥰ, ᥞᥘᥙᥰ ᥐᥣᥝᥴ
ᥐᥖᥒᥴ ᥕᥩᥒᥰ 《ᥞᥘ ᥙᥣ ᥓᥖ》 ᥙᥓᥛᥰ ᥙᥩᥒᥰ ᥐᥣᥝᥴ ᥘᥣᥗᥰ ᥞ ᥛ ᥒᥝ ᥞᥣᥒᥰ ᥐᥰ ᥙᥩᥒᥰ ᥖᥣᥒᥴ ᥒᥘᥗᥰ ᥐᥖᥛᥰ ᥗᥘᥢᥴ ᥛᥣ
ᥘ。 ᥙᥩ ᥐ၉၅၉ ᥒᥖ ᥐᥓᥩᥒᥰ ၂ ᥒᥘᥘᥰ ᥗᥩ ᥓᥘᥰ ᥞᥛᥰ ᥐᥓᥩᥒᥰ, ᥕᥣᥛᥰ ᥒᥒᥰ ᥝᥛᥰ ᥐᥓᥛᥢᥴ ᥗᥙ ᥝᥝᥰ ᥝᥩᥢᥴ ᥐᥣᥛᥢᥴ ၂ ᥒᥑ ᥐᥛ

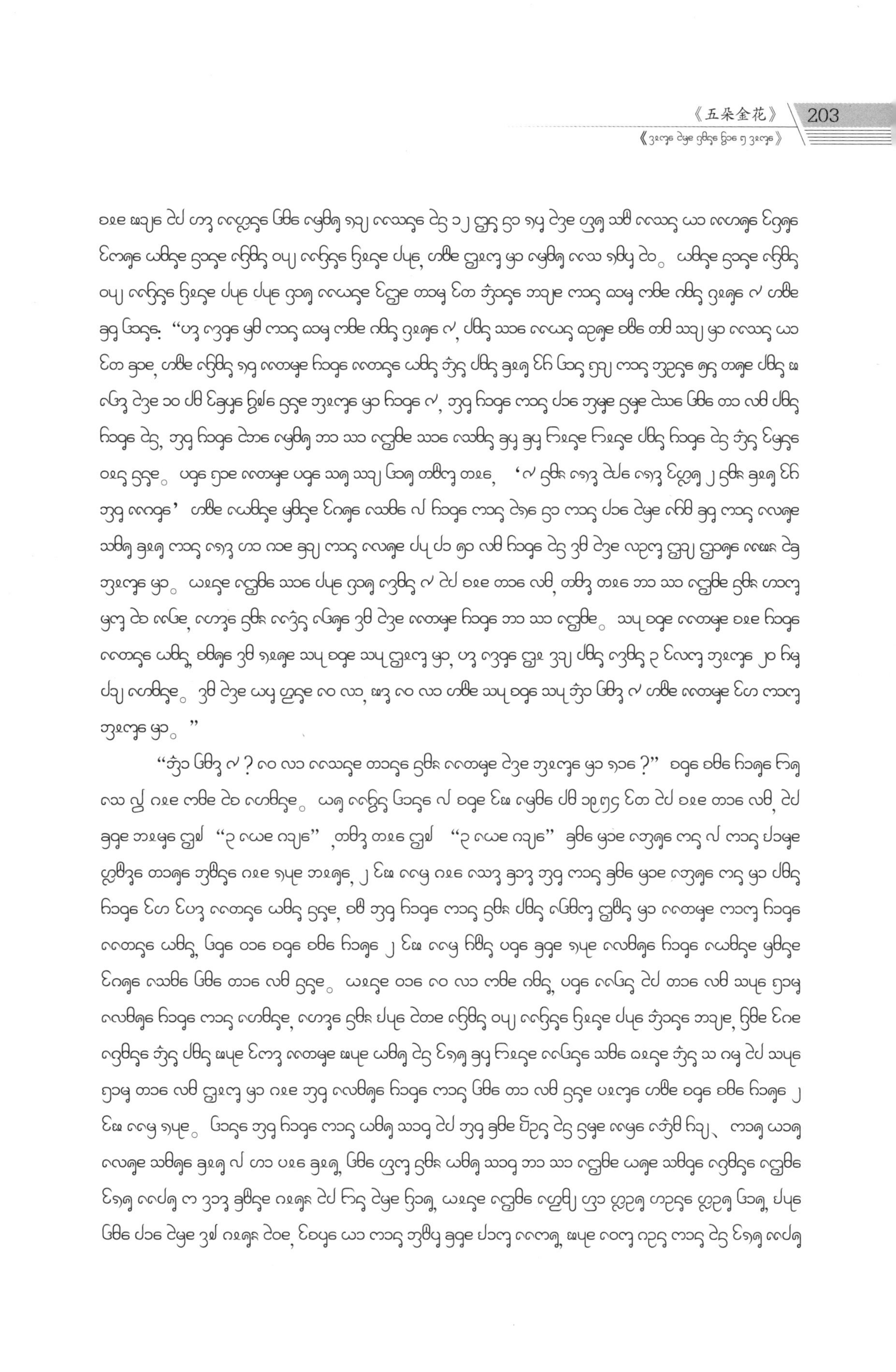

[illegible]

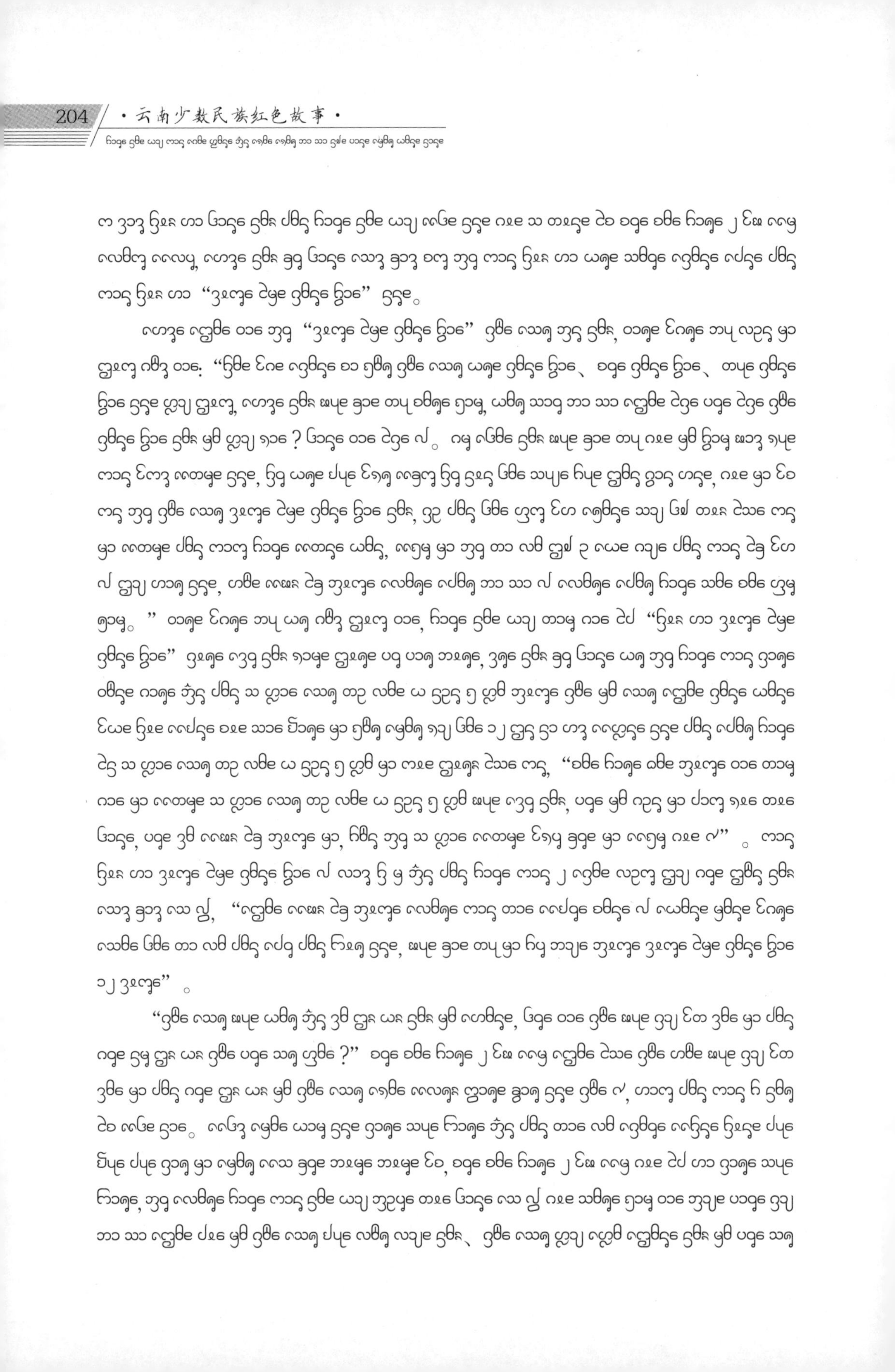

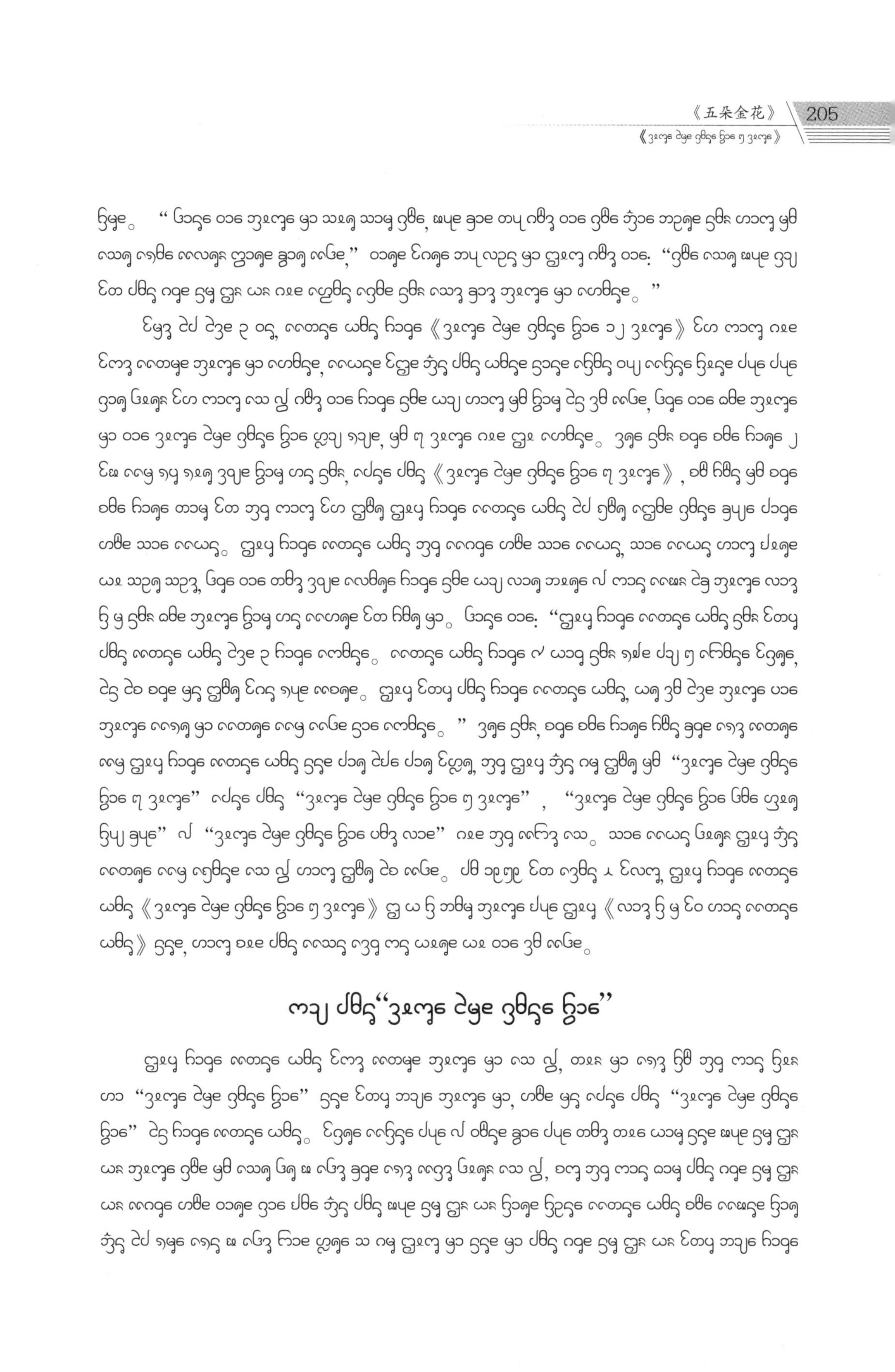

[illegible]

[illegible]

[illegible]

[illegible]

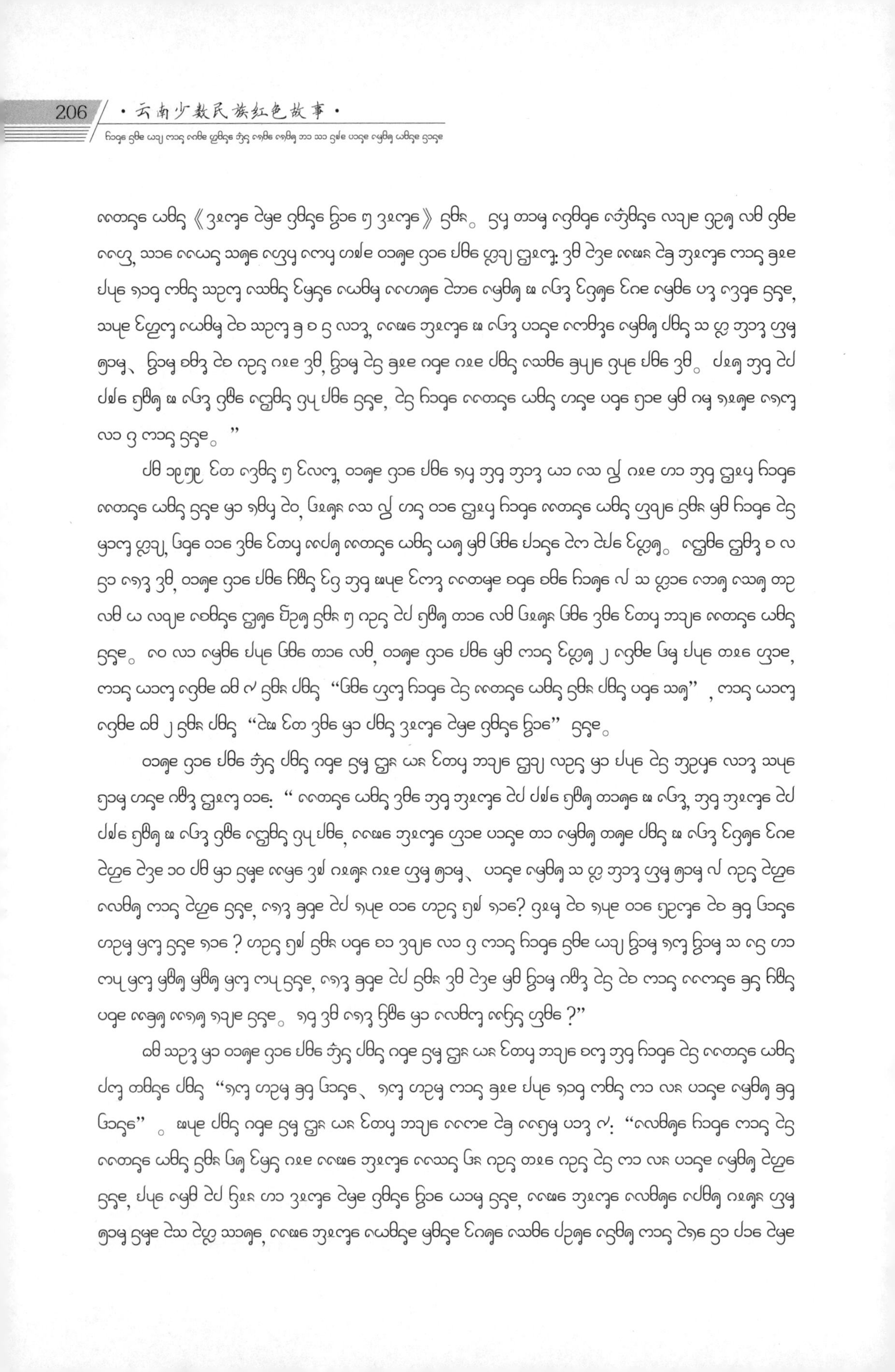

[illegible]

[illegible]

[illegible]

[illegible]

[illegible]

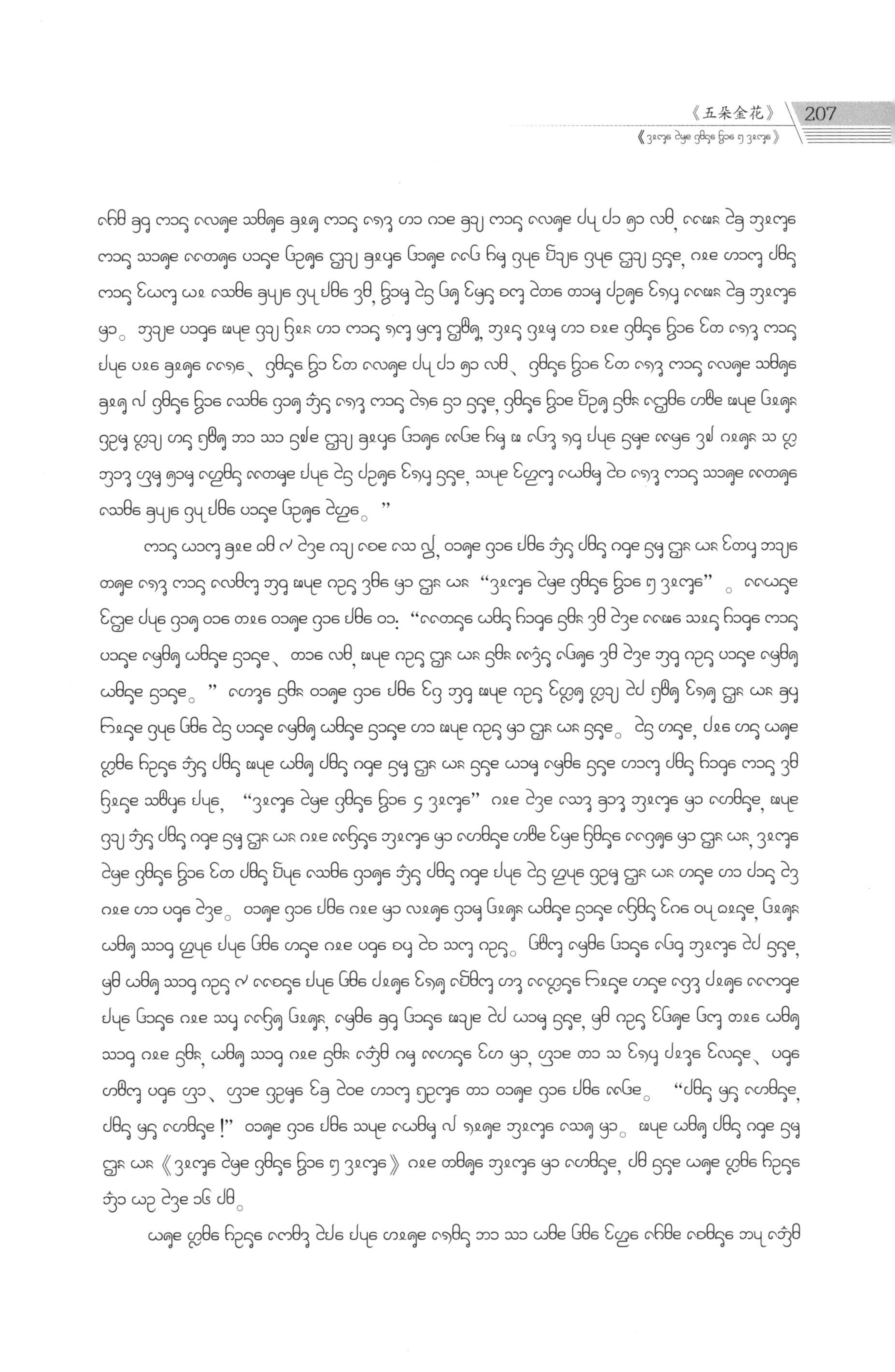

[illegible]

[illegible]

[illegible]

ᦶᦉᦸᧃ ᦺᦑ ᦍᦲᧃ ᦓᦱᧃ ᦵᦟᦲᧃ ᦓᦸᧃ ᦙᦲᧃ ᧈ, ᦶᦅᦸᧃ ᦓᦲᧈ ᦂᦸᧈ ᦠᦳᧄ ᦈᦴ ᦈᦴ ᦂᦸᧃ ᦂᦸᧃ᧞ ᦊᦲ ᦔᦳᦺᦕ ᦵᦋ, ᦍᦲᧃ ᦷᦎᦲᧃ ᦂᦳᧃ ᦵᦈᦸ ᦃᦴ ᦵᦟᦲᧃ ᦈᦸᧃ ᦖᦱ ᦊᦲᧃ ᦟᦴᦸ ᦶᦣᧃ ᦂᦳᧃ ᦂᦸᧃ ᦺᦑ ᦍᦲᧃ ᦓᦱᧃ ᦵᦟᦲᧃ ᦞᦲᧃ ᦵᦋᦸᧃ ᦑᦸᧃ ᦓᦸᧃ ᦂᦴᦵ ᧈ, ᦔᦸᧃ ᦠᦲᧅ ᦙᦸᧃ ᦺᦑ, ᦙᦱᧃ ᦂᦸᧈ ᦊᦲᧃ ᦂᦴᦵ ᦵᦋ ᦶᦑᦴ ᦋᦱ ᦍᦱ ᦂᦸᧃ ᦓᦸᧃ, ᦋᦱ ᦍᦱ ᦂᦸᧃ ᦂᦱᧃ《ᦓᦳᦸᧃ ᦶᦑᦸᧃ ᦓᦱᧃ ᦶᦍᦲ ᦶᦔᦲ》ᦠᦱᦸ ᦵᦈᦸ ᦂᦴᦵ ᦙᦸᧃ ᦑᦳᧄ ᦘᦱᦴ ᦵᦋᦸᦴ ᦘᦱᦴ ᦠᦳᧄ ᦙᦸᧃ ᦶᦙᦲ, ᦵᦈᦸ ᦊᦸᧃ ᦍᦱ ᦊᦲᧃ "ᦺᦑ ᦶᦝᦲᧃ ᦓᦸᧄ ᦶᦝᦲ ᦉ ᦑᦴ ᦟ ᦶᦅᦸᧄ ᦶᦉᦸ、ᦈᦲᧃ ᦺᦑ ᦶᦝᦲᧃ ᦑᦸᧃ ᦔᦸ ᦶᦅᦸ ᦍᦱᧄ ᦞᦸᧃ ᦠᦸᧄ ᦈᦲᧃ" ᧞ ᦟᦳᧃ ᦖᦱ, ᦶᦙᦸᧃ ᦅᦱᧃ ᦠᦱᦸ ᦞᦱᦸ ᦶᦉᦸᧄ ᦞᦸᧄ ᦑᦱᦸ ᦊᦲᧃ ᦑᦸᧃ ᦶᦟᦲᦸ ᦠᦱ ᦂᦳᧃ᧞《ᦑᦸᦸ ᦺᦑ ᦑᦲᧃ ᦓᦱᧃ ᦗ ᦑᦸᦸ》ᦺᦑ ᦵᦋᦸ ᦙᦸᧄ ᦊᦲᧃ ᦙᦲᧃ ᦓᦲᦸ ᦔᦸ ᦑᦸᧃ ᦑᦱᦸ ᦶᦉ ᦑᦳᧄ ᦍᦲᧄ ᦷᦎᦲᧃ ᦂᦳᧃ ᦋᦱ ᦍᦱ ᦓᦸᧃ ᦟ, ᦙᦱᧃ ᦋᦱ ᦍᦱ ᦓᦲᦸ ᦔᦸ ᦠᦲᦸ ᦔᦸ ᦘᦱ、ᦑᦱᦴ ᦑᦴ ᦖ ᦑᦱᦸ, ᦔᦸ ᦃᦳ ᦂᦴᦵ ᦅᦴ ᦙᦲ ᦺᦑᦸ ᦑᦲ, "ᦍᦲᧅ ᦉᦱᦴ ᦓᦱ ᦉᦱ ᦶᦣᦲᦸ ᦂᦴᦵ ᧈ ᦔᦸ ᦑᦳᧄ ᦊᦸᧄ ᦉᦲ ᦂᦴᦵ ᦘᦴ ᦈᦱᦴ、ᦂᦲᧃ ᦑᦲ ᦑᦳᧄ ᦺᦑᦸ ᦓᦸᧃ ᦑᦸᦸ、ᦂᦲᧃ ᦶᦂᦸ ᦑᦸᦸ ᦅᦱᧃ ᦃᦸᦵ ᦊᦸ ᦃᦱᦴ ᦂᦲᧃ ᦔᦸ ᦠᦳᧄ ᦔᦸ ᦘᦱ、ᦑᦲᧃ ᦑᦸᦸ ᦓᦱᦴ ᦉ ᦓᦸ ᦠᦱᦸ ᦶᦂᦸ ᦑᦸᦸ ᦺᦑ ᦘᦴ ᦈᦱᦴ ᦓᦸᧃ ᦖᦱ᧞"

"ᦑᦸᦸ ᦺᦑᦸ ᦑᦲᧃ ᦓᦱᧃ" ᦠᦸᦴ ᦈᦲᧃ

ᦞᦲᧃ ᦑᦱᦸ ᦊᦲᧃ ᦺᦑ ᦊᦲᧃ ᦂᦸ ᦓᦴ ᦋᦱ ᦍᦱ ᦵᦋᦸ ᦑᦳᧄ ᦉᦱᦴ ᦈᦱᦴ ᦂᦱᧃ ᦶᦅᦸᧃ ᦍᦲᧃ ᦟ "ᦑᦸᦸ ᦺᦑᦸ ᦑᦲᧃ ᦓᦱᧃ" ᦘᦴ ᦘᦱᦴ ᦉ ᦟᦲ,《ᦑᦸᦸ ᦺᦑᦸ ᦑᦲᧃ ᦓᦱᧃ ᦗ ᦑᦸᦸ》ᦑᦲᧃ ᦵᦋᦸ ᦑᦳᧄ᧞ ᦺᦑᦸ ᦑᦱᦴ ᦵᦋᦸ ᦑᦳᧄ ᦺᦑᦸ ᦓ ᦑᦲᧃ, ᦊᦲ ᦔᦳᦺᦕ ᦵᦋ ᦑᦲᧃ ᦟ ᦵᦋᦟᦸ ᦂᦱᧃ ᦶᦅᦸᧃ ᦍᦲᧃ ᦵᦋᦸ ᦓᦲᧃ ᦶᦑᦸ ᦑᦲ ᦓᦸ ᦑᦸ ᦉᦱᦸ ᦺᦑ ᦶᦑᦸ ᦘᦴ; ᦑᦲᧃ ᦑᦸ ᦵᦋᦟᦸ, ᦶᦅᦸᧃ ᦍᦲᧃ ᦂᦱᧃ《ᦑᦸᦸ ᦺᦑᦸ ᦑᦲᧃ ᦓᦱᧃ ᦗ ᦑᦸᦸ》ᦑᦸ ᦊᦲᧃ ᦂᦱᧃ ᦶᦅᦸᧃ ᦍᦲᧃ ᦑᦱᦴ ᦠᦲ ᦅᦱᧃ ᦑᦸᧃ ᦑᦲᧃ ᦑᦸᦴ ᦊᦲᧃ ᦂ ᦶᦑᦸ ᦑᦸ ᦊᦲ ᦵᦋᦸ ᦓᦸᦴ ᦑᦸ ᦊᦲᧃ ᦊᦳ ᦘᦴ ᦂ ᦶᦑᦸ ᦓᦸ᧞ ᦶᦍᦲᧃ ᧈ,《ᦑᦸᦸ ᦺᦑᦸ ᦑᦲᧃ ᦓᦱᧃ ᦗ ᦑᦸᦸ》ᦊᦲᧃ ᦂᦱᧃ ᦶᦅᦸᧃ ᦍᦲᧃ ᦺᦑ ᦊᦸᧃ ᦑᦸᦸ ᦂᦱᧃ ᦅᦱᧃ ᦓᦱ ᦉᦱ ᦓᦲᧈ ᦂ ᦶᦑᦸ ᦵᦋᦸᧃ ᦵᦋᦸ ᦺᦑ ᦉᦳ ᦵᦋᦸ ᦶᦍᦲᧃ ᦺᦑ, ᦊᦲᧃ ᦈᦸ ᦑᦲ ᦺᦑ ᦉ ᦈᦱᦴ ᦓᦸᧃ᧞

《ᦑᦸᦸ ᦺᦑᦸ ᦑᦲᧃ ᦓᦱᧃ ᦗ ᦑᦸᦸ》ᦊᦲᧃ ᦶᦅᦸᧃ ᦍᦲᧃ ᦺᦑ ᦖᦲ ᦂᦴ ᦊᦱᦸ ᦶᦑᦸ ᦈᦲ、ᦉᦱᧃ ᦶᦍᦲᧃ ᦓᦸᧃ, ᦠᦲ ᦂᦴᦵ ᦙᦸᧃ ᦑᦳᧄ ᦘᦱᦴ ᦵᦋᦸᦴ ᦘᦱᦴ ᦃᦴ ᦃᦸᦵ ᦠᦸ ᦈᦲ ᦑᦳᧄ ᦘᦱᦴ ᦓᦱ ᦉᦱ ᦶᦣᦲᦸ ᦃᦸ ᦠᦳᧄ ᦅᦱᧃ ᦃᦸᦵ ᦊᦸ ᦃᦱᦴ ᦂᦲᧃ ᦺᦑᦸ ᦶᦅᦸᧃ ᦶᦍᦲ ᦑᦸ ᦊᦲᧃ, ᦶᦅᦸᧃ ᦍᦲᧃ ᦂᦱᧃ ᦓᦲ, ᦊᦲᧃ ᦶᦅᦸᧃ ᦍᦲᧃ ᦂᦱᧃ ᦵᦋᦸ ᦘᦱᦴ ᦂᦱᦴ ᦂᦸᧃ ᦟᦱᦸ ᦓ ᦖ ᦓᦱ ᦉᦱ ᦓᦲᧈ ᦔᦱᧃ ᦶᦙᦲᧅ ᦍᦲᧃ ᦓᦱᧃ ᦺᦑᦸ ᦊᦸᦸ ᦶᦑᦲ ᦺᦑ, ᦊᦲᧃ ᦞᦸ ᦍᦱᧄ ᦅᦱᧃ ᦑᦱ ᦑᦲ ᦂ ᦶᦑᦸ ᦊᦲᧃ ᦶᦙᦸᧃ ᧈ ᦟᦳ ᦶᦑᦸ ᦅᦸ、ᦓᦱ ᦉᦱ ᦋᦸ ᦞ ᦓᦸ ᦅᦸ, ᦶᦍᦲᧃ ᧈ ᦂᦴᦵ ᦠᦲ "ᦑᦸᦸ ᦺᦑᦸ ᦑᦲᧃ ᦓᦱᧃ" ᦘᦴ ᦘᦱᦴ ᦓᦱ ᦉᦱ ᦓᦲᧈ ᦔᦱᧃ ᦶᦙᦲᧅ ᦍᦲᧃ ᦓᦱᧃ ᦠᦸᦴ ᦈᦲᧃ ᦊᦸᦵ ᦺᦑ ᦓᦸᦸ ᦂ ᦶᦑᦸ, ᦑᦲ ᦉᦱᦸ ᦠᦱᦸ ᦂ ᦟᦸᦵ ᦊᦸᦵ ᦑᦲ ᦠᦸ ᦺᦑ᧞

ᦶᦅᦸᧃ ᦍᦲᧃ ᦂᦱᧃ ᦓᦲ ᦊᦲᧃ ᦑᦸᦸ ᦖᦱ ᦉ ᦟᦲ, ᦶᦑᦲ ᦅᦸ ᦵᦋᦸ "ᦑᦲᧃ ᦓᦱᧃ" ᦂᦴᦵ ᦵᦋᦸ ᦊᦲᧃ

ᥞᥱᥞ ᥛᥣ。 “ᥑᥨᥢᥰ ᥓᥛᥫ ᥑᥩᥢᥰ ᥞᥣᥢ” ᥐᥱᥥ ᥓᥩᥢ ᥓᥛᥰ ᥞᥩᥒᥴ ᥑᥩᥢ ᥝᥣᥐ ᥝᥓᥩᥐ ᥙᥣᥐᥢ ᥝᥴ ᥑᥩᥢ ᥝᥣᥐ ᥝᥣᥩᥢ ᥝᥣᥩᥐ ᥒᥢᥥ, ᥙᥣᥢᥥ ᥝᥛᥩᥐ ᥕᥩᥢᥥ ᥒᥣᥢᥥ ᥜᥩᥢ ᥖᥣᥢ ᥘᥩ ᥐᥱᥥ ᥛᥩ ᥐᥣᥢ ᥒᥩᥢ ᥛᥣ ᥝᥔᥢ ᥝᥒᥩᥐ ᥑᥩᥥ ᥝᥣᥑ ᥐᥣᥢ ᥝᥞᥐᥢ ᥐᥢ ᥞᥣ “ᥑᥨᥢᥰ ᥓᥛᥫ ᥑᥩᥢᥰ ᥞᥣᥢ ᥞᥣᥢ ᥑᥨᥢᥰ” “ᥑᥨᥢᥰ ᥓᥛᥫ ᥑᥩᥢᥰ ᥞᥣᥢ ᥞᥩᥢᥰ ᥑᥨᥢᥰ” ᥒᥢᥥ。

《ᥑᥨᥢᥰ ᥓᥛᥫ ᥑᥩᥢᥰ ᥞᥣᥢ ᥙ ᥑᥨᥢᥰ》 ᥙᥩᥢ ᥖᥣᥛ ᥐᥣᥢ ᥝᥔᥩ ᥓᥙᥢ ᥜᥐ ᥔ ᥝᥜᥑ, ᥓᥩ ᥞᥩᥢ ᥞᥱᥛ ᥝᥔᥢ ᥓᥴ ᥒᥩᥐ ᥖᥣᥐᥢ ᥔ ᥝᥜᥑ。 ᥖᥐᥥ ᥓᥩ ᥑ၉၅၉ ᥢᥖ ᥛᥣ, ᥝᥖᥣᥢ ᥕᥩᥢ ᥞᥣᥩᥢ 《ᥑᥨᥢᥰ ᥓᥛᥫ ᥑᥩᥢᥰ ᥞᥣᥢ ᥙ ᥑᥨᥢᥰ》 ᥙᥱᥢ ᥑᥱᥛ ᥙᥩ ᥔᥣᥢ ᥕᥢ ᥓᥛᥢ ᥓᥙᥢ ᥔ ᥝᥜᥑ ᥒᥜ ᥜᥩᥢ, ᥕᥣᥛ ᥒᥢᥥ ᥓᥩᥢ ᥝᥖᥣᥢ ᥕᥩᥢ ᥔ ᥝᥜᥑ ᥢᥑᥐᥢ ᥢᥐᥥ ᥙᥩ ᥓᥛᥢ ᥓᥙᥢ ᥖᥣᥐᥢ ᥔ ᥝᥜᥑ ᥑᥣᥑ ᥞᥣᥑ ᥒᥢᥥ。 ᥓᥩ ᥑ၉၆၀ ᥢᥖ, ᥓᥙᥢ ᥝᥐᥐ ᥞᥣᥢ ᥢᥘᥥ ᥔ ᥝᥜᥑ ᥙᥣᥢ ᥑᥩᥥ ᥢᥕᥐ ᥝᥣᥑ ᥐᥣᥢ ᥝᥝᥖᥣᥢ ᥕᥩᥢ ᥝᥑᥥ ᥓᥣᥐ ᥛᥩ ၂ ᥞᥢᥥ, ᥝᥖᥣᥢ ᥕᥩᥢ ᥞᥣᥩᥢ 《ᥑᥨᥢᥰ ᥓᥛᥫ ᥑᥩᥢᥰ ᥞᥣᥢ ᥙ ᥑᥨᥢᥰ》 ᥔᥙᥥ ᥓᥩᥢ ᥐᥩᥥ ᥒᥛ ᥔᥣᥢ ᥕᥢ ᥢᥖᥙ ᥙᥣᥢ ᥓᥑᥥ ᥑᥩ ᥙᥩ ᥓᥑᥥ ᥑᥱᥐ ᥝᥔᥑ ᥒᥣᥐ ᥕᥩᥢᥥ ᥕᥩᥢ ᥝᥝᥑᥐ、 ᥔᥙᥥ ᥕᥩᥐ ᥓᥩᥢ ᥐᥩ ᥔᥣᥢ ᥕᥢ ᥓᥑᥥ ᥑᥩ ᥙᥩ ᥓᥑᥥ ᥑᥱᥐ ᥝᥔᥑ ᥒᥣᥐ ᥕᥩᥢᥥ ᥕᥩᥢ ᥝᥝᥑᥐ, ᥒᥣ ᥔᥣᥢ ᥝᥙᥩ ᥙᥢ ᥓᥩᥢ ᥢᥑᥐ ᥢᥓᥐ ᥔ ᥝᥜᥑ ᥙᥣᥢ ᥑᥩᥥ ᥕᥐ ᥙᥐ ᥝᥑᥩᥢ ᥕᥐᥥ ᥞᥩᥢ ᥞᥣᥢ ᥓᥴ ᥔ ᥝᥜᥑ ᥙᥣᥢ ᥑᥩᥥ ᥒᥛ ᥙᥩ ᥑᥱᥐ ᥝᥔᥑ ᥒᥣᥐ, ᥓᥩ ᥒᥛ ᥔᥙᥢ ᥞᥣ ᥞᥢ ᥖᥣ ᥜᥣᥢ ᥖᥣᥛ ᥒᥐ ᥖᥣᥛ ᥝᥝᥒᥐ。 ᥙᥑ ᥝᥑᥩᥢ, ᥢᥛᥑ ᥓᥴ ᥓᥑᥥ ᥜᥩ ᥓᥩ, ᥜᥩᥢ ᥝᥣᥢ 《ᥑᥨᥢᥰ ᥓᥛᥫ ᥑᥩᥢᥰ ᥞᥣᥢ ᥙ ᥑᥨᥢᥰ》 ᥙᥩᥢ ᥑᥱᥛ ᥖᥣᥛ ᥝᥩ ᥘᥣ ᥓᥑᥥ ᥛᥣ ᥞᥩᥐ ᥕᥣᥩᥢ ᥐᥙ ᥞᥣᥙ ᥓᥴ ᥒᥢᥥ。 ᥓᥩ ၂၀၀၀ ᥢᥖ, ᥓᥙᥢ ᥜᥐ ᥔ ᥝᥜᥑ ᥢᥕᥐ ᥝᥣᥑ ᥐᥣᥢ ᥝᥘᥩᥐ ᥝᥒᥢ “ᥝᥖᥣᥢ ᥕᥩᥢ ᥞᥣᥩᥢ ᥑᥩ ᥓᥑᥥ ᥒᥰᥥ ᥓᥩ ᥢᥑᥙᥢ ᥞᥰᥢ” ᥞᥢᥥ, 《ᥑᥨᥢᥰ ᥓᥛᥫ ᥑᥩᥢᥰ ᥞᥣᥢ ᥙ ᥑᥨᥢᥰ》 ᥓᥱᥢ ᥙᥩᥢᥥ ᥓᥩᥢ ᥝᥖᥣᥢ ᥕᥩᥢ ᥞᥣᥩᥢ ᥑᥩ ᥑ၀ ᥞᥣᥩᥢ。 “ᥖᥣ ᥘᥩ ᥝᥛᥩᥢ ᥝᥑᥩᥢ ᥒ ᥞᥣᥐ ᥔ ᥞᥣ ᥙᥣᥑ ᥞᥛ ᥒᥣᥛ, ᥢᥙᥐ ᥞᥱᥐ ᥐᥣᥙ ᥝᥘᥩ ᥞᥣᥐ ᥓᥩᥢ ᥜᥩᥢ ᥑ ᥘᥩ ᥙᥩ ᥔᥩᥩ…… ᥞᥣᥩᥢ ᥖᥒ ᥘᥩᥥ ᥕ ᥒᥒᥢ ᥙ ᥞᥣᥛ ᥓᥢ ᥝᥖᥣᥢ ᥕᥩᥢ 《ᥑᥨᥢᥰ ᥓᥛᥫ ᥑᥩᥢᥰ ᥞᥣᥢ ᥙ ᥑᥨᥢᥰ》 ᥐᥱᥥ ᥞᥣᥐ ᥔᥩᥙᥢ ᥑᥙ ᥝᥞᥩᥢ ᥐᥩᥢ ᥓᥙᥢ。

(ᥔᥙᥥ ᥢᥐᥑ ᥝᥖᥛᥥ: ᥛᥣ ᥕᥩᥢᥥ ᥞᥣᥢ)

《阿佤人民唱新歌》

“村村寨寨哎，打起鼓敲起锣，阿佤唱新歌。毛主席光辉照边疆，山笑水笑人欢乐。社会主义好，架起幸福桥，道路越走越宽阔……”欢快的旋律穿越了阿佤山村寨，穿越了澜沧江，穿越了山山水水，传遍祖国大江南北。《阿佤人民唱新歌》是一首源于佤族人民生活的歌曲，问世半个世纪依然充满活力，传唱不衰。歌曲的作者——军旅词曲作家杨正仁曾说：“这首热烈、真情的歌曲，是为感恩而作，为一个勤劳善良、朴实勇敢的民族而创作。”《阿佤人民唱新歌》是阿佤山人心中的歌。这首歌见证了佤族同胞从落后的原始社会直接过渡到社会主义社会的发展历史，歌曲内容抒发了迈向新生活的佤族同胞对共产党、对社会主义发自内心的感恩之情。

穿过岁月的歌声

2020年春节前夕，习近平总书记到云南看望慰问各族干部群众，在腾冲市清水乡三家村中寨司莫拉佤族村，当总书记离开时，乡亲们唱着《阿佤人民唱新歌》簇拥着他走出村口，歌声笑声在村寨久久回荡。2022年8月19日，习近平总书记给云南省沧源佤族自治县边境村的10位老支书回信，勉励他们发挥模范带头作用，引领乡亲们建设好美丽家园，维护好民族团结，守护好神圣国土，唱响新时代阿佤人民的幸福之歌。

成为几代人记忆的《阿佤人民唱新歌》于1965年在普洱市西盟县诞生，是解放军战士杨正仁在西盟县参军时创作的经典红色歌曲。时间追溯到1961年8 月，毕业于昆明师范学院的杨正仁入伍到位于云南省西南地区佤族聚居的西盟县边防部队，成了一名通讯兵。 杨正仁所在的团与当地佤族同胞亲如一家，插秧收割、婚丧嫁娶，大事小情，老乡总会去找部队帮忙，军民之间鱼水情深。每个山寨的阿佤人见到解放军都像见到亲人一样，拉着战士的手，围着篝火欢快地打跳、歌舞。在昆明师范学院就读时曾受过音乐专业训练的杨正仁，每每听到佤族民歌优美的旋律都要掏出小本记录下来。他喜欢阿佤人的甩发舞，舞者在旷野上，伴着节奏强烈的木鼓声，配合脚上的弹步动作，舒展上肢、甩动长发，动感十足。从他们的舞姿中，他感受到了阿佤人热爱生活、勤劳勇敢、崇尚力量的情怀与胸襟。那时，杨正仁和战友白天架设电话线，晚上就住在佤族老乡家。3年间，他几乎跑遍了阿佤山大大小小的村寨，一有机会，就与能歌善舞的佤族同胞交流。他不仅收集了丰富的佤族音乐，还更深地了解到这个民族的历史，从刻木记事、刀耕火种的原始社会一步跨入社会主义社会，读书识字，学习科学种田。杨正仁亲身感受到佤族同胞对美好生活的向往，亲眼看到他们与人民解放军的深厚情谊，耳闻目睹了从深山老林中走出来、迈向新生活的阿佤人对毛主席、对共产党、对社会主义发自内心的感恩之情，亲耳听到了他们的歌声：“太阳照到背阴坡，毛主席的话语甜到心窝窝……”佤族人民深深地感动着杨正仁，他决心要为佤族同胞写一首歌，一首歌唱佤族人民新生活的歌。

1964年，一个偶然的机会，杨正仁在班哲寨听到一首旋律优美、节奏又很欢快的佤族民歌《白鹇鸟》，他兴奋得像个小孩子一样欢跳起来。他夜不能寐，连夜起来以此为蓝本开始了新歌创作。为了烘托气氛，他将原民歌的旋律音高提高了八度，在歌词上也做了反复推敲。1个月来，杨正仁白天工作，夜晚写歌，在吟唱中反复修改歌词和曲谱，一直改到满意为止。歌出来了，先是由部队宣传队排练演出，西盟县文工队闻讯后也将曲谱拿过去，到佤山村寨演唱，很快就得到阿佤人的喜爱。他们边唱边跳，称之为“咱阿佤人的歌”。这首歌很快就成了西盟佤山的“流行歌曲”。那年，杨正仁回家探亲，一进昆明城， 发现大街小巷都在传唱自己写的歌，顿时热泪盈眶，激动不已。1965年3月，在西盟佤族自治县成立庆典晚会上，大家围着篝火唱起了《阿佤人民唱新歌》，载歌载舞，一直跳到破晓时分还意犹未尽。1972年，中央人民广播电台首次播放女中音歌唱家罗天婵演唱的《阿佤人民唱新歌》，电波也让全世界的人们知道了中国西南边陲有个阿佤山，阿佤人民爱唱幸福歌。

阿佤山唱响幸福歌

歌中唱到的“闪闪银锄落，茶园绿油油，梯田翻金波”真实反映了当时阿佤山寨农业生产欣欣向荣、佤族群众用勤劳双手创造新生活的景象。新中国成立初期，阿佤山的人民还过着原始的刀耕火种的生活，生产落后，粮食产量低下，温饱难以解决，加上交通不便，物资交流困难，人民生活十分贫苦；此外，一些落后野蛮的宗教习俗和生产习惯十分盛行，如猎人头祭谷、鸟叫得不好不下地、种植罂粟等。帮助群众发展生产、改善生活，“给边疆各族人民以‘看得见’的实际利益”，成为共产党和人民政府在民族地区的中心工作。政府通过发放农贷以及给予农具、种子、牲畜等，改善了生产条件；通过鼓励迁移、开垦荒地、修筑梯田，促进了生产力发展。政府长期派驻工作队传授先进农业生产技术，引进及推广优良作物品种。工作队队员给佤族群众发放了农具，扶持购置了耕牛，许多群众有了铁犁、铁锄等新式农具并学会使用后，主动放弃了原始的耕作方法。佤族群众感激并称赞道：“共产党、毛主席为我们能过上好日子什么事都想到了，人民政府给我们发了农具，就等于给了我们饭吃。”工作队队员手把手教老百姓挖沟、开田、犁地、播种、栽秧等技术，除了教授种植水稻的技术以外，还教会了他们种菜、磨豆腐、刷牙等基本的生产生活技能。在工作队队员的带领下，佤族人民逐步改变了千百年来形成的刀耕火种、广种薄收的落后生产方式，学习改坡地为梯田，开荒坝为水田，逐步固定耕地的先进农业生产技术。同时，在工作队队员的带领下，佤族群众利用山地栽种茶树，逐步取消种植罂粟。过去的坡荒地变成了层层梯田，过去种罂粟的山地变成了绿油油的茶园。

2002年，西盟县将《阿佤人民唱新歌》确定为县歌。自那时起，每天早晨6点半，县城里的广播就会准时播放这首歌，歌声唤醒了阿佤山的早晨，人们沐浴在充满阳光的歌声中，开启崭新的一天。

2020年，在党的脱贫攻坚和各民族平等发展政策引领下，佤族整族脱贫，实现了全面小康。短短70余年，阿佤人实现了两次“跨越”：由原始社会直接走进社会主义社会、由整体贫困到实现整族脱贫，这两个奇迹，真正印证了歌里那句“社会主义好，架起幸福桥”。西盟县还因此推出了脱贫攻坚音乐剧《阿佤人民再唱新歌》，佤族群众又将佤山巨变以舞蹈诗的形式展示了出来，此时，距离《阿佤人民唱新歌》诞生50余年。音乐剧中的绝大部分演员都来自西盟当地，他们有的来自县文工团，有的本身就是贫困户。在动感时尚的音乐中，他们用方言对话，以原生态嗓音演唱，唱出了当地贫困群众渴望摆脱贫困、改变命运的心声，唱出了在政策扶持和扶贫干部的帮助下阿佤山从贫困落后走向幸福生活的生动故事。

从一首歌曲到一部音乐剧，从刀耕火种到梯田翻金波，从茅草房到新楼房，经久不衰的幸福之歌背后，变化的是阿佤山的面貌，不变的是佤族人民对共产党的感恩，对社会主义道路的坚定信心。听着这首歌长大的一代又一代阿佤人，在党的好政策的引领下“道路越走越宽阔”。“阿佤人民唱新歌，唱新歌，哎江三木罗……道路越走越宽阔，越宽阔，哎江三木罗……”歌声穿过郁郁苍苍的山峦，穿过掩隐在云雾中的片片梯田和茶林，像一条蜿蜒的小溪流淌欢唱在山寨的每个角落。

参考资料

[1]中共云南省委党史研究室编：《云南边疆民族地区民主改革》，云南大学出版社1996年版。

[2]秦和平编：《云南民族地区民主改革资料集》，巴蜀书社2010年版。

[3]司晋丽：《共产党光辉照边疆》，《人民政协报》2021年9月16日，第4版。

（执笔：孙大江）

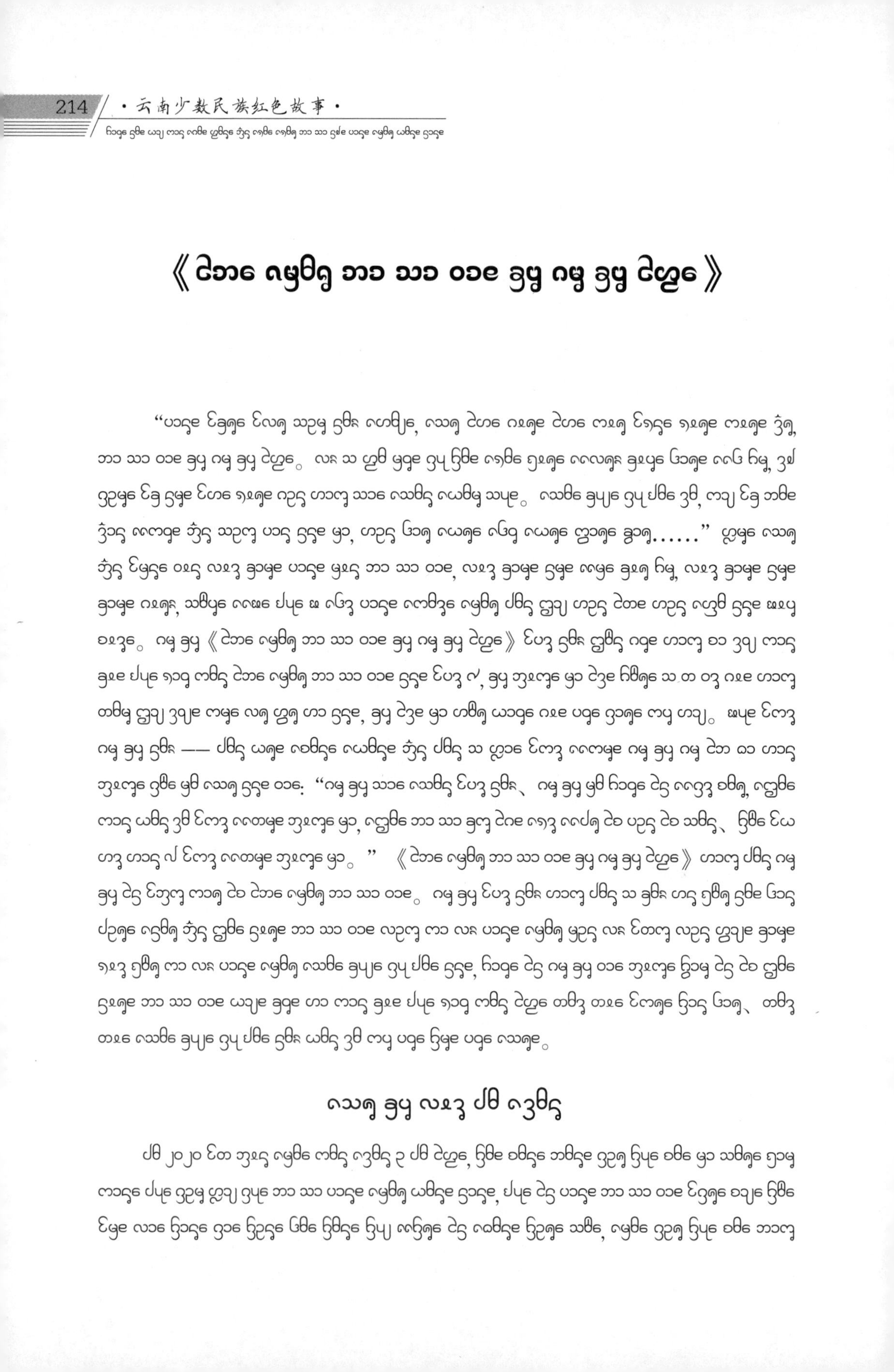

《[illegible]》

[illegible]

[illegible]

[illegible]

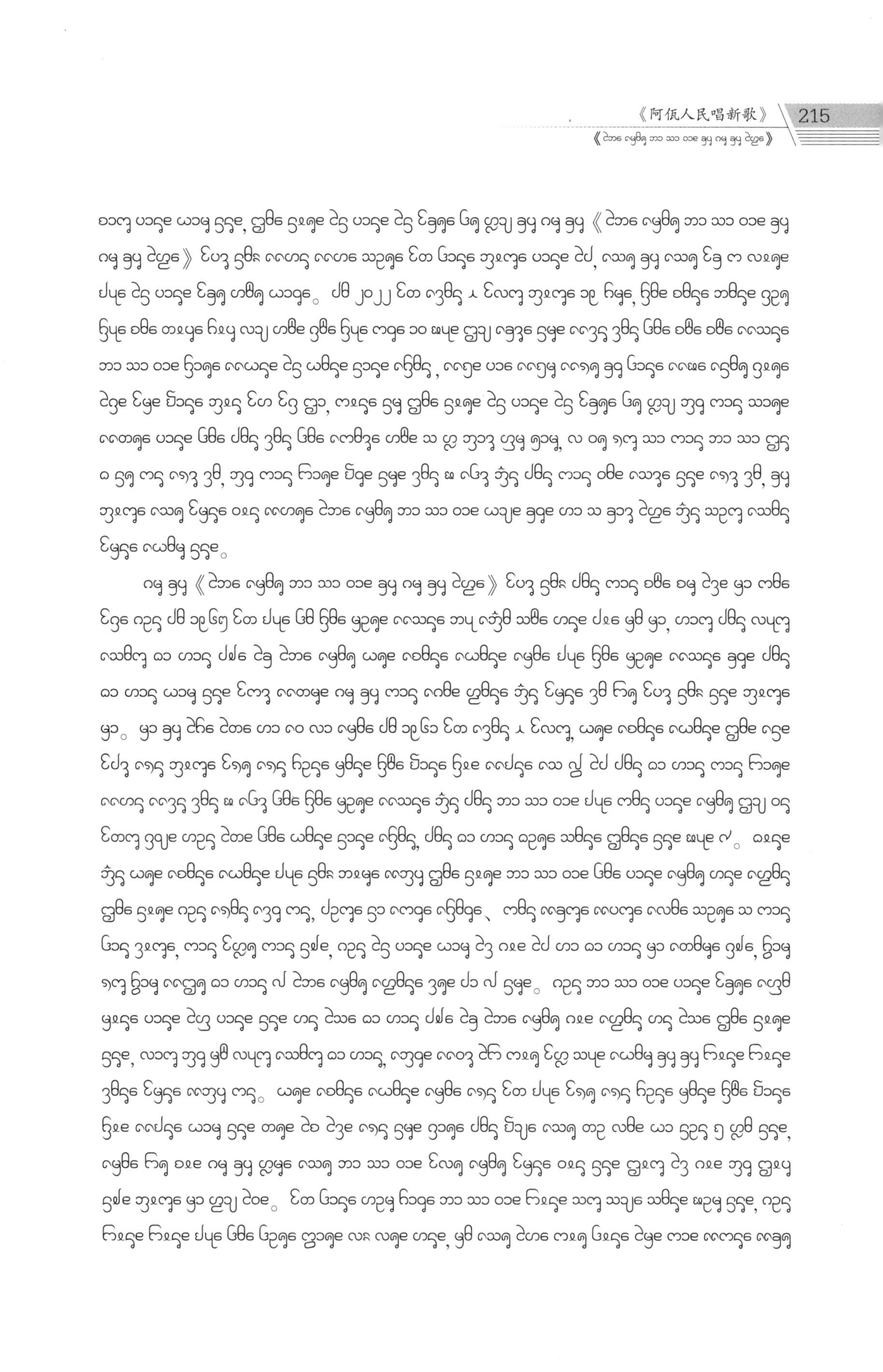

[illegible]

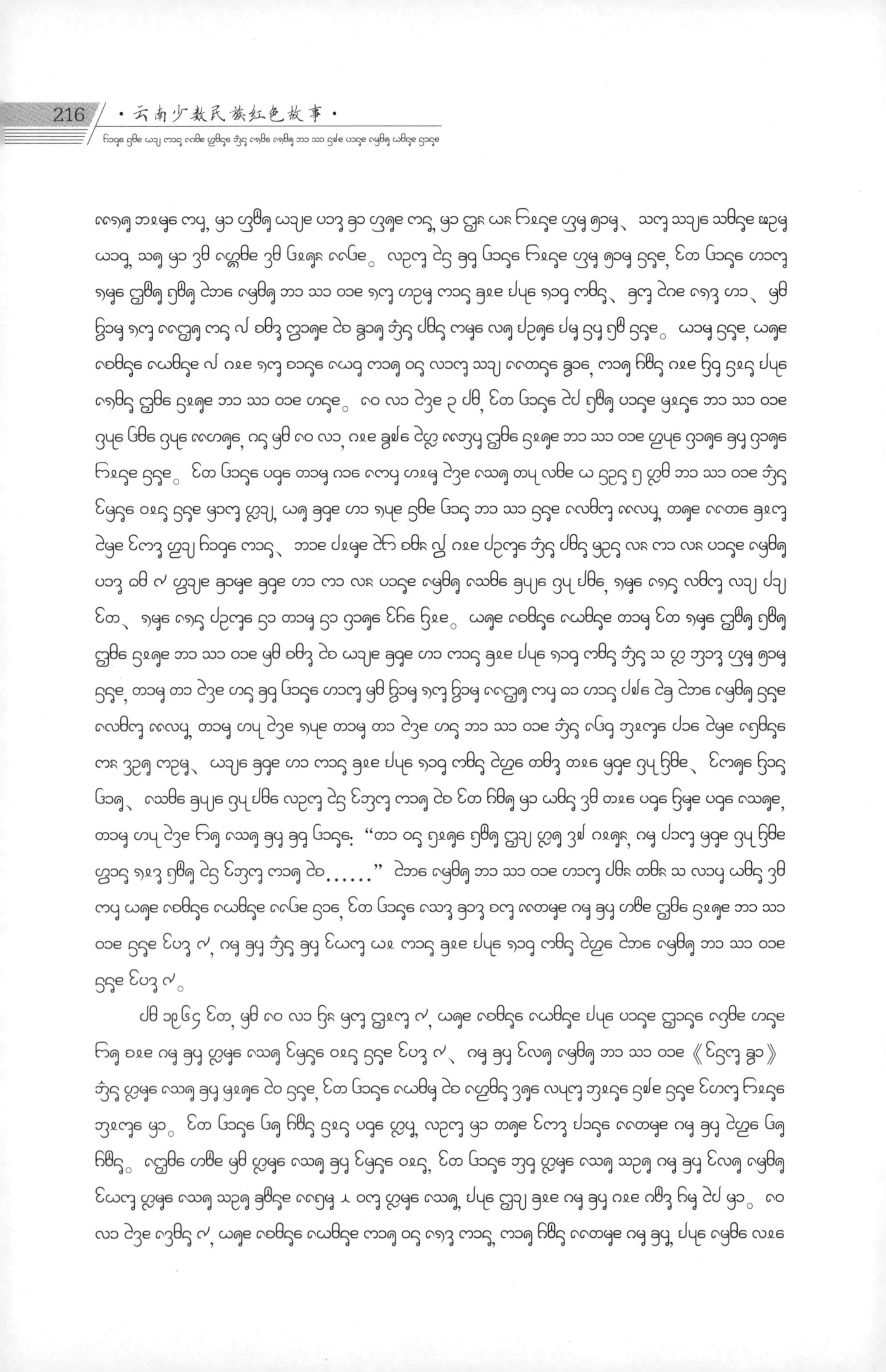

[illegible]

[illegible]

ခပ္ ဂမ္ ခပ္ ၄၄ ခဃ ၈ဍ ၈တ ၈မ္ ဂမ္ ခပ္ ၸ ၈ဘာ ၈သ သဗ ၄ ဟွာ ဍ, ၈တ ၈မ္ ၅ဗ သ ဘ ငဝ ၄၄ ။ ဂမ္ ခပ္ ခပ္ ဘ မ္ယာ, ဂမ္ ဍဗ ၄ မ္ဗ ဟုပ ဍ ယ ခပ္ ကၢ ဓာ ဟာ ၈ဗ ၈ဟွ ဍ ယ ခပ္ ဘ မ္ယာ, ၄ဗ မ္ယ ၈ယ ဝဗ ဂ ဓ ငဒ ယဗ ၈သ ခဂ ၈ယ လွ ဂ မ္ယာ ဘဍ ကာ ဂမ္ ခပ္ ငပ ၈ဍ, ငပ ဍ ယ ၅ဗ ပာ ငခ ၈ဟွ မ္ယ ဘာ သာ ဝဝ, ဟာ ဍာ ဟဗ ဘာ သာ ဝဝ ၅ ဟုမ္ ၈ဖ ၄ာ ။ ခပ္ ဖာ ၈ယဗ ၈ ခပ္ ၈ယဗ ၈ ကၢ, ၅ ဝာ ပဗ “ဂမ္ ခပ္ ဘာ သာ ဝဝ ၄၄” ။ ဂမ္ ခပ္ ငပ ၄ဗ ဂ ပဗ “ဂမ္ ခပ္ သ ငဟွ ငဟွ” ၈ဟ မ္ယ ဘာ သာ ဝဝ ဖဗ ၄ဗ မ္ယ ။ ငၵ ပဗ ၄၄, ယ ၈ဗ ၈ယဗ ဍ ငပ ငဒ ၈ဗ, ဒပ ဂာ ခဃ ၈ဂ ၈မ္ဗ ၈ယ မ္ယာ, ပ ဟ ၈ဍ ကာ ၈ဍ လဗ ဖဗ ငဟ ဂ ခပ္ ဂမ္ ခပ္ ဘ ငတ ၆ဗ ငက ၈တ ၄၄ ဎပ, ၄မ္ တာ ဂ ဍ လာ လဗ ဟု မ္ယာ, ပဗ တဗ သ မ္ ဓဗ ၈ဖ ၄ာ ။ ပဗ ၁၉၅ ငတ ၈ဒဗ ၃ ငလ, ဎပ ၈မ္ဗ စဗ စဗ ၈ယ ဘာ သာ ဝဝ ဖဗ ၄ဗ မ္ယ ဘ ၈ တ ပဗ ၄၄ ငယ ၈ဍ ဍ ယ ခပ္ ကၢ ကာ ၆ဗ, ဂ ဖ ဟွာ ၈ဝ လ ငက ကာ ငဟွ ခပ္ ဂမ္ ခပ္《ငဘာ ၈မ္ဗဳ ဘာ သာ ဝဝ ခပ္ ဂမ္ ခပ္ ငဟွ》, ခပ္ ခပ္ ကၢ ကၢ, ခပ္ ကၢ ၅ဗ ကာ ၄ ဝ ၈လ ဂ ပ ငၵ ဍ ။ ပဗ ၁၉၇၂ ငတ, င၅ ခ ဎပ ၈သ ငဒ ယာ ၈ယဗ မ္ယဗ ဂာ ငဍ ၈တ ဓ ဍ ငဟ ဓဗ ၈ဆ ဘ ငလ ၈ဓ ၄ာ ဘ ပဗ သ ဟွာ ဒာ ခပ္ ဆပ ယဗ ဘ ဒဗ မ္ယ ၈သ ဍ ယ ခပ္ ဂမ္ ခပ္《ငဘာ ၈မ္ဗဳ ဘာ သာ ဝဝ ခပ္ ဂမ္ ခပ္ ငဟွ》, သ ၈တ ငဍ ဂ ဟဗ ဂ ဖ ဟွာ ၈ဟွ ငလ ဖ ကာ ခဃ ၅ပ ခ ၄မ္ ၈ဒ ဒဗ ဍ ဝ ငတ ဒ ဟ ငတ ဆ ၆ဒ ငဒ ငဂ မ္ဗ မ္ယ ဘာ သာ ဝဝ ၄၄, ငဘာ ၈မ္ဗဳ ဘာ သာ ဝဝ ဟုမ္ ခပ္ ဂမ္ ခပ္ သ ၈သဗ ငမ္ ၈ယဗ ၄၄ ။

မ္ယ ဘာ သာ ဝဝ ခပ္ ဂမ္ ခပ္ သ ၈သဗ ငမ္ ၈ယဗ

ငၵ ဂမ္ ခပ္ ခပ္ ဝာ “ခ ဆ ၈ဟွဗ မ္ယာ မ္ယာ ၈ဟွဗ ၈ဆ ၈ဗ, ငသ လာ ပာ ငစ ဟု ၈ဗ ၈ခ ဝဗ, င၅ ၆ ခဗ ငဒ ခဃ ၈ဟွဗ ၈ဟွဗ ဒ င၅ ၆မ္ ၄၄” ဟာ ၈ဆ ငခ ဘ ကာ ၈ဍ သာ င၅ ၄ာ ပာ မ္ယ ဘာ သာ ဝဝ ၈မ္ဗ ၄၄ ကာ ကုဂ ၅ဂ ၈၅ဗ ၊ ဒမ္ ဟွာ ဘာ သာ ဝဝ ဘဍ မ္ဗ ၂ ခ ခ ငဂ ၈ဍ ဟ ဎာ သာ ဘ ကာ ခ ဎပ ၅ဒ ကဗ ငဟွ ၄၄ မ္ယာ ။ ၈မ္ဗ ဆ ၆ဒ ငဒ ငဂ ငဟွ သ လ တ ဘ မ္ယာ, ကာ ၈ဍ သာ ငဘာ ၈မ္ဗဳ မ္ယ ဘာ သာ ဝဝ ဂ ၈ဟွဗ ဍ ဘ ဘာ ပ ငက စဗ လွ ဂ ပ ၄၄ ဎပ, ကာ ၈ဍ သာ ငတ လ, ၄မ္ သာ ဟွာ ခဃ ၈မ္ ၄မ္ ၈ဗ ပ ငဒ ဟွာ, ကာ ကဗ ဘဗ ၄ဂ ဘ ဂ ပ ငဒ ဂ ၈စ, ၈ဍ မ္ယာ ဖ လ ငဝ ငပ မ္ယာ ပ မ္ယ ငဝ, ကာ ခ ငဟွ ခဂ ငက ဂ ယာ, ခ ဎပ ၅ဒ ကဗ ငဘာ ၈မ္ဗဳ ဒာ ငဖ ခ လမ္ ပာ; ၄ ၈သ ၄ဗ ငပ, သာ သ ၄ာ ပ ဝဗ ၄ဗ ဎာ ဟွဗ ၅ ၈ဍ ငတ လ လာ ဘ ၈ ၸ ကာ ဎာ ဟွဗ ၈ဍ သာ ၆ဗ ၈လ ကာ ၈ဍ, ၈ဖ မ္ယာ ဘဍ ငဟ ဂ သ

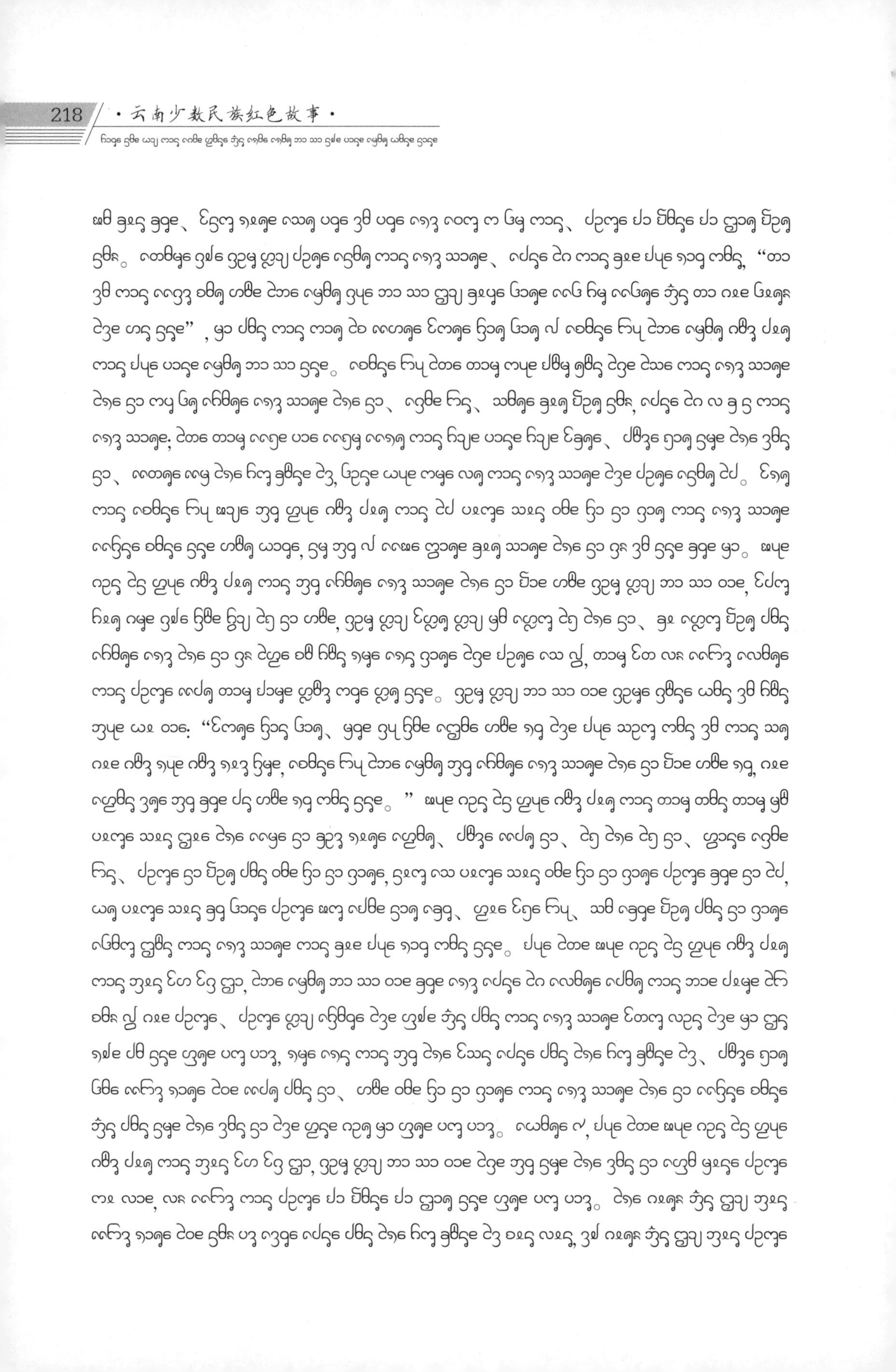

ᥓᥣ ᥚᥤᥢᥴ ᥓᥣ ᥑᥣᥐᥳ ᥙᥩ ᥘᥩᥢᥴ ᥟᥥᥢᥴ ᥓᥤᥢᥰ ᥟᥣᥢᥰ ᥘᥣᥝ ᥘᥩᥒᥰ ᥝᥤᥢᥴ。

ᥓᥤ ၂၀၀၂ ᥟᥤ, ᥒᥤᥢᥴ ᥛᥧᥐᥳ ᥘᥣᥢᥴ ᥓᥐᥳ ᥘᥩᥢᥴ ᥑᥩ ᥐᥛᥳ ᥑᥩᥳ 《ᥟᥣᥴ ᥝᥤᥐᥳ ᥑᥣ ᥔᥣ ᥝᥣᥰ ᥑᥩᥳ ᥐᥛᥳ ᥑᥩᥳ ᥟᥬᥴ》 ᥓᥤᥢᥰ ᥐᥛᥳ ᥑᥩᥳ ᥟᥤᥢ ᥘᥣᥢᥴ ᥒᥢᥰ。 ᥖᥐᥳ ᥞᥢᥰ ᥛᥣ, ᥝᥢ ᥟᥬ ᥐᥣᥐᥳ ᥟᥬ ᥘᥩᥰ ᥞᥣᥝ ᥘᥤ ᥖ ᥖᥣ ᥐᥤᥐᥳ, ᥑᥣᥐᥳ ᥟᥤᥢᥴ ᥟᥤᥢ ᥘᥣᥢᥴ ᥞᥩ ᥡᥣᥛᥳ ᥛᥣ ᥐᥣᥝ ᥓᥤᥢᥴ ᥐᥛᥳ ᥑᥩᥳ ᥟᥙᥩ ᥒᥤᥢ, ᥘᥣᥐᥳ ᥑᥩᥳ ᥞᥐᥳ ᥞᥐᥳ ᥛᥣᥢ ᥑᥣ ᥔᥣ ᥝᥣᥰ ᥔ ᥘᥧᥐᥳ ᥔᥧᥐᥳ ᥖᥤᥢᥴ ᥛᥣ, ᥐᥧᥢ ᥖᥐᥳ ᥘᥩ ᥞᥣᥐᥳ ᥖᥤᥛᥳ ᥑᥩ ᥘᥩᥰ ᥘᥣᥐᥳ ᥑᥩᥳ ᥞᥩᥢ ᥘᥩᥢ ᥔᥩ ᥖᥣ ᥝᥢ ᥒᥢᥰ, ᥖᥐᥳ ᥓᥤᥢᥴ ᥟᥬ ᥝᥢ ᥟᥬᥴ ᥒᥢᥰ ᥝᥢ ᥟ。

ᥓᥤ ၂၀၂၀ ᥟᥤ, ᥓᥧᥴ ᥟᥣᥴ ᥐᥐᥳ ᥓᥐᥳ ᥖᥐᥳ ᥐᥣᥢᥴ ᥒᥛᥳ ᥞᥩ ᥞᥣ ᥞᥤᥢᥴ ᥟᥩᥢᥰ ᥟᥛᥳ ᥓᥐᥳ ᥐᥣᥢ ᥟᥤᥐᥳ ᥑᥣᥢ ᥘᥤ ᥘᥧ ᥑᥣ ᥔᥣ ᥘᥣᥢᥴ ᥑᥣᥐᥳ ᥐᥢ ᥓᥧᥐᥳ ᥘᥤᥐᥳ ᥟᥤ ᥒᥢᥰ, ᥑᥣ ᥔᥣ ᥝᥣᥰ ᥖᥐᥳ ᥟᥛᥳ ᥟᥩᥢᥰ ᥟᥛᥳ ᥓᥐᥳ ᥐᥣᥢ ᥟᥤᥐᥳ ᥑᥣᥢ, ᥑ ᥟᥐᥳ ᥞᥤᥐᥳ ᥐᥣᥢ ᥞᥐᥳ ᥛᥤ ᥓᥤᥢᥰ ᥘᥤ ᥑᥧ ᥓᥩ。 ᥓᥧᥴ ᥟᥤᥢ ᥐ ᥘᥣ ᥐ ᥓᥤ ᥓᥧ, ᥐᥧᥢ ᥑᥣ ᥔᥣ ᥝᥣᥰ ᥑ ᥟᥐᥳ ᥞᥩ ᥞᥤᥐᥳ ᥐᥣᥢ "ᥞᥧᥴ ᥑᥛᥳ ᥞᥩ ᥞᥤᥐᥳ" ၂ ᥑᥩᥐ: ᥖᥐᥳ ᥐᥣ ᥘᥢ ᥙᥢᥰ ᥝᥤᥐᥳ ᥛᥧᥢ ᥘᥢ ᥟᥤᥐᥳ ᥑᥩᥰ ᥞᥣ ᥘᥣᥢᥴ ᥑᥧᥴ ᥞᥧ ᥓᥤᥢᥴ、 ᥖᥐᥳ ᥖᥐᥳ ᥐᥧᥛᥳ ᥟᥤᥐᥳ ᥑᥣᥢ ᥑ ᥟᥐᥳ ᥞᥩ ᥞᥤᥐᥳ ᥖᥐᥳ ᥟᥛᥳ ᥟᥩᥢᥰ ᥟᥛᥳ ᥓᥐᥳ ᥐᥣᥢ ᥟᥤᥐᥳ ᥑᥣᥢ, ᥐᥣᥢ ᥙᥩᥢᥴ ᥞᥢᥴ ᥞᥧᥴ ᥞᥢᥴ ᥛᥤ ၂ ᥘᥤᥢᥴ ᥒᥤᥢ, ᥘᥩ ᥘᥩ ᥘᥧᥐᥳ ᥟᥤᥢ ᥐᥛᥳ ᥑᥩᥳ ᥑᥩᥳ ᥝᥣᥢᥴ ᥒᥢᥰ "ᥘᥣᥢᥴ ᥑᥧᥴ ᥞᥧ ᥓᥤᥢᥴ ᥞᥤ, ᥛᥣ ᥐᥧᥴ ᥟᥤ ᥑᥤᥢᥴ ᥞᥩᥢ ᥘᥣᥢ ᥔᥧᥐᥳ ᥘᥣᥢ" ᥒᥢᥰ。 ᥒᥤᥢᥴ ᥛᥧᥐᥳ ᥘᥣᥢᥴ ᥡᥐᥳ ᥘᥣᥢᥴ ᥞᥐᥳ ᥐᥩᥢᥴ ᥖᥧ ᥘᥤᥢᥴ ᥡ ᥒᥢᥰ ᥒ ᥘᥤ ᥞᥩ ᥞᥣ ᥟᥩᥢᥰ ᥟᥛᥳ ᥓᥐᥳ ᥐᥣᥢ ᥟᥤᥐᥳ ᥑᥣᥢ 《ᥟᥣᥴ ᥝᥤᥐᥳ ᥑᥣ ᥔᥣ ᥝᥣᥰ ᥑᥩᥳ ᥐᥛᥳ ᥑᥩᥳ ᥟᥬᥴ》, ᥘᥧᥛᥳ ᥘᥧ ᥑᥣ ᥔᥣ ᥝᥣᥰ ᥐᥤᥢ ᥞᥩ ᥘᥤᥐᥳ ᥟᥤᥐᥳ ᥛᥢᥴ ᥑᥣ ᥔᥣ ᥝᥣᥰ ᥟᥤᥢᥴ ᥟᥬᥴ ᥟᥣ ᥘᥤᥐᥳ ᥛᥣ ᥟᥐᥳ ᥓᥤᥢᥰ ᥐᥩᥢᥴ ᥑᥩ ᥡᥢ ᥐᥢᥰ ᥐᥛᥳ ᥟᥣ ᥒᥢᥰ ᥞᥩᥐᥳ ᥛᥣ, ᥡᥣᥛᥳ ᥒᥤᥢ, ᥓᥣᥢ ᥟᥣ ᥐᥛᥳ ᥑᥩᥳ 《ᥟᥣᥴ ᥝᥤᥐᥳ ᥑᥣ ᥔᥣ ᥝᥣᥰ ᥑᥩᥳ ᥐᥛᥳ ᥑᥩᥳ ᥟᥬᥴ》 ᥑ ᥟᥐᥳ ᥛᥤ ᥛᥣ ᥟᥩᥢᥰ ᥐ ᥓᥤ ᥓᥧ ᥒᥢᥰ。 ᥐᥧᥢ ᥞᥧᥴ ᥑᥩ ᥡᥢ ᥑᥩᥳ ᥐᥢᥰ ᥐᥩᥢᥴ ᥖᥧ ᥘᥤᥢᥴ ᥡ ᥒᥢᥰ ᥒ ᥘᥤ ᥓᥧᥢ ᥘᥩ ᥘᥧ ᥐᥐ ᥛᥣ ᥘᥣᥖ ᥙᥢᥰ ᥝᥤᥐᥳ ᥒᥤᥢᥴ ᥛᥧᥐᥳ, ᥑᥩ ᥐᥩᥢᥴ ᥛᥤ ᥞᥩᥐᥳ ᥒᥤᥢ ᥛᥣ ᥘᥣᥖ ᥘᥣᥢᥴ ᥝᥤᥢᥰ ᥐᥧᥐᥳ ᥑᥢᥰ, ᥞᥩᥐᥳ ᥒᥤᥢ ᥓᥤᥢᥰ ᥐᥧᥢ ᥛᥣ ᥘᥣᥖ ᥞᥐ ᥘᥤᥢᥴ ᥟᥤᥐᥳ ᥑᥣᥢ。 ᥓᥧᥴ ᥟᥤᥢ ᥘᥣᥐᥳ ᥖᥧ ᥘᥤᥢᥴ ᥡ ᥒᥢᥰ ᥒ ᥘᥤ ᥔ ᥖᥐᥢᥰ ᥟᥤ ᥒᥤᥢ, ᥑᥩ ᥐᥩᥢᥴ ᥞᥩ ᥐᥛᥳ ᥓᥣᥐᥳ ᥙᥢᥰ ᥝᥤᥐᥳ ᥞᥢᥰ ᥝᥣᥢᥴ ᥖᥐᥢᥴ ᥐᥢ, ᥞᥩ ᥘᥣᥐᥳ ᥑᥛᥳ ᥛ ᥘᥩ ᥐᥧᥰ ᥑᥤᥢ ᥛᥣ ᥑᥩ ᥡᥢ ᥑᥩᥳ, ᥑᥩᥳ ᥞᥩᥐᥳ ᥒᥤᥛᥳ ᥟᥤᥢ ᥟᥤ ᥘᥧᥛᥳ ᥘᥧ ᥐᥤᥢᥴ ᥙᥢᥰ ᥝᥤᥐᥳ ᥞᥢᥰ ᥞᥐᥳ ᥞᥣ ᥑᥧᥢᥰ ᥓᥐᥳ ᥐᥣᥢ ᥟᥤᥐᥳ ᥑᥣᥢ、 ᥟᥥᥢᥴ ᥟᥤ ᥐᥣᥛᥳ ᥘᥤᥐᥳ ᥘᥧ ᥖᥣ ᥒᥢᥰ ᥛᥣ, ᥑᥩᥳ ᥞᥩᥐᥳ ᥓᥧᥴ ᥟᥣᥴ ᥐᥐᥳ ᥓᥐᥳ ᥟᥤᥐᥳ ᥐᥐᥳ ᥐᥛᥳ ᥖᥤᥛᥳ ᥟ ᥐᥣᥢᥴ ᥓᥧᥴ ᥞᥧᥴ ᥞᥩ ᥖᥤᥛᥳ ᥘᥤᥢᥴ ᥛᥢᥴ ᥑᥣ ᥔᥣ ᥝᥣᥰ ᥟᥩᥢᥰ ᥟᥛᥳ ᥓᥐᥳ ᥐᥣᥢ ᥟᥤᥐᥳ ᥑᥣᥢ ᥟᥤᥐᥳ ᥘᥧᥢ ᥡᥧ ᥑᥩ ᥞᥣ ᥐᥣᥢ ᥑᥩ ᥓᥧᥴ ᥞᥩ ᥐᥤᥢ ᥔᥧᥐᥳ ᥘᥣᥢ ᥟᥛᥢᥴ ᥘᥤᥛᥳ ᥞᥩᥢ ᥓᥤᥢᥰ ᥐᥩᥢᥴ ᥒᥤᥢᥰ ᥡᥧ ᥔ ᥖᥐᥢᥰ ᥟᥤ ᥒᥢᥰ ᥛᥣ ᥟ。

ᥘᥧᥐᥳ ᥐᥛᥳ ᥑᥩᥳ ᥟᥙᥩ ᥟ ᥞᥤᥐᥳ ᥐᥩᥢᥴ ᥑᥩᥳ ᥐᥢᥰ ᥖᥧ ᥘᥤᥢᥴ ᥡ ᥒᥢᥰ ᥒ ᥘᥤ ᥐᥩᥢᥴ ᥟ, ᥖᥐᥳ ᥐᥣᥢ ᥑᥣᥝ ᥓᥐᥳ ᥟᥤ ᥓᥤᥢ ᥟ ᥐᥐ ᥓᥧᥐ ᥞᥤᥐᥳ ᥟᥤ ᥐᥤ ᥑᥤᥢᥰ ᥟᥩ ᥑᥩᥰ ᥘᥩᥐᥳ ᥘᥧᥐᥳ ᥘᥩᥢᥴ ᥟᥤᥐᥳ ᥐᥛᥳ ᥒᥢᥰ, ᥖᥐᥳ ᥞᥤᥢ ᥖᥧᥢᥴ ᥞᥤᥢ ᥐᥤ ᥞᥤᥐᥳ ᥞᥤᥢ ᥟᥬᥴ ᥘᥧᥐᥳ ᥞᥣᥛᥳ, ᥐᥛᥳ ᥑᥩᥳ ᥔᥧᥐᥳ ᥘᥣᥢ ᥟᥛᥢᥴ ᥟᥤᥛᥳ ᥑᥩᥳ ᥟᥩᥢᥰ ᥛᥣ ᥞᥤᥐᥳ ᥡᥣᥝᥢᥴ ᥐᥐ ᥙᥩᥢᥴ ᥐᥩ ᥞᥣ ᥒᥤᥢ, ᥞᥣᥝ ᥙᥢᥰ ᥖᥣ ᥟᥤᥐᥢᥴ ᥛᥐᥢᥴ ᥑᥣ ᥔᥣ ᥝᥣᥰ ᥛᥤ ᥖᥤᥢᥴ ᥟᥥᥢᥴ ᥖᥣᥐᥢᥴ ᥛᥣ, ᥟᥣᥴ ᥝᥤᥐᥳ

ဘာ သာ ဝာၔ ယၸမ် ၃ၸ တၡေ ၎ၵျေ ၵျၵ် ၆ာၺ် ၵူၸ ပၺေ ၐုၵ်ၵေ, တၸၟ ၃ၡျၔ ဟူၵ် ၆ာၺ် ၐသၸေ ၷပျေ ၃ပ ၯၸေ ဟာၵျ ၺမ် ၵျမ် ၐ၃ၸေ ၸူၵ်ၔ ၷၵ်။ ၶပူၔ ၵူၵ် ဘာ သာ ဝာၔ ၵျၺ် ၵမ် ၷမ် ၎ပ၃ ၵူၸ ၸၵ်ေ ၺာ ဟာၵျ ၎၃ေ ၎တၵျ ၎၃ေ ပာၵ် ၎တၵျ ပာၵ်, ပပုေ ၸတၔ ၵၡၺ် ပၡၺ် ၃ၸ ၐၐဟၺေ ၆ာၺ် ၵၡၵ်ေ ၵမ် "ဟူၵ် ၆ာၺ် ၐယၺေ ၐ၆ၺ် ၐယၺေ ၸူၺ်ၔ ၷာၺ်" ။ "ၸဘာေ ၐၺၸၺ် ဘာ သာ ဝာၔ ၷပ် ၵမ် ၷပ် ၸၵူေ, ၷပ် ၵမ် ၷပ် ၸၵူေ, ၵ၃ၡ ၐၐ၃ၺေ ၵျၵ်ေ ၺပုၔ ၎လၔ……ဟူၵ် ၆ာၺ် ၐယၺေ ၐ၆ၺ် ၐယၺေ ၸူၺ်ၔ ၷာၺ်, ၐယၺေ ၐ၆ၺ် ၐယၺေ ၸူၺ်ၔ ၷာၺ်, ၵ၃ၡ ၐၐ၃ၺေ ၵျၵ်ေ ၺပုၔ ၎လၔ……" ၐသၺ် ၷပ် လၡ၃ ၶာေ ၶၡၔ ၃ၸ ၵၡၺ် ၵပ် ပၡ ၵၵ် ၵၵ်ၔ, ၷပ် လၡ၃ ၸၵ်ေ ၵျၵ် ၷၸၵ်ၔ ၸ၃ လ ၎သၵ် လာၔ ပာေ ၎ၸၺ် ၵ၃ၵ် ၐၵူၸ လပ် ၐၵ၃ၔ ၵၵ်ၔ, ၐၵူၸၵ် ၃ၺေ ၵမ်ၔ ဟၡၔ ၵၸၔ ၸသ ၸၵူ သာၺေ သပုၔ ၐယၸမ် ၷပ် ၐ၃ၺၔ ၐလပ် ပာၵ်ၔ ၺၡၵ်ေ ၃ပုေ ၆ၸေ ၃ပုေ ၐၐဟၺေ။

(ၶပူၔ ၎ၵ၃ ၐၐတၺၔ: ၵျူၵ်ေ တာေ ၐၐ၃ၺေ)

穿山越涧的钢铁大动脉

1970年7月1日，南北两列满载工农兵和兄弟民族代表的火车分别从成都、昆明出发，穿山越涧来到当年红军长征走过的西昌。当两列火车相会时，现场锣鼓喧天，彩旗招展，这是在庆祝成昆铁路历经10余年的奋战，终于全线通车，很多围观的军民不禁流下了热泪。这条铁路起于四川成都，止于云南昆明，全长1100公里，在云南境内长292公里，其中80%位于楚雄彝族自治州境内。铁路过大小凉山，由四川攀枝花市与永仁县交界的师庄隧道进入楚雄州，沿金沙江而下，经红江车站向南逆龙川江而上，经元谋坝子、牟定羊臼河以及禄丰黑井、广通、大旧庄、一平浪等地，最后经安宁至昆明。这条铁路在当时成为纵贯中国西南、西北地区的交通大动脉，它的建成对促进西南地区，特别是民族地区的经济社会发展和民族团结有着极其重大的意义。

穿越“禁区”的钢铁巨龙

成昆铁路穿过的川滇高原上，既有莽莽苍苍的横断山脉，又有奔腾咆哮的大渡河和金沙江，多少年来，这里都是与世隔绝的交通禁区。从19世纪末企图染指川滇的英法殖民者，到20世纪三四十年代的国民党政府，都试图修通成都到昆明的铁路，但无不以失败告终。只有新诞生的中华人民共和国做到了。成昆铁路从海拔500米的成都平原开始进入山区，逐步爬坡到达大凉山的分水岭，海拔也随之攀升到最高的2300米。之后，铁路又逐步下降进入云南境内的金沙江东折处，海拔仅有980米。待火车到达昆明，海拔又升到了1900米。变化极大的海拔带来了变化多端的气候，一趟火车上的乘务员，夏天离不开毛衣，冬天也要带上春装。一路上，火车要越过991座铁桥、429座隧道。由于地形限制，沿线122个车站中有42个不得不全部或部分建造在桥梁上和隧道里。

“横断山，路难行。天如火来水似银。”《长征组歌》里的这句歌词是过去横断山区交通情况的真实写照。成昆铁路在横断山脉中穿行的这一段路线，仅在龙川江上就跨越了47次，是全线桥梁最集中的地段。乘坐火车的乘客的一大乐趣就是一会儿在左边看桥，一会儿到右边看河。龙川江上的大田箐桥当时是云南省内最长的铁路桥，长1165.94米。从石膏箐到大田箐仅有15公里的直线距离，但高差却有300米，为了降低坡度，这里的铁路展线迂回重叠，共修了37公里的铁路。在阿南庄附近的螺旋形展线上，经常可以看到这样一幅奇特的景象：当列车的车身还在第一座桥上移动时，车头已进入第二座桥上，当列车车身来到第二座桥上时，车头已经驶入隧道，是真正的“大桥与大桥相连接，大桥与大桥相重叠”。

虽然地理条件艰难，但是建成的成昆铁路质量却达到了很高的标准。成昆线上使用的全部是当时最先进的国产内燃机车，爬坡有力，过隧道无烟雾。铁路的路基质量很高，坐在火车上不会感到车厢摇晃，就连通过隧道多的地段，车速也可以达到每小时70公里，爬坡时也可不用减速。

身在一线天，心比大海宽

一列列火车能够轰鸣着穿过这片“筑路禁区”，是国家慎重选择的结果和一线建造者以巨大的牺牲换来的。1952年底，成昆铁路的路线勘测开始，专家们深思苦索、殚精竭虑、反复推敲，最后在成都至昆明长1000多公里、宽200多公里的范围内提炼出了东、中、西3条线路走向方案。苏联专家认为，3条线路中只有中线勉强可行，西线根本就无法修建铁路，就算修建了铁路，不久也会变成一堆废铁；但是中国的专家认为，西线通过少数民族地区，在政治、经济上都具有重大意义。正当双方意见僵持之时，在西线附近的攀枝花意外发现了大型铁矿，促使西线方案成为最终选择。1964年，国际形势恶化，中国受到反华势力的军事核威胁。中共中央做出了“三线”建设的重大战略决策，其中成昆铁路是“三线”建设中的重要内容。

当时铁道部副部长吕正操在研究方案时说："学习苏联，并不是迷信苏联。我们要的是一条穿越禁区的钢铁大道，而不是一条羊肠小道。"话虽如此，巍巍的大小凉山，滔滔的大渡河、金沙江仍然是难以克服的屏障。巧的是，这些地方正是当年红军长征经过的地方。成昆铁路的修建，是在长征路上修铁路，这极大地鼓舞了修路的军民，大家发挥红军战士"万水千山只等闲"的精神，笑称自己"身在一线天，心比大海宽"。他们在江边沙滩上搭草棚，在荒山野谷砌石垒灶，在大河上空架起运输索道。公路便道没有修通，筑路工人和铁道兵战士肩挑人抬，把大批机械、材料搬到隧道口、桥墩旁；大型机械搬不动，就先"化整为零"，拆成小部件，抬到山顶再拼装。全线1/3的路段坐落在7级以上的地震区，一路上既有一碰即塌的烂洞子，也有坚硬无比的特坚石；有40多摄氏度高温的火焰山，也有山泉暴涌的水帘洞，给筑路修桥、打隧道带来了许多技术上的困难。在千辛万苦的施工过程中，技术人员和铁道兵们创造和推广了50多项新技术，创造和革新重大设备760多件，日夜赶工，推动成昆铁路的加快建设。

修建成昆铁路的一路上危险重重，工地危石坠落、山洪和泥石流爆发、瓦斯爆炸、地下水突袭等难以预测的灾害随时都有可能夺走人们的生命。据不完全统计，在修筑成昆线的过程中，有2100多名铁道兵战士、筑路工人付出了生命的代价。在成昆铁路沿线矗立着几十座烈士陵园和烈士纪念碑，就是为了纪念这些为成昆铁路建设献出生命的英雄。著名的数学家华罗庚来到成昆铁路指导施工后，由衷地感慨道："战斗在成昆铁路工地上的铁道兵战士是伟大的，我能计算出一道道数学难题，却无法计算出铁道兵指战员对党和人民的忠诚！"

成昆铁路，是一条充分依靠沿线群众特别是少数民族群众修建而成的铁路。从勘定路线开始，干部、工人和技术人员就多次访问沿线群众，拜老百姓为师，沿线的广大群众为勘测队员带路，介绍当地水文地质情况，协助搬运机器设备。尤其是确定龙川江路段路线时，队员们多次向周边居民取经，最终在30多个方案中选定了最佳路线。建成后，无论是驾驶机车的司机，还是前来参观的行家里手，无不称赞龙川江这一段线路的巧妙。

在成昆铁路建设的过程中，云南省成立了铁路修建支援委员会，各有关州县也成立了支援委员会，组织各族民工参加修路，动员公社社员为部队盖工棚，划出田地改种蔬菜，送牛羊、柴火、蔬菜等。先后10余万农村劳动力、1.8万民工被抽调投入建设工作，配合铁道兵施工。支援修建的后勤人员达1.7万人，提供马车1900余辆、木船110艘、驮畜4000余匹，沿线各州县老百姓还赶马帮或人背肩挑给施工单位送生活用品。

在成昆铁路上有彝族、傈僳族、纳西族、阿昌族、普米族、傣族、白族、回族等少数民族的近千名铁路职工，他们是川滇地区第一批少数民族铁路工人。昆明铁路分局广通机务段内燃机车司机张文光是彝族，他本身就参加过成昆铁路的修建，通车后又苦学驾驶火车技能，成为一名光荣的火车司机，一直保持着安全运输的先进业绩。还有多拉快跑、安全运输的昆明铁路分局生产能手——白族司机赵德，吃苦耐劳的纳西族工人和阿章……至今，仍然有很多少数民族职工奋战在成昆铁路的第一线。

“大动脉”和“毛细血管”

在成昆铁路通车50余年后，我们可以骄傲地说，当年中国专家们的坚持没有付诸东流。成昆铁路的建设对改善西南地区的交通状况、加强各民族之间的经济文化联系、建立机动灵活的战略大后方、配合攀枝花工业基地的建设、开发大西南地区的资源起到了不可替代的作用。

云、贵、川3个省物产丰富。在云南境内，成昆铁路负责贵州到攀枝花钢铁厂的煤炭运输、云南磷矿和木材的外运任务及滇西8个地州的主要物资运输。成昆铁路通车仅3年，货运量年年增加，客运量达2000余万人，相当于每天要用三四百辆长途汽车运输的乘客量。金沙江和楚雄林区的木材，永仁的煤矿，大姚、牟定等地的铜矿，罗茨、元谋、峨山等地的铁矿，黑井、一平浪、安宁等地的盐矿，被源源不断地运输出去。铁路沿线有很多“山高崖陡云断路，人行百里无炊烟”的地方，工矿建设从无到有、从小到大发展起来，还出现了许多新的城镇。

楚雄历来被称为通往滇西的门户。但是，过去这里只有一条从昆明通往云南西部各地州的公路干线，大量物资受运输力量的限制被卡在门口，堆积如山，进不来、出不去。成昆铁路通车后，这里修建了一条30公里的短程柏油公路，与成昆线上的物资集散地广通紧紧相连，每年通过火车从广通站进出的货物吞吐量达几百万吨，进出滇西的旅客达100多万人次。祖国各地支援西南边疆建设所需的各种物资，尤其是国家供应的大量化肥和农业机械，通过成昆铁路源源不断地运到沿线各地。广通建设了20多个物流转运货场，把铁路线上的省内外物资分流到滇西各地州，又把云南的白糖、茶叶、木材、矿石等物产运往全国。成昆铁路通车以后，新建的罗茨铁矿、上厂铁矿的矿石通过铁路运进了昆明钢铁厂，促进了昆钢的发展；元谋的冬早蔬菜一朝扬名，依托成昆铁路走向大江南北，元谋也因此被誉为挂在成昆线上的“菜篮子”。1988年，楚雄州调出的蔬菜已占到全省的54.6%，占全国“南菜北运”的12%。成昆铁路真是当之无愧的钢铁大动脉。

成昆铁路建成后，受益最深的莫过于沿线少数民族群众。成昆铁路沿线聚居着汉族、彝族、苗族等数十个兄弟民族，在沿途各站经常能看到穿着民族服饰的男女老少在等待列车进站。在楚雄彝族自治州的尹地和羊臼河两个小站之间横隔着几道深渊，生活在这里的彝族群众每次去元谋城赶街都要在深涧中的羊肠小道上绕1天多的时间。“上山云里钻，下山到河边，两山喊地应，行走要半天。”成昆铁路开通以后，专门在两站之间设立了一个叫“小羊臼”的临时停靠点，以方便彝族群众出行。这样一来，这里的彝族群众乘火车只要10多分钟就可以直达羊臼河。当时，还经常能在火车上看到沿途苗族、傈僳族群众乘坐火车到罗茨泡温泉的景象，这是之前难以想象的。可以说，成昆铁路疏通了西南少数民族地区的“毛细血管”。

成昆铁路是中国发展国民经济第二个五年计划中的重点建设成就之一，是依靠国内工程技术人员自己的力量，独立自主、自力更生建成的一条钢铁大道。1974年，中国送给联合国的第一批礼物就是长城壁毯和成昆铁路牙雕模型。1985年，成昆铁路的设计及建设和第一代核潜艇的研究设计一起，首批荣获国家颁发的最高科学荣誉“国家科学技术进步特等奖”。2009年，成昆铁路入选新中国成立60周年“百项经典与精品工程”。一位社会学家评称，成昆铁路和攀钢建设至少影响和改变了西南地区2000万人的命运，使大西南的经济前进了半个世纪，西南荒塞地区整整进步了50年。

成都铁路局庆祝成昆铁路通车50周年的纪录片《何以成昆》深情地赞颂：“从1970年通车至今，五十载春夏秋冬就这样被它征服，半个世纪的雨雪风霜被它傲然掠过，1100公里的险峰激流为它低头让路，沿线群众依偎在它的身旁深深眷恋着它。”老一辈铁路建设者不畏艰险、不怕牺牲，以敢叫高山低头、河水让路的豪迈气概，把天堑变成了通途，创造了世界铁路建设史上的奇迹。今天，我们仍然需要传承好老成昆精神，不忘初心、砥砺前行，争取为少数民族同胞和西南地区、云南地区谋福祉、创发展。

参考资料

[1]楚雄彝族自治州文学艺术界联合会编：《彩虹飞舞——楚雄州交通建设纪实》，云南民族出版社2006年版。

[2]枕木：《旅行在成昆线上》，少年儿童出版社1983年版。

[3]四川人民出版社编：《万水千山只等闲——记成昆铁路的胜利建成》，四川人民出版社1974年版。

[4]冯金声：《中国西南铁路纪事》，西南交通大学出版社2017年版。

[5]庚莉萍：《成昆线——铁路建设的英雄史诗》，《档案时空》2007年第7期。

[6]刘德枢主编：《风雨成昆二十年》，四川人民出版社1990年版。

（执笔：聂然）

[illegible]

[illegible]

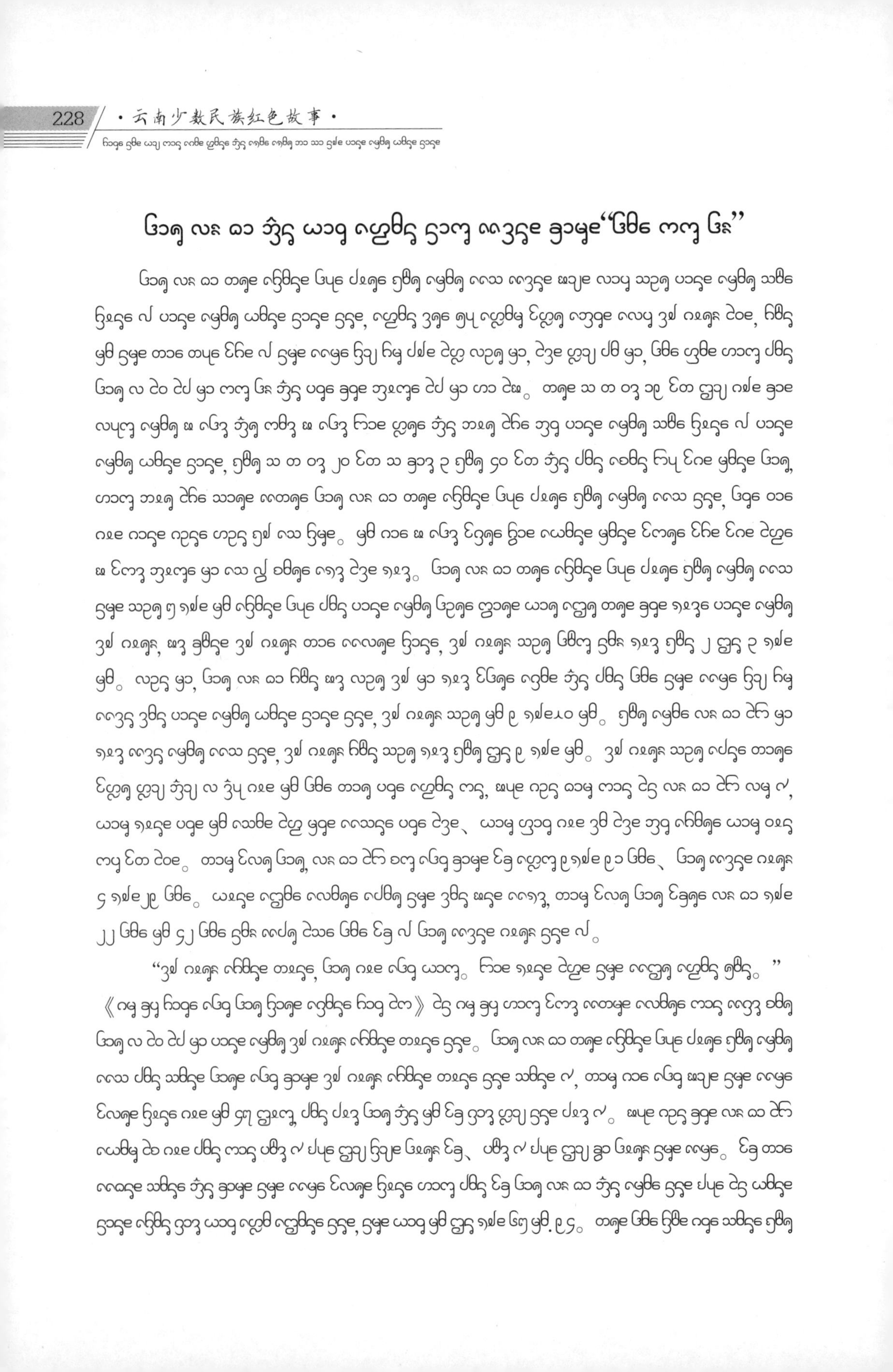

[illegible]

[illegible]

[illegible]

ᦑᦱᧃ ᦵᦂᦡᦸᧂ ᦉᦲᧂ ᦷᦙᧅ ᦊᦱᦰ ᦙᦲᧆ ᦑᦸᧂ ᦺᦂᦸᧃ ᦟᦲᧆ, ᦷᦙᧃ ᦞᦱᧃ ᦓᦲᧂ ᦉᦱᦰ ᦓᦲᧂ ᦵᦂᦑᦲᧂ ᦙᦲᧃ ᦶᦉᧃ ᦑᦱᦰ ᦅᦱᧃ ᧒ ᧑᧙᧕᧒ ᦙᦲᧆ, ᦵᦡᦲᧃ ᦈᦸᧃ ᦓᦲᧂ ᦣᦲᧃ ᦣᦲ ᦂᦸᦰ ᦟᦸᧆ ᦙᦱ, ᦷᦙᧅ ᦟᦸᧆ ᦺᦝ ᦔᦲᧃ ᦠᦲᧆ ᦡᦸᧃ ᦙᦲᧆ ᦷᦙᧅ ᦺᦂᦔ ᦗᦸᧂ ᦟᦸᧆᦺᦝ ᦶᦉᧃ, ᦶᦉᧃ ᦵᦂᦑᦸᧃ ᦵᦟᦲ ᦷᦙᧅ ᦟᦸᧆ ᦺᦝ ᧓᧐ ᦺᦂᦸᧃ ᦟᦲᧆ。ᦡᦲᧃ ᦔᦲᧃ ᦑᦲᧁ ᦷᦕᧃ ᦓᦸᧂ ᦗᦸᧃ ᦠᦸᧂ ᦠᦱᦰ ᦙᦲᧆ ᦷᦙᧅ ᦡᦸᧃ ᦂᦸᧂ ᦠᦲ ᦓᦸᧂ, ᦊᦱᦙ ᦵᦡᦲ ᦂᦸᧂ ᦠᦱᦰ ᦠᦸ ᦵᦡᦱᧃ ᦠᦸᧂ ᦵᦟᦲᧃ ᦔᦲᧃ ᦑᦱᧃ ᦡᦱᧃ ᦓᦲᧃ: ᦵᦙᦲᧃ ᦟᦸᧆ ᦺᦝ ᦵᦡᦲ ᦊᦲ ᦵᦂᦲ ᦡᦲᧃ ᦵᦠᦲ ᦺᦂ ᦗᦸᧂ ᦅᦲ ᧗ ᦓᦸᧂ, ᦺᦂ ᦟᦸᧆ ᦺᦝ ᦣᦲ ᦉᦸᧂ ᦵᦂᦲ ᦂᦸᧃ ᦺᦂ ᦗᦸᧂ ᦅᦲ ᧒ ᦓᦸᧂ ᦵᦂᦸᧃ, ᦵᦙᦲᧃ ᦟᦸᧆ ᦺᦝ ᦵᦂᦲ ᦑᦲᧂ ᦺᦂ ᦗᦸᧂ ᦅᦲ ᧒ ᦓᦸᧂ, ᦺᦂ ᦟᦸᧆ ᦺᦝ ᦣᦲ ᦉᦸᧂ ᦵᦂᦸᧂ ᦂᦸᧃ ᦷᦙᧅ ᦵᦂᦸᧂ ᦂᦲᦓ ᦵᦂᦸᧃ, ᦠᦱᦰ ᦵᦂᦸᧂ ᦵᦂᦸᧂ ᦔᦲᧃ ᦺᦂ ᦑᦲᧃ ᦺᦂ, ᦺᦂ ᦑᦲᧃ ᦺᦂ ᦣᦲᧃ ᦅᦱᧃ ᦵᦡᦲ ᦟᦲ。

ᦠᦸᧃ ᦞᦱᧃ ᦟᦲ ᦂᦱ ᦓ ᦔᦲᧃ ᦡᦲᧃ ᦔᦲᧃ ᦅᦲᧃ ᦟᦲᧂ ᦔᦱᦰ ᦵᦟᦲᧂ ᦵᦡᦲ, ᦷᦙᧃ ᦞᦱᧃ ᦅᦱᧃ ᦉᦱᦂᦸᧂ ᦵᦂᦑᦸᧃ ᦷᦙᧅ ᦟᦸᧆ ᦺᦝ ᦑᦸᧂ ᦵᦣᦲᧃ ᦔᦲᧃ ᦡᦲᧃ ᦣᦲᧅ ᦵᦙᦲᧅ ᦵᦂᦉ ᦵᦂᦡᦲᧅ ᦗᦸᧅ ᦙᦱ ᦓᦲᧂ ᦣᦲ ᦙᦸᧃ ᦠᦱᦰ ᦣᦲ ᦅᦲ ᦉᦸᧂ。ᦷᦙᧅ ᦟᦸᧆ ᦺᦝ ᦑᦸᧂ ᦵᦣᦲᧃ ᦔᦲᧃ ᦡᦲᧃ ᦣᦲᧅ ᦵᦙᦲᧅ ᦵᦂᦉ ᦵᦡᦲ ᦡᦲᧅ ᦠᦲᧃ ᦊᦱᦂᦸᧂ ᦡᦲᧃ ᦵᦣᦲᧃ ᦗᦸᧃ ᦶᦉᧃ ᦵᦡᦲ ᦓ ᦵᦂᦲ ᦵᦂᦡᦲᧅ ᦗᦸᧅ ᦙᦱ ᦡᦲ ᦣᦲ ᦓᦸᧂ ᦓᦲᧂ ᦷᦙᧅ ᦺᦂᦙᦸᧃ, ᦓᦲ ᦂᦸᧂ ᦣᦲ ᦙᦲᧆ ᦵᦂᦲᧅ ᦣᦲ, ᦵᦂᦸᧂ ᦷᦙᧅ ᦵᦂᦸᧂ ᦂᦲᦓ ᦂᦲ ᦔᦲᧃ ᦙᦲᧆ ᦣᦲᧃ ᦵᦡᦲ。ᦵᦂᦲᦙᦸᧂ ᦶᦉᧃ ᦷᦙᧅ ᦟᦸᧆ ᦺᦝ ᦓᦲᧂ ᦣᦲ ᦙᦸᧃ ᦡᦲᧃ ᦉᦱᦰ, ᦓᦲᧂ ᦡᦲ ᦵᦡᦲ ᦟᦸᧆ ᦺᦝ ᦂᦲ ᦔᦲᧃ ᦣᦲᧃ ᦶᦉᧃ ᦣᦲᧅ ᦟᦸᧆ ᦺᦝ ᦵᦂᦲᦓᦲᧃ ᦵᦡᦲ ᦓᦸᧂ, ᦡᦲ ᦵᦂᦑᦲ ᦵᦂᦸᧂ ᦷᦙᧅ ᦵᦂᦸᧂ ᦂᦲᦓ ᦙᦸᧂ ᦡᦲᧃ, ᦟᦸᧆ ᦺᦝ ᦂᦲ ᦵᦂᦲ ᦵᦡᦲ ᦣᦲᧃ ᦣᦲᧅ ᦑᦱ ᦠᦸᧃ ᦙᦲᧃ ᦵᦡᦲ ᧗᧐ ᦺᦂᦸᧃ ᦟᦲᧆ, ᦵᦙᦲᧃ ᦟᦸᧆ ᦺᦝ ᦵᦂᦲ ᦣᦲᧃ ᦵᦂᦲ ᦓᦸᧂ ᦔᦲᧃ ᦠᦱᦰ ᦣᦲᧃ ᦵᦂᦲᧃ ᦂᦲ ᦵᦡᦲ。

ᦺᦑ ᦡᦲᧃ ᦉᦱᦰ ᦠᦲᧃ ᦅᦱᧃ ᦵᦂᦲᧂ ᦗᦱ,
ᦺᦂ ᦵᦡᦲ ᦷᦂᦸᧃ ᦵᦂᦲᧂ ᦓᦲᧂ ᦵᦂᦲᧃ ᦉ ᦠᦲᧂ

ᦟᦸᧆ ᦺᦝ ᦵᦡᦲ ᦟᦲᧂ ᦵᦡᦲ ᦟᦲᧂ ᦓᦸᧂ ᦙᦲᧆ ᦵᦂᦲᧅ ᦵᦂᦸᧂ ᦵᦂᦲ ᦵᦂᦲ ᦟᦲᧃ ᦂᦲᦙᦸᧂ ᦷᦙᧅ ᦅᦲ ᦔᦲᧃ ᦓᦸᧂ ᦵᦡᦲ, ᦗᦸᧃ ᦓᦲᧃ ᦠᦱᦰ ᦡᦲᧃ ᦵᦂᦲ ᦵᦂᦲᧂ ᦵᦂ ᦟ ᦓᦱ ᦵᦟᦲᧂ ᦵᦂᦸᧂ ᦗᦸᧃ ᦵᦡᦲ ᦟᦲ ᦵᦂᦲ ᦂᦸᧂ ᦡᦲᧃ ᦉᦱᦰ ᦠᦲᧃ ᦵᦂᦲ ᦅᦱᧃ ᦉᦱᦂᦸᧂ ᦵᦂᦑᦸᧃ ᦗᦸᧃ ᦗᦸ ᦣᦲ ᦞᦲ ᦵᦡᦲᧃ ᦵᦂᦸᧂ ᦙᦱ ᦓᦸᧂ。ᦔᦲ ᧑᧙᧖᧒ ᦺᦑ ᦠᦱᦰ ᦔᦲ, ᦅᦱᧃ ᦣᦲ ᦵᦂᦲ ᦣᦲ ᦂᦲᦓ ᦷᦙᧅ ᦟᦸᧆ ᦺᦝ ᦑᦸᧂ ᦵᦣᦲᧃ ᦔᦲᧃ ᦡᦲᧃ ᦣᦲᧅ ᦵᦙᦲᧅ ᦵᦂᦉ ᦑᦸᧂ ᦂᦸᧃ ᦵᦂᦲ, ᦉ ᦵᦡᦲᧃ ᦷᦙᧅ ᦵᦡᦲ ᦂᦲ ᦂᦲ ᦂᦲᦓ ᦣᦲ、ᦵᦡᦲ ᦡᦲᧅ ᦂᦲ ᦵᦂᦲ ᦵᦂᦲ ᦺᦂ ᦣᦲ ᦵᦂᦸᧂ、ᦂᦲ ᦵᦡᦲ ᦂᦲ ᦙᦱ, ᦅᦲ ᦉᦱᦂᦸᧂ ᦙᦱ ᦡᦲᧃ ᦵᦡᦲ ᦟ ᦵᦂᦲ ᦵᦂᦲ ᦑᦸᧂ ᦵᦣᦲᧃ ᦔᦲᧃ ᦡᦲᧃ ᦣᦲᧅ ᦵᦙᦲᧅ ᦵᦂᦉ ᦓᦲᧂ ᦊᦱᦰ ᦙᦲᧆ ᦶᦉᧃ ᦺᦂᦸᧃ ᦟᦲᧆ ᦡᦲ、ᦷᦂᦸᧂ ᧒ ᧑᧙᧕᧒ ᦺᦂᦸᧃ ᦟᦲᧆ ᦡᦲ ᦅᦲ ᦗᦸᧅ ᦅᦱᧃ ᦂᦸᧂ ᦗᦸᧃ ᦶᦉᧃ ᦵᦡᦲ ᦗᦸᧅ、ᦊᦱᧃ ᦅᦱᧃ、ᦠᦸᧃ ᦵᦡᦲ ᦺᦑ ᦵᦂᦲ ᧒ ᦉᦲᧂ ᦓᦸᧂ ᦗᦸᧅ ᦙᦱ。ᦉ ᦵᦡᦲᧃ ᦓᦲ ᦵᦂᦲ ᦂᦲᦓ ᦑᦱᧃ ᦵᦡᦲ ᦵᦂᦲ ᦵᦂᦲ ᦂᦲ ᦞᦱᧃ, ᦷᦙᧅ ᧒ ᦉᦲᧂ ᦓᦲᧃ ᦙᦲᧆ ᦂᦱᧃ ᦷᦙᧅ ᦉᦲᧂ ᦅᦱᧃ ᦵᦂᦲ ᦂᦲ ᦔᦲᧃ ᦊᦱᦂᦸᧂ, ᦷᦙᧅ ᦶᦉᧃ ᦵᦡᦲ ᦺᦑ ᦵᦂᦲ ᦶᦉᧃ ᦂᦲ ᦶᦉᧃ ᦔᦲᧃ ᦗᦸᧃ ᦵᦂᦲ ᦵᦂᦲ ᦷᦙᧅ ᦟᦸᧆ ᦺᦝ ᦓᦸᧂ, ᦠᦲ ᦞᦱᧃ ᦵᦂᦲ ᦵᦂᦲ ᦷᦙᧅ ᦟᦸᧆ ᦺᦝ, ᦔᦲᧃ ᦠᦸᧅ ᦷᦙᧃ ᦵᦡᦲ ᦂᦲ ᦵᦂᦲᧃ ᦔᦲᧃ ᦵᦂᦸᧂ ᦵᦂᦲ ᦵᦡᦲ

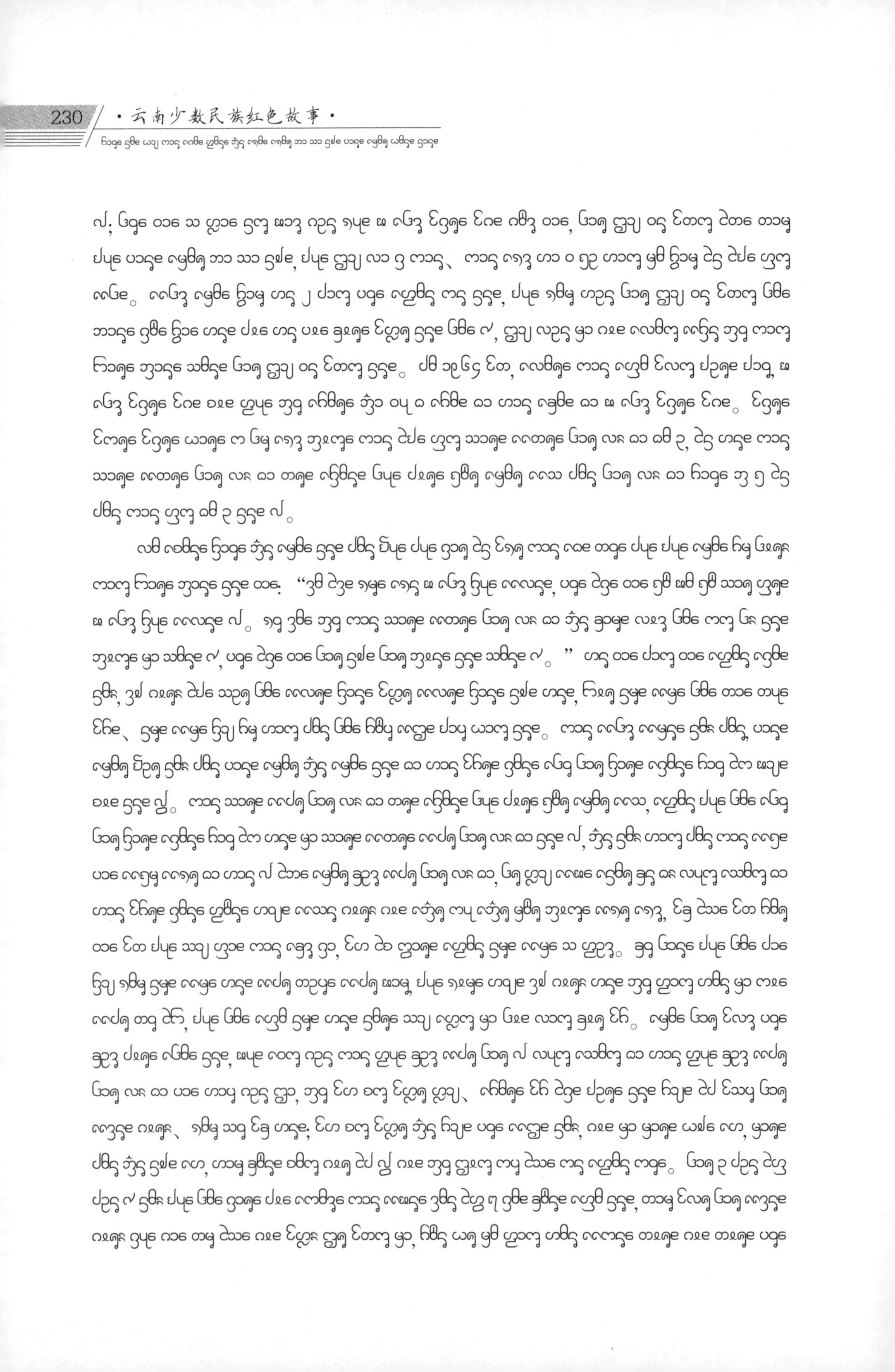

[illegible]

[illegible]

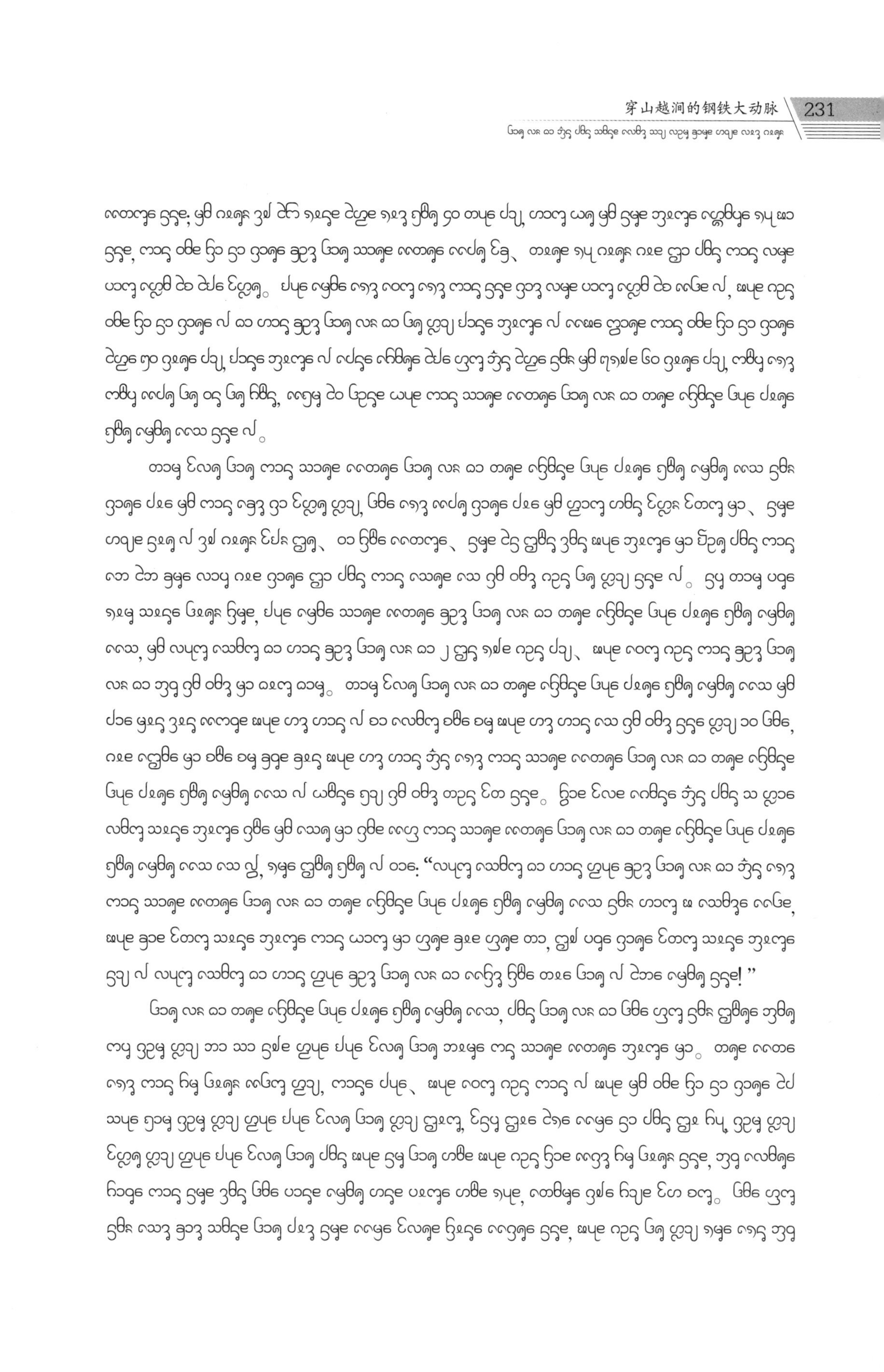

[illegible]

[illegible]

[illegible]

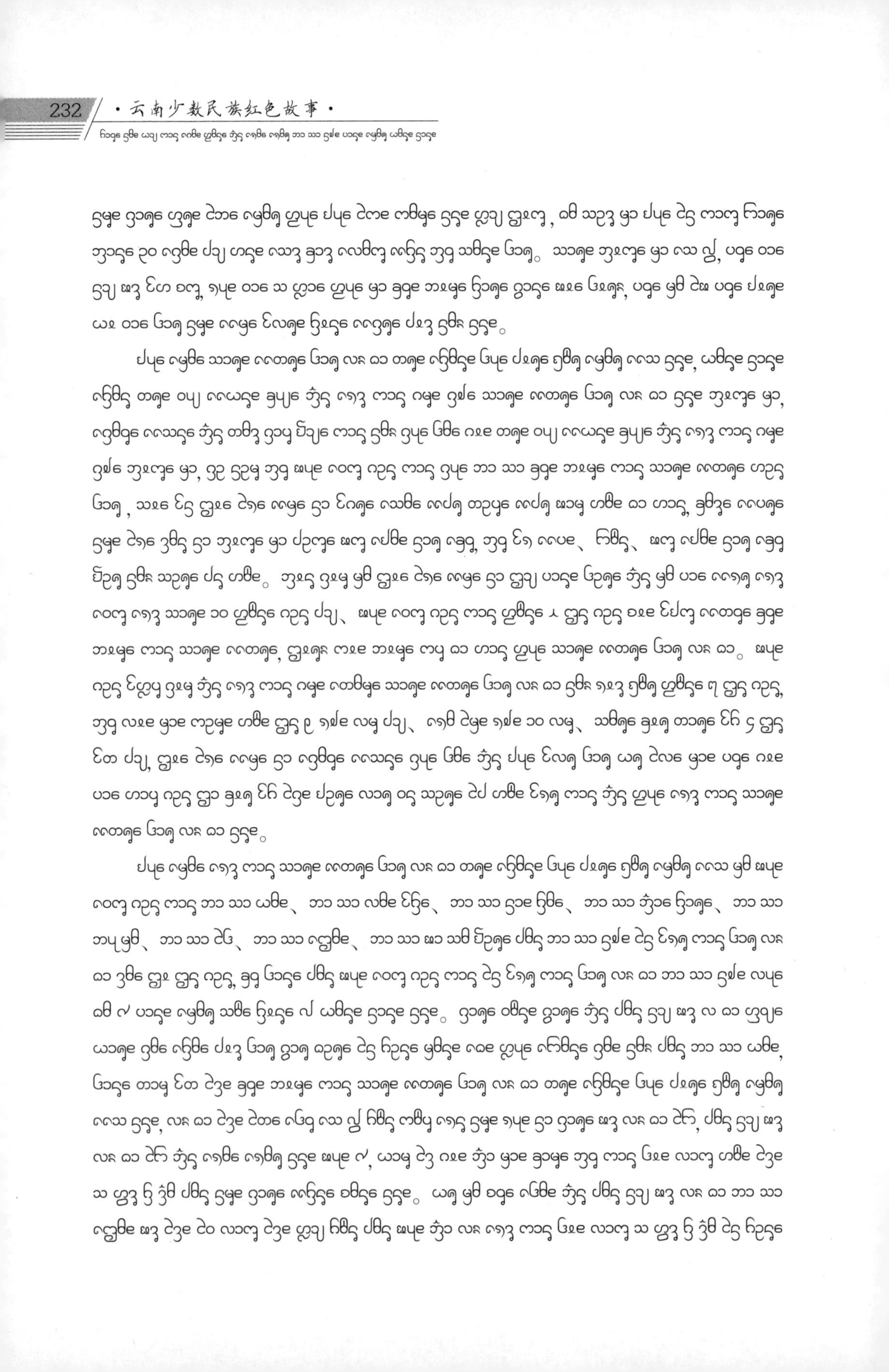

ᦙᦲᧃ ᦵᦑ ᦷᦗᧂ ᦵᦅᧃᦲ ᦑᦲᧈ, ᦺᦂ ᦎᦱᧃ ᦑᦱᦵᦅᧂ ᦎᦱᧂ ᦔᦲᧃ ᦉᦳᧂ ᦵᦞᧅ ᦂᦳᧂ ᦅᦱᧂ ᦑᦱ ᦉᦱ ᦓᦱᧃ ᦃᦲᧃ ᦺᦑᦲᧂ
ᦺᦊᧅ ᦃᦱᦙᧃ ᦡᦱᦔ ᦵᦓᦲ ᦢᦲᧅ ᦔᦲ ᦵᦑᦲᧃ, ᦠᦱᧅ ᦊᦱᧅ ᦙᦲ ᦉᦳᧂ ᦵᦞᧅ ᦂᦳᧂ ᦅᦱᧂ ᦑᦱ ᦉᦱ ᦓᦲᧈ ᦺᦟᦸᧂ ᦷᦗᧂ ᦑᦲᦵᦟᧅ
ᦵᦓᦲᧂ ᦂᦲᧇ ᦔᦳ ᦡᦳᧂ ᦑᦱᧅ ᦟᦱ ᦡᦱ ᦎᦱᧄ ᦵᦂᦲᧃ ᦑᦳᧂ ᦡᦲᧅᦵᦅᧂ ᦢᦲᧅ ᦵᦙᦲᧅ ᦵᦟᦱ ᦎᦱᧂ ᦔᦲᧃ ᦉᦱᦹ ᦷᦗᦱᧃ ᦓᦳᧂ。

“ᦉᦲᧂ ᦵᦟᧅ ᦉᦱᦹ ᦟᦹᧄ ᦺᦗᦳᧂ” ᦟᦲ “ᦉᦲᧂ ᦵᦟᧅ ᦉᦱᦹ ᦟᦹᧄ ᦓᦲᧈ”

ᦡᦳᧂ ᦵᦙᦲᧂ ᦑᦱᧅ ᦟᦱ ᦡᦱ ᦎᦱᧄ ᦵᦂᦲᧃ ᦑᦳᧂ ᦡᦲᧅᦵᦅᧂ ᦢᦲᧅ ᦵᦙᦲᧅ ᦵᦟᦱ ᦟᦱ ᦡᦱ ᦺᦎᧃ ᦵᦑᦲ ᦺᦑᦲᧃ ᧕᧐ ᦔᦲ
ᦔᦲ ᦵᦟᦱ ᦟᦲ, ᧑᧙ ᦎᦱᦵᦅᧂ ᦑᦱᧂ ᦟᦲ ᦞᦱᧃ, ᦉ ᦷᦟᧃ ᦓᦲᧅ ᦉᦱᧂ ᦂᦳᧂ ᦡᦳᧂ ᦑᦲ ᦷᦟᦲ ᦺᦅᧃ ᦉᦲ ᦵᦑᦲᧂ ᦺᦑᦲᦵᦅᧂ ᦺᦂ ᦂᦲᧂ ᦵᦂᦲᧃ
ᦵᦓᦲᧂ ᦓᦲᧃ ᦔᦲᧃ ᦟᦱ ᦑᦳᧂ ᦅᦱᧂ ᦵᦓᦲᧂ ᦓᦳᧂ。 ᦅᦱᧂ ᦉᦱᦵᦅᧂ ᦵᦎᦵᦅᧂ ᦑᦱᧅ ᦟᦱ ᦡᦱ ᦎᦱᧄ ᦵᦂᦲᧃ ᦑᦳᧂ ᦡᦲᧅᦵᦅᧂ ᦢᦲᧅ
ᦵᦙᦲᧅ ᦵᦟᦱ ᦔᦲᧃ ᦵᦟᦲᦵᦅᧂ ᦂᦱᧂ ᦅᦱᧂ ᦑᦱᧅ ᦟ ᦺᦎ ᦺᦔ ᦙᦱ ᦠᦱᧅ ᦙᦲ ᦑᦲᧃ ᦑᦲ ᦙᦱ ᦵᦔᦲᧃ ᦺᦂ ᦔᦱᦲᧃ ᦵᦙᦲᧅ ᦉᦲᧁ
ᦞᦲ ᦺᦎᧅ ᦑᦲᦟᦲ ᦠᦳᧂ ᦺᦎᧃ、 ᦔᦲᧃ ᦵᦉᦲᧂ ᦑᦱ ᦵᦈᦹᧄ ᦵᦂᦲᧅ ᦵᦓᦲᧅ ᦅᦱᧂ ᦵᦓᦲᧂ ᦠᦱ ᦞ ᦓᦳ ᦃᦱᦙ ᦡᦳᧂ ᦟᦲᧅ ᦺᦎ
ᦑᦳᧂ ᦑᦱ ᦉᦱ、 ᦑᦳ ᦎᦱᧄ ᦔᦲᧃ ᦈᦱᧂ ᦺᦟᦲ ᦉᦲᧁ ᦉᦱᦹ ᦷᦟᦱᧅ ᦵᦟᦱᧂ ᦉᦳᧁ、 ᦉᦲᦵᦅᧂ ᦅᦵᦂ ᦅᦳ ᦑᦱᧂ ᦑᦲᧃ ᦃᦱᧃ
ᦉᦱᦵᦅᧂ ᦵᦎᦵᦅᧂ ᦑᦲᧃ ᦅᦱᧂ ᦵᦓᦲᧂ ᦉᦱᦵᦅᧂ ᦵᦞᧅ ᦈᦲᧅ、 ᦔᦲᧂ ᦃᦲᦵᦅ ᦙᦲ ᦔᦱᧂ ᦵᦙᦲᧅ ᦉᦲᧁ ᦞᦲ ᦺᦎᧅ ᦑᦲᦟᦲ ᦠᦳᧂ
ᦺᦎᧃ ᦠᦱᧅ ᦙᦲ ᦑᦲᦵᦅᧂ ᦺᦑᦲᧃ ᦺᦔᧃ ᦷᦠᦲᧅ ᦎᦱᧂ ᦔᦳᧂ ᦙᦲ ᦑᦲᧃ ᦵᦂᦲᧂ ᦎᦱᧅ ᦓᦳᧂ ᦟᦲ。

ᦊᦲᧂ ᦓᦱᧂ ᦅᦳᧂ ᦵᦂᦲᧂ ᦉᦲᧃ ᦃᦲᧂ ᦵᦂᦲᧂ ᧒ ᦑᦲᧃ ᦓᦲᧃ ᦙᦲ ᦃᦲᦵᦅ ᦉᦱᦵᦅᧂ ᦙᦱᧅ ᦷᦟᦱᧅ。 ᦡᦳᧂ ᦺᦑᧃ ᦃᦲᦔᦳᧂ ᦓᦳᧂ
ᦵᦑᦲᧂ ᦑᦲᧂ ᦔᦱᧂ ᦵᦙᦲᧅ ᦊᦲᧂ ᦓᦱᧂ, ᦑᦱᧅ ᦟᦱ ᦡᦱ ᦎᦱᧄ ᦵᦂᦲᧃ ᦑᦳᧂ ᦡᦲᧅᦵᦅᧂ ᦢᦲᧅ ᦵᦙᦲᧅ ᦵᦟᦱ ᦓᦲᧃ ᦡᦱᧄ ᦅᦱᧂ ᦑᦲᦵᦟ
ᦟᦱᧅ ᦵᦙᦲᧅ ᦢᦱᧂ ᦎᦱᧄ ᦅᦳᧂ ᦵᦂᦲᧂ ᦺᦔ ᦢᦲᧅ ᦺᦓᧅ ᦷᦟᦃᦲ ᦵᦟᦱᧅ ᦑᦲᧃ ᦑᦱᧂ ᦑᦲᧃ ᦃᦲᧃ、 ᦅᦱᧂ ᦡᦱᧄ ᦑᦲᦵᦟ ᦟᦱᧅ
ᦊᦲᧂ ᦓᦱᧂ ᦟᦲᧂ ᦃᦳᦵᦅᧂ ᦟᦲ ᦵᦂᦲᦵᦅᧂ ᦺᦙᧂ ᦑᦲᦵᦟᧃ ᦺᦔ ᦉᦲᦉᦲ ᦓᦲᦵᦟᧅ ᦓᦲᧃ ᦅᦳ ᦑᦲᧅ ᦑᦲᧃ ᦠᦲᧅ ᦑᦲᦵᦟ ᦟᦱᧅ ᦃᦲᦵᦅ ᦺᦂ
ᦎᦲᧃ ᦵᦂᦲᧂ ᧓ ᦑᦲᧃ ᦺᦑᧃ ᦔᦱᧂ ᦵᦙᦲᧅ ᦊᦲᧂ ᦓᦱᧂ ᦉᦲᦉᦲ ᦞᦲ ᦺᦎᧅ ᦓᦳᧂ。 ᦑᦱᧅ ᦟᦱ ᦡᦱ ᦎᦱᧄ ᦵᦂᦲᧃ ᦑᦳᧂ ᦡᦲᧅᦵᦅᧂ
ᦢᦲᧅ ᦵᦙᦲᧅ ᦵᦟᦱ ᦟᦱ ᦡᦱ ᦺᦎᧃ ᦵᦑᦲ ᦺᦑᦲᧃ ᧒ ᦔᦲ ᦙᦱ, ᦅᦱᧂ ᦑᦲᦵᦟ ᦟᦱᧅ ᦂᦲᦵᦟ ᦵᦓᦲᧄ ᦷᦟᦱᧅ ᦙᦱ ᦑᦳᧂ ᦔᦲ, ᦑᦲᦵᦟ ᦟᦱᧅ
ᦵᦂᦲᧅ ᦓᦲᦑ ᦢᦲᧅ ᧒ ᦉᦲᧃ ᦠᦲᧂ ᦂᦳᧂ ᦔᦲ, ᦞᦲ ᦺᦑ ᦺᦂᧃ ᦑᦲᦵᦟ ᦑᦱᦵᦑ ᦺᦟᦑ ᦑᦲᦵᦟ ᦟᦱᧅ ᦵᦂᦲᧅ ᦉᦱᧄ ᦢᦲᧅ ᦉᦲᧃ ᦓᦲᧈ
ᦟᦱᧄ ᦙᦱ ᦑᦲᦵᦟ ᦟᦱᧅ ᦵᦂᦲᧅ ᦓᦳᧂ。 ᦺᦙ ᦑᦲᧃ ᦔᦱᧃ ᦺᦙ ᦓᦲᧄ ᦵᦙᦲᧃ ᦃᦲᦉᦲ ᦂᦲᧄ ᦟᦲ ᦃᦲᦉᦲ ᦃᦲᦵᦅᧂ ᦓᦲᦵᦟ, ᦔᦲᦵᦅ ᦵᦙᦲᧂ ᦃᦲᦵᦅ
ᦑᦲᧃ ᦺᦊᧅ ᦵᦊᦲᧂ, ᦔᦲᦵᦅ ᦑᦲᧅ ᦑᦲᧃ ᦎᦱᧃ ᦊᦲᧂ、 ᦵᦙᦲᧂ ᦎᦲᧅ ᦡᦱᧅ ᦓᦲᦵᦟ, ᦔᦲᦵᦅ ᦵᦂᦲᧅ ᦑᦲᧃ ᦺᦟ ᦉᦲᧃ、 ᦵᦊᦲᧂ
ᦵᦙᦲᧂ、 ᦺᦎᦲ ᦃᦲᧂ ᦡᦱᧅ ᦓᦲᦵᦟ, ᦔᦲᦵᦅ ᦵᦅᦲᧄ ᦑᦲᧃ ᦵᦂᦲᧄ ᦑᦲᧂ、 ᦊᦲᧄ ᦑᦲᧂ ᦷᦟᦱᦵᦅ、 ᦎᦱᧂ ᦓᦲᦵᦅ ᦡᦱᧅ ᦓᦲᦵᦟ, ᦔᦲᦵᦅ
ᦵᦅᦲᧄ ᦑᦲᧃ ᦵᦂᦲᧄ ᦑᦲᧂᦊᦲᧄ ᦑᦲᧂ ᦷᦟᦱᦵᦅ ᦎᦱᧂ ᦓᦲᦵᦅ ᦡᦱᧅ ᦓᦲᦵᦟ, ᦺᦑᦲ ᦑᦲᦵᦟ ᦟᦱᧅ ᦑᦲᦵᦟᧃ ᦺᦔ ᦔᦲᧃ ᦃᦱᧂ。 ᦎᦱᧄ
ᦺᦟᦲ ᦑᦱᧅ ᦟᦱ ᦡᦱ ᦠᦱᧅ ᦙᦲ “ᦑᦲ ᦂᦲᦵᦅ ᦉᦱᦵᦅ ᦃᦲᦵᦅ ᦑᦲ ᦠᦳᧂ ᦑᦱᧅ, ᦂᦳᧂ ᦵᦑᦲ ᦑᦱᧅ ᦺᦑᦲ ᦉᦲᦵᦟ ᦓᦲᧈ ᦷᦟᧅ ᦂᦲᦵᦟ ᦔᦲᧃ
ᦠᦳᧂ ᦙᦲ ᦔᦱᧂ ᦵᦙᦲᧅ” ᦓᦳᧂ ᦟᦲ, ᦅᦱᧂ ᦃᦲᧂ ᦃᦲᦵᦅ ᦵᦓᦲᦵᦅ ᦎᦱᧄ ᦔᦲᧃ ᦙᦲ ᦢᦲᧅ ᦙᦲ ᦙᦱ、 ᦎᦱᧄ ᦓᦲᧈ ᦡᦱᦵᦅ ᦵᦑᦲᧅ ᦢᦲᧅ
ᦺᦑᦲᧃ ᦺᦗᦳᧂ ᦊᦲᧅ ᦡᦲᦵᦟ ᦙᦲ ᦅᦱᦑ ᦵᦂᦲᧅ ᦺᦑᦲᧃ ᦓᦳᧂ ᦑᦲᦵᦟᧃ ᦙᦱ ᦺᦗᦳᧂ ᦷᦟᦱᧅ。

ᦃᦲᦉᦲ ᦃᦲᦵᦅᧂ ᦵᦎᦲᧃ ᦺᦑ ᦙᦱ ᦂᦲᦵᦟ ᦈᦲᦵᦟ ᦓᦲᦵᦅ ᦞᦱᧃ ᦔᦲᧃ ᦔᦱᧅ ᦎᦱᦔ ᦔᦱᧂ ᦵᦙᦲᧅ ᦊᦲᧂ ᦓᦱᧂ ᦉᦲᦉᦲ ᦞᦲ
ᦺᦎᧅ ᦃᦲᦵᦅ ᦑᦲᦵᦟᧃ ᦺᦔ ᦙᦱ ᦓᦳᧂ。 ᦑᦲᦵᦅ ᦞᦱᧃ, ᦉᦲᦉᦲ ᦑᦲᦵᦟ ᦑᦲᧃ ᦷᦠᦲ ᦙᦲ ᦑᦱᧅ ᦺᦟᦑ ᦉᦲᧂ ᦵᦑᦲᧂ ᦎᦱᧂ ᦎᦱᧄ

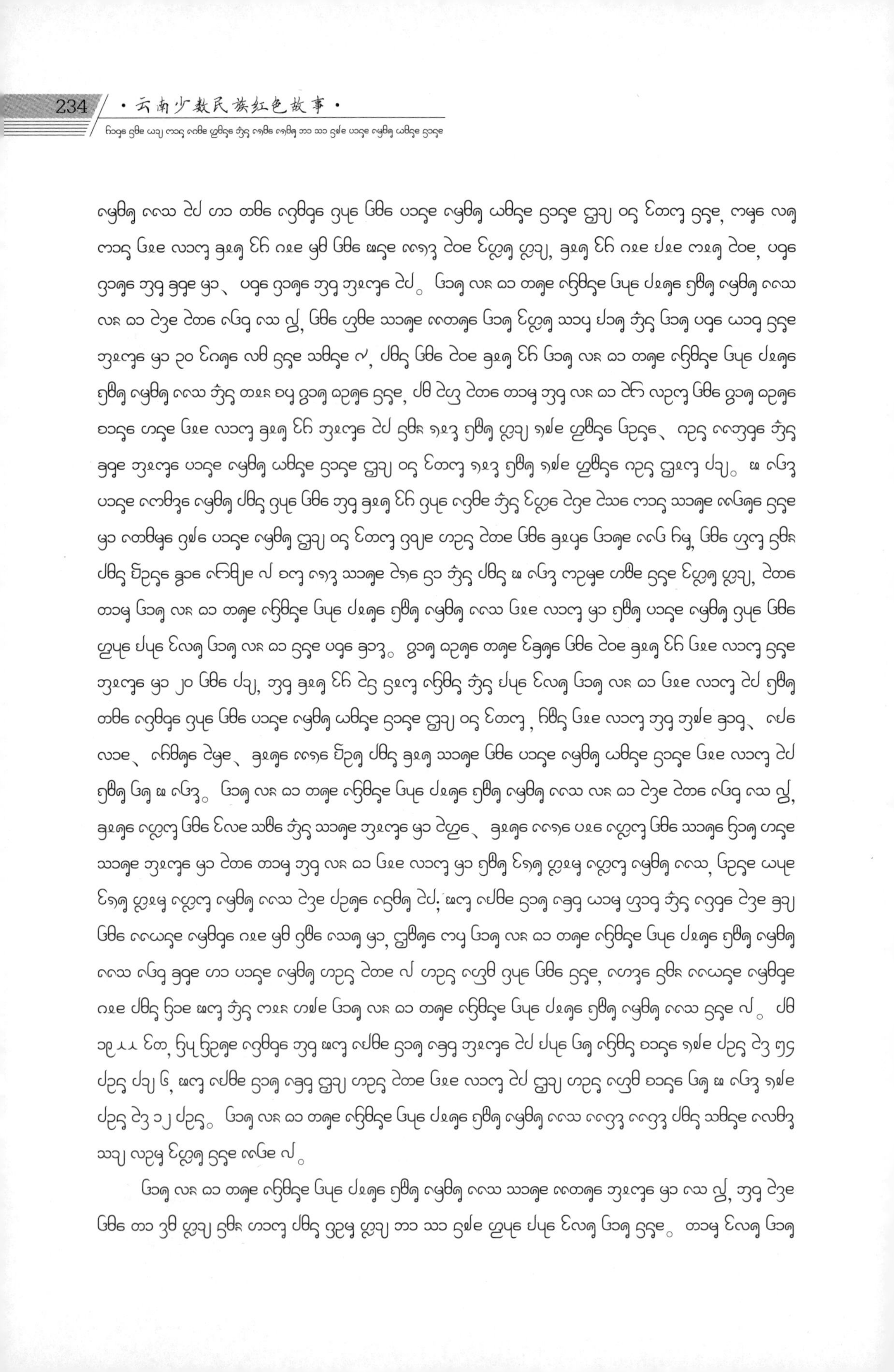

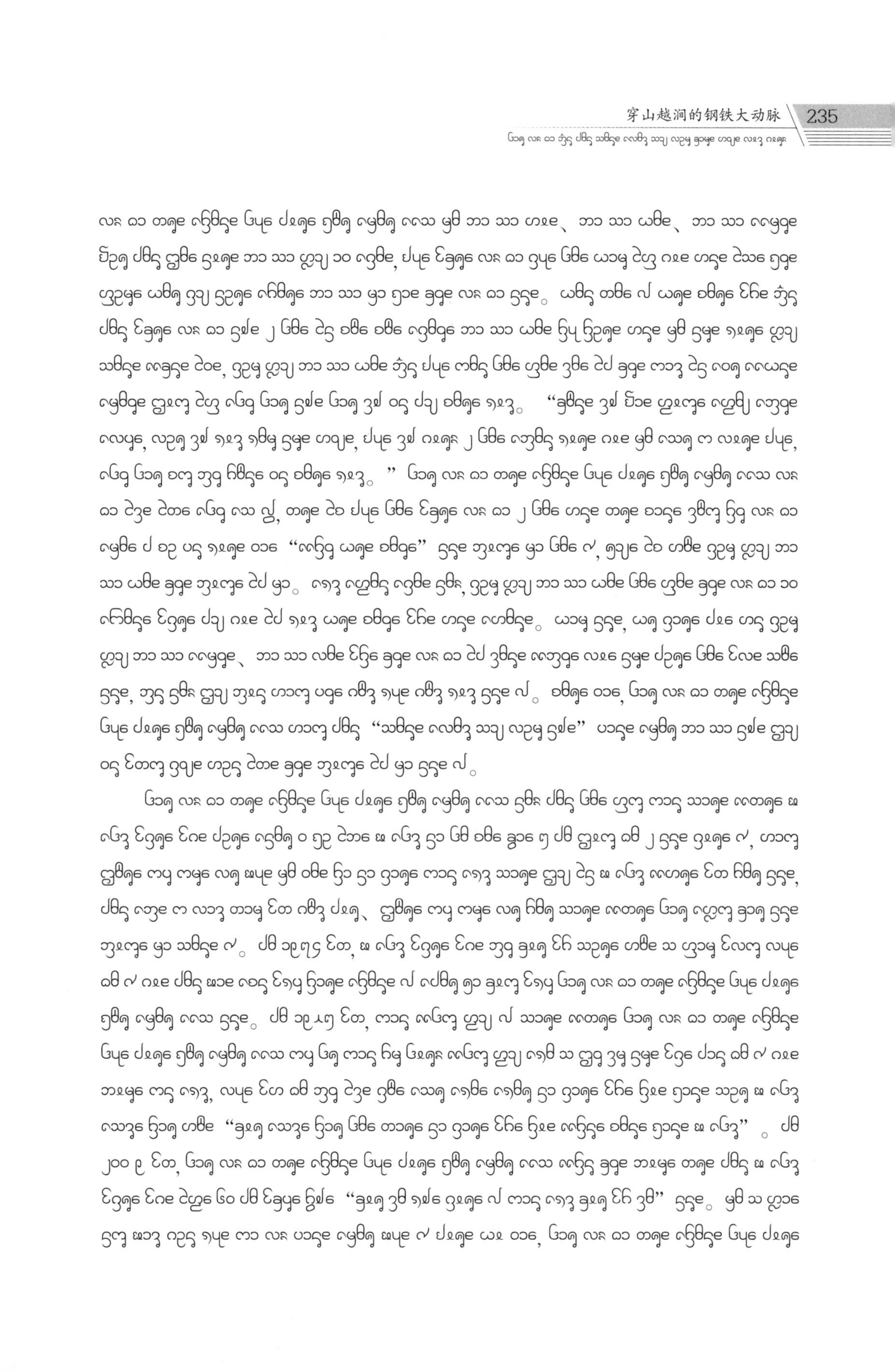

ᥑᥛᥰ ᥛᥨᥛᥰ ᥟᥨᥔ ᥘᥴ ᥖᥣᥒ ᥔᥣᥐᥰ ᥟᥨᥖᥐᥢ ᥞᥢᥐ ᥞᥨᥕᥛ ᥟᥨᥕᥒ ᥖᥣᥒᥢ ᥑᥛᥢ ᥞᥣᥢ ᥞᥣᥒ ᥘᥛᥒ ᥖᥣᥒ ᥞ ᥢᥣᥢ ᥖᥧ

ᥐᥐ ᥟᥨᥘᥢ ᥟᥐ ᥖᥣᥛᥢ ᥟᥨᥘᥛᥒ ᥑᥧ ᥖᥣ ᥑᥧᥰ ᥐᥧᥒ ᥙᥣᥢᥰ ᥛᥨᥛᥰ ᥑᥧ ᥝᥒ ᥞᥖᥒ ᥑᥧᥰ ᥞᥧᥒ ᥟᥖᥰ ᥒ ᥑᥒ ᥞᥛᥢ

ᥐᥧᥒ ᥢᥢᥰ, ᥑᥣ ᥞᥛᥰ ᥖᥣᥒ ᥟᥨᥒ ᥞᥣ ᥝ ᥑᥧ ᥙᥣᥢᥰ ᥛᥨᥛᥰ ᥑᥧ ᥝᥒ ᥞᥖᥒ ᥑᥧᥰ ᥞᥧᥒ ᥟᥖᥰ ᥟᥒᥰ ᥑᥰ ᥟᥘ ᥑᥧ

ᥞᥣᥰ ᥞᥛᥰ ᥔ ᥖ ᥝᥒ ᥴ、 ᥙᥣᥢᥰ ᥛᥨᥛᥰ ᥑᥧ ᥝᥒ ᥞᥖᥒ ᥑᥧᥰ ᥞᥧᥒ ᥟᥖᥰ ᥞᥒ ᥑᥣᥛᥰ ᥞᥖᥒ ᥘᥧᥒ ᥟᥒᥰ ᥓᥛᥢ

ᥟᥨᥘᥛᥒ ᥛᥣ ᥑᥣ ᥘᥛ。

ᥟᥨᥖᥛᥒᥰ ᥐᥧᥢ ᥟᥨᥟᥰ ᥞᥧᥢ ᥑᥛᥰ ᥘᥧᥢ ᥛᥨᥛᥢ ᥖᥧᥒᥢ ᥑᥒ ᥐᥐ ᥘᥢ ᥟᥣ ᥖᥐᥰ ᥟᥨᥖᥛᥒᥰ ᥐᥧᥢ ᥘᥐᥢ ᥑᥛᥰ ᥛᥨᥛᥰ

ᥟᥨᥔ ᥘᥢ ᥟᥣ ᥟᥒᥰ ᥟᥖᥢ ᥟᥨᥐ ᥑᥣ ᥘᥛ ᥞᥧᥢ ᥞᥨᥰ ᥞᥖᥧ ᥘᥛᥒ ᥞᥩᥒᥰ ᥓᥛᥢ ᥘᥧᥰ ᥟᥨᥟᥢᥰ 《ᥔᥣᥐᥰ ᥟᥨᥖᥐᥢ ᥐᥐ

ᥘᥢ ᥟᥣ ᥖᥐᥰ ᥟᥨᥖᥛᥒᥰ ᥐᥧᥢ ᥘᥐᥢ ᥑᥛᥰ ᥛᥨᥛᥰ ᥟᥨᥔ ᥟᥨᥒ ᥟᥒᥰ ᥑᥛ》 ᥓᥰ ᥞᥕᥒ ᥕᥣ ᥟᥨᥘᥛᥒ ᥟᥨᥘᥧᥳ “ᥖᥐᥰ

ᥘᥛ ᥑᥧᥒ ᥞ ᥖ ᥘᥢ ᥟᥣ ᥟᥒᥰ ᥟᥖᥢ ᥟᥨᥐ ᥑᥛᥰ ᥙᥒ ᥟᥨᥒᥢ, ᥑᥣ ᥘᥛ ᥛᥣ ᥙᥢ ᥝᥣᥢ ᥕᥣᥛ ᥝᥢ ᥕᥣᥛ ᥑᥢᥰ ᥕᥣᥛ ᥘᥛᥒ

ᥕᥣᥛ ᥞᥣᥐ ᥞᥣᥒ ᥓᥰ ᥛᥒ ᥑᥧᥢ ᥟᥨᥖᥢ ᥞᥛᥰ, ᥕᥧᥒ ᥘᥧᥛ ᥟᥨᥖᥛ ᥔ ᥑᥣᥙ ᥑᥛᥢ ᥟᥔᥢ ᥟᥒᥰ ᥔ ᥖ ᥝᥒ

ᥞᥛᥰ ᥴ ᥛᥒ ᥞᥣᥒ ᥑᥣᥛᥰ ᥟᥒᥰ ᥘᥧᥢ, ᥐᥐ ᥟᥨᥒ ᥑᥣ ᥑᥒ ᥑᥰ ᥞᥐᥢ ᥘᥛ ᥟᥰ ᥞᥛᥒ ᥐᥐ ᥞᥛᥰ ᥛᥒ ᥑᥒ ᥑᥧᥰ ᥟᥘ,

ᥑᥧᥛ ᥞᥧ ᥞᥧᥢ ᥞᥘᥐ ᥐᥐ ᥞᥣᥒ ᥑᥛᥐ ᥖᥧ ᥛᥒ ᥟᥛᥒ ᥑᥧᥢ ᥞᥣ ᥛᥒ ᥘᥧᥢ。” ᥞᥖᥢ ᥐᥧᥒ ᥑᥛᥰ ᥞᥒ ᥞᥒ ᥞᥣᥒ

ᥟᥨᥒ ᥖᥣᥒ ᥔᥣᥐᥰ ᥟᥨᥖᥐᥢ ᥐᥐ ᥘᥢ ᥟᥣ ᥙᥢ ᥞᥐ ᥖᥣᥒ ᥘᥛᥰ ᥙᥣᥒ ᥟᥨᥒ ᥑᥣ、 ᥙᥢ ᥞᥐ ᥖᥣᥒ ᥟᥔᥐᥰ ᥟᥔ

ᥑᥛ ᥝᥛᥒ, ᥞᥛᥰ ᥑᥰ ᥐᥐ ᥐᥣᥢᥰ ᥐᥧᥒ ᥞᥧᥒ ᥑᥰ、 ᥢᥛᥰ ᥟᥨᥛᥢ ᥞᥛᥒ ᥐᥐ ᥟᥘ ᥢᥢᥰ ᥘᥴ, ᥖᥐ ᥐᥛᥢ ᥟᥨᥒ ᥑᥣ ᥟᥨᥘᥢ

ᥘᥛᥒ ᥐᥐ ᥟᥘ ᥑᥛ ᥛᥣ ᥘᥒᥢ, ᥘᥣᥢ ᥔᥣᥐᥰ ᥟᥨᥖᥐᥢ ᥐᥐ ᥘᥢ ᥟᥣ ᥘᥧᥢ ᥟᥒ ᥟᥨᥞᥛ ᥞᥘᥐ ᥙᥢ ᥞᥢᥢ ᥛᥛ ᥢᥢᥰ

ᥛᥣ。 ᥝᥒ ᥢᥛᥰ, ᥑᥐ ᥖᥐᥰ ᥟᥒᥰ ᥔᥛᥧ ᥐᥧ ᥑᥒ ᥟᥢ ᥖᥒᥢ ᥞᥐ ᥖᥣᥒ ᥔᥣᥐᥰ ᥟᥨᥖᥐᥢ ᥐᥐ ᥘᥢ ᥟᥣ ᥖᥐᥰ ᥟᥨᥖᥛᥒᥰ

ᥐᥧᥢ ᥘᥐᥢ ᥑᥛᥰ ᥛᥨᥛᥰ ᥟᥨᥔ ᥢᥢᥰ ᥟᥨᥒ ᥑᥛ, ᥙᥢ ᥘᥛᥧ ᥐᥧ ᥔᥧᥢᥰ ᥐᥧᥰ ᥞᥐ ᥑᥛᥒ、 ᥞᥛᥧ ᥑᥧᥰ ᥟᥘ ᥑᥧ ᥞᥣᥰ,

ᥘᥐ ᥞᥛᥰ ᥑᥛᥢ ᥢᥐᥰ ᥖᥣ ᥔᥣ ᥑᥣᥰ ᥘᥴ ᥙᥣᥢᥰ ᥛᥨᥛᥰ ᥑᥧ ᥝᥒ ᥞᥖᥒ ᥑᥧᥰ ᥞᥧᥒ ᥟᥖᥰ、 ᥞᥛᥰ ᥙᥣᥢᥰ ᥛᥨᥛᥰ

ᥕᥛᥰ ᥢᥣᥢᥰ ᥟᥒᥰ ᥔᥧᥒ ᥘᥛ ᥙᥣᥒ ᥟᥐ、 ᥘᥣᥢ ᥖᥐᥢ ᥖᥣᥒ ᥘᥧᥐ ᥟᥨᥛᥒ ᥟᥘ。

(ᥑᥧᥰ ᥞᥒ ᥟᥨᥖᥛᥰᥳ ᥟᥨᥒᥰ ᥕᥣᥐᥰ)

佤族女支书陈南茸

2021年8月19日，习近平总书记给云南省沧源佤族自治县边境村的老支书们回信，鼓励他们继续带领佤族群众从脱贫迈向富裕的新生活。50年前就是佤族村寨第一位女支书的陈南茸受邀向佤族群众讲述边境村龙乃村几十年来的发展变迁。她感慨道："一是感谢习近平总书记对边民的关心，没有党就没有我们的今天；二是要讲民族团结，不分佤族、傣族、汉族，只有各个民族团结一心，才能让生活越过越好。"

陈南茸是佤族村寨龙乃村（过去为龙乃大队）的第一位党支部书记，也是第一位女书记。她1946年生，1964年加入共青团，1970年加入共产党，1971年任龙乃村第一届党支部书记，直到1992年。她带领着龙乃村这个当时一穷二白的边境小山村改天换地，改变了当时落后的生产条件，让村民不再饿肚子，迎头赶上，与全国其他兄弟民族一起建设社会主义，为龙乃佤族村民们实现小康社会打下了坚实基础。1988年，她被评为"全国三八红旗手"。

山虽无言，然非无声。龙乃村，位于佤族聚居、国家扶贫开发重点县沧源县的勐董镇。龙乃村与缅甸掸邦接壤，是集民族、山区于一体的典型抵边佤族村寨，直到1960年10月1日，中缅两国签署《中华人民共和国和缅甸联邦边界条约》，将"班洪、班老部落辖区"和"永和寨和龙乃寨"划归中国，龙乃村才得以回到祖国的怀抱。

2021年4月，笔者在做民族调查的时候专门到龙乃村访问陈南茸老支书。从对面山头上远远望去，青山如黛，分布其间的红顶佤族民居显出勃勃生机，宽阔平整的路面上奔跑着运输的小货车，每家每户都飘扬着五星红旗。我们走近陈南茸老支书的家时，远远看到一位矮小瘦弱的老人，穿着传统佤族服饰，微笑着摆手招呼我们进屋坐。她虽已是75岁的高龄，但精神矍铄，记忆力惊人，和我们细细诉说着她担任支书时的那些岁月往事。

第一任龙乃大队支部书记是女娃

回顾往昔，贫穷、落后曾经是龙乃村的代名词。陈南茸出生的时候，整个村寨还处于极度贫困的状态，家里的条件别说供她读书，吃饱饭都难。陈南茸念了几年小学后就回家务农，帮着父母种玉米、挖野菜。陈南茸十七八岁时，村子里来了帮扶工作队，工作队队员在佤族村寨里宣传政策，帮助佤族群众发展生产，召开集体大会，号召佤族同胞入团入党。在工作队的宣讲下，毛泽东思想在这里落地开花。陈南茸第一次听到共产党的先进思想，深受震撼，打开了眼界。她心想：原来生活还可以是这样，民族平等，男女平等，人民当家做主，生活富裕，迈向社会主义现代化！在工作队的帮助下，她学习认字读书，一点一滴学习毛泽东语录，白天积极参加工作队的生产劳动，夜晚点灯继续学习，逐渐树立了要跟党走的坚定信念。她看到工作队也有女同志，于是她做了一个大胆的决定：加入共产党！在帮扶工作队的帮助下，她顺利通过党组织的考验，于1970年1月加入中国共产党。

陈南茸不怕吃苦，勤学上进，很快就被选为龙乃大队党支部书记。1971年上任时，她还只是一个20多岁、身材矮小的年轻女孩。一个女孩竟要带领全村人发展！这在过去佤族父系长老制的社会是完全不可想象的。很多老人看不上她，一些男人不听从她的安排。但她从小就有种坚韧不拔的精神，发誓要为龙乃村干出一番成绩，用真心为人民服务，赢取大家的信任。

带领龙乃村村民改造农田

隐藏在深山之中的龙乃村，自然条件非常恶劣，与外界的交流受阻，社会发育较低，作为“直过民族”的龙乃村村民生活十分艰苦。“米粟刀耕火种，消灾求神拜鬼，锄者食不果腹，织者衣不蔽体”是龙乃村这个佤族村寨的客观写照。吃不饱饭何来建设家园？又何谈实现社会主义现代化？解决粮食问题是陈南茸当上支书最先思考的问题。她坐在家中，看着眼前的大山，翻过山后还是大山，层峦叠嶂。交通的阻隔、水源的缺乏是制约村民们生产的拦路虎。解放后，村民在陡峭的坡上开荒种地，可在这片干旱陡峭的坡地上，一亩的收成最多一两百斤。苞谷地在大山上，经由陡峭泥泞的山道与村寨连接，一去就要一整天时间，平时大家索性就在田里待到把农活做完，因为上去一次太艰难了。落后的生产条件困扰和制约了祖祖辈辈的龙乃村人。纵使开荒种地，一年人均收成仅200斤，按当时的标准，人均400斤才算脱贫。龙乃村土地面积在勐董镇[①]算是最少的，要提高产量，毁林开荒不是办法。陈南茸想，要增产解决村民的吃饭问题就必须转变思路。

自力更生、艰苦奋斗，大搞农田基本建设，把深沟变良田、将坡地垒成水平梯田是当时国家号召的“农业学大寨”经验。在政治学习中，陈南茸了解到红旗渠的伟大成功，她想：“我们这里山地那么多，我们也可以在佤山修我们自己的佤山渠，解决农田缺水的问题，彻底改变饿肚子的困境。”1972年春天，陈南茸到“阿佤大寨——岩帅公社建设大队”参观，看到社员们干劲冲天，正在以深翻改土为主，大干农田基本建设。陈南茸兴奋不已，她看到了龙乃村未来的发展之路。

回到村里，陈南茸立即召开党支部会议，研究决定做出样板地。她信心满满，眼睛里闪耀着坚定的光芒，充满激情地向村民们描绘着龙乃村的蓝图。然而，一些村民看着年轻而单薄的她，信心全无，甚至有村民泼冷水：“花那么多精力去挖山挖水，有用吗？”“我们佤族从来就是靠山吃饭，就没听说过要与山作对，莫惊扰了山神。”听到这些质疑之音，她并没有灰心丧气。

她说：“古有愚公移山，现在我们就是要与山斗。”身为女性的她并不畏惧困难，内心蕴含着欲与天公试比高的韧劲。她制定了以点带面的工作方式发动群众。第一步，她叫来了一起去外地参观学习的党员同志，让这些积极的党员去县里学习方法。那时的龙乃村属于勐永公社龙乃大队，有6个生产队，总共700余人，党员只有六七个人，单靠党员的力量、不发动群众还是不行。公社第五组一直最听党话，表现积极。因此，第二步，她说服五组做出表率，

---

①1965年11月，设勐董镇；1968年6月，成立永和、勐董公社；1973年，勐董公社与永和公社合并为勐永公社。

让党员们带着五组社员一起干。县里看到龙乃村的积极性，派来工作队协助他们的工作。为了做出样板地，陈南茸每日起早贪黑，和群众一起平整土地，深翻土壤，观察各种农作物的生长情况，改变耕作方法，将不利于保土、保水、保肥的山坡改造成了梯田。

她每天从未间断地到现场修筑梯田，自己的事情顾不上，家里的活计管不了，看着嗷嗷待哺的孩子，她忍痛含泪把孩子交给了自己的母亲。她对母亲开玩笑说："以前你们重男轻女，只给弟弟读书，不给我读书。现在我有出息咯，你们可要帮我领娃娃。现在你们帮帮我，你们还年轻，到了老了我又养你们。"就这样，陈南茸把群众的生产生活放在第一位，把家庭抛到身后，咬紧牙关坚持干。

到了秋天，粮食大丰收，苞谷亩产达400斤，达到了脱贫的标准，证明了科学种田是成功的，龙乃村尝到了丰收的喜悦。群众的思想彻底解放，对这个书记赞不绝口，打心底佩服她。陈南茸成为村里的女英雄，无论她走到哪里，不论是长者还是同龄人都热情地招呼她"进来家里坐，喝一口热茶再走"。但她从不拿群众一针一线，反而尽自己所能帮助群众。她说："你爱群众，群众也会爱你。我们最怕群众不听我们的。所以我们要为群众做好事。就像鱼和水一样，鱼离开水就会死。"全村人民团结一心，陈南茸要从根本上改变生产条件的决心也更坚定了。

敢想敢干　实现梦想

吃的问题解决了，但是钱袋子鼓起来的问题还没有解决，怎么让田地里长出金疙瘩呢？种水稻、种茶的念头当即在她的脑海中浮现，龙乃村的田地都在山上，以前基本上以种植苞谷为主，均为旱地，没有种植水稻的先天条件。传统上种茶也是靠天下雨，广种薄收。虽然此前在山上也挖过大的储水池，但是深受自然条件的限制，下雨多储水就多，下雨少储水就少。村民们大多还是靠人力下到箐沟一担担挑水上山。面对这个问题，陈南茸想到要引水入田，用水泵将山下丰富的水资源引上山，彻底解决制约农业生产的条件。在陈南茸的带领下，佤族群众同心协力，科学规划好引水路线，找好找准取水点，接着又申请上级政府扶持，获得了运水的管道，她带领村民出工出力接好电，弄好水泵，顺利实现了引水上山的愿望。

陈南茸不怕困难，不怕失败，把敢想敢干的精神建立在脚踏实地的基础上。在她的带领下，山脚下机器轰鸣，山坡上泉水喷涌。龙乃村不仅有了茶叶、苞谷，还有了大米，荒山变身为茶米之乡。敢与山斗的她向村民交上了满意答卷。

经过两年多的实践，陈南茸如展翅高飞的金凤凰，锻炼得更加坚强，目光更加远大。她带领龙乃村民一起艰苦奋斗，开创了新的天地，开地、改田、引水、修路、建房……这些男人都难以完成的事情，一个瘦弱的佤族女人带领着村民们一件件地完成了。她带领群众种下的茶地、开垦的水田一直延续到了今天，为龙乃村的农业发展奠定了百年之基。

瘦小的陈南茸身上透出的是男人般的刚毅。多年来，面对困难，她从不退却，靠的就是她真诚的情感投入、扎实细致的工作和百折不挠的气概。“群众选我当干部，我就得在心里牢牢装着集体、装着群众，为着群众、为着集体，真心真情为群众解决实际困难，在党的领导下让大家过上更好的生活。”这是陈南茸的质朴心声。她在村支书的岗位上一干就是20多年。

她说：“感谢党，社会主义真是好！我一直到现在都这样认为，以前的日子不敢想象，现在生活幸福，家家都是楼房，我的梦想实现了。”

参考资料

[1]陶红、龙兴刚、马新焕：《守护好神圣国土　龙乃村的优良传统》，《民族时报》2022年8月22日。

[2]字学林：《老党员的质朴情怀》，云南文明网，2014年4月1日。

（执笔：徐何珊）

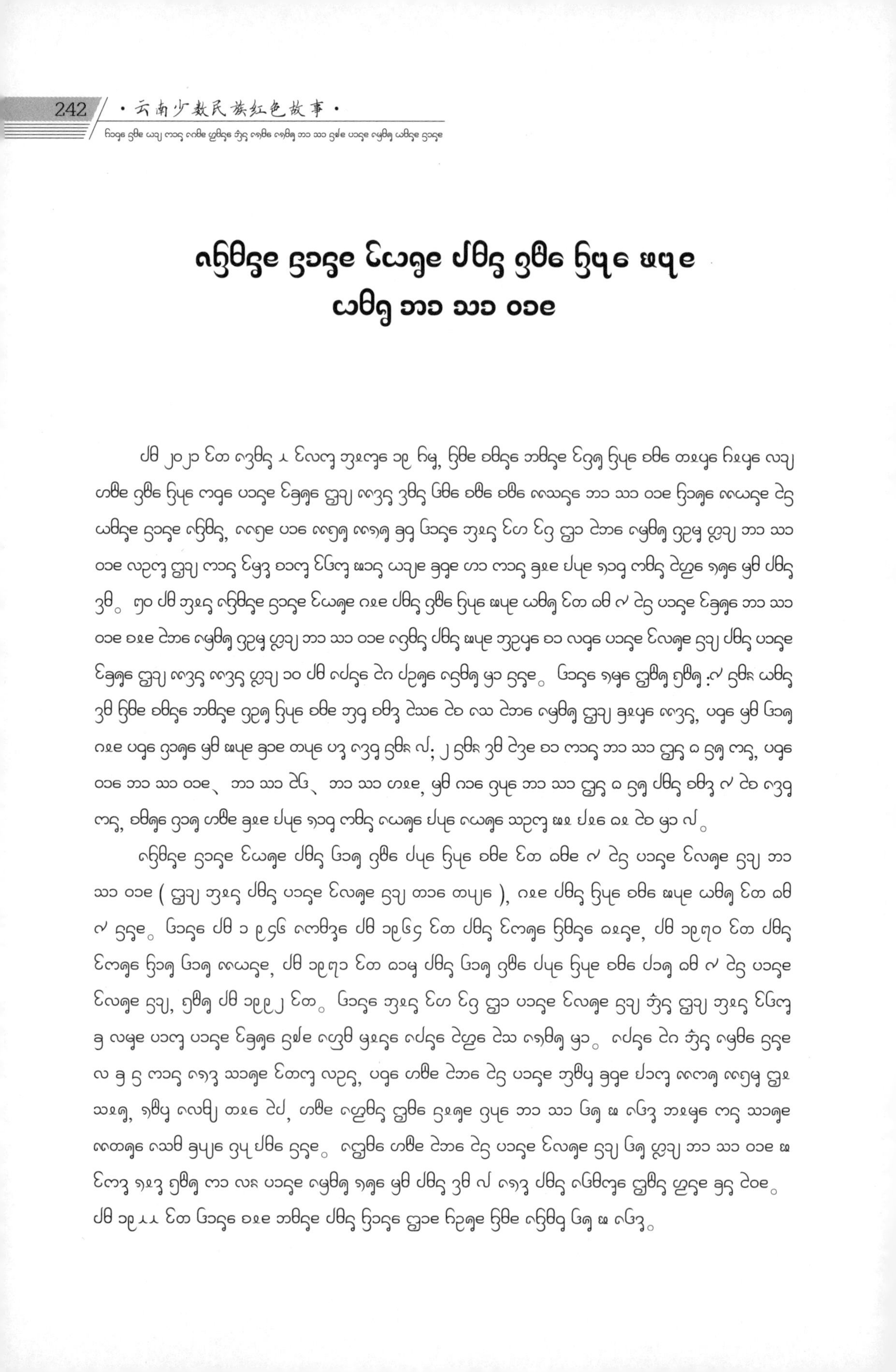

[illegible]

[illegible]

[illegible]

ဒ၀ ဂ၀ၵ္ၔ ပၐ္ၔ ၃၁ၵ္ၔ ၂၁ၯ ဂမ္, ပၐ္ၔ ၀ဲ၃ၔ ပၐ္ၔ မ္ဗိ ဂမ္။ ပ၁င္ဇ ၓိလၵ္ဇ ၥဲ၂၂, ၂ပုၔ ၆ဗိၔ ၼသ၁င္ၔ ဘ၁ သ၁ ဝ၁ဇ ၂ပုၔ ၯဗိင္ ၂ဗိင္ ၼသ၁င္ၔ ၆ဗိၔ ၯ၃ၯ ၆ၵ္ ၼ ၵ၆၃ ၵၐ၃ ၯ၁င္ ၂ဗိ၃ ၊မ္ ဂမ္ဇ ၃၀ၔ ၀ၥ ၥ၁ၵ္ၔ ၼယင္ဇ ၼသ၁င္ၔ ၆ဗိၔ ၵမ္ဗိၵ္ ၆၃ၵ္ ၵၑဗိင္ၔ ၥင္ဇ။ ပ၁င္ၔ ၓိလၵ္ဇ ၥဲ၂၂ တ၀ၔ ၑပ္ ၼ၃င္ ၃ဗိင္ ၥ၁င္ဇ ၥ၁ၵ္ၔ ၼ ၵ၆၃ မ္၁င္ၔ, ၂ဗိင္ ပ၁င္ဇ ၓိၵ္ၵ္ၔ ၯ၃ဗိ မ္၀င္ၔ ဘ၁ သ၁ ဝ၁ဇ သ ၥ၃မ္ ၯင္ ၂ပုၔ ၯဗိင္, ၵ္ဗိၵ္ ၂ဗိ ၁၉၆၀ ၓိတ ၵ၃ဗိင္ ၁၀ ၓိလၯ ဘ၀ၯၔ ၊မ္ ၇,

ၼ ၵ၆၃ ၓိ၃ၵ္ၔ ၓိဂ္ဇ လ် ၼ ၵ၆၃ မ္၁င္ၔ ၓိဓ လ၂၂ မ္ဗိ ၀သၔ ၯ၃ၵ္ သဗိ ၂ တဗိၔ ယ၁င္ ၥ၂၂ ၶ၀ပ္ၔ ၼ၃င္ ၓိ၃ၵ္ၔ ၥ၁ဇ ၵယဗိင္ဇ မ္ဗိင္ဇ ၯ၃ၵ္ၔ ၓိဂ္ဇ ၓိဂ္ဇ လ် ၼလင္ဇ ၥ၁ၵ္ၔ ၼ ၵ၆၃ မ္၁င္ၔ ၥင္ဇ မ္၁, ဘ၃ ၆ဗိၔ ၥ၁င္ၔ ၊၃ၵ္ဇ၊ ၥ၁င္ၔ လ၃ လ် ပ၁င္ၔ ယ၃ၵ္ ၓိဂ္ဇ ၯပ္ ၆ၵ္ ပ၁င္ဇ ၓိလၵ္ဇ ၥဲ၂၂ ၶဗိ၃ၔ ၼပၵ္ၔ ၶ၃ဇ ၯပ္ ၼ ၵ၆၃ ၓိ၃ၵ္ၔ ၓိဂ္ဇ, ပ၁င္ဇ ၓိလၵ္ဇ ၥဲ၂၂ ၑဗိၵ္ၔ ၀၃ဇ ၥ၀ၯ တ၃ဇ ၶ၀င္ဇ ၓိ၂၀ ၼ ၵ၆၃ ပ၁င္ဇ ၵၯဗိ၃ၔ ၵမ္ဗိၵ္ ၂ဗိင္ ၥင္ဇ လ်။

၂ဗိ ၂၀၁၂ ၓိတ ၵ၃ဗိင္ ၄ ၓိလၯ, ၼပုဇ ၼတမ္ဇ ၯ၁ၯ ၂ပုၔ ၈၀ လ၁ ၵမ္ဗိၔ တၵ္ဇ ၀ဓ ၀၂ ၥ၁ဇ ၼ၃၃ ၯ၁င္ ဘ၁ သ၁ ၥင္ဇ ၀၂ ၵ္ဗိၵ္ ပ၁င္ဇ ၓိလၵ္ဇ ၥဲ၂၂ သပုၔ ၵ၁မ္ ၯဲဗိင္ဇ ၥဒင္ဇ ၓိယၵ္ဇ ၼပုဇ ၂ဗိင္ ၃ဗိၔ ၦပုၔ ၯၐ္ၔ ၀ၥ ပ၁င္ဇ ၓိလၵ္ဇ ၥဲ၂၂ ၥင္ဇ။ ၂ပုၔ ၀ၯ ၀ၯ ၼ၀ၔ ၆၀ၵ္ၔ ဒ၀ ဂ၀ၵ္ၔ ၥ၂၂ တ၀ၔ ၯ၁ဇ, ၂ဗိင္ ၂၁ၔ ၵ၃ ဝဗိင္ၔ, ၑဗိၯ ၵၐဗိင္ ဘ၁ သ၁ ဝ၁ဇ ၂ပုၔ ၦ၀ၵ္ၔ ၯ၁ဇ ၼ၆င္ ၯ၁ ၀ဝဇ ၵၐဗိၔ ဝဗိင္ၔ, ၯ၃င္ ၆၁ၵ္ ၯ်င္ ၥ၁ၵ္ဇ ၶ၁ၵ္ လ် ၵ၃ၵ္ မ္ဗိ ၓိလ၃ ၥ၀ၔ ၆၀ဇ လ၁ၯ ၓိဂ္ ၵ၆၃ ၀၂ ၵ၆၃ မ္၁ ၂ပုၔ, ၯ၀ၔ ၀၃ ၵၐဗိင္ ၥင္ဇ ဂ၀ဇ မ္ဗိ ၑဗိဇ ၼ၃ၵ္ ၃၁၃ ၯ၁ဇ ၵလမ္ၔ ၂ဗိ၃ ၼၯၵ္ၔ ၂ပုၔ။ ၼပုဇ ၶ၁ဇ တပ္ ၵ၆၃ ၶ၃ဇ ၀၂ ၀ၔဇ ၵၐဗိင္ ၯဲဗိင္ဇ ၥဒင္ဇ ၓိယၵ္ဇ ၃ဗိၔ ၦပုၔ ၯၐ္ၔ, ၂ပုၔ ၀ၯ ၀ၯ ဂ၀ဇ ၯင္ ၀သၔ ၯ၃င္ ၵ၃ဇ ၓိတ ၼတမ္ၔ လ် ၂၀မ္ ၥင္ဇ, ၥ၃ၵ္ၔ ၵဂဗိၵ္ ဘ၁ သ၁ ဝ၁ဇ ၯၐ္ၔ ၯ၀င္ၔ ၯပ္ လဗိမ္ သဗိမ္ၔ မ္၁, ၃၃မ္ၔ ၓိၶၔ ၯ၀ၯ မ္ဗိ ၵ၀ၵ္ၔ ၼပုဇ ၶ၁ဇ တပ္ ၶ၃ဇ ၀၂ ၥၵ္ၔ ၀ၥ ၵၐဗိင္။ ၯင္ ဝ၁ၔ ၓိတ ၆၁င္ၔ ၯ်၁ ယ၃ ၀၃ဇ ၇၇ ၂ဗိ, ၆ၐ္ၔ ဝ၁ၔ ယၵ္ ၼၯၵ္ ဝၵ္ ၂ပုၔ, သဗိင္ ၑဗိၔ ဂ၀ဇ ၃၁၃ ၃ဗိ, ဘ၃ ၊၁ၐ္ၔ ၯ၁င္ ၵမ္ဗိၔ ၥ၂၂ ဘ၀င္ ၆၁င္ၔ ၑမ္ ၂ဗိင္ ၃ဗိၔ ၦပုၔ ၥင္ဇ ဘ၃ပ္ တ၀ၔ ၼပုဇ ၶ၁ဇၔ တပ္ ၼၑၵ္ဇ ၵ္ဗိၔ။

ဘ၀င္ၔ ယဗိၵ္ ၓိတ ၑဗိ ၇ ၑမ္ ၂ဗိင္ ၃ဗိၔ ၂ပုၔ ၦပုၔ ၑဗိၔ ၓိလၵ္ဇ ၥဲ၂၂ တ၁ တပ္ၔ

ဂဗိ၃ ၥ၀ၯ ၯ၁င္ ၵမ္ဗိၔ ၥ၂၂ ဘ၀င္, ၓိ၆ၯ ၼ၁င္ ယ၁င္ ၯဗိၐ္ၔ၊ ၓိတၯ လ၃င္ ၥဗိၔ ၂ဗိင္ ၃ဗိၔ ၵယၵ္ ပ၁င္ဇ ၓိလၵ္ဇ ၥဲ၂၂ ၥင္ဇ လ်။ ၵမ္ဗိၔ ၯဲဗိင္ဇ ၥဒင္ဇ ၓိယၵ္ဇ ၵၯဗိ၃ၔ ၥင္ဇ, ၆ၵ္ ပ၁င္ဇ ဂ၀ဇ ၂ဗိင္ ၯ၃င္ၔ ၵလဗိၵ္ၔ ၓိ၆ၯ ၼ၁င္ ယ၁င္ ၯဗိၐ္ၔ ၥင္ဇ, ၀ၥ ၵၐဗိင္ ပၐ္ၔ မ္ဗိ လ ၶ ၄ ၯဗိဇ မ္င္ ၀၂ ၵၐင္ ၓိတ, ၃ဗိ ၯဗိဇ ၀၃ဇ ၯဗိင္ ဘဗိမ္ၔ တဗိမ္ ၥ၀ ဂ၀ဇ ယၵ္ ယ၁ၯ။ ၯဲဗိင္ဇ ၥဒင္ဇ ၓိယၵ္ဇ ၵၐင္ ၓိတ ၼ၆၃ ၦ၀ဇ ၯဗိၔ ၂ဗိ ပၐ္ၔ ၃၂၂ ဂ၀ဇ ၥ၀ၯ ၀၂ ၵၐဗိင္ ၵၐ၃ ၯ၁င္ ၵဟဗိင္ဇ, ၵတဗိမ္ၔ ၃၀ၔ ၥ၀ၔ ၼမ္ၔ ၂၃ၯ္ၔ ၶ၃ဇ ၓိ၃ၵ္၊ ဟ၁ ၼၯ ၵၐဗိင္ၔ ၼၯ ၵဂဗိ။ ၯဲဗိင္ဇ ၥဒင္ဇ ၓိယၵ္ဇ ၯ်၁ ယ၃ ၀၃ဇ သဗိမ္ ၼၐ၃ ၵ္ဗိၵ္ သဗိမ္ ၼ၂၃ၔ ၂ဗိ ၥင္ဇ, ၀ၥ ပ၁င္ဇ မ္ဗိ ဂ၃ၵ္ၔ ၑ၀ဇ တပ္ၔ ၯ်င္ ၵၐ၃ ၯ၁င္ ၵတဗိမ္ၔ ၃၀ၔ ၯ၁င္ ၓိ၆ၯ ၼ၁င္ ၥင္ဇ ၶ၃ဇ မ္၁, ၼပုဇ ဂ၃င္ ၀ၥ ဂ၃ၵ္ၔ ၑ၀ဇ တပ္ၔ ၂ပုၔ ပ၁င္ဇ ၓိၵ္ၵ္ၔ ဘ၁

ᦉᦱ ᦞᦲ ᦶᦋᧃ ᦉᦸᧂ ᦂᦸᧅ ᦡᦸᧅ、 ᦵᦎᦲᧃ ᦷᦙᧈ ᦷᦙᧃ ᦗᦳᧉ ᦑᦱ ᦉᦱ ᦞᦲ ᦡᦳᧅ ᦵᦓᦲᧅ ᦅᦱᧂ ᦵᦑᦳ ᦉᦱᦂᧈ, ᦷᦙ ᦓᦳᧄᧈ ᦑᦳ ᦷᦙᧄ ᦗᦳᧉ ᦖᦱ ᦑᦸᧄᧈ ᦵᦗᦳᧅ᧟ ᦊᦸᦂᧈ ᦵᦊᦲᧅ ᦑᦳ ᦡᦲᧃ ᦓᦸᦂᧈ ᦑᦱ ᦉᦱ ᦞᦲ ᦆᦲᧈ ᦡᦲᧂ ᦌᦸᧂ ᦶᦍᧂ ᦡᦱᧅ ᦶᦍᧂ᧟ ᦺᦔ ᦜᦲ ᦂᦳᧃ ᦈᦸ ᦎᦴᧃ ᦶᦋᧈ ᦉᦸᧂ ᦶᦅᧈ ᦜᦱ, ᦺᦖᧄ ᦂᦲ ᦖᦲᧈ ᦵᦑᦲᧈ ᦵᦡᦲᧃ ᦺᦔ ᦡᦲᧃ ᦗᦲᧈ ᦜᦲ ᦶᦋᧃ ᦵᦓᦲᧅ ᦵᦓᦲᧅ ᦑᦱᦂᧈ᧟ ᦵᦑᦲᧂ ᦷᦙᦱᧂ ᦵᦍᦂᧈ ᦑᦸᦂ ᦌᦲ ᧗ ᦜᦲᧈ ᦃᦸ ᦺᦖᧄ ᦂᦲ ᦶᦑᦸᧂ ᦈᦲᧂ ᦶᦣᦸᧃ ᦵᦅᦸᧃ ᦺᦗᦸ ᦡᦸ, ᦑᦱ ᦉ ᦎᦸᧂ ᦜᦲ ᦶᦡᦲ ᦟ, ᦜᦲᧈ ᦊᦳᧈ ᦂᦸᧃ ᦅᦱᧂ ᦵᦑᦸ ᦑᦸᧄ᧟ ᦡᦸᧂ ᦂᦲ ᦺᦔ ᦜᦲᧂ ᦜᦲ: ᦅᦱᧂ ᦆᦲ ᦺᦔ ᦊᦱᧂ ᦅᦲᧂ ᦵᦑᦳ ᦵᦑᦲᧂ ᦵᦑᦲᧈ ᦷᦙᦲ ᦂᦲ ᦜᦲᧈ, ᦑᦱ ᦉᦱ ᦟᦸᧂ ᦵᦋᦸ ᦅᦂ, ᦍᦲᧅ ᦷᦙ ᦟᦸᧂ ᦵᦋᦸ ᦅᦂ, ᦜᦱᧃ ᦵᦙᦲᧅ ᦡᦲᧂ ᦵᦅᦸ ᦂᦸᧈ ᦈᦸᧈ ᦵᦑᦲᧂ᧟ ᦆᦲ ᦺᦔ ᦊᦱᧂ ᦅᦲᧂ ᦊᦸᧂ ᦖᦲ ᦡᦲᧂ ᦷᦙᦲ, ᦍᦱᧈ ᦆᦸᧈ ᦣᦱ ᦵᦉᦲᧃ ᦆᦳᧃ ᦷᦙᦳ ᦺᦔᦲᧃ ᦵᦑᦸ ᦔᦳ ᦵᦷᦙᧃ ᦵᦉᦱᧈ! ᦺᦔ ᦜᦲᧈ ᦂᦸᧂ ᦈᦲ ᦎᦳᧃ ᦵᦎᦲᧃ ᦷᦙᧈ,

ᦡᦸᧂ ᦎᦸᧈ ᦊᦸᧃ ᦵᦑᦸ ᦟᦲᧅ ᦵᦎ, ᦊᦸᧃ ᦵᦑᦸ ᦂᦸ ᦡᦸᧂ ᦖᦸᧈ ᦵᦑᦲᧈ ᦵᦡᦲᧃ ᦶᦡᦲᧃ ᦑᦲᧂ ᦶᦡᦲᧃ ᦷᦙᧈ, ᦅᦱᧅ ᦞᦸ ᦆᦸᧈ ᦗᦸᧂ ᦆᦸᧈ ᦑᦱᧄ ᦂᦳᦸᧃ ᦈᦲ ᦎᦳᧃ ᦵᦑᦳ ᦵᦞᦸᧈ ᦵᦑᦳ ᦅᦱᧂ, ᦅᦱᧅ ᦂᦲᧂ ᦜᦲᧈ ᦆᦸᧅ ᦖᦸ ᦵᦊᦸᧃ ᦵᦑᦸ ᦟᦲᧅ ᦵᦎ, ᦵᦡᦸᧅ ᦎᦸᧈ ᦺᦖᧄ ᦵᦑᦲᧃ ᦷᦙᧃ ᦡᦲᧈ ᦷᦙᧄ ᦡᦸᧂ ᦷᦙᧈ ᦗᦸᧈ ᦆᦸ᧟ ᦡᦸᧂ ᦣᦸ ᦶᦙᧅ ᦗᦸᦲ ᦂᦳᧃ ᦈᦲ ᦎᦳᧃ ᦂᦲ ᦙᦳ ᦌᦸᧈ ᦈᦲᧃ ᦶᦋᦲ ᦍᦲᧅ, ᦡᦸᧂ ᦜᦲ ᦜᦲᧂ ᦟ ᦵᦑᦳ ᦑᦲᧂ ᦅᦱᧂ ᦵᦉᦳ ᦆᦱᦳ: ᦆᦲ ᦺᦔ ᦵᦅᦸᧃ ᦺᦗᦸ ᦡᦸ ᦡᦸᧂ ᦵᦍᦲᧂ! ᦺᦔ ᦜᦲᧈ ᦗᦸᦲ ᦂᦳᧃ ᦈᦲ ᦎᦳᧃ ᦵᦎᦲᧃ ᦷᦙᧈ, ᦡᦸᧂ ᦜᦲᧈ ᦎᦱᦖ ᦡᦸᧅ ᦷᦙᦳ ᦷᦙᧈ ᦟᦸᧅ ᦷᦙᧄ ᦡᦸᧅ, ᦺᦔ ᦺᦗ ᦌ᧒᧐ ᦵᦎ ᦵᦑᦲᧂ ᧗ ᦵᦟᦸ ᦆᦲ ᦺᦔ ᦵᦑᦸᧃ ᦵᦂ ᦵᦅᦸᧃ ᦺᦗᦸ ᦡᦸᧅ᧟

ᦵᦑᦲᧂ ᦷᦙᦱᧂ ᦵᦍᦂᧈ ᦔᦸᧃ ᦵᦅ ᦵᦡᦸ ᦔᦸᧃ ᦵᦅ ᦺᦔᦳ, ᦆᦸ ᦗᦸᧂ ᦊᦸᧃ ᦵᦑᦸ ᦜᦲ, ᦂᦸᧈ ᦈᦸᧈ ᦵᦍᦸ ᦶᦑᦲᧂ ᦺᦔ ᦵᦟᦂᧈ ᦷᦙ ᦎᦱᧃ ᦎᦳᧃ ᦡᦸᧅ ᦷᦙᧃ ᦺᦔ ᦶᦔ ᦈᦲᧃ᧟ ᦺᦔ ᦌ᧒᧐ ᦵᦎ ᦎᦸᧈ ᦌᦸᧄ ᦅᦱᧂ, ᦡᦸᧂ ᦑᦱ ᦍᦳ ᦉᦸ ᦂᦸ ᦵᦑᦲ ᦜᦲᧈ ᧒᧐ ᦺᦗ ᦺᦡᦳ、 ᦺᦗ ᦍᦲᧅ ᦉᦱᦂ ᦗᦸᦳᧈ ᦅᦸ ᦵᦎ ᦷᦙᧈ ᦵᦎ ᦶᦎᧈ ᦷᦙᦱᧂ᧟ ᦍᦲᧅ ᦉᦱᦂ ᦷᦙᧈ ᦵᦎ ᧗ ᦷᦙᦲ ᦵᦑᦳ ᦑᦱ ᦂᦸᧂ ᦡᦸ ᦔᦱᧂ ᦡᦳᧅ ᦵᦓᦲᧅ ᦜᦲ! ᦺᦔ ᦅᦱ ᦟᦲ ᦔᦱᧂ ᦵᦙᧅ ᦑᦱ ᦉᦱ ᦞᦲ ᦑᦲᧂ ᦑᦳ ᦑᦸᧂ ᦑᦳ ᦵᦑᦲ ᦑᦳ ᦵᦊᦸᧂ ᦆᦲᧂ ᦂᦸᧂ ᦶᦅᧈ ᦖᦱ ᦵᦉᦳ ᦆᦱᦳ ᦂᦸᧂ ᦅᦱᧂ ᦷᦙᦲ ᦔᦸᧃ ᦷᦙᦱᧂ ᦂᦲᧂ ᦊᦳᧈ ᦂᦲᧂ ᦊᦸᧂ ᦜᦲᧃ ᦟ᧟ ᦂᦸᧂ ᦊᦸᧈ ᦺᦡᦸᧂ ᦑᦳ ᦗᦳ ᦔᦸᧃ ᦡᦸᧅ ᦣᦸᧂ ᦡᦸᧂ, ᦂᦸᧂ ᦷᦙᦳ ᦟᦱᧅ ᦑᦱᧃ ᦔᦸᧃ ᦃᦸ ᦡᦸᧂ ᦑᦲᧂ ᦑᦸᦳ ᦵᦑᦳ ᦅᦱᧂ᧟ ᦶᦡᦸᧃ ᦞᦲ ᦡᦸᧂ ᦶᦅᧃ ᦷᦙᧈ ᦂᦲ ᦖᦲ ᦆᦸᧂ ᦌ ᦔᦸᧃ ᦵᦑᦲᧂ ᦍᦲᦔ ᦷᦙᦱᧂ, ᦵᦉᦳ ᦆᦱᦳ ᦵᦑᦳ ᦅᦱᧂ ᦷᦙ ᦣᦲᧈ ᦔᦱᧂ ᦵᦟᦂᧈ ᦷᦙᧃ ᦷᦙᦱᧂ ᦑᦳᦂᧃ ᦖᦱ ᦷᦙᦂᧃ ᧗, ᦑᦳ ᦈᦲᧃ ᦜᦲ ᦌᦸᧄ ᦅᦱᧂ ᦵᦑᦲᧂ ᦜᦱᧃ ᦵᦙᦲᧅ, ᦣᦲᧈ ᦡᦸ ᦗᦸᦳ ᦜᦲᧈ ᦵᦑᦲᧂ ᦜᦲ᧟

ᦑᦸᧂ ᦵᦣ ᦵᦑᦲ ᦉᦱ ᦉᦸᧂ ᦜᦲᧂ ᦶᦍᧂ ᦷᦙᦱ ᦜᦱᧂ ᦔᦱᧂ
ᦵᦟᦂᧈ ᦷᦙᦳ ᦶᦡᦸᧂ ᦜᦲ ᦷᦙᧈ ᦜᦲᧂ ᦷᦙᧂ ᦷᦙᦱ

ᦔᦱᧂ ᦵᦟᦂᧈ ᦷᦙᦳ ᦑᦸᧂ ᦶᦎᦸᧂ ᦺᦔ ᦣᦳᧈ ᦵᦟᦲᧅ ᦷᦙᦳ ᦡᦸ, ᦟ ᦆ ᦷᦙ ᦉᦸᦂ ᦑᦱᦂ ᦷᦙᦳ ᦊᦳᧈ ᦆᦱᦳ, ᦔᦸ ᦷᦙᦱᧂ ᦆᦸᧈ ᦑᦳᦂᧅ ᦜᦲ ᦖᦱ ᦣᦱ ᦅᦸ ᦎᦱᧂ ᦡᦲᧃ, ᦅᦱ ᦟᦲ ᦔᦱᧂ ᦵᦙᧅ ᦡᦳᧅ ᦵᦓᦲᧅ ᦵᦑᦲᧂ ᦷᦙᦱᧂ, ᦅᦱᧂ ᦆᦲ

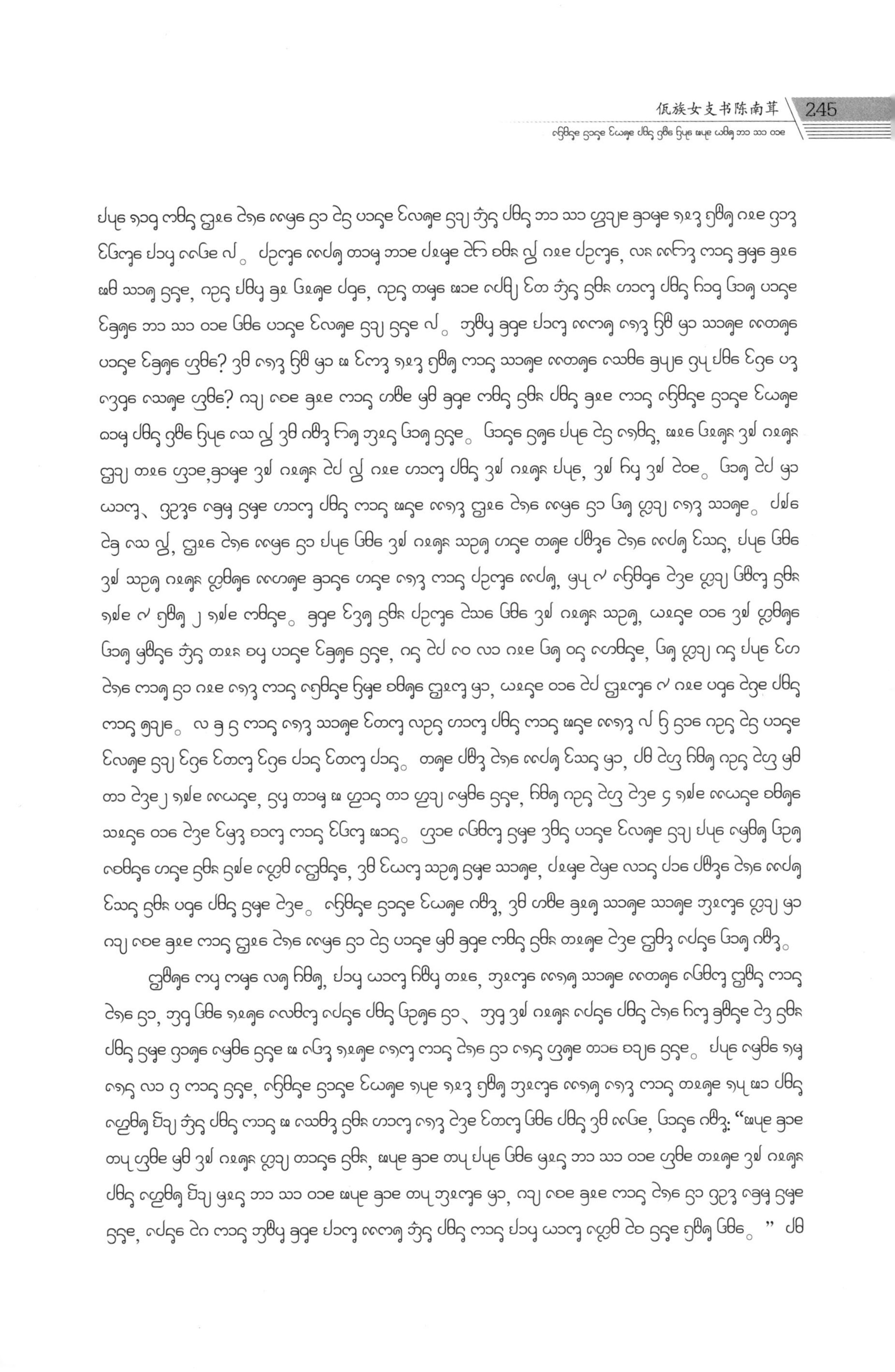

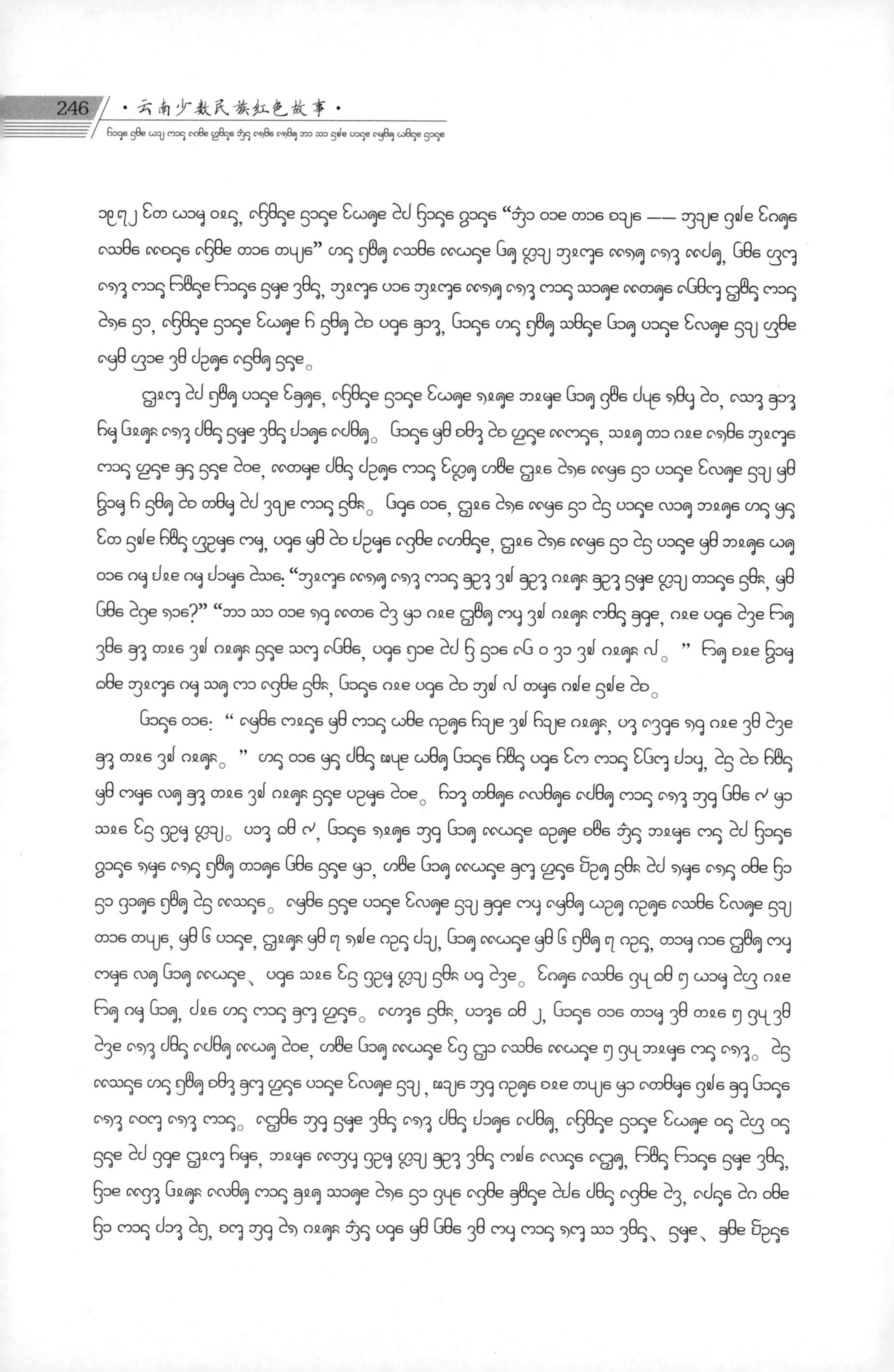

[illegible]

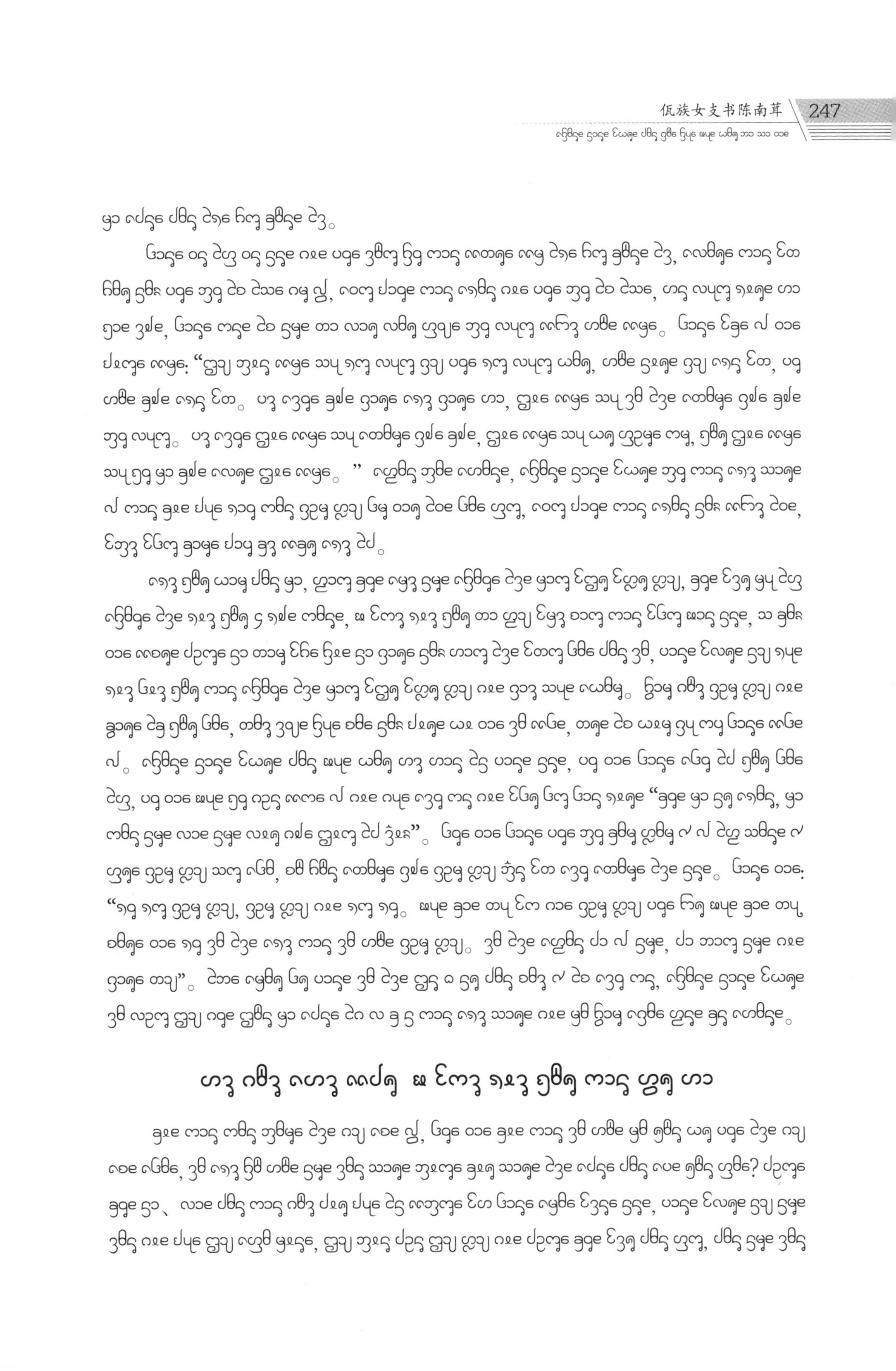

[illegible]

[illegible]

[illegible]

[illegible]

[illegible]

[illegible]

ᦶᦠᦂᦲ ᦃᦱᦓᧉ, ᦔᦳᧃ ᦖᦲ ᦟ ᦃ ᦐ ᦡᦳᦅᧃ ᦃᦳᧄ ᦐᦱ。 ᦅᦱᧂ ᦡᦳᦅᧃ ᦟᦱᦞ ᦅᦴ ᦟᦲᦴ ᦉᦲᦴ ᦖᦱ ᦂᦰᦞ ᦈᦲᦂ ᦅᦴ ᦐᦾ ᦂᦱᦞ ᦉᦱᦋ ᦶᦍᦳᧂ, ᦡᦳᦅᧃ ᦜᦱᦋ ᦵᦑᦲᧆ ᦺᦈᦞ ᦐᦾ。 ᦠᦲᧂ ᦞᦱᧃ ᦈᦱᦋ ᦑᦰᧂ ᦵᦔᧃ ᦈᦾ ᦂᦰᦂᦸ ᦃᦳᦈ ᦵᦔᦅᧃ ᦗᦂ ᦐᦾ, ᦙᦳᧃ ᦞᦱᧃ ᦟ ᦃ ᦐ ᦵᦰᦞ ᦉᦳᦴ ᦑᦱᦴ ᦶᦦᦾ ᦶᦣᦈ, ᦶᦍᦳᧂ ᦵᦎᦅ ᦜᦱᦋ ᦐᦾ ᦂᦰᦞ ᦗᦂ ᦺᦈᦞ ᦜᦱᦋ, ᦶᦍᦳᧂ ᦵᦎᦅ ᦐᦾ
ᦐᦾ ᦂᦰᦞ ᦗᦂ ᦺᦈᦞ ᦐᦾ。 ᦈᦰᦓ ᦺᦣᧃ ᦶᦣᦸᧃ ᦐᦱ ᦙᦂ ᦜᦱᦋ ᦡᦳᧂ ᦈᦱᦋ ᦜᦱᦋ ᦂᦰᦞ ᦈᦲᦂ ᦅᦴ ᦂᦱᧃ ᦺᦡ ᦎᦅ ᦐᦾ ᦠᦱᦋᦲ ᦠᦱᦴ ᦃᦲᧂ ᦂᦰᦂᦸ ᦖᦱ。 ᦵᦔᧃ ᦈᦰᦂᧃ ᦠᦱᦞ ᦃᦰᦞ ᦅᦱᧂ ᦐᦲᧃ, ᦵᦑᦲᧂ ᦐᦱᧂ ᦵᦍᦂᦲ ᦂᦲᦈ ᦈᦲᦂ ᦅᦱᧂ ᦃᦳᦈ ᦵᦈᦲᦂ ᦑᦴ ᦐᦾ ᦖᦱ ᦺᦉᦱ ᦐᦱ, ᦑᦴ ᦵᦠ ᦀᦅ ᦈᦳᦈ ᦑᦴ ᦐᦾ ᦠᦱᦋᦲ ᦃᦲᧂ ᦂᦰᦂᦸ ᦖᦱ, ᦈᦲᦂ ᦙᦲᧃ ᦖᦱ ᦂᦰᦞ ᦺᦈᦞ ᦂᦱᦋ ᦶᦀᦞ ᦟ ᦃ ᦐ ᦅᦱᧂ ᦶᦣᦈ ᦅᦱᧂ ᦶᦣᦈ ᦉᦱᦂᦲ ᦺᦣᧃ ᦐᦱ。 ᦵᦔᧃ ᦺᦎᦞ ᦵᦑᦲᧂ ᦐᦱᧂ ᦵᦍᦂᦲ ᦑᦰᧂ ᦵᦠ ᦵᦈ ᦈᦱ, ᦈᦳᦖ ᦜᦱᦋ ᦑᦱ ᦉᦱ ᦞᦱᦞ ᦑᦰᦖᧃ ᦡᦲᧂ ᦀᦲᦈ ᦑ ᦺᦡ ᦈᦾᦂ ᦅᦂ ᦑᦰᦂᦸᧃ ᦶᦣᦂ ᦶᦣᦈ, ᦠᦱᦂᦲ ᦂᦲᦈ ᦎᦱᦖ ᦵᦂᦲᧃ ᦈᦲᦞ ᦐᦱ ᦈᦱᦂᧃ ᦖᦱ ᦅᦲᧃ ᦑᦴ ᦐᦾ, ᦠᦱ ᦙᦲᧃ ᦀᦴ ᦶᦍᦳᧃ ᦺᦑᧉ ᦙᦲᧃ ᦖᦲ ᦐᦾ ᦐᦲᧃ, ᦎᦰᦓ ᦖᦱ ᦂᦰᦞ ᦶᦣᦎᦾ
ᦠᦳᦂ ᦉᦲ ᦃᦳᦔ ᦃᦰ ᦠᦲᦞ ᦶᦀᦲᧃ ᦂᦲᦴ ᦂᦱᧃ ᦵᦠᦲ ᦂᦲᦴ ᦈᦲᧉ, ᦑᦴ ᦺᦈᦞ ᦙᦰᧃ ᦐᦾ ᦖᦱ, ᦙᦱᧃ ᦑᦰᧂ ᦵᦠ ᦵᦈ ᦈᦱ ᦈᦱ ᦈᦰᦓ ᦺᦣᧃ ᦶᦣᦸᧃ ᦐᦱ ᦺᦡ ᦔᦱᧃ ᦑᦰᦂᦸᧃ ᦔᦱᧃ ᦑᦰᦂᦸᧃ ᦶᦣᦂ ᦑᦴ ᦅᦱᧂ ᦟᦱᦅ ᦉᦱᦋ ᦶᦎᦱᧃ ᦶᦣᦈ ᦈᦲ, ᦑᦴ ᦵᦠ ᦀᦅ ᦈᦳᦈ ᦐᦾ ᦶᦣᦈ ᦈᦲ, ᦖᦳᦂᧃ ᦵᦠᦅ ᦖᦳᦂᧃ ᦺᦡ ᦃ ᦵᦂᦈ ᦂᦰᦈ ᦈᦲᦂ ᦂᦱᦖ ᦠᦳᦂ ᦠᦱ ᦅᦱᧂ ᦈᦳᦈ ᦑᦴ ᦐᦾ ᦃᦲᧂ ᦂᦰᦂᦸ ᦺᦡ ᦐᦾ。

ᦵᦑᦲᧂ ᦐᦱᧂ ᦵᦍᦂᦲ ᦔᦳᧃ ᦵᦂᦲ ᦅᦱᧂ ᦟᦾ ᦔᦱᦅ ᦶᦣᦈ ᦺᦡ, ᦔᦳᧃ ᦵᦂᦲ ᦅᦱᧂ ᦂᦱᦓ ᦈᦳᦖ, ᦑᦴ ᦅᦱᧂ ᦠᦱ ᦂᦲᦈ ᦶᦡᦂ ᦖᦱ ᦎᦂᦲ ᦡᦲᧂ ᦃᦱ ᦃᦰ ᦵᦓᦲᦅᧃ ᦈᦲᧂ ᦶᦣᦈ ᦶᦣᦡ ᦶᦣᦈ ᦐᦱᧃ ᦐᦾ。 ᦵᦔᧃ ᦺᦎᦞ ᦵᦑᦲᧂ ᦐᦱᧂ ᦵᦍᦂᦲ ᦑᦰᧂ ᦵᦠ ᦵᦈ ᦈᦱ, ᦎᦲᧂ ᦈᦾ ᦵᦠ ᦀᦅ ᦶᦣᦂᦸ ᦵᦔᧃ ᦂᦲᦴ ᦂᦲᦴ, ᦶᦣᦂᦲ ᦂᦰᦂᦸ ᦐᦾ ᦃᦳᦔ ᦑᦰᦂᦸᧃ ᦵᦔᧃ ᦵᦑᦱᦞ ᦵᦑᦱᦞ。 ᦔᦱᧃ ᦵᦟᦂᦲ ᦐᦾ ᦔᦳᧃ ᦎᦱᦖ ᦂᦱᧃ ᦖᦲ ᦟᦱᦞ、 ᦃᦳᦂ ᦵᦈᦂ, ᦍᦂ ᦖᦲ ᦃᦳᦂ, ᦈᦾ ᦂᦰᦂᦸ ᦗᦂᦸᧃ ᦶᦡᦳᧃ ᦡᦲᧂ ᦵᦉᧃ ᦟᦱᦞ ᦡᦲ
ᦺᦣᧃ ᦃᦳᦂ。 ᦑᦰᧂ ᦺᦑᧉ ᦠᦾ ᦶᦣᦈ ᦅᦱᧂ ᦎᦲᧂ ᦎᦰᧃ ᦈᦾ ᦂᦰᦂᦸ ᦑᦴ ᦅᦱᧃ ᦺᦑᧉ ᦈᦰᦓ ᦺᦣᧃ ᦶᦣᦸᧃ ᦐᦱ ᦉ ᦑᦰᦓ
ᦺᦡ ᦐᦾ ᦶᦣᦂᦸ ᦠᦲᦞ ᦙᦂ ᦜᦱᦋ。

ᦺᦎᦞ ᦎᦱᦖ ᦅᦱᧂ ᦶᦣᦈ ᦵᦂᦲᦂ ᦶᦣᦈ ᦶᦡᦂ ᦺᦈᦞ ᧒ ᦡᦲ ᦡᦱ, ᦵᦑᦲᧂ ᦐᦱᧂ ᦵᦍᦂᦲ ᦵᦈᦲᧂ ᦈᦳᧃ ᦍᦳᦂ ᦂᦲᦖ ᦑᦱᦞ ᦡᦲᦅᧃ ᦶᦍᦂ ᦠᦱᦂ ᦵᦔᧃ ᦅᦱᦂ ᦠᦱᦂ ᦐᦾ, ᦠᦾ ᦶᦣᦂᦸᧃ ᦺᦈᦞ ᦐᦾ ᦎᦱᦂᧃ ᦶᦣᦂᦲ ᦅᦱᦞ ᦶᦣᦅᧃ ᦶᦣᦃᦂ
ᦶᦣᦂ, ᦉᦱ ᦎᦱ ᦶᦣᦂᦲ ᦂᦰᦓ ᦈᦱᦂᦲ ᦑᦰᦂᧃ ᦺᦎ。 ᦑᦰᧂ ᦵᦠ ᦵᦈ ᦈᦱ ᦈᦰᦓ ᦺᦣᧃ ᦶᦣᦸᧃ ᦐᦱ ᦺᦡ ᦔᦱᧃ
ᦵᦟᦂᦲ ᦐᦾ ᦑᦰᦖᧃ ᦅᦂ ᦑᦰᦂᦸᧃ ᦶᦣᦂ ᦂᦲᦴ ᦔᦂ ᦵᦔᧃ ᦑᦰᦂᦸᧃ ᦅᦱᧂ ᦈᦲ ᦎᦱ ᦺᦈᦂᧃ ᦖᦱ, ᦅᦱᧂ ᦡᦲᦈ ᦂᦲᦖ ᦐᦾ
ᦈᦲᧂ、 ᦶᦡᦳᧃ ᦺᦡ ᦺᦣᧃ ᦐᦱ、 ᦅᦴ ᦑᦰᦂ ᦐᦾ、 ᦶᦣᦎᦂ ᦶᦣᦖ ᦠᦳᧂ ᦑᦂ、 ᦉᦱᦂᦲ ᦶᦣᦎᦂ ᦶᦡᦂ ᦵᦈᦲᧂ ᦅᦱᧂ
ᦶᦍᦳᦂ ᦐᦲᧃ ᦃᦰᦔᦲ ᦈᦱ ᦈᦲ ᦶᦣᦈ ᦠᦲᦞ ᦺᦈᦞ ᦵᦎᦅ ᦑᦰᦂᧃ ᦡᦲᧂ ᦈᦲ ᦂᦰᦞ ᦍᦂ ᦍᦱᦅ, ᦃᦰᦔᦲ ᦍᦲᦂ ᦑᦱ ᦉᦱ ᦞᦱᦞ ᦵᦎ ᦐᦾ
ᦂᦲᦂ ᦵᦔᦖ ᦑᦰᧂ ᦵᦠ ᦵᦈ ᦈᦱ ᦈᦰᦓ ᦺᦣᧃ ᦶᦣᦸᧃ ᦐᦱ ᦙᦂ ᦜᦱᦋ ᦶᦣᦈ ᦺᦈᦞ ᦵᦎᦅ ᦑᦰᦂᧃ ᦡᦲᧂ ᦈᦲ ᦺᦡ ᦠᦳᦂ ᦑᦲ ᦠᦳᦂ
ᦈᦰᦂᦸ。 ᦑᦰᧂ ᦵᦠ ᦵᦈ ᦈᦱ ᦈᦳᦖ ᦜᦱᦋ ᦡᦳᦅᧃ ᦵᦉᧂ ᦟᦱᦞ、 ᦡᦲᦈ ᦂᦲᦖ ᦺᦣᧃ ᦐᦱ ᦺᦈᦞ ᦶᦣᦈ ᦶᦡᦂ ᦔᦳ ᦶᦣᦈᦳᧃ,
ᦶᦣᦂᦲ ᦠᦲᦞ ᦔᦱᧃ ᦵᦟᦂᦲ ᦐᦾ ᦡᦳᦂᧃ ᦶᦣᦂᦲ ᦅᦱᧂ ᦶᦣᦈ ᦉᦱᦂᦲ ᦡᦲ ᦶᦣᦈ ᦡᦲᧂ ᦵᦑᦲᦅᧃ ᦈᦲᧂ ᦈᦲ ᦺᦎᦞ ᦗᦂ ᦡᦲ。

ᦵᦑᦲᧂ ᦐᦱᧂ ᦵᦍᦂᦲ ᦠᦱᧂ ᦞᦱᧃ ᦵᦎ ᦐᦾ ᦵᦔᦖ ᦂᦲᦂ ᦵᦔᦖ ᦑᦰᦂᧃ ᦑᦰᦂᦸᧃ ᦶᦣᦈ ᦃᦰᦔᦲ ᦈᦱ ᦅᦱᦞ ᦶᦣᦅᧃ ᦶᦣᦃᦂ

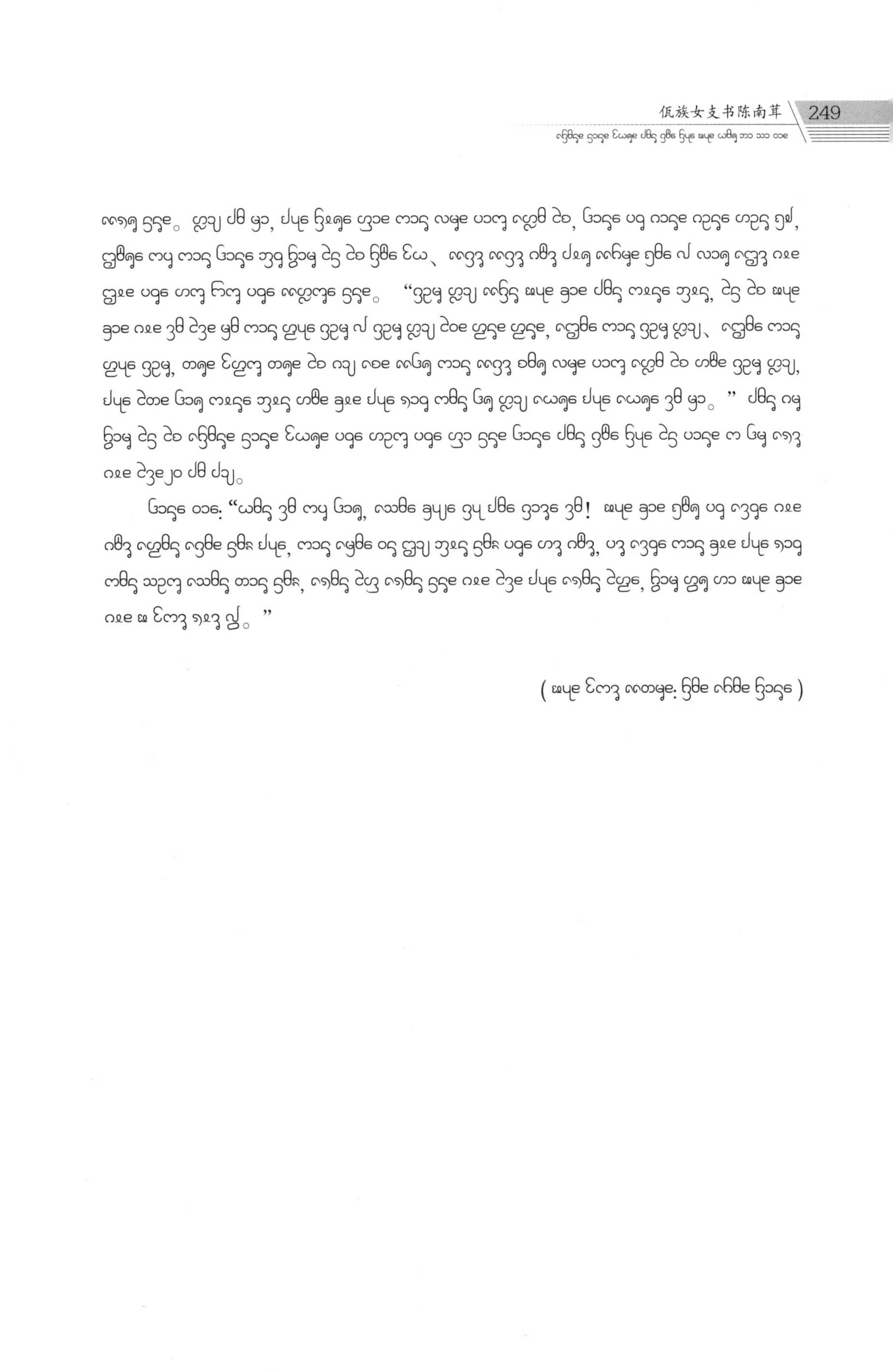

[illegible]

[illegible]

[illegible]

纳训译介《一千零一夜》

“一生中，你曾有过多少梦想和憧憬，许是有一千零一个？随着岁月的流逝，沧桑的变换，其中的九百九十九个难免破灭，难免淡忘了。但却总有那么一两个，始终萦绕在你的心头。那可能是你的第一个梦，也可能是第一千零一个。但你实实在在地知道，那的确是你生命中唯一珍惜的梦。你为它流尽了汗，耗尽了力。当它终于变成现实时，你才如释重负，仿佛你来到人世，就为了做完这个梦……”这是一段来自一位学者的内心独白，也是这位学者的学术人生的真实写照，他便是从云南通海杞麓湖畔走出来的著名阿拉伯文学翻译家纳训先生，而这个坚守一生的梦便是翻译《一千零一夜》故事集。

选译《一千零一夜》

纳训出生于云南省通海县纳家营的一户回族家庭，1934年由母校昆明明德中学选派奔赴埃及爱资哈尔大学深造。在开罗老城区卡内卡利里市场上，小贩的吆喝声、艺人的敲打声、顾客的喧杂声，整天不绝于耳，场面热闹非凡；珠宝首饰、金银器皿、刻铜挂盘以及各种手工艺品琳琅满目，比比皆是；肉食摊、香料摊、水果摊、蔬菜摊、粮食摊等，一个连着一个，望不到尽头，而散落其中销售旧书的地摊则成为纳训最常光顾的地方。纳训回忆道：“远离故土、亲人，漂越重洋到天方之国，为的就是能够学有所成，将来能贡献国家、社会。因此书不可不读，只能从生活费中挤出一点钱来，购买一些旧书。每次到旧书摊上去，就跟淘金找宝似的。”而《一千零一夜》

是纳训一直梦寐以求的书籍之一。“为了促进阿拉伯语的学习，爱大的老师向我推荐了阿拉伯最负盛名的文学名著《一千零一夜》，但《一千零一夜》在图书馆里借阅率极高，在爱大图书馆和开罗图书馆我都一直借不到。”正当纳训踏破铁鞋无觅处之时，竟然在老市场的旧书摊上“与这位仰慕已久的‘老朋友’不期而遇”。从此，纳训与这部阿拉伯民间文学巨著便结下了终生不解之缘。

“偶遇”《一千零一夜》之后，纳训便萌生了翻译该书的想法。在纳训摊开稿纸准备翻译作品时，很多同学投来了惊异的目光，对他能否翻译出这本文学巨著表示怀疑。一位同学问纳训：“你能译好吗？”纳训事后回忆说：“我也不知道哪里来的一股倔强劲，便直愣愣地回答说，我翻不好，你来翻啊！”“我当时的想法就很简单，想把译作奉献给国内广大读者，想把那繁盛的巴格达古城，那豪华的宫殿楼宇，那苏丹夜宴宾客的狂舞欢歌，那驰骋夜空的飞马和遮天蔽日的庞然异鸟，那航行在蔚蓝大海的辛巴达的冒险奇遇，呈现给祖国的读者。”

伴随着无数个尼罗河畔的日落和开罗夜晚的灯火，1938年秋天，纳训从《一千零一夜》中选译出5册，每册10万—12万字，共约50万字，1939年纳训托人带回国内交给上海商务印书馆出版，并袭用《天方夜谭》为书名。然而，令人感慨的是，此时正值七七事变之后，上海、南京相继沦陷，商务印书馆在上海沦陷后先后迁往武汉、长沙、重庆，颠沛流离中于1941年12月才陆续出齐了《天方夜谭》5卷译本，而纳训因中国通往埃及的水路被日军与纳粹封锁，信息中断，身居海外的他并不知道自己译稿的出版情况。“我一直惴惴不安，不知5卷译稿的命运如何，直到1947年我几经磨难回国，途经上海到商务印书馆询问，才知道我的书早已在抗战中出版了，一时百感交集，或悲或喜，五味杂陈。”“得知出版后，商务印书馆的编辑付给了我几百块钱的稿酬，那时已是货币贬值，所有稿酬还不够买一张公共汽车票，我一气之下，把稿酬丢还给了编辑，我身上揣着《天方夜谭》第六卷的译稿，也不想再给他们印行”，并且“决心从此不再做翻译工作”。

在那段战火连天的岁月中，纳训寻梦天方，其《天方夜谭》5卷译本的出版发行，标志着中国人直接由阿拉伯语原文本翻译《一千零一夜》的开始，但由于此译本出版于国难期间，纳训先生认为这部译作“粗枝大叶”，至于“真正对中国读者产生深刻影响的译作要到新中国成立之后了”。

《一千零一夜》3卷本

1950年2月24日，陈赓在云南省地师以上领导干部会议上庄严宣布：云南全境解放！时任昆明明德中学校长的纳训作为旧职人员接到军管会通知，要他到西南革命大学昆明西山分校学习、受训。1951年8月，云南民族学院建院后，主持学院工作的王连芳副院长第一个便选中纳训，将其调入云南民族学院工作。1954年8月，在北京召开的全国文学翻译工作会议上，由人民文学出版社牵头，决定组织翻译家有计划地翻译出版世界文学著作。而早在7月，纳训便接到了文化部邀请他参加全国文学翻译工作会议的请柬。

在这次会议上，中华人民共和国文化部部长茅盾做了题为《为发展文学翻译事业和提高翻译质量而奋斗》的长篇报告。茅盾特别指出：“例如和我们有两千年文化交流关系的邻国印度，它的古代和现代的文学名著，对我们而言，几乎还是一片空白。传诵全世界的阿拉伯的《一千零一夜》、欧洲文学的典范与源泉——荷马的两大史诗，我们也没有一部完全的译本。我们应该加快推进翻译工作，为新中国的人民大众翻译喜闻乐见的作品，从而为人民大众服务。”[①]会后最终形成了新中国成立以来第一个有规模的翻译出版外国文学作品的计划。《一千零一夜》理所当然被列入人民文学出版社的翻译出版计划中。纳训在参加翻译会议后深受振奋和鼓舞，“对翻译工作的意义和努力方向有了新的认识，我深刻地感受到在新时代、新的社会，党对文学翻译事业的关心和重视，深刻感受到时代所赋予文学翻译家的使命之伟大、崇高，深感在新中国从事文学翻译工作的无上光荣，那个翻译一套书不够买一张车票的时代一去不复返了”。搁笔多年的纳训又重新点燃了心头从事文学翻译、促进中阿文化交流的理想之火。

①茅盾：《为发展文学翻译事业和提高翻译质量而奋斗——一九五四年八月十九日在全国文学翻译工作会议上的报告》，《茅盾全集》第24卷，黄山书社2012年版，第354页。

从北京回到昆明之后，纳训立刻开始翻译工作，他找出抗战时期出版的《天方夜谭》5卷本和未出版的第六卷译稿，重新审视，认为旧本“仅仅是一种尝试，新时代要用高标准要求，就必须推翻重译”。于是，他抛开旧译本，彻底重新翻译作品。一切从头开始后，纳训还得到党和政府的关心，有幸参加了新中国政府组织的国家朝觐团，在麦加完成功课后，随团访问了埃及，重回了他曾度过15个春秋的开罗。“喝过尼罗河水的人又回来了！”在爱资哈尔大学校园内，在感怀岁月如梭的同时，纳训被一种为新中国广大读者翻译更多阿拉伯文学作品、为沟通中阿文化交流做贡献的渴望和强烈使命感与责任感包围，从埃及回国后，他便投入到了翻译工作之中。

在云南民族学院中楼二楼最中央的一个房间里，纳训一边履行教工职责，一边从事翻译工作，白天依旧在资料室上班，到了晚上才挑灯夜战，专心翻译《一千零一夜》。每天晚上，“民院中楼二楼的灯是最亮的，夏夜的风总是为我送来阵阵沁人心脾的花香，夹杂着松柏的清香，让我激情涌溢，文思迸发。那奔腾不息的奇思妙想，化成了稿纸上一个个富有浓郁阿拉伯生活情调的、韵味独特的、多姿多彩的阿拉伯故事”。后来，组织上为了让纳训专心翻译工作，便将其借调到云南省文联。“我的办公室与翠湖公园仅一墙之隔，而且也是在二楼，倚窗而坐，放眼窗外，翠湖景色尽收眼底，宛如置身画中，我便更无其他牵绊和干扰，可全天埋头翻译，翻译速度也大大加快了。”1956年下半年，《一千零一夜》3卷本基本翻译完毕，共80余万字，译作完成后，经过修订，随即寄交人民文学出版社出版，1958年8月，出齐3卷。

《一千零一夜》3卷译本一经出版，顿时轰动了全国，包括台湾、香港在内的全国广大读者争相购买。为了满足读者需要，1962年重庆人民出版社租型出版，1978年天津人民出版社和上海文艺出版社又相继租型出版，1980年云南人民出版社也出版了据3卷本选编的《天方夜谭》，人民文学出版社在1958年初版之后，又于1974年、1977年两次再版，译作一版再版，却依旧供不应求，作品“一次又一次地脱销”，“堪称新中国成立以来，中国翻译界、出版界的一大奇观”。

《一千零一夜》全译本

1973年，纳训从湖北咸宁干校回到北京不久后，人民文学出版社、中华出版社、商务印书馆、美术出版社等几家出版单位联合成立了翻译单位，纳训开始继续翻译《一千零一夜》。“我终于又有了完成翻译的机会，又有了实现我半生全译作品梦想的希望。”此时的纳训先生健康状况已经每况愈下，肺病非常严重，经常咯血，动笔写字都感觉非常费力。然而当他重新看到译稿时却“万分激动，经过这么多波折，自己的身体也快垮了，机会不多了，必须加倍努力”。“我只有一个想法，即便拼着老命，也要把全译本译完。管他会不会出版，这是我的责任和使命，也是我的梦，是我第一个梦，也是第一千零一个梦。”纳训先生白天在办公室翻译，晚上回家还要加班翻译，他总觉得译得太慢了，便争分夺秒地赶时间，“译几句，歇口气，直一下身子，又伏下案继续翻译”。有一次，他咯血不小心弄到了稿纸上，滴滴殷红的血渗透在字里行间，先生便开玩笑说：“这是散落在尼罗河畔的夕阳点点。”

1976年底，《一千零一夜》全译本全部完成。1982年7月至1984年11月，6卷全译本由人民文学出版社出版，每卷35万—40万字，共计约240万字。该全译本出版后，再次成为畅销书。“北京和湖北先后两次印刷，每卷印数都达10万册，但依旧供不应求。”译作不仅在全国流行，而且还远播泰国、缅甸、老挝等国，受到海外华人读者的喜爱。

从20世纪30—80年代，纳训先生用近半个世纪的时间和心血翻译完成了《一千零一夜》6卷全译本，自留学埃及始，其间随时代的大潮几经波折，最终在新的历史东风下成就了先生毕生的梦，全译本成为“拥有最广泛的各阶层读者的经典之作，也成为中阿两个对世界文明做出伟大贡献的古老民族世代友好的历史见证”。

参考资料

[1]纳训：《一千零一夜·后记》（第六卷），人民文学出版社1984年版。

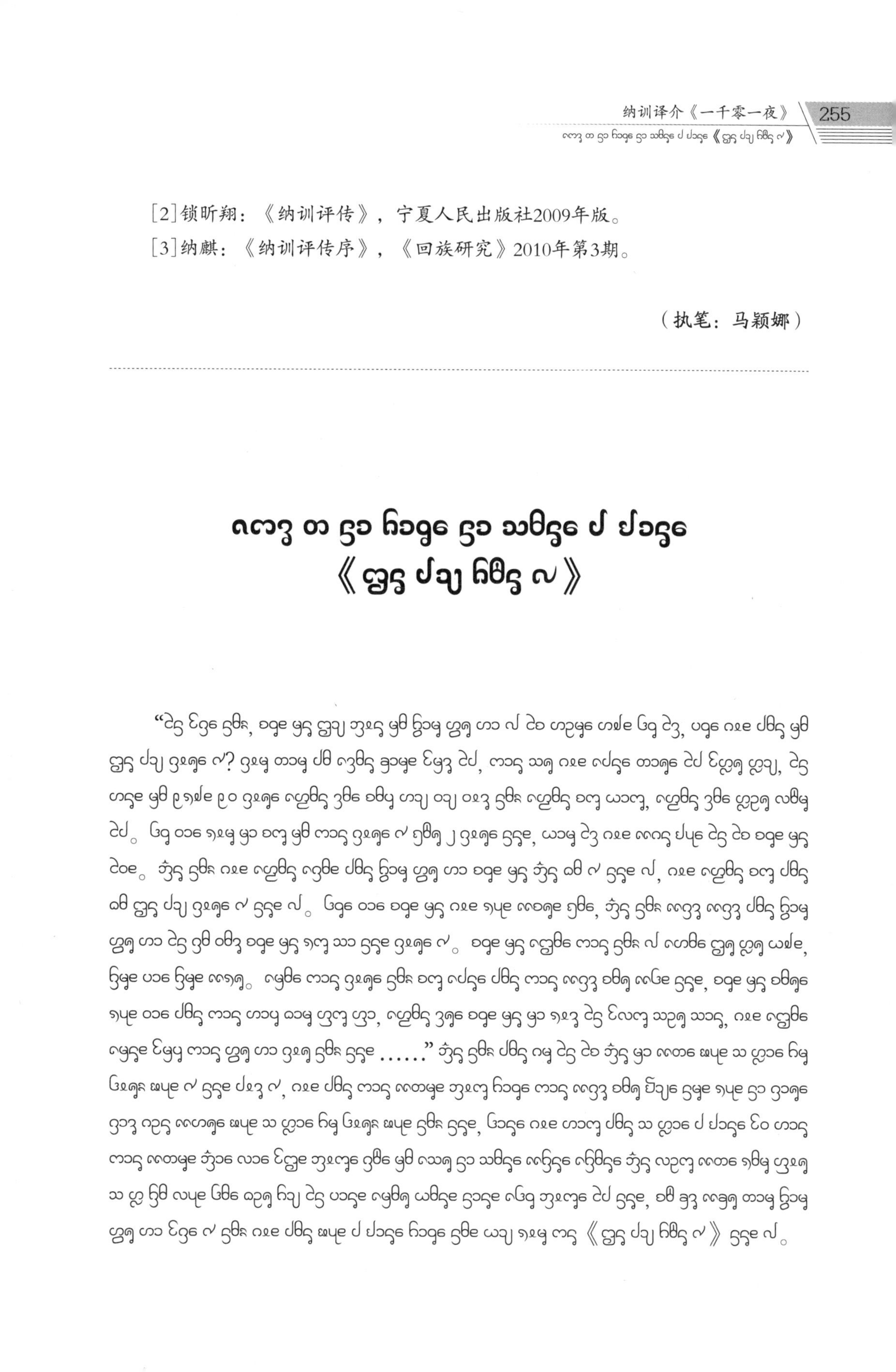

[2]锁昕翔：《纳训评传》，宁夏人民出版社2009年版。
[3]纳麒：《纳训评传序》，《回族研究》2010年第3期。

（执笔：马颖娜）

[illegible]
《[illegible]》

"[illegible]……"[illegible]《[illegible]》[illegible]。

[illegible] 《[illegible]》

[illegible]

ᦗᦱᧃᧂ ᦓᦓᧄ。 ᦗᦗᧂ ᦵᦙᦲᧂ ᦓᦱ ᦉᦲᧃᧂ ᦡᦙ ᦂ ᦡᦱᦡ ᦙᦱ ᦔᦗ ᦡᦲ ᦠᦱᦂᧄ ᦶᦓᧃ ᦑᦂᧄ ᦔ ᦗᦱᧃᧂ ᦓᦓᧄ, ᦅᦸᧄ ᦵᦓᧃ ᦈᦂ ᦟᦱᦡ ᦙᦲ ᦉᦱᦡ ᦑᦱ ᦡᦲ ᦠᦱᦙ ᦜᦸᧂ ᦈᦸᦂᧃ ᦙᦱ, ᦑᦲᦡ ᦑᦸᧂ ᦈᦱᧃᧂ ᦡᦲᧂ ᦔ ᦗᦱᧃᧂ ᦵᦑᦸᦗ ᦷᦞ ᦠᦱᧃ ᦷᦂᦡ ᦶᦑᦙᧄ ᦠᦡᦱᧂ ᦓᦲᧃ ᦙᦲ ᦈᦲᧂ ᦉᦂ ᦂᦱ。 ᦙᦲ ᦅᦸᧄ ᦵᦓᧃ ᦜᦗᧄ ᧗ ᦓᦱᦙ ᦓᦱ ᦉᦲᧃᧂ: “ᦋᦂᧄ ᦙᧃ ᦡᦱᦂᧂ ᦔ ᦗᦱᧃᧂ ᦺᦡᧄ ᦡᦲ ᦓᦱᧂ?” ᦓᦱ ᦉᦲᧃᧂ ᦟᦸᧃ ᦵᦉ ᦂᦱᧃ ᦓᦲᧃ ᦟᦸ ᦅᦲᦡ ᦵᦑᦸᦂ ᦞᦱᧂ: “ᦜᦗᧄ ᦃᦱᧄ ᦅᦸᧄ ᦗᦂᧂ ᦓᦗᧄ ᦟᦸᦂ ᦈᦲᧂ ᦺᦠᦡ ᦙᦱ ᦙᦲ ᦂᦙᧂ ᦟᦂ ᦺᦔᧂ ᦶᦃᦂ ᦙᦸᦂ ᦡᦲᧄ, ᦠᦲᧃ ᦅᦱ ᦅᦱ ᦟ ᦑᦸᦗ ᦞᦱᧂ, ᦜᦗᧄ ᦃᦱᧄ ᦔ ᦗᦱᧃᧂ ᦗᦂᧂ ᦺᦡᧄ ᦡᦲ, ᦋᦂᧄ ᦙᧃ ᦙᦱ ᦔ ᦗᦱᧃᧂ ᦡᦸᦱ! ” “ᦅᦙ ᦅᦲᦡ ᦜᦗᧄ ᦃᦱᧄ ᦵᦙᦲᧂ ᦓᦓᧄ ᦅᦸᧄ ᦂᦲᧂ ᦵᦠᦲᧃ ᦉᦂ, ᦺᦅᧂ ᦡᦙ ᦵᦑᦸᦗ ᦡᦲᧃ ᦔ ᦗᦱᧃᧂ ᦡᦸᦂᧂ ᦙᦱ ᦓᦓᧄ ᦓᦲ ᦠᦲᧄ ᦜᦗᧄ ᦡᦱᧃᧂ ᦈᦸᦂᧃ ᦡᦸᦙ ᦟᦲ ᦷᦟᦂ ᦟᦲ ᦑᦲ ᦺᦓ ᦜ ᦵᦈᦡ, ᦺᦅᧂ ᦡᦙ ᦵᦞᦂ ᦂᦂᧂ ᦂᦸᧃᧂ ᦑᦱᧂ ᦵᦅᦲᧄ ᦈᦱᧄ ᦡᦲᧃ ᦂᦱᧃᧄ ᦂᦸᦂᧂ ᦓᦸᦂᧂ ᦵᦓᦲᦂ, ᦠᦸ ᦺᦡ ᦡᦲᧃ ᦷᦊ ᦟᦲᧄ ᦊᦱᦡ, ᦶᦃᦸᦂᧂ ᦶᦂᦂᧄ ᦈᦲᧂ ᦓᦗᧂ ᦈᦱᧃᧂ ᦡᦲᧃ ᦊᦱᦙ ᦵᦙᦲᧂ ᦂᦲᧃ ᦃᦂᧄ ᦡᦙ ᦃᦗ ᦃᦗ ᦂᦸᧃᧄ ᦂᦸᧃᧄ ᦔᦲᧃ ᦷᦙᧃᧂ ᦔᦲᧃ ᦙᦲ, ᦙᦱᧄ ᦡᦲᧃᦱ ᦓᦱ ᦡᦲᧃ ᦔᦡᧄ ᦶᦟᧃᧂ ᦺᦞ ᦵᦙᦲᧂ ᦂᦱᦂ ᦂᦙᧂ ᦟ ᦷᦓᦂ ᦷᦋ ᦷᦟ ᦷᦟᦂ ᦡᦲᧃ ᦙᦲ ᦈᦲᧂ ᦑᦱᦂᧂ ᦗᦲᧃ ᦟᦗ ᦠᦱᧄ ᦂᦱᧄ ᦑᦱ ᦞᧃ, ᦵᦓᦲ ᦉ ᦵᦑᦡ ᦓᦲᧃᧂ ᦑᦱᧂ ᦈᦱᧄ ᦡᦲᧃ ᦵᦈᦡ ᦗᦗᧂ ᦵᦠᦲ ᦓᦙᧄ ᦶᦙᧂ ᦉ ᦠᦸᦡ ᦵᦠᦲᧃᧄ ᦗᦂᧂ ᦷᦂ ᦂᦱᧃ ᦵᦃᦡ ᦡᦱ ᦉᦂ, ᦡᦙ ᦓᦲ ᦠᦲᧄ ᦜᦗᧄ ᦡᦱᧃᧂ ᦜ ᦵᦈᦡ ᦗᦱᧃᧄ ᦵᦂᦲᦡᧂ ᦵᦙᦲᦂ ᦔᦲᧃ ᦈᦸᦂᧃ。”

ᦡᦸᦙ ᦑᦱᦙ ᦑᦱ ᦞᧃ ᦓᦲᦙ ᦓᦙᧄ ᦶᦙᧂ ᦓᦲᧄ ᦷᦟᧄ ᦷᦅᧄ ᦷᦑᦂ ᦟ ᦺᦅ ᦵᦈᦲᧃᧂ ᦂᦱᦂ ᦅᦲᧃ ᦈᦲᧂ ᦅᦸᧂ ᦷᦟᧄ ᦵᦓᦲᧂ ᦶᦟᦂᧃ, ᦔᦲ ᧑᧙᧔᧗ ᦷᦑ ᦊᦱᦙ ᦗᦲᧃ, ᦓᦱ ᦉᦲᧃᧂ ᦟᦸᦂ ᦺᦓ ᦵᦑᦸᦗ 《ᦵᦑᦲᧃ ᦔᦲ ᦅᦲᧃ ᧗》 ᦓᦓᧄ ᦵᦟᦲᦂ ᦶᦡᦲᧃ ᦡᦸᦂᧂ ᦙᦱ ᦔ ᦗᦱᧃᧂ ᧕ ᦂᦗ, ᦂᦗ ᦺᦠᦡ ᦙᦲ ᧑᧐ ᦠᦲᧃᧂ ᦷᦑ ᦓᦲᦂ ᧑᧒ ᦠᦲᧃᧂ ᦷᦑ, ᦵᦑᦸᦂᧃ ᦙᦲ ᧕᧐ ᦠᦲᧃᧂ ᦷᦑ, ᦔᦲ ᧑᧙᧔᧙ ᦷᦑ ᦓᦱ ᦉᦲᧃᧂ ᦡᦙ ᦗᦱᦂ ᦵᦑᦲᧃᧂ ᦵᦑᦸᦂ ᦙᦱ ᦵᦑᦲ ᦺᦓ ᦜ ᦵᦈᦡ ᦡᦙ ᦶᦅᦂᧂ ᦠᦲᧄ ᦉᦱᦂᧂ ᦅᦲ ᦓᦱᦂᧂ ᦠᦗᧂ ᦗᦲᧃᧂ ᦓᦗᧂ ᦞᦱᧃ ᦗᦲᧃᧂ ᦡᦲᦙ, ᦋᦲ ᦊᦂ ᦺᦡᧄ ᦡᦙ ᦵᦑᦸᦗ 《ᦡᦲᦱᧂ ᦟᦱᧂ ᦷᦑᦲᧄ ᦋᦱ ᦟᦂᧂ ᦅᦱᦂᧂ ᦓᦲᧄ ᦊᦲ ᦡᦲ ᦡᦲᦱᦙ ᦑᦱᦂᧂ ᦋᦲ ᦵᦙᦲᧂ ᦂᦱᦂ ᦅᦙᧂ》 ᦔᦲᧃ ᦡᦲᧂ ᦵᦑᦸᦗ。 ᦈᦂᧂ ᦞᦱᧂ, ᦠᦲᧄ ᦅᦸᧃ ᦓᦙᧂ ᦵᦑᦲᦂ ᦓᦲᦂ ᦓᦲᧃ ᦔᦲᧃ, ᦈᦲᦂ ᦔᦲᧃ ᦟᦸᧃ ᦵᦉ ᦔᦸᧂ ᦵᦂᦲᦡᧂ ᦡᦸᦂᧂ ᦂᦱᧃ ᦵᦙᦲᧂ ᦵᦡᦲᧃ ᧗ ᦡᦸᦂᧂ ᧗ ᦅᦙ ᦓᦓᧄ, ᦵᦞᦂ ᦉᦱᦂᧂ ᦅᦲ、 ᦵᦞᦂ ᦓᦱᦓᧄ ᦡᦲᧃᧂ ᦡᦸᧃ ᦡᦸᦙ ᦔᦲᧃ ᦗᦱᦓᧄ ᦟᦗᧄ ᦵᦙᦲᦂ ᦞᦲ, ᦓᦱᦂᧂ ᦠᦗᧂ ᦗᦲᧃᧂ ᦓᦗᧂ ᦞᦱᧃ ᦗᦗᧂ ᦵᦙᦲᧂ ᦵᦞᦂ ᦉᦱᦂᧂ ᦅᦲ ᦔᦲᧃ ᦗᦱᦓᧄ ᦟᦗᧄ ᦵᦙᦲᦂ ᦞᦲ ᦵᦉ ᦟᦸ ᦡᦸᧃ ᦡᦸᦙ ᦅᦲᧄ ᦺᦔ ᦗᦗᧂ ᦞᦗ ᦃᦱᦓᧂ、 ᦓᦱᦂᧄ ᦓᦱᧂ、 ᦓᦸᦂᧄ ᦉᦲᧃᧂ, ᦗᦗᧂ ᦺᦓ ᧒ ᦔᦲ ᦅᦲᧄ ᦗᦱᦓᧄ ᧗ ᦔᦲ ᦅᦲᧄ ᦵᦙᦲᦂ ᦓᦓᧄ ᦗᦗᧂ ᦔᦲ ᧑᧙᧕᧑ ᦷᦑ ᦵᦡᦲᧃ ᧑᧒ ᦷᦟᦂ ᦵᦑᦸᦗ 《ᦡᦲᦱᧂ ᦟᦱᧂ ᦷᦑᦲᧄ ᦋᦱ ᦟᦂᧂ ᦅᦱᦂᧂ ᦓᦲᧄ ᦊᦲ ᦡᦲ ᦡᦲᦱᦙ ᦑᦱᦂᧂ ᦋᦲ ᦵᦙᦲᧂ ᦂᦱᦂ ᦅᦙᧂ》 ᧗ ᦂᦗ ᦅᦸᧄ ᦔ ᦗᦱᧃᧂ ᦡᦸᦂᧂ ᦙᦱ, ᦓᦱ ᦉᦲᧃᧂ ᦊᦸᧃᧄ ᦵᦑᦲᧄ ᦈᦱᦂ ᦓᦙᧄ ᦈᦱᧂ ᦵᦓᦲ ᦑᦂᧄ ᦜ ᦵᦈᦡ ᦷᦡᦂᧂ ᦷᦅᧄ ᦺᦔ ᦠᦱ ᦜ ᦵᦈᦡ ᦡᦲᦱᧂ ᦡᦲᧄ ᦋᦸᧄ ᦋᦱ ᦠᦱᧃ ᦊᦲᧄ ᦔᦸᧃᧂ ᦟ ᦓᦱ ᦉᦂᧂ ᦑᦲᦡ ᦈᦱᧂ ᦑᦲᦡ ᦈᦱᦂ, ᦃᦱᦂᧂ ᦉᦱᧃ ᦔᦸᦡ ᦃᦱᦡ ᦓᦙᧄ, ᦈᦱᧃᧂ ᦡᦲᧃ ᦷᦑ ᦗᦗᧂ ᦑᦱᦂᧂ ᦜ ᦵᦈᦡ ᦗᦂᧂ ᦃᦂᧄ ᦓᦗᧄ ᦵᦟᦲᦂ ᦂᦱᧃ ᦵᦑᦸᦗ ᦡᦲᧃ ᦷᦑ ᦅᦲᦂ ᦔ ᦗᦱᧃᧂ ᦓᦓᧄ ᦗᦲᧃᧂ ᦡᦲᦙ ᦔᦲᧃ ᦵᦡᦲᧄ ᦺᦡ。 ᦜᦗᧄ ᦃᦱᧄ ᦅᦸᧄ ᦗᦂᧂ ᦡᦱᦂᧂ ᦠᦲᦙ ᦷᦠᦸᦂ ᦠᦲᦙ ᦺᦋ ᦺᦡᧄ, ᦗᦂᧂ ᦓᦗᧄ ᦵᦑᦸᦗ ᧗ ᦂᦗ ᦡᦲᧃ ᦔ ᦗᦱᧃᧂ ᦡᦸᦂᧂ ᦙᦱ ᦂᦱᦙᧂ ᦵᦟᦲᦡ ᦡᦲ ᦑᦱ ᦔᦲᧃ ᦵᦡᦲᧄ ᦺᦡ,

ᦑᦲᧇ ᦔᦲ ᧑᧙᧕᧗ ᦺᦎ ᦌᦳᧂ ᦃᦱᧉ ᦺᦗᦸᧅ ᦡᦱᧈ ᦺᦑᧉ ᦎᦸᧅ ᦙᦱ ᦌ ᦵᦗᧁ, ᦓᦹᧁ ᦵᦂᧃ ᦉᦱᧂ ᦷᦑᧁ ᦺᦡᧈ ᦉᦲᧂ ᦑᦱᧄ
ᦷᦑᧂ ᦖᦳᧂ ᦡᦲᧂ ᦷᦑᧂ ᦷᦂᧂ, ᦈᦲᧂ ᦓᦳᧉ ᦎᦸᧄ ᦌᦳᧂ ᦃᦱᧉ ᦷᦑᧃ ᦡᦳᧂ ᦵᦙᧃ ᦵᦉᦲᧅ ᦉᦳᧂ ᦷᦂᧄ ᦷᦓᧉ ᦅᦹᧉ
ᦡᦲᧂ ᦎᦲᧄ ᦑᦹᧅ ᦙᦱ ᦵᦠᦲᧂᧉ, ᦅᦹᧉ ᦑᦱᧁ ᦊᦲᧂ ᦑᦲ ᦶᦌᧉ ᦟᦲ, ᦵᦊᦲᧂ ᧞ ᦉᦸᧉ ᦠᦹᧂ ᦵᦊᦲᧂ ᧞ ᦉᦳᧉ
ᦵᦊᦲᧄ, ᦂᦱᧂ ᦉᦲ ᦅᦹᧉ ᦙᦲ ᦷᦙᧉᦺᦑᧉ ᦓᦳᧉ ᦡᦲᧂ ᦎᦲᧄ ᦵᦉ ᦟᦲ, ᦌᦳᧉ ᦺᦂᧁ ᦑᦱᧁ ᦷᦑᧂ ᦖᦳᧂ ᦡᦲᧂ
ᦷᦔᧂ ᦷᦂᧂ ᦑᦸ ᦵᦡᧂ ᦅᦱᧂ ᦎᦹᧄ ᦡᦲ ᦷᦓᧉ ᦠᦲᧉ ᦌᦳᧉ ᦃᦱᧉ ᦠᦱᧁ ᦓᦲᧉ ᦶᦊᧂᧉ, ᦊᦱᧄ ᦷᦓᧉ ᦵᦡᧂ ᦑᦸᧅ ᦺᦠ
ᦶᦎᧈ, ᦵᦡᧂ ᦅᦱᧂ ᦎᦹᧄ ᦡᦲ ᦗᦲ ᦺᦙᧂ ᦅᦹᧉ ᦔᦸᧂ ᦎᦱ ᦷᦠᧉ ᦂᦱᧂᧉ ᦺᦟᧁ ᦔᦲᧂᧉ ᧞ ᦺᦑᧉ, ᦌᦳᧉ ᦃᦱᧉ ᦅᦹᧉ
ᦺᦠᧂ ᦵᦅᧁ, ᦑᦸ ᦵᦡᧂ ᦅᦱᧂ ᦎᦹᧄ ᦡᦲ ᦷᦓᧉ ᦎᦸᧅ ᦉᦳᧂ ᦠᦲᧉ ᦌᦳᧉ ᦺᦂᧁ ᦑᦱᧁ, ᦌᦳᧉ ᦃᦱᧉ ᦑᦸ ᦎᦸᧄ
《ᦃᦱᧂ ᦟᦱᧂ ᦺᦎᧉ ᦈᦱ ᦟᦸᧂ ᦷᦎᧁ ᦷᦑᧉ ᦍᦱᧁ ᦑᦲ ᦃᦱᧄ ᦎᦱᧂ ᦒᦲ ᦵᦙᧃ ᦂᦱᧁ ᦷᦙᧂ》 ᦂᦸ ᦒᦲ ᦗ ᦃᦲᧂ ᦡ
ᦡᦱᧂ ᦑᦹᧅ ᦙᦱ ᦷᦓᧉ ᦂᦸ ᦺᦎ ᦺᦞᧉ, ᦅᦹᧉ ᦔᦸᧂ ᦺᦠᧂ ᦑᦸ ᦠᦲᧉ ᦃᦸ ᦗᦱᧂ ᦡᦲᧂ ᦎᦲᧄ ᦵᦠᦲᧂᧉ, ᦈᦲ ᦊᦲ
"ᦵᦉᧁ ᦃᦱᧁ ᦎᦲᧉ ᦠᦲᧉ ᦺᦡᧈ ᦔᦸᧂ ᦵᦓᧁ ᦂᦱᧂ ᦡ ᦡᦱᧂ ᦶᦑᧄ ᦵᦠᦲᧂᧉ"。

ᦡᦳᧂ ᦊᦱᧄ ᦵᦙᧃ ᦵᦉᦲᧅ ᦉᦳᧂ ᦷᦂᧄ ᦔᦸᧂ ᦃᦱᧁ ᦷᦓᧉ, ᦷᦑ ᦉᦲᧂ ᦙᦲ ᦷᦂᧄ ᦠ ᦷᦑᧂ ᦠᦱ ᦃᦱᧂ ᦟᦱᧂ
ᦺᦎᧉ, ᦺᦓ ᦠᦸᧉ 《ᦃᦱᧂ ᦟᦱᧂ ᦺᦎᧉ ᦈᦱ ᦟᦸᧂ ᦷᦎᧁ ᦷᦑᧉ ᦍᦱᧁ ᦑᦲ ᦃᦱᧄ ᦎᦱᧂ ᦒᦲ ᦵᦙᧃ ᦂᦱᧁ ᦷᦙᧂ》
᧙ ᦂᦸ ᦡ ᦡᦱᧂ ᦡᦲᧂ ᦎᦲᧄ ᦑᦹᧅ ᦙᦱ, ᦡᦲᧂ ᦈᦳᧂ ᦷᦂᧁ ᦌ ᦵᦗᧁ ᦺᦑᧂ ᦺᦅᧉ ᦎᦲᧉ ᦓᦸ ᦑᦸ ᦂᦱᧂ ᦡ ᦡᦱᧂ
ᦎᦸᧄ 《ᦎᦱᧂ ᦡᦱᧁ ᦷᦙᧂ ᧞》 ᦃᦲᧂ ᦡᦲᧂ ᦅᦳ ᦡᦱᧅ ᦟᦲᧅ ᦺᦎ ᦃᦱᧂ ᦟᦱ ᦺᦎᧉ ᦷᦓᧉ ᦵᦠᦲᧂᧉ, ᦗᦸ ᦞᦱᧂ
ᦊᦹᧂᧉ ᦵᦎᦲᧉ ᦎᦸᧄ ᦠᦱᧁ ᦷᦑᧂ ᦡ ᦡᦱᧂ ᦡᦲᧂ ᦎᦲᧄ ᦑᦹᧅ ᦙᦱ ᦡᦲᧂ ᦡᦳᧂ ᦵᦞ ᦟᦱ ᦌ ᦵᦗᧁ ᦟᦳᧉ ᦔᦱᧅ
ᦵᦗᧆ ᦺᦈ ᦷᦓᧉ, ᦷᦑ ᦉᦲᧂ ᦶᦑᧂ ᦵᦑᦲᧂ ᦅᦲᧁ ᦞᦱᧂ ᦎᦸᧄ ᦠᦱᧁ ᦷᦑᧂ ᦡ ᦡᦱᧂ "ᦺᦂᧅ ᦂᦱᧅ ᦓᦱᧁᧉ",
ᦵᦠᧁ ᦷᦑᧂᦶᦑᧁ ᦶᦑᧁ ᦑᦲ ᦠᦲᧉ ᦌᦳᧉ ᦑᦱᧂ ᦗᦹᦓ ᦌ ᦵᦗᧁ ᦺᦑᧂ ᦺᦅᧉ ᦃᦸᧉ ᦓᦳᧉ ᦎᦸᧄ ᦡ ᦡᦱᧂ ᦠᦱᧁ
ᦷᦑᧂ ᦵᦟᦲᧅ ᦶᦟᧄ ᦙᦲ ᦅᦱᧂ ᦓᦹᧁ ᦑᦲᧂ ᦎᦲᧉ ᦡᦲᧂ ᦌ ᦵᦗᧁ ᦺᦑᧂ ᦺᦅᧉ ᦺᦠᧂ ᦙᦱ ᦷᦓᧉ ᦟᦲ。

《ᦎᦱᧂ ᦡᦱᧁ ᦷᦙᧂ ᧞》 ᧓ ᦂᦸ

ᦔᦲ ᧑᧙᧕᧐ ᦺᦎ ᦵᦑᦲᧃ ᧒ ᦺᦟᧅ ᦑᦹᧅ ᧒᧕ ᦷᦙᧂ, ᦵᦑᦲᧂᧉ ᦵᦅᦲᧂ ᦡᦳᧂ ᦺᦓ ᦊᦲᧂᧉ ᦷᦑᧂᧉ ᦵᦑᦲᧂ
ᦑᦹᧉ ᦺᦈ ᦌᦳᧉ ᦂᦹᧂ ᦑᦹᧂ ᦑᦸᧂᧉ ᦷᦑᧂ ᦠᦸᧉ ᦉ ᦷᦂᧁ ᦅᦱ ᦷᦙᧂ ᦌ ᦅ ᦎ ᦡᦳᧉ ᦶᦌᧈ ᦃᦹᧂ ᦶᦑᧂ ᦗᦲ
ᦺᦙᧂ ᦗᦲᧂ ᦔᦱᧂᧉ ᦵᦙᧂ ᦍᦲᧂᧉ ᦷᦑᧂᧉ ᦺᦑᧉ ᦡᦲᧉ ᦺᦎ! ᦷᦑ ᦉᦲᧂ ᦃᦲᧂ ᦒᦱᧄ ᦡᦲᧂ ᦶᦉᦱᧂ ᦑᦱᧅ ᦺᦓᧅ ᦵᦓᧂ
ᦙᦲᧂᧉ ᦵᦗᦲᧉ ᦺᦑᧅ ᦷᦑᧉ ᦗᦲᧂ ᦵᦂᧅ ᦵᦙᧅ ᦶᦉ ᦡᦲᧂ ᦌᦳᧉ ᦒᦱᧄ ᦂᦱᧂ ᦺᦑᧉ ᦑᦲ ᦠᦲᧅ ᦊᦱᧂ ᦷᦓᧉ ᦓᦸ ᦺᦑᧉ
ᦠᦲ ᦉᦲ ᦑᦲᧂ ᦷᦂᧂ ᦃᦳᧁ ᦶᦉᧂ ᦊᦱ, ᦠᦲᧉ ᦗᦱᧂ ᦺᦡᧈ ᦓᦱᧂ ᦵᦓᧂ ᧞ ᦠᦸ ᦶᦠᧂ ᦑᦲᧅ ᦺᦓᧅ ᦵᦓᧂ ᦺᦠᧅ
ᦷᦙᧂ ᦷᦑᧂᧉ ᦵᦅᦲᧉ ᦠᦲᧂ ᦎᦱᧂ ᦷᦑᧉ ᦷᦂᧂ ᦙᦲᧂᧉ ᦷᦙᧂ ᦷᦑᧂ ᦵᦂᦲᧂ ᦶᦉᦱᧂ。 ᦔᦲ ᧑᧙᧕᧑ ᦺᦎ ᦵᦑᦲᧃ ᧘
ᦺᦟᧅ, ᦺᦓᧅ ᦵᦓᧂ ᦺᦠᧅ ᦊᦲᧂᧉ ᦷᦑᧂᧉ ᦙᦲᧂᧉ ᦷᦔᦳ ᦷᦑᧉ ᦶᦡᧂ ᦎᦲᧉ ᦑᦹᧅ ᦙᦱ ᦵᦉ ᦟᦲ, ᦞᦱᧉ ᦶᦟᧂᧉ
ᦷᦂᧂ ᦵᦡᦳ ᦶᦡᧂ ᦑᦱᧅ ᦃᦲᧂ ᦡᦲᧂ ᦅᦸᧉ ᦅᦲᧁ ᦡᦹᧅ ᦂᦱᧂ ᦡᦳᧂ ᦺᦓ ᦷᦑᧉ ᦶᦡᧂ ᦺᦎ ᦒᦲ ᧞ ᦅᦹᧉ ᦶᦑᧂ
ᦑᦸ ᦷᦑ ᦉᦲᧂ, ᦈᦸ ᦑᦸ ᦗᦱᧂ ᦃᦸᧉ ᦙᦱ ᦅᦲᧁ ᦡᦹᧅ ᦂᦱᧂ ᦡᦳᧂ ᦺᦓ ᦺᦓᧅ ᦵᦓᧂ ᦺᦠᧅ ᦊᦲᧂᧉ ᦷᦑᧂᧉ ᦙᦲᧂᧉ

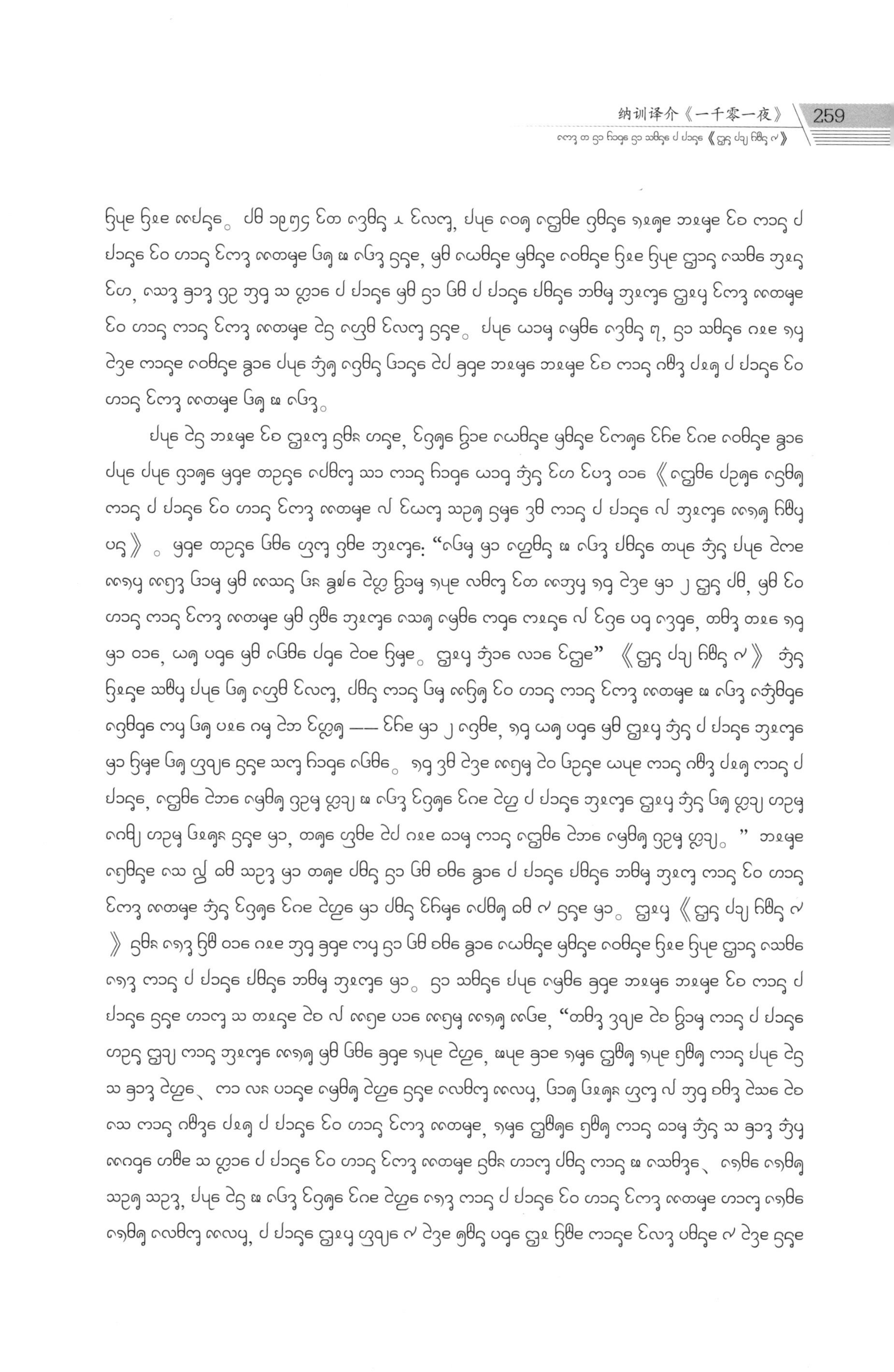

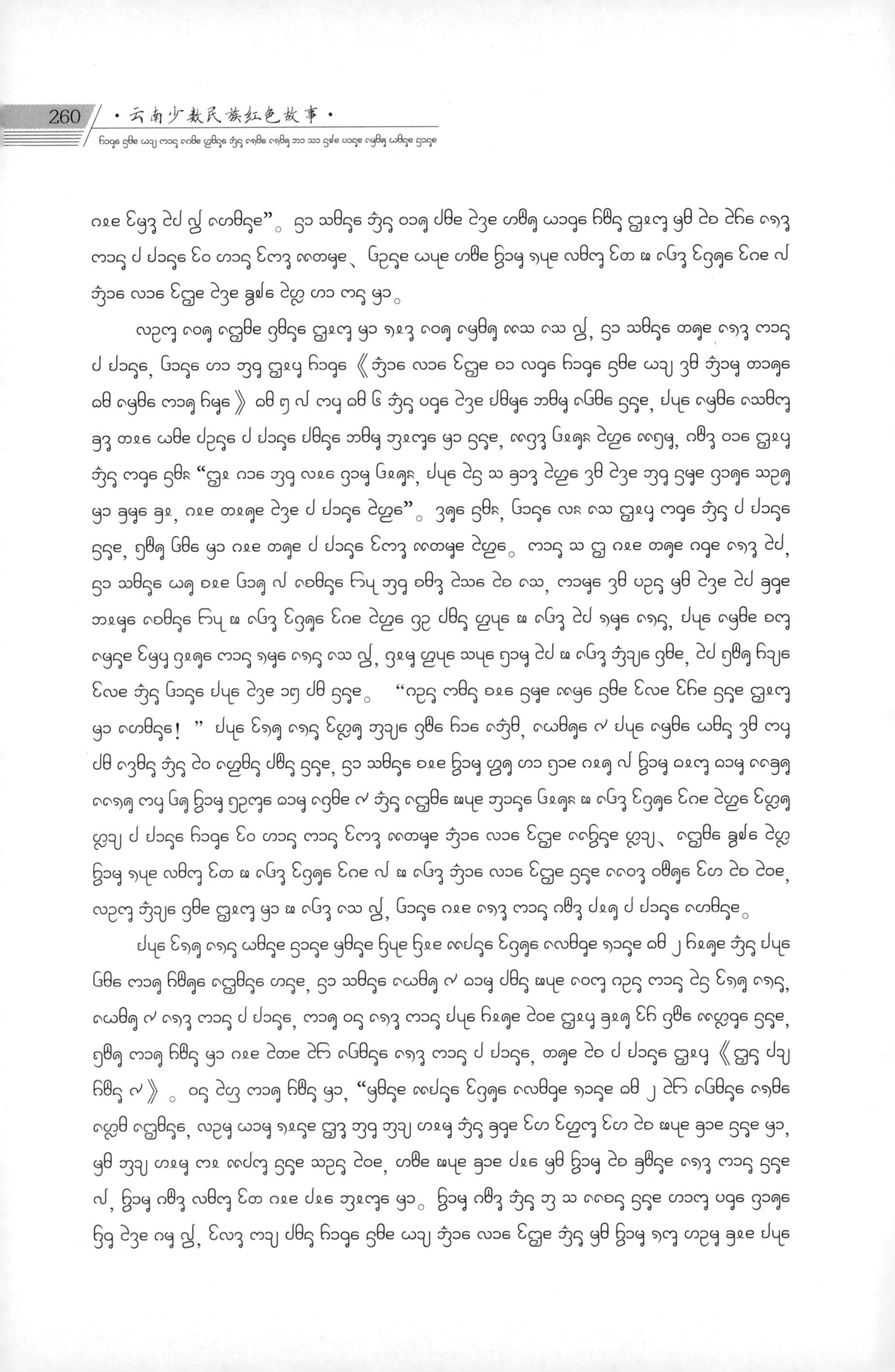

[illegible]

[illegible]

[illegible]

ᦶᦎᦱᧁ ᦅᦲᧃ、 ᦖᦲ ᦂᦲᦱᧄ ᦞᦲᧂ ᦑᦱᧅᦈ ᦡᦲ、 ᦜᦱᧁ ᦵᦑᦲᧄ ᦜᦱᧁ ᦔᦱᧅᦈ ᦂᦲᧂ。” ᦟᦳᧂ ᦖᦱ, ᦑᦴ ᦑᦲᧄ ᦵᦋᦲᧃ ᦠᦲᧄ ᦂᦱ ᦉᦲᧃᦈ ᦠᦰᦖ ᦈᦲᧅ ᦠᦰᦖ ᦞᦲ ᦶᦎᦱᧅ ᦅᦱᧂ ᦋ ᦔᦱᧃᦈ, ᦔᦲᦖ ᦗᦱᧃᦈ ᦞᦲᦋ ᦶᦎᦱᧅ ᦅᦱᧂ ᦑᦲᧅ ᦺᦎᦱᧅ ᦅᦱᧂ ᦊᦲᧃᦈ ᦂᦱᧃᦈ ᦵᦂᦲᧃ ᦵᦞᦲᧃᦈ ᦶᦟᦱᧃᦈ。 “ᦣᦰᧅᦈ ᦋᦱᧃᦈ ᦅᦱᧂ ᦌᦳ ᦈᦱ ᦔᦳᧃ ᦞᦲᦟ ᦃᦳᧂ ᦊᦱᧂ ᦉᦴᧃ ᦣᦳ ᦂᦳᧅ ᦶᦊᦱᧃᦈ, ᦈᦲ ᦣᦲᧃ ᦔᦳᧃ ᦎᦱᧃᦈ ᦡᦲ ᧒, ᦂᦱᧅᦈ ᦔᦳᧃ ᦎᦲᦖ ᦋᦰᧅᦈ, ᦌᦰᧃ ᦗᦰᧅᦈ ᦋᦱᧁ ᦂᦰᦟ, ᦠᦲ ᦞᦱᧃ ᦠᦳᧃᦈ ᦵᦟᦲᧅ ᦉᦴᧃ ᦣᦳ ᦠᦱ ᦈᦱᦖ, ᦵᦠᦲᧃ ᦔᦳᧃ ᦞᦲᧂ ᦋᦳᧅᦈ ᦺᦎᦴ ᦂᦲᧂ, ᦌᦳ ᦈᦱ ᦂᦰ ᦔᦱᧃ ᦖᦲ ᦅᦱᧂ ᦈᦲ ᦵᦂᦲᧅ ᦖᦱ ᦺᦖ ᦂᦱ, ᦅᦳᦖ ᦠᦱ ᦜᦴ ᦑᦱ ᦶᦎᦱᧅ ᦅᦱᧂ ᦋ ᦔᦱᧃᦈ ᦗᦱ ᦞᦲᧂ, ᦅᦱᧂ ᦋ ᦔᦱᧃᦈ ᦂᦰ ᦑᦱᧅ ᦶᦎᦱᧅ ᦞᦲᧅ ᦞᦲ。” ᦋᦲ ᧑᧙᧕᧖ ᦺᦑ ᦠᦱᧅᦈ ᦋᦲ, ᦋᦰᦔ 《ᦓᦲᧃ ᦋᦱᧁ ᦣᦲᧃ ᧑》 ᦅᦴ ᦡᦲ ᧓ ᦋ ᦔᦱᧃᦈ ᦵᦙᦲᧃ ᦺᦙᦴ ᦵᦠᦲᧃ, ᦋᦰᧅᦈ ᦖᦲ ᧘᧐ ᦜᦲᧃᦈ ᦺᦑ ᦋᦱᧁ, ᦋ ᦔᦱᧃᦈ ᦵᦙᦲᧃ ᦺᦙᦴ ᦞᦱ ᦜᦲ, ᦞᦲᦑ ᦑᦱᧂ ᦶᦑᦱᧅᦈ ᦶᦙ, ᦘᦲ ᦢᦱᦳ ᦞᦲᦋ ᦠᦲᧄ ᦵᦊᦲᧃ ᦖᦲᧃ ᦵᦞᦲᧃ ᦂᦲᦰ ᦂᦳ ᦋᦱᧂ ᦵᦉᦲᧃ ᦔᦲᧃᦈ ᦘᦲᦖ, ᦋᦲ ᧑᧙᧕᧘ ᦺᦑ ᦵᦑᦲᧃᦈ ᧘ ᦺᦟᦱ, ᦘᦲᦖ ᦘᦰᦱᧅᦈ ᦖᦱ ᧓ ᦅᦴ。

ᦋᦰᦔ 《ᦓᦲᧃ ᦋᦱᧁ ᦣᦲᧃᦈ ᧑》 ᦅᦴ ᦡᦲ ᧓ ᦋ ᦔᦱᧃᦈ ᦘᦰᦱᧅᦈ ᦖᦱ ᦋᦰ ᦑᦱᧁ ᦔᦲᧃᦈ ᦘᦲᦖ ᦜᦲ, ᦂᦰ ᦺᦟᦱ ᦂᦲ ᦂᦱᦊ ᦔᦳᧃ ᦗᦱ ᦌ ᦵᦞᦲ, ᦌᦳ ᦘᦱᧃᦈ ᦗᦰᧅᦈ ᦑᦳᦖ ᦜᦱᧁ ᦗᦱ ᦌ ᦵᦞᦲ ᦋᦰᧅᦈ ᦗᦱ ᦡᦱᧁ ᦞᦱᧃᦈ、 ᦶᦂᦲᧅᦈ ᦂᦱᧅ ᦂᦰ ᦵᦘᦲᧅ ᦅᦲ ᦂᦲᧄ。 ᦵᦋᦲᧃ ᦑᦲᦖ ᦋᦰ ᦌᦳ ᦘᦱᧃᦈ ᦗᦰᧅᦈ ᦑᦰᧅᦈ ᦺᦜ, ᦋᦲ ᧑᧙᧖᧒ ᦺᦑ ᦂᦳᧅᦈ ᦉᦲᧃᦈ ᦵᦊᦲᧃ ᦖᦲᧃ ᦂᦴ ᦋᦱᧂ ᦵᦉᦲᧃ ᦺᦑᦴ ᦘᦲ ᦺᦎᦴ ᦵᦋᦲᧅ ᦖᦱ ᦔᦲᧃᦈ ᦘᦲᦖ, ᦋᦲ ᧑᧙᧕᧘ ᦺᦑ ᦶᦞᦱᧃᦈ ᦑᦲᧃᦈ ᦵᦊᦲᧃ ᦖᦲᧃ ᦂᦴ ᦋᦱᧂ ᦵᦉᦲᧃ ᦋ ᦉᦱᧅᦈ ᦣᦱᧁ ᦵᦞᦲᧃ ᦔᦲᧃ ᦂᦴ ᦋᦱᧂ ᦵᦉᦲᧃ ᦘᦰᦱᧂ ᦑᦰᦖ ᦅᦲ ᦂᦰ ᦺᦑᦴ ᦘᦲ ᦺᦎᦴ ᦵᦋᦲᧅ ᦖᦱ ᦔᦲᧃᦈ ᦘᦲᦖ, ᦋᦲ ᧑᧘᧐ ᦺᦑ ᦊᦲᧃ ᦂᦱᧃᦈ ᦵᦊᦲᧃ ᦖᦲᧃ ᦂᦴ ᦋᦱᧂ ᦵᦉᦲᧃ ᦂᦰ ᦵᦟᦲᧅ ᦘᦲ ᦋᦰᦔ 《ᦃᦱᧃ ᦟᦱᧃ ᦺᦋᦲ ᦈᦱ ᦟᦳᧅᦈ ᦣᦱᧅᦈ ᦂᦲᦖ ᦊᦱᧁ ᦑᦲ ᦃᦱᦖ ᦑᦱᧅᦈ ᦡᦲ ᦵᦙᦲᧃ ᦅᦱᧅ ᦣᦲᧃ》 ᦺᦅᦱ ᦶᦑᦲᧃ ᦅᦴ ᦡᦲ ᧓ ᦔᦲᧃᦈ ᦘᦲᦖ ᦘᦰᦱᧅᦈ ᦖᦱ, ᦵᦊᦲᧃ ᦖᦲᧃ ᦵᦞᦲᧃ ᦂᦲᦰ ᦂᦳ ᦋᦱᧂ ᦵᦉᦲᧃ ᦔᦳᧃ ᦋᦲ ᧑᧙᧕᧘ ᦺᦑ ᦔᦲᧃᦈ ᦘᦲᦖ ᦘᦰᦱᧅ ᦖᦱ ᦞᦱ ᦜᦲ, ᦈᦲ ᦔᦳᧃ ᦋᦲ ᧑᧙᧕᧕ ᦺᦑ、 ᦋᦲ ᧑᧙᧕᧙ ᦺᦑ ᦔᦲᧃᦈ ᦘᦲᦖ ᦶᦙᦖ ᧒ ᦋᦰᦱᧅ, ᦋᦰᦔ ᦋ ᦔᦱᧃᦈ ᦔᦲᧃᦈ ᦘᦲᦖ ᦜᦱᧁ ᦋᦰᦱᧅ, ᦂᦰᧃ ᦈᦱᧁ ᦺᦑᦱᧅ ᦑᦲ ᦔᦳᧃ, ᦋᦰᦔ “ᦘᦲ ᦈᦱᧁ ᦋᦰᦱᧅ ᦞᦲ ᦂᦰ ᦈᦱᧁ ᦺᦑᦱᧅ ᦂᦲᦖ”, “ᦞᦰ ᦞᦱᧃ ᦋᦲᧃ ᦶᦑᦱᧃ ᦑᦰᧅᦈ ᦋᦲᧃ ᦌ ᦵᦞᦲ ᦺᦑᦰᧅᦈ ᦺᦂ ᦞᦲᦊᧃ ᦖᦱ, ᦡᦱᧁᧃ ᦺᦎᦱᧅ ᦅᦱᧂ ᦋ ᦔᦱᧃᦈ、 ᦡᦱᧁᧃ ᦺᦎᦱᧅ ᦅᦱᧂ ᦔᦲᧃᦈ ᦘᦲᦖ ᦌ ᦵᦞᦲ ᦺᦑᦰᧅᦈ ᦺᦂ ᦠᦳᧂᦈ ᦂᦱᦖ ᦉ ᦜ ᦘᦱᧅ ᦞᦲᦔ ᦺᦜᦰᧅ ᦂᦲᧂ ᦑᦰᧅᦈ ᧑。”

ᦋᦰᦔ ᦋ ᦔᦱᧃᦈ ᦗᦱ ᦣᦱᧅᦈ 《ᦓᦲᧃ ᦋᦱᧁ ᦣᦲᧃ ᧑》

ᦋᦲ ᧑᧙᧙᧓ ᦺᦑ, ᦂᦱ ᦉᦲᧃᦈ ᦟᦳᦱ ᦣᦳ ᦵᦋᦲᧄ ᦶᦂᦲᧃ ᦟᦲᧃ ᦅᦱᧃᦈ ᦶᦉᦱᧅ ᦋᦰᦱᧅ ᦞᦲᦋ ᦞᦲᧅ ᦵᦋᦲᧄ ᦑᦲᧃᦈ ᦔᦱᧅ ᦠᦲᧅ ᦗᦱᧅ ᦞᦲᧅ, ᦵᦊᦲᧃ ᦖᦲᧃ ᦵᦞᦲᧃ ᦂᦲᦰ ᦂᦳ ᦋᦱᧂ ᦵᦉᦲᧃ、 ᦺᦑᦰᧅᦈ ᦂᦲᦱ ᦂᦳ ᦋᦱᧂ ᦵᦉᦲᧃ、 ᦂᦲᦱᧅᦈ ᦜᦳᧃ ᦔᦲᧃᦈ ᦂᦳ ᦂᦱᧂ、 ᦵᦖᦲ ᦂᦳ ᦂᦳ ᦋᦱᧂ ᦵᦉᦲᧃ ᦡᦳᧅ ᦂᦲᧃ ᦜᦱᧁ ᦗᦲᧃ ᦞᦰ ᦋᦰᦱᧅ ᦅᦲ ᦑᦰᧅ ᦋᦲᧃ ᦺᦎᦱᧅ ᦅᦱᧂ ᦋ ᦔᦱᧃᦈ ᦘᦰᦱᧅᦈ ᦖᦱ, ᦂᦱ ᦉᦲᧃᦈ ᦑᦰᧅ ᦋ ᦔᦱᧃᦈ ᦋᦰᦔ 《ᦓᦲᧃ ᦋᦱᧁ ᦣᦲᧃ

᧗》ᦓᦹᧁ ᦵᦟᦲᧁ。“ᦌᦳᧂ ᦆᦱᧂ ᦞᦲ ᦉᦳᧂ ᦙᦱ ᦅᦸᧂ ᦙᦲ ᦶᦞ ᦟᦱ ᦙᦱ ᦵᦙᦸᧂ ᦺᦙᦳ ᦂᦱᧃ ᦔ ᦢᦱᧃ, ᦌᦳᧂ ᦆᦱᧂ ᦶᦠᧃ ᦙᦲ ᦓᦱᧄ ᦠᦸᧉ ᦷᦑᧃ ᦌ ᦺᦂᧄ ᦣᦸᧄ ᦣᦲᧉ ᦓᦱᧄ ᦠᦸᧉ ᦠᦱ ᦂᦱᧃ ᦢᦳᧃ ᦺᦡᧃ ᦶᦠᧄ ᦺᦑᧃ ᦅᦳᧃ ᦓᦲᧃ ᦔ ᦢᦱᧃ ᦂᦱᧃ ᦺᦂᧄ ᦵᦑᦲᧂ ᦶᦡ ᦺᦙᧃ”。ᦊᦱᧄ ᦓᦲᧃ ᦓᦱ ᦉᦲᧃ ᦵᦟᦸᧃ ᦵᦟᦲᧃ ᦵᦓᦲᧂ ᦺᦑ ᦔᦸᧃ ᦙᦲ ᦷᦟᦲᧂ ᦂᦱᧃ ᦔᦸᧃ ᦵᦂᦸᧃ ᦆᧃ ᦓᦹᧃ, ᦑ ᦊᦱᧂ ᦺᦆᧂ ᦔᦹᧃ ᦵᦠᦲᧂ ᦔᦹᧃ ᦵᦙᦲᧂ ᦠᦸᧉ ᦵᦣᦲᧉ ᦙᦱ, ᦊᦱᧄ ᦺᦠᧃ ᦅᦸᧂ ᦺᦑᧃ ᦑᦹᦂᧃ ᦷᦟᦲᧃ ᦙᦱ ᦢᦳᧃ ᦔᦸᧃ ᦆᦱᧃ, ᦢᦲᧄ ᦑᦹᧃ ᦔᦲᧂ ᦙᦱ ᦵᦑᦲᧂ ᦺᦑ ᦅᦸᧂ ᦑᦱᧃ ᦙᦲᧃ ᦵᦂᧃ ᦔᦸᧃ ᦙᦲ ᦵᦣᦲᧉ。ᦶᦡᧃ ᦞᦱᧃ ᦵᦙᦲᧃ ᦶᦡᧃ ᦠᧃ ᦣᦲᧉ ᦂᦱᧂ ᦔ ᦢᦱᧃ ᦑᦹᦂᧃ ᦙᦱ ᦺᦠᧃ ᦓᦹᧃ “ᦑᦱᧃ ᦔᦲᧃ ᦑᦲᧃ ᦉ ᦙ ᦞᦲ ᦶᦡᧃ ᦵᦡᦲ, ᦺᦑᧃ ᦑᦱᧄ ᦂᦱᧃ ᦆᦲ ᦊᦱᧂ ᦠᦱᦲ ᦵᦑᦲᧂ ᦠᦱᦲ ᦑᦹᧂ, ᦵᦓᦲᧃ ᦺᦑ ᦌᦳᧂ ᦆᦱᧂ ᦅᦸᧂ ᦔᦸᧃ ᦑᦲ ᦵᦠᦲᧂ, ᦶᦞ ᦟᦱ ᦔᦸᧃ ᦠᦱᦲ ᦵᦠᦲᧂ, ᦑᦹᧂ ᦺᦑᧂ ᦑᦹᦂᧃ ᦵᦣᦲᧉ ᦵᦣᦲᧃ”。“ᦌᦳᧂ ᦆᦱᧂ ᦙᦲ ᦓᦱᧄ ᦅᦲᧃ ᦵᦑᦲᧂ ᧗, ᦠᦲᧂ ᦞᦱᧃ ᦌᦹᧃ ᦷᦠᦲᧃ, ᦅᦸᧂ ᦑᦲᧃ ᦑᦹᧃ ᦂᦱᧃ ᦔ ᦢᦱᧃ ᦶᦡ ᦺᦙᧃ ᦵᦣᦲᧃ ᦵᦣᦲᧂ ᦓᦲᧂ。ᦔᦸᧃ ᦞᦱᧃ ᦢᦲᧃ ᦔᦸᧃ ᦢᦲᧃ ᦑᦲᧄ ᦑᦹᦂᧃ, ᦵᦠᧃ ᦓᦲᧃ ᦔᦲᧃ ᦂᦱᧃ ᦌᦳᧂ ᦆᦱᧂ ᦣᦳᦂᧃ ᦡᦱᧄ ᦓᦹᧃ。ᦶᦠᧃ ᦔᦲᧃ ᦓᦱᧄ ᦠᦸᧉ ᦠᦱ ᦌᦳᧂ ᦆᦱᧂ, ᦅᦸᧂ ᦔᦲᧃ ᦓᦱᧄ ᦠᦸᧉ ᦠᦱ ᦵᦠᧃ ᦞᦲ ᧗ ᦌᦳᧂ ᦆᦱᧂ ᦓᦹᧃ, ᦶᦠᧃ ᦔᦲᧃ ᦓᦱᧄ ᦠᦸᧉ ᦞᦲ ᦡᦳᧃ ᦔᦱᦲ ᦵᦠᧃ ᧗ ᦟ”。ᦓᦱ ᦉᦲᧃ ᦵᦟᦸᧃ ᦵᦟᦲᧃ ᦂᦱᧉ ᦞᧃ ᦢᦳᧃ ᦶᦠᦲᧉ ᦔᦱᧃ ᦂᦱᧃ ᦵᦣᦲᧃ ᦂᦱᧃ ᦔ ᦢᦱᧃ, ᦂᦱᧉ ᦶᦠᧃ ᦡᦳᦂᧃ ᦙᦱ ᦵᦣᦲᧃ ᦅᦸᧂ ᦙᦱ ᦵᦣᦲᧃ ᦂᦱᧃ ᦔ ᦢᦱᧃ, ᦶᦡᧃ ᦅᦲᧃ ᦣᦲᧉ ᦔ ᦢᦱᧃ ᦵᦑᦲᧉ ᦓᦱᧃ ᦣᦳᦲ, ᦊᦳ ᦅᦲᧃ ᦶᦞ ᦟᦱ ᦵᦣᦲᧃ, “ᦔ ᦢᦱᧃ ᦉᦸᧉ ᦣᦲᧉ ᦉᦱᧄ ᦆᦸᧂ, ᦓᦲ ᦅᦲ ᧗, ᦟᦳᦂᧃ ᦙᦱ ᦶᦔᧃ ᦵᦑᦲᦂ ᦔᦲᧃ ᧗, ᦶᦠᧃ ᦑᦲᧉ ᦵᦣᦲᧃ ᦂᦱᧃ ᦔ ᦢᦱᧃ”。ᦙᦲ ᦡᦳᦂᧃ ᧗, ᦶᦡᧃ ᦺᦑᧃ ᦑᦹᦂᧃ ᦷᦟᦲᧃ ᦺᦑᦂᧃ ᦺᦡᧃ ᦂᦱᦂᧃ ᦂ ᦑᦱᧃ ᦵᦑᦲᧂ ᦓᦹᧃ, ᦵᦑᦲᧃ ᦺᦡᧃ ᦆᦲᧃ ᦂ ᦑᦱᧃ ᦺᦔ ᦟᦲᦂᧃ ᦺᦑ ᦅᦸᧂ ᦵᦣᦲᧉ ᦺᦞ, ᦵᦟᦸᧃ ᦵᦟᦲᧃ ᦺᦆ ᦟ ᦞᦱᧃ ᦢᦹᦂᧃ ᦵᦡᦲᧃ: “ᦵᦠᧃ ᦓᦲᧃ ᦔᦲᧃ ᦵᦙᦲᧃ ᦑᦱ ᦞᧃ ᦺᦑᦂᧃ ᦣᦹᦂᧃ ᦺᦡᧃ ᦣᦲᧄ ᦓᦲᧃ ᦵᦙᦲᧃ ᦓᦲᧃ ᦺᦟᧃ ᦺᦠᧃ ᦓᦹᧃ”。

ᦔᦲ ᧑᧙᧔᧖ ᦺᦑ ᦠᦱᦲᧃ ᦔᦲ, ᦡᦳᦂᧃ《ᦡᦳᧃ ᦔᦱᦲ ᦶᦠᧃ ᧗》ᦔ ᦢᦱᧃ ᦓᦲᧃ ᦶᦡ ᦺᦙᧃ ᦵᦠᦲᧂ。ᦔᦲ ᧑᧙᧔᧒ ᦺᦑ ᦵᦑᦲᧂ ᧗ ᦺᦟᦂᧃ ᦣᦲᧉ ᦔᦲ ᧑᧙᧔᧕ ᦺᦑ ᦵᦑᦲᧂ ᧑᧑ ᦺᦟᦂᧃ, ᦡᦳᦂᧃ ᦔ ᦢᦱᧃ ᦶ ᦂᦳ ᦅᦸᧂ ᦙᦲ ᦵᦊᦲᧃ ᦙᦲᧃ ᦵᦂᦲᧃ ᦷᦓᦸᧂ ᦷᦓᦳ ᦡᦳᧃ ᦵᦉᦲᧃ ᦢᦲᧃ ᦑᦲᧄ, ᦂᦳ ᦺᦠᧃ ᦉᦱᧄ ᦉᦲᧄ ᦠᦱ ᦷᦠᦲᧃ ᦣᦲᧉ ᦉᦲᧃ ᦉᦲᧄ ᦷᦠᦲᧃ ᦺᦑ, ᦡᦳᦂᧃ ᦑᦲᧃ ᦙᦲ ᧒ ᦣᦲᧁ ᧕᧐ ᦷᦠᦲᧃ ᦺᦑ。ᦡᦳᦂᧃ ᦔ ᦢᦱᧃ ᦢᦲᧃ ᦑᦲᧄ ᦑᦹᦂᧃ ᦙᦱ ᦵᦉ ᦟᦲ, ᦡᦳᦂᧃ ᦅᦸᧂ ᦑᦱᧃ ᦆᦱᦲ ᦺᦑᦂᧃ ᦵᦡᦲ。“ᦵᦡᦲᧂ ᦑᦲᧃ ᦟ ᦶᦠᦳᧂ ᦵᦡᦲᧂ ᦑᦹᧃ ᦑᦹᧄ ᦢᦲᧃ ᦑᦲᧄ ᧒ ᦡᦳᦂᧃ, ᦂᦳ ᦺᦠᧃ ᦢᦲᧃ ᦑᦲᧄ ᦺᦂᧄ ᦣᦲᧉ ᧑᧐ ᦷᦠᦲᧃ ᦠᦱᦲᧃ, ᦶᦡᧃ ᦞᦱᧃ ᦊᦲᧉ ᦔᦸᧃ ᦡᦳ ᦆᦱᦲ ᦅᦲ ᦟᦲ。”ᦡᦳᦂᧃ ᦔ ᦢᦱᧃ ᦓᦲᧃ ᦔᦸᧃ ᦑᦱᧄ ᦅᦱᧃ ᦉᦲᧃ ᦵᦌᧃ ᦢᦳᧃ ᦶᦡ ᦌ ᦵᦡᦲ, ᦞᦲ ᦶᦠᧃ ᦉᦲᧃ ᦵᦌᧃ ᦺᦔ ᦌ ᦵᦡᦲ ᦺᦞ、ᦌ ᦵᦡᦲ ᦙᦱᧃ、ᦌ ᦵᦡᦲ ᦟᦱᦲ ᦶᦡᦳᦂᧃ ᦓᦲᧃ, ᦠᦱᦂᧃ ᦞᦹ ᦌᦳᧂ ᦑᦱᧃ ᦶᦡᦹᧃ ᦅᦳᧃ ᦺᦑᦲᧃ ᦺᦆ ᦵᦠᧃ ᦢᦳᧃ ᦑᦱᧃ ᦌ ᦵᦡᦲ ᦣᦂᧃ ᦠᦳᧄ ᦵᦡᦲ。

ᦑᦲ ᦉ ᦑ ᦞᦲ ᧒᧐ ᦺᦑ ᦣᦲᧉ ᦉ ᦆᦱᧃ ᧒᧐ ᦣᦲᧉ ᧔᧐ ᦺᦑ, ᦓᦱ ᦉᦲᧃ ᦵᦟᦸᧃ ᦵᦟᦲᧃ ᦑᦹᧃ ᦶᦞ ᦟᦱ ᦟ ᦔᦱᧃ ᦵᦣᦲᧉ ᦞᦲᧃ ᦺᦑ ᦑᦲᧃ ᦡᦳ ᧙᧐ ᦔᦲ ᦙᦱ ᦵᦙᦸᧂ ᦺᦙᦳ ᦔ ᦢᦱᧃ ᦡᦳᦂᧃ《ᦡᦳᧃ ᦔᦱᦲ ᦶᦠᧃ ᧗》ᦶᦡ ᦶ ᦂᦳ ᦓᦹᧃ, ᦑᦲ ᦵᦑᧃ ᦺᦔ ᦵᦣᧃ ᦺᦑ ᦌ ᦵᦡᦲ ᦵᦠᧃᦠᦱᦲ ᦑᦲ ᦓᦹᧃ, ᦺᦡᧃ ᦠᦱᧃ ᦑᦹᧄ ᦑᦱᧄ ᦉ ᦆᦱᧃ ᦢᦱᦳᧃ ᦊᦱᦂᧃ

ᦺᦘᦟᧅᧈ ᦘᦟᦳ, ᦍᦲ ᦉᦳᦑᧈ ᦙᦱ ᦔᦳᧃ ᦷᦓ ᦵᦂ ᦟᦱ ᦑᦲ ᦓᦲᧂ ᦖᦱᧃ ᦷᦠᦳᧃ ᦓᦱᦙᧈ ᦠᦳᧅᧈ ᦠᦱ ᦶᦃᦴᧃ ᦵᦃᦲᧃ ᦂᦲᦙᧈ ᦔᧃ ᦷᦑᧂ ᦺᦑᧃ ᧙ ᦓᦸᧂ ᦂᦹᧂ ᦷᦑᧂ ᦶᦙ ᦺᦟᦑᧈ ᦖᦹᦑᧈ ᦒᦲᧅᧈ, ᦏᦹᦔᧈ ᦵᦑ ᦔᦱᧃ ᦖᦱᧅᧈ ᦠᦑᦳᧃ ᦺᦟᦑᧈ ᦟᦳ ᦵᦑᧃ ᦂᦱᦳᧃ ᦑᦲ ᦖᦸᧃ ᦙᦲ ᦶᦙᦔᧂ ᦖᦱᧃ ᦖᦹᦂᧃ ᦑᦳᦙᧈ ᦘᦟᦳ ᦑᦔᧃ ᦒᦱᧃ ᦑᦱᦑᧈ ᦘᦟᦳ ᦓᦸᧂ, ᦂᦹᧂ ᦺᦟᦑᧈ ᦟᦳ ᦵᦑᧃ ᦉ ᦈᦲᧃ ᦠᧃ ᦒᦲᧅᧈ ᦓᦲᧂ ᦖᦱᧃ ᦖᦱ ᦉᦱ ᦟᦳᧃ ᦟᦹᧃ ᦺᦑᧃ ᦉᦲᦔᧈ ᦺᦑᧃ ᦵᦑᧃ ᦉᦲᦔᧈ ᦵᦑᧃ ᦖᦱᧅᧈ ᦶᦃᦴᧅᧈ ᦶᦃᦲᧅᧈ ᦷᦑᧃ ᦟᧃ ᦖᦸᧃ ᦶᦙ ᦵᦑᧈ ᦺᦑᦳᧃ ᦺᦂ ᦟ ᦶᦙ ᦵᦑᧈ ᦖᦱᧃ ᦟᦱᧃ ᦺᦏᦳᧂ ᧒ ᦶᦙ ᦵᦑᧈ ᦵᦑᧈ ᦖᦹᦟᦳᧃ ᦟᦱᧃ ᦊᦲᧃ ᦒᦳ ᦶᦙ ᦵᦉᦲᦑᧃ ᦎᦹᧃ ᦟᦱᧃ ᦊᦲᦳᧃ ᦑᦲ ᦵᦘᦑᦲ ᦺᦟᦳᧈ ᦓᦸᧂ᧟

(ᦶᦙᦔᧂ ᦺᦟᦑᧈ ᦵᦵᦎᦙᧂ᧞ ᦙᦱ ᦊᦲᦓᧂ ᦠᦱᧃ)

重生的“金孔雀”

20世纪80年代末，云南山区的某个乡村里传遍了一条消息：省剧团组织的演出队过两天要来村里演出！这一消息对这个偏远的小村庄来说可谓石破天惊，毕竟这个公路都还没完全修通的小山村里还从来没来过这么高级别的演出队。一时间，田间地头都在议论这次演出，连邻近几个村子的村民也在兴致勃勃地谈论。

但这事却让村委会的干部们伤透了脑筋，省里来的演出队可不是一般人，接待、食宿尚且不说，光是表演场地的问题就没办法解决，村里从来就没建过专业的演出舞台，况且到时候附近几个村的村民都汇聚而来，要找一块足够容纳这么多人的空地都并非易事。思来想去，干部们决定跟演出队的工作人员联系。

演出队的人员了解了村里的情况后，决定找个开阔的地方临时搭一个土台，能满足表演的面积要求就行。立说立行，村委会马上组织村民搭建土台，但由于时间紧迫，外加资金短缺，村里一时间只能找到附近的碎石渣料，大家只能将就用碎石渣勉强将台子搭起来。看着这临时建成的“舞台”，村干部们连连摇头：“这样的台子怎么能跳舞嘛，我穿鞋走在上面都嫌硌脚。”可演出临近，已经没有时间改换场地了，面对简陋的环境，演员们只能咬牙坚持。

当日，临近几个村能来的村民全部聚集到了土台子周围，上千名观众翘首等待着演出。演出开始了，随着清脆的音乐声响起，匍匐在地上的演员仿佛金孔雀般渐渐苏醒。朝霞穿透荫翳，鸟儿在台上自由地飞翔，“金孔雀”情不自禁地翩翩起舞，她迎风摆动，身姿飘逸，时而疾走惊跃，时而高视阔步。台上的“金孔雀”踱步徘徊，台下的观众也屏息凝神。音乐落幕，大家还没有从演员舞姿的震撼中回过神来，短暂的停顿后，掌声如山呼海啸般在全场扩散。

舞台上的“金孔雀”刀美兰站起身来给观众还礼，她的脚被舞台的碎石划出了好几道伤口，在隐隐作痛，但抬头看着台下观众满足的笑容，她自己也欣慰地笑了。

刀美兰记不清这是今年演出的第几场了，自从决定组建“刀美兰演出队”后，这几年她已经跑遍了云南和四川大大小小的基层，虽然遇到了各种各样的演出难题，但每次看到观众们喜悦的笑容，刀美兰便觉得一切努力都是值得的。

事实上，根据日后统计，仅1989年一年，刀美兰与她的演出队就在将近40个区县演出了60多场，这一年累计的观众甚至超过了10万人次。这些演出的覆盖面之广、影响力之大，即便是今天依旧令我们动容。那么，刀美兰是谁，她为什么要到各地基层去巡演，又是什么支撑着她一路坚持下去的呢？

起起落落的“金孔雀”

刀美兰出生在澜沧江畔的西双版纳，这片遍布棕榈、椰子、芭蕉的热带区域是世世代代傣族人民繁衍的故土。1944年，刀美兰出生在一个“赞哈”（傣语，民间歌手之意）世家，她家里接连几代人都是傣族的民间歌手。刀美兰的傣名叫依蝶提娜，幼时的她便显示出特别的舞蹈天赋，她常常模仿壁画上的舞姿，学习大人们在庙会和节日上的舞蹈动作。1953年，西双版纳文工团招考傣族小演员，依蝶提娜因其难得的艺术气质而被选入，工作同志给她取了一个中文名字——刀美兰。

经过专业训练，刀美兰的舞姿进步飞快。1956年，她被选中到德宏参与中缅两国边民联欢大会，在《召树屯与楠木诺娜》中她扮演的七公主一角得到了周总理的赞赏，她也因此荣获“傣家的金孔雀”的称号。1958年，刀美兰代表云南省歌舞团去到北京，在新中国成立10周年国庆招待会上领舞，随后她又进入东方歌舞团，接触到了当时中国最顶尖的一群歌舞艺术家。

“文化大革命”开始后，刀美兰及其丈夫王施晔被安排回云南建筑机械厂当描图员。这段时期刀美兰暂时搁置了自己的舞蹈事业，在地方上进行“思想改造”。“文化大革命”结束后，没有了思想包袱的束缚，刀美兰在昆明开始构思自己的新作，期望能将孔雀舞再一次带回舞台上。但由于年龄的增长，她的身体已经不如从前那般运用自如，她在家中拼命地练习，一遍遍回忆曲颈、舒臂、旋转、腾挪的动作，身体终于逐渐得到恢复。漫漫长夜，丈夫王施晔靠在昆明老房子的炉子前为她的新作谱曲，而刀美兰则在屋内的另一角构思动作。

1978年10月，刀美兰的新作《金色的孔雀》在昆明国防剧院首演，宣告着“金孔雀”的回归。第二年，相隔19年的中国文学艺术工作者代表大会（简称文代会）再一次召开，时年35岁的刀美兰作为云南舞蹈界的唯一代表列席，她将《金色的孔雀》带到了会上，向全国的文艺工作者展示了窈窕、伶俐的孔雀舞姿：随着王施晔的小提琴声悠然响起，金孔雀从倦息中舒展翅膀，喝水、抬头，随后抖开翅膀翩翩起舞……一曲舞罢，迎得了台下的阵阵掌声。刀美兰一从舞台上下来，便被众多来自各地的文艺工作者包围起来，询问孔雀舞的步伐、手势。她架不住大家的热情，再一次给众人示范起来。随着她的跳动，其他民族的舞蹈家也顺势为她拍掌伴舞，一时间，热烈的掌声响彻整个联欢会场。这一幕给当时同样列席的胡昭留下了深刻印象，几年后，他回忆起这支轻盈、灵动的舞蹈，描写道：“她娴静，安详，只有小小的头饰在微微闪光——闪光，一只只镁光灯在闪光……她飞翔在舞台上，飞翔在祖国的天空，飞过碧绿的林涛，飞过静谧的村庄。”文代会给刀美兰重振精神打了一针强心剂，让她确信民族舞蹈能迎来新的生机。

随后几年，刀美兰长期积累的艺术灵感相继喷涌而出。1980年，她带着新创作的独舞《水》参加了第一届全国舞蹈比赛，她用舞蹈表现了一个傣家少女到澜沧江边去汲水的过程：清流激湍，天朗气清，她忍不住要去触碰那水中的凉爽，于是她沐发、戏水，在水中愈发自如，终于由牵裳涉水而投入水的怀抱。刀美兰在舞蹈中表演了解发、洗发、晒发、挽发、梳理等一系列动作，她仿佛陶醉于水中，而观众则陶醉于舞里。台上没有一滴水，她却把汩汩奔流的澜沧江呈现在了观众眼前。著名舞蹈家吴晓邦观看了这支舞蹈后惊叹道：“她分明就是水的化身，她的成就、她的传奇、她的美丽、她的舞技、她的舞姿、她的内心、她的修为、她的心愿，无不与水结缘。”

《水》代表了刀美兰舞蹈艺术生涯中的又一个高峰，也使她再次获得了全国性的声誉。1982年，刀美兰开始了她的全国巡演，她将自己最具代表性的舞蹈和一些新编节目汇集起来，相继在10个大城市进行了名为“刀美兰独舞晚会”的演出，仿佛在向全国的文艺工作者宣告：云南的这只傣族金孔雀又回来了！

将文艺献给人民

舞蹈事业的重新起色唤起了这只“金孔雀”的新生，在艺术上重获新生后，刀美兰再一次反思自己的使命与追求。

20世纪80年代是一个充满希望的年代，得益于改革开放政策，中国各地经济开始高速发展，尤其是东部沿海地区，站在对外开放的最前线，经济增速远超其他地区，实现了先富起来的目标。但经济上的差距却造成了文化视野上的不平衡，沿海地区在接触更丰富的艺术资讯与熏陶时，在云南的一些偏远山区的群众却少有机会看到高品质的艺术表演。此外，改革初期的观念也冲击着人们的思想追求，在经济大潮中，很多人开始盲目追求物质享受，演艺界也一度兴起“走穴”潮、“下海”潮，许多文艺工作者丢掉了自己的艺术梦，转而投入个人的金钱游戏中。

刀美兰也曾一度迷茫，在舞蹈事业上已经达到一定层次的她，也需要一个新的精神突破口，如何才能保持一份艺术的本真而又能不负自己的艺术使命呢？当她回顾毛主席在延安文艺座谈会上的讲话，回想起周恩来总理当年对她的期盼与教诲，想起“文化大革命”期间群众对她的照顾时，她找到了这个支持她继续热爱和继续坚持的理由，也是她作为一名党的文艺工作者最重要的使命：将文艺献给人民。

想清楚这一问题后，刀美兰开始思索怎样将自己的舞蹈艺术与群众结合。结合云南相对落后闭塞的省情，她与丈夫王施晔开始筹备建立一个演出队，准备专门深入基层、深入边疆、深入一线地区为群众演出，将她自己关于舞蹈的毕生心血、对艺术与美的感知以及作为一位文艺工作者的热情传达给基层的群众。她将自己的想法与同事分享，得到了云南省歌舞团上下的一致支持，在各界的帮助下，刀美兰与团队一起筹备表演节目，选地点，筹备宣传，然后就到了最关键的环节：启程，上路！

巡演开始后，刀美兰与她的团队走遍了云南和四川的无数个县乡：他们曾到过昭通的深山，在春节前的大寒时节穿着薄衣演出；到过最偏远的边防部队，为人民子弟兵表演；到过深山里的村落，在没有舞台的深山中演出；甚至有一次因为极度疲惫，演出完回到家的刀美兰直接累倒休克了，不得不去医院住院治疗……文章开头描绘的故事，便是她几年来到处巡演的一个缩影。

由于前期的精心准备，加上演员们不辞辛劳的拼劲，演出取得了空前成功，各地群众都纷纷感谢刀美兰演出队的到来。而刀美兰的奉献精神也成为全国文艺工作者的榜样，《人民日报》在1990年评价她：“著名傣族舞蹈家刀美兰，为基层群众献艺……我们的文艺工作者在冷静地反思过去、冷静地思考未来之后，找到了自己的母亲——人民群众；找到了艺术的源泉——生活实践；找到了永葆艺术青春的灵丹妙药——为人民服务。”这便是对她艺术人生的最好注解。

刀美兰的美是鲜活的，她的艺术不是罗马石柱上不可一世的雕塑，而是扎根在群众沃土中的参天大树。她的舞蹈灵感来源于民族，来源于生活，服务于民间，服务于阡陌里巷，因此她既能保持雅的意趣，也能保有俗的冲动与源泉。这种扎根于大众的艺术，才使刀美兰保持了她那自然、率真、富有强大生命力的美，支撑她在人生经历的起起落落中始终保持对艺术的纯真。如今的刀美兰已经接近耄耋之年，而在云南这片人杰地灵的高原上，谁又能成为下一个刀美兰呢？

参考资料

[1]陈启能主编：《刀美兰之美》，云南人民出版社2011年版。

[2]刀美兰：《我的舞蹈生涯》，中国人民政治协商会议、西南地区文史资料协作会议编《西南少数民族文史资料丛书　科技文教卷》，云南人民出版社1998年版。

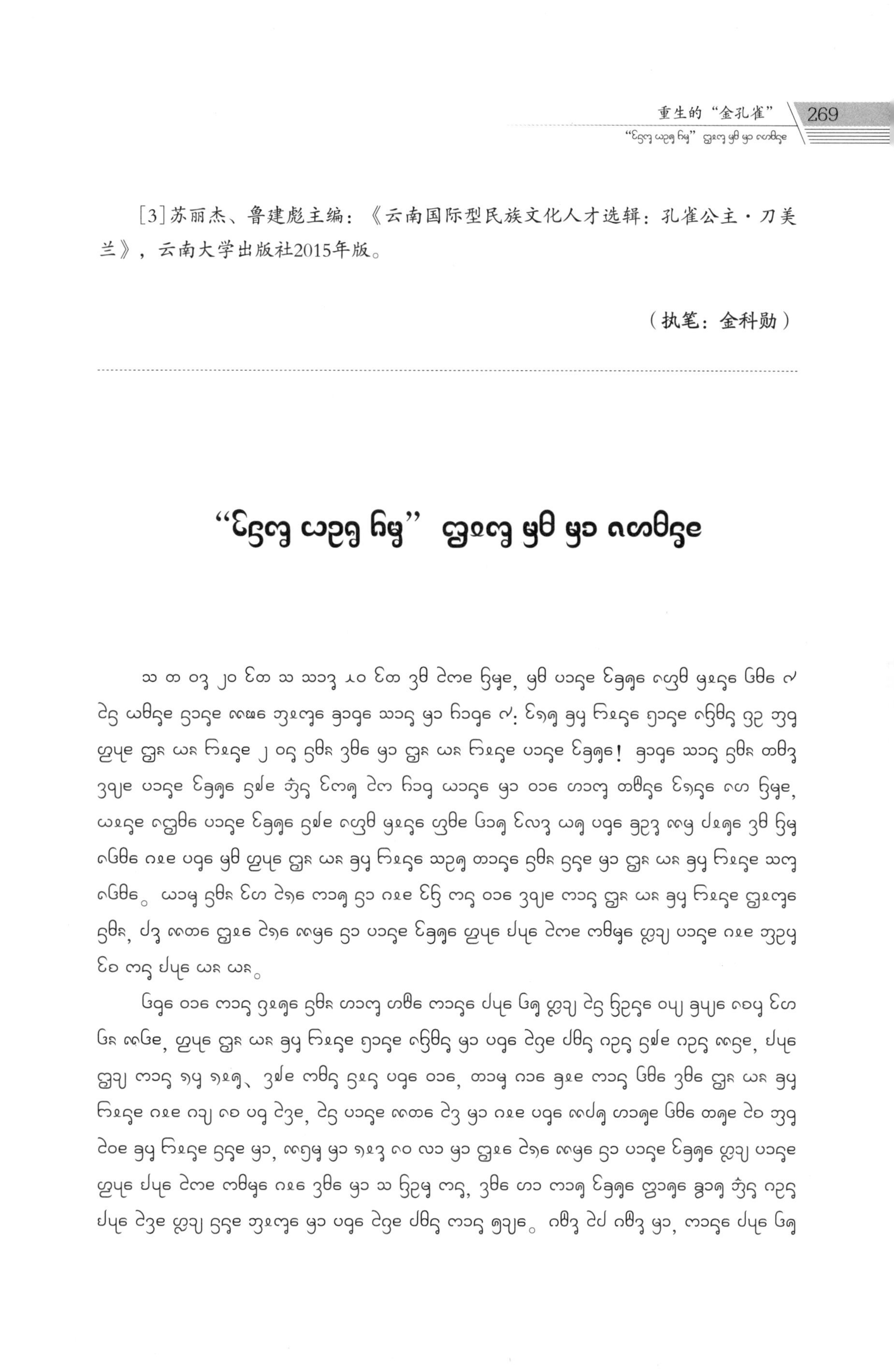

[3]苏丽杰、鲁建彪主编：《云南国际型民族文化人才选辑：孔雀公主·刀美兰》，云南大学出版社2015年版。

（执笔：金科勋）

“ᦷᦓᧅ ᦍᦳᧂ ᦅᧄ” ᦟᦳᦂᧉ ᦖᦲ ᦖᦱ ᦶᦣᦲᧂᧉ

ᦉ ᦎ ᦞᧆ ᧒᧐ ᦷᦎ ᦉ ᦉᦱᧆ ᧘᧐ ᦷᦎ ᦑᦲ ᦺᦟᧉ ᦋᦸᧉ, ᦖᦲ ᦔᦱᧂᧉ ᦷᦃᧅᧃ ᦵᦣᦲ ᦖᦸᧂᧃ ᦗᦲᧃ ᧈ ᦺᦓ ᦊᦲᧂᧉ ᦓᦱᧂᧉ ᦶᦋᧃ ᦑᦸᧅᧃ ᦃᦱᧅᧃ ᦉᦱᧂ ᦖᦱ ᦅᦱᧅᧃ ᧈ: ᦷᦓᧅ ᦃᦴ ᦅᦸᧂᧃ ᦎᦱᧂᧉ ᦵᦓᦲᧂ ᦑᦳ ᦑᦲ ᦝᦴᧉ ᦵᦣᦰ ᦊᦰ ᦅᦸᧂᧉ ᧒ ᦞᧂ ᦓᦲᧃ ᦑᦲᧃ ᦖᦱ ᦵᦣᦰ ᦊᦰ ᦅᦸᧂᧉ ᦔᦱᧂᧉ ᦷᦃᧅᧃ! ᦃᦱᧅᧃ ᦉᦱᧂ ᦓᦲᧃ ᦎᦲᧆ ᦑᦴᧉ ᦔᦱᧂᧉ ᦷᦃᧅᧃ ᦓᦾᧉ ᦆᦸᧂ ᦷᦅᧅ ᦺᦅ ᦅᦱᧅ ᦊᦱᧂᧃ ᦖᦱ ᦞᦱᧃ ᦠᦱᦳ ᦎᦲᧂᧃ ᦷᦓᧂᧃ ᦵᦠ ᦑᦲᧉ, ᦊᦰᧂᧉ ᦵᦣᦲᧃ ᦔᦱᧂᧉ ᦷᦃᧅᧃ ᦓᦾᧉ ᦵᦣᦲ ᦖᦸᧂᧃ ᦝᦲᧉ ᦵᦑᧅ ᦷᦟᧆ ᦊᧅ ᦔᦱᧃ ᦃᦴᧆ ᦶᦖ ᦡᦸᧅᧃ ᦑᦲ ᦑᦲᦖ ᦵᦣᦲᧃ ᦂᦸᧉ ᦔᦱᧃ ᦖᦲ ᦝᦴᧃ ᦵᦣᦰ ᦊᦰ ᦃᦴ ᦅᦸᧂᧃ ᦉᦳᧅ ᦎᦱᧂᧃ ᦓᦲᧃ ᦓᧂᧉ ᦖᦱ ᦵᦣᦰ ᦊᦰ ᦃᦴ ᦅᦸᧂᧉ ᦉᦳᧅ ᦵᦣᦲᧃ。ᦊᦱᦖ ᦓᦲᧃ ᦷᦠ ᦺᦓᧃ ᦅᦱᧅ ᦓᦱ ᦂᦸᧉ ᦷᦓᦲ ᦅᧂ ᦞᦱᧃ ᦑᦴᧉ ᦅᦱᧂ ᦵᦣᦰ ᦊᦰ ᦃᦴ ᦅᦸᧂᧉ ᦟᦳᦂᧃ ᦓᦲᧃ, ᦡᦳ ᦶᦎᧃ ᦟᦳᦂᧃ ᦺᦓᧃ ᦶᦖᧃ ᦓᦱ ᦔᦱᧂᧉ ᦷᦃᧅᧃ ᦝᦴᧃ ᦢᦴᧃ ᦺᦅᧉ ᦅᦲᦖᧃ ᦝᦳᦂ ᦔᦱᧂᧉ ᦂᦸᧉ ᦑᦳᦖ ᦷᦞ ᦅᧂ ᦢᦴᧃ ᦊᦰ ᦊᦰ。

ᦣᦲᧃ ᦞᦱᧃ ᦅᦱᧂ ᦑᦸᧅᧃ ᦓᦲᧃ ᦠᦱᦳ ᦠᦲᧃ ᦅᦱᧂᧃ ᦡᦴᧃ ᦣᧅ ᦝᦳᦂ ᦺᦓ ᦓᦳᧂᧃ ᦞᦴ ᦃᦴᧃ ᦵᦞᦲ ᦷᦠ ᦣᦰ ᦶᦣᧉ, ᦝᦴᧃ ᦵᦣᦰ ᦊᦰ ᦃᦴ ᦅᦸᧂᧉ ᦎᦱᧂᧉ ᦵᦓᦲᧂ ᦖᦱ ᦔᦲᧃ ᦺᦑᧉ ᦡᦲᧂ ᦂᦳᧂ ᦓᦾᧉ ᦂᦳᧂ ᦶᦓᧉ, ᦢᦴᧃ ᦟᦳᦂ ᦅᦱᧂ ᦣᦴ ᦣᦸᧅ、ᦑᦾᧉ ᦅᦲᧂ ᦓᦸᧂ ᦔᦲᧃ ᦞᦱᧃ, ᦎᦱᦖ ᦂᦱᧃ ᦃᦸᧉ ᦅᦱᧂ ᦣᦲᧃ ᦑᦲᧃ ᦵᦣᦰ ᦊᦰ ᦃᦴ ᦅᦸᧂᧉ ᦂᦸᧉ ᦂᦴ ᦵᦞ ᦔᦲ ᦺᦑᧉ, ᦺᦓ ᦔᦱᧂᧉ ᦶᦎᧃ ᦺᦑ ᦖᦱ ᦂᦸᧉ ᦔᦲᧃ ᦶᦡᧅ ᦠᦱᧅᧉ ᦣᦲᧃ ᦎᧅᧉ ᦺᦞ ᦑᦲ ᦺᦞᧉ ᦃᦴ ᦅᦸᧂᧉ ᦓᧂᧉ ᦖᦱ, ᦶᦑᦖ ᦖᦱ ᦣᦸᧆ ᦂᦞ ᦜᦱ ᦖᦱ ᦟᦳᦂᧃ ᦺᦓᧃ ᦶᦖᧃ ᦓᦱ ᦔᦱᧂᧉ ᦷᦃᧅᧃ ᦝᦴᧃ ᦔᦱᧂᧉ ᦝᦴᧃ ᦢᦴᧃ ᦺᦅᧉ ᦅᦲᦖᧃ ᦂᦸᧃ ᦑᦲᧃ ᦖᦱ ᦉ ᦓᦳᦖ ᦅᧂ, ᦑᦲᧃ ᦠᦱ ᦅᦱᧅ ᦷᦃᧅᧃ ᦟᦱᧅᧃ ᦃᦱᧅ ᦆᦸᧂ ᦂᦳᧂ ᦢᦴᧃ ᦺᦑᧉ ᦝᦳᦂ ᦓᧂᧉ ᦑᦸᧅᧃ ᦖᦱ ᦔᦲᧃ ᦺᦑᧉ ᦡᦲᧂ ᦅᦱᧂ ᦣᦴᧃ。ᦂᦲᧆ ᦺᦡ ᦂᦲᧆ ᦖᦱ, ᦅᦱᧂᧃ ᦢᦴᧃ ᦣᧅ

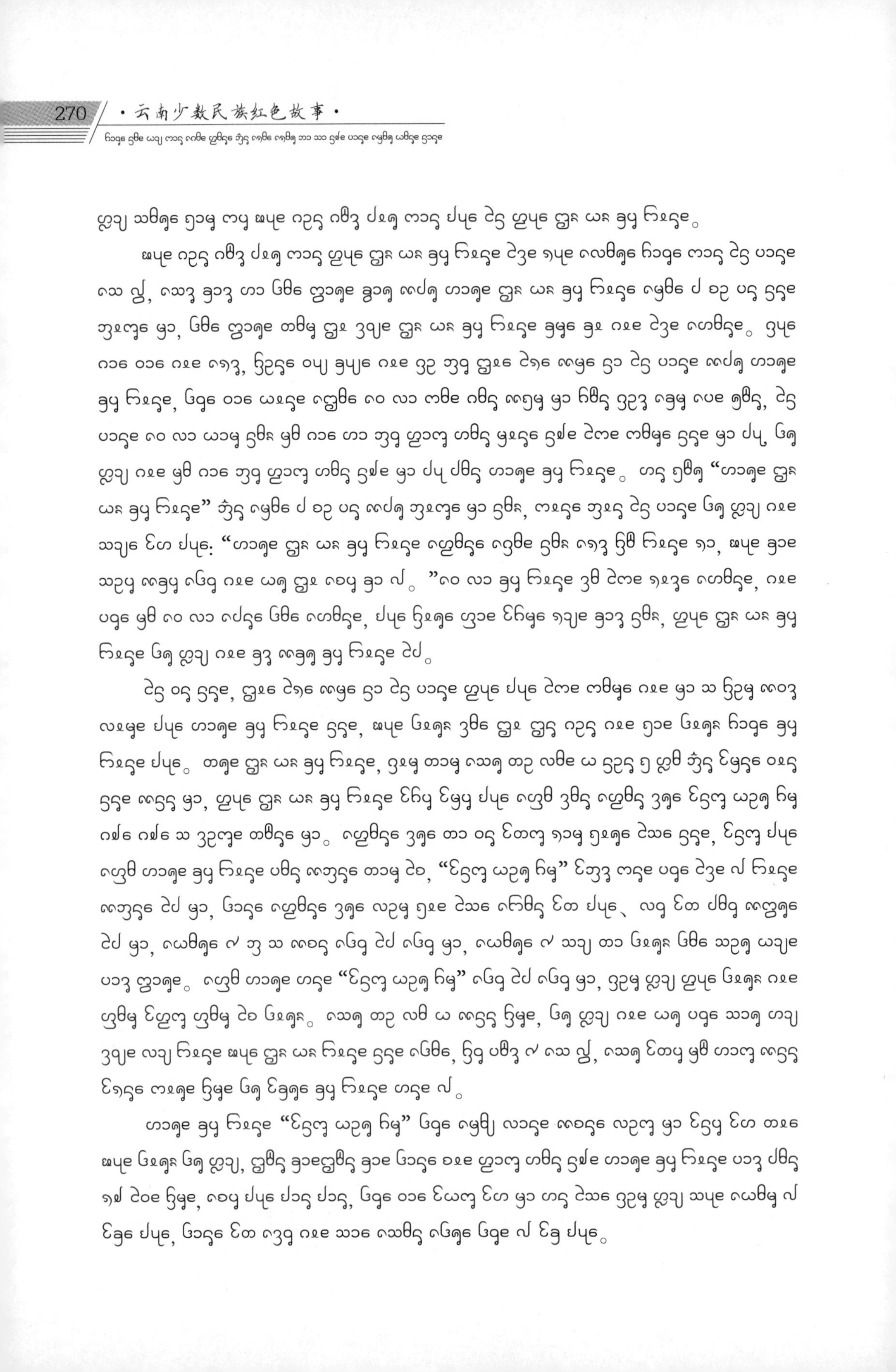

[illegible]

[illegible]

[illegible]

[illegible]

ᦗᦲᧃ ᦵᦙᦲ ᦟᦱᦓᧂ ᦔᦲᧃ ᦺᦔᧂ ᦑᧄ ᦓᧄ ᦂᦸᦓᧂ ᦟᦹ ᦂᦸᧃ ᦎᦸᦓᧅ ᦂᦸᧃ ᦑᦱᧅ ᦵᦂᦸᧂ, ᦶᦑᧃ ᦑᦲᧂ ᦑᧄᦓ “ᦍᦳᧂ ᦗᦲᧃ ᦵᦙᦲ ᦟᦱᦓᧂ ᦎᦸᧃ ᦍᦸᧃ ᦅᦴ ᦂᦸᦓᧂ” ᦵᦉ ᦟᦹ, ᦝᦱᦵ ᦑᧄ ᦙᦱ ᦗᦱᦓᧃ ᦎᦸᦓᧅ ᦡᦲ ᦎᦸᧃ ᦍᦱ ᦅᦴ ᦂᦸᦓᧂ ᦎᦸᦵ ᦣᦱᦓᧂ ᦡᦑᧂ ᦓᦸᧂ ᦓᦸᧂ ᦡᦲᧃ ᦡᦲᧃ ᦔᦱᦓᧂ ᦵᦙᦲᧅ ᦍᦲᦓᧂ ᦓᦱᦓᧂ ᦟᦲ ᦉᦲᧃ ᦓᦸᦓᧃ ᦓᦓᧂ ᦝᦱᦵ ᦎᦸᦓᧅ, ᦠᦓ ᦞᦱᧃ ᦍᦱ ᦋᦸᧂ ᦂᦱᦓ ᦎᦸᧃ ᦍᦸᧃ ᦅᦴ ᦂᦸᦓᧂ ᦔᦱᦴ ᦍᦱᦓᧅ ᦵᦡᦲᧂ ᦓᦲᧃ ᦵᦡᦲᧂ ᦠᦱᧂ, ᦗᦲᧃ ᦞᦱᧃ ᦎᦸᦓᧅ ᦡᦲ ᦠᦓ ᦡᦉᧃ ᦌᦳᧂ ᦗᦸᧅᧃ ᦗᦲᧅ ᦝᦱᦵ ᦉᦳᧂ ᦵᦍᦲᧄ ᦡᦳᧄᧃ ᦷᦈ ᦔᦳᧃ, ᦗᦲᧃ ᦵᦙᦲ ᦟᦱᦓᧂ ᦂᦲᧆ ᦞᦱᧃ ᦂᦱᦓ ᦠᦸᦓᧅᧃ ᦶᦣᧅ ᦉ ᦎ ᦂᦸᧂ ᦂᦲᧅᧃ ᦡᦲᧂ ᦔᦳᧃ。

ᦔᦳᧃ ᦡᦓ ᦶᦗᧅᧃ ᦂᦱᦓ ᦶᦗᧂ ᦓᦱᧃ, ᦓᦴ ᦑᦱᧄ ᦎᦸᦵ ᦟᦳᦓ ᦙᦱ ᦣᦸᧄ ᦉᦸᦓᧃ ᦗᦸᧅ, ᦑᦱᧄ ᦂᦱᧃ ᦔᦲ ᧑᧙᧘᧙ ᦷᦑ ᦔᦲ ᦵᦡᦴ, ᦗᦲᧃ ᦵᦙᦲ ᦟᦱᦓᧂ ᦟᦲ ᦍᦳᧃ ᦎᦸᧃ ᦍᦸᧃ ᦅᦴ ᦂᦸᦓᧂ ᦗᦱᦓᧃ ᦡᦲ ᦣᦲᧅ ᦣᦱᦓᧂ ᦶᦉᦓᧃ ᦡᦲᧃ ᦎᦸ ᧕᧐ ᦗᦲᧃ ᦎᦸᧃ ᦍᦸᧃ ᦅᦴ ᦂᦸᦓᧂ ᦗᦲ ᦎᦸᦓᧅ ᦔᦱ, ᦡᦓ ᦔᦲ ᦓᦸᧂ ᦎᦸᦓᧅ ᦙᦲ ᦌᦳᧂ ᦗᦸᧅ ᦷᦟᧅᧃ ᧑᧐ ᦠᦲᧃᦓ ᦂᦳᦓ ᦎᦸᦓᧅ。 ᦎᦸᧃ ᦍᦸᧃ ᦅᦴ ᦂᦸᦓᧂ ᦡᦲ ᦣᦲᧅ ᦝᦱᦵ ᦗᦲᧃ ᦝᦱᦵ ᦗᦱᧅ、 ᦂᦸᧂ ᦓᦲ ᦓᦱᧃ ᦡᦲ ᦝᦱᦵ ᦗᦲᧃ ᦝᦱᦵ ᦗᦱᧅ, ᦠᦓ ᦞᦱᧃ ᦞᦓ ᦓᦲᧃ ᦠᦲᧂ ᦣᦴ ᦉᦳᧂ ᦵᦍᦲᧄ ᦵᦠᦲᧃ ᦵᦙᦲᧃ ᦎᦸᦵ ᦠᦸᦓ, ᦠᦸᦓᧂ ᦓᦲᧃ, ᦗᦲᧃ ᦵᦙᦲ ᦟᦱᦓᧂ ᦑᧄᦓ ᦡᦲᧅ, ᦗᦱᦓᧃ ᦑᧄᦓ ᦔᦲᧃ ᦉᦱᧅ ᦡᦲᧃ ᦡᦲ ᦎᦸᧃ ᦍᦸᧃ ᦅᦴ ᦂᦸᦓᧂ ᦎᦸᦵ ᦣᦱᦓᧂ ᦡᦑᧂ ᦡᦳᧃ ᦗᦲᧃ, ᦃᦲᧃ ᦙᦲ ᦔᦲᧃ ᦉᦱᧅ ᦙᦱ ᦂᦴ ᦡᦸᧃ ᦗᦱᦓᧃ ᦅᦴ ᦶᦅᧅ ᦵᦣᦴ ᦡᦲ ᦔᦲᧃ ᦅᦱᦴ ᦠᦲᧃ?

“ᦷᦓᧅ ᦍᦳᧂ ᦅᧄ” ᦙᦲ ᦂᦱᦓ ᦉᦲ ᦓᦲᧃ ᦗᦱᧅ ᦠᦱᧂ ᦝᦱᦵ ᦎᦸᦓᧅ ᦝᦱᦵ ᦑᦱᧅ

ᦗᦲᧃ ᦵᦙᦲ ᦟᦱᦓᧂ ᦵᦂᦲᦡᦓ ᦡᦲᧃ ᦔᦳᧃ ᦣᦲᧄ ᦓᦳᧂ ᦅᦸᧅ ᦗᦲᧃ ᧑᧒ ᦎᦸᧆ ᦓᦱ, ᦗᦲᧃ ᦠᦲᧄ ᦑᧄᦓ ᦔᦱᦓᧂ ᦵᦙᦲᧅ ᦣᦸᦓᧂ ᦙᦲ ᦂᦸ ᦡᦳᧅ、 ᦂᦸ ᦠᦱᧅ ᦎᦱᦡᧂ、 ᦂᦸ ᦂᦍᧂ ᦑᧄᦓ ᦗᦲᧃ ᦡᦱᧃ ᦵᦙᦲᧅ ᦡᦱ ᦉᦱ ᦡᦗ ᦷᦡᧃ ᦷᦑᦂᧅ ᦷᦡᧃ ᦑᦱᦓᧃ ᦷᦑᦂᧅ ᦑᦱᦓᧃ ᦵᦂᦲᦡᦓ ᦡᦲᧃ ᦔᦳᧃ ᦂᦲᦓ ᦓᦓᧂ。 ᦑᦲ ᧑᧙᧕᧕ ᦷᦑ, ᦗᦲᧃ ᦵᦙᦲ ᦟᦱᦓᧂ ᦵᦂᦲᦡᦓ ᦡᦲᧃ ᦔᦳᧃ ᦵᦣᦲᦓ “ᦡᦱᦓᧅᧃ ᦅᦴ” (ᦂᦴ ᦡᦗ ᦞᦱᧃ, ᦉ ᦝᦱᧃ ᦡᦱᦓᧅᧃ ᦅᦴ ᦷᦟᦓ ᦵᦙᦲᧅ) ᦓᦓᧂ ᦟᦲ, ᦵᦣᦲᦓ ᦗᦱᦓᧃ ᦙᦲ ᦉ ᦝᦱᧃ ᦡᦱᦓᧅᧃ ᦅᦴ ᦷᦟᦓ ᦵᦙᦲᧅ ᦡᦱ ᦉᦱ ᦡᦗ ᦝᦱᦵ ᦷᦡᧃ ᦂᦳᦓ。 ᦗᦲᧃ ᦵᦙᦲ ᦟᦱᦓᧂ ᦡᦲᧃ ᦡᦗ ᦓᦲᧃ ᦣᦸᦵ ᦞᦱᧃ ᦡᦲᧃ ᦵᦡᦴ ᦋᦲ ᦟᦱ, ᦵᦂᦸᧃ ᦓᦸᧂ ᦗᦱᦓᧃ ᦂᦸᧂ ᦠᦳᦓ ᦂᦸᦓᧂ, ᦗᦱᦓᧃ ᦍᦱᧄ ᦡᦴ ᦂᦸᧂ ᦵᦣᦓ ᦟᦱᦴ ᦂᦸᦓᧂ ᦠᦳᦵ ᦔᦳᦵᦓ ᦷᦣᦴ, ᦣᦸᧃ ᦵᦣᦓ ᦟᦱᦴ ᦂᦸᦓᧂ ᦠᦳᦵ ᦌᦳᧂ ᦣᦸᦵ ᦂᦳᦓ ᦵᦂᦸᧃ ᦔᦳᧃ ᦞᦓ ᦎᦸᦵ ᦟᦱᧄ ᦂᦸᦓᧃ ᦓᦓᧂ。 ᦔᦲ ᧑᧙᧘᧒ ᦷᦑ, ᦵᦞᦲᧂ ᦂᦳᦵᧃ ᦋᦸᦓᧂ ᦗᦲᧃ ᧑᧒ ᦎᦸᧆ ᦓᦱ ᦣᦴ ᦵᦓᦲᦵᧃ ᦣᦴ ᦌᦳᧂ ᦎᦸᧃ ᦍᦸᧃ ᦅᦴ ᦂᦸᦓᧂ ᦡᦗ, ᦣᦲᧃ ᦵᦡᦴ ᦋᦲ ᦟᦱ ᦠᦸᦓ ᦙᦲ ᦠᦱ ᦋᦲᧅ ᦟᦱᦴ ᦓᦲ ᦙ ᦂᦸᧂ ᦶᦗᦓ ᦅᦴᦵ ᦡᦲ, ᦋᦳᦵ ᦋᦲᧃ ᦠᦸᦓ ᦵᦣᦴ ᦂᦱᦓ ᦂᦲᦴ ᦔᦸᧅ ᦡᦉᧃ ᦡᦲᧃ ᦷᦑ ᦠᦸᧂ ᦠᦲᧄ ᦗᦱᦓᧃ ᦞᦱᧃ — ᦗᦲᧃ ᦵᦙᦲ ᦟᦱᦓᧂ。

ᦡᦑᧃ ᦑᦱᧄ ᦵᦗᦲᧅ ᦠᦴ ᦶᦝᦱᦓᧃ ᦑᦱᧄ ᦓᦱ ᦡᦱᦓᧅᧃ ᦡᦸᦓᧃ ᦵᦓᦲ, ᦗᦲᧃ ᦵᦙᦲ ᦟᦱᦓᧂ ᦟᦱᦴ ᦂᦸᦓᧂ

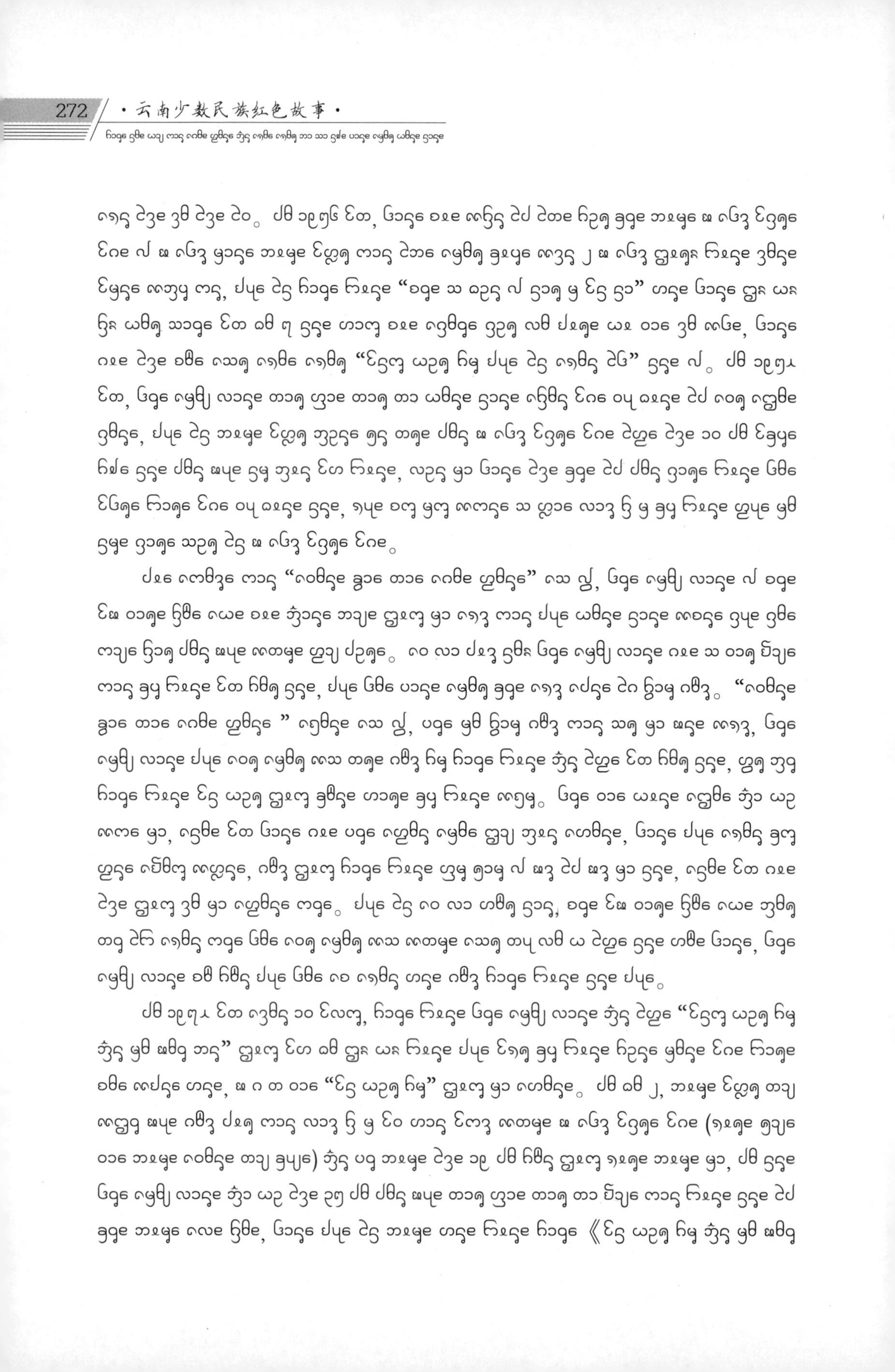

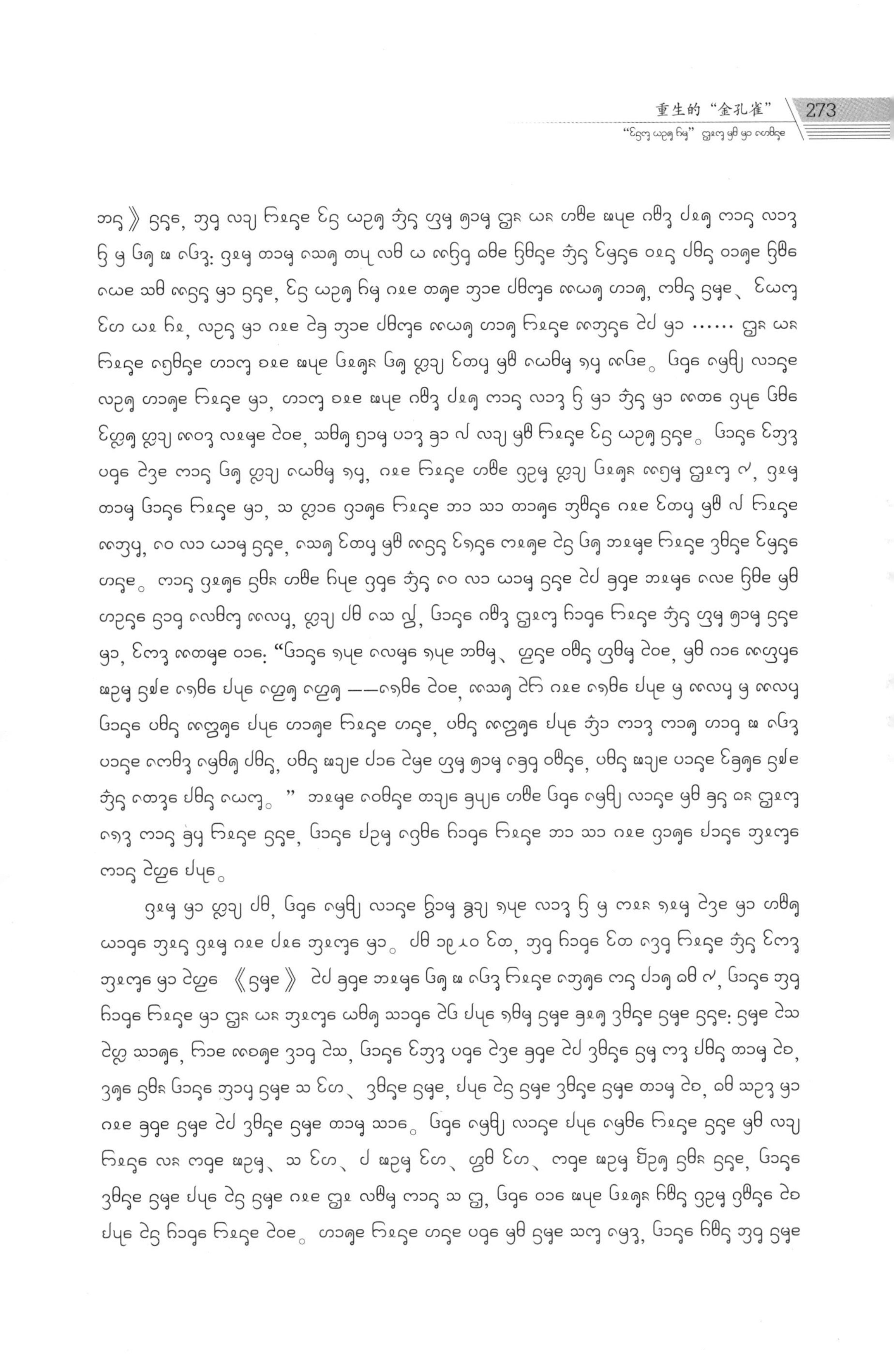

ᥑᥫᥐ ᥟᥘᥨ ᥙᥧᥢ ᥒᥣᥒ ᥒᥣᥒ ᥓᥫᥢ ᥑᥫᥐᥢ ᥙᥧᥢ ᥖᥫᥢ ᥞᥣᥱ ᥚᥧᥱ ᥟᥫᥐᥰ。ᥝᥧᥱ ᥘᥒᥒᥢ ᥗᥐᥢ ᥑᥭᥒ ᥓᥛᥒ ᥔ ᥘᥣᥢ ᥐᥫᥒᥱ ᥑᥫᥐᥢ ᥒᥛᥢ ᥛᥛ ᥟᥔᥐ ᥟᥫᥐᥰ ᥞᥣᥝᥢ ᥐᥫᥒᥱ ᥒᥛᥰ ᥟᥔ ᥘᥨ ᥒᥛ ᥑᥭᥣᥛ ᥘ ᥝᥣᥢ: "ᥟᥣᥒᥢ ᥟᥫᥱ ᥟᥓᥒᥢ ᥓᥛᥒ ᥒᥛᥱ ᥟᥞᥛᥒᥱ, ᥖᥣ ᥒᥛ ᥟᥣᥒᥢ、ᥐᥣᥒ ᥒᥛ ᥑᥭᥣᥛ ᥟᥣᥒᥢ、ᥟᥣᥒᥢ ᥟᥖ ᥒᥛ ᥞᥛ ᥒᥣᥛ、ᥒᥛᥱ ᥒᥣᥐᥢ ᥐᥫᥒᥱ ᥟᥣᥒᥢ、ᥘᥧ ᥐᥫᥒᥱ ᥟᥣᥒᥢ、ᥟᥒ ᥟᥝ ᥟᥣᥒᥢ、ᥖ ᥒᥧ ᥑᥭᥣ ᥝᥛᥒ ᥟᥣᥒᥢ、ᥒᥣᥛ ᥞᥐ ᥟᥣᥒᥢ, ᥟᥫᥱ ᥛᥛ ᥐᥛ ᥛᥛ ᥟᥐᥒ ᥐᥧ ᥒᥛᥱ ᥒᥛᥱ。"

ᥞᥣᥝᥢ ᥐᥫᥒᥱ《ᥒᥛᥱ》ᥓᥛᥒ ᥞᥣᥝᥢ ᥖᥣᥐ ᥞᥣᥱ ᥖᥣᥐ ᥖᥣ ᥟᥣᥐ ᥟᥒᥒ ᥟᥣᥐ ᥘᥓᥐ ᥟᥝᥢ ᥟᥛᥕ ᥘᥣᥒᥱ ᥘᥣᥒ ᥒ ᥛ ᥐᥣᥒ ᥐᥫᥒᥱ ᥒᥣᥒ ᥔᥧᥐ ᥒᥒᥱ ᥗᥫᥐ ᥑ, ᥞᥛᥒ ᥞᥛᥱ ᥟᥣᥒᥢ ᥑᥒ ᥟᥒᥱ ᥒᥛᥢ ᥟᥔᥐ ᥟᥒᥛᥢ ᥟᥒᥛᥐ ᥟᥐ ᥑ ᥟᥟᥒ ᥒᥒᥱ ᥘᥒᥛ ᥗᥫᥐᥢ ᥑ。ᥓᥛ ᥑᥨᥱ ᥟᥖ, ᥟᥝᥢ ᥟᥛᥕ ᥘᥣᥒᥱ ᥟᥫᥱ ᥖᥐᥱ ᥗᥐ ᥕᥐ ᥙᥧᥢ ᥟᥐ ᥑ ᥟᥟᥒ, ᥟᥣᥒᥢ ᥑᥒ ᥞᥣᥝᥢ ᥐᥫᥒᥱ ᥑᥭᥒ ᥛᥛ ᥟᥛᥢ ᥖᥣᥐᥢ ᥘ ᥞᥣᥝᥢ ᥐᥫᥒᥱ ᥑᥭᥒ ᥟᥐᥒ ᥑᥫᥐᥢ ᥛᥣ ᥟᥘᥢ ᥛᥣ ᥔ ᥒᥧᥛ ᥐᥒ, ᥑᥫᥒ ᥒᥫᥛ ᥙᥧᥢ ᥟᥝᥐ ᥟᥘᥐ ᥝᥝ ᥟᥛᥢ ᥓᥧ ᥑᥕᥱ ᥟᥒᥒ "ᥗᥐ ᥕᥐ ᥐᥫᥒᥱ ᥐᥣᥐ ᥞᥛᥒ ᥟᥝᥢ ᥟᥛᥕ ᥘᥣᥒᥱ ᥟᥖ ᥟᥒᥐ ᥐᥫᥒᥱ" ᥒᥒᥱ, ᥟᥞᥛᥒ ᥒᥐᥢ ᥑ ᥟ ᥖ ᥓᥧᥐ ᥘᥑᥢ ᥖᥫᥢ ᥑᥧᥱ ᥟᥛᥒ ᥓᥫᥐ ᥐᥣᥒ ᥘᥣᥒ ᥒ ᥛ ᥟᥐ ᥑ ᥟᥟᥒ: ᥙᥣᥒᥱ ᥟᥛᥛᥐ ᥕᥛᥒᥱ ᥒᥣᥒᥱ ᥟᥒᥐ ᥕᥧᥐ ᥞᥛ ᥟᥟ ᥟᥖ ᥒᥛᥰ ᥞᥛᥒ ᥗᥫᥐ ᥛᥣ ᥟᥞᥛᥒᥱ!

ᥝᥐ ᥑᥒ ᥐᥣᥒ ᥘᥣᥒ ᥒ ᥛ ᥟᥝ ᥞᥣᥒ ᥒᥧ ᥞᥛᥱ ᥟᥖ ᥟᥛᥛᥐ

ᥝᥧ ᥐᥣᥒ ᥐᥫᥒᥱ ᥞᥒ ᥒᥫᥐᥢ ᥞᥒ ᥟᥣᥐ ᥟᥞᥢ ᥒᥛᥰ ᥞᥣᥐ ᥓᥛᥒ ᥐᥣᥒ ᥑᥫᥐᥱ ᥖᥛᥒᥢ "ᥟᥒ ᥕᥧᥐ ᥞᥛ" ᥟᥖ ᥒᥛᥰ, ᥙᥧᥢ ᥗᥧ ᥘᥣᥒ ᥒ ᥛ ᥑᥒ ᥟᥒᥱ ᥟᥛᥢ ᥒᥛ ᥟᥞᥢ ᥟᥔ ᥘᥨ, ᥟᥝᥢ ᥟᥛᥕ ᥘᥣᥒᥱ ᥟᥛᥒ ᥗᥫᥐ ᥐᥣᥒ ᥟᥖ ᥞᥛᥐ ᥒᥧᥐ ᥟᥣᥛ ᥘ ᥔ ᥘᥞᥐ ᥞᥣ ᥒᥒᥱ。

ᥙᥧᥢ ᥔ ᥖ ᥝᥒ ᥒᥝ ᥟᥖ ᥔ ᥑᥣᥒ ᥑᥝ ᥟᥖ ᥓᥛᥒ ᥓᥛ ᥔ ᥑᥣᥒ ᥖᥛᥛ ᥗᥧ ᥒᥧᥱ ᥛᥛ ᥒᥣᥛ ᥞᥐ ᥞᥣ, ᥟᥫᥐ ᥓᥫᥐ ᥟᥒᥒ ᥐᥣᥒ ᥟᥓᥒᥢ ᥟᥟ ᥑᥣᥐᥢ ᥟᥑ ᥞᥣᥐ ᥛᥛ ᥟᥛᥢ ᥒᥛ ᥘᥟᥥ, ᥝ ᥒᥧ ᥙᥣᥒᥱ ᥟᥛᥛᥐ ᥒᥧᥢ ᥟᥛᥢ ᥟᥒ ᥑ ᥟᥟᥒ ᥟᥒᥐᥢ ᥟᥟᥥ ᥖᥐᥱ ᥓᥧᥐᥢ ᥟᥒᥛᥐ ᥛᥣ ᥒᥛᥧ ᥟᥝ, ᥟᥛᥢ ᥞᥐ ᥒᥛᥰ ᥙᥣᥒᥱ ᥟᥛᥛᥐ ᥟᥘᥐ ᥒᥛᥱ ᥘᥛᥢ ᥔ ᥞᥧᥒ ᥗᥧ ᥞᥧᥒ ᥝᥒ ᥑᥫᥐᥢ, ᥙᥧᥢ ᥔᥧ ᥞᥣᥱ ᥟᥒᥒ ᥐᥣᥒ ᥑᥣᥐᥢ ᥟᥑ ᥐᥧ ᥖᥣᥐᥢ ᥑ ᥟᥟᥒ, ᥝ ᥒᥧ ᥘᥒᥛ ᥘᥧ ᥛᥣ ᥟᥘᥛ ᥙᥣᥒᥱ ᥟᥛᥛᥐ ᥖᥣᥐᥢ ᥟᥛᥢ, ᥑ ᥟᥐᥒ ᥑᥫᥒ ᥒᥛᥐ ᥖᥣ ᥞᥧ ᥑᥐ ᥛᥛ ᥑᥫᥒ ᥟᥒᥛᥒᥢ。ᥟᥝᥢ ᥝᥣᥢ ᥝ ᥒᥧ ᥙᥝᥢ ᥟᥞᥛᥒ ᥐᥒ ᥟᥫᥱ ᥗᥣ ᥞᥛᥱ ᥐᥣᥒ ᥑᥫᥢ ᥟᥫᥐᥰ ᥒᥣᥛ ᥑᥧᥱ ᥘᥛᥐ ᥟᥖ ᥟᥫᥱ ᥙᥝᥢ ᥘᥘᥢ ᥟᥒᥐ ᥐᥒ, ᥙᥣᥒᥱ ᥟᥛᥛᥐ ᥟᥘᥐ ᥒᥛᥱ ᥘᥛᥢ ᥔ ᥞᥧᥒ ᥑᥧᥱ ᥞᥣᥝᥢ ᥗᥐ ᥕᥐ ᥘᥣᥒ ᥒ ᥛ ᥛᥣᥐ ᥘᥧ ᥒᥒᥱ, ᥒᥧᥛ ᥘᥧ ᥙᥧᥢ ᥙᥣᥒᥱ ᥟᥛᥛᥐ ᥕᥛᥒᥱ ᥒᥣᥒᥱ ᥟᥞᥛ ᥛᥫᥒᥢ ᥟᥐᥐ ᥟᥐ ᥞᥣᥝ ᥕᥣᥒ ᥘᥣᥐ ᥖᥫᥐᥢ ᥙᥝᥢ ᥟᥒᥱ ᥞᥒ ᥐᥣᥒ ᥗᥐ ᥕᥐ ᥘᥣᥒ ᥒ ᥛ ᥑᥭᥒ ᥛᥛ ᥒᥛᥱ ᥒᥣᥐᥢ ᥔᥧᥐ ᥞᥛᥒ ᥒᥛ ᥟᥘᥛᥱ ᥒᥛ ᥟᥫᥐᥰ ᥒᥒᥱ, ᥟᥛᥛᥢ ᥔᥫᥰ ᥘᥫᥰ ᥟᥒᥒ ᥐᥣᥒ ᥟᥓᥒᥢ ᥟᥟ ᥟᥣᥐ ᥟᥫᥐᥰ ᥖᥛ ᥟᥔᥢ ᥒᥣᥛ ᥟᥛᥒ ᥞᥐ ᥞᥣ ᥟᥧᥒ ᥐᥐ ᥘᥧ, ᥙᥧᥢ ᥟᥛᥛᥢ ᥐᥫᥐ ᥟᥘᥐ ᥟᥒᥒ ᥞᥣ ᥝ ᥒᥧ ᥒᥒᥱ, ᥟᥧᥒ ᥓᥧᥒ ᥗᥧ ᥘᥧ ᥟᥫᥱ ᥒᥧ ᥟᥛᥢ ᥔ ᥘᥞᥐ

ᦠᦱ ᦅᦱᧃ ᦃᦹᧂ ᦃᦸᧅ ᦵᦂᦲᧃ ᦂᦲᧉ ᦉᦳᧅ ᦑᦸ ᦓᦲᧉ, ᦌᦳᧂ ᦅᦳᧃ ᦔᦲᧈ ᦎᦱᧃ ᦃᦳ ᦂᦸᧂ ᦅᦸᧂ ᦈᦸᧃ ᦙᦲ ᦂᦸᧅ ᦎᦱᧃ “ᦓᦴ ᦙᦴ ᦑᦸᦙ ᦢᦲᧈ”、 ᦙᦲ ᦗᦸᧅᧃ ᦅᦸᧂ ᦢᦲᧈ “ᦵᦓᧁ ᦅᦱᧂ ᦵᦓᧁ ᦃᦳᧈ”, ᦌᦳᧂ ᦵᦓᧁ ᦎᦱᧃ ᦟᦱᧁ ᦑᦲ ᦙᦱ ᦵᦋᦲ ᦠᦱᧃ ᦵᦋᦲᧈᦂ ᦵᦋᦲᧈ ᦅᦸᧂ ᦟᦸ ᦵᦟᧁ ᦟᦱᧁ ᦑᦲ ᦙ ᦷᦢᧃ ᦵᦎ ᦂᦲᧄ ᦷᦋᧅ ᦠᦱ ᦓᦲᧉ, ᦷᦎᧄᧁ ᦢᦲᧈ ᦠᦱ ᦵᦔᧂ ᦠᦱ ᦂᦲᧃ ᦵᦟᦠᦱᧃ ᦵᦎ ᦂᦲᧄ ᦵᦟᦠ。

ᦡᦸᧃ ᦵᦙᧁᦲ ᦟᦱᦓᧂ ᦅᦸᧂ ᦙᦲ ᦢᦸᧁ ᧗ ᦷᦋᦸᧅ ᦢᦲᧈ ᦈᧈ ᦞᧈ, ᦡᦱᦓᧂ ᦔᦳᧃ ᦷᦎᦳ ᦎᦱᧃ ᦂᦸᦓᧂ ᦅᦸᧂ ᦷᦎᦸ ᦑᦳ ᦗᦴ ᦢᦲᧁᧂ ᦓᦙᧂ ᦑᦱᧃ ᦉᦳᧅ ᦗᦸᧅᧃ, ᦅᦸᧂ ᦵᦋᦲᧈᧃ ᦙᦲ ᦃᦲ ᦑᦸ ᦎᦲᦔ ᦵᦓᧁ ᦢᦲᧈ ᦢᦲᧈᦋᧃ ᦵᦟᦵᦓᧈ, ᦵᦓᧁ ᦑᦲᧄ ᦠᦲᧂ ᦓᦙᧂ ᦓᦳᧂ ᦓᦱ ᦑᦱᧃ ᦟᦱᧁ ᦑᦲ ᦙ ᦢᦲᧁᧂ ᦓᦳᧅ ᦉᦱ ᦂᦲᧃ ᦔᦸᧃ ᦵᦉ ᦑᦲᧂ ᦎᦱᧃ ᦑᦱᦙ ᦟᦱᧁ ᦑᦲ ᦙ ᦵᦋᦲ ᦂᦲᧄ? ᦡᦱᦓᧃ ᦷᦎᦸᧅ ᦅᦲᧁ ᦎᦱᧃ ᦵᦙᧁᦲᧃ ᦙᦸᧂ ᦑᦳ ᦑᦲᧄ ᦔᦳᧃ ᦡᦲᧃ ᦵᦟᦍᦱᧂ ᦷᦢᦱᧃ ᦗᦸᦙᧂ ᦗᦳᦔᧃ ᦟᦱᧁ ᦎᦱᧃ ᦟᦱᧁ ᦑᦲ ᦙᦱ ᦵᦋᦲ ᦠᦱᧃ ᦟᦲ ᦢᦱᧅ ᦅᦙ ᦓᦲᧉ, ᦷᦎᦸᧅ ᦅᦲᧁ ᦓᦲᧄ ᦎᦱᧃ ᦵᦑᦲᧄᦓᧂ ᦵᦷᦢᦲᧄᧃ ᦟᦹᧂ ᦑᦳᧄ ᦟᦲᧄ ᦢᦲᧄ ᦓᦲᧉ ᦎᦲᧁ ᦎᦸᧃ ᦡᦱᦓᧃ ᦙᦲ ᦷᦎᦱᦙ ᦷᦋᧅ ᦠᦱ ᦟᦲ ᦉᦳᧅ ᦉᦸᧃ ᦓᦲᧉ, ᦅᦲᧁ ᦓᦲᧄ ᦵᦅ ᦟᦱ ᦵᦙᧁᦲᧃ“ᦵᦅᦲᧃᧂ ᦃᦱᧃ ᦎᦱᧃ ᦵᦅᦲᧄ ᦷᦋᦲᧃᧂ” ᦑᦳᧂ ᦷᦟᦳ ᦎᦳᦙᧂ ᦵᦷᦟᦲᧄᧃ ᦡᦱᦓᧃ ᦓᦲᧉ, ᦡᦱᦓᧃ ᦠᦱ ᦢᦲᧁᧂ ᦎᦱᧃ ᦅᦙᧂ ᦑᦲᧃ ᦡᦱᦓᧃ ᦓᦳᧅ ᦠᦳᦙ ᦢᦲᧈ ᦔᦸᧃ ᦃᦱᧁ ᦟᦲ ᦙᦲ ᦉ ᦃᦲᧄ ᦃᦲᧁ ᦵᦟᦃᦲᧅ ᦵᦓᧁ ᦢᦲᧈ ᦔᦸᧃ ᦃᦱᧁ, ᦡᦱᦓᧃ ᦢᦲᧄ ᦌᦳᧂ ᦅᦲᧁ ᦢᦸᧅ ᦎᦱᧃ ᦟᦱᧁ ᦑᦲ ᦙᦱ ᦵᦋᦲ ᦠᦱᧃ ᦵᦟᦠᦱᧃ ᦡᦱᦂ ᦌᦳᧂ ᧗ ᦓᦳᧂᦅᧃ ᦑᦱᦙ ᦢᦲᧈᧃ ᦷᦋᧅ ᦓᦲᧉ: ᦈᦸᧅ ᦗᦸᦙ ᦎᦱᧃ ᦟᦱᧁ ᦑᦲ ᦙᦱ ᦵᦋᦲ ᦠᦱᧃ ᦓᦳᧈ ᦠᦲᧄ ᦢᦲᧈᦗᧃ ᦵᦙᧁᦲᧅ。

ᦅᦲᧁ ᦎᦱᧃ ᦃᦸᧂ ᦓᦲᧄᦌ ᦵᦟᦈᦸᧂ ᦓᦲᧃ ᦵᦉ ᦟᦲ, ᦡᦸᧃ ᦵᦙᧁᦲ ᦟᦱᦓᧂ ᦅᦸᧂ ᦎᦸᧂ ᦅᦲᧁ ᦂᦲᧉ ᦑᦲᧄ ᦵᦓᧁ ᦑᦲᧄ ᦈᦸᧅ ᦗᦸᦙ ᦂᦲᧁᧃ ᦂᦸᦓᧂ ᦟᦱᧁ ᦑᦲ ᦙ ᦵᦟᦠᦱᧃ ᦵᦋᦲ ᦂᦲᧄ ᦎᦲᧁ ᦵᦟᦓᦲᧁ ᦎᦲᧁ ᦑᦳᦙ ᦷᦋᦳᧈ。 ᦎᦲᧁ ᦵᦟᦓᦲᧁ ᦎᦲᧁ ᦵᦟᦲᧄᧃ ᦂᦲᧁᧃ ᦎᦱᧃ ᦔᦱᦓᧂ ᦵᦙᧁᦲᧅ ᦍᦲᧄᧂ ᦓᦱᦓᧂ ᦵᦋᦎᧅ ᦟᦳᧃ ᦔᦸᧃ ᦃᦹᧂ ᦗᦸᧅᧃ ᦢᦲᧈ ᦙᦱ ᦠᦱ ᦵᦷᦑᦲᧄᧃ, ᦡᦱᦓᧃ ᦟᦲ ᦈᦸᧂ ᦵᦋᦌ ᦞᦱᧂ ᦑᦲᧄᧃ ᦵᦍᦲ ᦎᦸᧂ ᦠᦱᧂ ᦵᦟᦓᦲᧃ ᦑᦲᧄ ᦑᦳ ᦎᦸᧂ ᦷᦋᦳᧃ ᦷᦎᦸᧃ ᦍᦸᧃ ᦂᦸᦓᧂ ᦓᦲᧉ ᦗᦸᧅᧃ ᦙᦱ, ᦠᦱᧂ ᦵᦟᦓᦲᧃ ᦎᦸᧂ ᦢᦲᧈ ᦢᦲᧈ ᦷᦎᦸᧃ ᦍᦸᧃ ᦂᦸᦓᧂ ᦠᦲᧄ ᦑᦳᦙ ᦷᦋᦳᧈ ᦷᦎᦳ ᦓᦱᦓᧂ ᦢᦲᦎ、 ᦷᦎᦳ ᦃᦸᦔ ᦵᦟᦑᦲᧃ ᦵᦟᦢᦲᧃ ᦵᦙᧁᦲᧅ、 ᦔᦱᦓᧂ ᦵᦙᧁᦲᧅ ᦷᦎᦳ ᦉᦳ ᦷᦋᦱᦂ ᦡᦸᧅᧃ, ᦈᦸᧅ ᦗᦸᦙ ᦂᦲᧁᧃ ᦂᦸᦓᧂ ᦵᦟᦠᦱᧃ ᦡᦱᦓᧃ ᦗᦸᧅᧃ ᦔᦱᧃ ᦗᦸᧅᧃ ᦵᦓᦲᧅ ᦵᦓᧁ ᦡᦲᧅ ᦵᦋᦑᧃ、 ᦈᦲᧄ ᦎᦲᧁ ᦑᦳᧄ ᦟᦱᧁ ᦑᦲ ᦙ ᦷᦢᧃ ᦷᦋᦙ ᦵᦅᦱᦙ ᦎᦲᦔ ᦡᦲᧅ ᦢᦲᧄ ᦌᦳᧂ ᦵᦓᧁ ᦎᦱᧃ ᦟᦱᧁ ᦑᦲ ᦙᦱ ᦵᦋᦲ ᦠᦱᧃ ᦷᦢᧃ ᦑᦲᧄ ᦓᦲᧉ ᦉᦲᧄᦔᧃ ᦵᦟᦌᧃ ᦠᦲᧄ ᦑᦳᦙ ᦷᦋᦳᧈ ᦷᦎᦳ ᦓᦱᦓᧂ ᦢᦲᦎ。 ᦡᦱᦓᧃ ᦈᦸᧅ ᦗᦸᦙ ᦎᦱᧃ ᦵᦋᦲ ᦂᦲᧄᧃ ᦅᦲᧁ ᦔᦸᧅᧃ ᦠᦲᧄ ᦅᦳᧃ ᦗᦸᦙ ᦎᦱᧃ ᦷᦋᦲᧃ ᦎᦸ ᦓᦲᧉ ᦓᦳᧂ, ᦗᦸᦙ ᦢᦲᧁᧂ ᦂᦲᧁᧃ ᦎᦱᧃ ᦍᦲᧄᧂ ᦓᦱᦓᧂ ᦵᦓᦲᧄᧃ ᦵᦋᦅᧃ ᦞᦳ ᦑᦸᧂ ᦓᦱᦓᧂ ᦵᦷᦋᦲᧄ ᦟᦲ ᦓᦱᦓᧂ ᦢᦲᦎ ᦢᦲᧄᧃ ᦵᦟᦉᧃ ᦵᦑᦲᦙ ᦎᦸ ᦅᦙᧂ ᦑᦲᧃ, ᦔᦳᧃ ᦢᦲᦎ ᦑᦳᧃ ᦔᦲᧁᧃ ᦑᦳᧃ ᦷᦎᦳ ᦵᦎᦲᧄᧃ ᦑᦲᧃ, ᦡᦸᧃ ᦵᦙᧁᦲ ᦟᦱᦓᧂ ᦟᦲ ᦷᦋᦳᧃ ᦃᦳ ᦂᦸᦓᧂ ᦗᦸᦙᧃ ᦎᦸ ᦠᦱᧂ ᦵᦟᦓᦲᧃ ᦂᦲᧁᧃ ᦷᦎᦳᧃ ᦍᦸᧃ ᦃᦳ ᦂᦸᦓᧂ, ᦵᦟᦲᧄᧅ ᦠᦱ ᦡᦲᧃ, ᦠᦱᧂ ᦵᦟᦓᦲᧃ ᦵᦓᧁ ᦎᦱᧃ ᦵᦟᦌᧃ ᦉᦸᧃ, ᦷᦎᦳ ᦟᦳᧃ ᦙᦱ ᦡᦲᧃ ᦷᦋᧅ ᦃᦸᧂ ᦵᦟᦂᦲᧂ ᦵᦷᦟᦲᧄ ᦵᦷᦑᦲᧄᦓᧂ ᦓᦲᧄᦌ: ᦗᦸᧅᧃ ᦢᦲᧈ ᦷᦎᦸᧃ ᦍᦸᧃ ᦃᦳ ᦂᦸᦓᧂ ᦓᦲᧉ ᦟᦲ!

ᦎᦸᧂ ᦗᦸᧅᧃ ᦢᦲᧈ ᦷᦎᦸᧃ ᦍᦱ ᦃᦳ ᦂᦸᦓᧂ, ᦡᦸᧃ ᦵᦙᧁᦲ ᦟᦱᦓᧂ ᦟᦲ ᦷᦋᦳᧃ ᦷᦎᦸᧃ ᦍᦸᧃ ᦃᦳ ᦂᦸᦓᧂ ᦢᦲᧈ

ᦡᦱᧃ ᦍᦓ ᦃᦴ ᦂᦸᧂᧉ ᦑᦲᧈ ᦵᦉᦱᧂ ᦵᦅᦱᧂ ᦗᦲᧃ ᦔᦱᧂᧉ ᦵᦖᦲᧈ ᦍᦲᧂᧉ ᦓᦱᧂᧉ ᦟᦲ ᦉᦲᧃ ᦓᦸᧂ ᦓᦲᧂᧉ ᦟᦲ ᦗᦱᧉ ᦗᦲᧃ ᦗᦱᧉ ᦡᦸᧈᧉ: ᦃᦴ ᦗᦱᧂ ᦍᦲ ᦺᦑ ᦑᦲᧈ ᦵᦑᦲᧂ ᦅᦓ ᦌᦳᧈ ᦅᦳᧄ ᦗᦲᧃ ᦌᦱᧃ ᦡᦳᧃ, ᦈᦴᧃ ᦺᦑᦸᧂ ᦵᦖᦲᧃ ᦡᦲᧉ ᦂᦲᧂ ᦵᦌᦲᧂ ᦳ ᦈᦲ ᦺᦀᦴᧃ ᦂᦱ ᦌᦱᧃᧉ ᦵᦉᦱᧂ ᦗᦱᧈ ᦓᦳᧈ ᦵᦉᦲ ᦔᦱᧈ ᦵᦍᦓ ᦵᦍᦓ ᦡᦱᧃ ᦍᦓ ᦂᦸᧂᧉ; ᦺᦑ ᦑᦲᧈ ᦗᦲᧃ ᦡᦱ ᦠᦱᧂ ᦂᦱᧃᧉ ᦵᦠᦱᧂ ᦃᦸᦴ ᦵᦌᦱᧂ ᦵᦈᦱᧂ ᦵᦖᦲᧈ ᦵᦂᦲᧈ ᦺᦂ ᦠᦱᧁ ᦍᦱᧂ, ᦡᦱᧃ ᦍᦓ ᦃᦴ ᦂᦸᧂᧉ ᦠᦲᧉ ᦡᦱ ᦠᦱᧂ ᦺᦑᦱᧃ ᦵᦖᦲᧈ ᦗᦸᧈ; ᦺᦑ ᦑᦲᧈ ᦔᦱᧂᧉ ᦵᦃᦱᧂ ᦈᦴᧃ ᦵᦑᦲᧂ ᦅᦓ ᦌᦳᧈ ᦅᦳᧄ, ᦈᦴᧃ ᦵᦑᦲᧂ ᦅᦓ ᦌᦳᧈ ᦅᦳᧄ ᦺᦑ ᦔᦱᧂ ᦖᦲ ᦠᦱᧂᧉ ᦃᦴ ᦂᦸᧂᧉ ᦓᦱᧂᧉ ᦡᦱᧃ ᦍᦓ ᦃᦴ ᦂᦸᧂ; ᦖᦲ ᦡᦸᧂ ᦵ ᦍᦸᧂᧉ ᦵᦡᦲᧃ ᦖᦲᧃ ᦵᦅᦱᧂ ᦑᦱᧉ, ᦡᦱᧃ ᦍᦓ ᦃᦴ ᦂᦸᧂᧉ ᦵᦑᦲᧂᧉ ᦡᦸᧂ ᦖᦱ ᦑᦸᧂ ᦵᦑᦲᧂ ᦗᦱᧂ ᦵᦖᦲ ᦟᦱᧂᧉ ᦞᦸᧉ ᦑᦳᧃ ᦺᦑ ᦞᦲ ᦵᦌᦲ, ᦔᦱᧂ ᦺᦑ ᦓᦸᧂ ᦈᦲᧈ ᦟᦱ ᦈᦲᧈ ᦟᦱ ᦞᦸᧉ ᦔᦱᧂ ᦺᦌᧉ ᦓᦱᧂᧉ ᦟᦲ ᦵᦗᦲᧂ ᦠᦱᧁ ᦓᦲᧉ ᦍᦱᧉ ᦡᦱᧉ ᦈᦲ ᦞᦱᧃ ᦓᦱᧂᧉ ᦟᦲ, ᦈᦲᧂ ᦅᦱᧂ ᦗᦱᧂ ᦗᦱᧉ ᦈᦲ ᦖᦱ ᦺᦑ ᦡᦱᧃ ᦍᦓ ᦃᦴ ᦂᦸᧂᧉ ᦑᦲᧈ ᦗᦱᧉ ᦗᦲᧃ ᦗᦱᧉ ᦗᦱᧈ ᦓᦱᧂᧉ。

ᦍᦸᧂᧉ ᦞᦱᧃ ᦡᦱᧉ ᦺᦑᦸᧂ ᦃ ᦈᦖ ᦺᦀ ᦠᦱᧂᧉ ᦵᦍᦱᧂ, ᦵᦑᦖ ᦖᦱ ᦌᦴᧈ ᦡᦱᧃ ᦍᦓ ᦂᦸᧂᧉ ᦗᦱ ᦗᦱᧉ ᦺᦑᦸᧂᧉ ᦵᦍᦱ ᦵᦍᦳ, ᦡᦱᧃ ᦍᦓ ᦃᦴ ᦂᦸᧂᧉ ᦺᦑᦸ ᦺᦀᦵ ᦵᦎᦱᧉ ᦗᦲᧃ ᦈᦲᧂ ᦌᦲ, ᦌᦳᧄ ᦗᦱᧉ ᦔᦱᧂᧉ ᦵᦖᦲᧈ ᦌᦴᧃ ᦗᦲᧃ ᦞᦸᧉ ᦍᦲᧂ ᦌᦲ ᦗᦴᧃ ᦡᦱᧃ ᦍᦓ ᦃᦴ ᦂᦸᧂᧉ ᦗᦸᧃ ᦵᦖᦲᧈ ᦟᦱᧂᧉ ᦖᦱ ᦃᦴ ᦂᦸᧂᧉ ᦓᦱᧂᧉ ᦍᦓ ᦍᦓ。 ᦃᦱᧂ ᦡᦓ ᦗᦸᧃ ᦵᦖᦲᧈ ᦟᦱᧂᧉ ᦵᦍᦳ ᦅᦱᧂ ᦍᦲᧂ ᦑᦱᧉ ᦓᦲᧃ ᦈᦲᧂ ᦵᦈᦲᧈ ᦗᦖ ᦵᦅᦱᧂ ᦌᦴᧈ ᦞᦲᦳ ᦈᦸᧈ ᦅᦱᧂ ᦟᦱᦳ ᦉ ᦖ ᦵᦞ ᦠᦱᧂ ᦗᦲ ᦌ ᦵᦗᦳ, 《ᦗᦲ ᦉᦲ ᦺᦑᦖ ᦵᦍᦲᧂᧉ ᦖᦲᧂᧉ ᦍᦲᧉ ᦈᦱᧃ》 ᦈᦴᧃ ᦈᦲ ᦑᦱᦱᦱ ᦵᦎ ᦈᦸᧈᧉ ᦍᦸ ᦗᦱᧂᧃ: “ᦗᦸᧃ ᦵᦖᦲᧈ ᦟᦱᧂᧉ ᦈᦲᧂ ᦉ ᦗᦱᧃ ᦌᦱᧃ ᦂᦸᧂᧉ ᦺᦀᦗ ᦺᦑᦸᧃ ᦌᦲᧃ ᦖᦲ ᦵᦉᦲ, ᦵᦡᦲᧃ ᦌᦳᧄ ᦗᦱᧉ ᦡᦱᧉ ᦑᦱᧂᧉ ᦺᦀᦎᦵ ᦑᦱᧉ ᦅᦱᧂ ᦟᦱᦳ ᦓᦲ ᦖ ᦵᦞ ᦠᦱᧂ …… ᦌᦴᧈ ᦞᦲᦳ ᦈᦸᧈ ᦅᦱᧂ ᦟᦱᦳ ᦓᦲ ᦖ ᦵᦞ ᦠᦱᧂ ᦑᦲ ᦈᦴᧃ ᦵᦖᦲᧃ ᦗᦲᧄ ᦺᦀᦗ ᦞᦲᦳ ᦡᦸᧈᧉ ᦡᦱᧉ ᦺᦑᦸᧂ、 ᦗᦲᧄ ᦺᦀᦗ ᦞᦲᦳ ᦠᦲᧄ ᦅᦱᧂ ᦗᦲᧉ ᦵᦖᦲ ᦗᦱ ᦓᦱᧂᧉ, ᦠᦱ ᦗᦸᦵ ᦵᦍᦳ ᦖᦱ ᦌᦱ ᦵᦎ ᦠᦲᧈ ᦓᦲᧃ ᦈᦲᧂ —— ᦺᦑᦱᧃ ᦵᦖᦲᧈ ᦌᦳᧄ ᦗᦱᧉ; ᦠᦱ ᦗᦸᦵ ᦞᦱᧁ ᦑᦱᧉ ᦵᦠ ᦟᦱᦳ ᦓᦲ ᦖ ᦓᦲᧃ ᦈᦲᧂ —— ᦅᦱᧂ ᦵᦌᦳ ᦗᦲᧈ ᦃᦸᦵ ᦈᦴᧃ ᦑᦱᧁ ᦂᦲᧂ; ᦠᦱ ᦗᦸᦵ ᦈᦱ ᦗᦲᧄ ᦠᦲᧉ ᦟᦱᦳ ᦓᦲ ᦖ ᦺᦀᦳ ᦵᦌᦱᧃ ᦵᦓᦲᧈ ᦵᦑᦲᧈ ᦡᦱᧉ ᦺᦑ ᦠᦲᧈ ᦍᦱᧁ ᦓᦲᧃ ᦈᦲᧂ —— ᦡᦱᧄ ᦅᦱᧂ ᦵᦡᦲᧃ ᦺᦑᦱᧃ ᦵᦖᦲᧈ。 ”ᦺᦑ ᦓᦲᧃ ᦎᦲᦳ ᦎᦸᧃ ᦗᦱᧂᧃ ᦠᦱᧉ ᦈᦲᧂ ᦅᦱᧂ ᦉᦴ ᦵᦌᦲ ᦞᦳᧂ ᦟᦱᦳ ᦓᦲ ᦖ ᦌᦱᦳ ᦌᦲ ᦓᦱᧂᧉ。

ᦅᦱᧂ ᦗᦳᧄ ᦵᦍᦱᧄ ᦗᦸᧃ ᦵᦖᦲᧈ ᦟᦱᧂᧉ ᦓᦲᧃ ᦠᦱᧉ ᦈᦲᧂ ᦅᦱᧂ ᦵᦉᦱᦳᧃ ᦵᦎ ᦈᦲᧂ ᦓᦱᧂᧉ ᦟᦲ, ᦟᦱᦳ ᦓᦲ ᦖ ᦗᦱᧂᧃ ᦓᦲᧃ ᦔᦱᧃ ᦺᦀᦗᧃ ᦃᦸᧈ ᦃᦸᧉ ᦎᦸᦵ ᦺᦀᦉᦱᧃ ᦉᦱᧁ ᦗᦱᧉ ᦠᦲᧂ ᦵᦟᦸ ᦖᦱ ᦉᦱ ᦞᦸᧉ ᦵᦗᦲᧄ ᦔᦱᧃ ᦺᦀᦳ ᦓᦱᧂᧉ, ᦋᦲ ᦠᦲᧂ ᦈᦲᧂ ᦎᦳᧂᧉ ᦺᦀᦖᦵ ᦵᦗᦱᧈ ᦈᦸᧃ ᦑᦱᧉ ᦈᦴᧃ ᦗᦲᧃ ᦌᦳᧄ ᦗᦱᧉ ᦺᦑ ᦈᦲᧂ ᦓᦲᦵ ᦌᦲᧂ ᦵᦋᦲᧃ ᦖᦱᧂ ᦓᦱᧂᧉ。 ᦓᦱᧄ ᦃᦱᧉ ᦑᦴᧉ ᦅᦱᧂ ᦂᦸᧂᧉ ᦗᦱᧂᧃ ᦓᦲᧃ ᦈᦲᧂ ᦖᦱ ᦵᦎᦓ ᦣᦱ ᦉᦱ, ᦖᦱ ᦵᦎᦓ ᦅᦱᧂ ᦃᦸᦵ ᦈᦴᧃ ᦑᦱᧁ ᦂᦲᧂ, ᦡᦱᧄ ᦅᦱᧂ ᦠᦲᧉ ᦵᦟᦸ ᦵᦖᦲᧈ, ᦡᦱᧄ ᦅᦱᧂ ᦠᦲᧉ ᦔᦱᧂᧉ ᦵᦃᦱᧂ, ᦵᦠᦳᧃ ᦓᦲᧃ ᦗᦱᧂᧃ ᦋᦲᧃ ᦌᦱᧃ ᦑᦸᧈ ᦉᦱ ᦅᦱᧂ ᦉᦳᧄ ᦑᦳᦸᧈ ᦓᦱᧄ ᦺᦀᦓ ᦌᦲ, ᦠᦲᧂ ᦑᦸᧈ ᦉᦱ ᦺᦀᦳ ᦞᦱᧃ ᦑᦱᧁ ᦵᦎ ᦓᦱᧂᧉ。 ᦟᦱᦳ ᦓᦲ ᦖ ᦈᦱᧃ ᦑᦸᧈ ᦎᦱᧈ ᦺᦀᦔ ᦈᦴᧃ ᦺᦀᦓ ᦌᦳᧄ ᦗᦱᧉ ᦵᦎᦗᦲ ᦗᦱᧉ, ᦋᦲ ᦈᦲᧂ ᦅᦱᧂ ᦗᦸᧃ ᦵᦖᦲᧈ

ᥘᥣᥒᥰ ᥑᥐ ᥔᥣ ᥐᥣᥒ ᥞᥨᥛ ᥟᥣᥛ ᥚᥒ ᥜᥣᥒᥴ ᥡᥛ ᥛ ᥗᥣᥨ、 ᥐᥣᥒ ᥠᥜᥰ ᥢᥣᥴ、 ᥛᥤ ᥐᥛᥴ ᥘᥟ ᥗᥤ ᥝᥤᥨ ᥓᥙᥴ ᥠᥨᥟ ᥠᥑᥟ ᥐᥣᥰ ᥝᥤᥟᥴ ᥙᥤᥒ ᥐᥣᥒ ᥞᥨᥛ ᥟᥣᥛ ᥢᥒᥰ ᥘ, ᥓᥛᥰ ᥓᥖᥤᥛᥴ ᥜᥣᥒᥴ ᥙᥪᥴ ᥓᥛᥤᥴ ᥕᥣ ᥝᥫᥰ ᥐᥣᥒ ᥕᥣᥐ ᥭᥧ ᥔᥫᥐ ᥭᥧ ᥙᥣᥟ ᥕᥣᥛ ᥢᥒᥰ ᥓᥫᥰ ᥑᥐ ᥔᥣ ᥘᥣᥨ ᥢᥨ ᥛ ᥙᥪᥴ ᥢᥒᥰ。 ᥙᥨ ᥓᥨᥧᥴ ᥜᥧᥴ ᥓᥛᥤ ᥘᥣᥒᥰ ᥚᥣ ᥕᥧ ᥑᥧ ᥠᥐᥴ ᥓᥞᥤᥒᥰ, ᥝᥤ ᥙᥪᥴ ᥙᥣᥒᥰ ᥓᥛᥤᥟ ᥘᥣᥧ ᥔᥧᥟ ᥨᥤ ᥟᥣᥛ ᥜᥤᥴ ᥕᥤᥒᥰ ᥢᥣᥒᥰ ᥓᥑᥨ ᥚᥫᥐ ᥐᥣᥒ ᥕᥤᥒᥴ ᥑᥧ ᥙᥪᥴ ᥙᥧᥴ ᥑᥣᥨ, ᥔᥧ ᥘᥧᥒ ᥛᥣ ᥓᥫ ᥑᥤᥒ ᥨᥤᥴ ᥛᥣ ᥖᥫᥒ ᥔᥤᥧ ᥜᥧᥴ ᥓᥛᥤ ᥘᥣᥒᥰ ᥞᥨᥤᥴ?

(ᥫᥙᥧᥰ ᥢᥐᥨ ᥓᥓᥖᥛᥰ: ᥗᥤᥒᥴ ᥓᥑᥤᥴ ᥢᥗᥤᥒᥴ)

白族手工艺人寸发标

民族文化宫坐落在北京长安街西侧，里面收藏着5万多件中国各少数民族文物，是一个展示中国各少数民族传统文化和社会发展成就的窗口。在众多的展品中，有一块题为“中华民族一家亲 同心共筑中国梦”的大型银雕屏风，它的巧夺天工令人惊叹。通过錾刻与雕刻等技法，创作者在这块屏风上塑造了衣着各异、神态祥和的56个民族的113个人物。人物背景是长城、天安门、黄河、长江、大理三塔等图案，生动诠释了各族人民亲如一家、携手共圆中国梦的精神风貌。这块构思巧妙、立意深远、技艺精湛的银雕屏风出自一位名叫寸发标的白族手工艺人及其团队之手，打造这块屏风耗时4年。

随父学艺

1962年8月1日，寸发标出生在云南鹤庆新华村一户“小炉匠”家中。“小炉匠”是当地及外界对挑着行李、风箱与工具箱走村串寨为人补锅、修器具、打首饰的匠人的称呼。在新华村中，“小炉匠”是出门谋生的活计，于是，这门手工艺成为一代一代新华村人过生活的方式，也就成为一种传统。传统如此，寸发标也不例外，他从小耳濡目染的就是补锅打银器。原本有望在美术上有所发展的寸发标初中毕业后因母亲病逝不得不担起家庭重担，跟着父亲一起走村串寨补锅、制银器首饰，成为地道的“小炉匠”。在那个交通不便、信息不灵的年代，父子俩唯一的依仗就是自己的手艺与吃苦耐劳的精神。靠着双手制器、双脚走路，他们的足迹遍及云南、四川、贵州、广西、西藏等各省份的少数民族地区，打制出苗族、彝族、壮族、傣族所需的首饰、挂链、服饰等银器物。

艺人学手艺犹如学生入学堂学习知识，但是学艺是另一套习得方式，它需要艺人时时刻刻将所看到的动作、步骤牢记于心，并且转换成自己的理解与身体动作，它需要亲手操作，不断实践。寸发标学艺跟其他艺人学艺一样，没有捷径可走，他跟随父亲，边看边学，不断琢磨，反复操练，他的技艺在不断地精进。除此而外，外出卖手艺的经历增长了寸发标的眼力与胆识，他学会了如何与各民族打交道、如何入乡随俗与民族同胞处好关系、如何制作少数民族喜欢的款式、如何以技艺赢得口碑。寸发标25岁时已在新华村小有名气，但是，天生聪慧、善于思考的他并没有止步于此，他相约几个伙伴奔到心仪已久的西藏拉萨，在那里开了一个银器制作作坊。

西藏“修行”

鹤庆与西藏之间的经济文化交往早在南诏时期就已存在，明清时期更为繁盛，新华村的“小炉匠”也为藏族同胞打制所需的生活器物和宗教器物。20世纪80年代后期，受现代化冲击，少数民族用品迅速被工业制品取代，“小炉匠”的生意渐渐有些衰落。一方面，为了寻找新的市场，拉萨手工艺市场是一个可挖掘的富矿；另一方面，为了提升打制技艺，寸发标早已见识西藏金银器物制作技艺的精湛，因而选择到西藏拉萨发展。拉萨是寸发标人生的转折点，如果说过去走村串寨的卖艺需要的是一个朴实匠人的本分——恪守传统技艺，仿照已有样式精心打制，那么在西藏拉萨卖艺则需要在传统的基础上结合创意。想要在若干金银器店中脱颖而出，除了过硬的技艺外，制品还需要有独特的风格，因此创意成为此时寸发标辗转思索的重点。凭着爱思考、爱琢磨的性格，寸发标在西藏收获颇多。首先是眼界的打开，拉萨无处不在的宗教艺术景观与其上美轮美奂的装饰纹样、精湛的雕刻工艺，就是一个向他无限敞开的大学堂。在劳作之余，寸发标流连于拉萨众多的寺庙名胜中，仔细观察那些精美绝伦的佛雕。从唐卡壁画的色彩搭配到各种宗教法器的形制，从佛教祭品到民间服饰，他把藏族工艺的精髓一一装入眼中、记于脑中。在西藏的8年，寸发标都在边制作边思考：自己的手艺之路该怎么走？怎样将原有技艺与藏族的宗教文化结合起来，制作出受藏族同胞欢迎的工艺品？制作一个佛像或是一个器皿，他常常是从早到晚，有时到深更半夜；创制一件首饰，更是一遍一遍地改制。“寸银匠”的名声很快便在拉萨乃至整个西藏传开，他制作的很多匠心独运的手工艺品深受藏族同胞的喜爱。越来越多的寺庙负责人和当地宗教界人士不断前来找他，请他制作具有地方特色的银制工艺品，他的手艺事业一步步地向前发展。

回忆起在拉萨的岁月，寸发标感叹道：“在拉萨的那些日子里，我总是觉得自己是多么的渺小。”高原拉萨的空旷神怡给人一种空间上的渺小感，但是，寸发标所感的渺小更多的是一种基于自己小手艺境界的感觉。艺无止境，终其一生都要勤奋钻研，在拉萨的8年时间给予寸发标的不仅仅是技艺的提升，还有谦卑心态、敬业精神的养成。一位藏族同胞的一句话深刺寸发标的心灵，他把这个人当成上天冥冥中派来点醒他的人。有一日，一位陌生男人来到他的作坊中，但只看他做活计，不说话。出于礼貌，寸发标还是给他敬烟泡茶，一连好几天，这个人都前来观看，默而不语。寸发标心中有些疑虑，这个人到底来干吗？有一日，这个人终于开口说道：“寸师傅，你信不信我今天揍你一顿？”面对这样突兀的话语，寸发标大惊失色，但是他还是耐心地回答：“虽然我不知道你的来历，可对你也很尊敬，你为什么要揍我？”那个人问道：“你做的这些佛像你都明白吗？”“当然知道了！”寸发标回答道，并指给他看，哪个是宗喀巴大师，哪个是观世音菩萨，哪个是绿度母、白度母。“你知道什么？我看你一样都不知道！”陌生男人厉声对寸发标说：“你看你做事稀稀拉拉（意为马马虎虎）的，做的佛像随便一摊，有的就放在地上，这像话吗？我们藏族人不像你，我们做佛像前都要洗手沐浴，要对佛恭恭敬敬的！”这番话犹如一记当头棒喝，让寸发标醍醐灌顶，豁然开朗起来，为什么藏族人能做出那么精美的工艺品，原来手艺人是用一颗信仰和虔诚的心在做事！此后，每当浮躁时，寸发标就告诫自己和所带的徒弟：“一定要怀着虔诚的心做人做事。”手艺人生就是修行，寸发标就这样在习艺、研艺的过程中领悟到做人做事的真谛。虔心做好手艺，俨然是他毕生的信念。

创制产品

寸发标在西藏的创业打拼成为家乡人的榜样，陆续有青年人从新华村中走出来投身于西藏手工制作业。就在生意做得风生水起、名声颇旺时，寸发标决定返回家乡。他深知一人的力量是有限的，要想更多的人知道新华银器、新华银匠，就需要更多的能工巧匠一起努力。他想带动更多的人从事金银器物加工制作，使更多的新华匠人走出云南，让“新华银匠”“云南银匠”为更多人知晓，以此帮助家乡人民富裕起来。手艺人有这样的意识与格局，注定了寸发标所走的路与众不同。

1996年，从西藏回到家乡新华村的寸发标创办了“寸发标手工艺作坊”。村中的制银器户依然延续先接订单再依据要求生产器物的方式，这往往限制了销售市场的扩大和银器制造业的产能。寸发标想到，既然要扩大市场，那就要在产品上做文章，主动设计产品，眼光不能仅盯着西藏、盯着少数民族，应该把制品扩大到汉族消费群体中，做出汉族人也喜欢的产品。那么，怎样才能做出大家都认可并愿意购买的产品呢？他思考应该做一些融合多民族文化、代表一定技艺水平，且有创意的新产品，这样路才能长远。得益于多年来在外打拼的经历与经验，寸发标的脑中累积了壮族、瑶族、苗族、彝族、傣族、藏族、白族金银器物的多种式样及其上的纹饰图案，他熟练掌握着雕刻、錾刻、鎏金、掐丝等五金制造技艺，且在此基础上，他还不断地学习白族传统文化、藏族宗教文化、汉族传统文化等，创意的火花时刻在他脑中闪动。一日，他突发奇想：“我们中华民族是龙的传人，我的家乡鹤庆又是‘龙潭之乡’，我为何不做龙的图案呢？”促发他灵感的，还有过去听评书时听到的“三盗九龙杯”的故事，就在那一瞬间，他决定做九龙壶。经过构图、绘画、锻打等工序，3周后，一套闪光耀眼的九龙壶酒具诞生，刚一完工，就被人以6000元的价格买走。九龙壶构思巧妙，做工堪称精巧，造型美轮美奂，壶身整体体现出白族文化，壶身底座为莲花座，体现藏传佛教的文化含义，而中间的九龙缠绕图案与龙形壶嘴、壶把手则体现了汉族的龙文化，更为精湛的是，一壶配了8个杯子，将盛装于壶身中的酒倒入8个杯子，刚好倒满，不多也不少。

引领行业

继九龙壶之后，寸发标一口气设计创制了九龙火锅、九龙桶、九龙烟筒等一系列“九龙”产品，这些产品一上市就供不应求，不仅受到消费者的欢迎，还为寸发标赢得了良好的声誉。此后，寸发标在人们眼里再也不是过去那个小打小闹的“寸银匠”，而是一位有着无尽创造力的名副其实的“寸大师”。1999年6月，寸发标被授予“云南省民族民间高级美术师”称号。2003年12月，他被联合国教科文组织授予“民间工艺美术大师”称号，成为全国获此殊荣的20个人之一。新华村银器的知名度由寸发标的“九龙”系列产品推广开来，之后，村中手工艺人模仿生产，并也开始研发各自的产品。随着电视、网络、报刊等媒体的报道，新华村银器加工制作业的公众知晓率逐渐增加，银器品质也在金银器制造业中得到认可。新华村的银器不仅广销省内及西藏、四川、贵州、深圳、北京、上海等地，还远销到美国、法国、印度、尼泊尔等国家。在经济效率的带动下，更多的年轻人慕名而来，拜寸发标等人为师，学习银器锻制技艺，这些年轻人成为今天新华村银器锻制业的中坚力量。寸发标还受聘于云南民族大学艺术学院、云南大学旅游文化学院等高校机构，教授学生制作技艺。鹤庆银器锻制技艺受到越来越多人的关注。2014年，鹤庆银器锻制技艺被列入第四批国家级非物质文化遗产代表性项目名录，成为云南民族文化的一张亮丽名片。

今天，当你走进新华村，听到的依旧是一片悦耳的“叮叮当当”声。智慧、勤劳的新华手工艺人用手中的小锤、凿子、錾子，凭着高超的技艺、丰富的想象力，打制着一件件绝妙精美的手工艺品。正是寸发标等众多手工艺人的共同传承与发展，新华村银器制造业才渐渐形成“家家有手艺，户户有工厂，一村一业，一户一品”的手工艺格局，当前，它又走上了规模化、分工精细化和集聚化之路。相信新华村人的明天更加美好，正应了这句话：“千年小锤，敲出幸福新生活。”

双腿走过的路汇于心中便成就宽广心胸，广阔天空下的渺小促生谦卑之态，这是寸发标一生的财富。好的手艺人，不仅要守自己的技，还要博众家之长，积极学习和吸纳，用心体悟，用手实践。无论是早年在拉萨的锻炼，还是在家乡的勇于开拓，都成就了一个匠人的专注之心及炉火纯青的技艺。西藏的经历仿佛是寸发标的朝圣之旅，他深知，对待手艺唯有保持一颗虔诚的心，心手相依，才能制造出精美的器物。与此同时，一个时代的手艺人，还要在心中装入父老乡亲、装入人民、装着国家。民族手工艺是中华民族优秀传统文化的重要组成部分，它需要更多人关注与传承，白族手工艺人寸发标在民族工艺文化传承、创造性转化与创新性发展中做出了突出的贡献，值得肯定与书写。

参考资料

[1]汪榕、罗宁：《指尖上的故事：云南民族民间工艺大师访谈录》，云南美术出版社2014年版。

[2]杨恒灿主编：《大理当代文化名人》，云南人民出版社2015年版。

[3]肖静芳：《寸发标：小锤敲开大师之门》，《中国民族时报》2011年11月11日。

[4]李树华：《民族工艺的领军人寸发标》，《大理文化》2017年第9期。

[5]皇甫丹霖：《指尖上的力量——记省政协委员、国家级非物质文化遗产项目代表性传承人寸发标》，《云南政协报》2021年1月27日。

[6]杨萍：《鹤庆银匠：一把小锤"敲"出幸福新生活》，云南网，2021年11月10日，http://culture.yunnan.cn/system/2021/11/10/031761148.shtml。

（执笔：马佳）

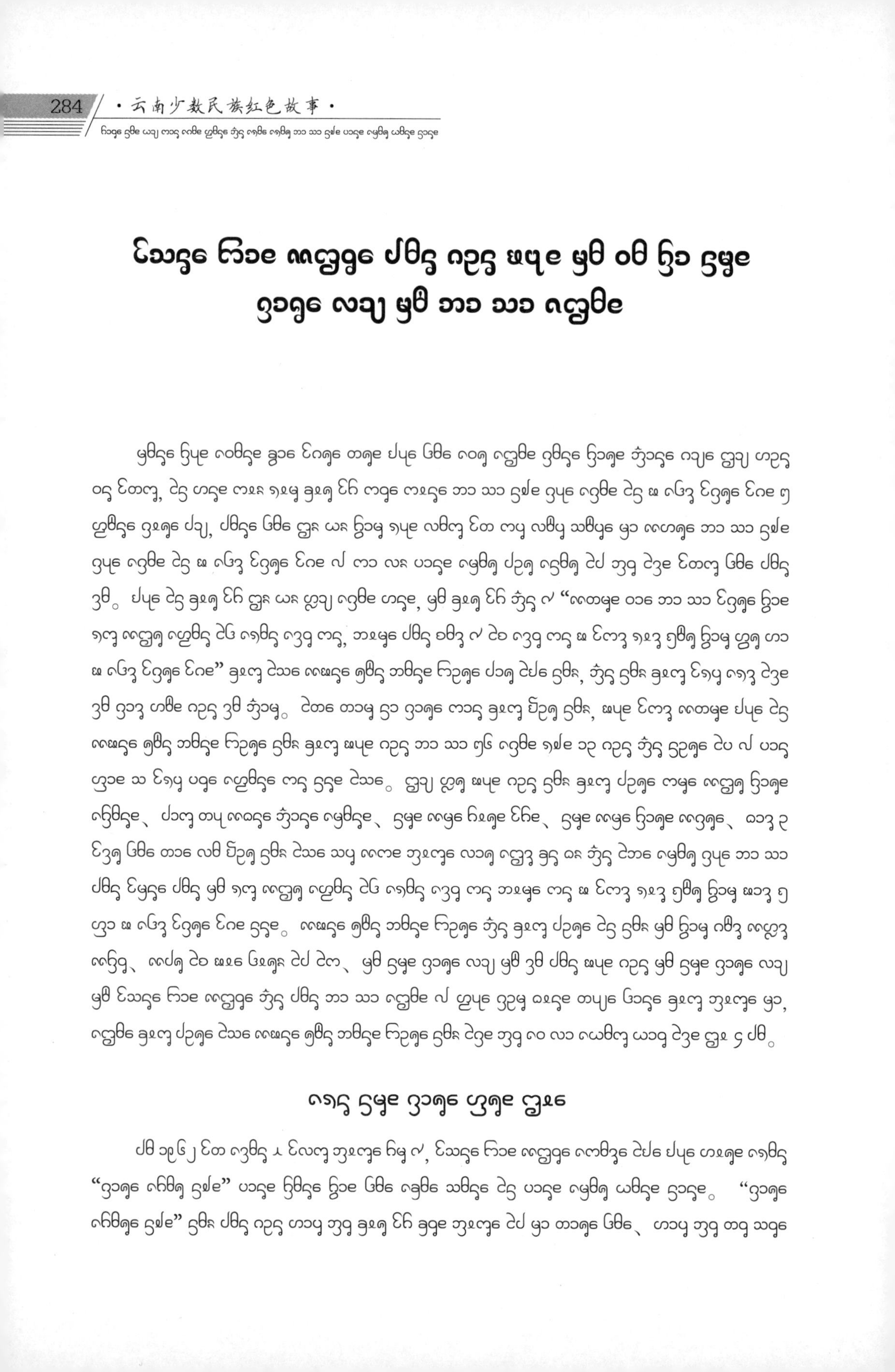

[illegible]

[illegible]

[illegible]

[illegible]

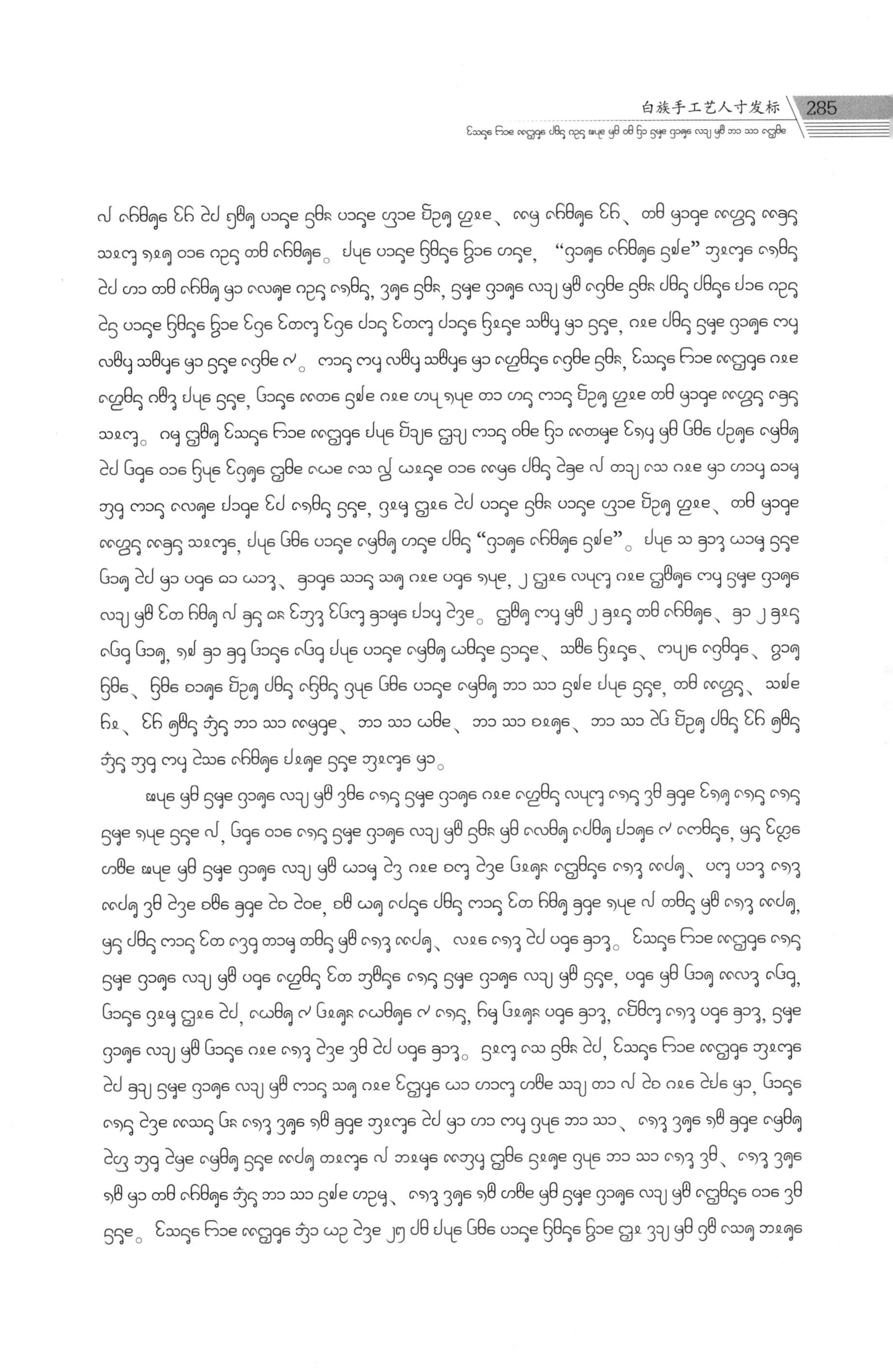

[illegible]

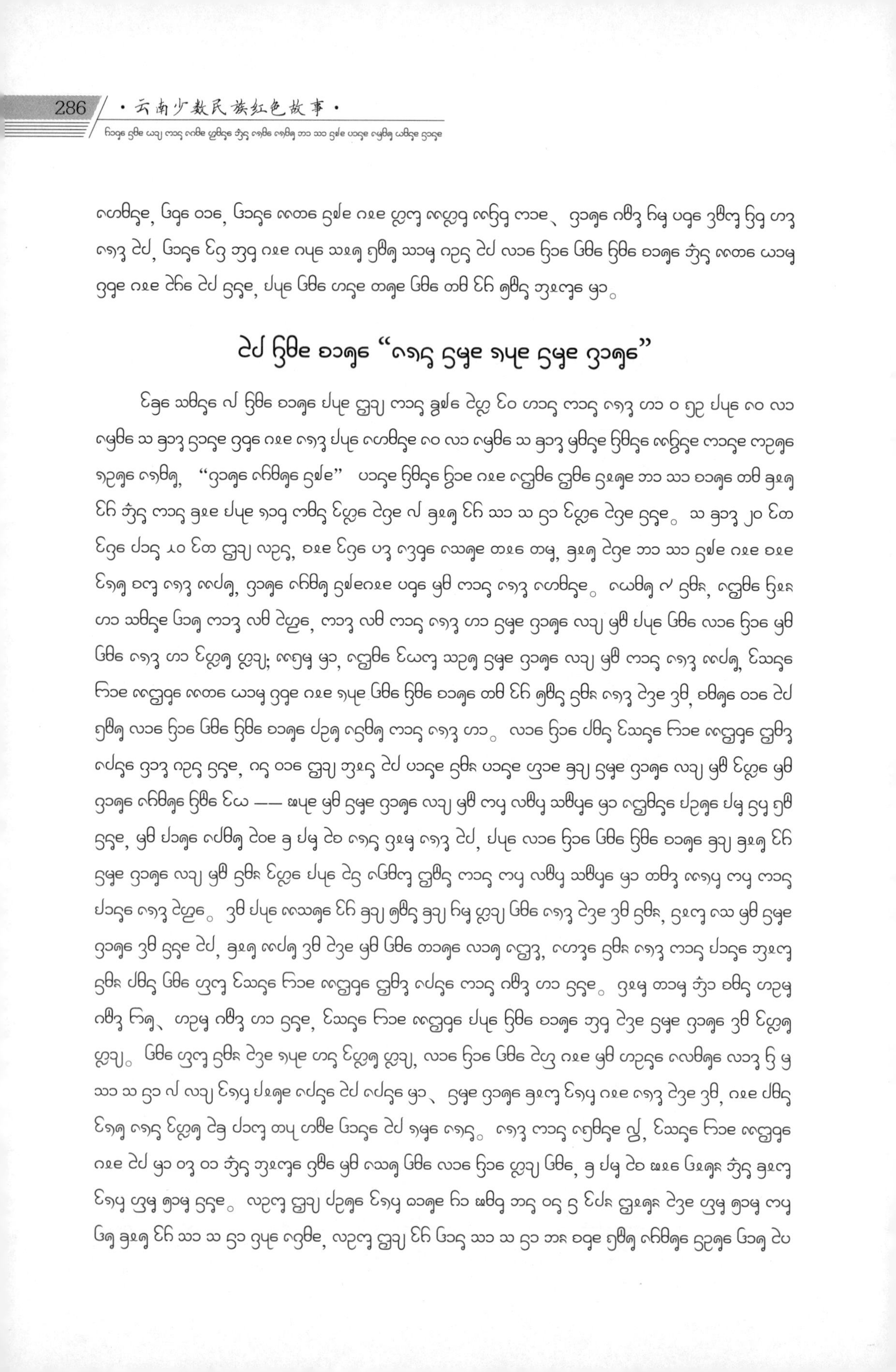

ᦂᦱᧄ ᦵᦟᦲᧂ ᦎᦰᦗᦸᧃ ᦀᦱᧃ, ᦈᦲ ᦵᦂᦲᧄ ᦠᦲᧄ ᦖᦾᧂ ᦀᦰᦵᦙᦲᧃ, ᦺᦑ ᦓᦸᧄ ᦡᦲᧂ ᦈᦸᧄ ᦀᦵᦙᦲᧃ ᦂᦱᧃ ᦵᦉᦱᧃ ᦎᦱᧃ ᦶᦅᦲᧃ, ᦺᦑ ᦓᦸᧄ ᦡᦲᧂ ᦑᦱᧃ ᦈᦸᧄ ᦷᦂᦱᧃ ᦉᦲᧃ ᦍᦲᧃ, ᦺᦑ ᦓᦸᧄ ᦡᦲᧂ ᦟᦳ ᦎᦳᧃ ᦖᦳ、ᦵᦉᦲᧄ ᦎᦳᧃ ᦖᦳ。“ᦖᦲᧅ ᦓᦳᧄ ᦔᦸᧃ ᦉᦲᧅ ᦓᦱ? ᦅᦳ ᦵᦙᦲᧃ ᦖᦲᧅ ᦓᦲᧃ ᦉᦲᧅ ᦂᦰᧄ ᦔᦸᧃ ᦓᦳᧄ! ” ᦌᦳᧄ ᦑᦳ ᦂᦲᧂ ᦓᦲᧃ ᦓᦳᧄ ᦷᦂᧂ ᦎᦰᧃ ᦀᦉᦱᧂ ᦂᦱᧄ ᦵᦟᦲᧂ ᦀᦱᧃ: “ᦖᦲᧅ ᦵᦙᦲᧃ ᦖᦲᧅ ᦑᦳ ᦵᦓᦲ ᦉᦲᧅ ᦂᦰᧄ ᦔᦸᧃ ᦺᦑᧄ ᦑᦲ, ᦵᦟᦲᧅ ᦉᦱᧅ ᦀ ᦀᦓᦳ ᦵᦙᦲᧃ ᦺᦑᦲ ᦂᦰᧄ ᦵᦟᦲᧂ ᦵᦙᦲ ᦺᦑ, ᦖᦲ ᦑᦰᦵᦙᦲᧃ ᦵᦟᦲᧂ ᦑᦲ ᦵᦙᦲ ᦵᦉᦲ ᦑᦲᧂ ᦺᦑᧄ, ᦵᦓᦲ ᦵᦉᦲᧂ ᦑᦲᧄ ᦺᦑᧄ ᦓᦱᧃ? ᦑᦱ ᦉᦱ ᦎᦳ ᦔᦸᧃ ᦵᦉᦲᧂ ᦖᦲᧅ, ᦎᦳ ᦑᦰᦓᦸᧃ ᦵᦖᦲᧃ ᦑᦲᧃ ᦵᦟᦲᧅ ᦉᦱᧅ ᦀ ᦀᦓᦳ ᦓᦸᧄ ᦶᦓᦲᧃ ᦖᦲ ᦑᦱᦳ ᦓᦲᧄ ᦉ ᦀᦠ ᦵᦂᦲᧂ ᦓᦲᧃ, ᦎᦲᧅ ᦑᦳᧄ ᦑᦱᧃ ᦈᦸᧄ ᦓᦲᧃ ᦑᦲ ᦺᦑᧄ ᦡᦲᦳᧃ ᦡᦲ ᦓᦳ ᦓᦲ! ” ᦂᦲ ᦈᦰᧄ ᦓᦲᧃ ᦵᦉᦲᧂ ᦑᦲ ᦺᦑᧄ ᦔᦳ ᦀᦠ ᦖᦸ ᦓᦸᧄ, ᦠᦲᧄ ᦀᦉᦱᧂ ᦂᦱᧄ ᦵᦟᦲᧂ ᦓᦳᧄ ᦵᦟᦈᧄ ᦑᦲ ᦖᦱ ᦉᦱᧄ ᦈᦱᧅ, ᦡᦲᧂ ᦔᦸᧃ ᦉᦲᧅ ᦂᦲᧂ ᦑᦱ ᦉᦱ ᦵᦟᦲᧅ ᦈᦰᧅ ᦀᦂ ᦓᦲᧄ ᦑᦱᦸᧃ ᦟᦳ ᦖᦲ ᦵᦓᦲ ᦑᦲ ᦠᦲ ᦑᦲ, ᦌᦳᧄ ᦂᦲᧂ ᦖᦲ ᦓᦲᧄ ᦑᦱᦸᧃ ᦟᦳ ᦖᦲ ᦖᦲ ᦈᦲᦑ ᦺᦈ ᦓᦳ ᦓᦲ ᦡ ᦖᦲ ᦺᦈ ᦀᦓᦳ ᦖᦲ ᦖᦱ ᦵᦓᦲ ᦵᦟᦲᧅ! ᦵᦠᦲᧃ ᦓᦲᧃ, ᦍᦱᦖ ᦵᦖᦲᧃ ᦅᦲᧄ ᦺᦈ ᦓᦸᧄ, ᦀᦉᦱᧂ ᦂᦱᧄ ᦵᦟᦲᧂ ᦂᦰᧄ ᦀᦱᧃ ᦎᦰᧃ ᦀᦎ ᦵᦑᦳ ᦡ ᦟᦳᦵᦅ ᦉᦲᦅ ᦺᦑ ᦵᦙᦱᧂ ᦉᦰᧂ ᦓᦸᧄ: “ᦵᦠᦲᧂ ᦶᦙᦲᧃ ᦑᦲ ᦺᦑᧄ ᦖᦲ ᦺᦈ ᦀᦓᦳ ᦖᦲ ᦡᦲᧂ ᦂᦲᧂ ᦡ ᦵᦓᦲ ᦵᦟᦲᧅ ᦅᦱᧂ。” ᦂᦲᧂ ᦖᦲ ᦓᦲᧄ ᦑᦱᦸᧃ ᦟᦳ ᦖᦲ ᦂᦰᧄ ᦑᦲ ᦺᦑᧄ ᦓᦳᧃ ᦵᦓᦲᧂ, ᦀᦉᦱᧂ ᦂᦱᧄ ᦵᦟᦲᧂ ᦂᦰᧄ ᦵᦉᦲᧂ ᦵᦑᦲᧄ ᦓᦲᧃ ᦖᦱ ᦓᦳ ᦵᦓᦲᧂ ᦓᦲᧄ ᦑᦱᦸᧃ ᦟᦳ ᦖᦲ、ᦡᦳᧃ ᦵᦖᦲᧃ ᦂᦳ ᦵᦙᦲᧃ ᦓᦲᧄ ᦑᦱᦸᧃ ᦟᦳ ᦖᦲ ᦓᦳᧄ ᦓᦰᦑ ᦓᦲᧅ ᦅᦱᧂ ᦡᦲᧂ ᦂᦲᧂ ᦡ ᦵᦓᦲ ᦵᦟᦲᧅ ᦅᦱᧂ ᦂᦰᧄ ᦵᦓᦲ ᦑᦲ。ᦖᦲ ᦈᦲᦑ ᦺᦈ ᦀᦓᦳ ᦖᦲ ᦵᦓᦲ ᦵᦟᦲᧅ ᦈᦰᧅ ᦀᦂ ᦓᦲᧄ ᦑᦱᦸᧃ ᦟᦳ ᦖᦲ ᦵᦓᦲ ᦑᦲ, ᦺᦑ ᦓᦲᧃ ᦡᦲᧂ ᦅᦱᧂ ᦙᦱᧃ ᦙᦲ ᦀᦑᧃ ᦖᦲ ᦂᦱᦖ ᦵᦑᦲᧄ ᦓᦸᧄ。

ᦡᦱᧃ ᦵᦟᦲᧅ ᦈᦰᧅ ᦀᦂ

ᦀᦉᦱᧂ ᦂᦱᧄ ᦵᦟᦲᧂ ᦡᦳᧃ ᦓᦲᧃ ᦈᦱᦓᧃ ᦅᦲᦳ ᦡᦱᧃ ᦑᦰᦎᧃ ᦅᦱᧂ ᦵᦓᦲ ᦠᦱᦎ ᦡᦲᧂ ᦵᦡᦲᧅ ᦡᦱᦓᧃ ᦠᦲᧄ ᦂᦲᧂ ᦔᦱᧄ ᦙᦲᧃ ᦡᦲᧂ ᦑᦲᧂ ᦙᦲᧃ ᦵᦅᦲᧃ ᦓᦸᧄ, ᦂᦲᧂ ᦠᦳᦖᧃ ᦺᦓ ᦔᦱᧄ ᦓᦲᧂ ᦓᦰᧄ ᦂᦰᧄ ᦑᦰᦎᧃ ᦔᦱᧄ ᦀᦈᦓᧃ ᦺᦑ ᦓᦲᧃ ᦈᦱᦓᧃ ᦵᦓᦲ ᦅᦱᧂ ᦺᦑ ᦖᦲ ᦓᦲᧄ ᦑᦱᦸᧃ ᦟᦳ ᦖᦲ。ᦡᦳᧃ ᦵᦖᦲᧃ ᦵᦓᦲ ᦂᦱᧄ ᦵᦓᦲ ᦈᦳ ᦺᦑᧄ ᦑᦲ ᦓᦸᧄ、ᦖᦲ ᦑᦲᧃ ᦵᦋᦲᧅ ᦖᦱ, ᦀᦉᦱᧂ ᦂᦱᧄ ᦵᦟᦲᧂ ᦵᦋᦲ ᦈᦱᦓ ᦉᦰᧅ ᦖᦱ ᦔᦱᧄ ᦙᦲᧃ ᦡᦲᧂ ᦑᦲᧂ ᦙᦲᧃ ᦵᦅᦲᧃ。ᦙᦱᧃ ᦓᦳᧄ ᦓᦰᦑ ᦓᦲᧅ ᦔᦱᧃ ᦵᦓᦲᧅ ᦀᦎ ᦵᦑᦳ ᦓᦲᧃ ᦔᦸᧃ ᦉᦰ, ᦑᦲ ᦠᦲᧄ ᦂᦲᧂ ᦀᦟᦲᧅ ᦟᦲ ᦓᦳᧄ ᦀᦂ ᦵᦅᦲᧂ ᦙᦲᧃ ᦓᦲᧂ ᦓᦰᧄ、ᦑᦱᦸᧃ ᦶᦂᦲᧃ ᦎᦲ ᦵᦅᦲᧂ ᦙᦲᧃ ᦓᦲᧂ ᦓᦰᧄ, ᦂᦰᧄ ᦑᦲ ᦺᦑᧄ ᦖᦲ ᦑᦱᦸᧃ ᦶᦂᦲᧃ ᦺᦑ ᦵᦓᦲ ᦺᦑᧄ ᦑᦲ ᦑᦳᦖ ᦟᦲ ᦀᦟᦲᧅ ᦟᦲ ᦑᦰᦖᧃ ᦅᦱ ᦑᦰᦎᧃ ᦵᦓᦲᧅ。ᦙᦱᧃ ᦂᦲᦑ ᦀᦱᧃ ᦑᦲᧃ ᦀᦑ ᦉᦱ ᦂᦲᧂ ᦀᦟᦲᧅ ᦟᦲ ᦵᦓᦲ ᦅᦱᧂ ᦎᦲ ᦀᦂ ᦵᦅᦲᧂ ᦀᦂ ᦂᦳ, ᦠᦲᧄ ᦂᦲᧂ ᦑᦱᦸᧃ ᦶᦂᦲᧃ ᦙᦲᧃ ᦓᦲᧂ ᦓᦰᧄ ᦀᦟᦲᧅ ᦟᦲ ᦶᦑ ᦑᦰᦎᧃ ᦔᦱᧄ ᦵᦖᦲᧅ ᦍᦲᧂ ᦓᦸᧂ ᦺᦑ, ᦠᦲᧄ ᦌᦳᧄ ᦂᦲᧂ ᦀᦟᦲᧅ ᦟᦲ ᦓᦳᧄ “ᦑᦱᦸᧃ ᦶᦂᦲᧃ ᦎᦲ ᦵᦅᦲᧂ ᦙᦲᧃ ᦓᦲᧂ ᦓᦰᧄ” “ᦑᦱᦸᧃ ᦶᦂᦲᧅ ᦎᦲ ᦵᦅᦲᧂ ᦙᦲᧃ ᦍᦲᧂ ᦓᦸᧂ,” ᦵᦠᦲᧃ ᦓᦲᧃ ᦂᦰᧄ ᦵᦎᦲᦖᧃ ᦑᦲ ᦺᦑᦱᧃ ᦵᦖᦲᧅ ᦔᦱᧄ ᦙᦲᧃ ᦡᦲᧂ ᦑᦲᧂ ᦙᦲᧃ ᦵᦅᦲᧃ ᦺᦑᧄ ᦓᦲ ᦖᦲ ᦖᦱ ᦠᦲᧅ ᦅᦱᧂ。ᦌᦳᧄ ᦂᦲᧂ ᦖᦲ ᦓᦲᧄ ᦑᦱᦸᧃ ᦟᦳ ᦖᦲ ᦖᦲ ᦓᦲ ᦂᦲᦑ ᦡ ᦅᦱᧂ ᦵᦓᦲ ᦵᦟᦲᧅ ᦵᦉᦲᧂ ᦵᦑᦲᧄ ᦓᦲᧃ, ᦵᦓᦲᧃ ᦺᦑᧄ ᦙᦲᧅ ᦺᦑ ᦀᦉᦱᧂ ᦂᦱᧄ ᦵᦟᦲᧂ ᦶᦑ ᦓᦲᧃ ᦔᦸᧃ ᦵᦉᦲᧂ

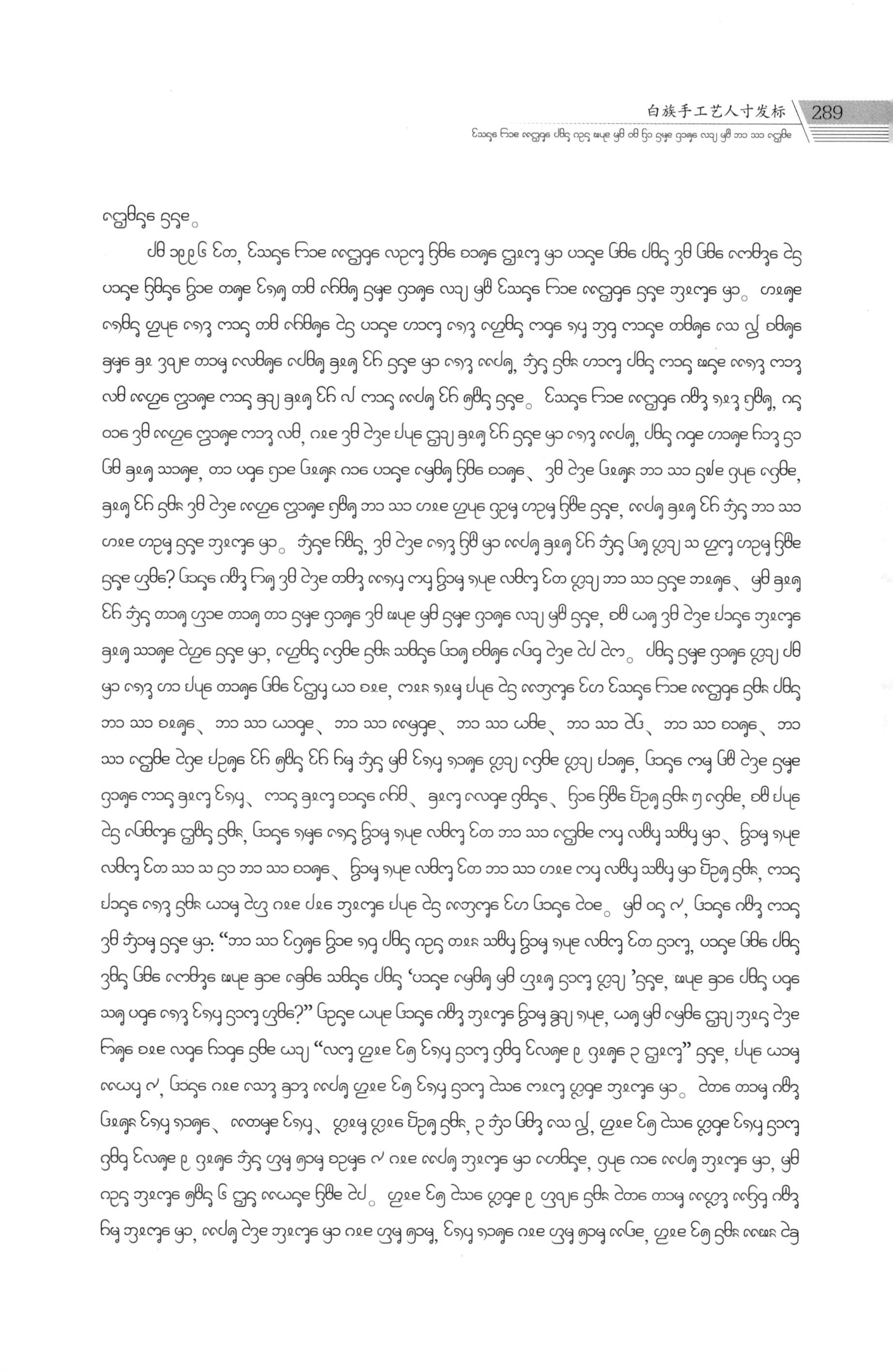

[illegible]

“…?” “…” “…” ‘…’

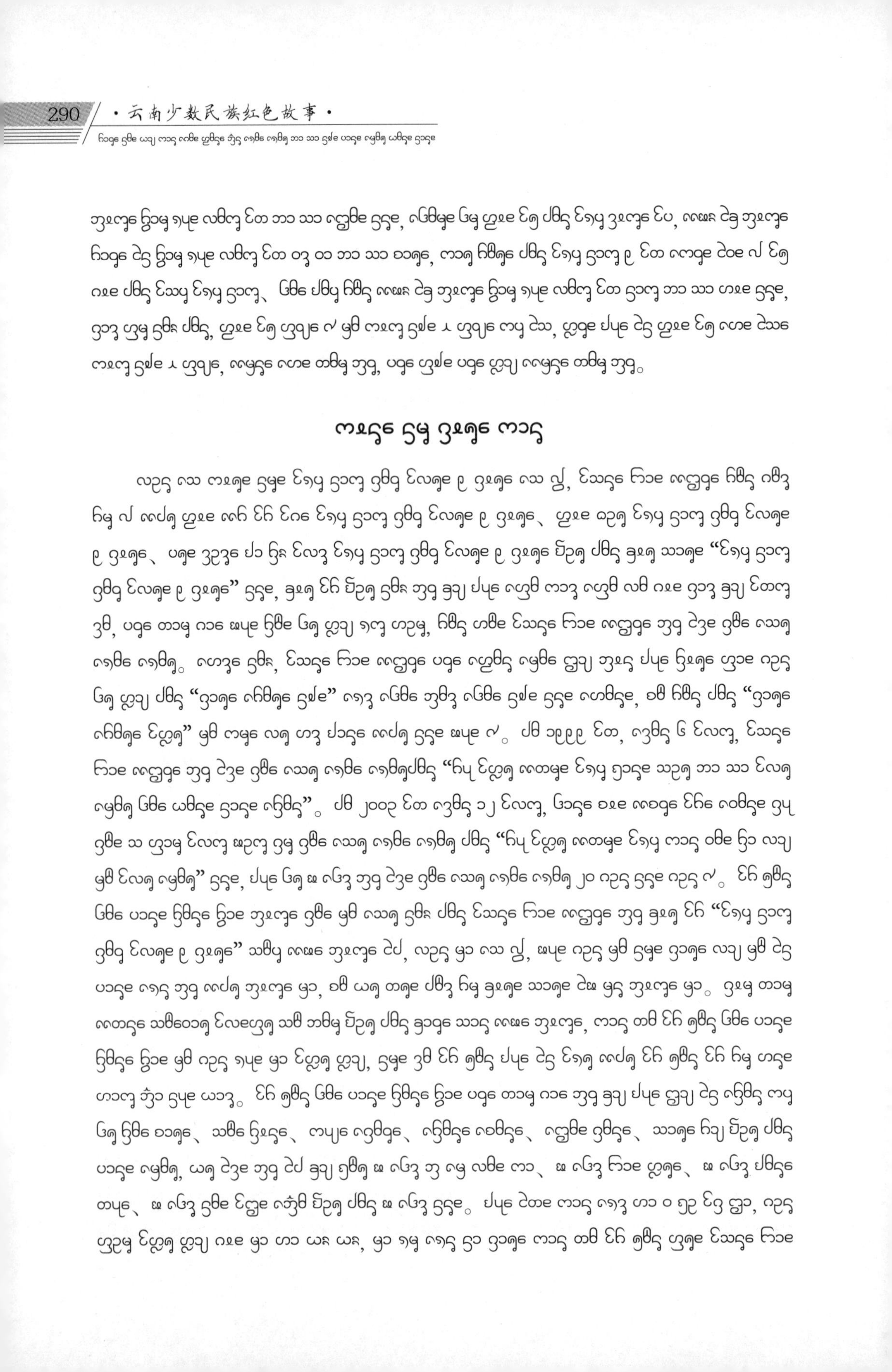

[illegible]

[illegible]

[illegible]

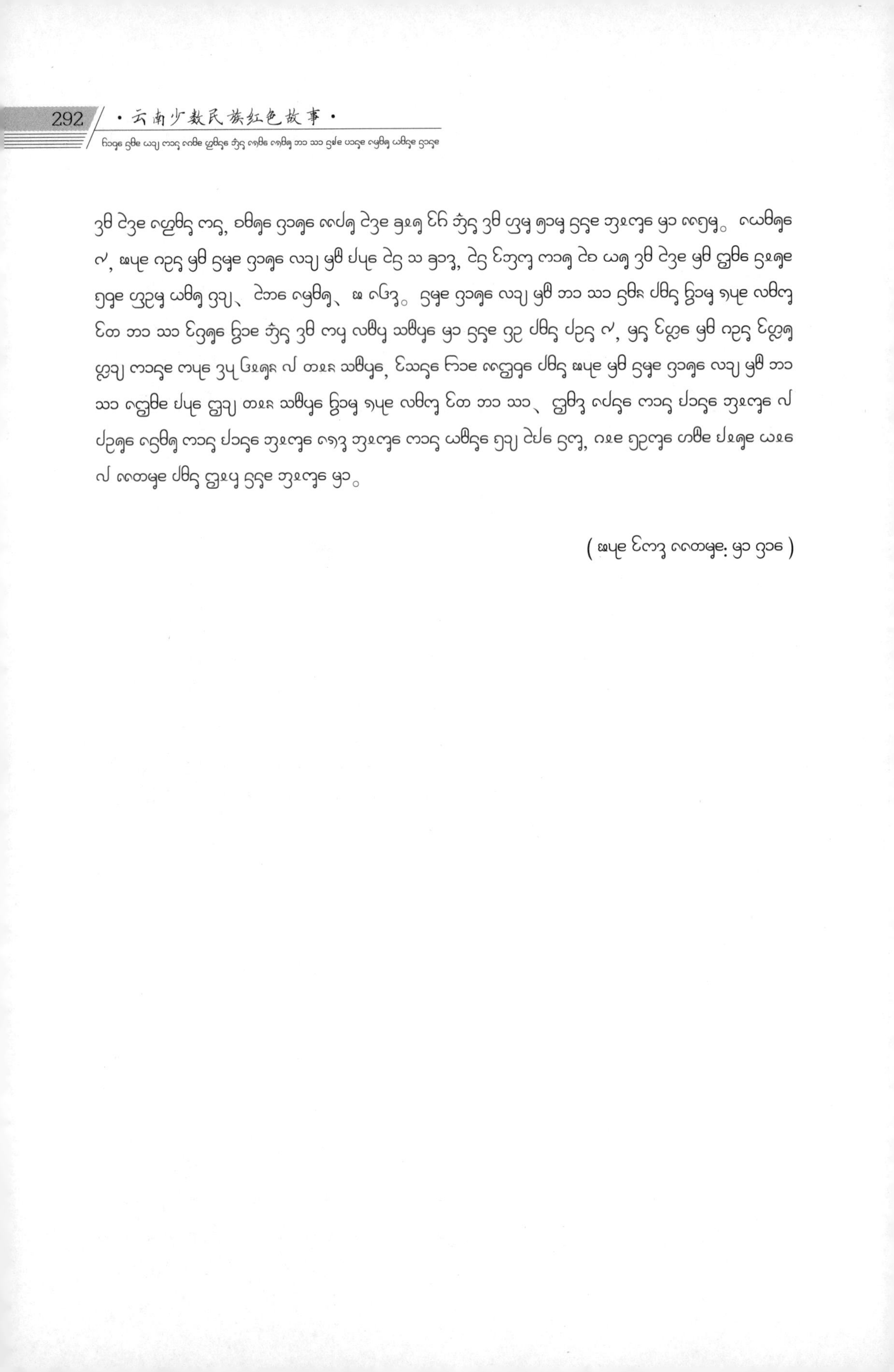

搬家还是搬石头？

云南省文山壮族苗族自治州西畴县位于云南省东南部，是一个有着光荣革命传统的地方，20世纪40年代防守占领越南的日军、50年代援越抗法、60年代援越抗美，一直是祖国屯兵积粮、护卫边疆的要地。70—90年代，为保卫南疆国土，西畴人民义无反顾，全力以赴支前参战，为维护国家尊严和领土完整做出巨大贡献和牺牲。直到1992年，全县工作重心才从“一切为了前线，一切为了胜利”转移到改革开放和经济建设上来，比内地整整晚了13年。当西畴人民开始大力发展经济、建设家乡时，作为国家级贫困县，“老、少、边、穷、山”是其无法回避的区域特征，全县1506平方公里土地面积，有99.9%是山区，75.4%是岩溶区，群山裸露、怪石林立，是全国石漠化最严重的地区之一，人均耕地不足0.78亩，缺粮少水。为了改变贫穷落后的面貌，在中国共产党的领导下，西畴县各族群众同心同力同奋斗、共勉共进共担当，向荒山要地，向顽石要粮，在向自然进军、向贫穷宣战过程中，逐渐形成红色“西畴精神”。关于“西畴精神”的故事，要从西畴县木者村一个叫摸石谷的地方说起。

“口袋村”的故事

20世纪90年代以前，西畴县有一个叫木者的地方，人们称之为“口袋村”。木者位于西畴县蚌谷乡，当地居住着汉、壮、苗、彝、回、蒙古等6个民族，少数民族人口约占总人口的16.5%，长期以来各民族和谐相处、守望相助。当年的木者村，全村几十户人家都住在乱石堆里，人均仅有0.88亩石旮旯地，主要分布在摸石谷一带。摸石谷石漠化十分严重，曾经有一位外国专家到西畴木者一带考察，摸着山梁上的顽石说：“西畴县相当部分地区已失去人类生存的基本条件。”

改造前的摸石谷乱石成堆，土地零碎，连一亩大的平整土地也没有，石旮旯里小块小块的地不是天干跑水，就是下雨跑土、跑肥，土层又瘦又薄，只能种点苞谷，栽种和薅锄多数是用手、镰刀在石旮旯里硬刨，一年下来每亩地总共也就能收百把公斤苞谷。当地曾流行这样一个顺口溜：“山大石头多，出门就爬坡；春种一磨眼，秋收一小箩；姑娘十七八岁往外跑，伙子30多岁无老婆。”这正是木者村民众生活的真实写照。当地一些人家不到过年就断粮，拿着口袋到处找粮借粮，“口袋村”之名由此而得。

木者村的贫困不仅反映在缺粮问题上，这里家家缺地少水，户户没电没灯，床铺上没有像样的铺盖，全村男女老少到过年都没有一件好的衣裳。由于生活条件过于艰苦，大家都觉得这种日子没有盼头，村子里的姑娘都想嫁到外面，年轻小伙子即使是家里的独苗也不愿意留在村里，宁愿到外面当上门女婿。祖祖辈辈生活在木者村的百姓，为了摆脱贫困也曾进行过艰苦努力，然而由于自然条件恶劣，人们始终摆脱不了贫困生活，有的人家实在支撑不下去了，就举家迁往外地。1972年，木者村有6家人听说邻境砚山县岔路口村土地多，就私底下一起商量，卖了家中值钱的东西搬了出去。1982年土地承包到户，岔路口村不愿再接收他们，搬出去的6家人中有4家不得不回到木者村。这件事让木者村的党员干部们觉得非常丢脸，成了他们一辈子都忘记不了的事情。也就是从那个时候开始，木者村的党员干部们有了一个念头：下定决心要跟大石头斗，叫石头搬家让路，好让村民种地产粮，有饭吃，有衣穿！

石破天惊摸石谷

1989年，中共西畴县委、县政府和蚌谷乡党委、政府提出在木者村摸石谷片区开展炸石造地试点工作。村干部在木者村召开3次各族群众大会，告诉大家要炸掉并搬出石头后，在上面填土种粮，然而大家都没有信心，七嘴八舌地议论说：“这种炸石造地，就是在石缝中抠土，向大石头要粮食，能整得吃吗？”“祖祖辈辈都斗不过大石头，我们这些人能斗得过吗？”……大家都觉得这件事情费时费力，成败难说，得不偿失，不敢干，也不愿干，乡上发下来的炸药、雷管也没人去领。贫瘠的土地和艰难的生活铸就了西畴人坚韧的品格，但极度贫困的现实和沉重的历史也令他们积淀出一种保守心理：安于现状，等待依赖。当向贫困宣战的号角吹响后，西畴各族群众并没有像想象中那样紧紧跟上，他们对于能否摆脱贫困仍心存疑虑，因而等待观望。此时西畴县的党员干部们意识到，群众的精神桎梏并不是开几次会就能解除的，必须做深入细致的思想工作。“说破嗓子，不如干出样子”，党员干部带头行动就是最好的号召。最后，木者村党员干部们商量后表态说：“搬家不如搬石头，再也不能这样苦等苦熬下去了！得向大石头要地，向石旮旯要粮。祖祖辈辈没做过的事情，我们要带头去做，为子孙后代做出个样子来！”

1990年12月3日，木者村老辈的村民都记得特别清楚，那天天气特别晴朗，四处的远山都望得明明白白，王廷位、刘登荣等几位基层党员干部背着县、乡补助的雷管、炸药来到摸石谷的山梁上，拿炮杆一杆杆打好炮眼，填满炸药，点响了西畴县炸石造地的第一炮。多年后回想起往事，原西畴县政协副主席王廷位老人还十分感慨，他说：“当时群众的组织发动工作真的很难做。我点响炸石造地第一炮，其实是县里让我这个党员干部（时任蚌谷乡副乡长，负责木者村工作）用行动做群众的工作。当时白天我带领全家炸石垒埂，用行动感染群众，晚上开群众大会，用语言说服启发群众，消除他们的种种疑虑。”王廷位点响摸石谷第一炮，可谓石破天惊，木者村民众改造自然、摆脱贫困的斗志被激发出来，村里的汉族与壮、苗等各族群众团结奋斗，男男女女、老老少少300多人在摸石谷中没日没夜地苦干，到最后没雷管、没炸药了，他们就架起柴火将石头烧酥，用凉水浇裂，再用錾子、铁锤、铁钎一下下砸开，把炸出的石头一条条砌成石埂，再一担担挑土来填。经过不懈努力，终于造出木者村也是西畴县第一块人造保水、保肥、保土的“三保”台地。全村人看着造出的台地地埂平直规整，田中的土层又厚又肥，再也不会天干跑水、下雨跑土跑肥，眼睛都亮了，这可是属于木者村人自己的、有史以来最大最好种的一块地！此后大家信心更足、干劲更大，从寒冬到暖春，105天的时间，木者村造出“三保”台地600多亩。春种时用良种良法，秋收时杂交苞谷的亩产达到四五百公斤，烤烟亩收入1000多元。从此木者村民众可以吃上饱饭，再也不用靠借粮过日子了，而且也有钱用了，一举摘掉了“口袋村”帽子。

之后数年里，木者村民众继续坚持炸石造地、修人畜饮水池、修灌溉池和改造茅草房，原来破破烂烂的茅草房全变成了瓦房或砖混房。于是，原来想搬家的人家不搬了，一些已搬出去的人家又搬回来了。各族群众都夸赞中国共产党的政策好，搬家还不如搬石头！这就是“西畴精神”的雏形。

西畴精神放光芒

木者村摸石谷炸响的第一炮震醒了蚌谷乡村村寨寨。程家坡村党支部书记带着村里的青壮年到木者村参观，回去后摩拳擦掌，马上召开群众会进行动员，他大声说：“我们要活命，就得学习木者，走炸石造地的路子，向石山要粮食，不能再这样苦熬下去了。”全村人很快就发动起来，向满山乱石宣战。新寨村小组有26户人家，人多地少，生活艰难，村子里有11个小伙子到外村上门，其中3个还是独子。穷够了的新寨村人也学起木者村炸石造地，当年他们就造出“三保”台地20多亩，后来在乡农技人员的指导下种上杂交苞谷，亩产500—600公斤，一下子解决了全村人的吃饭问题。

炸石造地的热潮很快从蚌谷乡席卷全县，不仅让木者村、蚌谷乡乃至西畴全县人解决了吃饭问题，过上丰衣足食的生活，还流传下来一个个战天斗地的感人故事。1995年12月，云南省扶贫工作会议在文山州召开，全体与会者到西畴县蚌谷乡木者村摸石谷参观后，都被深深震撼了，从此“搬家不如搬石头，苦熬不如苦干；等不是办法，干才有希望”的“西畴精神”开始在文山、云南乃至全国各地传扬开来。

党的十八大以来，西畴人民立足本地生态环境特点，大力发展猕猴桃、柑橘、中药材种植等高原特色农业，把昔日的生态劣势逐步转化为产业优势，闯出一条在石窝窝里创造奇迹的致富之路，践行“绿水青山就是金山银山”的发展理念，探索出了一条石漠化地区生态建设与脱贫攻坚紧密结合的治理新路，把一片片怪石林立的荒原变成了宜居、宜业、宜游的人类绿洲。在“西畴精神”发源地木者村，越来越自信的各族群众还吃上了“文化饭”，村两委带领群众在民族文化上注入创新力，借鉴民族特色文化，深度挖掘民族“特产”，大力发展民族文化产品，打造本地民族文化品牌。如今，木者村弘扬“西畴精神”，将壮、苗民族文化制作的特色产品销往全国，这些特色产品成为众多游客争相购买的抢手货。

西畴人民改变命运的故事带给人们最大的启示，不仅在于其脱贫摘帽的成果，更在于他们依靠自身获得持续发展动力的做法。在全面建设社会主义现代化国家、全面推进中华民族伟大复兴的新征程中，以实干、奋斗、敢于担当和勇于创新为核心内容的西畴精神，必将为推进云南高质量跨越式发展汇聚磅礴力量。

参考资料

[1]云南省社会科学界联合会、中共西畴县委、西畴县人民政府编：《社科专家解读西畴精神》，云南人民出版社2012年版。

[2]中共云南省委宣传部、云南省社会科学界联合会、中共文山州委员会、文山州人民政府组编：《社会科学专家话文山》，云南大学出版社2019年版。

[3]云南省社会科学界联合会编：《文山史话》，云南人民出版社2017年版。

[4]耿嘉主编：《云南精神百姓谈》，云南大学出版社2014年版。

[5]云南省西畴县志编纂委员会编纂：《西畴县志》，云南人民出版社1996年版。

[6]徐昌碧主编：《文化文山·西畴》，云南人民出版社2013年版。

（执笔：梁初阳）

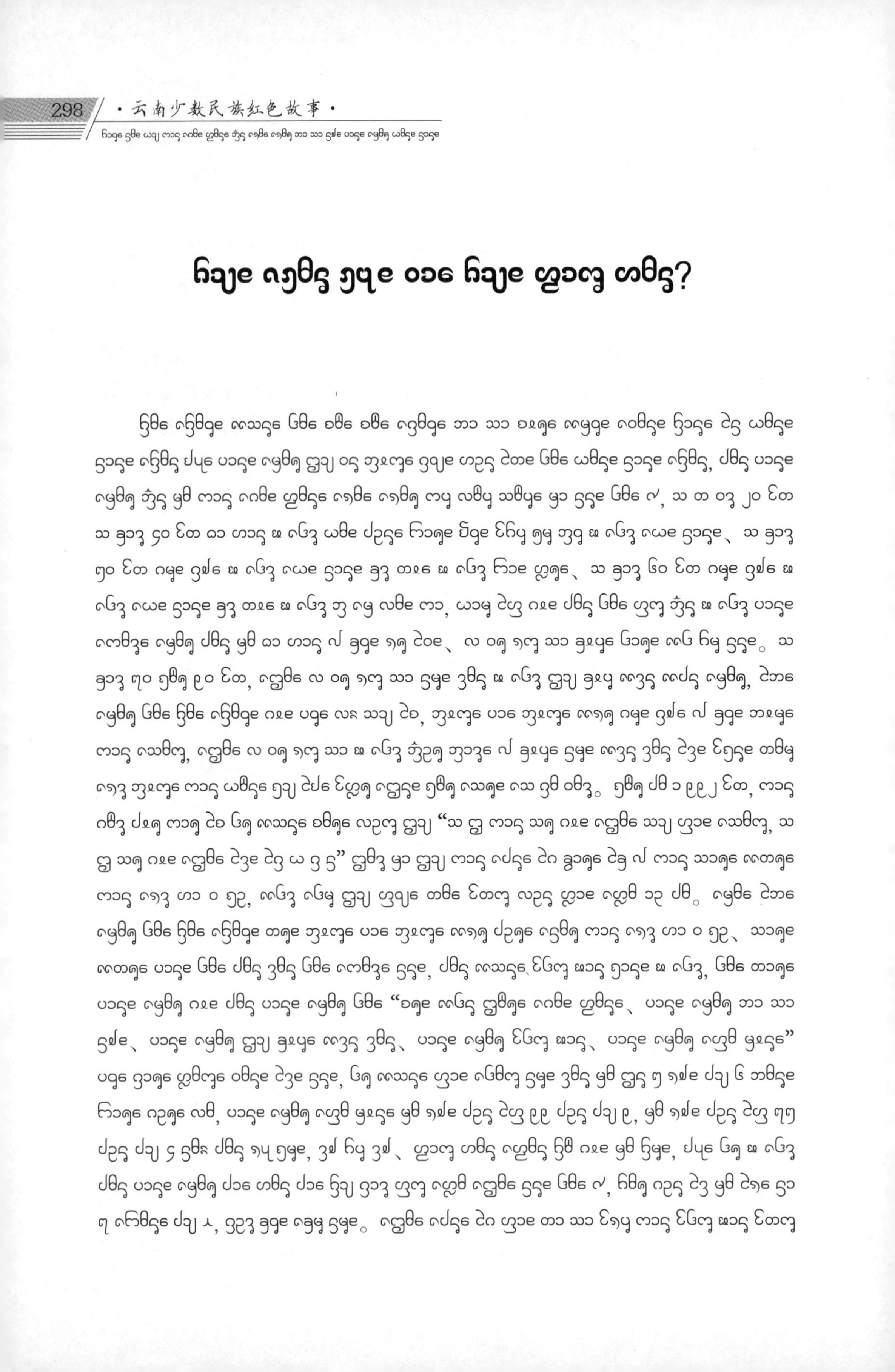

[illegible]?

[illegible]

ᦟᦳᧂ, ᦋᦳᧃ ᦺᦎᦱᧂ ᦺᦌᦲᧂ ᦺᦂᧂ ᦺᦅᦲᧂ ᦓᦱᦲ ᦆᦱᦲ ᦅᦸᧂ ᦗᦸᧂ, ᦑᦳᦖ ᦠᦱᦍ ᦑᦳᧃ ᦗᦱ ᦉᦱ ᦺᦑᧃ ᦓᦲᧃ ᦵᦓᦲᧂ ᦶᦉᦱᧂ ᦗᦸᦖᧃ ᦋᦲᧂ ᦈᦲᦑ ᦵᦗᦲ ᦵᦑᦲ ᦅᧂ ᦗᦸᦅᧃ ᦶᦣᦲ ᦆᦲᦗ ᦔᧂ、ᦗᦸᦖᧃ ᦅᧂ ᦗᦸᦅᧃ ᦶᦣᦲ ᦗᦸᦖᧃ ᦅᧂ ᦆᦲᦗ ᦃᦲᧂ ᦺᦋ ᦠᦱᦍ ᦠᦱᧂ ᦗᦸᦖᧃ ᦅᧂ ᦠᦱᦗ ᦡᦱᦖ, ᦋᦲᦑᧃ ᦏᦱᦲ ᦺᦣᧃ ᦺᦉᧂ ᦺᦉᧃ ᦺᦑᧃ ᦑᦱ ᦟᦱᧂ ᦅᦸᦲᧃ ᦺᦗᦲ、ᦋᦳᦅ ᦃᦲᧂ ᦺᦉᧂ ᦋᦱᧃ ᦠᦱᦅ ᦠᦲᧂ, ᦋᦳᧃ ᦵᦖᦲᧃ ᦵᦋᧂ ᦺᦂ ᦓᦲᧂ ᦑᦲᧂ ᦉᦳᦖ ᦗᦱᦗ、ᦆᦲᦗ ᦶᦡᧂ ᦅᦱᧂ ᦺᦆᦅ ᦌᦱᧂ ᦍᦱᧂ ᦅᦲᧂ ᦓᦲᧂ, ᦅᦱᧃ ᦅᦱᧃ ᦎᦲᧂ ᦋᦲᧂ “ᦃᧂ ᦡᦱ ᦵᦅᦲᧂ ᦠᦲᧂ ᦺᦑᧃ ᦓᦲᧃ ᦵᦓᦲᧂ”。ᦎᦲᦑ ᦑᦻᧂ ᦓᦲᧂ ᦍᦻ “ᦃᧂ ᦡᦱ ᦺᦑᧃ ᦓᦲᧃ ᦵᦓᦲᧂ”, ᦈᦅ ᦟᦳᦅ ᦺᦑᧃ ᦔᦱᧂ ᦖᦴᧂ ᦵᦑᦲ ᦺᦑᧃ ᦓᦲᧃ ᦵᦓᦲᧂ ᦶᦉᦱᧂ ᦺᦑᧃ ᦵᦈᦲᧂ ᦍᦸᧂ ᦞᦱᧃ ᦠᦻᧂ ᦺᦖᧃ ᦓᦲᧂ ᦅᦴᧂ ᦓᦲᧂ ᦎᦲᧂ ᦞᦱᧃ ᦺᦋ。

ᦓᦲᧂ ᦍᦻ “ᦔᦱᧂ ᦏᦳᦅ ᦎᦻᧃ”

᧑ ᧙ ᧙ ᧒ ᦺᦎ ᧑ ᧒ ᧑ ᧐ ᦺᦎ ᦠᦻ ᦗᦸᧂ, ᦓᦲᧃ ᦵᦓᦲᧂ ᦶᦉᦱᧂ ᦖᦲ ᦺᦑᧃ ᦵᦈᦲᧂ ᦍᦸᧂ ᦞᦱᧃ ᦖᦴᧂ ᦵᦑᦲ, ᦵᦈᦲᧂ ᦺᦑᦅ ᦠᦱᦍ ᦍᦸᧂ ᦞᦱᧃ “ᦔᦱᧂ ᦏᦳᦅ ᦎᦻᧃ”。ᦖᦴᧃ ᦵᦑᦲ ᦋᦴᧃ ᦺᦑᧃ ᦋᦳᦅ ᦅᦴᧂ ᦶᦓᦲᧂ ᦺᦓ ᦓᦲᧃ ᦵᦓᦲᧂ ᦶᦉᦱᧂ, ᦔᦱᧂ ᦵᦖᦲᦅ ᦠᧂ ᦖᦲ ᦗᦱ ᦉᦱ ᦠᦸᧂ、ᦗᦱ ᦉᦱ ᦈᦸᦅ、ᦗᦱ ᦉᦱ ᦶᦖᧂ、ᦗᦱ ᦉᦱ ᦍᦲᧂ、ᦗᦱ ᦉᦱ ᦌᦱ ᦉᦲ、ᦗᦱ ᦉᦱ ᦖᦳᦅ ᦅᦴ ᦥᦳᦅ ᦓᦲᧂ ᦆ ᦗᦱ ᦉᦱ ᦋᦴᧃ ᦅᦲᧂ, ᦵᦉᧂ ᦅᦳᧂ ᦗᦱ ᦉᦱ ᦓᦲᧂ ᦈᦱᧃ ᦅᦱᧂ ᦺᦖᧂ ᦵᦉᧂ ᦅᦳᧂ ᦓᦲᧂ ᦋᦳᧂ ᦺᦠ ᧒᧖ ᦋᦳᧂ ᦋᦻ ᧙, ᦠᦲᦅ ᦍᦱᧂ ᦖᦱ ᦑᦴᧃ ᦗᦱ ᦉᦱ ᦋᦴᧃ ᦅᦲᧂ ᦶᦗᦴ ᦅᧂ ᦎᦱᦖ ᦵᦆᦅ ᦠᦲᦖ、ᦵᦎᦲᦖᧃ ᦑᦲᧂ ᦅᧂ ᦂᦱᦅ ᦥᦲᧂ ᦌᦸᧃ ᦆᦸᦅ。ᦺᦓ ᦋᦲ ᦓᦲᧂ ᦔᦱᧂ ᦖᦴᧂ ᦵᦑᦲ, ᦆᦅ ᦔᦱᧂ ᦖᦲ ᦞᦱᧃ ᦵᦣᦲᧂ ᦋᦻ ᦗᦳ ᦠᦱᦅ ᦠᦲᧂ ᦅᦸᦅ ᦋᦲᧂ ᦵᦣᦲᧂ ᦋᦴᧃ, ᦆᦲᦅ ᦅᦳᧂ ᦺᦠ ᦖᦲ ᦓᦲᧂ ᦑᦲᧂ ᦋᦱᧃ ᦠᦱᦅ ᦠᦲᧂ ᦗᦸᦅ ᦠᦸᦅ ᦶᦗᦅ ᦶᦟᦅ ᧑ ᦵᦂᦲᧂ ᦋᦻ ᧑, ᦺᦑᧃ ᦠᦅ ᦓᦲᧂ ᦶᦔᦅ ᦓᦱᧂ ᦋᦴᧃ ᦺᦟᦅ ᦠᦻᧂ ᦺᦖᧂ ᦓᦲᧂ ᦅᦴᧂ ᦠᧂ。ᦠᦻᧂ ᦺᦖᧂ ᦓᦲᧂ ᦅᦴᧂ ᦋᦲᧂ ᦋᦱᧃ ᦠᦱᦅ ᦠᦲᧂ ᦠᦱᦅ ᦌᦱ ᦑᦱᦑ ᦠᦅ ᦶᦣᦲ ᦓᦅ, ᦵᦖᦲᧃ ᦓᦲᧂ ᦖᦲ ᦉ ᦟᦱᧃ ᦑᦸᧂ ᦑᦱᧃ ᦎᦱᦅ ᦌ ᦵᦈᦑ ᦅᦳᧂ ᦵᦑᦲ ᦺᦋ ᦓᦱᧂ ᦶᦑᦑ ᦆᦖ ᦆᦸᦅ ᦖᦴᧂ ᦵᦑᦲ ᦺᦑᧃ ᦓᦲᧃ ᦵᦓᦲᧂ ᦓᦲᧂ, ᦖᦲ ᦟᦳᦗ ᦠᦱᦅ ᦠᦲᧂ ᦶᦃᦅ ᦶᦅᦲᧂ ᦺᦑᧃ ᦑᦱ ᦅᦸᦅ ᦟ ᦞᦱᧃ: “ᦓᦲᧃ ᦵᦓᦲᧂ ᦶᦉᦱᧂ ᦖᦲ ᦔᦱᧂ ᦵᦖᦲᦅ ᦟᦱᦅ ᦺᦑᧃ ᦔᦲᧃ ᦖᦲ ᦵᦆᦲᦅ ᦈᦲᧂ ᦟ ᦃ ᦓ ᦅᦳᧂ ᦋᦴᧃ ᦅᦲᧂ ᦓᦲᧂ。”

ᦗᦸᧂ ᦵᦖᦲᧃ ᦔᦲᧃ ᦵᦋᧂ ᦺᦂ ᦵᦆᦲᧃ ᦠᦻᧂ ᦺᦖᧂ ᦓᦲᧂ ᦅᦴᧂ ᦺᦑᧃ ᦺᦠ ᦅᦸᧂ ᦋᦲᧂ ᦅᦱᧃ ᦠᦱᦅ ᦠᦲᧂ ᦠᦱᦅ ᦌᦱ ᦅᦸᦅ ᦵᦔᦲ ᦺᦞᧂ, ᦓᦲᧂ ᦑᦲᧂ ᦺᦑᧃ ᦠᦲᧂ ᦗᦲᦑ ᧑, ᦺᦑᧃ ᦠᧂ ᦗᦲᦑ ᧑, ᦺᦑᧃ ᦵᦈᦅ ᦖᦴ ᧑ ᦅᦸᧂ ᦔᦲᧃ ᦖᦲ ᦅᦖ ᦟᦲ, ᦋᦱᧃ ᦠᦱᦅ ᦠᦲᧂ ᦗᦸᦅ ᦠᦸᦅ ᦶᦗᦅ ᦶᦟᦅ ᦂᦱᧂ ᦶᦟᦅ ᦶᦠᦅ ᦃᦱᧂ ᦓᦲᧂ ᦓᦲᧂ ᦺᦠ ᦗᦸᦅᧃ, ᦥᦳᧂ ᦺᦎᦅ ᦖᦱ ᦑᦲᧂ ᦺᦠ ᦠᦻᧃ、ᦥᦳᧂ ᦺᦠ ᦗᦸᦅᧃ, ᦓᦲᧂ ᦑᦲᧂ ᦔᦲᧃ ᦵᦈᦲᧂ ᦖᧂ ᦆᦲᧂ ᦎᦲᧂ, ᦺᦑᧂ ᦅᦱᧃ ᦋᦳᦅᧃ ᦃᦲᧂ ᦺᦑᦅ, ᦵᦖᦲᧃ ᦋᦳᦅᧃ ᦓᦲᧂ ᦔᦲᧃ ᦑᦱᦅᧃ ᦗᦳ ᦃ ᦺᦔᦅ ᦺᦑᧂ ᦅᦱᧃ ᦗᦳ ᦖᦲ ᦺᦆᦑ、ᦵᦆᦲ ᦅᦸᧂ ᦵᦅᦲᧃ ᦔᦲᧃ ᦺᦑᧂ, ᦋᦲ ᧑ ᦖᦱ ᦖᦴ ᦺᦑ ᦵᦓᦲᧃ ᦺᦑᧂ ᦃᦲᧂ ᦺᦑᦅ ᦋᦳᧂ ᦅᦲᧂ ᦅᦳᦅᧃ ᦑᦲᧃ ᦑᦱᦲᧂ ᦓᦲᧂ。ᦺᦑᧃ ᦔᦱᧂ ᦵᦖᦲᦅ ᦠᧂ ᦖᦲ ᦅᦖ ᦋᦸᦅᧃ ᦺᦈ ᦞᦱᧃ: “ᦑᦱ ᦅᦸᦅ ᦺᦠᦅ ᦠᦱᦅ ᦠᦲᧂ ᦠᦱᦍ, ᦗᦸᦅᧃ ᦵᦣᦲᧂ ᦅᦸᧂ ᦃᦲᧂ ᦑᦱ; ᦍᦱᦖ ᦞᦸᧂ ᦋᦳᦅᧃ ᦶᦗᦱᦗ ᦎᦱ, ᦍᦱᦖ ᦋᦲᧂ ᦵᦓᦲᧂ ᦔᦳᦅ ᦓᦱᧂ; ᦍᦲᦅ ᦉᦱᧂ

ᦉᦲᧇ ᦵᦈᧆ ᦔᦲᧈ ᦉᦲᧇ ᦶᦞᧆᦓ ᦡᦲ ᦶᦟᦟᦱᧂᦓ ᦢᦸᧅᦓ ᦺᦡ, ᦢᦱᦺᦂ ᦗᦱᦓ ᦔᦱ ᦡᦲ ᦡᦱ ᦗᦓ ᦙᦲ ᦵᦙ。” ᦺᦎᦓ ᦓᦲᦰ ᦡᦲᦓ ᦅᦱᦓ ᦈᦸᧂ ᦋᦳᧃ ᦌᦱᦓ ᦅᦲᦓ ᦓᦱᦙ ᦷᦟᦱ ᦺᦡᦓ ᦗᦱᦓᧂ ᦙᦳᧂ ᦵᦓᦲ ᦓᦓᧂ ᦟᦲ。 ᦣᦸᧂ ᦵᦌᦲᦓ ᦟᦱᦓ ᦢᦸᧂᦓ ᦡᦲᦓ ᦗᦱᦓᧂ ᦵᦙᦲᦓ ᦣᦓᧂ ᦗᦓ ᦌᦸᧆ ᦔᦲᧈ ᦅᦲᦓ ᦡᦲ ᦺᦡᦓ ᦶᦡᦲᦓ ᦂᦸᧂ ᦢᦲᧇ ᦈᦓᧂ ᦶᦣᦲᦓᧂ, ᦢᦱᦓ ᦔᦱᧆ ᦎᦱᦓ ᦺᦡ ᦗᦱᦓᧂ ᦓᦲᦰ ᦗᦱᦓᧂ ᦣᦱᧂ ᦺᦡ ᦡᦲᧇ ᦈᦓᦓ ᦟᦲ ᦈᦸ ᦈᦓᧂ, ᦵᦣᦲᦓ ᦵᦓᦲᧂ ᦓᦲᦰ ᦈᦲᦓ ᦺᦡᧆ ᦓᦲᦓ ᦞᦱᦓ “ᦗᦱᦓᧂ ᦔᦱᧆ ᦎᦱᦓ” ᦓᦓᧂ ᦟᦲ。

ᦗᦱᦓᧂ ᦙᦳᧂ ᦵᦓᦲ ᦡᦲᦓᧅ ᦌᦱᦓᦓ ᦓᦲᦰ ᦗᦓ ᦺᦡᦓ ᦂᦱᦓ ᦈᦸᧂ ᦅᦱᦓ ᦵᦈᦙ ᦈᦓᧂ ᦓᦓᧂ, ᦡᦲᦓ ᦣᦲᧂ ᦵᦙᦲᦓ ᦺᦡᦣ ᦵᦙᦲᦓ ᦓᦓᧂ ᦂᦸᧂ ᦵᦈᦙ ᦓᦙᧂ ᦺᦡᦓ ᦡᦲᦓ ᦓᦱ ᦟᦲ ᦓᦙᧂ, ᦣᦸ ᦺᦡᦣ ᦵᦙᦲᦓ ᦓᦓᧂ ᦂᦸᧂ ᦗᦓ ᦺᦡᧆ ᦺᦡᦎ ᦺᦡᦂ ᦶᦡᦲᦓᦓ, ᦌᦱᦓ ᦓᦸᦓ ᦂᦸᧂ ᦗᦓ ᦙᦲ ᦺᦎᦓ ᦡᦲ ᦓᦓᧂ ᦂᦙ ᦟᦲ, ᦔᦓᧂ ᦣᦲᦓᧂ ᦍᦲᧈ ᦡᦱ ᦡᦲ ᦗᦱᦓᧂ ᦵᦌᦲ ᦍᦱᦙ ᦅᦲᦓ ᦡᦲ ᦺᦡᦣᦓ ᦙᦱ ᦂᦸᧂ ᦗᦓ ᦙᦲ ᦵᦉᦲᧂ ᦵᦎᦓ ᦺᦡᦣᦓ ᦓᦲᦓ。 ᦍᦸᦓᧂ ᦞᦱᦓ ᦟ ᦈ ᦓ ᦅᦱᦓ ᦈᦸᧂ ᦋᦳᧃ ᦌᦱᦓ ᦅᦱᦓ ᦡᦲᦓᧅ ᦈ ᦟᦙ ᦗᦱᧅ ᦌᦱᦺᧂ, ᦡᦲ ᦣᦱᦺ ᦂᦲᦓ ᦞᦱᦓ ᦈᦸᧂ ᦋᦳᧃ ᦌᦱᦓ ᦅᦲᦓ ᦵᦣᦲᦓ ᦵᦓᦲᧂ ᦓᦲᦰ ᦗᦓ ᦙᦲ ᦡᦲᦓ ᦣᦲᦓ ᦣᦱ ᦉᦲ, ᦍᦲᦓ ᦉᦱᦓ ᦺᦡᦓ ᦗᦱᦓᧂ ᦂᦸᧂ ᦺᦡᦂ ᦺᦡ ᦢᦱᦓ ᦡᦲᦌ ᦎᦱᦓ ᦡᦲᦓ, ᦗᦱᦓ ᦡᦱᦺ ᦂᦓᦓ ᦣᦲᦓᧂ ᦣᦲᦓ ᦞᦱᦓ ᦡᦲᦓ ᦟᦳᦅ ᦡᦱᦺ ᦵᦡᦓ ᦂᦸᧂ ᦗᦓ ᦉ ᦣᦲᦅ ᦡᦳᦓ ᦺᦡᦓ ᦗᦱᦓᧂ ᦺᦡᦞ, ᦉ ᦣᦲᦅ ᦺᦡ ᦡᦲᦓ ᦵᦈᦙ ᦎᦱᦓ ᦡᦲᦓ。 ᦺᦡᦢ ᦵᦙᦲᦓ ᦡᦲᦓ ᦡᦲᦎᦅ ᦡᦲᦓ ᦡᦱᦓ ᦡᦲᦎᦅ ᦡᦱᦓ ᦡᦳᦓ ᦅᦲᦓ ᦡᦲᦓ ᦗᦱᦓᧂ ᦙᦳᧂ ᦵᦓᦲ, ᦵᦣᦲᦓ ᦺᦡᦂᦓ ᦣᦲᦓᧂ ᦈᦱᦅ ᦅᦱᦓ ᦡᦲᦓᧅ ᦌᦱᦓ ᦡᦲᦎᦅ ᦟᦲᦓ ᦡᦱᦗ ᦍᦱᦅ ᦢᦸᧅᦓ ᦶᦓᦲ ᦵᦓᦲ, ᦡᦲᦓ ᦞᦱᦓ ᦍᦸᦓᧂ ᦵᦣᦲᦓ ᦟ ᦈ ᦓ ᦉᦲᧄ ᦢᦱᦗ ᦌᦱᦺᧂ ᦈᦱᦓ ᦡᦲᦟᦲᦓ, ᦂᦲᦓ ᦡᦲ ᦣᦱᦺ ᦵᦓᦲ ᦓᦲ ᦂᦸᧂ ᦗᦓ ᦡᦱᦲᦓ ᦢᦱᦅ ᦈᦸᧂ ᦋᦳᧃ ᦌᦱᦓ ᦅᦲᦓ ᦡᦲᦓᧅ ᦌᦱᦓ ᦓᦓᧂ, ᦙᦲ ᦢᦸᧅᦓ ᦋᦳᧃ ᦗᦓ ᦺᦡᧆ ᦶᦣᦲᦓᧂ, ᦂᦸᧂ ᦺᦡᦂᦓ ᦺᦡ ᦋᦳᧃ ᦎᦱᦓ ᦡᦲᦓ。 ᦡᦲ ᧑᧙᧕᧒ ᦡᦲᦎ, ᦗᦱᦓᧂ ᦙᦳᧂ ᦵᦓᦲ ᦙᦲ ᧖ ᦵᦙᦲᦓ ᦺᦡᧆ ᦔᦳᧂ ᦞᦱᦓ ᦗᦱᦓᧂ ᦉᦱᦓ ᦣᦳᧂ ᦶᦣᦲᦓ ᦡᦲᦓ ᦶᦡᦓᦓ ᦔᦱᦓᦓ ᦶᦉᦱᦓᦓ ᦺᦎᦓ ᦋᦳᧃ ᦺᦡᦂ ᦅᦲᦓ ᦙᦲ ᦓᦙᧂ ᦡᦲᦓ ᦣᦓᦱ ᦈᦓ ᦡᦲᦎ ᦵᦈᦓ ᦢᦱᦓ ᦎᦸᦓ ᦅᦓ, ᦈᦱ ᦡᦲᦂ ᦵᦙᦲᦓ ᦺᦎᦓ ᦈᦲᧄ ᦂᦱᦓ ᦓᦓᧂ ᦡᦲᦓ ᦅᦓ ᦣᦱᦺ ᦢᦸᧅᦓ ᦺᦡ。 ᦡᦲ ᧑᧙᧕᧒ ᦡᦲᦎ ᦓᦙᧂ ᦡᦲᦓ ᦈᦱᦙᦓ ᦣᦲᦓ ᦔᦲᧈ ᦡᦲᦣ ᦵᦙᦲᦓ, ᦗᦱᦓᧂ ᦉᦱᦓ ᦣᦳᧂ ᦶᦣᦲᦓ ᦂᦸᧂ ᦗᦓ ᦉ ᦣᦲᦅ ᦔᦱᦓ ᦢᦱᦓ ᦈᦓ ᦡᦱᦓᦓ ᦶᦣᦲᦓᧂ, ᦣᦱᦺ ᦢᦸᧅᦓ ᦺᦡ ᦖ ᦵᦙᦲᦓ ᦙᦲ ᦓ ᦵᦙᦲᦓ ᦗᦓ ᦣᦸᦅ ᦙᦱ ᦗᦱᦓᧂ ᦙᦳᧂ ᦵᦓᦲ ᦓᦲᦰ ᦗᦓ ᦺᦡᧆ。 ᦅᦱᦓ ᦡᦸᦓ ᦓᦲᦰ ᦡᦲᦓ ᦅᦱᦓ ᦡᦱᦙ ᦶᦍᦱᦓᧂ ᦟᦲ ᦅᦱᦓᦓ ᦡᦳᦓ ᦡᦲ ᦣᦱᦺ ᦺᦡᦓ ᦗᦱᦓᧂ ᦙᦳᧂ ᦵᦓᦲ ᦶᦣᦲᦓ ᦣᦱᧂ ᦶᦣᦲᦓ ᦎᦱ ᦶᦡᦲ, ᦡᦲᦓ ᦅᦱᦓ ᦈᦓ ᦡᦱᦓᦓ ᦡᦲ ᦡᦲᦓ ᦂᦸᧂ ᦗᦓ ᦡᦱᦓᦓ ᦟᦲᦙ ᦉᦱ ᦓᦓᧂ。 ᦂᦸᧂ ᦎᦲᦓ ᦂᦱ ᦟᦱ ᦍᦱᦙ ᦓᦓᧂ ᦺᦡ, ᦡᦱᦙ ᦶᦍᦱᦓᧂ ᦟᦲ ᦅᦱᦓᦓ ᦡᦳᦓ ᦡᦲ ᦣᦱᦺ ᦙᦲ ᦓᦱᦙ ᦂᦲᦓ ᦵᦓᦲ ᧘: ᦶᦉᦓ ᦈᦱᦓ ᦓᦲ ᦵᦈᦓ ᦅᦱᦓ ᦎᦲᦅ ᦎᦸᦓ ᦣᦱᦅ ᦣᦲᦓ ᦣᦱᦅ ᦌᦱ, ᦣᦲᦓ ᦣᦱᦅ ᦣᦲᦓ ᦣᦴᦓ ᦵᦙᦲᦓ ᦢᦸᧅᦓ ᦺᦡ, ᦣᦲᦓ ᦣᦸᦓ ᦺᦡᦓ ᦶᦙᦓ ᦓᦱ ᦡᦳᦅᦓ ᦺᦡᦓ ᦓᦱ ᦈᦲᦓ ᦡᦱᦓᦓ ᦉᦱᦓ ᦢᦸᧅᦓ ᦈᦓᧂ, ᦙᦲ ᦈᦓᧂ ᦅᦲᦓ、ᦙᦲ ᦵᦉᦲᧂ ᦌᦱᦓ ᦓᦳᦓ!

ᦙᦱᧅ ᦠᦲᧃ ᦠᦻᧃ ᦺᦙᦲ ᦠᦲᧂ ᦃᦴ ᦶᦎᦸᧂ
ᦍᦱ ᦷᦠᦲ ᦵᦙᦲᧆ ᦃᦱ ᦃᦸ ᦎᦲᧃ ᦃᦸ

ᦔᦲ ᧑᧙᧔᧙ ᦺᦓ, ᦺᦑᦸᧂ ᦺᦂᦸᧂ ᦠᦲᧂ ᦵᦠᦲᧂ ᦶᦟᦱᧃ ᦞᦴᧄ ᦵᦌᦲᧃ ᦃᦴ ᦟᦲ ᦔᦴᧂ ᦂᦴ ᦶᦠᦲᧂ ᦙᦸᧂ ᦞᦴᧄ、ᦵᦌᦲᧃ ᦃᦴ ᦊᦲ ᦑᦸᧃ ᦙᦱ ᦑᦲ ᦡᦴᧂ ᦗᦱᧃ ᦙᦴ ᦵᦑᦲ ᦙᦲᧂ ᦺᦙ ᦠᦲᧂ ᦂᦴ ᦠᦱᧃ ᦶᦆᧂ ᦵᦠᦲᧆ ᦃᦸ ᦵᦑ ᦂᦱᧃ ᦉᦲᧃ ᦙᦱᧅ ᦠᦲᧃ ᦙᦱᧅ ᦆᦱ ᦶᦔᦲᧆ ᦺᦑᦸᧂ ᦏᦱ。ᦂᦱᧃ ᦡᦴᧂ ᦺᦑ ᦗᦱᧃ ᦡᦴᧂ ᦙᦲᧂ ᦗᦱᧃ ᦙᦴᧂ ᦵᦑᦲ ᦑᦸᦙ ᦑᦸᦙᧂ ᦺᦙᦲᧆ ᦑᦴᧄ ᦙᦲᧄ ᦑᦴ ᦑᦱ ᦉᦱ ᧒ ᦏᦸᧃ, ᦔᦸᧃ ᦂᦱᧃ ᦙᦲᧆ ᦙᦲᧄ ᦑᦲ ᦉᦲᧃ ᦙᦱᧅ ᦠᦲᧃ、ᦍᦹᧉ ᦙᦱᧅ ᦠᦲᧃ ᦑᦸᧃ ᦺᦔ ᦐᦴᧄ ᦑᦲᧃ ᦺᦉᧂ ᦔᦴᧃ ᦃᦸᧉ, ᦙᦸᧂ ᦞᦱᧂ ᦙᦲᧆ ᦙᦲᧄ ᦃᦸ ᦗᦸᧂ ᦵᦑᦲᧂ ᦺᦑ, ᦺᦠ ᦂᦱ ᦞᦱᧂ ᦵᦑᦲᧈ ᦏᦲᧃ ᦵᦑᦲᧈ ᦙᦱᧈ: "ᦉᦲᧃ ᦙᦱᧅ ᦠᦲᧃ ᦶᦔᦲᧆ ᦺᦑᦸᧂ ᦏᦱ, ᦡᦴᧂ ᦞᦸᧂ ᦙᦱᧅ ᦠᦲᧃ ᦙᦱᧅ ᦆᦱ ᦠᦱ ᦏᦴᧈ ᦑᦲᧃ, ᦑᦴᧄ ᦃᦸᧈ ᦙᦸᧈ ᦙᦱᧅ ᦠᦲᧃ ᦺᦙᦲᧆ, ᦵᦑᦲ ᦺᦑᦲᧈ ᦑᦲᧈ ᦑᦱᧂ?" "ᦺᦑᦸᧂ ᦺᦎᦸᧃ ᦺᦑᦸᧂ ᦔᦱᧃ ᦺᦎᦸᧃ ᦔᦱᧃ ᦃᦸ ᦃᦲ ᦎᦸᧂ ᦙᦱᧅ ᦠᦲᧃ ᦙᦱᧅ ᦆᦱ ᦗᦱᧂ ᦺᦑᦲᧈ, ᦑᦴ ᦙᦴᧂ ᦏᦲᧃ ᦠᦲᧃ ᦃᦲ ᦎᦸᧂ ᦺᦑᦲᧈ ᦶᦙᦲᧈ ᦑᦱᧂ?" …… ᦙᦲᧆ ᦙᦲᧄ ᦃᦲᧃ ᦞᦱᧂ ᦂᦱᧃ ᦑᦸᧂ ᦏᦲᧃ ᦵᦔᦲᧆ ᦵᦞ ᦟᦱ ᦵᦔᦲᧆ ᦗᦱᧂ ᦶᦑᦸᧆ ᦗᦱᧂ ᦑᦴᧄ ᦟᦲ, ᦵᦑᦲ ᦺᦑᦲᧈ ᦵᦑᦲ ᦗᦱᧂ ᦺᦑᦲᧈ ᦗᦱᧂ ᦞᦱᧂ, ᦎᦱ ᦺᦑᦲᧈ ᦗᦱᧂ ᦙᦸᧂ ᦎᦱ ᦵᦟᦱ, ᦗᦱᧂ ᦠᦲ ᦵᦑᦲ ᦃᦲᧃ ᦗᦱᧂ ᦉ ᦙᦱᧅ ᦵᦑᦲ, ᦺᦑ ᦶᦠᦲᧂ ᦑᦴᧄ ᦙᦱᧅ ᦶᦔᦎᦸᧃ ᦟᦲ ᦉᦴᧄ ᦑᦴ ᦟᦴᧃ ᦙᦱ ᦠᦲᧈ ᦺᦑᦲ ᦃᦸ ᦗᦱᧂ ᦺᦔ ᦑᦴᧄ。ᦏᦴᧈ ᦑᦲᧃ ᦉᦲᧃ ᦉᦱᧆ ᦟᦲ ᦂᦱᧃ ᦃᦸᧈ ᦡᦴᧂ ᦑᦱᧄ ᦂᦲᧃ ᦟᦴᧈ ᦗᦱᧂ ᦏᦲᧃ ᦠᦱᧂ ᦔᦲᧃ ᦑ ᦑᦲ ᦍᦱ ᦺᦑᦱ ᦠᦸᧃ ᦠᦲᧈ ᦃᦴᧃ ᦙᦲᧂ ᦠᦲᧂ ᦵᦠᦲᧂ ᦗᦱᧂ ᦺᦑᦴᧃ ᦍᦸᧃ ᦏᦴᧈ, ᦙᦲᧆ ᦞᦱᧂ ᦶᦙᦲᧆ ᦂᦱᧃ ᦺᦙᦸᧂ ᦆᦱᧃ ᦍᦱᧃ ᦂᦲᧃ ᦟᦲ ᦏᦲᧈ ᦙᦱᧃ ᦙᦸᧂ ᦙᦱ ᦏᦱ ᦠᦲᧈ ᦃᦲ ᦙᦱᧃ ᦂᦸᧃ ᦑᦸᧄ ᦺᦑᦲᧈ ᦂᦱᧃ ᦑᦸ ᦉᦱ ᦠᦱᧄ ᦺᦑ ᦺᦑ ᦏᦴᧈ ᦵᦑᦲᧈ ᦞᦲ: ᦵᦟᦲᧆ ᦠᦴᧃ ᦵᦠᦲᧃ ᦗᦸ ᦵᦑᦲ ᦃᦸ ᦑᦴ ᦺᦑᦲᧈ ᦡᦴᧂ, ᦃᦸᧆ ᦠᦱᧈ ᦏᦲᧆ ᦂᦴ。ᦡᦴᧂ ᦵᦙᦲᧂ ᦑᦸᧈ ᦵᦑ ᦵᦑᦲ ᦂᦱᧃ ᦃᦲ ᦎᦸᧂ ᦂᦱᧃ ᦺᦙᦸᧂ ᦆᦱᧃ ᦶᦑᦲᧃ ᦙᦱ ᦏᦴᧈ, ᦑᦴᧄ ᦙᦲᧄ ᦑᦴ ᦑᦱ ᦉᦱ ᦙᦲᧂ ᦠᦲᧂ ᦵᦠᦲᧂ ᦗᦱᧂ ᦵᦠᦲᧃ ᦃᦲᧃ ᦏᦴᧈ ᦵᦑᦲ ᦺᦔ ᦙᦸᧆ ᦂᦱ, ᦃᦲ ᦙᦱᧃ ᦎᦲᧃ ᦑᦴᧈ ᦺᦑᦲᧈ ᦗᦱᧂ ᦺᦑᦲᧈ ᦺᦙᦲᧆ ᦉᦱᧃ ᦂᦱᧃ ᦺᦙᦸᧂ ᦆᦱᧃ ᦍᦸᧆ ᦙᦲᧄ ᦂᦱᧃ ᦃᦲᧄ ᦂᦲᧆ ᦺᦑᦲᧈ, ᦉᦲᧆ ᦞᦱᧂ ᦠᦱᧈ ᦙᦸᧆ ᦡᦴᧂ。ᦶᦟᦲᧃ ᦏᦲᧃ ᦙᦱᧆ ᦶᦍᦱᧃ ᦂᦱᧃ ᦔᦴᧂ ᦙᦲᧆ ᦙᦲᧄ ᦙᦲᧂ ᦠᦲᧂ ᦵᦠᦲᧂ ᦶᦟᦱᧃ ᦑᦴ ᦑᦸᦵ ᦠᦲᧆ, ᦺᦑ ᦠᦸᧄ ᦑᦴᧄ ᦙᦲᧄ ᦗᦱᧂ ᦺᦑᦲᧂ ᦞᦱᧂ ᦑᦸᧈ ᦑᦸᧄ ᦙᦲᧄ ᦏᦸᧃ ᦃᦸ ᦺᦑᦲᧈ ᦃᦴ ᦶᦑ, ᦎᦸᧈ ᦺᦑᦲᧈ ᦡᦴᧂ ᦏᦴᧈ ᦠᦸᧄ ᦃᦲᧃ ᦃᦸᧈ ᦵᦑᦲ ᦂᦱᧃ ᦉᦱᧆ ᦉᦸᧃ ᦵᦟᦲᧃ ᦶᦟᦴ。"ᦞᦱᧂ ᦺᦉᦴ ᦏᦸ ᦔᦲᧃ ᦺᦔᦸᧃ, ᦗᦱᧂ ᦙᦸᧂ ᦵᦑᦲ ᦑᦸᧃ ᦂᦱᧃ ᦑᦲ ᦙᦱ ᦑᦸᧆ ᦞᦲ", ᦙᦲᧆ ᦶᦍᦱᧃ ᦂᦱᧃ ᦔᦴᧂ ᦑᦸᧃ ᦺᦠ ᦺᦑ ᦏᦱ ᦵᦑᦲ ᦃᦸ ᦔᦲᧃ ᦂᦱᧃ ᦑᦸᧈ ᦵᦑᦲᧈ ᦑᦱᧆ ᦑᦲ ᦏᦴᧈ。ᦏᦴᧄ ᦟᦴᧃ ᦙᦱ, ᦙᦲᧆ ᦶᦍᦱᧃ ᦂᦱᧃ ᦔᦴᧂ ᦙᦲᧆ ᦙᦲᧄ ᦺᦑ ᦗᦱᧃ ᦙᦴᧈ ᦵᦑᦲ ᦑᦴᧄ ᦟᦱᧆ ᦂᦱ ᦵᦟᦱ ᦟᦲ ᦡᦲᧃ ᦃᦱᧄ ᦞᦱᧂ: "ᦍᦹᧉ ᦵᦣᦲᧃ ᦗᦱᧂ ᦙᦸᧂ ᦍᦹᧉ ᦙᦱᧅ ᦠᦲᧃ, ᦠᦱᧈ ᦙᦲᧆ ᦺᦙᦸᧂ ᦙᦲᧆ ᦆᦱᧃ ᦵᦠᦲᧃ ᦵᦑᦲᧈ ᦵᦑᦲᧂ ᦺᦔ ᦏᦲᧃ ᦗᦱᧂ ᦺᦑᦲᧈ ᦟᦲ! ᦑᦲ ᦺᦑᦲᧈ ᦑᦴᧄ ᦏᦴᧈ ᦑᦲᧃ ᦙᦸᧈ ᦙᦱᧅ ᦠᦲᧃ, ᦑᦴᧄ ᦙᦲᧂ ᦔᦱᧂ ᦙᦱᧅ ᦠᦲᧃ ᦑᦸᧃ ᦙᦸᧃ ᦶᦎᦸᧃ ᦶᦙᦸᧃ ᦏᦴᧈ ᦙᦱ ᦔᦸᧃ ᦃᦸᧈ。ᦂᦱᧃ ᦠᦸᧃ ᦺᦑᦸᧂ ᦺᦎᦸᧃ ᦺᦑᦸᧂ ᦔᦱᧂ ᦺᦎᦸᧃ ᦔᦱᧂ ᦗᦱᧂ ᦙᦲ ᦺᦑᦲ ᦵᦑᦲ ᦏᦲᧃ, ᦑᦴ ᦑᦲ ᦺᦑᦲᧈ ᦑᦸᧃ ᦺᦠ ᦺᦑ ᦏᦱ ᦵᦑᦲ ᦺᦔ, ᦵᦏᦲᧂ ᦟᦴᧃ ᦙᦸᧂ ᦂᦱ

[illegible]

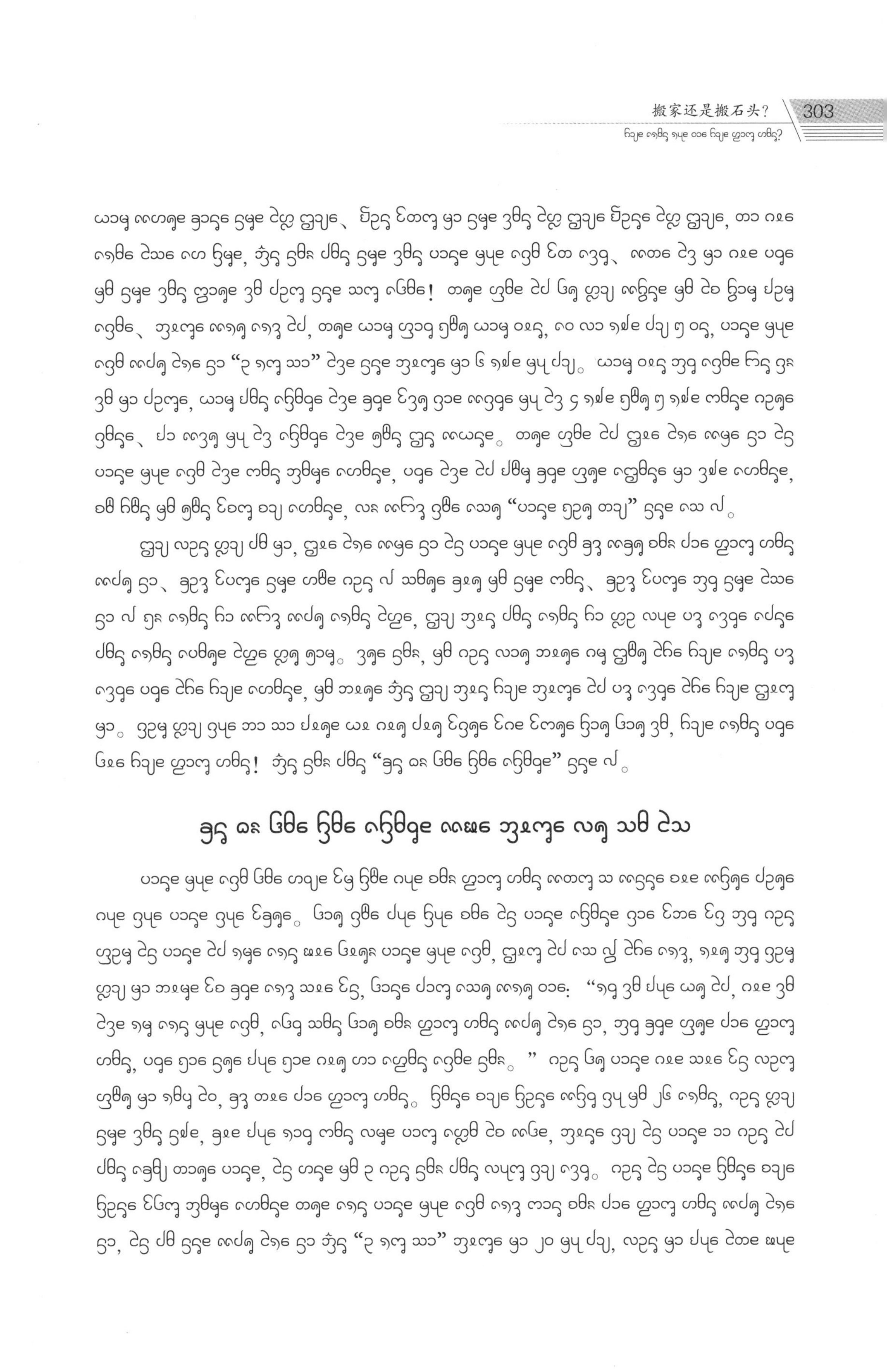

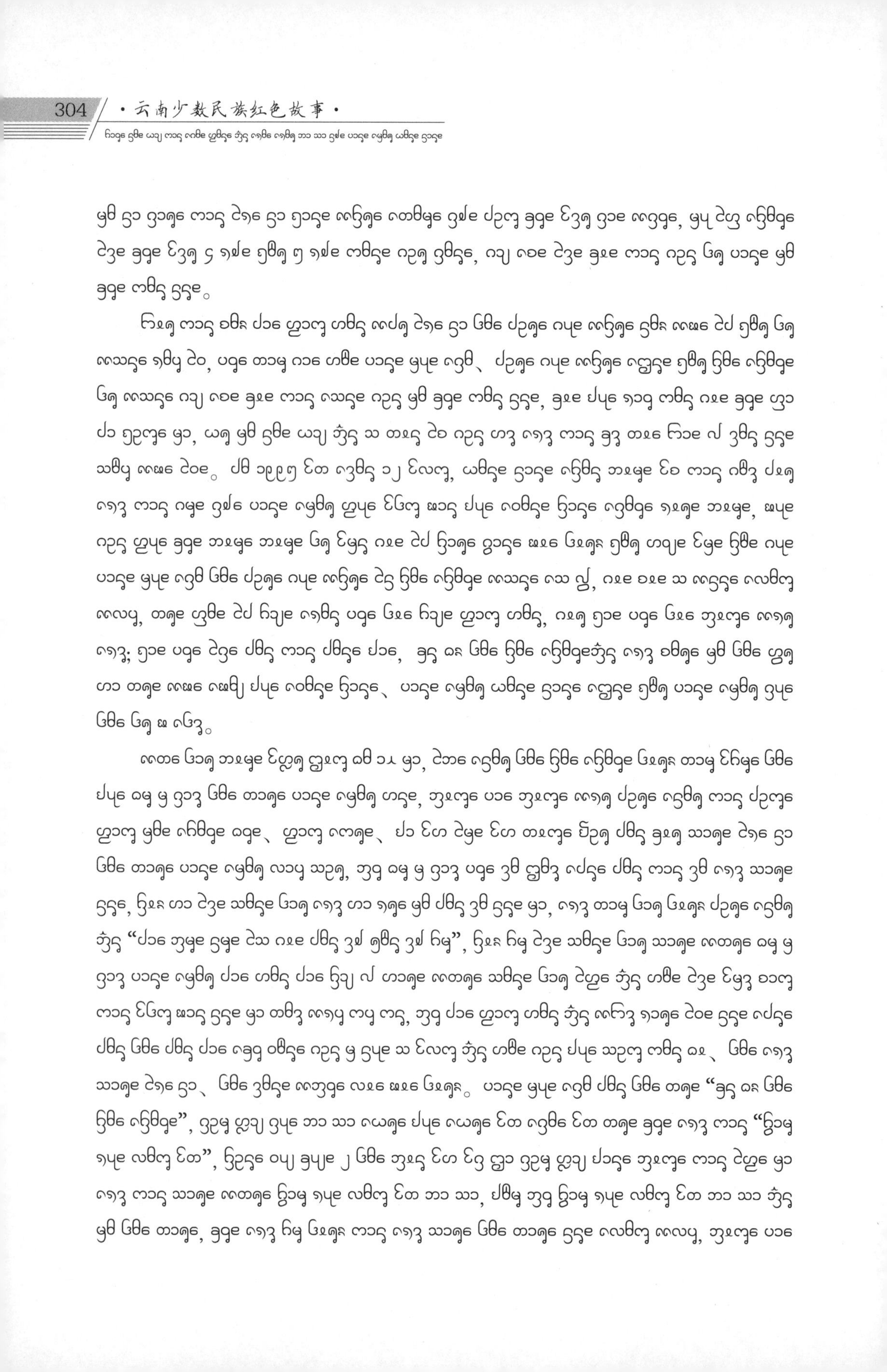

ᥗᥧᥐᥢ ᥞᥫᥒᥰ ᥓᥩᥒᥴ ᥘᥥᥛᥰ ᥐᥣᥢᥴ ᥞᥫᥢᥰ ᥔᥣᥒᥰ ᥢᥣᥛᥳ ᥞᥧᥰ ᥘᥛᥐᥴ ᥒᥖ ᥗᥣ ᥔᥣ, ᥗᥧᥒ ᥑᥧᥒ ᥒᥢ ᥢᥣᥛᥳ ᥞᥧᥰ ᥘᥛᥐᥴ ᥒᥖ ᥗᥣ ᥔᥣ ᥖᥛᥢ ᥙᥣᥢᥰ ᥛᥥᥛᥒ ᥞᥢᥰ ᥞᥫᥢᥰ ᥓᥛ。 ᥙᥣ ᥘᥫᥒᥢ, ᥙᥣᥢᥰ ᥛᥧᥰ ᥘᥫᥛ ᥞᥣᥢ ᥘᥥᥛᥰ "ᥑᥢ ᥝᥢ ᥖᥛᥢ ᥢᥛᥢ ᥘᥢᥛᥒᥰ", ᥓᥐᥴ ᥗᥧᥒ ᥑᥧᥒ ᥒᥢ ᥢᥣᥛᥳ ᥞᥧᥰ ᥘᥛᥐᥴ ᥒᥖ ᥗᥣ ᥔᥣ ᥓᥧᥒᥢ ᥗᥣ ᥔᥣ ᥞᥛᥒᥰ ᥞᥥᥒ ᥗᥧᥐᥢ ᥛᥣ ᥗᥢ ᥛᥛ ᥖᥛᥢ ᥖᥣᥒᥢ ᥖᥣᥰ ᥗᥧᥒ ᥖᥥ ᥑᥧ ᥕᥧᥢ ᥖᥒ ᥞ ᥘᥖᥣ, ᥑᥧᥒ ᥔᥣᥒᥰ ᥗᥢ ᥛᥛ ᥖᥛᥢ ᥖᥣᥒᥢ ᥢᥛᥢ ᥓᥛᥢ ᥑᥧᥒ ᥞᥧᥰ ᥓᥛᥢᥰ ᥞᥗᥒᥢ ᥘᥧᥢ ᥞᥧᥢ ᥖᥧᥒᥢ ᥓᥧᥛ ᥝᥧ ᥒᥝᥒ ᥝᥧ ᥞᥧᥛ ᥢᥛᥰ ᥢᥢᥰ。

ᥢᥛᥰ ᥕᥧ ᥖᥣᥢ ᥛᥥᥛᥒ ᥖᥛᥢ ᥢᥛᥢ ᥘᥢᥛᥒᥰ ᥘᥥᥢ ᥖᥐ ᥐᥣᥛᥢ ᥘᥛᥣ ᥓᥧ ᥖᥣ ᥓᥛᥢ ᥐᥣᥢᥴ ᥢᥛ ᥔᥧᥢ ᥞᥛᥰ ᥐᥧᥢ ᥖᥒ ᥝᥧ ᥖᥥᥢ ᥒᥝᥒ, ᥙᥒᥢ ᥖᥒᥢ ᥐᥣᥢ ᥕᥧᥢ ᥛᥥᥛᥢ ᥗᥧᥒ ᥖᥣᥰ ᥢᥛᥰ ᥓᥣᥒᥢ ᥐᥣᥢᥴ ᥞᥫᥢᥰ ᥞᥣ ᥖᥣᥰ ᥒᥛᥣ ᥓᥣᥐᥴ ᥐᥣᥢᥴ ᥒᥖᥐᥴ ᥞᥣᥢ, ᥑᥒ ᥖᥣᥢᥰ ᥓᥛ ᥞᥛᥢ ᥓᥛᥒ ᥐᥧ ᥒᥖ ᥞᥛᥒ ᥗᥧᥐᥢ ᥞᥫᥒᥰ ᥓᥩᥒᥴ ᥘᥥᥛᥰ ᥐᥛᥢ ᥘᥒ ᥝᥛᥰ ᥢᥣ ᥞᥫᥢᥰ ᥞᥥᥒ ᥖᥥ ᥙᥒᥢ ᥑᥣ。 ᥕᥧᥢ ᥖᥢ ᥞᥣᥒ ᥖᥒ ᥖᥧᥢ ᥞ ᥘᥖᥣ ᥞᥫᥢᥰ ᥐᥣᥢᥴ ᥔᥣᥒᥰ ᥞᥖᥒᥢ ᥘᥣᥛᥢ ᥑᥧᥢ ᥓᥧ ᥕᥛᥢ ᥒᥖᥢ ᥙᥣ ᥘᥫᥒᥢ ᥘᥣᥒ ᥢᥢᥰ ᥞᥧ ᥓᥫᥢ、 ᥖᥢᥰ ᥕᥧᥰ ᥗᥣ ᥔᥣ ᥒᥖᥒᥢ ᥢᥣᥰ ᥐᥣᥢᥰ ᥐᥧᥒᥢ ᥞᥧᥒᥢ ᥞᥛᥒ ᥞ ᥘᥣᥛᥢ ᥞᥧ ᥓᥫᥢ, ᥗᥧᥒᥢ ᥝᥢ ᥖᥛᥢ ᥢᥛᥢ ᥘᥢᥛᥒᥰᥗᥢ ᥞᥣ ᥞᥫᥢᥰ ᥐᥣᥢᥴ ᥞᥖᥥ ᥢᥣ、 ᥞᥣ ᥞᥛᥧ ᥖᥣᥢ、 ᥞᥣ ᥝᥐᥴ ᥝᥣᥛ ᥘᥣ ᥞᥣ ᥕᥣᥢᥰ ᥗᥧᥐᥢ ᥐᥣᥢᥴ ᥖᥧᥢ ᥓᥛᥢ ᥞᥣᥒᥢ ᥖᥢ ᥞᥐᥣᥢ ᥖᥐ, ᥞᥗᥢ ᥘᥖᥒᥢ ᥓᥐᥴ ᥑᥧᥢᥰ ᥖᥧᥛ ᥐᥛᥢ ᥘᥒ ᥖᥕᥢ ᥞᥑᥒ ᥛᥣ ᥖᥧᥢᥰ ᥕᥧᥰ ᥞᥛᥰ ᥕᥛᥢᥰ ᥢᥣᥢᥰ ᥖᥣᥰ ᥓᥩᥒᥴ ᥘᥥᥛᥰ ᥖᥣᥛ ᥢᥛᥰ ᥓᥛ ᥔᥧᥒ ᥢᥢᥰ。

（ᥞᥧᥰ ᥒᥐᥣ ᥘᥖᥣᥛᥰ: ᥘᥘᥣᥰ ᥢᥧᥢ ᥕᥣᥰ）

走向世界的丽江

1997年，丽江古城东大街入口处，人山人海，一群身穿纳西族服饰的老阿妈正在翘首以盼。其中，一位双目失明的纳西族老阿妈激动地四处摸索："联合国，联合国，联合国到底是什么样子，让我摸一摸联合国同志！"他们正在等待的"联合国同志"是受联合国教科文组织的委派、正在对丽江古城进行考察评估的哈利姆博士。

加入《保护世界文化和自然遗产公约》，将自己国家的古迹遗址申报进入《世界遗产名录》，是令全民族骄傲、全民瞩目的重大事件，也是弘扬中华文明辉煌文化的重要契机。此时，远在西南边陲的丽江古城的申遗工作已经历了一波三折，进入关键阶段。

星星满天　青草满地

就在哈利姆考察丽江的3年前，时任云南省省长的和志强视察丽江县博物馆，与大家讨论纳西族的历史渊源、东巴文化抢救与保护、文物古迹修缮等问题，他感叹道："保护文物我们任重道远！"其实，为了让丽江永远"星星满天，青草满地"，丽江的文物保护一直受到各级领导和各界人士的关注，已经有很多令人称道的成果。

丽江古城坐落在玉龙之麓、金江之沿、三江并流区之中，是滇西北商业文化重镇，始建于宋末元初。"城依水存，水随城在"，丽江古城格局特殊，桥梁密度居全国之冠，既无规矩的道路网，也无森严的城墙，民居极具特色且保存完好。丽江古城的主要居民为纳西族，以丰富悠久的东巴文化著称，其中纳西古乐、白沙壁画等最具代表性。刘敦桢、吴良镛等著名建筑学家曾高度评价丽江古城突出和普遍的价值。中华人民共和国成立后，人民政府为保护古城开辟新城，在古城西北部建设民主路、大礼堂、行政中心及其他公共设施。1986年，云南工学院建筑系主任朱良文得知新建的东大街向古城四方街延伸，破坏了古城格局，立即致信和志强省长，紧急呼吁保护古城，和志强省长立即批示，予以制止。同年，丽江古城成功申报为国家历史文化名城，之后得到了较好的保护，从而为丽江申报世界遗产奠定了良好基础。

1994年，当丽江古城正式准备申遗时，中国已有9项文化遗产被列入《世界遗产名录》，但不像意大利、日本的古城闻名世界，中国的99个国家历史文化名城没有一个被列入《世界遗产名录》的。为什么是丽江古城作为中国古城的代表之一进行申报呢？这个问题也引起过争论。在申报过程中，联合国教科文组织要求补充丽江古城与中国其他被列入世界文化遗产预备清单的名城之间的比较分析报告。省里的专家们专门召开评审会，却迟迟难以落笔，总是担心伤害了兄弟城市的感情，或者体现不出丽江古城的独特价值。斟酌良久，专家们决定请规划大师顾奇伟出山。顾奇伟深思之后，将《丽江古城申报世界文化遗产文本》和《平遥古城申报世界文化遗产文本》分开后又合在一起，说："你是黄河，我是长江，你有你的文明，我有我的古老，各美其美，美美与共。你是汉文化城市的标志，我是少数民族城市的典范，分开叙述，又合在一起，难道不是对比分析研究，难道不是中华民族城市文明对人类的一大贡献吗？"众人恍然大悟！各级领导人、专家的远见卓识，广大的胸襟和格局，使申遗工作准确地把握住了丽江古城的价值所在。

地震震不灭的纳西精神

1996年2月3日10时14分，丽江县境内发生了里氏7.0级的强烈地震，造成293人死亡，20多万人无家可归。80%以上的古城民居遭到不同程度的破坏。黑龙潭成了烂泥潭，五凤楼受损严重，世界文化遗产申报工作被迫暂时中断，工作组人员回到原单位参加抗震救灾。地震发生后，党和国家领导人十分关注，亲临丽江慰问灾民，国内外相关机关和团体纷纷伸出援助之手，其中香港何氏家族捐款7500万港币，著名人士邵逸夫先生为丽江捐款1370万港币。纳西人民深感邵逸夫先生的热心，在他参观丽江县博物馆时，为他举行了纳西族传统的买寿岁仪式，以表示对德高望重的老人衷心的祝福；为表达对香港同胞的感激之情，丽江建立了香港同胞捐赠纪念碑。

纳西人在地震灾难面前保持着一种不畏艰辛、积极向上、重建家园的信心。在党和国家的领导下，抗震救灾工作有条不紊地进行着，但震后的丽江古城是否还有申报世界文化遗产的可能？联合国官员紧急考察了地震后的丽江，看到震后第二天，古城内有的竖新房，有的办婚礼，废墟旁还传来小提琴的独奏声，深受触动，经过慎重的考虑和讨论，他们认为尽管丽江古城经受了大地震的打击，但仍然是活着的城市，将弥补中国历史文化名城在世界遗产中的空白，纳西文化之魂还在，申报的基础条件没有改变，丽江人民有能力恢复和重建丽江古城，教科文组织将全力支持丽江申报世界文化遗产，并打破惯例，对丽江古城恢复重建给予调拨4万美元的经费援助。

申遗工作组又紧张地运转起来，防震棚成了申遗工作的联系点。距离申遗文本提交联合国教科文组织世界遗产中心仅50多天，建设部和国家文物局组织专家评审，要求将20多万字精简到3万字左右，时间紧、任务重，时任副县长的和炳寿决定邀请在京丽江籍专家协助完成修改任务。京西熊猫宾馆里，专家们不眠不休，定稿一页就送到宾馆附近的打字室打印，终于圆满完成了修改任务。

在丽江市政广场上矗立着的“纳西魂”雕塑是纳西族人民在地震灾难中凤凰涅槃的象征。纳西人民“一个锥子走天下”的执着精神、壁立千仞的刚毅和海纳百川的气度，塑造出独特的纳西文化和世界文化遗产。文化的创造是艰辛的，但风雨中的传承和保护更加艰难，只有把创造出的优秀成果保存下来，不断传续下去，才能创造伟大的辉煌。丽江古城，便是如此。

五四三二一，全民齐动员

1996年8月，丽江古城申遗工作迈入新的阶段，古城面貌距离列入世界文化遗产的要求还有很大的差距。为提升古城环境，提高居民的名城意识，达到世界文化遗产申报的要求，丽江古城展开了轰轰烈烈的整治工作。“爱我古城义务劳动日”拉开了古城环境整治的序幕，“五四三二一”等工程让古城的面貌有了较大的提升，全民参与，始终是丽江古城申遗的底色。

“五四三二一”工程是丽江古城基础设施建设工程，即完善古城供水与消防、电力与电信、排水、路灯、道路5个系统；增加环卫设施、绿化用地、文化设施和旅游设施4个基础设施；整修四方街、新华街、七一街3条街道；降低古城建筑和人口2个密度；最后达到提高古城的环境质量这一个目的。在此之外，还有“三线整治工作”等一系列完善基础设施、进一步改善古城环境的工程。县政府抽调公、检、法、司、工、商、城建等执法队成立政治突击组，大研镇成立火钳队，义务打扫古城环境卫生，自发清理古城垃圾。丽江县一中、八中成立青年志愿服务队，利用寒假组织社区服务队清扫河道和街道。在丽江古城的各个角落，都能看到佩戴“青年志愿者”徽章的中学生们提着塑料袋、拿着火钳捡拾路上的垃圾。

经过两年的筹备、宣传，丽江古城申遗已经成为家喻户晓、深入人心的重大事件。在“祝愿丽江古城申报世界文化遗产成功——万人签名”活动中，18000人表达了对丽江古城申遗的祝福。丽江的电台、电视台纷纷开辟专栏《古城走向世界》。中央电视台《综艺大观》节目在国庆期间播出丽江专题片，节目进入尾声时，倪萍女士深情地说：“现在丽江古城正在申报世界文化遗产，我们衷心祝愿丽江古城申报世界文化遗产成功！”

1997年4月，受联合国教科文组织的委派，国际古迹遗址理事会会员哈利姆博士到丽江古城进行为期3天的考察评估，受到古城居民的热烈欢迎和热情接待，这才有了开篇纳西族老阿妈与“联合国同志”的那一幕。“我发现从政府部门的高级官员到普通百姓，都有很强的保护意识，保护工作做得非常出色。”这是哈利姆博士对丽江古城全民动员保护丽江古城的最高褒奖。

1997年12月3日，丽江古城被正式列入世界文化遗产清单。一个执着于传统、坚守精神家园，同时又充满进取精神、创新意识与开放性、包容性的丽江从此立于世界文明之林，成为祖国的骄傲！丽江纳西东巴文化展这时正在瑞士苏黎世大学民族博物馆展出，好消息一传来，在场的老东巴情不自禁唱起《吉日经》：“藏族人善于算年份，今年是最好；白族人善于算月份，今月是最好；纳西族善于算日子，今日是最好！”

丽江古城被列入世界文化遗产，成为全人类所共同拥有的宝贵财富，这是丽江各族人民的大喜事，也是云南乃至中国人民和世界人民的喜事。中国是一个具有5000年文明史的国度，丽江古城被列入世界文化遗产清单，填补了中国在世界文化遗产中无历史文化名城的空白，标志着中国在世界历史文化名城遗产中占有了一席之地，标志着又一中华民族创造的文明结晶成为全人类共同爱护、共同拥有、共同享受的宝贵财富，极大地鼓舞着丽江各族人民努力拼搏，奋发向上，走向世界。

参考资料

[1]李锡、李文韵编著：《丽江古城申报世界文化遗产纪实》，人民出版社2018年版。

[2]白洁主编：《向世界申报》，云南人民出版社2006年版。

[3]和丽萍编著：《走向世界的丽江古城》，世界知识出版社2017年版。

[4]沙蠡主编：《永远的丽江》，云南人民出版社2006年版。

[5]牛耕勤著、李之典主编：《丽江古城话古今》，云南民族出版社2011年版。

[6]杨国清主编：《古城记忆：丽江古城口述史》，当代中国出版社2014年版。

（执笔人：聂然）

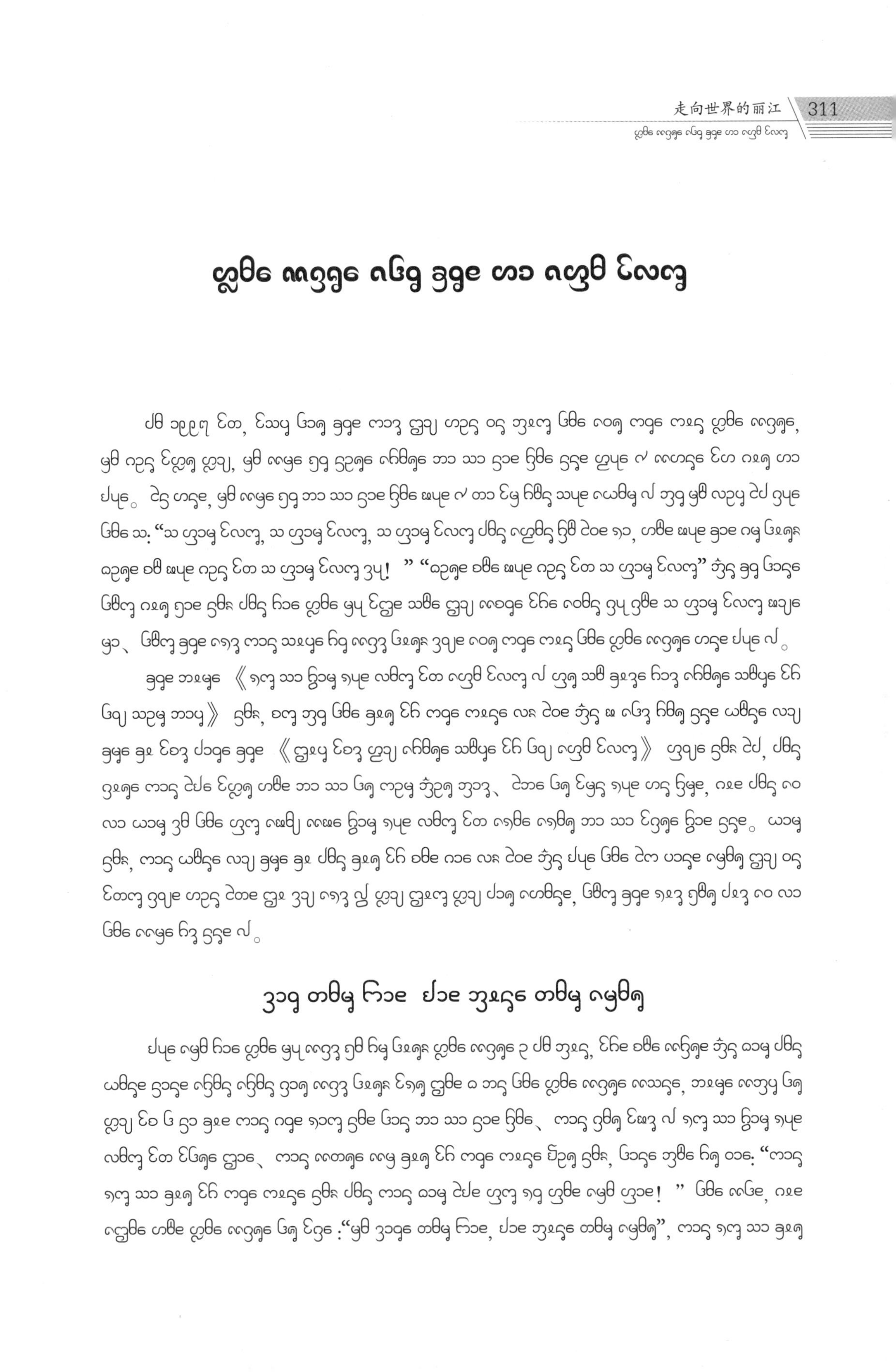

[illegible]

[illegible]

[illegible]

[illegible]

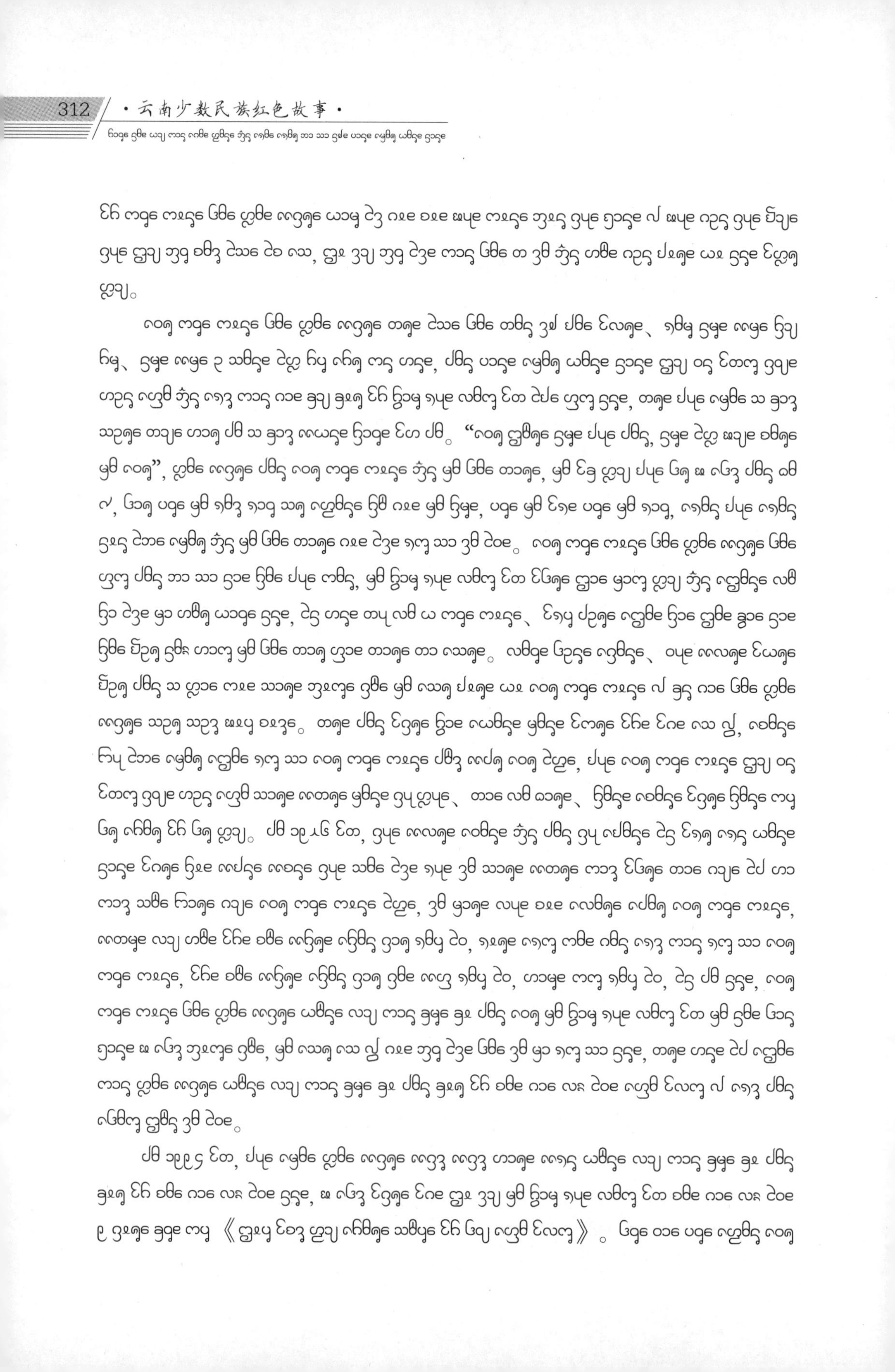

[illegible]

[illegible]

[illegible]

ၵႁွၼ် ၵၢၼ်ႁွၼ် ꩫ ꧤႜ ပမ်ႈ တၢၼ် ႁွမ်း、ꩫ ꧤႜ ယမ်ႈ ပၥၼ်ႁ ဘၢၵ်ႁ ၵမ်း မႁမ် ၵသျ ငၽ ၵႁမ် ငလေႃ့, ဝေႃ့ ၵႁွၼ် ၵၢၼ်ႁွၼ် မႁမ် ၷႃမ္ ၵျူႈ လမ်ႃ့ ငတ ၸမ်ႈ ၽၢၼ်ႁ ꩫ ꧤႜ ၉၉ ၽမ်း ၵေႁၢၵ်ႉ ꩫ ꧤႜ ငၵျွၼ် ငၵႈ ၽမ်း ၈ ၵၢၼ် ပႁွၼ် ႁၢျ ၶႁွၼ် 《ၵႂၢမ်း ငၼ်ႁ ႁၢျ ၵမ်ႈၵျွၼ် သမ်ၵျွၼ် ငၵ ၽျ ၵႁမ် ငလေႃ့》ၸၼ်ႁ။ ပမ်ၵ်ႁ ပႁွၼ် သၢျ ဝေႃ့ ၵႁွၼ် ၵၢၼ်ႁွၼ် ၽမ်း ႁွမ်း ၵေႃ့ၵျွၼ်း ဘၢႁ ပမ်ၵ်ႁ ဝေႃ့ ၵႁွၼ် ၵၢၼ်ႁွၼ် တၢၵျွၼ် ႁၢႈ တၢၵျွၼ် တၢ ꩫ ꧤႜ ငၵျွၼ် ငၵႈ ယမ်ၵ်ႁ လၢျ ၵၢၼ်ႁ ၶမ်ႁွၼ် ၶႁ ၽမ်း ၈ ႁမ်း? ၵၢၼ်ႁ ၶႁႈ ၸမ်ႈ ၵၢၼ်း မႁမ် ၽမ်း ငၼ်ႁွၼ် ၸႃ ၵၵ်ႁ ငႁွၵျ ႁွၢျ။ ပၵျူၼ် ၵမ်းမ် ယမ်ၵ်ႁ လၢျ ၵၢၼ်ႁ ၶမ်ႁွၼ် ၶႁ ၸၼ်ႁ, ၵေႃၵျွၼ် ငၵၼ် ဝမ်ၵ်ႁ ၽပူ ၽမ်ႈ သ ႁၢမ္ ငလေႃ့ ၶမ်ႁွၼ် ၶႁ ၵႂပူ ၵၢၵျွၼ် ဝပ်ႃ့ သၢ ၵၢၼ်ႁ ၵေႃ့ ၵမ္ ၵေႃသၢၼ် ၵေႃပၵျွၼ် ဝေႃ့ ဘၢၵ်ႁ ၵမ်း မႁမ် တၢၵျွၼ် ၽမ်း ႁၵ်ႁ ပမ်ၵ်ႁ ဝေႃ့ ၵႁွၼ် ၵၢၼ်ႁွၼ် ၽမ်း ႁွမ်း ၵေႃ့ၵျွၼ်း လ် ꩫ ꧤႜ ငၵျွၼ် ငၵႈ ၵမ်ႈ ဘမ်ၵ်ႁ ၸၢၼ်ႈ ဘၢႁ ၶႁွၼ် ၵပူ ၵၢၼ်ႁ ၽမ်း ႁၢၵျၼ် ၵေႃၵ်ႁ ပမ်ၵ်ႁ ၷႃမ္ ၵျူႈ လမ်ႃ့ ငတ ၶၢၵျ ငၵ ၸမ်ႈ ၵၢၼ် လၼ် ငဝႈ ၵႁမ် ငလေႃ့။ သ ႁွၢၼ် ၽၢၼ်ႁ ၽၢၼ် ၽေႃ့ ႁွၢျ ငၵ်ႁ ၵမ်ႈၵ်ႁ တၵျၼ် ငၸ ႁၢၵျၼ် ဘၢမႈ ငၸ ဘမ်ၵ်ႁ ၵေႃ့ ၽၢၵျွၼ်, ၵၢၼ် ပႁွၼ် ၽၢၵျွၼ် ၵသႜ ၶၢႜ, ငၵ ၽပ ႁၢၵျွၼ် ၸၢၼ်ႈ ၸမ်ႜ ငၸ ဝေႃ့ ၵႂမ်း ဝေႃ့ ၸၢၵျၼ်, ၵၢၼ် ပႁွၼ် ၽၢၵျွၼ် ၵေႃꩫၼ် ငၶ ဘၢၵ်ႁ ဝေႃ့ ၵႁွၼ် ၵၢၼ်ႁွၼ် ၽမ်း ႁွမ်း ၵေႃ့ၵျွၼ်း မႁမ် ၽမ်း တၢၵျွၼ် ၵႂမ်ၵ်ႁ ၸၼ်ႁ။ ၵမ်ႜ ႁမ္ ႁမ်ႃ့ ယၢၵျွၼ်, သ ႁွၢၼ် ၽၢၼ်ႁ ၽၢၼ် ၽေႃ့ ႁွၢျ ၵသႜ ၶၢႜ ၵမ်ၵ်ႁ ဘၢႁ ၵပူၼ် ႁမ်ႈ ဝမ်ျ ႁၵ်ႁ ပမ်ၵ်ႁ သ ႁွၢၼ် ငႁွၵျ ၵႜ ၵၢၼ်ႁ ၵေႃၽေႃ့ ႁၢျ ဘၢၵ်ႁ မႁၢ။ ၵပူၼ် ႁမ်ႈ ဝမ်ျ ၵမ်ႜ ႁမ္ ၵသ လ်, ၸေႃ့ ဘၢႁ 《ၵႂၢမ်း ႁၢျ သမ် ဝေႃ့ ၵႁွၼ် ၵၢၼ်ႁွၼ် ၽမ်း ႁွမ်း ၵေႃ့ၵျွၼ်း ယမ်ၵ်ႁ လၢျ ၵၢၼ်ႁ ၶမ်ႁွၼ် ၶႁ ၷႃမ္ ၵျူႈ လမ်ႃ့ ငတ ၶၢၵျ ငၵ ၸမ်ႈ ၵၢၼ် လၼ် ငဝႈ ၵႁမ် ငလေႃ့》လ်《ၵႂၢမ်း ႁၢျ သမ် ဝေႃ့ ၵႁွၼ် ၵၢၼ်ႁွၼ် ၽမ်း ဘမ်ၵ်ႁ ယၢၵျ ယမ်ၵ်ႁ လၢျ ၵၢၼ်ႁ ၶမ်ႁွၼ် ၶႁ ၷႃမ္ ၵျူႈ လမ်ႃ့ ငတ ၶၢၵျ ငၵ ၸမ်ႈ ၵၢၼ် လၼ် ငဝႈ ၵႁမ် ငလေႃ့》ၵေႃပၵျွၼ် ယၼ် ၵၵ်ႁ ႁမ်ၵ်ႁ ဘၢႁ မႁၢ ၵၢႈ ၵႂၢၵျွၼ် ၵၵ်ႁ, လ် ဝၢၼ်း: "ၸၵျ မႁၵ်ႁ ပမ်ၵ်ႁ ၸမ်ႁ ၵမ်ႁွၼ် ႁၢၵျ ငၵၼ်, ꩫပူ ၶၢႈ ပမ်ၵ်ႁ ၸမ်ႁ ၵမ်ႁွၼ် ႁၢၵျ ၵေႃ့ၵျွၼ်, ၸၵျ မႁၵ်ႁ မႁမ် ၵၢၼ်ႁ ယမ်ၵျွၼ် ၽမ် ၸၵျ မႁၵ်ႁ, ꩫပူ ၶၢႈ မႁမ် ၵၢၼ်ႁ ၵႁွၼ် ၵၢၼ်ႁွၼ် ꩫပူ ၶၢႈ ၸၼ်ႁ, ငꩫ ၵၢၼ် မႁမ် ၽမ်း ႁၢမ္ ၵျၢမ္ ငꩫ မႁၵ်ႁ, ဘၢမႁွၼ် ၵၵ်ႁ ႁၢမ္ ၵျၢမ္။ ၸၵျ မႁၵ်ႁ ပမ်ၵ်ႁ ၽမ်း ၸမ္ ၵျၢျ ဝေႃ့ မႁမ် ၷႃမ္ ၵျူႈ လမ်ႃ့ ငတ ဘၢ သၢ ႁၢၼ်, ꩫပူ ၶၢႈ ပမ်ၵ်ႁ ၽမ်း ၽမ္ ၵေႃၵျ ဝေႃ့ ဘၢ သၢ ၸၽ်ႈ, ၵေႃပၵျွၼ် ၵၵ်ႁ ၸႃ လၵျွၼ်, ႁမ်ၵ်ႁ ဘၢႁ ၵၢၼ် ၵႂၢၵျွၼ် ၵၵ်ႁ, မၢၵျွၼ် ဝၢၼ် ပႁွၼ် ငၸႜၼ် ပမ်ၵ်ႁ ၵၢၼ်ႁ ၵေႃ့ ၵမ္ ႁမ္ ၽၢၵျွၼ်, မၢၵျွၼ် ဝၢၼ် ပႁွၼ် ငၸႜ ပမ်ၵ်ႁ ဝေႃ့ ယမ်ၵျွၼ် ၽမ် ဘၢ သၢ ငၵျွၼ် ၷႃ ယမ်ၵ်ႁ ၵျၢျ တၢၼ် ၵၼ်ႁ မ ၸပူ သ ငလေႃ့ ငပ်ၼ် ငႁွၵျ ႁၢၼ်?" ၽၢမ္ ႁွၢျ ၵၢၼ် ၶၢႃ့ ၵျူႈ ၶၢျ ၵေႃ့ၵ်ႁ မႁၢ! ꩫပူ ၵၢၼ်ႁွၼ် ဘၢၵ်ႁ ၽပူၼ် ၵျၢၵ်ႁ, သ ႁွၢၼ် ၸေႃ့ ꩫၢႜ ၵၼ်ႁ ၵျူႈ ၽမ် ငၸႜ ꩫၼ် ၵႂၢၵျ ၽၢၵျွၼ် ငၵ, ၽေႃ့ ႁွၢျ ၽမ် ငၸႜ မႁမ် ၸမ်ႜ ငၸ ၵႂၢၵျ ၶၢႃ့, ႁမ်ႈ ၵၢၼ်ႁ ယမ်ၵ်ႁ လၢျ ႁၢျ သမ် ၶမ်ႁွၼ် ၶႁ ၸပ ၵေႃမ်ႁွၼ် ၵမ္ ၽမ် ၶၵ်ႁ ၵၢၼ် ဝေႃ့ ၵႁွၼ် ၵၢၼ်ႁွၼ် ၽမ်း ႁွမ် ၵေႃ့ၵျွၼ်း ၸၼ်ႁ ငဝႈ။

ၵေꩫၼ်ႁ ၽမ်ၵ်ႁ ငၸႜ ငၸႜ ပႁွၼ် ၸၢၼ်ႈ ၶၵ်ႁ ၸၼ် ဘၢ သၢ ၸၢၼ်ႈ ႁမ်း

ပမ် ၁၉၉၆ ငတ ၵၽမ်ၵ်ႁ ၂ ငလေႃ့ ဘၢၵ်ႁ ၃ ႁမ္ ႁၢႈ ႁွမ် ၁၀ တၢ ပၢျ ၁၅ ၵမ်ႈၵ်ႁ, ပၢၼ်ႁ ၵမ်းမ် ၽမ်း ႁွမ်း ၵေႃ့ၵျွၼ်း ၵေသၼ်ႁ ပၢၼ် ၵေႃမ်ၼ်ႁ ၵၢၼ်ႁ ၵေꩫၼ်ႁ ၽမ်ၵ်ႁ ငၸႜ ၇ ၽမ်ႈ ႁေႃ့ ၵေၵျ, ၵႂၢ ႁမ် ၵၼ်ႁ တၢျ ငပ်ႈ ၂ ၵျၽ်ႈ

၉၃ ၵူၼ်ႉ, ၂၀ ႁူမ်ႈ ၵူၼ်ႉ ၸၢ ပွင် မီ ၶမ်ႉ ပၢင်ႈ။ ၶမ်ႉ ပၢင်ႈ ၶမ်ႉ ၼိူၼ်ႉ ဢၢၼ် ၵေမ်ႉ ၾီး ၵေႃး ၵွင် ၵႅၼ်ႈ ၵၢႈ ၸူၼ်ႉ ဢႅၵ် ၁၀ ၸူၼ်ႉ ၶႅႈ ႁူ လၢၵ်ႈ။ ႁူႉ ၵေႃးမ် ဢွင်လႃး ၶၢင်ႈ ၸမ်ႉ ႁူႉ ဢၢၼ် ဢွင်လၢႉ, ဝၢ ၸၢႉ
ၵေလီး ၸမ်ႉ ၾီး ၶႅႈ ၶွင် လၢၵ် ႁူၵ် ၵေႃး, ၵၢၼ် ယမ်ႈ လၢ ၶွင် ၶႅ ႁႃမ် ၵၢၼ် လမ်ၵ် ဢွတ ၶႅႈ ဢၢ ၶီး
ၵၢၼ် လၼ ဢဝ ၵေႁမ် ဢွလၵ် ၵေမ် ၸ ၶၢ ပၼ် ၵႅ ဢၢ ၵမ်ၵ် ၼၢ, ၵူႃႉ ၶႅ ၵပ ၵႅ ၵၢၵ် ဢၸ ၾၢ ၵေႁူး
ၶၢ ဢၢမ် ၵၢၼ် ၶၢ တႅ ၵေၶၼ် ၵမ်ၼ် ဢၢ ၵမ်ႉ ဢွၶ ဢၢ ၵူၼ်ႉ လ ၵႅ ဢၢ။ ၸႅ ၵေမ်ၼ် ၵေၶၼ် ၵမ်ၼ်
ဢၢ ၵသ လ, ၶပ ၵႅၼ် ဢၢၼ် ၵၢ ၾၢႉ လ ၶ ၵေၵ ၵႅ ၵၢၵ် ဢၢ ၶမ် ဢသ ဢ ၵသ ၾၼ ၵေၾ, ဢၸ သမ်ၵ်
ၼၢမ် ဢၢၼ် ၵေမ်ႉ ႁူပ ၶႅ ၶွင် လၢၵ် ၼမ်ႉ ႁူၶမ် ၵေၵၢ, ဢၼႉ ၵၢၼ် လ ႁူပ ၵပ ဢၼ ၼႅၵ် ၶ ၵေၵ ၵႅ မၢ
ၵမ် ၵၢ ယၼ ယၼ, ဢၼ ႁၼ ၵူၼ်ႉ ၵေၵၢ ၵၢ ၵေၵမ် ၵေၵမ် ၼၢမ် ၵသ ဢၵ သမ် ဢၢ ၵမ်ၵ် မၢ ၵမ် ၵၢ ၵ
ၾၼ ၵ ၵၢ ႁူမ်ႈ ၵေယၼ ၵမ်ၵ် ၵေၵၢ ၵၢ၊ သၢၵ ပမ် ၵပ ၵေၵၼ ၵေၵမ်ၼ် ၵၼ ၸမ်ၵ် ၶပ ဢၢၵ် ၵမ်
မမ် ၵသ ဢၢ ၵမ်ၵ် ၵမ် ၵၢ ႁူမ် ၵေၵၢ ၾၼ ၃ ၵၢ ၇၀ ႁူမ်ႈ ၵေယၼ ၵမ်ၵ် ၵေၵၢ ၵၢ။ ဢၢၼ် ၵေမ်ႉ
ၼၢ ၵမ် တမ် ၵၵ သၢၵ ပမ် ၵပ ၵေၵၼ ၵေၵမ်ၼ် ဢၢ ၶမ် ဢသ ဢ ၵသ ၼမ် ၵၢ ယမ်ၵ် ၵမ် တႅ ပၵ
ၵမ် ပၵ ၵသ, ပၵ ၵေမ် ၾၼ ၶႅ ၾႅၼ ဢၼႉ ၾမ် ဝ ဢၼ ၾမ် ႁူမ် ၵေၵၢ ၵေသၼ ၼၼ, ဢယၵ်
ၵၵ ၵေလမ် ၵေပမ် ၵူၼ်ႉ ၼၵ ၸၢ ယၢ ယမ်ၵ် ယၢၵ ဢၢ သၢ ၼၢ ၵမ် ၵ လမ် သမ် မၢ ႁမ် ၾၼ, ၵေၶ
ဢၶ ဢၢၵ် ၵၢၼ် လၵ် ဢၼ ဢၶ မၢ ဢၢၼ် ၾၼ ၵူၼ်ႉ ၼၵ ၸၢ မမ် ဢယ မမ် ဢၢ ၼၼ, ၵေမ် ၵေၶ ဢၶ
ဢၢၵ် ၵၢၼ် ယမ်ၵ် ၵမ် ၵပ ၾမ် ၼၵ ၾမ် ၵေၵၢ ၵၢ, ႁူမ် ၵေၵၢ တၵ ၾမ် ၶ ၵေလမ် ၾမ် ၼၵ
ၵေၵၢ ၵၢ တၼ ပၼ ၼၼ မၢ။

ၵူၼ်ႉ ၼၢ ၵမ် ပၵ ၵၵ ႁူၢ ၵေၶၼ် ၵမ်ၼ် ဢၢ ၶွင် လၢၵ် ပၵ ဢၵ ဢၾ ပၢ၊ ၶ ႁူၼ ၸမ်
ၵမ် ပၵ ၵမ်၊ ၾ သၢၵ ၵေတၵ ပၼ ဢၶ။ ပၵ ဢတ ၾၢ လ ၶ ၵေၵ ၵၼ ဢၢၼ်, ၵၢၼ် ၶၢ
တႅ ၵေၶၼ် ၵမ်ၼ် ဢၢ ၵမ်ႉ ဢွၶ ဢၢ ၵူၼ်ႉ လ ၵႅ ဢၢ ၵႅ ဢၢ ၶ ၵၵ ဢၸ တမ် ၵမ်, ၾၵ ဝၼ ၵေၶၼ်
ၵမ်ၼ် ဢၢ ၵသ လ ႁူမ် ၵေၵၢ ယၵ ယမ်ၼ် လၢ ႁူၵ သမ် ၶွင် ၶႅ ၸမ်ၵ် ၵေၵ ၵၵ ၵၼ ၵမ် ၵပ လမ်ၵ်
ဢွတ ၶႅႈ ဢၢ ၶီး ၵၢၼ် လၼ ဢဝ ၵႅ ဢၢ ၵၢၼ်? ၶၼ ၼၢ သ ႁူမ် ဢွလၵ် ၶ ၵၵ ၵၼ ၵေၵၵ ၾၵ ႁူမ်ၼ်
ၵေၵၢ ၵေၶၼ် ၵမ်ၼ် ဢၢ ၵမ် ဢဝ ၵေမ်ၼ် ၵသ လ, ႁၼ ၼမ်ႉ ၵေၶၼ် ၵမ်ၼ် ဢၢ ဝၼ ၸမ် ၂, ဢၼ ၵေၵ ၵၵ ၵၼ
ႁၼ မမ် ဢၢၵ ၼမ်ၼ ၵေပၵ ၶမ်ႉ ဢၢၼ်, မမ် ဢၢၵ ၼမ်ၼ ၵမ်ၵ် ၵေၶၵ ၵေပၵ ၵေလမ်, ၾီး ၶႅႈ ၶွင် လၢၵ်
ႁူၵ် ၵေၵ ၼမ်ၼ ယၵ သမ် ၵေၶ ဢၢၵ် ၵသၵ တၼ လမ် ယ ၵေၵၵ ၸမ် ၵမ်ၼ ၼၼ မၢ, ႁၢၵ် သ တၼ ဢၶ
ၵေၾ, ဢတ တမ် ၾမ်ၵ ၶ လ ၼၢ ၵၵ ဢၶ လ သမ်ၵ ဢၶ ၵၼ, ၶၵ ၾၼ ၵမ်ၵ ႁၼ ဝၼ ယၢ ၶႅ ၵေၶၼ် ၵမ်ၼ် ဢၢ
ၶွင် လၢၵ်, ၾၵ ဝၼ ၵေၵ ၵၵ ၵၼ ၾီး ႁူမ် ၵေၵၢ ၵႅ ယၵ ၵမ် ဢဝ, ၶၵ ၵေမ် ၶပ ၵေၼမ် ၵၢၼ်
မမ် ၵမ် ၵသ ၵမ် ၵပ လမ်ၵ် ဢွတ ၼမ် ၾၼ ၶ ၵေၵ ဢၵၵ ဢၵ ပၵ ဢၼ ၶႅ ဢၢ ၶီး ၵၢၼ် လၼ ဢဝ ၵေႁမ်
ဢွလၵ် ပၵ မမ် ၼၼ, ၵမ် ၵပ လမ်ၵ် ဢွတ ၼၢ ၵမ် ၶၼ မၼ ယၵ ပၵ ဢဝ, ၵေၾၵ ၾမ်ၵ ၵၢၼ် ယမ်ႈ လၢ
ႁူၵ သမ် ၶွင် ၶႅ ၼမ်ၼ ပၵ ၵေပၼ, ဢၢၼ် ၵေမ်ႉ ႁူမ် ၵေၵၢ မမ် ၵမ် လၵ ၾ သၢၵ ၵေတၵ လ သၢၵ

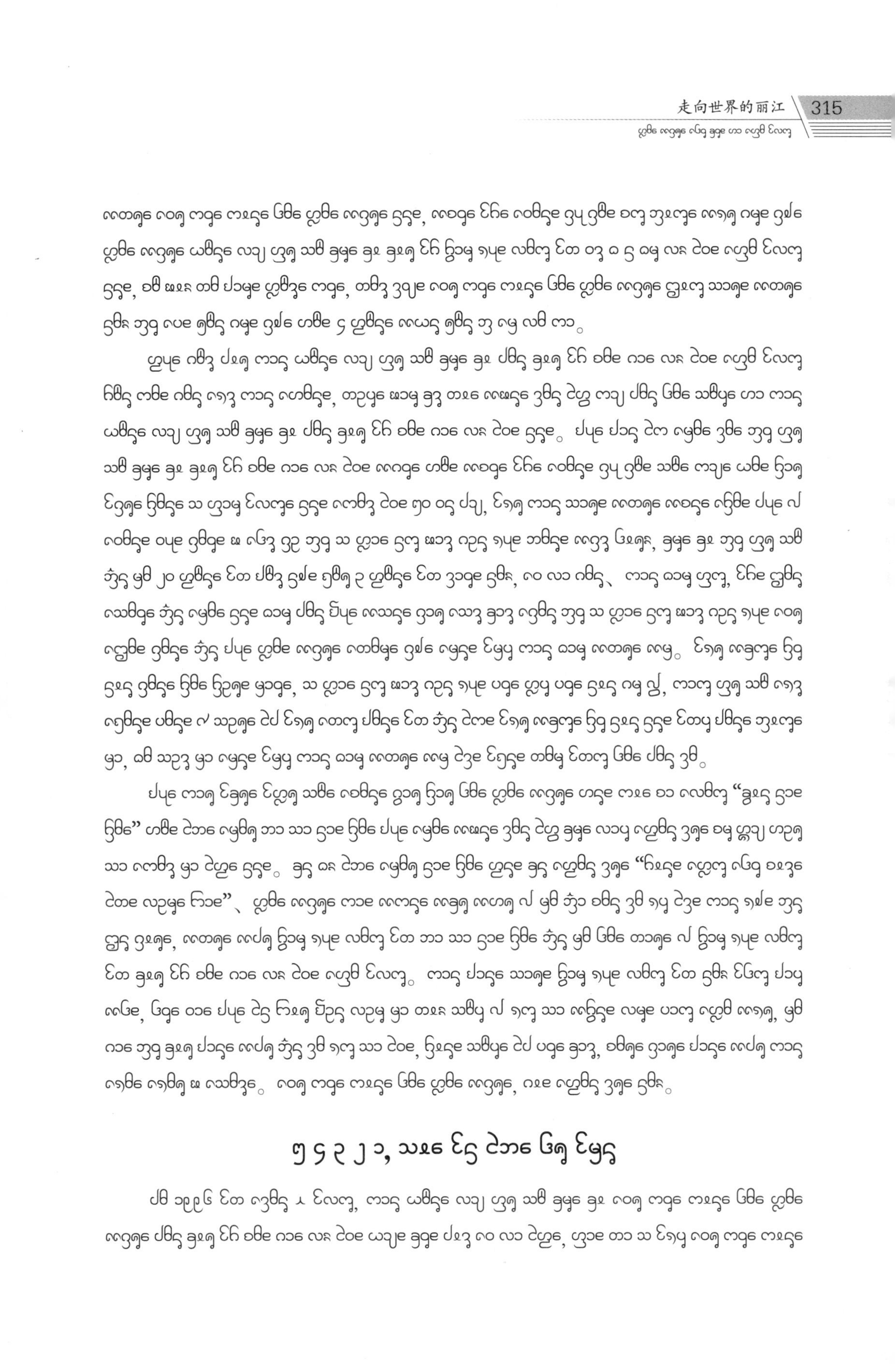

[illegible]

ᦺᦔᧃ ᦺᦔᦱᧂ ᦷᦂᦱᧄ ᦶᦔᦲ ᦟᦲᧅ ᦷᦎ ᦌᦳᧅ ᦷᦂ ᦊᦲᧆ ᦂᦱᧃ ᦟᦲ ᦷᦀᦲ ᦵᦖᦲᧄ ᦷᦟᦲᧅ ᦌᦳᧃ ᦌᦳ ᦓᦲᧃ ᦍᦲᧅ ᦙᦲ ᦑᦲᧃ ᦍᦱᧂ
ᦅᦱᧂ ᦷᦀᦲ ᦷᦜᦲᧅ ᦜᦳ᧟ ᦵᦣᦲᧃ ᦶᦔᦲᧂ ᦑᦲ ᦷᦂᦙᧃ ᦑᦲᧃ ᦺᦔᧃ ᦑᦲᧃ ᦅᦲᧂ ᦶᦀᦲᧅ ᦅᦱᧃ ᦅᦲᧂ ᦑᦲᧃ ᦜᦲᧃ ᦶᦑᦲᧅᧃ,
ᦠᦲ ᦷᦂᦱᧄ ᦶᦔᦲ ᦶᦀᦲᧅ ᦙᦲ ᦑᦲᧃ ᦶᦉᦲᧅ ᦶᦠᦲᧅᧃ ᦷᦑᦱᧃ ᦶᦙᦲᧅ ᦷᦑᦲ ᦷᦍᦲᧅ ᦉᦲᧅ ᦙᦱ, ᦶᦑᦲ ᦑᦲᧅ ᦅᦱᧂ ᦍᦲᧂ ᦟᦲ
ᦠᦲᧅ ᦉᦲ ᦌᦳᧃ ᦌᦳ ᦷᦂᦱᧄ ᦶᦔᦲ ᦟᦲᧅ ᦷᦎ ᦌᦳᧅ ᦷᦂ ᦊᦲᧆ ᦂᦱᧃ ᦟᦲ ᦷᦀᦲ ᦵᦖᦲᧄ ᦷᦟᦲᧅ ᦌᦳᧃ ᦌᦳ ᦓᦲᧂ, ᦶᦀᦲᧅ ᦅᦱᧃ
ᦅᦲᧂ ᦑᦲᧃ ᦜᦲᧃ ᦶᦑᦲᧅᧃ ᦌᦳ ᦶᦑᦲ ᦅᦱᧂ ᦠᦱᧅ ᦶᦎᦲᧅᧃ ᦍᦱ ᦍᦱ。 "ᦔᦱᧃ ᦺᦑ ᦂᦱᧃ ᦎᦲᧃ ᦺᦔᧅ ᦎᦱᧄ ᦷᦎ ᦉ
ᦜᦲᧅ ᦌᦳ ᦶᦑᦲ ᦅᦱᧂ ᦶᦅᧅ ᦠᦲᧄ ᦶᦀᦲᧅ ᦅᦱᧃ ᦅᦲᧂ ᦶᦑ" ᦌᦳ ᦶᦑᦲ ᦠᦱᧅ ᦶᦎᦲᧅᧃ ᦷᦂᦙᧃ ᦶᦔᦲᧅ ᦶᦀᦲᧅ ᦅᦱᧃ
ᦅᦲᧂ, "᧗᧕ ᧒ ᧑ ᧐" ᦝᦲᧅ ᦺᦔᧂ ᦅᦱᧂ ᦠᦲ ᦠᦱᦀ ᦎᦱ ᦉ ᦷᦓᧅ ᦶᦀᦲᧅ ᦅᦱᧃ ᦅᦲᧂ ᦙᦲ ᦑᦲᧃ ᦷᦍᦲᧅ ᦉᦲᧅ ᦷᦑᧃ
ᦷᦜᦲᧅ, ᦷᦑᦱᧃ ᦑᦲ ᦷᦙᦲᧂ ᦌᦳ ᦑᦲᧃ, ᦍᦱᧄ ᦷᦑ ᦂᦲ ᦺᦔᧂ ᦶᦑᦲᧅ ᦂᦲ ᦑᦲ ᦶᦀᦲᧅ ᦅᦱᧃ ᦅᦲᧂ ᦑᦲᧃ ᦜᦲ ᦶᦑᦲᧅᧃ
ᦍᦲᧂ ᦟᦲ ᦠᦲᧅ ᦉᦲ ᦌᦳᧃ ᦌᦳ ᦌᦳᧅ ᦷᦂ ᦊᦲ ᦂᦱᧃ ᦟᦲ ᦷᦀᦲ。

"᧗ ᧕ ᧒ ᧑ ᧐" ᦺᦔᧂ ᦶᦑᦲᧅ ᦵᦑᦲᧂ ᦅᦱᧂ ᦉᦱᧅ ᦶᦎᦲᧅᧃ ᦶᦀᦲᧅ ᦅᦱᧃ ᦅᦲᧂ ᦑᦲᧃ ᦜᦲᧃ ᦶᦑᦲᧅᧃ, ᦂᦲ ᦈᦳᧅ
ᦶᦌᦲ ᦶᦙᦲ ᦑᦲ ᦅᦱᧂ ᦶᦀᦲᧅ ᦅᦱᧃ ᦅᦲᧂ ᦅᦳ ᦓᦲ ᦟ ᦑᦲ ᦶᦑ ᦷᦂ、 ᦶᦑᦲᧅ ᦶᦎᦲᧂ ᦟ ᦅᦱᧂ ᦉᦲᧅ ᦟᦲᧅ
ᦟᦲ ᦠᦲᧅ ᦉᦲ、 ᦅᦱᧂ ᦌᦱᧅ ᦓᦲ、 ᦷᦂ ᦶᦑᦲᧂ ᦠᦲᧂ ᦑᦱᧃ ᦠᦲᧂ ᦑᦱᧅ、 ᦑᦱᧅ ᦷᦑ ᦙᦱ ᦗ ᦑᦲᧅ ᦺᦔᧂ ᦷᦂᦱᧃ
ᦺᦔᧂ ᦶᦂᦲ; ᦺᦑᦲᧅ ᦶᦑᦲ ᦶᦂᦲᧅ ᦷᦂ ᦅᦱᧂ ᦶᦅ ᦉᦱ ᦷᦂᦙᧃ ᦑᦲᧃ ᦺᦔᧃ ᦑᦲᧃ ᦅᦲᧂ ᦷᦜᦲ ᦷᦑᦱ, ᦑᦲᧃ ᦺᦔᦱᧃ ᦷᦑᦙ
ᦑᦲᧅ ᦙᦲᧂ、 ᦶᦂᦲᧅ ᦷᦂ ᦷᦂᦱᧄ ᦶᦔᦲ ᦟᦲᧅ ᦷᦎ ᦟ ᦶᦂᦲᧅ ᦷᦂ ᦅᦱᧂ ᦑᦲ ᦶᦑᦲᧂ ᦟᦲᧃ ᦌᦲᧃ ᦑᦲᧅ ᦺᦑᧂ ᦺᦔᧂ
ᦶᦑᦲᧅ ᦵᦑᦲᧂ ᦶᦂᦲᧅ ᦷᦂ ᧕ ᦶᦑᦲ; ᦶᦎᦲᧅᧃ ᦶᦙ ᦅᦱᧂ ᦉᦲᧃ ᦷᦂᦱᧅᧃ ᦂᦲᧃ、 ᦅᦱᧂ ᦷᦂᦲᧂ ᦷᦂᦱ ᦂᦲᧃ、 ᦅᦱᧂ
ᦷᦂᦲ ᦍᦲ ᦂᦲᧃ ᧒ ᦉᦲᧂ; ᦠᦲ ᦅᦱᧂ ᦉᦱᧅ ᦶᦎᦲᧅᧃ ᦶᦔᦲᧅ ᦶᦑᦲᧂ ᦑᦲᧃ ᦶᦀᦲᧅ ᦅᦱᧃ ᦅᦲᧂ ᦌᦲᧂ ᦓᦲ ᦷᦑ ᦟ
ᦶᦉᦲ ᦂᦲᧂ ᦔᦱᧃ ᦜᦳ ᧑ ᦔᦱᧃ ᦜᦳ ᦓᦲ, ᦉᦳ ᦟᦲᧂ ᦙᦱ ᦌ ᦷᦂᦱ ᦶᦑᦲ ᦑᦲᧅ ᦎᦱ ᦜᦳ ᦓᦲ ᦑᦲ ᦷᦂᦙᧃ ᦑᦲᧃ ᦺᦔᧃ
ᦑᦲᧃ ᦅᦲᧂ ᦶᦀᦲᧅ ᦅᦱᧃ ᦅᦲᧂ。 ᦶᦠᦲ ᦓᦲ ᦷᦑ, ᦍᦲ ᦙᦲ "ᦅᦱᧂ ᦠᦱᧅ ᦶᦎᦲᧅᧃ ᧒ ᦉᦲᧂ" ᦝᦲᧅ ᦺᦔᧂ ᦶᦑᦲᧅ
ᦵᦑᦲᧂ ᦶᦂᦲᧅ ᦶᦑᦲ ᦉᦱᧅ ᦷᦑᦲ ᦷᦂᦱ ᦎᦲᧄ ᦷᦎᦱ ᦑᦲᧃ ᦺᦔᧂ ᦑᦲ、 ᦶᦀᦲ ᦅᦱᧂ ᦶᦑᦲᧂ ᦷᦂ ᦷᦂᦙᧃ ᦑᦲᧃ ᦺᦔᧃ
ᦑᦲᧃ ᦅᦲᧂ ᦶᦀᦲᧅ ᦅᦱᧃ ᦅᦲᧂ ᦷᦑᦲ ᦌᦳ ᦶᦑᦲ ᦶᦑᦲᧄ ᦔᦱᧄ ᧘。 ᦶᦉᦲᧂ ᦶᦑᦲᧂ ᦂᦳ ᦷᦂᦑᦲ ᦺᦑ ᦌᦳ ᦂᦲᧂ ᦷᦑ
ᦷᦂᦑᦲ ᦅᦱᧂ ᦂᦲᧅᧃ ᦺᦑᦱᧂ、 ᦷᦂᦑᦲ ᦅᦱᧂ ᦶᦑᦲᧂ ᦷᦂᦱ ᦶᦑᦲᧂ、 ᦷᦂᦑᦲ ᦅᦱᧂ ᦂᦱ ᦶᦑᦲᧂ、 ᦷᦂᦑᦲ ᦅᦱᧂ ᦺᦑᦱᧄ ᦍᦱ
ᦷᦂᦲ ᦂᦱ、 ᦷᦂᦑᦲ ᦅᦱᧂ ᦶᦀᦲᧅ ᦈᦲᧅ、 ᦷᦂᦑᦲ ᦅᦱᧂ ᦂᦱ ᦌᦳ、 ᦷᦂᦑᦲ ᦅᦱᧂ ᦶᦂᦲᧂ ᦶᦑᦲᧂ ᦝᦲᧅ ᦓᦲ ᦎᦲ ᦺᦔᧂ
ᦜᦲᧃ ᦓᦲ ᦎᦱᧄ ᦂᦲᧅ ᦺᦑᦱᧄ ᦍᦱ ᦟᦱ ᦑ ᦅᦱᧂ ᦶᦑᦲᧄ ᦑᦲᧅ, ᦎᦱᧃ ᦶᦍᦲᧂ ᦶᦑᦲᧂ ᦎᦲ ᦜᦲᧃ ᦺᦔᧂ ᦂᦲᧄ ᦶᦅᦲ
ᦺᦔᦱᧅ ᦶᦑᦲ ᦺᦑᦲᧅᧃ ᦙᦱ, ᦔᦱᧃ ᦺᦑ ᦂᦱᧃ ᦎᦲᧃ ᦺᦔᧅ ᦎᦱᧄ ᦷᦎ ᦉ ᦜᦲᧅ ᦌᦳ ᦅᦱᧂ ᦶᦌᦲ ᦷᦂᦱᧄ ᦷᦂᦙᧃ ᦶᦀᦲᧅ
ᦅᦱᧃ ᦅᦲᧂ ᦷᦂᦱ ᦷᦑᦱ ᦷᦀᦲ ᦍᦱ, ᦷᦑ ᦅᦱᧂ ᦶᦌᦲ ᦷᦂᦱᧄ ᦺᦔᦱᧅ ᦶᦑᦲ ᦶᦀᦲᧅ ᦅᦱᧃ ᦅᦲᧂ。 ᦜᦲᧃ ᦶᦑᦲᧅᧃ ᦶᦉᦲᧂ
ᦍᦲ ᦷᦑᦲᧅᧃ、 ᦷᦂᦱ ᦷᦑᦲᧅᧃ ᦎᦲ ᦺᦔᧂ ᦜᦲᧃ ᦂᦲᧂ ᦠᦲᧅᧃ ᦎᦱᧄ ᦷᦎ ᦉ ᦜᦲᧅ ᦎᦱᧄ ᦅᦱᧂ ᦺᦑᦲᧅᧃ ᦙᦱ, ᦷᦑᦲ ᦺᦑ
ᦶᦀ ᦟᦱ ᦍᦱᧄ ᦠᦱᧅ ᦝᦲᧅᧃ ᦈᦱᧃ ᦷᦂ ᦶᦑᧂ ᦷᦂ ᦺᦑ ᦶᦉᦲ ᦷᦂᦲ ᦺᦔᧂ ᦜᦲᧃ ᦎᦱᧄ ᦅᦱᧂ ᦶᦌᦲ ᦷᦂᦱᧄ ᦓᦲ ᦑᦲᧅᧃ
ᦟ ᦶᦑᦲ ᦅᦱᧄ ᦶᦑᦲ ᦟᦲ。 ᦺᦔᧃ ᦶᦀᦲᧅ ᦅᦱᧃ ᦅᦲᧂ ᦑᦲᧃ ᦜᦲ ᦶᦑᦲᧅᧃ ᦑᦲᧅᧃ ᦑᦲ ᦷᦑ, ᦂᦲ ᦠᦱᧂ ᦑᦲᧅ ᦟᦲᧅ
ᦶᦑᧂ ᦷᦑᦲᧅᧃ ᦷᦂᦲ ᦑᦲ ᦜᦳ ᦶᦑᦲ ᦗ ᦜᦲ "ᦂᦲᧂ ᦠᦲᧅᧃ ᦎᦱᧄ ᦷᦎ ᦉ ᦜᦲᧅ ᦎᦱᧄ ᦅᦱᧂ" ᦎᦲ ᦑᦲᧅ ᦺᦔᦱᧅ、 ᦺᦔ

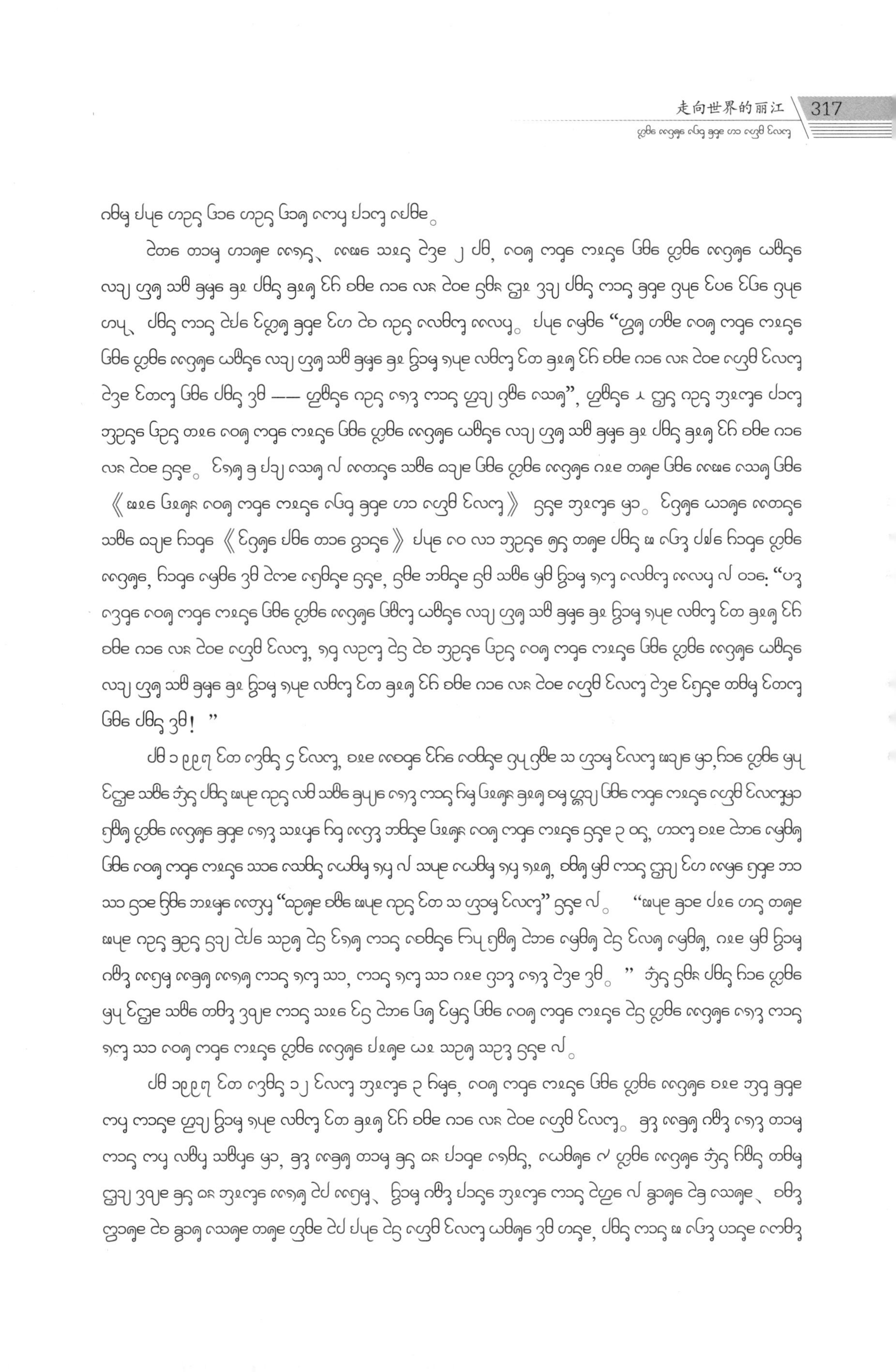

[illegible]

[illegible]

[illegible]

[illegible]

[illegible]

ᦵᦙᦲᧂ ᦋᦲᧂᧈ ᦺᦑᦳᧂ ᦑᦱᧈ! ᦂᦱᧂᧈ ᦌᦲ ᦊᦱ ᦓᦱᦙᧈ ᦵᦔᦳ ᦟᦲᦂᧈ ᦺᦏ ᦺᦃᦲᧃ ᦌᦱ ᦗᦱ ᦉᦱ ᦺᦑ ᦓᦲᧃ ᦔᦳᧃ ᦺᦠᧂ ᦌᦲᦵ ᦛ ᦗᧂᧈ ᦗᦱ ᦉᦱ ᦺᦑᧂ ᦺᦠᧂ ᦵᦠᧂᧈ ᦺᦟᧂ ᦓᦳᧃ ᦟᦲᦵ ᦉᦲᧃ ᦌ ᦵᦑᧈ ᦔᦳᧃ ᦉᦲᧃ ᦠᧂᦵ ᦺᦊᦂᧈ ᦵᦠᧈ, ᦃᦱᧃ ᦉᦱᧂᧈ ᦑᦲ ᦶᦌᧃ ᦑᦳᦂᧈ ᦙᦱ, ᦂᦳᧂ ᦠᦳᧃ ᦔᦳᧃ ᦺᦑᧂ ᦺᦃᦲᧃ ᦌᦲ ᦊᦱ ᦺᦑᧂ ᦵᦠᧈ ᦂᦱᧂᧈ ᦟᦲᦂᧈ ᦺᦏ ᦺᦃᦲᧃ ᦌᦱᧃ ᦺᦑᧈ ᦂᧂᦵ ᦔᦲᧃ ᦺᦑᦵ ᦃᦳ ᦂᦙ ᦃᦳ 《ᦛᦙ ᦛᧂ ᦓᦲ ᦋᦲᧂ ᦛᧂ ᦑᦲ》“ᦂᦳᧂ ᦗᦱ ᦉᦱ ᦈᦱᧃ ᦠᦳ ᦑᦱᧃ ᦓᦳ ᦉᦳᧂᧃ ᦋᦲ, ᦋᦲ ᦓᦲ ᦋᦲᧂ ᦋᦲ ᦑᦱᧈ ᦑᦲ ᦓᧂᦵ; ᦂᦳᧂ ᦗᦱ ᦉᦱ ᦵᦌᦲᦵ ᦠᦳ ᦑᦱᧃ ᦓᦳ ᦉᦳᧂᧃ ᦵᦑᦲᧂ, ᦵᦑᦲᧂ ᦓᦲ ᦋᦲᧂ ᦵᦑᦲᧂ ᦑᦱᧈ ᦑᦲ ᦓᧂᦵ; ᦗᦱ ᦉᦱ ᦺᦑ ᦓᦲᧃ ᦠᦳ ᦑᦱᧃ ᦓᦳ ᦉᦳᧂᧃ ᦙᦲᦵ ᦛᧂ, ᦛᧂ ᦓᦲ ᦋᦲᧂ ᦛᧂ ᦑᦱᧈ ᦑᦲ ᦓᧂᦵ!”

ᦵᦛᧂ ᦂᦱᧃ ᦂᦳᧂᧃ ᦗᦲᧃ ᦠᦲᧃ ᦶᦑᧃ ᦑᦳ ᦃᦳᦵ ᦂᦔ ᦓᦱᦙᧈ ᦵᦔᦳ ᦟᦲᦂᧈ ᦺᦏ ᦃᦳᦂ ᦺᦑ ᦈᦲᦵ ᦂᦱᧃ ᦟᦲ ᦺᦑᦵ ᦵᦠᦲ ᦺᦟᦂᧈ, ᦋᦲᧂ ᦃᦳᦂ ᦑᦲ ᦛᦲᦵ ᦵᦉᦱᧃ ᦂᦳᧂ ᦙ ᦓᦳ ᦉ ᦺᦟᦂᧈ ᦗᦂ ᦂᦳᦙ ᦗᦳᦙᧃ ᦂᧂ ᦑᦳ ᦺᦑᦵ, ᦺᦑᧂ ᦓᦲ ᦋᦲᧂ ᦂᦱᧂᧈ ᦺᦠᧂ ᦉᦔᦵ ᦵᦊᦲᦙ ᦺᦑᦱᧃ ᦵᦙᦲᧂ ᦑᦳᧃ ᦗᦱ ᦉᦱ ᦗᦲᧃ ᦠᦲᧃ ᦶᦑᧃ, ᦃᦲᧂ ᦋᦲᧂ ᦂᦱᧂᧈ ᦉᦔᦵ ᦵᦊᦲᦙ ᦔᦱᧂᦵ ᦵᦙᦲᧂ ᦊᦲᧂᦵ ᦓᦱᧂᦵ ᦵᦌᧂᦵ ᦑᦲᧂ ᦺᦑᦱᧃ ᦵᦙᦲᧂ ᦌ ᦵᦑᧈ ᦺᦑᧃ ᦺᦂᦵ ᦟ ᦺᦑᦱᧃ ᦵᦙᦲᧂ ᦵᦠᦲ ᦺᦟᦂᧈ ᦓᧂᦵ。 ᦌ ᦵᦑᧈ ᦺᦑᧃ ᦺᦂᦵ ᦋᦲᧂ ᦌ ᦵᦑᧈ ᦺᦑᧂ ᦙᦲ ᦓᦲᦵ ᦗᦱᧂ ᦊᦲᧃ ᦑᦲ ᦔᦳᦵ ᦔᦲᧈ ᦔᦳᦵ ᦂᦳᧂ ᦺᦑᦵ ᦙᦱ ᦗ ᦌᦲᧂ ᦋᦲ, ᦵᦛᧂ ᦂᦱᧃ ᦂᦳᧂᧃ ᦠᦲᧃ ᦶᦑᧃ ᦑᦳ ᦃᦳᦵ ᦂᦔ ᦂᦱᧂᦵ ᦠᦳᧁ ᦓᦱᦙᧈ ᦵᦔᦳ ᦟᦲᦂᧈ ᦺᦏ ᦃᦳᦂ ᦺᦑ ᦈᦲᦵ ᦂᦱᧃ ᦟᦲ ᦺᦑᦵ ᦵᦠᦲ ᦺᦟᦂᧈ, ᦉᦳᦙᦵ ᦌᦔ ᦌ ᦵᦑᧈ ᦺᦑᧃ ᦺᦂᦵ ᦔᦳᧃ ᦺᦑᧂ ᦓᦱᦙᧈ ᦵᦔᦳ ᦟᦲᦂᧈ ᦺᦏ ᦃᦳᦂ ᦺᦑ ᦈᦲᦵ ᦂᦱᧃ ᦟᦲ ᦺᦑᦵ ᦵᦠᦲ ᦺᦟᦂᧈ ᦔᦱᧃ ᦙᦲ ᦵᦛᧂ ᦙᦲ ᦑᦲᧃ ᦵᦉᦂ ᦓᦲᦵ ᦗᦱᧂ ᦓᦱᦙᧈ ᦵᦔᦳ ᦟᦲᦂᧈ ᦺᦏ ᦓᧂᦵ, ᦋᦲᧂ ᦈᦙᧃ ᦠᦳᧁ ᦌ ᦵᦑᧈ ᦺᦑᧃ ᦺᦂᦵ ᦔᦳᧃ ᦺᦑᧂ ᦵᦠᦲ ᦺᦟᦂᧈ ᦙᦲ ᦵᦛᧂ ᦺᦑᧂ ᦙᦲ ᦑᦲᧃ ᦵᦉᦂ ᦓᦲᦵ ᦗᦱᧂ ᦓᦱᦙᧈ ᦵᦔᦳ ᦟᦲᦂᧈ ᦺᦏ ᦃᦳᦂ ᦺᦑ ᦈᦲᦵ ᦂᦱᧃ ᦟᦲ ᦺᦑᦵ ᦓᧂᧃ ᦗᦲᧃ ᦵᦙ, ᦋᦲᧂ ᦈᦙᧃ ᦠᦳᧁ ᦂᦱᧂ ᦊᦲᧃ ᦑᦲ ᦔᦳᦵ ᦔᦲᧈ ᦔᦳᦵ ᦂᦳᧂ ᦺᦑᧂ ᦗᦱ ᦉᦱ ᦺᦑᧃ ᦓᦱᦵ ᦔᦱᧂᧃ ᦑᦳᦂᧈ ᦂᦱᧂ ᦑᦲ ᦶᦠᦙ ᦑᦳᧃ ᦵᦙ ᦓᧂᦵ ᦺᦟᧈ ᦂᦱ ᦋᦲᧂ ᦶᦂᦵ ᦑᦲ ᦶᦉᦂ ᦑᦲ ᦂᦳᧂ ᦙ ᦓᦳᦵ ᦉ ᦺᦟᦂᧈ ᦗᦳᦙᧃ ᦂᧂ ᦵᦠᧈ ᦂᦱᧂ ᦔᦂ ᦉᦱ、 ᦗᦳᦙᧃ ᦂᧂ ᦺᦑᦵ ᦙᦲ、 ᦗᦳᦙᧃ ᦂᧂ ᦊᦳᧂᦵ ᦉᦳᦂ, ᦠᦱᦂ ᦋᦲᧂ ᦂᦱᧂ ᦶᦠᦵ ᦔᦱᧃ ᦶᦠᦙ ᦶᦠᧂ ᦺᦑᦱᧃ ᦵᦙᦲᧂ ᦑᦳᧃ ᦗᦱ ᦉᦱ ᦗᦲᧃ ᦠᦲᧃ ᦶᦑᧃ ᦑᦳᦂᧈ ᦶᦠᧂ ᦃᦲᦳᧃ ᦔᧂ, ᦂᦲᧈ ᦑᦳᦂᧈ ᦂᦱᧂ ᦵᦠᧈ ᦺᦑᦟ, ᦵᦑᦵ ᦃᦳᦵ ᦠᦱ ᦵᦠᦲ ᦺᦟᦂᧈ。

(ᦌᦳᦵ ᦺᦂᧈ ᦶᦏᦙᦵ: ᦵᦓᦵ ᦊᦱᦂᦵ)

独龙族老县长高德荣

在云南的西北角、横断山脉的高山峡谷地带，有一个被誉为“中国西南最后的秘境”的地方——独龙江乡。独龙江乡地处中国与缅甸交界地区，是云南省怒江傈僳族自治州贡山独龙族怒族自治县所辖的一个小乡镇，这里世代居住着中国人口最少的少数民族之一的独龙族同胞，是全国唯一的独龙族聚居区。独龙江乡自然条件恶劣，每年有大半年的时间大雪封山，千百年来，独龙族一直沿袭着刀耕火种的生产方式，这里“可吃的东西不多，吃人的东西挺多”，一直是云南乃至全国最为贫困的地方。20世纪90年代，独龙族群众还靠救济粮、狩猎、打鱼、挖野菜果腹充饥；2010年前，大部分独龙族群众住的还是茅草房、木头房，人均年纯收入不到900元。而如今，独龙江畔草果飘香，“蜜”香四溢；一幢幢别墅式的农家小楼拔地而起，宽敞平整的柏油路通向各村各寨；独龙族人和山外的城里人一样享受着互联网、移动电话、数字电视等现代科技带来的便利和多彩……

独龙江乡如今发生的翻天覆地的变化和千年跨越的实现，离不开被群众亲切地称为“老县长”“我的‘阿摆（父亲）’”的高德荣。高德荣历任独龙江乡乡长、贡山县人大常委会主任、贡山县县长以及怒江州人大常委会副主任等职，为实现家乡早日脱贫，他带领独龙族同胞修路架桥、发展产业，坚守独龙江40余年。深感其恩的群众都说：“没有共产党就没有独龙族的今天，而党的民族光辉政策在独龙族聚居地独龙江乡的贯彻落实，全仰仗老县长高德荣殚精竭虑、倾尽心血。”

把办公室搬到独龙江乡

2006年2月，贡山县县长高德荣当选怒江州人大常委会副主任。但对此次升迁，高德荣却表现得极不情愿。从作为候选人那天起，他就一直在推辞说：“如果选我，我就辞职，把我调到州里工作，离开贡山和独龙江，我就相当于没有根了，天天坐在办公室里，我能做什么？”当选之时，面对州府相对优越的生活和工作环境，高德荣却诚恳而坚决地向州委和州人大常委会提出：“请允许把我的‘办公室’设到独龙江乡，因为独龙族同胞还没有脱贫。”任命宣布当天，高德荣没有坐进办公室，而是把办公室钥匙还给了州人大办公室，他说：“我离不开独龙江，不想在州里当官，我是人大代表，就要扎根在群众中间。”随后经中共怒江州委同意，高德荣毅然返回了他牵挂的贡山县，义无反顾地把自己的“办公室”搬回了独龙江乡。同年，全国人大代表大会期间，在会议自助餐厅，高德荣看到了正在就餐的当时的中共云南省委书记，便径直走过去直截了当地对他说：“书记，我已经写了辞职报告，请你尽快批一下！”这令从来没见过当面跟领导辞官的怒江州纪委副书记王勇德一脸震惊。之后，高德荣就扎根独龙江，积极探索独龙江产业致富之路，一心扑在独龙族群众脱贫致富上。

2010年1月，中共云南省委、省政府启动“独龙江整乡推进、独龙族整族帮扶”项目，计划用3—5年时间，总投资约10亿元，实施“安居温饱、基础设施、产业发展、社会事业发展、素质提高工程、生态环境保护与建设工程”六大工程。高德荣深感这是难得的独龙族人和独龙江乡彻底改变贫穷落后面貌的历史机遇，他必须抓住这个机会带领独龙族群众发展可持续的富民产业，以实现脱贫致富，这更坚定了他把“办公室”设在独龙江乡的决心。也就在这时，高德荣终于如愿以偿，他担任怒江州委独龙江帮扶领导小组副组长，将办公室设在了独龙江边简陋的家中，在独龙江长期蹲点。重返家乡独龙江乡后，高德荣全身心地致力于独龙江乡的产业发展、独龙族人民的脱贫致富。田间地头、施工现场、百姓的火塘边都成了他的“办公室”，下乡成了他的日常，一顶斗笠、一件磨破了领口的衬衫、高高挽起的裤腿、沾满泥巴的旅游鞋是他的常态；他终日在大山间奔忙，脚步踏遍独龙江乡的每个角落，手上戴的那块老旧的“双狮”表无声地记录着他为民办事、为民解忧的分分秒秒。有人说，高德荣就是一个 “钉子官”，在独龙江畔一钉就是40余年。他说：“群众的生活一天比一天好起来，是我最大的幸福。”

满山挂起金果果

高德荣认为，独龙江乡要脱贫致富，就要发展致富产业，提高自我造血能力，否则独龙族群众100年后还得靠救济粮。回乡后，高德荣便开始在独龙江乡积极探索发展特色产业的路子。经过反复考察遴选，他选择了种植适应当地地理条件同时又具有较高经济价值的香料——草果作为产业发展建设中的主打项目。2007年，高德荣开始探索种植草果，并率先带头示范种植。他在独龙江边建起草果示范基地，种苗是他上山找的野生种苗。他自己育草果苗，虽已年过五旬，却像年轻人一样，背三四十斤重的草果苗，把自个儿系在溜索上滑过江。他一边试种，一边推广。

然而，草果种植推广并不容易。相比效益慢且前景不明的草果，老百姓更愿意选择养羊。为了增强乡亲们种植草果的积极性和热情，高德荣绞尽脑汁、尽心竭力。他不辞辛劳挨家挨户地动员宣传，不厌其烦地讲解种植草果的好处，给大家解疑、鼓干劲，经常在村里一待就是1个星期，承诺教会大家科学种植直到挂果为止。此外，他还经常自掏腰包杀猪宰羊，免费提供吃住，召唤村民来他的草果示范基地进行培训。每次高德荣都是亲自为大家砍柴、烧水、做饭，与大家同吃同住，手把手地教大家播种、分株、除草、培土、排灌等种植草果的专门技术，并且把培育好的草果苗免费发放给群众。为激励更多的人来基地学习，他还自掏腰包发工资请村民来管理草果基地，再免费送给他们长好的草果苗。待到第一批草果收获时，高德荣又发动群众围观销售过程，亲眼看着草果换成了钱，于是当地群众纷纷主动要种苗、学技术。

在高德荣的带动下，独龙族群众种植草果热情高涨，草果产量连年翻倍。2012年，独龙江乡草果种植亩产500公斤以上的已有20户，全乡草果收成达到80吨，按每公斤6.6元计算，仅草果一项，全乡农民收入近53万元。2013年，独龙江全乡累计种植草果31000亩，乡里的第一家企业——草果烘焙厂也已建成投产。草果种植产业顺利落户独龙江乡，草果成了独龙江乡重要的致富产业，成了独龙族同胞脱贫致富的“金果果”。闪着红宝石光泽的“金果果”照亮了独龙江乡，也映红了独龙族乡亲们的笑脸。

建设“绿色银行”

“如何解决以后的花钱问题？总是吃低保也不是办法，老躺在政府的扶持下过日子更不是。我希望独龙群众用勤劳的双手建起‘绿色银行’，以后用钱都到山上取。”高德荣是这样说的，也是这样做的。

草果产业已见成效，高德荣又说：“独龙江这么大，温度、降雨都不一样，单一的项目没法全部照顾，得结合实际为独龙江发展找路子。”他发现独龙江北部气温低、雨水多，不适合草果种植，而云南白药的主要原料重楼则十分适宜种植。为此，高德荣专门请来云南白药的专家考察，做出了重楼种植规划，并与云南白药集团达成合作意向。他自己则在草果基地周边试种重楼，待的时间久了，连最怕生人的戴帽叶猴也跑来凑热闹。在他的带领推广下，重楼在独龙江乡推广种植，成为又一增收产业。

从2009年起，高德荣就带领独龙族群众养蜂，发展中蜂（中华蜂）养殖。凡事爱钻研的他总结大家的养蜂经验，并留意中蜂的生活习性，很快他的蜂箱“存桶”率就达到50%。随后，他每碰到一个中蜂养殖户，就把自己的经验全部传授给他。此外，他还大力发展独龙牛、独龙鸡等特色畜禽类养殖业。如今，中蜂、独龙牛、独龙鸡等特色生态养殖的规模都在不断扩大。

除了发展产业，高德荣还利用独龙江独特的世外桃源般的自然资源发展旅游业。现在，独龙江已经建起了5个民族文化旅游特色村。在普卡旺村，每户人家都分配到了两栋安居房，一栋自己住，另一栋当客房，村里还为此成立了旅游经营合作社。

经过多年探索，高德荣带领独龙江乡群众从种植草果起步，到发展重楼、漆树、蔬菜等种植项目和中蜂、独龙牛、独龙鸡等养殖业项目以及旅游业，形成了林、农、牧、游复合型经营模式，在独龙江大峡谷的山地间建成了令独龙族致富的“绿色银行”，群众存入的是自立和勤劳，积累下的是富裕的生活和美好的希望。

高德荣生在独龙江，根在独龙江，心在独龙江，乐在独龙江。他长期坚守在独龙江乡脱贫攻坚第一线，倾心竭力带领独龙族群众脱贫致富奔小康，完美阐释了民族干部生于斯、长于斯，改变民族贫穷落后、带领同胞与全国人民一道奔小康的赤子情怀，诠释了共产党人植根群众、服务群众，情为民所系、利为民所谋的如山使命。

参考资料

[1]中共云南省委宣传部编：《群众路线的模范实践者——高德荣》，云南美术出版社2014年版。

[2]赵金主编：《时代楷模高德荣》，云南民族出版社2015年版。

[3]中共云南省委宣传部编：《高德荣：一个独龙族老县长的追梦故事》，云南美术出版社2014年版。

（执笔：刘鸿燕）

[illegible]

[illegible]

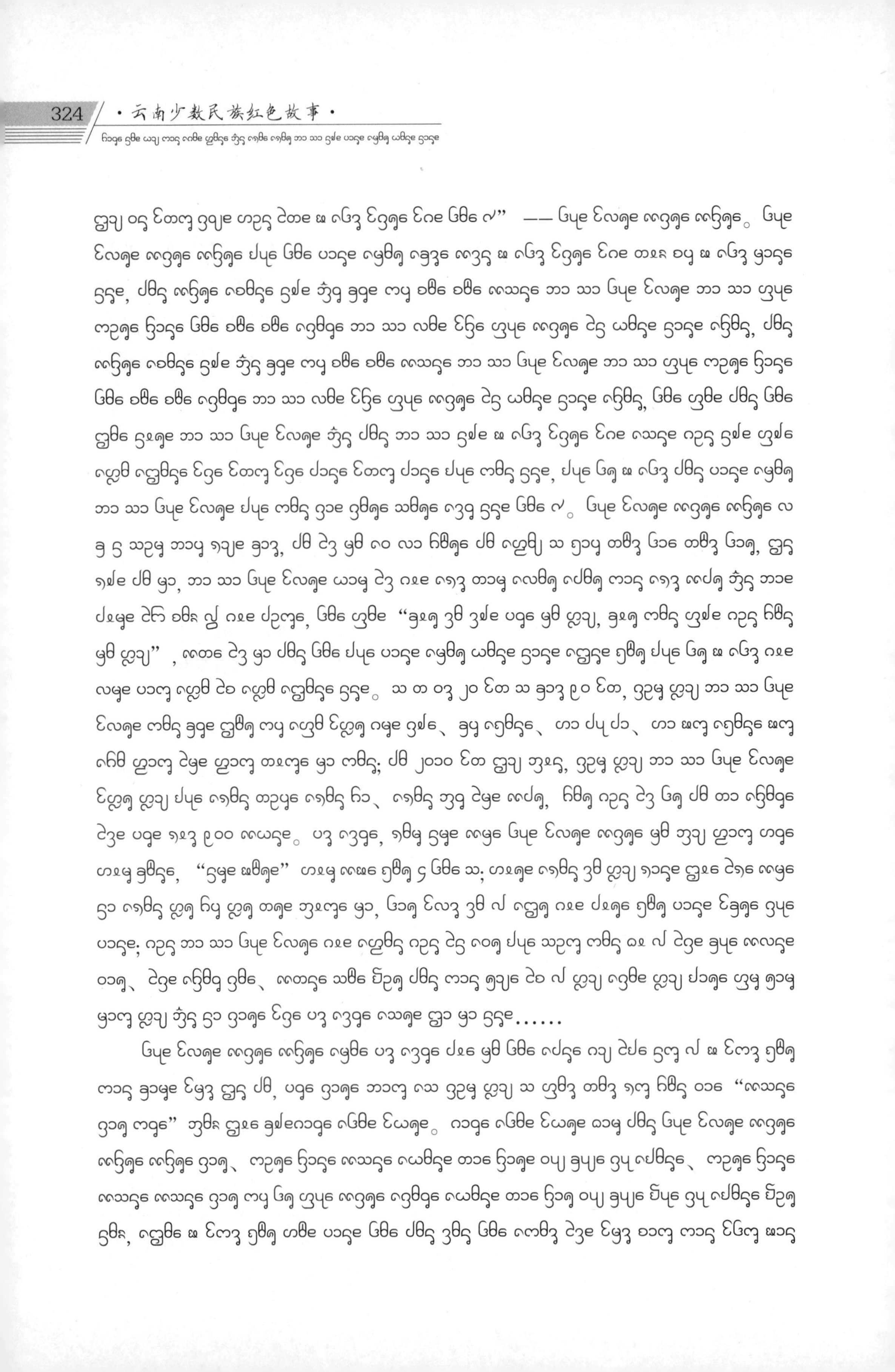

ၺမ်ႈ ၸွမ်, ၽၢင်ႇ ႁဵင်ႇ ဝဲင်း ဝဲၸ ၶၢ ၶမ်ႈ ၼႁူမ် ဘၢ သၢ ၽူဝ် ဝဲင်လူမ် ၶမ် ၽၢၵ် ၵျႃႇ ဝဲၶ၊ ပၶၢၵ် ၼမ်ႉ ၵၢင် ၵၽႄ သၢၵ်, ၶႄ ၶၢၵ် ၵၽႄ ၶပၢၵ် ယုၵ် ၽူဝ် ဝဲင်လူမ် ၶၸွမ် ၄၀ ပီ ပျႃ။ ၸုမ်ႈ ၸႃႇ ၸုၵ်

ၸႄ ယႁၵ် ပုင် ဂုင် ၶႁွမ် ၽၢင်ႇ ဂႁ ႁၢၵ် ဝၢင်း: "ပွင် မီ ဝဲင်ၵၵ် ၸၢၵ် ၽၢၵ် ဂႁ ပွင် မီ ဘၢ သၢ ၽူဝ် ဝဲင်လူမ် ၺမ်ႈ ပႄ ၸွမ်ႇ, လႁ သ ၸူမ် ဂႁၵ် ပႁၵ် ၸမ် ဘၢ သၢ ၶႁွမ် ၽၢၵ် ယုၵ် ၽမ် ဘၢ သၢ ၽူဝ် ဝဲင်လူမ် ၶႁွင် တႁမ် ၵၵ် ယုၵ် ၵမ်ႉ ၸၵ် ၽူဝ် ဝဲင်လွမ် ၶၸွမ် ၶၸွမ် ၸႄ ဂမ်ႈ ၵၽႄ တၢမ် လ ဝဲတၢၵ် ၽၢၵ် ပမ်ႉ ၽမ်, ဂႁ ႁၢၵ် ၶမ်ႈ ၵပ ၶသၢင်ႇ ၸၢၵ်ႇ ၵွင်ႇ ဂၢင်ႇ ၼေႃႉ ဝဲင်ယုၵ် ဘႁၢင် ပၢင် ဘႁၢင် ၶၵၢၵ် ၶၽႄ ၼၢင် ၶမ်ႇ ၵၽႄ ဘႄ ၸႄ ဘႁၢင် မၢ ၼၵ် လ။ "

ႁႁၵ် ပၢင်ႇ ၵၢင်ႇ ႁျႃ ၸပ် ယုၵ် ၽမ် ၽူဝ် ဝဲင်လူမ် ၶၸွမ် ၶၸွမ်

ပီ ၂၀၀၆ ဝဲတ ၵၸမ်ႈ ၂ ဝဲလၢၵ်, ၵၢင်ႇ ၼေႃႉ ဝဲင်ယုၵ် ၸုင် ပမ်ႉ ၵုၵ် ၸၢင် ၶသၢင် ၶသၢင် ၸၢၵ် ၶႁ ဝဲယၢၵ် ၶၸွမ် ပမ်ႉ ၸုၵ် ၶၸွမ် ၵၸမ် ၼယမ်ႈ တၢင် ၸၢၵ် ၵမ်ႉ ၶပျႃ ၸုၵ် ၸုၵ် ၸၵ်ႈ။ ၽွင် ဝၢင် တမ်ႈ ၸျႃ ၶၢၵ် ၼမ်ႉ ဝဲယၢၵ် ၶမ်ႉ မၢ ပမ်ႉ ၼျႃ, ၵၢင်ႇ ၼေႃႉ ဝဲင်ယုၵ် ပွင် သ ၸုၵ် ၸႁ ပမ်ႉ ၼႄ။ တၵ် ၶတၢင် ပမ်ႉ ႀုၵ် ၵၢ ၵလမ်ႉ ၶၸွမ် ဝွင် ၼႄ, ၽၢင်ႇ ဂႁ ဝၢင် ပွင် ၸႁ ပမ်ႉ ယုၵ် ၵတမ်ႈ: "ဂွင် လ ႀုၵ် ၶၢ ၶၸွမ် ဝႁ, ႀုၵ် ၶၢ ၶႁ ဝဲပႄ ၵၢင် ၶၢမ်ႈ, ဘုၵ် ႀုၵ် ၶၢ ၶတွင် ၸပ် ဂမ်ႈ ပႁၵ် ၵၢင် ၸၼ ၵၸမ်, ဘၢၵ် ၶသ ၵုၵ် ၸၢင် လ ၽူဝ် ဝဲင်လူမ် ၶၸွမ်, ႀုၵ် ၶၢ ဂႁ ပွင် မီ ဂွင် ႁၢၵ် ဝဲတ ၵတမ်ႈ, ၼွင် ယုၵ် ႁႁၵ် ပၢင်ႇ ၵၢင်ႇ ၸုၵ် ဝွင်, ႀုၵ် ၶၢ ၸၢၵ် ၵၽႄ ပွင် သၵ်?" ၶၸွမ် ဝႁ ယၢမ်ႈ ၼႄ, ယုၵ် ၸႁၵ် ၸုၢ ၸၼ ဂၢၵ် ၵၢင် ၶႁ ယုၵ် ႁၢၵ် ၵမ်ႉ လ ဝဲႁမ် ၵၢင် ဂမ်ႈ ပႁၵ် ဂႁ သုၵ် ႀ ယႁ ဝႁ ၸပ်, ၵၢင်ႇ ၼေႃႉ ဝဲင်ယုၵ် ၶႄ ၶၢၵ် တၵ် ဝဲၸၢၵ် တၵ် ၸပ် ၶမ် ဘႁၢင် မၢ ဝၢင် တႁ ၵၸမ် ဝပျ လ ၵၸမ် ၼယမ်ႈ တၢင် ၸၢၵ် ဝပျ ၶပျ: "ၶႁ ဘုၵ်ႁႁၵ် ပၢင်ႇ ၵၢင်ႀုၵ် ၶၢ ႁျႃ ၸပ် တၵ် ၸၢင် ၽမ် ၽူဝ် ဝဲင်လူမ် ၶၸွမ် ၶၸွမ် ႁၵ်, ယႁၵ် ၵၸမ် ၶမ် ၼႁူမ် ဘၢ သၢ ၽူဝ် ဝဲင်လူမ် ယၵ် ပွင် ၸႄ ဝဲမ်ႈ ၸၢၵ် ၵၢင် ဝဲၽၢၵ် ႀင် ၼေႃႉ။ " ၺမ်ႈ ႀုၵ် ၸမ် ၵၢင် ၶမ်ႈ ဝွင် ၼႄ ႀ ဂ တ ပၵ် ၶႀႁ, ၵၢင်ႇ ၼေႃႉ ဝဲင်ယုၵ် ပွင် ၶွင် ၸပ် ၼွင် ႁႁၵ် ပၢင်ႇ ၵၢင်, ၸမ် ဘုၵ် ၶႁ ၶ ၶပ ႁႁၵ် ပၢင်ႇ ၵၢင် ၶၢၵ် သုၵ် ဟမ် ၵၸမ် ၼယမ်ႈ တၢင် ပၢင် ဂုၵ် ၸမ်, ၽၢင်ႇ ဝၢင်: "ႀုၵ် ၶၢ ပွင် ၸၢၵ် ဘၢၵ် ၶသ ၽူဝ် ဝဲင်လူမ် ၶၸွမ်, ပွင် ၸႁ ယုၵ် ၸႄ ၵၸမ် ပမ်ႉ ၼျႃ, ႀုၵ် ၶၢ ပမ်ႉ ၼယမ်ႈ တၢင် တျႃ ၶၶမ်, ဂႁ ၸမ် ၸႄ ယၵ် ႁၢၵ် တၢၵ် ၸပ ယုၵ် ၸႄ ၸုမ်ႈ ၸႃႇ။ " လုင် မၢ ၸတၢင် တၢမ် ဝဲၸွမ် ဝဲၵွမ် ၸုၵ် ၶၸွမ် ၵၸမ် ဝပျ ဝဲၼ ယၢၵ်, ၵၢင်ႇ ၼေႃႉ ဝဲင်ယုၵ် ဂႁ ၶၢၵ် ၸပ် ၵုၵ် ၸၢင် ၶသၢင် ၸုင် ၽၢင်ႇ ၸပ ၵမ်ႉ ၸပ ဟမ် ၼႄ, ဂႁ ႁၢၵ် ၸမ် ၺမ်ႈ ၶျႃ ဘႁ ဘုၵ် "ႁႁၵ် ပၢင်ႇ ၵၢင်" ဝဲတ ႁမ်ႉ ႁျႃ ၶၢၵ် ၸပ် ၽမ် ၽူဝ် ဝဲင်လူမ် ၶၸွမ် ၶၸွမ် ႁၵ် ၶၸမ်။ ၸႄ ပီ ၼႄ, ၈၀ လၢ ဘႁမ် ဝဲၸွမ် တျႃ ၶၸွမ် ၼယမ်ႈ တၢင် ၽၵ် ႀ ၵၽႄ ၼႄ, ယုၵ် ၸႄ ဝဲၵ ၵမ်ႉ ၶွင် ၸုင် ဝဲတ ၵၸွမ် တၢမ် ၸပ သ ၸုၵ်

ᦟᦲᧄᦷᦙ ᦷᦙᧂ ᦵᦑᧃ ᦈᦸᧆᦙᦸᧆ ᦺᦎ ᦃᦸᧂ, ᦆᦱᧃ ᦵᦙᦲᧂ ᦺᦍᦳᧂ ᦃᦸᧂ ᦵᦑᦱᧃ ᦺᦑᦱᧃ ᦺᦔᦱᧂ ᦍᦲᧃ ᦓᦱᧃ ᦵᦓᦲᧃ ᦀᦳ ᦓᦴᧃ ᦈᦲᧃ ᦙᦲᦷᦙ ᦷᦙᧂ ᦆᦸᧂ ᦋᦴᧃ, ᦆᦱᧃ ᦵᦙᦲ ᦵᦑᦲ ᦷᦈ ᦆᦱᧃ ᦅᦱᧂ ᦷᦈᦴᧃ ᦑᦱᧃ ᦙᦸᧃ: "ᦓᦴᧃ ᦈᦲᧃ, ᦌᦴᧂ ᦃᦱᧄ ᦓᦸᧄ ᦡᦴ ᦵᦎᦑᦲᧃ ᦉᦸᧃ ᦉᦲ ᦔᦸᧃ ᦑᦱᧃ ᦅᦱᧂ ᦓᦾᧂ, ᦃᦸ ᦺᦎ ᦈᦸᧃ ᦺᦓ ᦍᦱᦡ ᦔᦲᦳᧃ ᦵᦑᦲ! " ᦵᦎᦑᦲᧃ
ᦵᦑᦲ ᦙᦱ ᦆᦸᧃ ᦔᦸᧃ ᦃᦸᧂ ᦉᦸ ᦵᦙᦲᧃ ᦋᦴᧃ ᦑᦸᧃ ᦉᦱᧄ ᦌᦴᧂ ᦅᦸᧃ ᦷᦈᧃ ᦃᦸᧄ ᦃᦸ ᦔᦸᧃ ᦔᦲᧃ ᦓᦲᧈ ᦀᦸᧂ ᦍᦳᧂ ᦵᦙᦲᧄ ᦀᦸᦷᧃ ᦔᦲᧃ ᦉᦴᧃ ᦵᦎᦑᦲᧃ ᦵᦡᦲᧃ ᦡᦲ ᦀᦳ ᦍᦴᧃ ᦓᦴᧃ ᦈᦲᧃ ᦆᦸᧃ ᦓᦸ ᦉ ᦑᦱᧃ ᦵᦑᦲ ᦆᦲ ᦟᦲ᧞ ᦟᦳᧃ
ᦙᦱ, ᦆᦱᧃ ᦵᦙᦲᧂ ᦺᦍᦳᧂ ᦆᦸᧃ ᦔᦸᧃ ᦗᦸ ᦑᦸ ᦵᦑᦲ ᦋᦴᧃ ᦋᦴᧂ ᦺᦟᦳᧂ ᦵᦎᦑᦲᧃ, ᦃᦸ ᦉᦸᧃ ᦓᦸᧃ ᦆᦲᧄ ᦋᦸᧃ ᦉᦲᧂ ᦵᦙᦲ ᦅᦱᧂ ᦆᦲ ᦉᦱᦳᧂ ᦑᦸᧃ ᦋᦴᧂ ᦺᦟᦳᧂ ᦵᦎᦑᦲᧃ ᦆᦲ ᦃᦱ ᦵᦑᦲ ᦗᦲᧃ ᦙᦲ, ᦋᦸ ᦈᦲ ᦋᦸ ᦵᦑᦲ ᦡᦱᧄ ᦅᦱᧂ ᦃᦸᧂ ᦑᦴᧄ ᦓᦱ ᦑᦱ ᦉᦱ ᦋᦴᧂ ᦺᦟᦳᧂ ᦵᦑᦲ ᦺᦙᦲ ᦈᦸ ᦅᦱᧂ ᦺᦋᦸ ᦌᦱᧂ ᦆᦲ ᦃᦱ ᦃᦸᧂ ᦵᦑᦲ ᦗᦲᧃ ᦙᦲ ᦔᦲᧃ ᦉᦲ ᦙᦱ᧞

ᦔᦲ ᧒᧐᧐᧐ ᦺᦎ ᦵᦡᦲᧃ ᧗ ᦺᦟᦳ, ᦺᦑᦱᧃ ᦺᦑᦱᧃ ᦺᦔᦱᧂ ᦍᦲᧃ ᦓᦱᧃ ᦵᦓᦲᧃ ᦀᦳ ᧟ ᦵᦓᦲᧃ ᦵᦈᦲᧃ ᦆᦳ ᦑᦸᧃ ᦃᦸᧂ ᦆᦲ ᦡᦱᧃ ᦅᦱᧂ "ᦋᦴᧂ ᦺᦟᦳᧂ ᦵᦎᦑᦲᧃ ᦋᦴᧃ ᦍᦴᧂ ᦅᦱᧂ ᦃᦸᧂ ᦵᦎᦑᦲᧃ ᦵᦎᦓᦲᧃ᧟ ᦵᦑᦲᧄ ᦡᦸᧃ ᦅᦱᧂ ᦺᦋᦸ ᦌᦱᧂ ᦑᦱ ᦉᦱ ᦋᦴᧂ ᦺᦟᦳᧂ", ᦙᦲ ᦓᦱ ᦋᦲ ᦷᦈ ᦀᦸ ᦟᦱ ᦉᦱᦙ ᦓᦲᦳ ᦃᦸ ᦔᦲ, ᦅᦱᧂ ᦺᦙᦲ ᦺᦎᦸ ᦋᦲᧂ ᦈᦸ ᦆᦲᧂ ᦓᦲᦳ ᦑᦸ ᦺᦅᦲᧂ ᦵᦎᦍᦱᧂ, ᦆᦲ ᦆᦲ ᦎᦱᧄ "ᦅᦱᧂ
ᦙᦲ ᦵᦆᦲᧃ ᦋᦴᧃ ᦵᦆᦲᧃ ᦓᦸᧃ ᦵᦑᦲ ᦷᦙᧂ ᦉᦲᧃ ᦓᦸᧃ ᦉᦸᧃ᧟ ᦅᦱᧂ ᦉᦸᧃ ᦵᦎᦑᦲᧃ ᦵᦙᦲᧄ ᦓᦲᧂ᧟ ᦔᦸᧃ ᦵᦓᦲᧄ ᦅᦱᧂ ᦆᦲ ᦉᦸᧃ᧟ ᦔᦸᧃ ᦵᦓᦲᧄ ᦅᦱᧂ ᦅᦱ ᦟᦸ ᦔᦱᧂ ᦵᦙᦲᧄ᧟ ᦺᦍᦸ ᦉᦸᧃ ᦓᦸᧃ ᦉᦲ ᦀᦸ ᦅᦱᧂ᧟ ᦆᦸ ᦉᦱ ᦺᦆᦸᧃ ᦋᦸᧃ ᦋᦴᧃ ᦋᦸᧃ ᦷᦙᧂ ᦑᦱᧄ ᦔᦲᧂ ᦑᦱᧄ ᦵᦅᦲᧃ ᦟᦲ ᦀᦸ
ᦅᦱᧂ ᦉᦸᧃ ᦵᦎᦑᦲᧃ" ᦵᦍᦸ ᦔᦲᧂ ᦀᦸ ᦅᦱᧂ ᦺᦞᦸ ᦋ ᦡᦸᧃ᧞ ᦆᦱᧃ ᦵᦙᦲᧂ ᦺᦍᦳᧂ ᦆᦴᧂ ᦆᦸᧃ
ᦟᦲᧄᦷᦙ ᦵᦎᦟᦴ ᦆᦲ ᦓᦲᧃ ᦔᦲᧂ ᦀᦸ ᦟᦱ ᦍᦱᧄ ᦉᦲ ᦃᦸ ᦆᦸᧃ ᦑᦱ ᦉᦱ ᦋᦴᧂ ᦺᦟᦳᧂ ᦟᦲ ᦋᦴᧂ ᦺᦟᦳᧂ ᦵᦎᦑᦲᧃ ᦵᦎᦓᦲᧃ ᦵᦔᦸᧃ ᦵᦑᦲ ᦓᦲ ᦋᦸᧃ ᦃᦸᧂ ᦑᦱ ᦉ ᦺᦆᦸᧂ ᦅᦱᧂ ᦺᦋᦸ ᦌᦱᧂ ᦺᦑᦸ ᦟᦳᧂ ᦓᦾᧂ ᦓᦲᦳ
ᦋᦸᧃ, ᦋᦸᧃ ᦵᦎᦆᦲ ᦵᦋᦲᧃ ᦈᦸ ᦍᦴ ᦈᦴ ᦀᦸ ᦟᦱ ᦍᦱᧄ ᦓᦲᧃ ᦺᦡ ᦓᦸ ᦉᦴᧄ ᦓᦴᧂ ᦑᦱ ᦉᦱ ᦋᦴᧂ ᦺᦟᦳᧂ ᦔᦸᧃ ᦵᦓᦲᧄ ᦅᦱᧂ ᦆᦲ ᦉᦸᧃ ᦃᦸᧂ ᦵᦑᦲ ᦵᦙᦲᧄ ᦵᦑᦲ ᦗᦲᧃ ᦙᦲ ᦔᦲᧃ ᦉᦲ ᦵᦑᦲ ᦔᦸᧃ ᦃᦸᧂ, ᦌ ᦺᦑᦸ
ᦓᦲᦳ ᦺᦙᦲ ᦈᦸ ᦅᦱᧂ ᦺᦋᦸ ᦌᦱᧂ ᦵᦑᦲ ᦗᦲᧃ ᦙᦲ ᦙᦱ, ᦆᦲᧂ ᦓᦲᧃ ᦃᦸ ᦔᦲᧂ ᦅᦱᧂ ᦋᦸᧃ ᦉᦸᧂ ᦃᦸᧂ
ᦑᦸ "ᦆᦲᦍᦸ ᦔᦸᧃ ᦅᦱᧂ" ᦵᦑᦲ ᦑᦸᧃ ᦵᦑᦱᧃ ᦋᦸᧃ ᦋᦴᧂ ᦺᦟᦳᧂ ᦵᦎᦑᦲᧃ ᦵᦎᦓᦲᧃ᧞ ᦋᦴᧃ ᦀᦸ ᦟᦱ ᦍᦱᧄ
ᦓᦾᧂ, ᦆᦱᧃ ᦵᦙᦲᧂ ᦺᦍᦳᧂ ᦡᦲ ᦉᦸᧃ ᦙᦱ ᦆᦸᧃ ᦈᦴ ᦵᦑᦲ ᦓᦾᧄ ᦉᦸ ᦓᦾᧂ ᦟᦲ, ᦋᦸᧃ ᦑᦱᧄ ᦔᦲᧂ ᦟᦲᧂ ᦑᦸᧃ
ᦵᦎᦓᦲ ᦡᦴ ᦵᦍᦸ ᦡᦴ ᦡᦱᦳ ᦆᦲ ᦅᦱᧂ ᦆᦲᧄ ᦓᦻᧈ ᦔᦱᧂ ᦵᦙᦲᧃ ᦺᦋᦸ ᦌᦱᧂ ᦋᦸᧃ ᦋᦴᧂ ᦺᦟᦳᧂ ᦵᦎᦑᦲᧃ ᦵᦑᦲ
ᦉᦴᧃ ᦵᦎᦑᦲᧃ ᦵᦑᦲᧄᦑᦸᧃ ᦀᦳ, ᦈᦸ ᦈᦴ ᦆᦲᦍᦸ ᦔᦸᧃ ᦅᦱᧂ ᦑᦸᧃ ᦵᦑᦱᧃ ᦵᦆᦲᧃ ᦓᦾᧂ ᦟᦴᧂ ᦋᦸᧃ ᦆᦲᧄ ᦋᦴᧂ
ᦺᦟᦳᧂ ᦵᦎᦑᦲᧃ ᦓᦾᧂ, ᦋᦴᧃ ᦋᦴᧂ ᦺᦟᦳᧂ ᦵᦎᦑᦲᧃ ᦵᦑᦲ ᦃᦲᧄ ᦔᦱᧃ, ᦓᦸᧈ ᦵᦑᦲ ᦔᦱᧂ ᦋᦸᧃ ᦔᦲᧂ ᦉᦲᧂ
ᦋᦸᧃ ᦵᦆᦲᧃ ᦋᦸᧃ ᦋᦴᧂ ᦺᦟᦳᧂ ᦵᦎᦑᦲᧃ ᦵᦎᦓᦲᧃ ᦵᦌ ᦟᦲ᧞, ᦆᦱᧃ ᦵᦙᦲᧂ ᦺᦍᦳᧂ ᦑᦸᧂ ᦔᦱᧃ ᦑᦸᧂ
ᦵᦎᦆᦲ ᦵᦑᦲ ᦵᦎᦔᦲ ᦅᦱᧂ ᦔᦸᧃ ᦵᦓᦲᧄ ᦅᦱᧂ ᦆᦲ ᦉᦸᧃ ᦋᦸᧃ ᦋᦴᧂ ᦺᦟᦳᧂ ᦵᦎᦑᦲᧃ ᦵᦎᦓᦲᧃ ᦃᦲᧄ ᦵᦑᦱᧃ

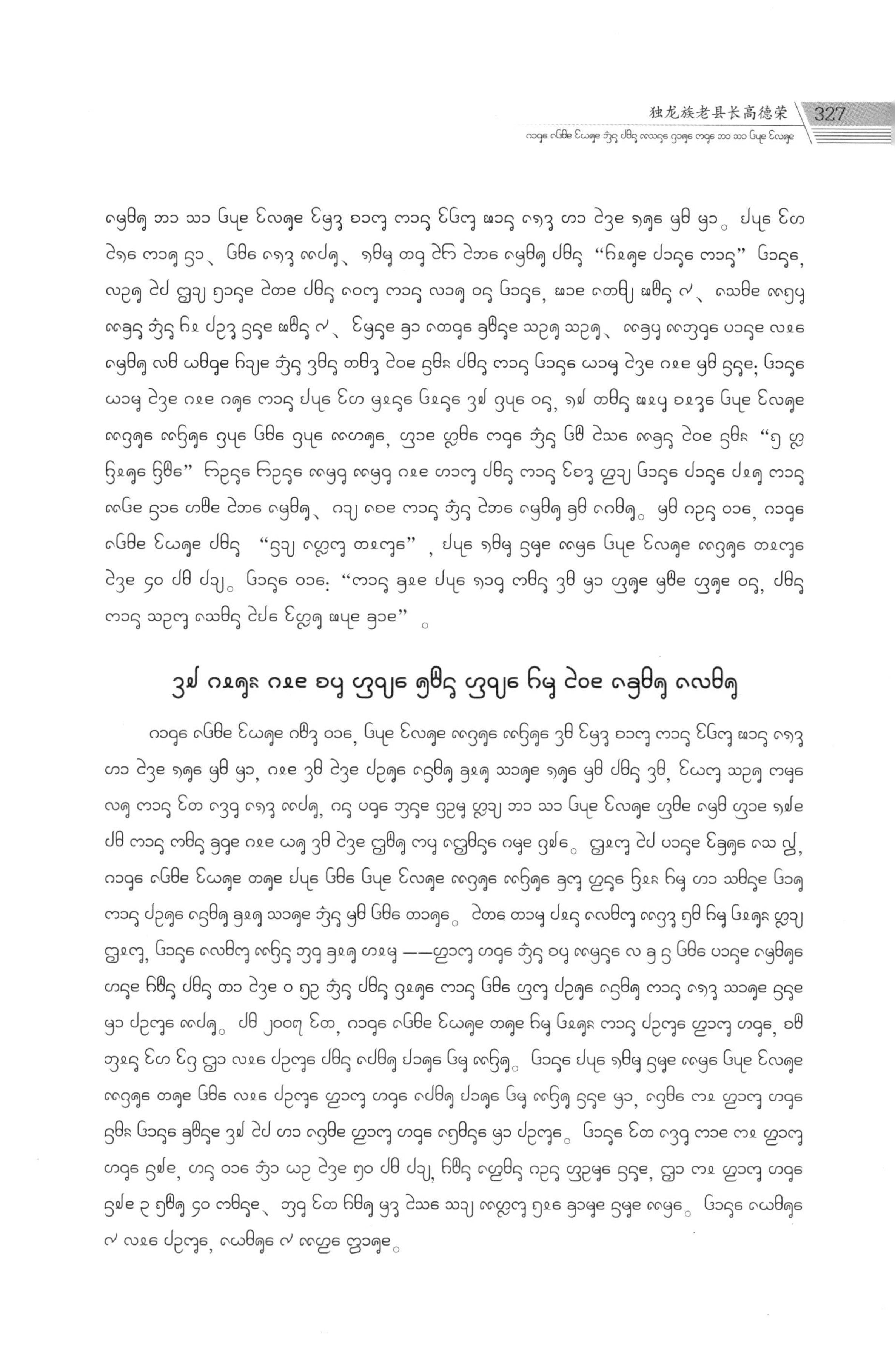

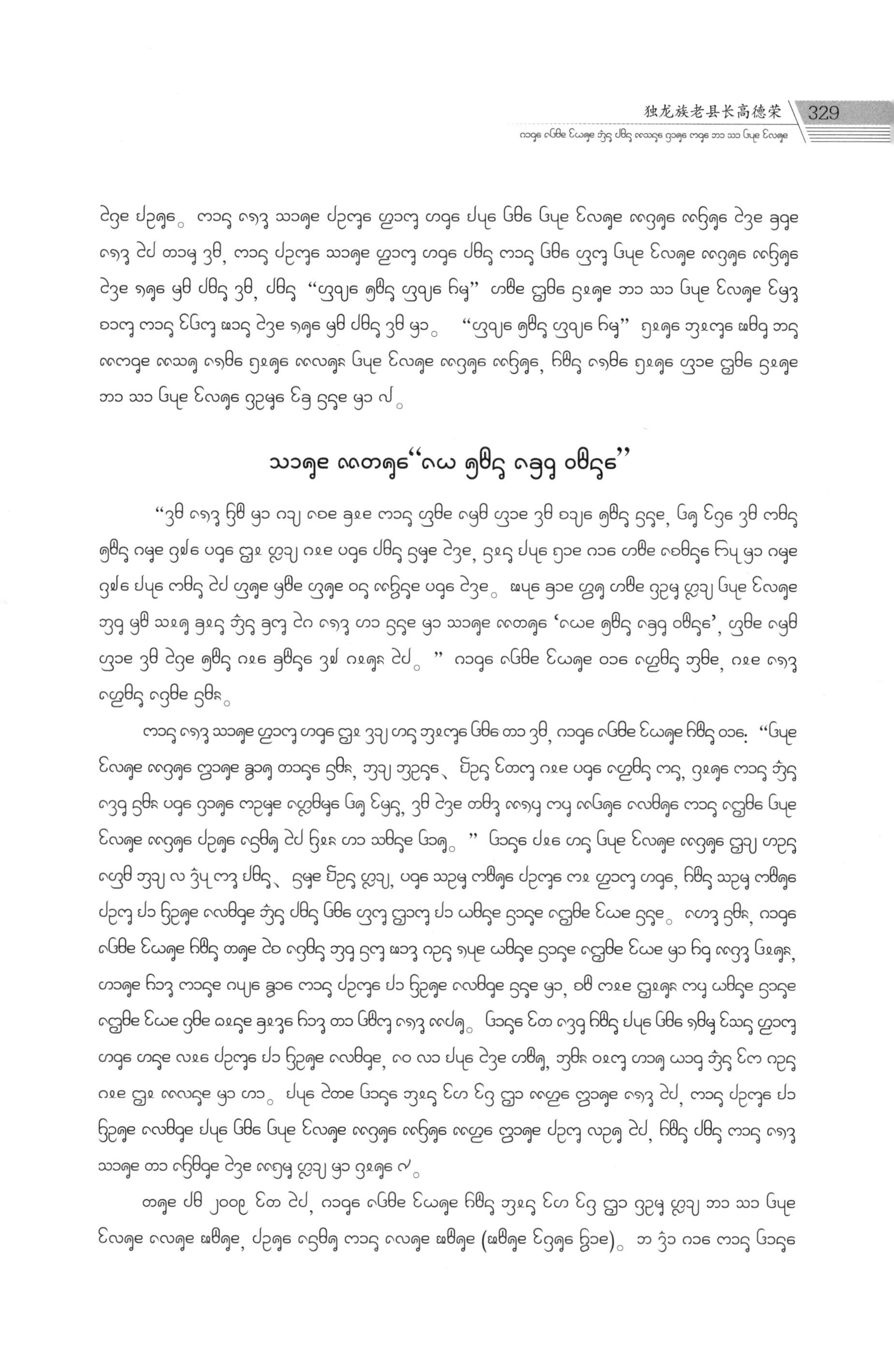

[illegible]

[illegible] "[illegible]"

"[illegible]"

[illegible]

[illegible] 2006 [illegible]

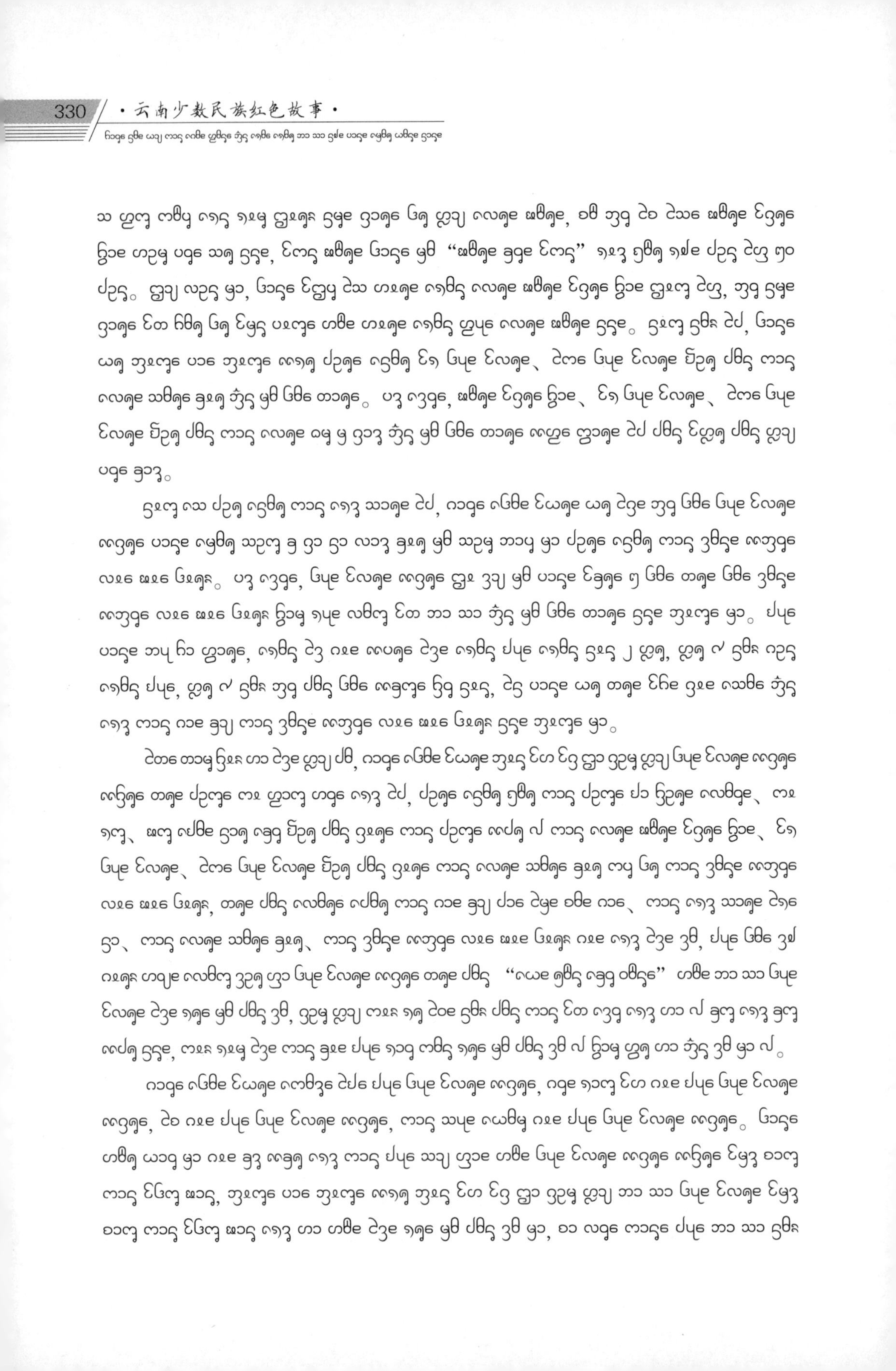

[illegible]

[illegible]

[illegible]

[illegible]

[illegible]

([illegible])

“燃灯校长”张桂梅

在“感动中国2020年度人物”颁奖晚会上，双手贴满膏药、步履蹒跚、身形瘦弱的张桂梅，让无数人既感动又心疼。那晚，张桂梅，这个普通而又不凡的名字响彻中华大地。

现在，就让我们走近扎根祖国边疆教育一线40余年，将全部身心投入边疆民族地区教育事业中，默默耕耘、无私奉献，推动创建了中国第一所公办免费女子高中，帮助1800多名女孩走出大山、走进大学的张桂梅，看看她创办这所高中背后的动人故事。

“我有一个梦想”

2002年，在云南省丽江市华坪县坚守教育一线、执教多年的张桂梅，脑海中强烈地涌现一个梦想——“我想在华坪办一所不收费的女子高中，把山里的女孩子都找来读书”，她要让这些山里贫困家庭的女孩们能通过知识改变命运，她要用教育阻断贫困的代际传递，更要让党的光辉照进大山深处。

为实现梦想，张桂梅开始奔忙于县里各部门，但很快就被全盘否定，可她并未就此放弃，她开始四处奔走筹款。从2002年起，张桂梅每年假期就直奔省城昆明募捐。她背上自己历年来所获得的荣誉奖章、证书在昆明繁华的街巷或闹市，向路人一遍遍讲述她的梦想，乞求路人的资助。她渴了就讨杯水喝，饿了就啃几口干粮，累了就找个地方躺下。她被执法人员驱赶过，被当成乞丐，被骂骗子，被人吐口水到脸上。曾经有一次，一家企业的保安放狗追着咬她，捧着被狗撕开的裤腿和流血的脚，张桂梅坐在地上放声大哭，但她仍旧无怨无悔。就这样，张桂梅以常人难以想象的艰辛和毅力奔走乞捐了5年。然而5年的假期，她仅筹到不足2万元的资金。现实正残酷地一点一点地撕碎着张桂梅的梦想。

就在张桂梅陷入绝望之际，她的一条破洞裤子给她的梦想带来了转机。2007年10月，张桂梅当选为中国共产党第十七次全国代表大会代表。华坪县委、县政府特意拨了7000元供她购买正装，代表云南参会。哪知张桂梅转身就拿这笔钱买了一台当时学校迫切需要的电脑。最终，她仅花了200元买了一件短款西装，搭着一条平时穿的牛仔裤便入京参会了。张桂梅根本没注意到的是，这条裤子不知何时已经破了两个洞。会场中，张桂梅的这身装束引起了一位敏锐女记者的注意。会后，这位女记者找到张桂梅，对她进行了深入采访。

一天后，一篇题为《“我有一个梦想”——访云南省丽江市华坪县民族中学教师张桂梅》的文章就刊登在《人民日报》等各大报纸的显著版面上。一夜之间，张桂梅的梦想飞出华坪大山，飞向全国。被党和国家的发声支持、鼓舞着，张桂梅走进各大媒体的演播厅，为她的梦想努力呼吁。回到华坪后，中共丽江市委市政府、华坪县委县政府为她的梦想亮起了绿灯，均划拨了100万元的建校经费，同时立即协调了建校用地。与此同时，全县所有机关和事业单位都发起了捐款倡议，平民百姓也自发捐款。

2008年8月，一栋5层的教学楼在华坪狮子山下拔地而起，学校定名为“丽江华坪女子高级中学”（后文简称“华坪女高”），这是全国第一所全免费的女子高中。9月1日，100名来自华坪大山里的女孩穿着火红的校服、提着学校免费配发的统一被褥包在操场集合，丽江华坪女子高级中学正式开学。在党和政府以及人民的共同关怀、支持下，张桂梅梦想的学校终于建成了。

革命传统立校　红色文化育人

张桂梅梦寐以求的学校建成了，但困难接踵而来。华坪女高建成之初，学校条件极其艰苦，除了一栋孤零零的教学楼外，啥也没有——没有围墙，没有宿舍，没有食堂，没有厕所，更没有保安。为了学生的安全，每天晚上张桂梅都带着女教师住进由教室改成的学生宿舍陪着学生过夜，男教师则在楼梯间用砖头和木板搭建起简易的床铺，全天24小时轮流值守。异常艰苦的条件，加之学生基础差带来的繁重教学任务与压力，开学不久，教师们就纷纷打起了退堂鼓。全校17名教师，有9名教师相继辞职离开，只剩下8名教师。而这些来自贫困山区的女孩们的学习状态也并非令人满意，她们并不是像张桂梅想象的那样——珍惜这来之不易的上学机会，拼尽全力地努力学习，而是懒散、缺乏时间观念、纪律涣散，更有甚者面对城里的新鲜事物缺乏自律，逃课玩乐。仅1个月内，100名学生中就有6名学生转走了。

艰苦的条件、过半数教师的离去以及看似不可救赎的学生，加之一时之间涌来的质疑声、谩骂声，学校似乎已经难以为继，张桂梅也早已身心俱疲。而就在张桂梅心灰意冷地整理资料准备交接工作时，她发现留下的8名教师中有6名是党员！张桂梅眼前一亮，党员们没有离开，党员在阵地就在，学校就不会垮，她再次看到了希望。她决心用党的坚定理想信念将全体教师凝聚在一起，汇聚成一股强大力量，战胜困难。她当即向县委组织部申请成立党支部，并很快得到批准，她被任命为党支部书记。随后，张桂梅让美术老师在教学楼二楼墙壁上手绘了一面巨大的党旗，她带着6名党员教师面对党旗重温入党誓词，郑重宣誓。此后，张桂梅以党支部建设为着力点，开展“五个一”党性教育活动，即要求党员每天上班都必须佩戴党徽、每周重温一次入党誓词、每周组织一次政治理论学习、每周唱一支革命歌曲、每周观看一部具有教育意义的红色影片并写观后感交流，以此使党员教师率先垂范，树立起全校教职工教书育人、爱岗敬业、乐于奉献的思想基调。

对于学生，张桂梅认为“欲修其身者，先正其心；欲正其心者，先诚其意”，她将红色文化教育融入学校思政教学工作，提出了“革命传统立校，红色文化育人”的教育理念，将红色的种子播撒在孩子们心中，让红色基因流淌于孩子们的血液里。她将“共产党人顶天立地代代相传”的红色标语印在华坪女高操场旁的崖壁上；她把毛泽东诗词作为必修课，每天让学生朗读、背诵；她让学生读红色经典著作、背红色经典名篇名言、讲红色故事、忆红色历史、颂革命伟人；她带领学生唱红歌、跳红舞、观看红色电影，其中《没有共产党就没有新中国》是每次必唱曲目，由师生排演的舞台剧《江姐》是华坪女高每周一次的固定演出。潜移默化中，吃苦耐劳、坚韧不拔、勇于拼搏、无私奉献的共产党员优秀的革命传统和革命精神开始在孩子们的心中发芽、壮大，红色基因开始融入孩子们的血液，红色精神代代相传。与此同时，为戒除学生懒撒、纪律涣散之风，张桂梅制定了严格的作息时间，对学生进行军事化管理。每天，张桂梅提着随身携带的小喇叭"喊起床""喊早读""喊宣誓""喊唱歌""喊吃饭""喊午休""喊晚安"，成了有名的"七喊"校长；学生们在校园里则总是在跑，跑着进教室，跑着去食堂，跑着集合做操，跑着回宿舍，她们学会了自律和争分夺秒。

短短3年，在张桂梅的带领下，华坪女高探寻出了党建引领教育完善的模式，学校形成了良好的学风、校风。2011年，华坪女高第一届学生毕业，以本科上线率73%、综合上线率100%的好成绩向党和人民交出了一份满意的答卷。10余年来，华坪女高以高考综合上线率100%的成绩稳居丽江市第一名，创造了大山里的"教育奇迹"。如今，走进华坪女高大门，映入眼帘的就是满眼的红，红色的党徽、红色的党旗、红色的校训，一股浓郁的红色文化气息扑面而来，尤其当学生们唱起红歌，嘹亮的歌声穿透校园每个角落时，总会震撼人心。

张桂梅以坚忍执着的拼搏和无私奉献的大爱诠释了共产党员的初心使命。她就如一枝报春的红梅，带给贫困山区孩子们无限的希望，谱写着新时代共产党员的时代精神。

参考资料

[1]中共云南省委组织部编著：《我有一个梦想——全国优秀共产党员张桂梅的故事》，党建读物出版社2021年版。

[2]李延国、王秀丽：《张桂梅》，云南人民出版社2022年版。

（执笔：刘鸿燕）

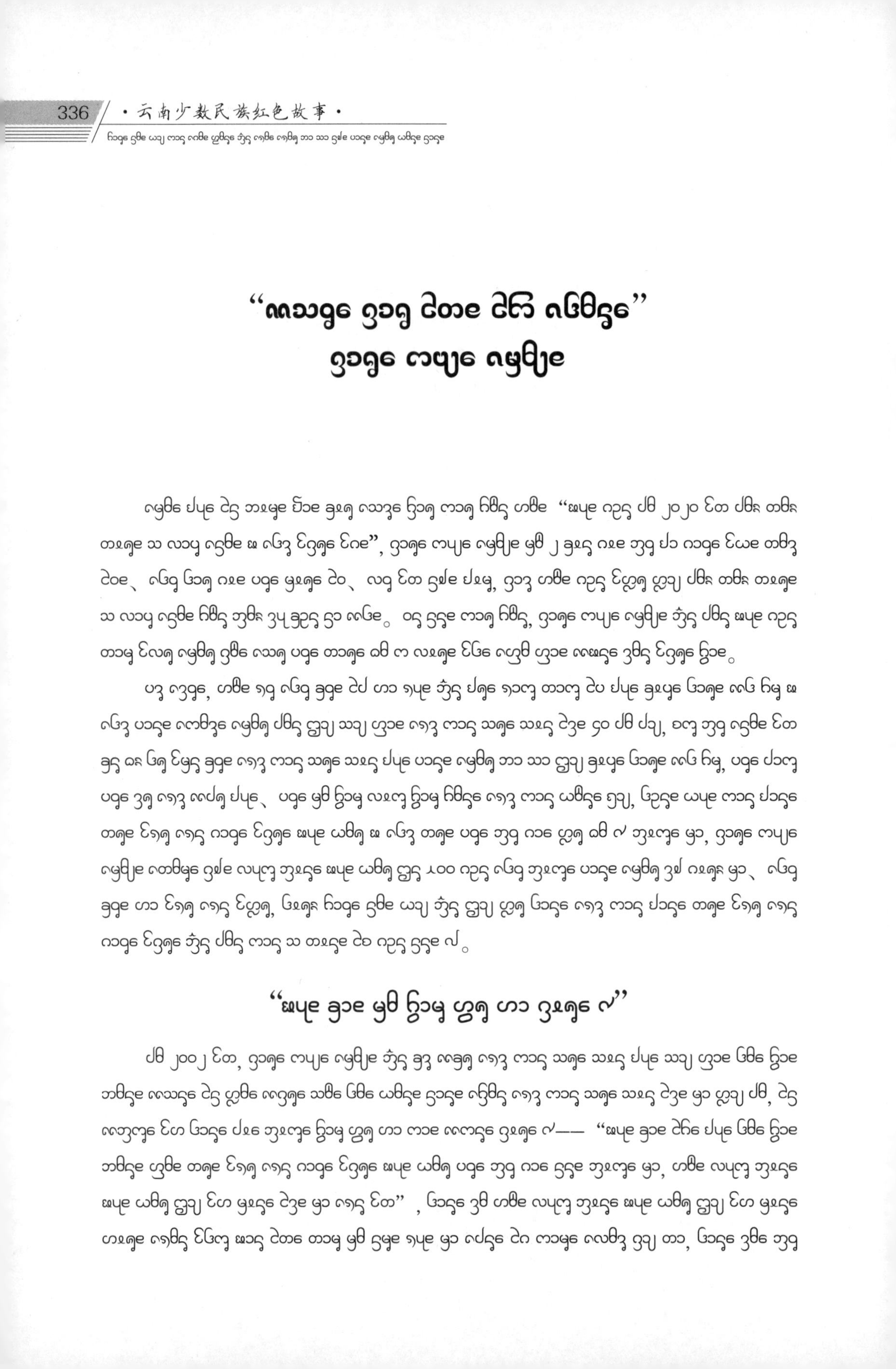

“[illegible]”
[illegible]

[illegible] “[illegible] ၂၀၂၀ [illegible]”, [illegible]

[illegible]

“[illegible]”

[illegible] ၂၀၀၂ [illegible]

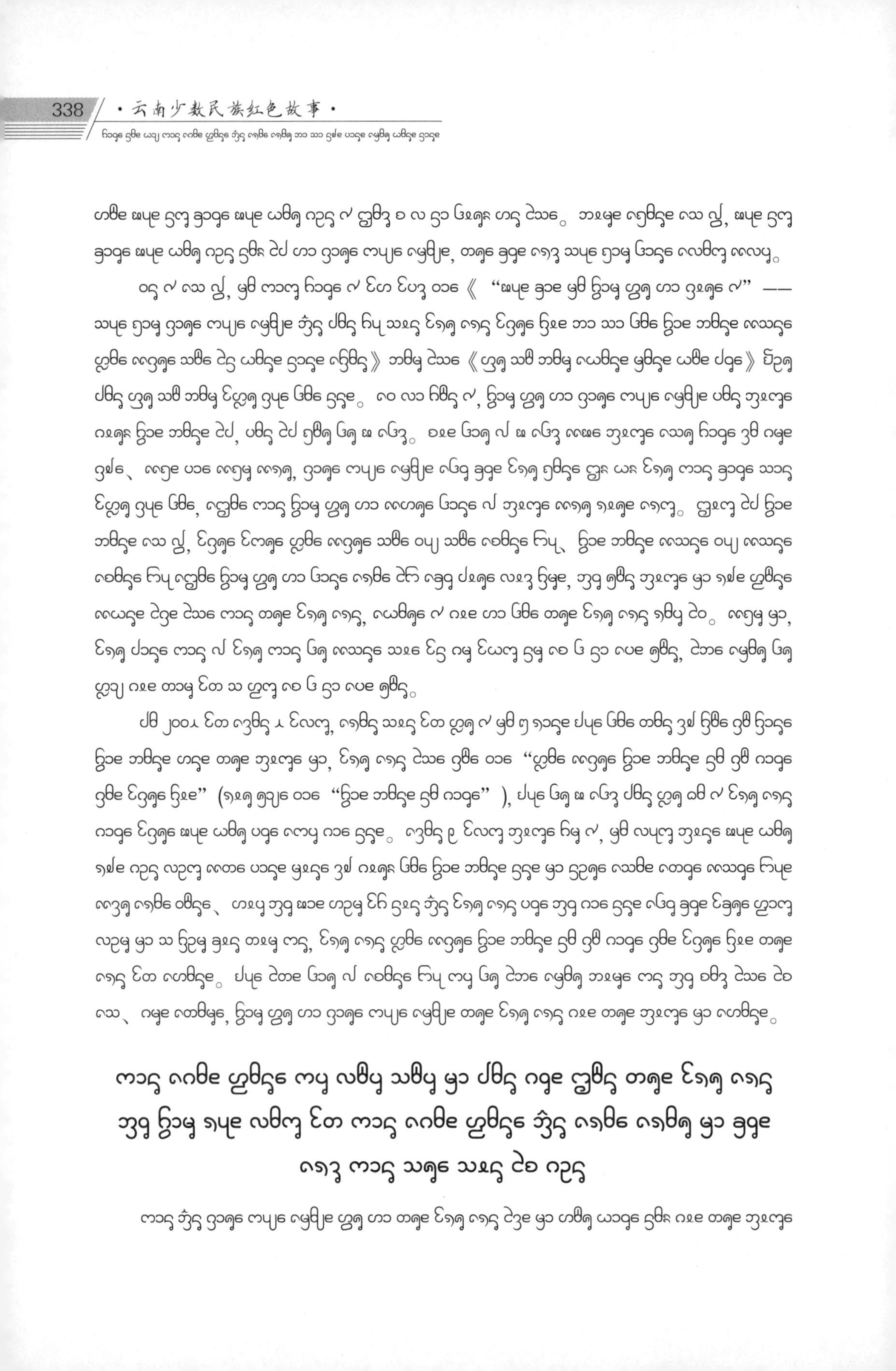

[illegible]

[illegible]

[illegible]

[illegible]

[illegible]

ᦙᦱ ᦵᦠᦲᧃᧉ, ᦍᦲᧃ ᦞᦱᧃ ᦅᦱᧂ ᦵᦟᦲᧄ ᦑᦰ ᦀᦸᧉ ᦙᦲ ᦙᦱ。 ᦺᦓᦶ ᦵᦣᦲᧃ ᦂᦱᦲᧃ ᦺᦓᦶᧃ ᦋᦳᧉ ᦍᦲᧂ ᦍᦲᧃ ᦷᦂᧉ ᦑᦲᧂᧉ
ᦉᦸᧁ ᦟᦸᧁ ᦎᦲᧉ, ᦟ ᧙ ᧕ ᦺᦓᦶ ᦵᦣᦲᧃ ᦀᦸᧉ ᦔᦱᧄ ᦍᦱᧅ, ᦓᦸᧅ ᦵᦉ ᦙᦲ ᦵᦣᦲᧂ ᦉᦸᧃ ᦺᦎ ᦟᦹᧁ ᧗ ᦓᦴᧉ ᦑᦲ, ᦉᦲ
ᦀᦸᧉ ᦔᦲᧃ ᦙᦲ——ᦔᦲᧃ ᦙᦲ ᦜᦱᧃ ᦷᦅᧉ, ᦔᦲᧃ ᦙᦲ ᦵᦣᦲᧂ ᦓᦸᧃ, ᦔᦲᧃ ᦙᦲ ᦍᦲᧃ ᦶᦑᧁ ᦈᦲᧉ ᦍᦲᧃ ᦅᦲᧂ ᦈᦲᧉ, ᦔᦲᧃ
ᦙᦲ ᦈᦳᧄ ᦞᦲᧃ, ᦶᦂᧃᧉ ᦔᦲᧃ ᦙᦲ ᦃᦲᧂ ᦘᦱᧃᧉ。 ᦵᦃᦲᧃ ᦠᦲᧉ ᦟᦳᧅ ᦵᦣᦲᧃ ᦑᦲᧉ ᦉ ᦠᦲᧃ ᦷᦂ ᦘᦲ, ᦞᦸ ᦑᦲᧃ ᦅᦱᦲ ᦂᦲᧃ
ᦙᦱ ᦈᦱᧂ ᦂᦳᧈ ᦵᦙᦲᧉ ᦀᦸᧉ ᦺᦓ ᦘᦲ ᦂᦳ ᦉᦸᧃ ᦋᦳᧉ ᦍᦲᧂ ᦑᦲ ᦓᦸᧃ ᦶᦘᦲ ᦟᦳᧅ ᦵᦣᦲᧃ ᦘᦱᧃ ᦘᦲ ᦂᦸᦲᧉ ᦉᦸᧃ
ᦵᦔᧃᧉ ᦔᦲᧃ ᦵᦣᦲᧂ ᦓᦸᧃ ᦟᦳᧅ ᦵᦣᦲᧃ ᦓᦲᧉ, ᦂᦳ ᦉᦸᧃ ᦋᦳᧉ ᦍᦳ ᦓᦲ ᦘᦲ ᦠᦱᧅ ᦠᦲᧃ ᦍᦲᧃ ᦅᦲᧃ ᦟ ᦑᦲᧉ ᦵᦔᧃᧉ
ᦅᦸᧃ ᦵᦔᧃ ᦵᦍᧃ ᦓᦸᧃ ᦑᦱᧃ ᦍᦲᧃ ᦍᦲᧄ ᦈᦲᧃᧉ ᦑᦲ ᦠᦲᧉ, ᦍᦲ ᦞᦸ ᧒᧕ ᦎᦱ ᦠᦱᧉ ᦜᦲᧃ ᦵᦔᧃ ᦅᦸ ᦜᦲᧉ。 ᦟ
᧙ ᧕ ᦔᦱᧄ ᦍᦱᧅ ᦎᦱᧃ ᦓᦲ, ᦵᦣᦲᧄ ᦙᦱ ᦵᦍᦲᧅ ᦃᦲᧂ ᦓᦲᧉ ᦍᦳᧉ ᦟᦳᧅ ᦵᦣᦲᧃ ᦓᦳᧃ ᦍᦸᧄ ᦅᦱᧂ ᦎᦱᧄ ᦉᦸᧃ ᦺᦎ
ᦀᦸᧉ ᦵᦟᦲᧄ ᦑᦰ ᦵᦍᧉ, ᦎᦲᧉ ᦵᦣᦲᧃ ᦔᦲᧃ ᦠᦲᧅ ᦍᦲᧃ ᦑᦲ, ᦂᦳ ᦉᦸᧃ ᦍᦲ ᦜᦳ ᦀᦸᧉ ᦘᦸᧅᧃ ᦃᦳ ᦍᦸ ᦍᦸ。 ᦍᦲ ᦺᦓᦶ
ᦵᦣᦲᧃ ᦙᦲ ᦂᦳ ᦉᦸᧃ ᦘᦲ ᦀᦳᧃ, ᦘᦸᧃ ᦓᦸᧄ ᦙᦲ ᦂᦳ ᦉᦸᧃ ᧘ ᦀᦳᧃ ᦈᦸ ᦺᦔᦲ ᦅᦱᧂ ᦑᦲ ᦃᦳᧃ, ᦷᦅᦲ ᦂᦳ ᦉᦸᧃ ᦑᦲᧉ
᧑ ᦀᦳᧃ, ᦟᦳᧅ ᦘᦸᧃ ᦋᦳᧉ ᦍᦲᧂ ᦍᦲ ᦜᦳ ᦘᦱᧃ ᦙᦱ ᦶᦎᧃ ᦔᦱᧃᧉ ᦵᦙᦲᧂ ᦵᦠᦲ ᦙᦸᧃ ᦠᦸᧉ ᦵᦣᦲᧂ ᦺᦍᦲᧅ ᦋᦱᧂ
ᦠᦳᧃ ᦵᦟᦲᧂ ᦅᦱᧂ ᦣᦲᧄ ᦵᦣᦲᧃ ᦀᦸᧉ ᦔᦲᧃ ᦣᦳᧅ ᦑᦰ, ᦈᦲ ᦍᦱᧃ ᦔᦲᧃ ᦑᦲᧃ ᦵᦃᦲᧂ ᦈᦱᧂ ᦂᦳᧈ ᦵᦙᦲ ᦀᦲᧃ ᦓᦲᧉ
——ᦣᦱᧅ ᦉᦱ ᦂᦸ ᦟᦱ ᦣᦲᧃ ᦵᦣᦲᧃ ᦘᦱᧃ ᦑᦲᧉ ᦙᦱ ᦔᦲᧃ ᦑᦲᧃ ᦵᦔᧃ ᦅᦱᧂ ᦋᦳᧃ ᦓᦲᧉ, ᦘᦸᧃ ᦔᦱᧃ ᦘᦸᧃ ᦵᦣᦲᧂ
ᦣᦲᧃ ᦵᦣᦲᧃ, ᦈᦲ ᦂᦲᧃ ᦺᦍᦱ ᦍᦱᧃ、 ᦓᦳᧃ ᦍᦸᧄ ᦅᦱᧂ ᦙᦲ ᦓᦱ ᦍᦲᧃ ᦘᦱᧃ ᦘᦲᧉ ᦂᦸ ᦟᦱ 、 ᦞᦲᧉ ᦑᦲᧃ ᦘᦱ ᦈᦲᧃ
ᦀᦸᧉ ᦂᦳᧉ ᦈᦱᧅ, ᦙᦲ ᦘᦸᧃ ᦔᦳᧃ ᦷᦂᧃ ᦠᦱᧉ ᦈᦸᧉ ᦺᦂ ᦘᦱᧃ ᦠᦸᧄ ᦋᦱᧄ ᦑᦲᧃ ᦅᦱᧃ ᦑᦲᧃ ᦂᦸ ᦓᦳᧃ ᦍᦸᧄ ᦅᦱᧂ
ᦺᦎ ᦠᦱᧄᧉ ᦺᦎ ᦔᦲᧃ ᦑᦲᧉ, ᦔᦲᧃ ᦵᦣᦲᧃ ᦺᦎ ᦘᦸᧃ ᦑᦲ ᦓᦲᧃᧉ ᦺᦙᦲᧃ。 ᦎᦱᧄ ᦂᦱᧃ ᦂᦸ ᦟᦱ ᦵᦓᦲᧂ ᦵᦓᦲ, ᦟᦳᧅ
ᦵᦣᦲᧃ ᦣᦲᧉ ᦀᦳᧃ ᦙᦲ ᦟᦳᧅ ᦵᦣᦲᧃ ᦶ ᦀᦳᧃ ᦓᦸᧃ ᦃᦳᧃ ᦵᦠ。

ᦟ ᧙ ᧕ ᦔᦱᧄ ᦍᦱᧅ、 ᦙᦲ ᦂᦳ ᦉᦸᧃ ᦂᦲᧃ ᧗ ᦃᦳ ᦘᦸᧃ ᦑᦲ ᦟ ᦍᦸᧃ ᦙᦱ ᦟᦳᧅ ᦵᦣᦲᧃ ᦀᦸᧉ ᦔᦲᧃ
ᦓᦱᧃ ᦣᦲᧉ ᦠᦱ ᦃᦸᧅ ᦙᦱ ᦓᦲᧉ, ᦵᦣᦲᧄ ᦙᦱ ᦙᦲ ᦠᦱᧃ ᧗ ᦔᦸᧃ ᦙᦲ ᦅᦱᧂ ᦷᦂᧄ ᦉᦲ ᦅᦱ、 ᦵᦃᦲᧃ ᦉᦱᦲᧉ
ᦓᦱᧃ, ᦺᦓᦶ ᦵᦣᦲᧃ ᦀᦸᧉ ᦔᦸᧃ ᦙᦲ ᦅᦱᧂ ᦵᦣᦲᧃ ᦔᦲᧃ ᦑᦲ ᦠᦱᧉ, ᦈᦱᧂ ᦂᦳᧈ ᦵᦙᦲᧉ ᦵᦓᦲᧉ ᦺᦎ ᦟ ᦑᦲᧃ ᦑᦰ ᦀᦸᧉ ᦙᦲᧃ
ᦶᦂᧃ ᦶᦎᧃ ᦍᦱᧄ ᦓᦲᧉ ᦵᦠᦲᧃᧉ。 ᦔᦳᧃ ᦵᦙᦲᧃ ᦈᦱᧂ ᦂᦳᧈ ᦵᦙᦲᧉ ᦎᦱᧃ ᦀᦲᧉ ᦓᦲᧉ ᦑᦰ ᦵᦜᦲᧃ ᦶᦙ ᦈᦸᧅ ᦺᦂ
ᦠᦱᧉ ᦵᦣᦲᧃ ᦓᦲ ᦶᦂᦲᧃ ᦅᦱᧂ ᦎᦱᧄ ᦓᦲᧉ, ᦍᦱᧃ ᦔᦸᧃ ᦠᦱᧃ ᦂᦳ ᦉᦸᧃ ᦘᦱᧃ ᦔᦳᧃ ᦑᦲᧉ ᧑ ᦀᦳᧃ ᦙᦲ ᦶ ᦀᦳᧃ ᦓᦲ
ᦔᦲᧃ ᦍᦱᧅ ᦶᦍᦲᧃᧉ! ᦈᦱᧂ ᦂᦳᧈ ᦵᦙᦲᧉ ᦠᦱᧉ ᦵᦣᦲᧃ ᦎᦱ ᦵᦍᦲᧃ ᦙᦱ, ᦍᦱᧅ ᦶᦍᦲᧃᧉ ᦍᦲ ᦜᦳ ᦔᦲᧃ ᦃᦳᧃ, ᦍᦱᧅ
ᦶᦍᦲᧃᧉ ᦔᦳᧃ ᦍᦲᧃ ᦵᦣᦲ ᦀᦸᧉ ᦔᦳᧃ, ᦺᦓᦶ ᦵᦣᦲᧃ ᦀᦸᧉ ᦔᦲᧃ ᦈᦱᧂ ᦂᦳ ᦠᦳ, ᦍᦱᧃ ᦂᦲᧃ ᦠᦸ ᦣᦲᧅ ᦷᦂᧄ ᦠᦲ ᦠᦱ
ᦵᦣᦲᧄ。 ᦍᦱᧃ ᦂᦲᧃ ᦑᦲᧉ ᦑᦰ ᦙᦲ ᦷᦂᧄ ᦋᦱᧃ ᦣ ᦠᦱ ᦷᦂᧄ ᦵᦃᦲᧃ ᦶᦠᦲᧃ ᦍᦱᧅ ᦠᦳᧃᧉ ᦈᦸ ᦈᦸ ᦘᦲ ᦂᦳ ᦉᦸᧃ ᦍᦲ
ᦺᦙᦲᧃ ᦓᦳ ᦓᦳᧄ ᦔᦳᧃ ᦠᦲ ᦅᦸ, ᦜᦲᧃᧉ ᦔᦲᧃ ᦅᦲᧃ ᦟᦲ ᦑᦲᧃ ᦶᦣᧅ ᦶᦣᧅ ᦅᦱᧉ, ᦂᦲᧄ ᦶᦃᦲᧉ ᦅᦱᧂ ᦟᦲᧉ ᦔᦱᧅ ᦵᦟᦲᧄ
ᦑᦰ。 ᦍᦱᧃ ᦈᦲᧃ ᦈᦸᧃ ᦎᦸᧃ ᦶᦉᧃ ᦞᦳ ᦓᦳ ᦓᦲ ᦔᦳᧃ ᦓᦲ ᦎᦲᧉ ᦍᦱᧅ ᦓᦲᧃ ᦔᦳᧃ ᦘᦸᧃ ᦙᦱ, ᦀᦸᧉ ᦺᦓ ᦍᦱᧃ
ᦠᦲᧉ ᦣᦲᧄ ᦑᦲ, ᦍᦱᧃ ᦎᦱᧄ ᦔᦲᧃ ᦍᦱᧅ ᦓᦲᧃ ᦔᦳᧃ ᦂᦳᧃ ᦈᦲᧃ。 ᦟᦳᧃ ᦙᦱ, ᦈᦱᧂ ᦂᦳᧈ ᦵᦙᦲᧉ ᦠᦲᧉ ᦂᦳ ᦉᦸᧃ
ᦶᦎᦱᧄᧉ ᦺᦓᦲ ᦔᦳᧃ ᦍᦲᧃ ᦜᦱ ᦵᦣᦲᧂ ᦉᦸᧃ ᦺᦎ ᦣᦱᧃᧉ ᦎᦲ ᧒ ᦠᦲᧉ ᦶᦎᦱᧄ ᦺᦓᦲ ᦎᦲᧉ ᦵᦓᦲ ᦍᦱᧅ ᦂᦲᧉ ᦑᦱᧃ, ᦍᦱᧃ

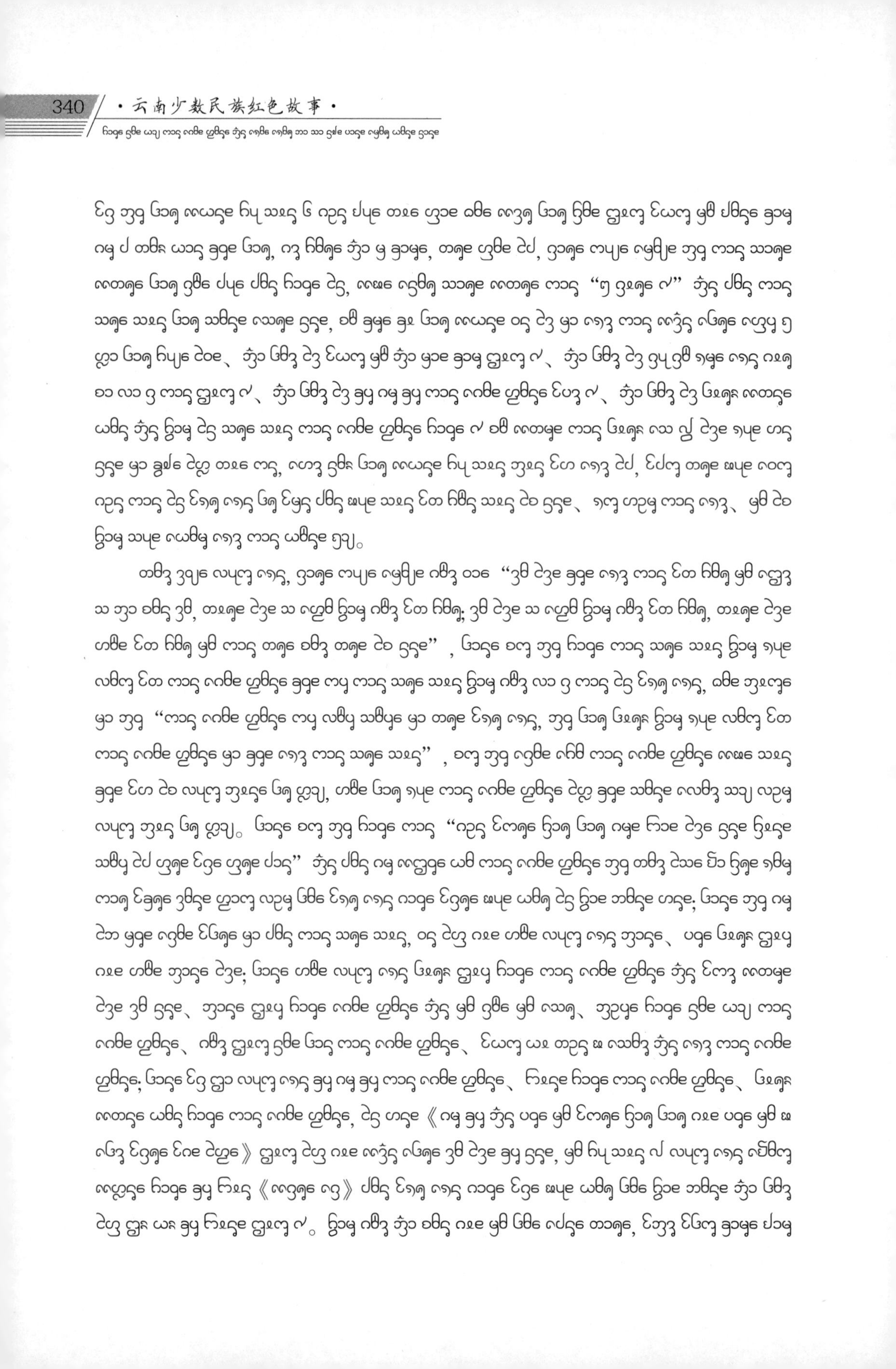

ᥟᥦᥴ、 ᥔᥣ ᥖᥤᥢᥱ ᥞᥩᥒᥴ ᥑᥒᥰ ᥙᥩᥢ ᥐᥥᥛᥳ ᥟᥦᥒᥰ、 ᥞᥨᥒ ᥞᥤᥙᥴ ᥙᥒᥰ、 ᥘᥩᥒ ᥐᥣᥒᥰ ᥕᥛᥒᥰ ᥓᥩᥭ ᥙᥩᥢ ᥖᥩᥢ ᥐᥣᥢ ᥖᥩᥢ ᥔᥛᥒᥰ ᥒᥤᥢᥱ ᥓᥛᥒᥰ ᥐᥧᥒᥰ ᥟᥐᥩᥢ ᥒᥣᥛ ᥜᥣᥛ ᥑᥧᥴ ᥖᥤ ᥐᥧᥒᥰ ᥞᥣᥒᥢ ᥐᥩ ᥘᥤᥙ ᥔᥤᥙᥢ ᥛᥣ ᥘᥱ ᥟᥦᥝ ᥒᥣᥛ ᥐᥤᥛ ᥞᥛᥒᥢ ᥑᥩᥴ ᥘᥛᥒᥰ ᥟᥦᥝ ᥘᥧᥐ ᥖᥩᥴ ᥜᥛ ᥞᥣᥭ ᥖᥫᥐᥢ ᥖᥫᥐᥢ ᥖᥫᥐᥢ ᥝᥣᥩ、 ᥐᥣᥴ ᥘᥐᥢᥰ ᥘᥑᥛ ᥘᥘᥛ, ᥞᥣᥩᥢ ᥐᥣᥒᥰ ᥐᥤᥛ ᥞᥛᥒᥢ ᥟᥦᥞ ᥑᥩᥴ ᥔᥛᥒᥴ ᥘᥤᥖ ᥔᥣᥭ ᥘᥧᥛ ᥘᥧᥐ ᥖᥩᥴ ᥜᥛ ᥞᥣᥭ, ᥟᥦᥝ ᥒᥣᥛ ᥐᥣᥒᥰ ᥐᥤᥛ ᥞᥛᥒᥢ ᥖᥤ ᥟᥦᥴ ᥒᥩᥒᥴ ᥔᥤᥙᥢ ᥟᥦᥱ ᥞᥩᥴ ᥟᥩᥴ ᥞᥩᥢ ᥓᥣᥒᥰ。 ᥞᥨᥒ ᥖᥩᥢ ᥒᥛᥒᥱ, ᥒᥤᥢ ᥞᥤᥛ ᥘᥧᥐ ᥘᥒᥰ ᥘᥖᥨ ᥐᥣᥒᥰ ᥟᥕᥢ ᥕᥣᥒᥰ、 ᥝᥤᥛ ᥟᥒᥰ ᥖᥣ ᥑᥛᥒᥰ ᥐᥣᥴ ᥞᥧᥛ ᥝᥣᥐ, ᥖᥩᥢ ᥐᥧᥒ ᥛᥤᥧᥴ ᥐᥖ ᥞᥤᥛᥢ ᥞᥤᥖ ᥖᥤᥛᥢ ᥐᥝ ᥘᥣ ᥒᥛ ᥒᥣᥒᥰ, ᥖᥤᥖ ᥖᥧᥴ ᥘᥧᥐ ᥘᥒᥰ ᥒᥛᥱ ᥑᥩᥴ ᥘᥖ ᥖᥩᥢ ᥒᥛᥴ ᥖᥩᥢ ᥑᥣ ᥞᥣᥒᥰ ᥛᥣ ᥟᥦᥱ ᥑᥣᥒᥰ。 ᥝᥒᥰ ᥟᥦᥞ, ᥖᥩᥢ ᥐᥧᥒ ᥛᥤᥧᥴ ᥖᥩᥢ ᥐᥣᥴ ᥐᥫᥛᥴ ᥘᥣ ᥟᥣᥴ ᥒᥛᥴ ᥐᥩ ᥟᥖ ᥟᥦᥴ "ᥘᥫᥛᥴ ᥘᥧᥐ ᥒᥣᥒᥰ" "ᥘᥫᥛᥴ ᥛᥣ ᥖᥣᥒᥢ ᥟᥖ ᥐᥣᥛ ᥟᥦᥞ" "ᥘᥫᥛᥴ ᥟᥕᥐ ᥛᥤ ᥖᥣ ᥛ ᥑᥣᥛᥢ" "ᥘᥫᥛᥴ ᥑᥩ ᥐᥛ ᥑᥩ" "ᥘᥫᥛᥴ ᥐᥤᥒᥰ ᥑᥩᥴ" "ᥘᥫᥛᥴ ᥒᥫᥒᥰ ᥐᥣᥛ ᥝᥒᥰ" "ᥘᥫᥛᥴ ᥐᥣᥛ ᥞᥤᥒᥰ ᥔᥣ ᥞᥧᥖ ᥒᥫ ᥖᥤ", ᥟᥘᥖ ᥟᥦᥴ ᥖᥤᥢ ᥝᥣᥢ "ᥐ ᥘᥫᥛᥴ" ᥘᥣᥩᥢ ᥖᥩᥛ; ᥘᥧᥐ ᥘᥒᥰ ᥟᥙᥢ ᥟᥒᥰ ᥟᥘᥛ ᥘᥒᥰ ᥘᥖ ᥔᥛ ᥐᥫᥴ ᥘᥘᥒᥢ ᥟᥦᥱ ᥘᥘᥒᥢ ᥛᥣ, ᥘᥘᥒᥢ ᥟᥦᥱ ᥞᥫᥛᥴ ᥔᥫᥒᥰ, ᥘᥘᥒᥢ ᥟᥦᥱ ᥐᥤᥒᥰ ᥑᥩᥴ, ᥘᥘᥒᥢ ᥟᥦᥱ ᥖᥧ ᥒᥧᥛ ᥐᥒᥰ ᥞᥖ ᥘᥞᥧᥒᥢ ᥒᥤᥛ ᥟᥖ, ᥘᥘᥒᥢ ᥖᥫᥐ ᥟᥦᥱ ᥖᥤᥢ ᥒᥫᥒᥰ, ᥑᥩ ᥖᥒᥢ ᥘᥒᥰ ᥟᥦᥴ ᥐᥣᥒᥰ ᥟᥖ ᥞᥣᥛᥴ ᥟᥖ ᥘᥱ ᥕᥙ ᥞᥩᥒᥴ ᥐᥝ ᥘᥣ。

ᥐᥝ ᥘᥣ 2 ᥟᥤ, ᥟᥙᥢ ᥟᥦᥣᥴ ᥖᥩᥢ ᥐᥧᥒ ᥛᥤᥧᥴ ᥖᥫᥒᥰ ᥟᥞ, ᥟᥘᥛ ᥘᥒᥰ ᥐᥣᥩᥢ ᥟᥖᥩᥢ ᥑᥧᥴ ᥕᥤᥛ ᥖᥤᥢ ᥒᥩᥴ ᥖᥤᥒᥴ ᥒᥫᥢ ᥟᥦᥴ ᥔᥛᥒᥴ ᥖᥛ ᥘᥤᥛᥢ ᥘᥤᥛ ᥐᥣᥒᥰ ᥔᥣᥐᥴ ᥘᥖᥢᥴ ᥖᥛ ᥛᥣ ᥐᥫᥒᥢ ᥒᥛ ᥐᥣᥒᥰ ᥔᥣᥐᥴ ᥔᥫᥒᥰ ᥟᥦᥴ ᥟᥒᥩᥴ ᥖᥤᥛ ᥟᥖᥐ ᥖᥤᥢ ᥟᥤᥒᥰ ᥖᥤ, ᥟᥘᥛ ᥘᥒᥰ ᥛᥤ ᥘᥤᥛᥢ ᥘᥤᥛ ᥐᥣᥒᥰ ᥘᥣᥛ ᥒᥖ ᥘᥛᥢ ᥘᥒᥰ ᥐᥫᥴ ᥖᥤ、 ᥐᥣᥒᥰ ᥘᥫᥢ ᥐᥒᥰ ᥘᥞᥛᥢ ᥟᥒᥰ ᥟᥘᥛ ᥘᥒᥰ ᥐᥫᥴ ᥖᥤ。 ᥟᥤ 2000 ᥟᥖ, ᥟᥘᥛ ᥘᥒᥰ ᥐᥣᥩᥢ ᥟᥖᥩᥢ ᥑᥧᥴ ᥕᥤᥛ ᥖᥤᥢ ᥒᥩᥴ ᥖᥤᥒᥴ ᥘᥧᥐ ᥘᥒᥰ ᥟᥣᥛᥢ ᥟᥤ 12 ᥐᥫᥴ ᥒᥤᥴ ᥘᥝᥴ ᥘᥞᥤᥒᥴ, ᥟᥦᥴ ᥘᥒᥰ ᥑᥤᥒᥴ ᥒᥤᥒᥰ ᥟᥐᥢ ᥒᥛᥱ ᥛᥤ ᥘᥫᥴ ᥟᥧᥒᥰ ᥟᥦᥞ ᥐᥧ ᥟᥧᥒᥰ、 ᥘᥫᥛ ᥖᥫᥐᥢ ᥒᥛᥴ ᥖᥩᥢ ᥘᥒᥰ ᥑᥤᥒᥴ ᥘᥫᥴ ᥟᥧᥒᥰ ᥟᥦᥞ ᥘᥫᥴ ᥟᥧᥒᥰ ᥖᥩᥢ ᥟᥦᥴ ᥒᥛᥴ ᥖᥩᥢ ᥔ ᥖᥣᥫ ᥟᥦᥝ ᥘᥣᥩᥢ ᥞᥤᥛ ᥒᥣᥛ ᥘᥱ ᥑ ᥟᥖᥧᥒ ᥒᥒᥴ。 ᥐᥝ ᥟᥤ ᥟᥣᥭ ᥛᥣ, ᥟᥘᥛ ᥘᥒᥰ ᥐᥣᥩᥢ ᥟᥖᥩᥢ ᥑᥧᥴ ᥕᥤᥛ ᥖᥤᥢ ᥒᥩᥴ ᥖᥤᥒᥴ ᥘᥫᥛ ᥖᥫᥐᥢ ᥒᥛᥴ ᥖᥩᥢ ᥞᥤ ᥑᥤᥒᥴ ᥙᥐ ᥟᥘᥛ ᥘᥒᥰ ᥟᥘᥩᥛ ᥘᥫᥖ ᥒᥤᥛ ᥘᥫᥴ ᥟᥧᥒᥰ ᥟᥦᥞ ᥘᥫᥴ ᥟᥧᥒᥰ ᥟᥙᥢ ᥘᥤᥛ ᥘᥐᥩᥢ ᥔᥤᥢ ᥟᥤᥒᥰ ᥐᥫᥴ, ᥟᥣᥒᥢ ᥖᥫᥐᥢ ᥐᥣᥒᥰ ᥟᥙᥢ ᥙᥣᥒᥴ ᥛᥤᥛ ᥐᥤᥛ ᥛᥩᥒᥢ "ᥐᥣᥒᥰ ᥔᥣᥐᥴ ᥔᥫᥒᥰ ᥙᥩᥢ ᥞᥫᥒᥢ ᥘᥙᥴ ᥞᥫᥒᥢ ᥛᥤ" ᥒᥒᥴ。 ᥙᥖ ᥐᥖᥩᥢ, ᥟᥒᥩ ᥑᥩᥴ ᥟᥘᥛ ᥘᥒᥰ ᥐᥣᥩᥢ ᥟᥖᥩᥢ ᥑᥧᥴ ᥕᥤᥛ ᥖᥤᥢ ᥒᥩᥴ ᥖᥤᥒᥴ ᥟᥦᥱ, ᥟᥙᥢ ᥒᥫᥛᥢ ᥞᥣᥴ ᥘᥒᥩᥒᥰ ᥖᥣ ᥒᥤᥛᥱ ᥘᥤᥢ ᥐᥖᥛ ᥟᥦᥴ ᥒᥛᥴ, ᥞ ᥘᥣ ᥖᥩᥛ ᥞᥙᥢ ᥐᥫᥴ ᥑᥤᥛ ᥐᥖᥛ、 ᥟᥤᥢ ᥟᥖᥛ ᥖᥩᥛ ᥐᥫᥴ ᥑᥤᥛ ᥐᥖᥛ、 ᥐᥣᥒᥰ ᥔᥣᥐᥴ ᥔᥫᥒᥰ ᥟᥒᥰ ᥟᥘᥛ ᥘᥒᥰ ᥐᥫᥴ ᥑᥤᥛ ᥐᥖᥛ, ᥐᥣᥒᥰ ᥘᥛᥢ ᥘᥒᥰ ᥒᥣᥛ ᥘᥙᥴ ᥘᥤᥐ ᥟᥖ ᥐᥣᥒᥰ ᥐᥤᥛ ᥞᥛᥒᥢ ᥟᥙᥢ ᥖᥫᥢ ᥞᥣᥴ ᥟᥦᥴ, ᥖᥤᥢ ᥞᥩᥐ ᥒᥤᥛᥱ ᥟᥙᥢ ᥛᥤᥢ ᥘᥧᥐ ᥘᥒᥰ ᥑᥩ ᥐᥛ ᥑᥩ ᥐᥣᥒᥰ ᥐᥤᥛ ᥞᥛᥒᥢ ᥛᥣ, ᥘᥣᥛ ᥑᥩ ᥘᥐᥛᥴ ᥘᥘᥛᥱ ᥘᥫᥖ ᥟᥙᥢ ᥟᥒᥰ ᥟᥘᥛ ᥘᥒᥰ ᥖᥙᥢ ᥖᥤᥢ ᥖᥙᥢ ᥘᥞᥛᥢ, ᥘᥫᥛ ᥛᥣ ᥝᥣᥢ ᥞᥣᥐ ᥔ ᥘᥒᥒᥰ ᥟᥞ ᥟᥦᥝ ᥐᥧᥒᥰ ᥖᥤᥱ ᥘᥖᥤᥴ。

ᥖᥩᥢ ᥐᥧᥒ ᥛᥤᥧᥴ ᥙᥩᥢ ᥟᥖᥩᥒᥴ ᥕᥫᥙ ᥑᥖ ᥘᥑᥛ ᥖᥫᥐᥢ ᥘᥘᥛ ᥞᥤᥙᥴ ᥙᥒᥰ ᥘᥱ ᥘᥩᥒ ᥐᥣᥒᥰ ᥕᥛᥒᥰ ᥓᥩᥭ ᥙᥩᥢ ᥐᥣᥢ ᥖᥩᥢ ᥔᥛᥒᥰ ᥟᥤᥒᥰ ᥐᥣᥒᥰ ᥝᥣᥢ ᥘᥘᥫᥛ ᥐᥣᥒᥰ ᥓᥧᥐᥢ ᥟᥣᥛ ᥐᥛ ᥔᥧᥒᥴ ᥐᥩᥴ ᥟᥞ ᥒᥤᥒᥰ ᥘᥞᥛᥢ ᥟᥐᥩᥢ ᥒᥣᥛ ᥜᥣᥛ

[illegible]

([illegible])

宾弄赛嗨

在孟连傣族拉祜族佤族自治县的各民族之间，有一种主动交友、互帮互助、世代交好的民间传统，其中尤以傣族与拉祜族赛嗨的深情厚谊最为典型。“赛嗨”是傣语，意为“朋友”，孟连傣族用它称呼拉祜族等其他民族的好友。

民间有质璞，邻族情谊深

在孟连县回俄村景信大寨，有200多户傣族，家家户户都结有好几家赛嗨，有的达10多家。他们几代人之间相亲相惜、守望相助，宛若亲人，平均传承3代以上。

傣族咪岩保家曾经结下10多家邻村的拉祜族赛嗨。她家在坝区，赛嗨们在山区，各自种植的农作物不同，每年农忙时节，几家人就错峰帮忙，很好地解决了临时劳动力不足的问题。山区种不了稻谷，坝区缺乏山林，“山上缺粮找山下，山下缺柴找山上”，这样的资源互补，是咪岩保家和赛嗨们最寻常不过的相帮模式。

年复一年的团结互助，让最初的两个人的友谊逐渐发展成了两家人的情谊。人们非常珍惜这种族际友谊。每逢自己家中有喜事，特别是过本民族节日时，一定会相互邀约来家里共同庆祝。在一些村寨，傣族过泼水节会来一村的拉祜族好友，拉祜族过春节时会来一寨子的傣族好友。

既能同甘，也能共苦，让这种友谊变成了难以割舍的手足之情。咪岩保家和赛嗨们世代传承的友谊，就是甘苦与共的结晶。咪岩保记得，在20世纪中叶的特殊年月，粮食紧缺，她的父母家人“背着金银首饰去换苞谷、麦子都换不着，最后全靠山上的赛嗨相帮才活下来。离不开了，成亲戚了”。她家的赛嗨——大岗河新寨的扎迫回忆起彼此关系时，也由衷地说：“离开不得呢，要相帮着才行。”

事实上，这里的傣族、拉祜族、汉族、佤族、哈尼族等各民族都有类似结交好友的传统。这些不同民族的人家以深厚的友谊为纽带，生产互帮、生活互助、文化互融、经济互通，逐渐把族际差异转化成了互补共享的资源，对改善各自的生产生活和融洽紧邻民族关系产生了独特而显著的影响。这一传统是云南各民族“三个离不开”的生动体现，也是各民族群众手足相亲、团结互助的质朴实践。然而，长期以来它只是一块无名之璞，不为外人所知。

十年磨一剑，雕琢成大器

2010年，笔者偶然接触到了赛嗨，注意到了它所代表的民间传统及其对日常民族关系的独特影响，随即进行了1年多的深入调研。2011年，笔者将其定性为孟连县各民族交往共生的地方传统和民族团结互助的民间机制以及云南曾经普遍存在的“山坝共生”现象的缩影，并正式将其命名为“宾弄赛嗨”。宾弄赛嗨是笔者将傣语的“宾弄”（亲戚）与“赛嗨”（朋友）合二为一组成的一个词，意为“像亲戚一样的他族朋友”，它既是对该传统中手足情深的族际友谊的提炼表达，也是对其中蕴含的各民族主动交往交流交融的优秀价值取向的特意彰显。

2012年初，出于抢救保护、发扬光大该优秀传统的紧迫感，同时对照2011年国务院提出的把云南建设成民族团结进步、边疆繁荣稳定示范区的战略定位，笔者与梁荔向孟连县提出了高度肯定和积极引导助推宾弄赛嗨发展，借此增强孟连县民族团结进步事业合力，争取在示范区建设中做出示范的政策建议，中共孟连县委、县政府采纳了该建议。

从2012年首次公开表彰宾弄赛嗨起至今，自孟连县到普洱市持续发力发掘再造宾弄赛嗨，在充分肯定宾弄赛嗨这一民间传统的历史价值的同时，不断发掘其时代价值，为其赋予新内涵、注入新活力、增添新动能。

贯穿这一进程的主线是全面加强党对民族工作的领导，坚持以人民为中心，引领宾弄赛嗨的发展方向。

孟连县在坚持年年表彰、宣传“宾弄赛嗨”，为传统的发扬光大营造良好社会氛围的基础上，以党建为引领，通过建立“党组织+宾弄赛嗨”等工作机制，为宾弄赛嗨新的发展指明方向，引领宾弄赛嗨从邻里互助向“中华民族一家亲”、中华民族共同体意识层面提升。同时，鼓励广大党员干部与各族群众结为宾弄赛嗨，全县有2000多名机关党员干部与8000多户群众结成了宾弄赛嗨，为传统机制注入了新的血液，带动宾弄赛嗨提质扩容。2021年，孟连全县共有宾弄赛嗨约2万户，近七成的傣族都有宾弄赛嗨。

发掘打造宾弄赛嗨之际，正值普洱市打赢脱贫攻坚战的冲刺阶段。把光大宾弄赛嗨与脱贫攻坚奔小康的壮阔实践紧密结合，成为推动宾弄赛嗨转化发展的重要内容。在孟连县农村安居房建设工程中，有7000余人次的宾弄赛嗨投劳到互助建房中，筹集建设资金58万元。脱贫摘帽以后，宾弄赛嗨又顺势融入乡村新兴产业的发展中，如引进推广咖啡、砂仁、牛油果等新型经济作物，党员干部率先示范与宾弄赛嗨互教互学、互帮互助，成为新兴产业快速发展的有力推手。宾弄赛嗨们携手发展致富、建设小康社会蔚然成风。普洱市还把以前局限于“人帮人、户帮户、民族帮民族”的宾弄赛嗨团结互助乡村模式进一步推广并整合到县际互帮、东西互助、城乡互联、干群互系、村组互包等扶贫工作机制中，不断打造新型宾弄赛嗨。

对“宾弄赛嗨”坚持不懈的发掘再造，既让民间优秀传统得到了有效的保护弘扬，也让其概念意涵与现实实践不断发展充盈，社会影响力也不断提升。2020年春，受新冠疫情影响，普洱市安置滞留游客逾千人。有18家企业每天把免费爱心餐送到这些滞留游客手中，送餐车上的标语就写道：“众志成城，宾弄赛嗨，普洱与你同在！”人们说：“都是一家人，不能让兄弟姐妹吃饭成问题！”原本限于一隅的乡间小传统，逐渐演化为社会大传统。

历经精心雕琢后的宾弄赛嗨成了地方党委政府增强全社会团结奋斗凝聚力的一种有效途径，其本身也逐渐完成了从有实无名到名正言顺再到名声在外的连续跃迁，成为在全国有一定知名度的抓传统转化发展深化民族团结创建、抓民族大团结助力脱贫攻坚的工作品牌，得到了上级部门的赞赏，也备受各级媒体的关注，仅中央电视台就4次关注宾弄赛嗨。

十年磨一剑。近10年来，普洱市以党建为引领，推动这一优秀传统创造性转化、创新性发展，创建了“宾弄赛嗨”民族工作新品牌，形成了民族团结进步与脱贫攻坚“双融合双促进”的“普洱样本”。宾弄赛嗨为新时代民族团结进步的云南故事增添了鲜亮的一笔。

发掘再造“宾弄赛嗨”的10年实践，也是中国式解决民族问题的一个生动案例。

孟连县首次公开表彰宾弄赛嗨时，不少群众的反应是出乎意料的：“想不到我们老百姓自己交朋友，政府还表彰奖励！”实际上，这恰恰在情理之中和我们当初的设想之内。

宾弄赛嗨所蕴含的民族团结互助、相亲相惜的价值取向与质朴实践，与“中华民族一家亲”的传统理念一脉相承，与平等、团结、互助、和谐的社会主义民族关系的基本取向一致，与中国共产党始终坚持的各民族共同团结奋斗、共同繁荣发展的根本方针一致。同时，它也与新时期全面促进各民族交往交流交融、各民族“像石榴籽一样紧紧抱在一起”、铸牢中华民族共同体意识等民族工作新要求相契合。

可以相信，已经在脱贫攻坚奔小康中崭露头角的新型宾弄赛嗨民族团结互助机制，将在建成民族团结进步示范区、铸牢中华民族共同体意识的进程中继续发挥独特作用。

参考资料

[1]刘军：《政府搭台，群众唱民族团结、社会和谐的大戏——政府助推“宾弄赛嗨”式民间机制的理据与意义》，《中国民族报·理论周刊》2012年6月15日，第5、6版。

[2]新华社：《云南孟连：“宾弄赛嗨”唱响民族团结歌》，新华网，2016年5月24日。

[3]中共普洱市委统战部：《普洱：民族团结推进脱贫攻坚的“宾弄赛嗨”新

实践》，云南统一战线网，2019年8月28日。

[4]刘军：《“宾弄赛嗨”的前期调研工作回顾》，郑成军主编《来自田野的民族学报告（2017）》，云南人民出版社2019年版。

[5]刘军：《“宾弄赛嗨”：发掘再造“三交”传统，凝筑民族团结进步合力》，李吉星主编《云南民族发展报告（2021—2022）》，云南人民出版社2022年版。

（执笔：刘军）

ᦗᦲᧃ ᦓᦳᧂ ᦺᦌ ᦣᦻ

ᦔᦳᧃ ᦡᦲᧂ ᦓᦳᧃ ᦋᦱ ᦌᦱ ᦕᦲᧃ ᦈᦲᧃ ᦈᦲᧃ ᦶᦟᦌᦸᧃ ᦋᦱ ᦌᦱ ᦡᦲ ᦋᦱ ᦌᦱ ᦟᦱᧃ ᦷᦔᧃ ᦋᦱ ᦌᦱ ᦞᦱᧄ ᦵᦙᦲᧂ ᦶᦟᦙ ᦣᦸᧄ, ᦙᦲ ᦂᦱᧂ ᦺᦟᦸ ᦵᦙᦲᧂ ᦂᦳ ᦟᦲᦳ ᦌᦲᦳ ᦙᦱ ᦝᦸᧂ ᦎᦱᦙ ᦺᦎ ᦌᦲᦳᧃ ᦌ ᦣᦻ ᦠᦸᧄ ᦂᧂ、ᦂᦲᧄ ᦗᦲᧂᦸᧃ ᦵᦎᦲᦙᧃ ᦓᦻᧃ ᦂᧂ、ᦍᦸ ᦶᦗᦸᦸ ᦂᧂ ᦡᦻ ᦠᦸᧄ ᦺᦓᧃ ᦠᦸᧄ ᦔᦱᧂ ᦵᦓᦲᧄ ᧙, ᦡᧂ ᦣᦸᧄ ᦕᦲᧃ ᦠᦸ ᦓᦲᧃ ᦔᦲᧂ ᦋᦱ ᦌᦱ ᦡᦲ ᦟᦻ ᦌ ᦣᦻ ᦋᦱ ᦌᦱ ᦟᦱᧃ ᦷᦔᧃ ᦍᦸ ᦶᦗᦸᦸ ᦂᧂ ᦵᦟᦲᧅ ᦶᦟᦔ ᦓᦲ ᦵᦡᦲᧄ ᦵᦗᦲᧂᧃ。ᦌ ᦣᦻ ᦓᦲᧃ ᦔᦲᧂ ᦂᦙ ᦡᦲ, ᦂᦙ ᦣᦲᦸ ᦞᦱᧃ “ᦺᦋᦸᧄ ᦍᦲᦸ”，ᦡᦲ ᦵᦙᦲᧂ ᦶᦟᦙ ᦋᦸ ᦈᦲᦸ ᦂᦙ ᦓᦲᧃ ᦙᦱ ᦍᦲᦸᧃ ᦗᦲᧃ ᦓᦳᧂ ᦋᦱ ᦌᦱ ᦟᦱᧃ ᦷᦔᧃ ᦂᦔ ᦕᦸ ᦗᦲᧃ ᦓᦳᧂ ᦎᦱᦸᧃ ᦋᦲᧃ ᦞᦱᧃ ᦌ ᦣᦻ ᦓᦲ。

ᦺᦟᦸ ᦵᦙᦲᧂ ᦙᦲ ᦂᦙ ᦔᦲᧃ ᦣᦲᧅ ᦔᦲᧃ ᦠᦱ,
ᦋᦱ ᦌᦱ ᦝᦸᧂ ᦔᦳᧃ ᦡᦲᦂ ᦂᦲᦙᧃ ᦙᦲ ᦗᦱᦙ ᦍᦸ ᦗᦱᦙ
ᦶᦗᦸᦸ ᦂᧂ ᦵᦟᦲᧅ ᦶᦟᦔ

ᦔᦳᧃ ᦵᦙᦲᧂ ᦶᦟᦙ ᦶᦟᦌᦸᧃ ᦷᦔᦳ ᦺᦝᦲ ᦗᦲᦸᧃ ᦓᦲᧂ ᦌᦲᧂ ᦎᦱᧃ ᦈᦲᧃ, ᦙᦲ ᦋᦱ ᦌᦱ ᦡᦲ ᧒ ᦍᦸᧄ ᦵᦍᦲᧂ ᦔᦲ, ᦵᦍᦲᧂ ᦡᦲᧉ ᦵᦍᦲᧂ ᦓᧂ ᦂᦲᦸ ᦙᦲ ᦌ ᦣᦻ ᦓᦲ ᦠᦲ ᦵᦍᦲᧂ, ᦙᦲ ᦟᦱᦵ ᦋᦲᦸᧃ ᦓᦲᧃ ᦙᦲ ᧑᧐ ᦵᦍᦲᧂ

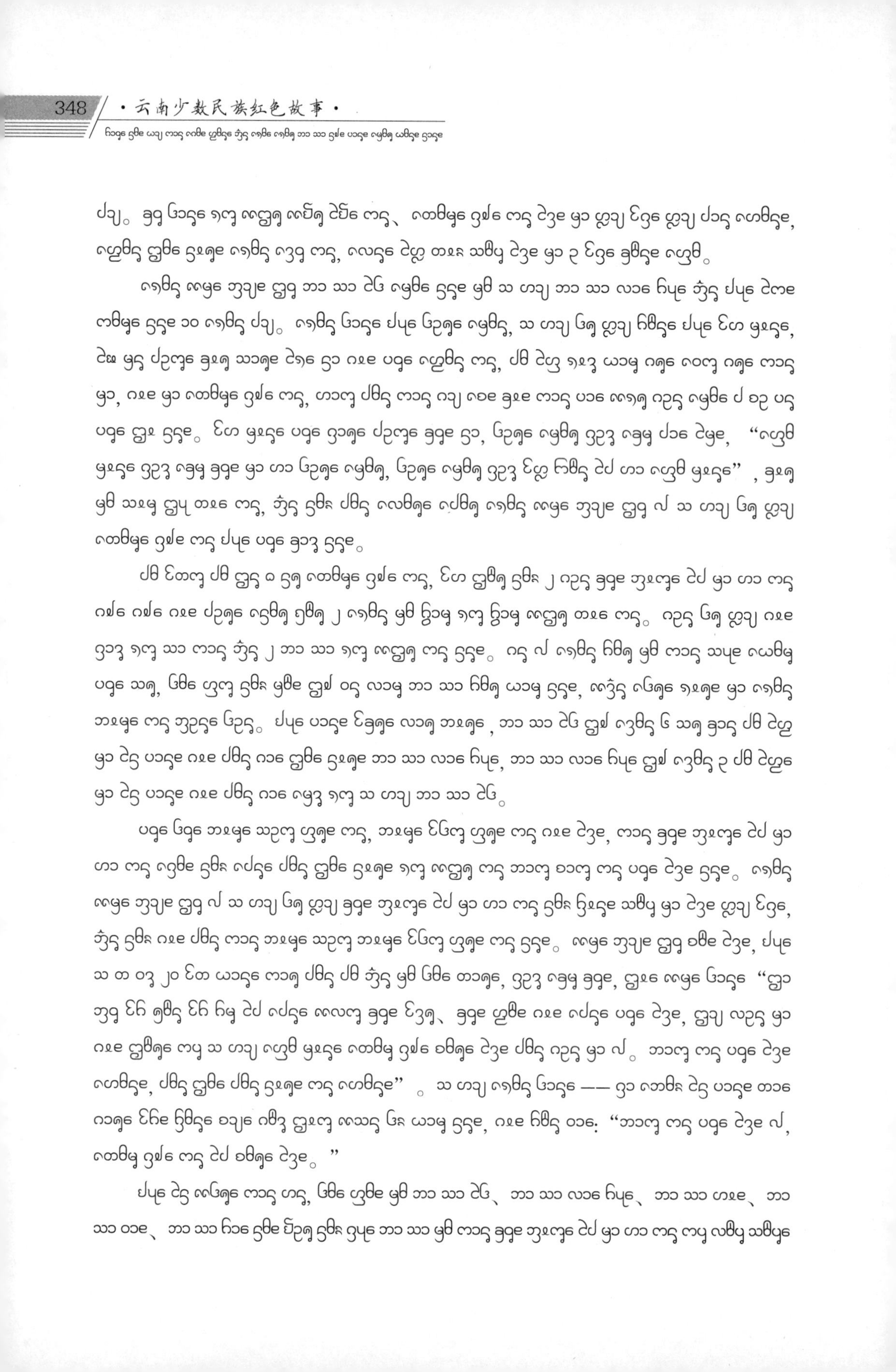

[illegible]

ᦙᦱ᧞ ᦘᦱ ᦉᦱ ᦔᦸᧃ ᦵᦠᦲᧂ ᦂᧃ ᦗᦲᧂ ᦙᦲ ᦶᦈᦱᦙ ᦎᦸ ᦵᦟᦲᧅ ᦈᦸᧄ ᦺᦑ ᦙᦱ ᦠᦱ ᦂᧃ ᦵᦟᦲᧁ ᦶᦟᦴ ᦔᦲᧂ ᦈᦴᧅ ᦉᦲᦔᦸᧃ ᦠᦱ, ᦂᦱᧃ ᦶᦎᧁ ᦉᦱᦋᦸ ᦵᦎᦲᦙᦸᧃ ᦵᦂᦸᧂ ᦂᧃᧈ ᦂᦱᧃ ᦈᦴᦸ ᦔᦸᧃ ᦶᦎᦸ ᦂᦲᧂ ᦵᦎᦲᦙᦸᧃ ᦵᦂᦸᧂ ᦂᧃᧈ ᦔᦸᧃ ᦈᦱᧁ ᦂᦱᧃ ᦗᦱᦙ ᦶᦔᦸ ᦟᦲᧅ ᦺᦓ ᦈᦸᧃ ᦺᦗᦳ ᦎᦴᧃ ᦂᧃᧈ ᦂᦱᧃ ᦶᦎᧁ ᦠᦱ ᦂᦱᦸ ᦈᦳ ᦈᦸᧃ ᦺᦗᦳ ᦎᦴᧃ ᦂᧃ, ᦂᦸᦸ ᦂᦸᧃ ᦘᦸ ᦈᦴᧅ ᦙᦲ ᦙᦱ ᦵᦔᧂ ᦔᦲᧂ ᦂᦱᧃ ᦉᦴᦙᦸ ᦈᦳ ᦘᦱ ᦉᦱ ᦘᦲᧃ ᦙᦲ ᦖᦲᧃ ᦵᦑᦳ ᦊᦴᦙ ᦂᧃ ᦅᧃᦸ, ᦎᦲᧁ ᦗᦸᦸ ᦵᦔᧂ ᦺᦂ ᦂᦱᧃ ᦶᦎᧁ ᦉᦱᦋᦸ ᦂᦱᧃ ᦈᦴᦸ ᦔᦸᧃ ᦶᦎᦸ ᦂᦲᧂ ᦺᦈ ᦙᧃ ᦟᦲ ᦵᦉᦱᧃ ᦖᦱ ᦘᦱ ᦉᦱ ᦠᦸᧃ ᦔᦸᧃ ᦺᦂᦸ ᦂᦲᦙᦸᧃ ᦵᦖᦲᧁ ᦵᦙᧂ ᦂᧃ ᦙᦲ ᦂᦱᧃ ᦗᦲ ᦅᦱᧃ ᦎᦱᦋᦸᧃ ᦈᦲ ᦟᦲ ᦟᦸ ᦟᦲᧃ᧞ ᦂᦱᧃ ᦂᦸ ᦟᦲᦸ ᦉᦲᦔᦸᧃ ᦙᦱ ᦠᦱᦂᦸ ᦵᦈᦸ ᦺᦈ ᦘᦳᦂᦸᧃ ᦔᦸᧃ ᦘᦱ ᦉᦱ ᦔᦱᧂ ᦵᦙᦲᦸ ᦊᦲᧂ ᦅᧃᦸ "᧒ ᦔᦸᧃ ᦔᦱᧂ ᦘᦱᦂᦸ ᦂᧃ" ᦅᧃᦸ ᦵᦟᦲᧅ ᦵᦟᦲᧁ, ᦂᦸ ᦔᦲᧂ ᦂᦱᧃ ᦵᦎᦲᧁ ᦈᦲᦸ ᦔᦸᧃ ᦠᦲᦂᦸ ᦔᦸᧃ ᦠᦱ ᦔᦳᦙ ᦠᦸᧁ ᦔᦸᧃ ᦘᦱ ᦉᦱ ᦟᦸ ᦵᦈᦱᦸ ᦂᧃ ᦵᦠᦲᧂ ᦈᦲᧃ ᦓᦸᧂ ᦵᦑᦲᦸ ᦂᦲᦙ ᦶᦑᦸ ᦂᧃᧈ ᦈᦲᧃ ᦂ ᦅᦸ ᦵᦎᦲᦙᦸᧃ ᦵᦂᦸᧂ ᦂᧃ᧞ ᦖᦸᧃ ᦞᦱᧃ, ᦠᦲᦸ ᦊᦱᦸᧃ ᦙᦱ ᦙᦸ ᦔᦲᧂ ᦂᦱᧃ ᦔᦸᧃ ᦙᦲ ᦗᦲᧃ ᦵᦉᦱᦸ, ᦃᦸᦸ ᦂᦴᧂ ᦈᦲᦸ ᦅᦸᦂᦸᧃ ᦈᦱᦸᧃ ᦂᦸᦸ ᦔᦸᧃ ᦟᦸᦸ ᦔᦸᧃ ᦠᦸᧃ ᦟᦲ᧞

᧑᧐ ᦔᦲ ᦟᦴ ᦔᦲᧂ ᦑᦱᦴ,ᦑᦸᦂᦸ ᦔᦲᧂ ᦂᦲᦸᧃ ᦺᦑᧃ ᦺᦈᦸᧄ

ᦔᦲ ᧒᧐᧑᧐ ᦺᦓ, ᦃᦸᦸ ᦵᦓᦙᦸ ᦈᦲᧃ ᦙᦸ ᦈᦸᧃ ᦠᦱ ᦟᦸᦸ ᦂᦱᧃ ᦉ ᦠᦱᦸ ᦅᧃᦸ, ᦈᦲᧁ ᦈ ᦟ ᦅᦱ ᦙᦱ ᦟᦲᦸ ᦂᦱᧃ ᦂᦸ ᦟᦲᦸ ᦉᦲᦔᦸᧃ ᦙᦱ ᦈᦱᦸ ᦺᦈᦟᦸ ᦵᦙᦲᦸ ᦅᦲᧃ ᦵᦖᧃ ᦎᦱᦸ ᦂᦸ ᦖᦸ ᦈᦲ ᦅᦱᧃ ᦎᦱᦋᦸᧃ ᦈᦲ ᦎᦸᧃ ᦵᦉᦱᧃ ᦖᦱ ᦘᦱ ᦉᦱ ᦟᦱᦸ ᦞᧃ ᦅᧃᦸ, ᦂᦸᦸ ᦺᦑ ᦈᦸᧃ ᦶᦎᧁ ᦂᦱᧃ ᦈᦲᦸ ᦵᦎᧁ ᦗᦲ ᦖᦸᦸ ᦔᦲ ᦔᦲᦸ ᦟᦲᦸ ᦺᦈ᧞ ᦔᦲ ᧒᧐᧑᧑ ᦺᦓ, ᦃᦸᦸ ᦵᦓᦙᦸ ᦈᦸ ᦵᦉᧁ ᦈᦱᧁ ᦔᦲᧂ ᦵᦔᦸᧃ ᦵᦔᦲᦸ ᦈᦱᦸ ᦺᦈᦟᦸ ᦵᦙᦲᦸ ᦘᦲᧂ ᦔᦱᧂ ᦵᦙᦲᦸ ᦂᦸ ᦟᦲᦸ ᦉᦲᦔᦸᧃ ᦙᦱ ᦟᦲ ᦘᦱ ᦉᦱ ᦈᦲᧃ ᦂ ᦅᦸ ᦵᦎᦲᦙᦸᧃ ᦵᦂᦸᧂ ᦂᧃ ᦘᦲᧂ ᦔᦸᧃ ᦘᦱ ᦉᦱ ᦖᦲᧃ ᦵᦙᦲᦸ ᦵᦟᦸ ᦈᦲᧂᦸ ᦉᦔᦸᧃ ᦟᦴᦸ ᦠᦱ ᦂᧃ ᦘᦸᦙᦸᧃ ᦂᧃ ᦔᦸᧃ ᦂᦲᧂ ᦂᦸ ᦖᦸ ᦔᦱᧂ ᦵᦙᦲᦸ ᦊᦲᧂ ᦅᧃᦸ ᦊᦱᦸ ᦺᦑ ᦂᦸ ᦔᦲᧃ ᦙᦲ ᦂᦱᧃ ᦖᦳᦸᧃ ᦵᦙᦲᦸ ᦟᦲ ᦵᦠᦲᦙ ᦙᦸᧂ ᦘᦸᦙᦸᧃ ᦂᧃ ᦔᦸᧃ ᦂᦲᧂ ᦅᧃᦸ, ᦈᦲ ᦵᦎᦲᧁ ᦘᦸ ᦔᦲᧂ ᦗᦲᧃ ᦵᦉᦱᦸ ᦈᦲᧃ ᦓᦸᧂ ᦵᦑᦲᦸ ᦉ ᦠᦱᦸ ᦅᧃᦸ ᦟᦲ᧞ ᦈᦲᧃ ᦓᦸᧂ ᦵᦑᦲᦸ ᦉ ᦠᦱᦸ ᦔᦲᧂ ᦃᦸᦸ ᦵᦓᦙᦸ ᦘᦸ ᦂᦸ ᦺᦑ ᦈᦲᧃ ᦓᦸᧂ ᦵᦑᦲᦸ ᦉ ᦠᦱᦸ ᧒ ᦈᦸᦸ ᦺᦔᧃ ᦔᦲᧂ ᦈᦸᦸ ᦵᦎᦸ, ᦂᦸ ᦺᦑ ᦔᦲᧂ ᦉ ᦠᦱᦸ ᦘᦱ ᦉᦱ ᦘᦲᧂ, "ᦵᦠᦲᧂ ᦔᦲᧂ ᦈᦲᧃ ᦓᦸᧂ ᦵᦑᦲᦸ ᦂᦲᦙ ᦶᦑᦸ ᦂᧃ", ᦙᦸ ᦔᦸᧃ ᦖᦸᧃ ᦔᦲᧂ ᦂᦱᧃ ᦞᦱᧃ ᦵᦓᦸᦸ ᦔᦸᧃ ᦘᦱ ᦉᦱ ᦟᦸ ᦵᦈᦱᦸ ᦂᧃ ᦵᦠᦲᧂ ᦈᦲᧃ ᦓᦸᧂ ᦵᦑᦲᦸ ᦂᦲᦙ ᦘᦲᧂ ᦔᦲᧂ ᦂᦱᧃ ᦂᦸ ᦟᦲᦸ ᦉᦲᦔᦸᧃ ᦙᦱ ᦅᦲᧃ, ᦂᦸᦸ ᦔᦲᧂ ᦂᦱᧃ ᦎᦸᦸ ᦺᦑ ᦉᦙᦸᧃ ᦵᦘᦲᦸ ᦘᦸᦂᦸᧃ ᦠᦸᧂ ᦈᦱᧁ ᦈᦸ ᦂᦱᧃ ᦈᦲ ᦂᦱᧃ ᦔᦸᧃ ᦘᦱ ᦉᦱ ᦎᦱᦸ ᦺᦓ ᦈᦸᧃ ᦘᦸᦂᦸᧃ ᦺᦑ ᦙᦱ ᦠᦱ ᦂᧃ ᦂᦸᦸ ᦈᦸᦸᧃ ᦵᦎᦲᦙᦸᧃ ᦵᦂᦸᧂ ᦂᧃ ᦘᦲᧂ ᦺᦑᧃ ᦙᦸ ᦈᦸᦸᧃ ᦖᦸ ᦅᧃᦸ᧞

ᦔᦲ ᧒᧐᧑᧒ ᦺᦓ ᦺᦠ ᦔᦲ, ᦈᦲᧃ ᦂᦸᦸ ᦂᦲᧂ ᦗᦸᦸ ᦂᦱᧃ ᦔᦲᦸ ᦺᦈᦸ ᦟᦲ ᦟᦸ ᦉᦱᧈ ᦵᦃᦸ ᦵᦙᦲᦸ ᦵᦟᦲᦸ ᦂᦱᦸ ᦂᦱᧃ ᦗᦲ ᦂᦸ ᦟᦲᦸ ᦉᦲᦔᦸᧃ ᦙᦱ ᦅᦲᧃ, ᦵᦖᦸ ᦙᦱ ᦵᦖᦸ ᦵᦖᦸ ᦂᦲᧁ ᦎᦲᦸᧃ ᦂᦸ ᦔᦲᧂᦸ ᦈᦱᧃ ᦘᦲᧂ ᦔᦲ ᧒᧐᧑᧑ ᦺᦓ ᦺᦂ ᦠᦸᦸᧃ ᦵᦈᦸᧃ ᦂᦲᦸ ᦘᦸᦂᦸᧃ ᦙᦱ ᦘᦸ ᦊᦲᧂᦸ ᦅᧃᦸ ᦉᦱᦋᦸ ᦵᦎᦸᧃ ᦔᦲᧂ ᦵᦔᦲᦸ ᦈᦱᧃ ᦂᦱᧃ ᦘᦱ ᦉᦱ ᦈᦲᧃ ᦂ ᦅᦸ ᦂᧃ ᦈᦸᧃ ᦵᦟᦲᧂᧈ ᦈᦸᦸᧃ ᦖᦱᦸ ᦵᦖ ᦂᦲᧂ ᦠᦸᦸ ᦞᦲᧂ ᦂᦱᧃᦸ ᦂᦳᦸᧃ ᦗᦳᦸᧃ ᦵᦙᦲᦸ

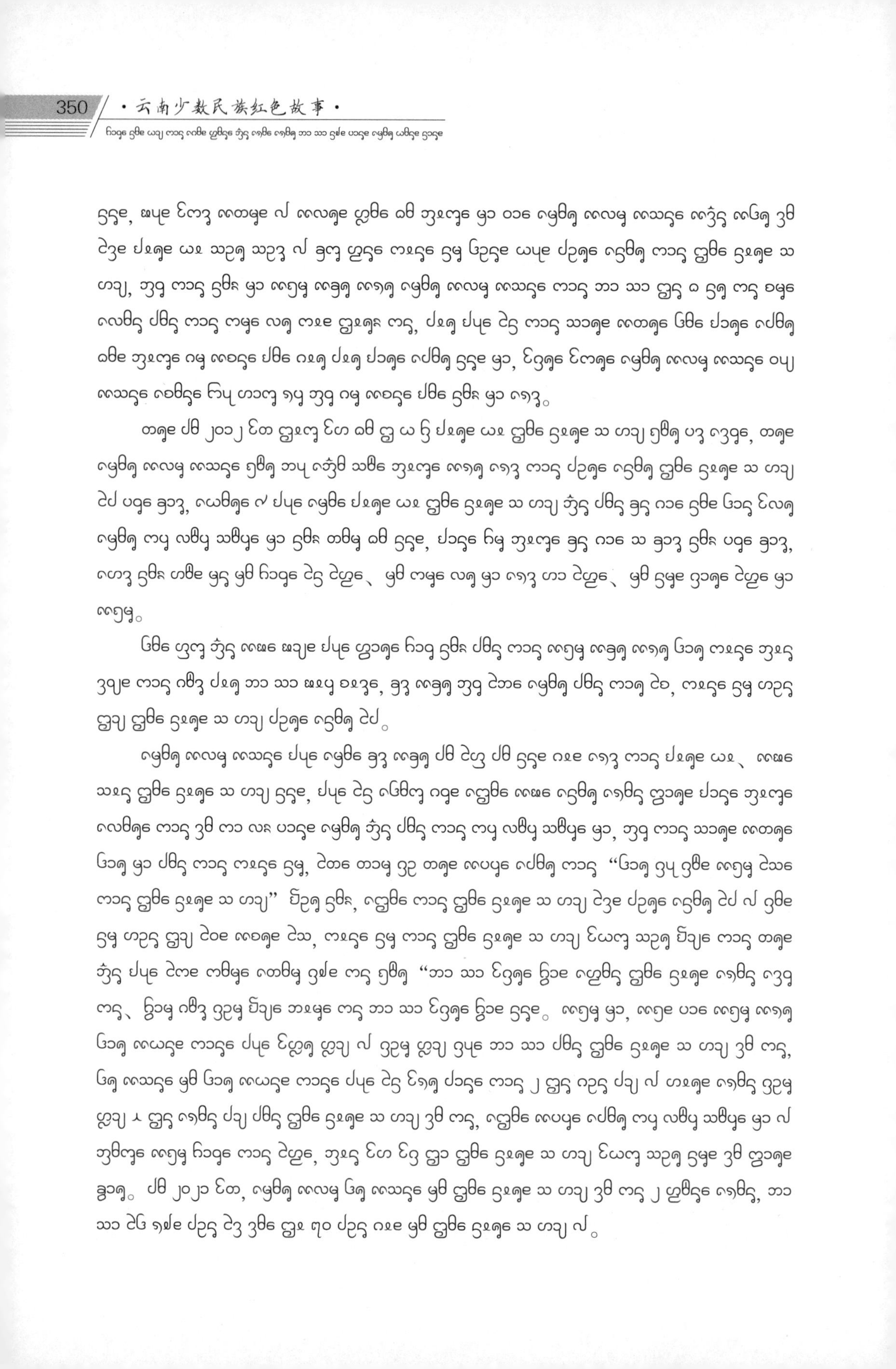

[illegible]

[illegible]

[illegible]

[illegible]

[illegible]

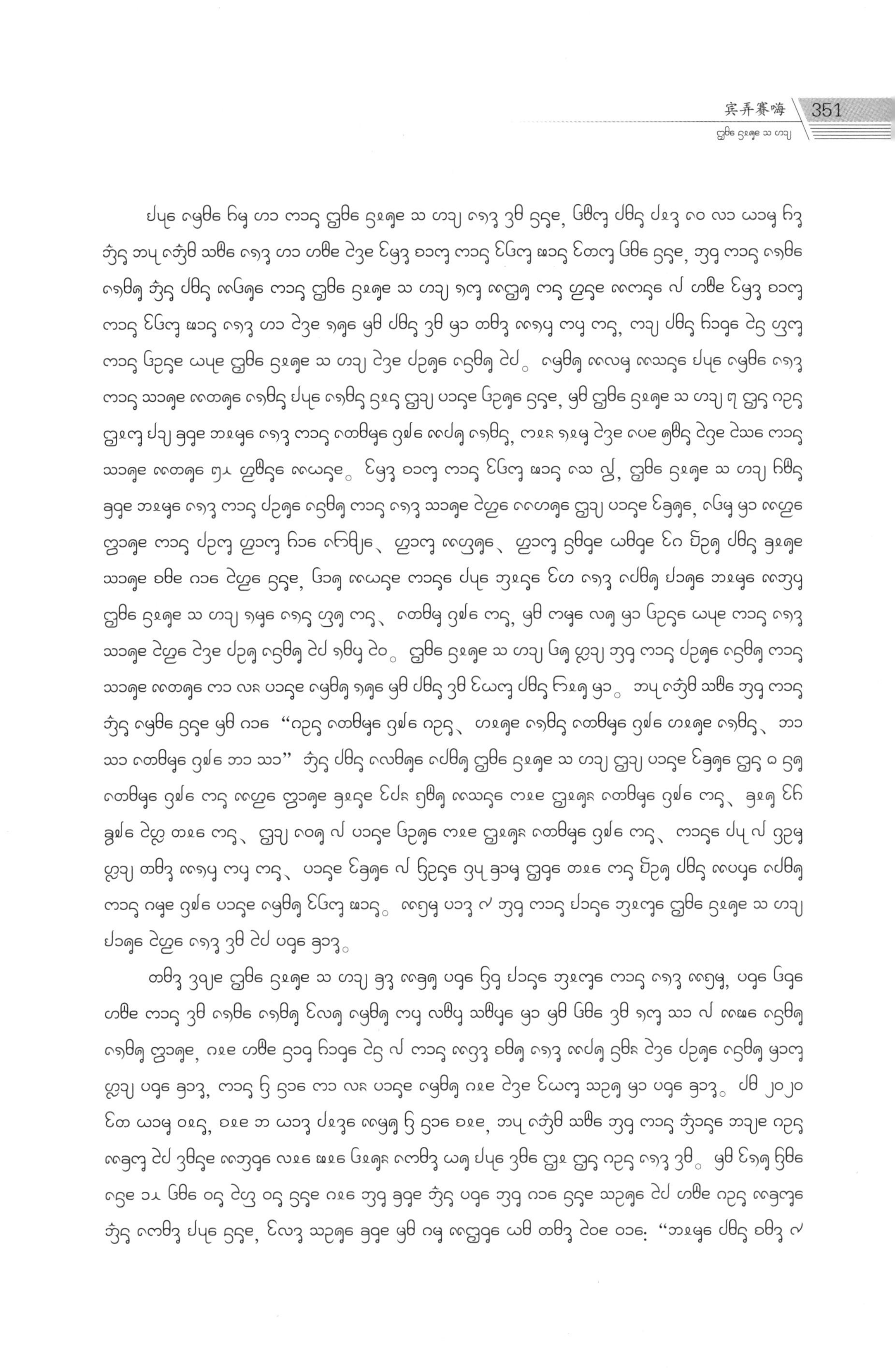

[illegible]

[illegible]

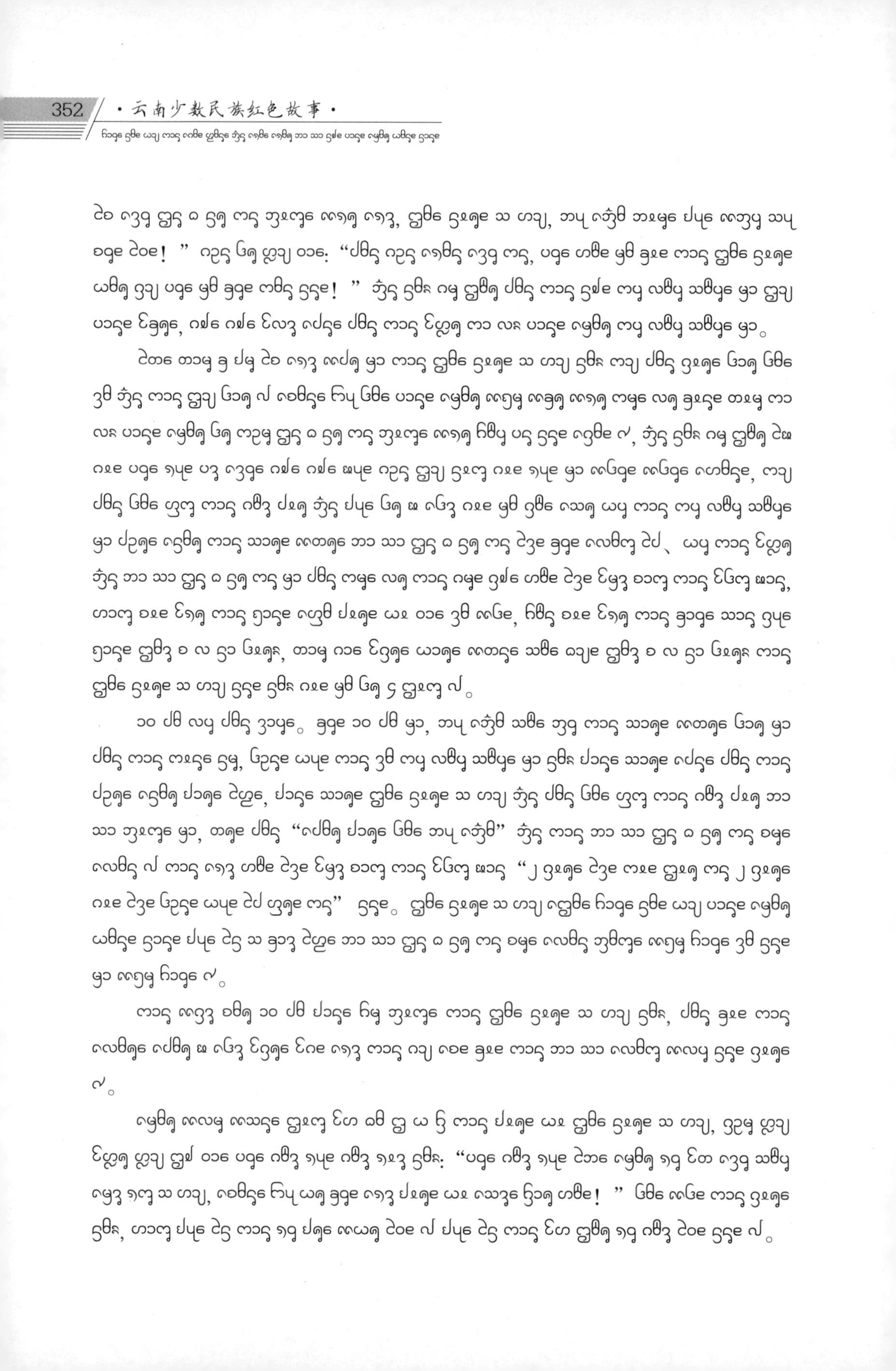

ᥞᥧᥒᥰ ᥔᥨᥭ ᥑᥒᥰ ᥐᥣᥢ ᥘᥳ ᥖᥣᥒᥰ ᥒᥣᥳ ᥘᥫᥐ ᥙᥩᥢ ᥞᥤᥐ ᥙᥩᥢ ᥚᥣ ᥖᥣᥒᥰ ᥚᥣ ᥔᥣ ᥖᥭ ᥝ ᥒᥩ ᥖᥤᥛ ᥓᥩᥢ ᥖᥒᥰ、ᥒᥐ ᥘᥨᥐ ᥖᥒᥰ ᥒᥐ ᥞᥧᥛ ᥖᥒᥰ ᥚᥒᥰ ᥘᥤᥐ ᥖᥭ ᥘᥫ ᥛᥫ ᥒᥤᥢ ᥘᥭ ᥖᥩ ᥒᥒᥰ，ᥘᥤᥒᥰ ᥐᥣᥛ ᥐᥤᥝ ᥔᥤᥙ ᥓᥤᥛ ᥐᥤᥛ ᥖᥙ ᥘᥤᥙ ᥔᥤᥙᥢ ᥛᥣ ᥚᥩᥛ “ᥚᥣ ᥔᥣ ᥖᥩᥢ ᥐᥣᥛ ᥘᥤᥒᥰ ᥘᥤᥐ ᥖᥭ ᥘᥫ ᥛᥫ ᥟᥙ ᥒᥤᥒᥰ ᥓᥩ ᥖᥒᥰ”，ᥔᥨᥭ ᥘᥨᥭ ᥞᥧᥒᥰ ᥔᥨᥭ ᥘᥤᥒᥰ ᥘᥣᥒᥰ ᥓᥩ ᥖᥒᥰ ᥛᥣ ᥔᥨᥭ ᥚᥩᥛ ᥘᥣᥒᥰ ᥙᥢ ᥚᥣ ᥔᥣ ᥔᥤᥢ ᥑᥙᥢ ᥓᥙ ᥟᥤᥢ ᥚᥒᥰ ᥘᥒᥢ ᥘᥩᥐ ᥖᥒᥰ、ᥖᥭ ᥝ ᥒᥩ ᥖᥒᥰ、ᥖᥤᥛ ᥓᥩᥢ ᥖᥒᥰ、ᥙᥐ ᥚᥤᥛ ᥒᥒᥰ，ᥖᥩᥢ ᥖᥐᥰ ᥖᥣᥢ ᥒᥣᥐ ᥙᥣᥐ ᥕᥣᥛ ᥟᥣ ᥐᥣᥰ ᥘᥤᥒᥰ ᥘᥣᥒᥰ ᥓᥩ ᥖᥒᥰ ᥑᥣ ᥘᥣᥐ ᥖᥣᥛ ᥓᥙᥢ ᥚᥣ ᥔᥣ ᥖᥭ ᥝ ᥒᥩ ᥚᥣᥛᥢ ᥖᥒᥰ ᥚᥣᥐᥢ ᥘᥣᥐ ᥐᥤᥙ ᥙᥒᥰ、ᥘᥤᥒᥰ ᥐᥩᥛ ᥘᥤᥒᥰ ᥔᥨᥭ ᥙᥣᥐ ᥐᥣᥛ ᥓᥤᥒᥢ ᥚᥣᥛᥢ ᥖᥒᥰ ᥘᥧᥐᥢ ᥒᥤᥐ ᥒᥤᥐ ᥘᥣᥛ。ᥘᥛ ᥛᥣ，ᥛᥒᥰ ᥟᥙᥢ ᥟᥒᥰ ᥔ ᥑᥣᥰ ᥟᥢ ᥘᥤᥒᥰ ᥖᥣᥒᥰ ᥙᥧᥒᥛ ᥕᥙᥛ ᥓᥙᥢ ᥚᥣ ᥔᥣ ᥑᥤᥒᥛ ᥔᥙᥢ ᥘᥧᥐ ᥞᥣ ᥖᥒᥰ ᥑᥢ ᥟᥢ ᥖᥣᥢ ᥖᥒᥰ ᥒᥛ ᥘᥣᥢ ᥖᥒᥰ、ᥓᥙᥢ ᥚᥣ ᥔᥣ “ᥘᥤᥒᥰ ᥓᥩᥢ ᥚᥩᥭ ᥘᥣᥐ ᥐᥩᥛ ᥘᥐ ᥑᥒᥛ ᥖᥛ ᥖᥒᥰ” ᥖᥩᥛ ᥘᥤᥒᥰ ᥐᥣᥛ ᥐᥤᥝ ᥓᥧᥛ ᥝᥨᥢ ᥚᥣᥛᥢ ᥖᥒᥰ ᥚᥣ ᥔᥣ ᥖᥩᥢ ᥐᥣᥛ ᥟᥤᥛ ᥚᥒᥛ ᥘᥣᥒᥢ ᥝᥧᥐ ᥘᥤᥒᥰ ᥖᥣᥒᥰ ᥐᥤᥝ ᥘᥐ ᥚᥣ ᥔᥣ ᥟᥢ ᥑᥛᥢ ᥑᥐ ᥙᥙ ᥘᥛᥒᥢ ᥘᥤᥒᥰ ᥖᥒᥰ。

ᥟᥧᥛᥢ ᥓᥤᥛ ᥟᥣᥛ，ᥘᥙᥢ ᥘᥤᥐ ᥘᥤᥐ ᥖᥭ ᥘᥫ ᥛᥫ ᥚᥣ ᥔᥣ ᥖᥭ ᥝ ᥒᥩ ᥖᥤᥛᥢ ᥓᥩᥢ ᥖᥒᥰ ᥟᥣᥐᥢ ᥟᥢ ᥚᥒᥰ ᥔᥨ ᥓᥨᥭ ᥟᥙᥢ ᥔᥨᥭ ᥖᥣᥒᥰ ᥔᥣᥐᥛ ᥘᥖᥐᥢ ᥖᥛ ᥙᥐ ᥖᥣᥒᥰ ᥖᥐ ᥑᥒᥰ ᥒᥣᥳ ᥞᥣ ᥟᥣᥛ ᥒᥐᥢ ᥛᥤ ᥘᥤᥒᥰ ᥓᥤ ᥛᥣ ᥒᥣᥳ ᥞᥒᥰ ᥚᥣᥐᥢ ᥙᥤᥢ ᥓᥤ，ᥙᥐ ᥟᥙᥢ ᥟᥒᥰ ᥚᥣᥐᥢ ᥐᥩ ᥖᥣᥒᥰ ᥔᥣᥐᥛ ᥘᥖᥐᥢ ᥘᥤᥐ ᥟᥣᥐᥢ ᥚᥣ ᥔᥣ ᥖᥭ ᥝ ᥒᥐᥢ ᥖᥒᥰ ᥙᥛᥢ ᥘᥤᥒᥰ、ᥖᥩᥛ ᥘᥤᥒᥰ ᥐᥣᥛ ᥐᥤᥝ ᥓᥧᥛ ᥝᥨᥢ ᥚᥣᥛᥢ ᥖᥒᥰ ᥚᥣ ᥔᥣ ᥖᥩᥢ ᥐᥣᥛ ᥟᥤᥛ ᥚᥒᥛ ᥘᥣᥒᥢ ᥒᥒᥛ ᥘᥑᥢ ᥒᥤᥐ ᥓᥐᥢ ᥟᥣᥛ ᥚᥒᥰ ᥛᥤ ᥙᥤᥢ ᥖᥣᥐᥢ ᥟᥘ ᥙᥩᥢ ᥑᥣᥰ ᥘᥳ。

（ᥑᥙᥛ ᥖᥐᥣ ᥘᥖᥛᥛ: ᥘᥧᥐᥛ ᥓᥤᥒᥢ）

景迈“花木兰”——仙贡

位于云南省普洱市澜沧县惠民镇景迈村和芒景村两个行政村境内的景迈山是云南普洱茶著名产地之一，其千年万亩古茶园是目前世界上保存最完好、年代最久远、面积最大的人工栽培型古茶园，是世界茶文化的根和源，也是未来茶产业发展的重要种质资源宝库。在这座资源宝库中活跃着一位“花木兰”，她用自己的方式书写了带领家乡群众增收致富的巾帼篇章，她就是傣家姑娘仙贡。

仙贡家乡，千年景迈

仙贡是土生土长的景迈山景迈村人。“三月早春的晨雾环绕在茶林间，我与妈妈、两个小姐妹一起在茶园里采茶，”成年后的仙贡还常常回想起小时候在云里采茶的场景，“薄雾绕枝，指尖飞舞，尚带着露水的青翠茶芽就轻轻地滑落在我的手心里。在重庆读书时，我还能经常在梦里闻到家里的茶香。”

景迈山种茶的历史由来已久，据芒景缅寺木塔石碑上的傣文记载，布朗族祖先于傣历57年（695年）开始在芒景种茶。澜沧县布朗族地方史籍《奔闷》记载有千余年前布朗族首领帕哎冷率部族迁徙到芒景一带定居，并开始带领族人种茶用茶的历史。

在景迈山，茶叶是当地人千百年来生活上的重要经济支撑。早在傣历600年（1139年）前，景迈大坪掌就出现了茶叶交易市场。自明永乐四年（1406年）景迈茶就被指定为朝廷贡茶，每年一定数量的景迈茶叶都会由专人护送到朝廷，一直延续到了民国末年。元代起，景迈出产的茶叶销往泰国、缅甸等东南亚国家，还用马帮驮到普洱进行交易。1728年，清王朝在思茅设立总茶店，垄断茶叶。19世纪，景迈山开始陆续出现茶厂，进一步促进了景迈茶的传播、销售。

1950年10月，中华人民共和国成立一周年之际，芒景布朗族末代头人苏里亚受邀去北京参加云南省少数民族代表团的观摩和纪念活动，并将“小雀嘴尖茶”亲手送给了毛主席。1978年以后，随着中国逐步由计划经济体制向市场经济体制发展，景迈山的茶叶种植方式也随之发生了深刻变化。伴随着家庭联产承包责任制的落实，景迈山的每个家庭都获得了属于个人的茶地和茶树。生产茶叶的家庭作坊如雨后春笋般在景迈山发展起来。20世纪90年代，随着茶商的不断涌入，“普洱茶热”席卷产地景迈山，茶价不断高涨，至2007年第一波春茶上市时，景迈古茶的售价达到了每公斤七八百元，芒景古茶的售价达到了每公斤四五百元。但随后当年第二波茶叶上市时，茶叶价格大跌，最低时每公斤仅仅10元左右，景迈山的茶农损失惨重。

在经历了普洱茶市场危机之后，澜沧县政府开始着力整顿茶叶市场，引导当地茶厂进行工商注册，同时为了保护中小茶农的利益，提高茶农们的市场风险抵御能力，于2008年开始尝试推行“党总支+合作社+农户”的模式，在该模式的运行下，景迈山古树茶及生态茶园的管理逐步规范化，同时统一了生产标准及销售渠道，对茶农进行专业技术培训及指导，合作社的生产经营方式渐渐成为景迈山茶叶发展的新路径。

景迈花木兰，致富合作社

在景迈山的茶农中，从重庆毕业回到家乡的仙贡逐渐成为其中的佼佼者和领头羊。仙贡和大多数傣家姑娘一样，身形纤细，谦逊含蓄，但其温柔内秀的外表下深藏着的是克服重重难关创业干事的决心与勇气，这促使她成长为一个敢闯、敢干、能干、会干的创业巾帼“花木兰”，她不但富了自己的口袋，还引领和帮助群众走上了振兴之路。

仙贡是这样叙述自己的创业之路的：“景迈山养育了我。景迈山已经有1800年的种茶历史，作为回乡创业的青年党员，我想让人们喝出1800年的厚重味道，喝出大自然的味道。于是我就萌发了依托景迈山有万亩古茶园的资源优势，把景迈村的茶叶产业做大做强的想法。所以，2002年中专毕业后我下定决心回家乡发展。”①

“刚开始时没有任何经验，只能摸着石头过河。”仙贡凭着一股不屈不挠的韧劲，在家人和亲朋好友的帮助下筹集建立茶厂的资金，可是到最后资金还是有一定缺口，正当她一筹莫展之时，澜沧县妇联为仙贡提供了“贷免扶补”政策的培训。仙贡回忆道：“妇联对像我这样的有创业意愿的妇女给予了大力支持，对我们进行了有关‘贷免扶补’政策的培训，使我们了解到‘贷免扶补’是云南省实行的一项为自主创业人员提供免息小额贷款、鼓励创业、促进就业的惠民工程。随后，我毫不犹豫申请了‘贷免扶补’。县级妇联干部做事特别认真，她们严把申报关，入户调查并全面审核是否符合基本条件、创业意向、市场需求、个人因素等要求，确定申报人员。对符合条件者，配合创业导师，帮助其分析市场需求，根据个人优势和技能情况，选准创业项目，制定项目计划书，量力而行做好资金规划、预计收益等指导工作。妇联干部的用心、关心、耐心，使我下定决心，一定不能辜负娘家的厚爱。”

随后仙贡创办的景迈岩勐茶厂在众人的祈盼中孕育而生。借助茶厂的平台，仙贡开始从事茶叶的种植、生产及加工、销售。为了更系统地学习专业知识，仙贡还主动报名参加了云南省新型职业农民培训。“这次培训的内容涉及茶叶的种植、施肥、病虫害防治、采摘、加工、茶园管理等，学习后我受益匪浅，”仙贡在后来的采访中回忆道，“要想发挥景迈山古茶园的资源优势，就必须打造自己的品牌。”

2010年4月，仙贡带头成立了由27户农户组成的景迈人家茶叶农民专业合作社，该合作社致力于改变茶农各自为政的种植、销售模式，发动茶农，打造品牌，以此保证茶叶的质量，进而让景迈山的茶走得更稳、更远。同时，仙贡把合作社的发展与脱贫攻坚有机结合，通过“一地生四金”(土地流转获“租金”、务工赚“薪金”、股份合作分“股金”、种植得“现金”)的创新模式帮助茶农脱贫，让茶农们不仅可以通过合作社拿到分红，还可以就近在自家茶园里务工。

①肖东：《仙贡：大学生种茶闯新路》，《致富天地》2018年第5期。

2011年底，景迈人家茶叶农民专业合作社发展到了164户，带领周边茶农走上了规模化、品牌化、机械化的茶叶发展之路，效益不断彰显。“合作社成立后，我们不仅打造了自己的品牌，增加了茶农的收入，还让茶农抵御市场风险的能力大大增强，”仙贡说，“我们这里的茶品质好，但以前因为缺乏销售渠道，有价无市，自创办了合作社之后，我们就不再为销售犯愁了，每年每家都能增加上万元的收入。”

在发展合作社的同时，仙贡还于2011年投资200多万元建盖了景迈人家精品客栈。她说：“发展客栈是为了以景迈山茶叶品牌来带动旅游、餐饮、食宿，再通过这些来带动茶叶销售，形成一个良性的循环模式，这样才能有效促进景迈村经济的发展。”随着景迈山旅游的逐渐升温，各地的客商慕名而来。景迈村在仙贡的引领下，也逐步走上了致富路。

在景迈人家茶叶农民专业合作社发展壮大时，仙贡没有只顾着自己创富，她想得更多的是如何带动其他妇女共同创业、共同发展、共同致富。根据澜沧县妇联2020年提供的资料，在仙贡的示范带动下，共有50名妇女陆续加入巾帼创业大军，前后成立了10个专业合作社，建起了10个茶厂，经营起了5家民宿客栈。同时，仙贡的景迈人家茶叶农民专业合作社也扩大到了229户，拥有茶园面积9000余亩，年可产毛茶200吨。除了收购加工合作社社员的茶叶，还辐射了周边近500户农户（其中贫困户22户），并为30名妇女（其中贫困妇女8名）解决了就业问题，帮助社会输送了近70名人才。在各级各部门的大力支持和帮助下，景迈人家茶叶农民专业合作社荣获“省级示范社”“市级示范基地”“优秀会员单位”等称号。仙贡不仅带动妇女创业，还带领社员和群众“种”活了茶叶这一富民产业，更把茶叶树变成了“摇钱树”，让更多妇女因茶受益，因茶致富。

予人玫瑰，手有余香

2020年，仙贡被全国妇联评为全国巾帼建功标兵。获得殊荣后，仙贡又再次说起：“我也是农村长大的人，这片土地养育了我，这里生活着我的祖祖辈辈，我不能忘本，同时我也是一名党员，始终不能忘初心，创富后就要带着

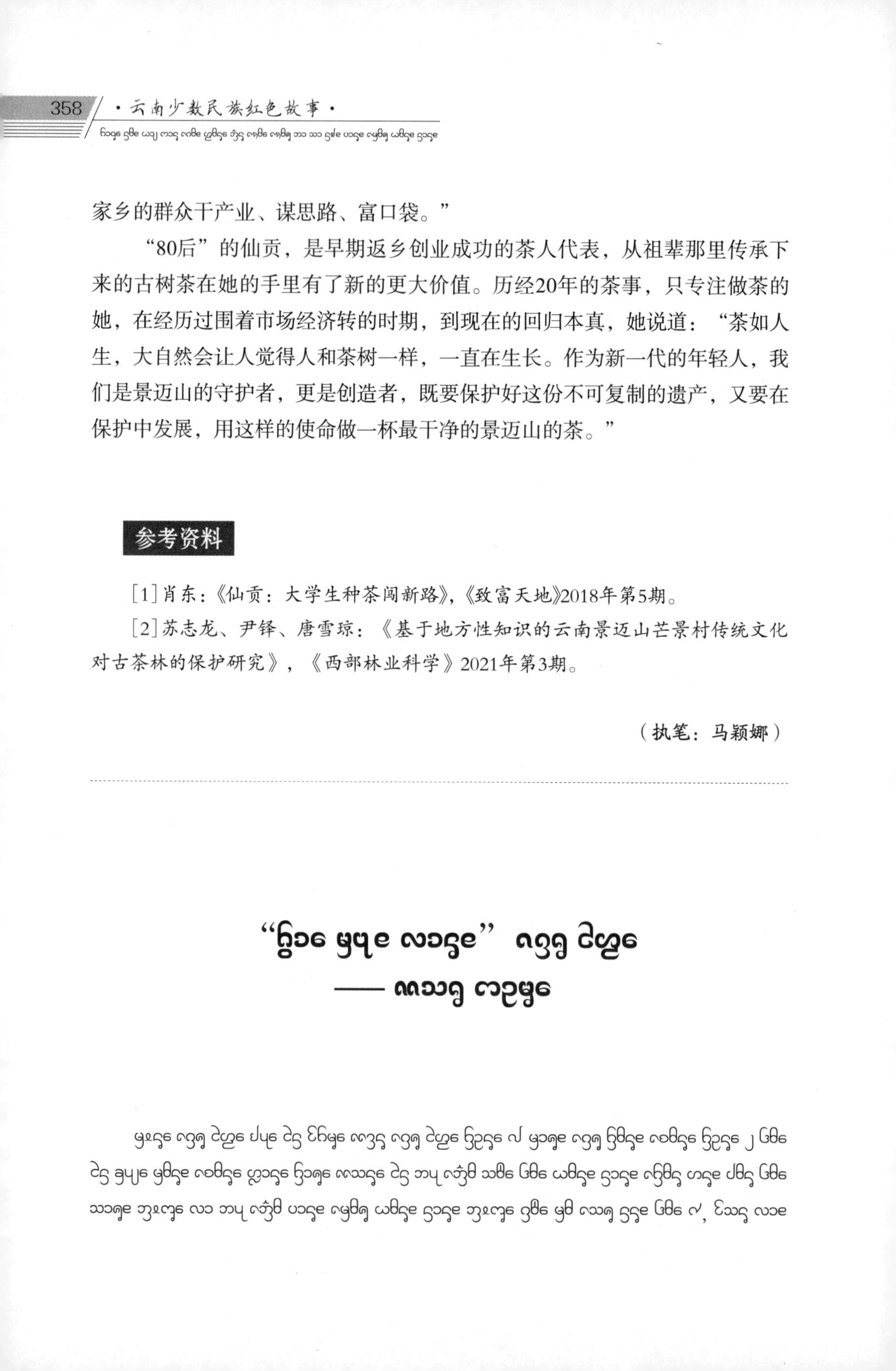

家乡的群众干产业、谋思路、富口袋。”

“80后”的仙贡，是早期返乡创业成功的茶人代表，从祖辈那里传承下来的古树茶在她的手里有了新的更大价值。历经20年的茶事，只专注做茶的她，在经历过围着市场经济转的时期，到现在的回归本真，她说道：“茶如人生，大自然会让人觉得人和茶树一样，一直在生长。作为新一代的年轻人，我们是景迈山的守护者，更是创造者，既要保护好这份不可复制的遗产，又要在保护中发展，用这样的使命做一杯最干净的景迈山的茶。”

参考资料

[1] 肖东：《仙贡：大学生种茶闯新路》，《致富天地》2018年第5期。

[2] 苏志龙、尹铎、唐雪琼：《基于地方性知识的云南景迈山芒景村传统文化对古茶林的保护研究》，《西部林业科学》2021年第3期。

（执笔：马颖娜）

“[illegible]” [illegible]

—— [illegible]

[illegible]

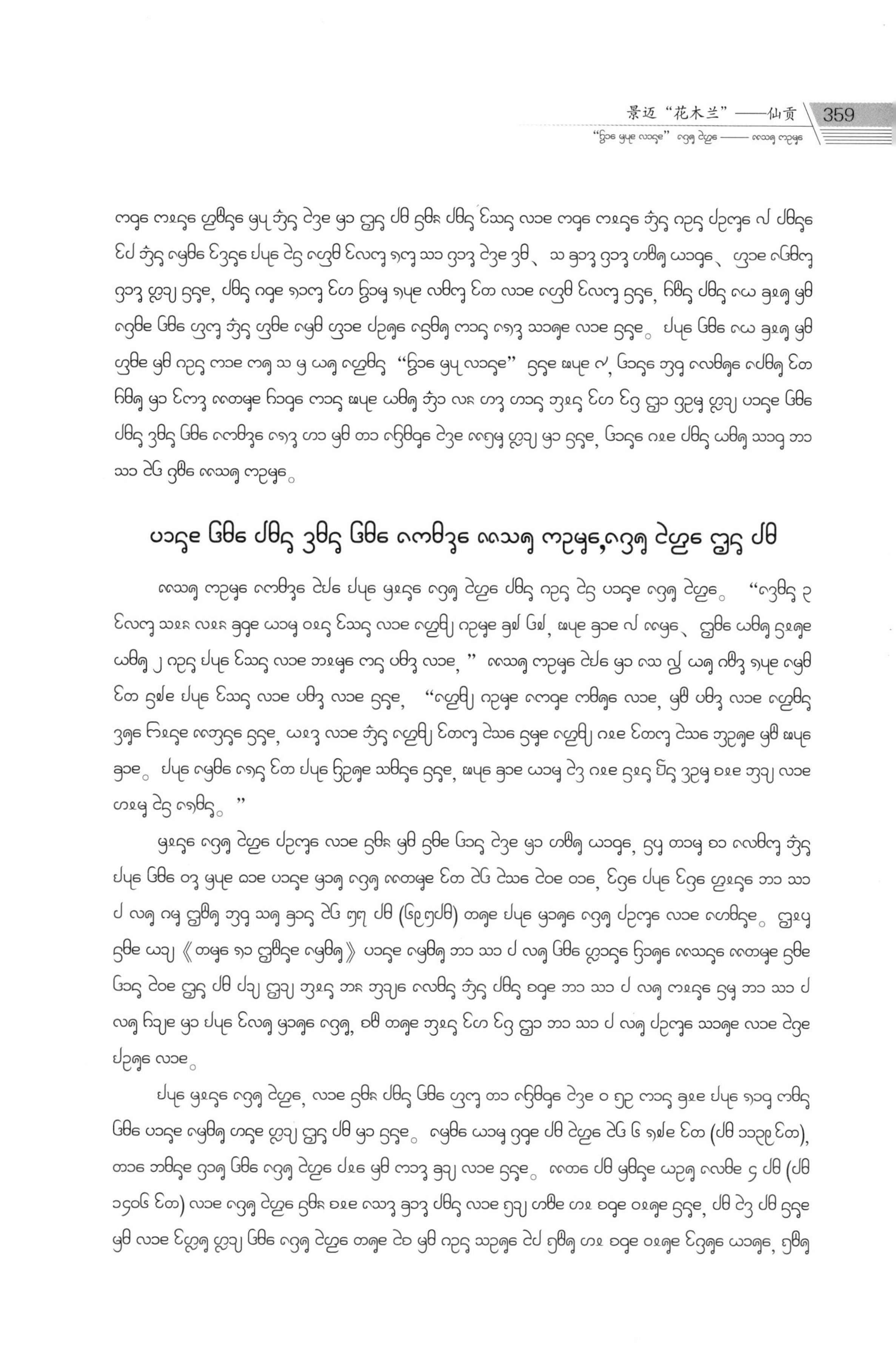

[illegible]

[illegible]

[illegible]

[illegible]

[illegible]

ᦙᦲᧂ ᦵᦂᦰ ᦈᦲ ᦺᦅᦰ ᦷᦙᧂ ᦔᦲ, ᦎᦾᧉ ᦵᦋᧃ ᦉ ᦅᦱᧄ ᦶᦍᧂ ᦎᦱᧂ ᦺᦑ, ᦟᦱᧁ ᦓᦾᧂ ᦵᦋᦲᧉ ᦺᦕᧃ ᦶᦔᧄ ᦈᦳᧃ ᦙᦱ ᦷᦙᧃ ᦺᦈ ᦈᦳ ᦅᦱ ᦗᦲᧉ ᦌ ᦵᦑᧈ ᦺᦑ、ᦌ ᦵᦑᧈ ᦙᦱᧂ ᦔᦲᧉ ᦔᦲᧂ ᦌ ᦵᦑᧈ ᦵᦑᧈ ᦷᦎᧂ ᦢᦱᧃ, ᦍᦲᧉ ᦈᦳ ᦙᦱᧁ ᦎᦱᧃ ᦙᦱ ᦅᦱ ᦗᦲᧉ ᦈᦳ ᦵᦎᧈᦙ。ᦔᦲ ᧑᧙᧒᧘ ᦵᦋ, ᦵᦋᧃ ᦉ ᦅᦱᧄ ᦷᦙᧂ ᦀᦾᧉ ᦷᦎᧂ ᦢᦳ ᦕᦲᧃ ᦷᦙᧃ ᦙᦳᧂ ᦠᦱᧂ ᦎᦾᧉ ᦶᦉᦲᧃ ᦵᦋᦲᧉ ᦅᦱ ᦟᦱᧁ ᦵᦋᦲᧉ ᦈᦳᧃ ᦙᦱ, ᦟᦱᧁ ᦂᦱ ᦈᦱ ᦷᦎᧉ ᦷᦎᧁ ᦈᦳ ᦷᦙᧂ。ᦉ ᦎ ᦀᧈ ᧑᧒ ᦵᦋ, ᦙᦱᧂ ᦵᦋᦲᧉ ᦺᦕᧃ ᦈᦳᧂ ᦈᦳᧄ ᦂᦱ ᦂᦱ ᦔᦱᧃ ᦙᦲ ᦵᦋᦲᧉ ᦶᦔᧄ ᦟᦱᧁ, ᦔᦲᧂ ᦂᦱᧂ ᦕᦲᧂ ᦍᦳ ᦂᦱᧂ ᦉᦲᧃ ᦶᦌᧃ ᦟ ᦂᦱᧂ ᦅᦱ ᦟᦱᧁ ᦵᦋᦲᧉ ᦺᦕᧃ ᦶᦍᧄ ᦔᦱᧈ ᦖ。

ᦵᦙᦲᧃ ᦔᦲ ᧑᧙᧓᧐ ᦵᦋ ᦵᦈᦲᧂ ᧑᧐ ᦵᦟᦲ, ᦵᦋᦲᧃ ᦷᦎᧁ ᦵᦍᦲᧂ ᦙᦲᧂ ᦵᦂᦲᧃ ᦵᦂᦲ ᦵᦂᦰ ᦎᦾᧉ ᦔᦲᧂ ᦺᦈ ᦔᦲ ᧖ ᦵᦅᦳᧃ ᦷᦎᧃ ᦷᦎᧂ, ᦷᦎᧃ ᦟᦲ ᦢᦱᧃ ᦓᦾᧂ ᦈᦳ ᦟᦳᧂ ᦔᦲᧂ ᦈᦳᧃ ᦈᦱ ᦉᦱ ᦔ ᦟᦲᧉ ᦕᦲᧃ ᦵᦋᦲᧉ ᦺᦕᧃ ᦈᦲ ᦓᦾᧉ ᦵᦈᦲᧂ ᦺᦑ ᦵᦂᦲ ᦵᦈᦲᧃ ᦈᦲᧂ ᦅᦳᧃ ᦈᦳᧃ ᦎᦱᧂ ᦶᦈᦳ ᦈᦲᧂ ᦈᦱ ᦉᦱ ᦷᦎᧉ ᦕᦲᧃ ᦍᦲᧂ ᦷᦎᧂ ᦵᦈᦲᧂ ᦺᦑ ᦷᦎᧁᦲ ᦷᦎᧂ ᦶᦌᧃ ᦕᦲᧃ ᦟ ᦂᦱᧂ ᦈᦲᧃ ᦈᦳ ᦷᦎᧂ, ᦈᦲ ᦈᦳ “ᦟᦱᧁ ᦍᦲᧈ ᦶᦟᦳ ᦵᦈᦲᧂ ᦵᦉᦳ ᦵᦋᦲ ᦷᦎᧉ” ᦎᦱᦳ ᦵᦋ ᦉᦳᦲᧃ ᦠᦲᧃ ᦙᦳᧂ ᦈᦳ ᦷᦎᧃ。ᦔᦲ ᧑᧙᧓᧔ ᦵᦋ ᦟᦱ ᦟᦲ, ᦈᦳᦱ ᦎᦱᦳ ᦔᦲ ᦔᦱᧄ ᦑᦲᧄ ᦶᦔᧄ ᦌ ᦵᦑᧈ ᦵᦋᦲᧃ ᦵᦂᦰ ᦙᦲ ᦷᦎ ᦕᦲ ᦈᦲᧃ ᦅᦱ ᦂᦱᧂ ᦵᦑᧈ ᦠᦱ ᦀ ᦍᦳ ᦅᦳᧂ ᦠᦱ ᦑᦲᧄ ᦶᦔᧄ ᦂᦱᧂ ᦵᦑᧈ ᦠᦱ ᦀ ᦍᦳ ᦵᦈᦲ ᦂᦱᧄ ᦵᦈᦲ ᦟᦲ ᦔᦳᦲᧃ ᦵᦋᦲᧉ ᦺᦑ, ᦵᦟᦲᧃ ᦶᦔᧄ ᦂᦱᧂ ᦔᦳᦲᧃ ᦟᦱᧁ ᦕᦲᧃ ᦙᦱᧂ ᦵᦋᦲᧉ ᦺᦕᧃ ᦂᦱᧁ ᦙᦲ ᦕᦲᧃ ᦶᦔᧂ ᦎᦱᧃ ᦵᦟᦲᧈ ᦶᦟᦳ。ᦈᦳᦱ ᦎᦱᦳ ᦈ ᦕᦲᧄ ᦂᦱᧂ ᦅᦱᧄ ᦈᦳᧃ ᦑᦲᧅ ᦵᦂᦰ ᦵᦑᦲᧂ ᦺᦈ ᦵᦋᦲᧈ ᦕᦲᧃ ᦔᦲᧂ ᦈᦲ ᦙᦱ, ᦠᦱᧂ ᦺᦈ ᦵᦑᦲᧂ ᦷᦎᧂ ᦕᦲᧃ ᦙᦱᧂ ᦵᦋᦲᧉ ᦺᦕᧃ ᦂᦱᧁ ᦙᦲ ᦵᦉᦲᧂ ᦟᦱᧁ ᦟ ᦂᦱ ᦟᦱᧁ ᦔᦲᧂ ᦅᦱᧈ ᦵᦋ ᦵᦈᦲ ᦷᦎᧂ。ᦠᦱᧂ ᦵᦑᦲᧂ ᦶᦔᧄ ᦟᦱᧁ ᦵᦈᦲᧂ ᦈᦲᧃ ᦔᦲᧉ ᦍᦱᦳ ᦀᦲᧂ ᦵᦋᦲᧈ ᦷᦎᧂ ᦢᦳ ᦕᦲᧃ ᦙᦱᧂ ᦵᦋᦲᧉ ᦺᦕᧃ ᦠᦱᧂ ᦔᦳᦲᧃ ᦵᦋᦲᧉ ᦎᦾᧉ ᦈᦳᧃ ᦙᦱ ᦍᦱ ᦍᦱ。ᦉ ᦎ ᦀᧈ ᧒᧐ ᦵᦋ ᦉ ᦅᦱᧄ ᧘᧐ ᦵᦋ, ᦈᦳᦱ ᦎᦱᦳ ᦈᦲᧃ ᦷᦎᧃ ᦂᦱᧁ ᦟᦱᧁ ᦅᦳᧂ ᦙᦱ ᦵᦋᦲᧉ ᦷᦎᧂ, “ᦟᦱᧁ ᦈᦳ ᦵᦎᧈᦙ ᦅᦱ ᦵᦋᦲᧈ ᦈᦲ” ᦕᦲᧃ ᦉᦾᧉ ᦈᦳᧃ ᦟᦱᧁ ᦕᦲᧃ ᦙᦱᧂ ᦵᦋᦲᧉ ᦺᦕᧃ, ᦅᦱᧂ ᦂᦱᧃ ᦟᦱᧁ ᦂᦱᧁ ᦶᦈᦲᧉ ᦙᦱ ᦔᦲᧃ ᦅᦱᧄ, ᦗᦲᧉ ᦔᦲ ᧒᧐᧐᧙ ᦵᦋ ᦟᦱᧁ ᦵᦋᦲ ᦔᦲ ᦟᦲᧃ ᦈᦲ ᧖ ᦅᦱ ᦢᦳᧃ ᦂᦱᧄ ᦟᦲ, ᦟᦱᧁ ᦂᦱ ᦍᦲᧂ ᦶᦂᧃ ᦕᦲᧃ ᦵᦋᦲᧉ ᦺᦕᧃ ᦂᦲᧂ ᦂᦳᦲᧃ ᦈᦲᧂ ᦺᦈ ᦅᦱ ᦺᦈ ᦷᦎᧂ ᦷᦎᧄ ᦗᦲᧉ ᧗、᧘ ᦷᦎᧉ ᦶᦍᧂ, ᦟᦱᧁ ᦂᦱ ᦍᦲᧂ ᦶᦂᧃ ᦕᦲᧃ ᦙᦱᦲᧃ ᦵᦋᦲᧉ ᦂᦲᧂ ᦂᦳᦲᧃ ᦈᦲᧂ ᦺᦈ ᦅᦱ ᦺᦈ ᦷᦎᧂ ᦷᦎᧄ ᦗᦲᧉ ᧕、᧗ ᦷᦎᧉ ᦶᦍᧂ。ᦕᦲᧃ ᦀᦱᧃ ᦟᦳᧂ ᦙᦱ ᦺᦈ ᦔᦲ ᦷᦎᧂ ᦟᦱᧁ ᦟᦲᧃ ᦈᦲ ᧒ ᦅᦱ ᦢᦳᧃ ᦂᦱᧄ ᦟᦲ, ᦅᦱᧂ ᦂᦱᧃ ᦟᦱᧁ ᦌᦲᧂ ᦟᦳᧉ ᦙᦱ ᦵᦋᦲᧈ ᦷᦎᧂ, ᦶᦎᦳᧃ ᦕᦲᧈ ᦷᦎᧂ ᦂᦲᧂ ᦂᦳᦲᧃ ᦈᦲᧂ ᦺᦈ ᦅᦱ ᦺᦈ ᦷᦎᧂ ᦷᦎᧄ ᧑᧐ ᦶᦍᧂ ᦈᦳᧃ ᦷᦎᧂ, ᦈᦲᧃ ᦺᦈ ᦶᦙᧃ ᦷᦎ ᦵᦑᧈ ᦉᦾᧉ ᦟᦱᧁ ᦕᦲᧃ ᦙᦱᧂ ᦵᦋᦲᧉ ᦺᦕᧃ ᦂᦱᧁ ᦷᦎᦳ ᦟᦱ ᦵᦋᦲᧈ ᦷᦎᧂ。

ᦢᦳᧃ ᦵᦙᦲᧃ ᦵᦋᦲᧈ ᦍᦱ ᦈᦱ ᦂᦱᧂ ᦅᦱ ᦟᦱᧁ ᦈᦳ ᦵᦎᧈᦙ ᦵᦑᧈ ᦈᦱ ᦷᦎᧂ, ᦷᦎᧂ ᦷᦎᧁ ᦶᦉᧂ ᦵᦈᦲᧂ ᦷᦎᦳ ᦎᦾᧉ ᦈᦳᧃ ᦙᦱ ᦶᦋᦲ ᦠᦾᧉ ᦶᦎᦾᧉ ᦂᦱᧂ ᦟᦲ ᦅᦱ ᦟᦱᧁ, ᦂᦳᧂ ᦷᦎ ᦵᦋᦲᧈ ᦶᦔᧄ ᦟᦱᧁ ᦕᦲᧃ ᦔᦱᧂ ᦵᦙᦲᧅ ᦠᦱᧂ ᦅᦲᧂ ᦵᦑᧈ ᦂᦱᧂ ᦵᦋᦲᧈ ᦷᦎᧂ ᦍ ᦷᦎ ᦂᦱᧂ ᦂᦱᧁ ᦅᦱ, ᦶᦍᧄ ᦙᦱ ᦵᦋᦲᧃ ᦵᦈᦲ ᦉᦱ ᦎᦱ ᦈᦲ ᦈᦲᧃ ᦺᦈ ᦶᦙᧃ ᦷᦎ ᦵᦑᧈ ᦉᦾᧉ ᦟᦱᧁ, ᦵᦂᦲᧈ ᦉᦳᦲᧃ ᦂᦱᧂ ᦈᦲᧃ ᦺᦈ ᦶᦙᧃ ᦷᦎ ᦕᦲᧃ ᦷᦎᧂ ᦷᦎᧂ ᦵᦑᧈ ᦉᦾᧉ ᦟᦱᧁ ᦙᦲ ᦂᦱᧃ ᦟᦲ ᦷᦎᧂ ᦂᦱᧄ ᦅᦱ ᦟᦱᧁ ᦵᦑᧈ ᦈᦱ ᦌᦲᧂ ᦷᦎᧉ ᦺᦑ, ᦔᦲ ᧒᧐᧐᧘ ᦵᦋ ᦎᦾᧉ ᦟᦲᧃ ᦵᦑᧈ ᦂᦱᧂ ᦶᦔᧄ ᦢᦱᧃ ᦕᦲᧃ

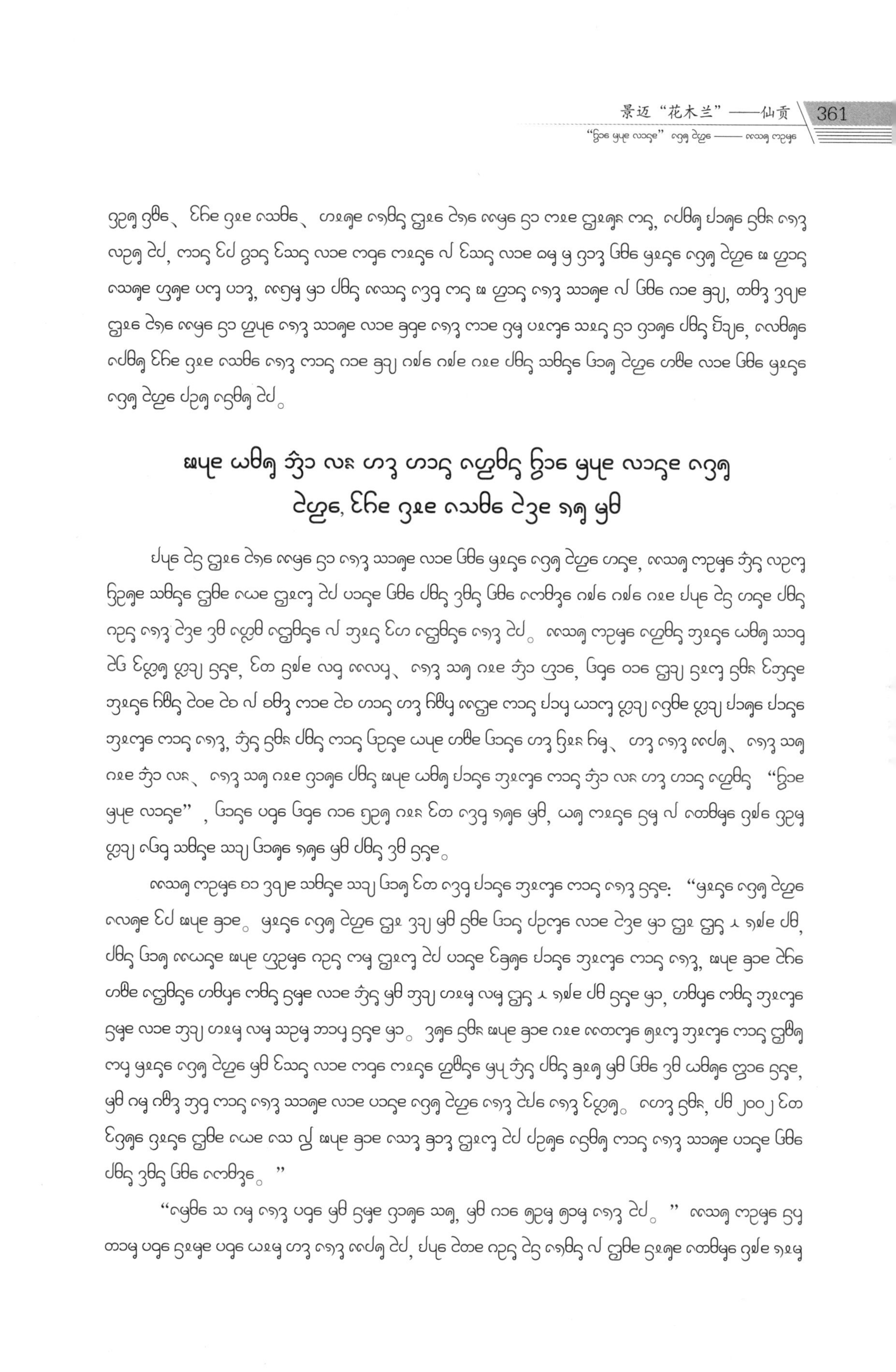

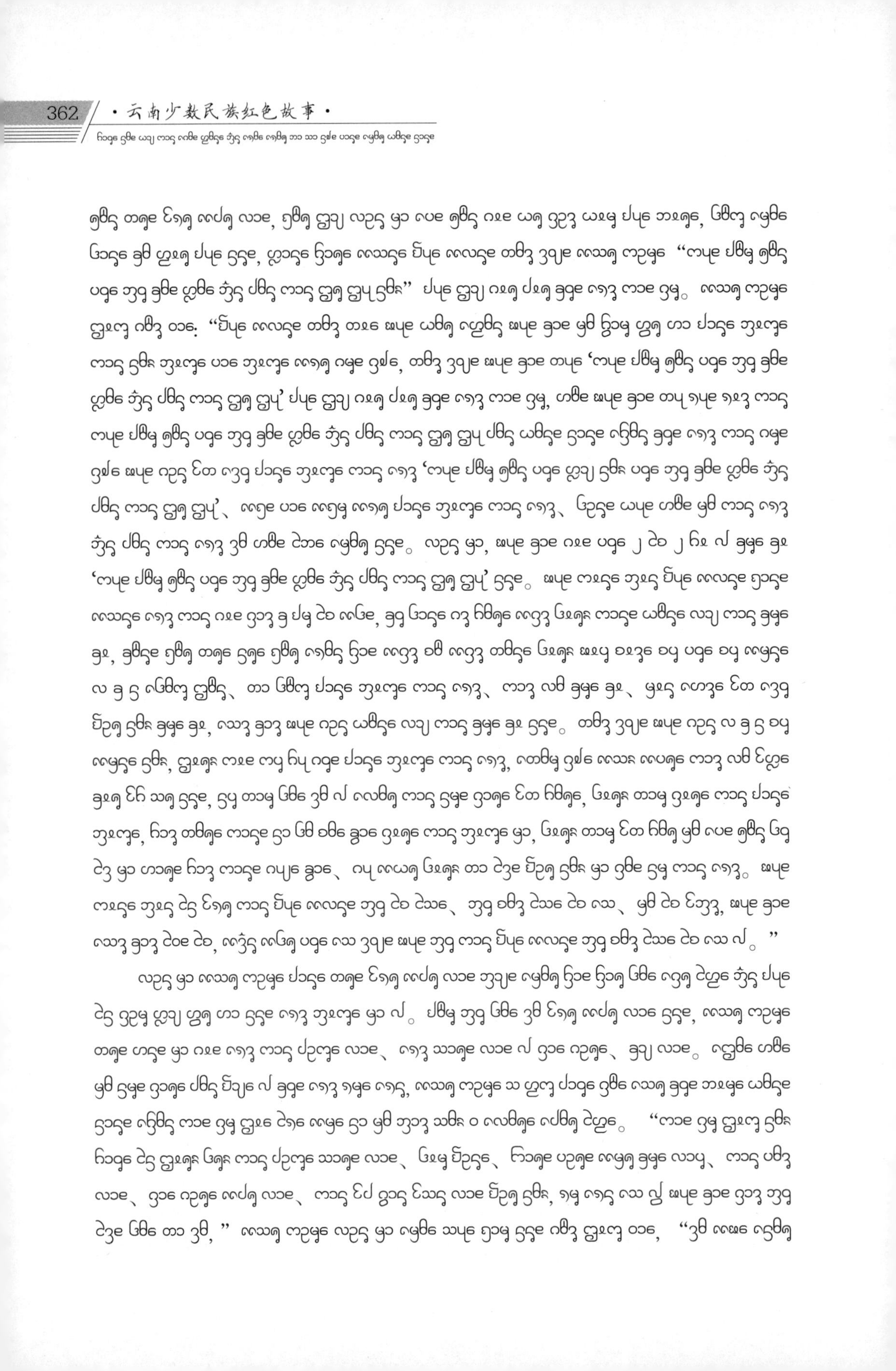

[illegible]

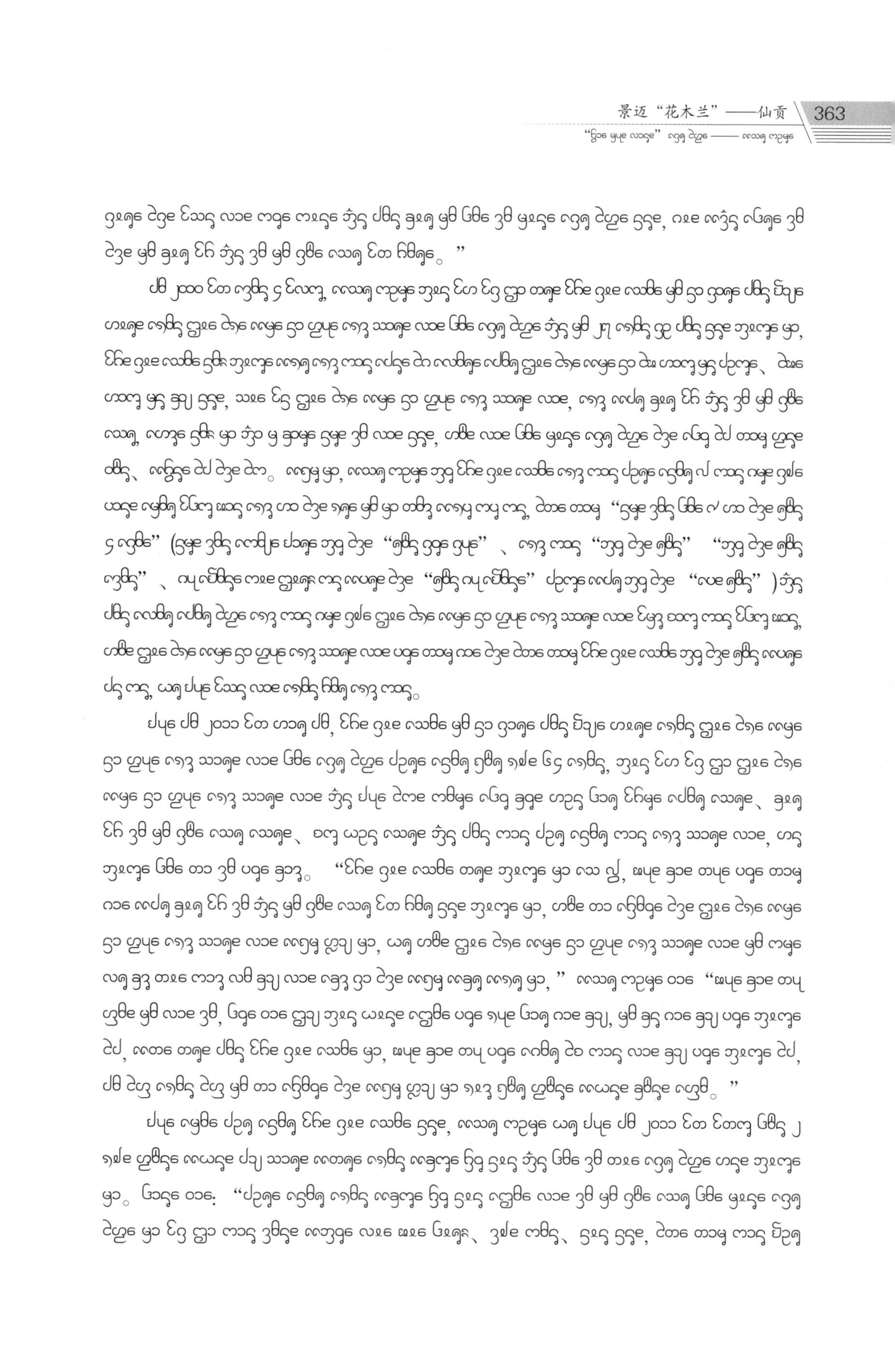

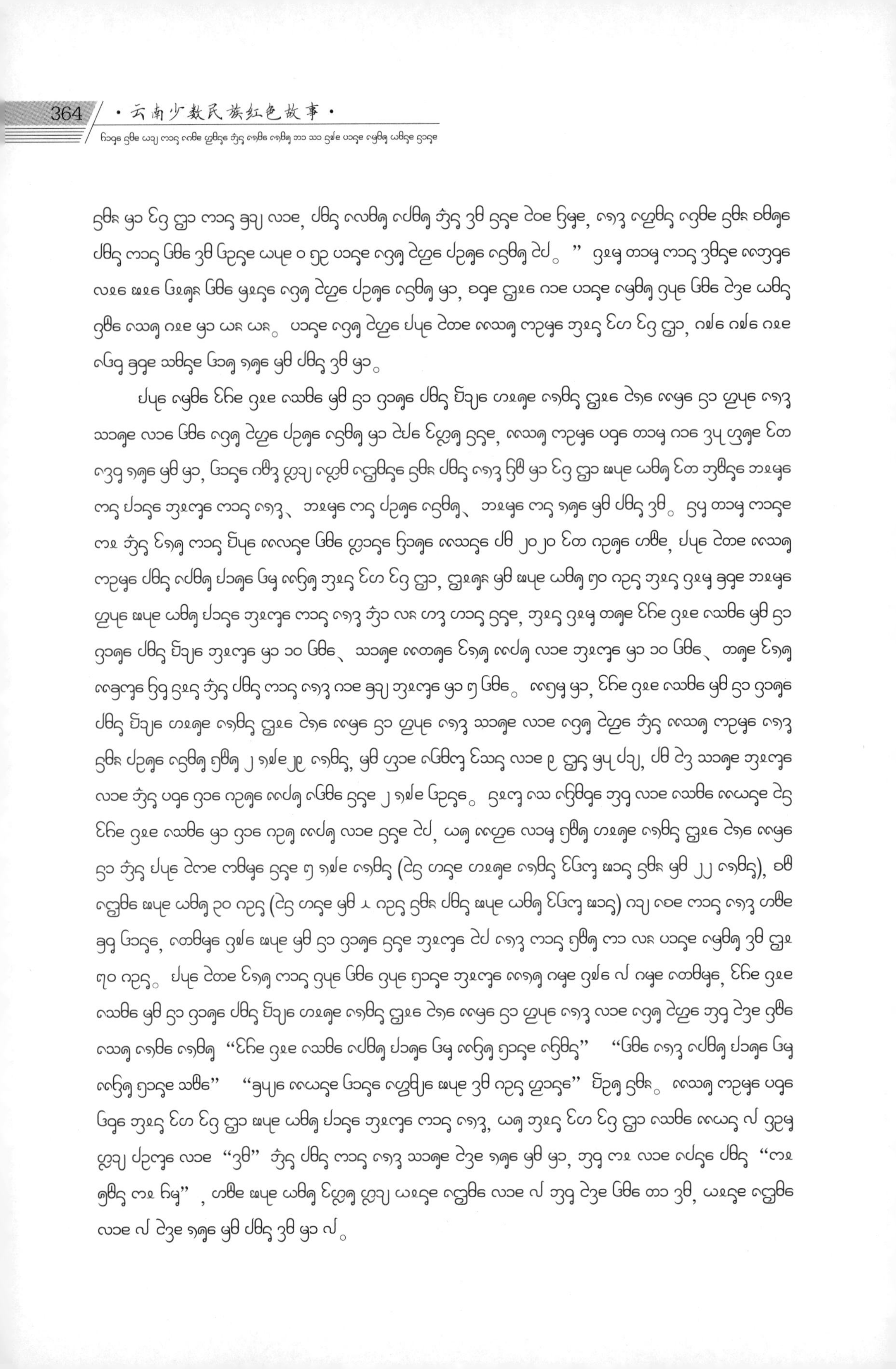

[illegible]

[illegible]

[illegible]

ᦘᦱᧅ ᦡᦲᦂᧃ ᦶᦙᦓ ᦉᦲᧃ ᦎᦲᦓᧂ ᦔᦓ ᦵᦡᦲᦓᧃ ᦟᦷ,
ᦙᦲ ᦰᦲᦞ ᦅᦲᧂ ᦍᦞ ᦙᦲ ᦘᦱᦕ ᦠᦲᦙ ᦵᦂᦲᦡ ᦵᦔᧃ

ᦔᦲ ᧒᧐᧒᧐ᦺᦎ, ᦶᦉᦲᧃ ᦂᦳᧂ ᦞᦲᧂ ᦺᦑᦲ ᦂᦱᦓ ᦵᦔᧃ ᦶᦟᦓᧂ ᦣᦲ ᦵᦡᦡ ᦵᦔᦲᦞᧂ ᦍᦲ ᦔᦲᦓ ᦶᦡᦲᦓᧃ ᦡᦲᦓᧃ ᦺᦔᦂ ᦎᦲᦞᧂ ᦂᦳᦞᧃ ᦅᦳᦓ ᦶᦵᦔᧂ ᦍᦲᦞ ᦘᦱ ᦟᦱ ᦠᦡ ᦠᦱᦓ ᦣᦲ ᦵᦡᦡ᧟ ᦘᦱᧅ ᦺᦡᧂ ᦡᦲᧃ ᦵᦉᦲ ᦵᦑᦲᧃ ᦵᦑᦲᦞ ᦵᦉ ᦟᦷ, ᦶᦉᦲᧃ ᦂᦳᧂ ᦰᦲᦓ ᦞᦱᧃ ᦶᦵᦡᦙ: “ᦵᦔᧂ ᦋᦱᧂ ᦓᦲᦓ ᦵᦂᦲᦡᧃ ᦺᦡᧃ ᦵᦔᧃ ᦔᦱᦓᧂ ᦣᦳᦞᧃ, ᦓᦙᧂ ᦡᦲᦓ ᦣᦲᧃ ᦠᦡᦲᧂ ᦵᦟᦞᧂ ᦺᦔ ᦵᦔᧂ ᦋᦱᧂ ᦺᦡᧃ ᦙᦱ, ᦣᦲᧃ ᦙᦲ ᦔᦲᦓ ᦣᦲᧃ ᦺᦡᧃ ᦵᦔᧃ ᦺᦡᧂ ᦠᦲᦓᧃ ᦵᦔᧂ ᦋᦱᧂ ᦵᦔᧃ ᦂᦲᦓ ᦓᦓᧂ, ᦵᦔᧂ ᦋᦱᧂ ᦔᦓᧃ ᦡᦱᦞᧃ ᦟᦲᦙ ᦅᦓᧂ ᦑᦱᦂ ᦺᦠ, ᦶᦵᦡᦙ ᦙᦱ ᦵᦔᧂ ᦋᦱᧂ ᦰᦲᦓ ᦔᦲᦓ ᦣᦱᦞ ᦶᦍᦓᧂ ᦵᦔᧂ ᧉ, ᦍᦱᦙ ᦺᦡ ᦅᦲᧂ ᦔᦓᧃ ᦡᦱᦞᧃ ᦟᦲᦙ ᦅᦙ ᦉᦳᦓᧂ ᦅᦓᧂ ᦺᦠ ᦡᦲᦓ, ᦵᦔᦓᧃ ᦘᦲᦂᧃ ᦂᦱᦓ ᦵᦑᦡ ᦑᦞᧃ ᦙᦲ ᦵᦉ ᦟᦷ ᦅᦲᧂ ᦡᦲ ᦺᦡᧂ ᦺᦡ ᦡᦱ ᦡᦳᦙ ᦠᦱᦂ ᦔᦱᦓᧂ ᦣᦲᧃ ᦔᦲᦓ ᦡᦲᦓ ᦣᦲᧃ ᦵᦂᦲᦡ ᦙᦲ ᦂᦱᦓ ᦵᦑᦡ、ᦅᦲᦡ ᦰᦙ ᦠᦱ ᦉᦲᦓᧂ ᦣᦱᦞ、ᦠᦲᧂ ᦙᦲ ᦞᦲᦓ ᦵᦔᧃ ᦺᦡᦓ ᦑᦳᦞ ᦺᦡᧂ᧟”

ᦶᦉᦲᧃ ᦂᦳᧂ ᦔᦲᦓ ᦺᦡᧃ ᦔᦱᦓᧃ ᧑᧐ ᦺᦎ ᦵᦉ ᦟᦷ ᦵᦂᦲᦡᧃ ᦓᦓᧂ, ᦔᦲᦓ ᦵᦔᧂ ᦎᦱᦞ ᦠᦱᧂ ᦎᦱᦞᧃ ᦎᦱ ᦘᦲᦓ ᦵᦙᦲᧃ ᦍᦱᦙ ᦡᦞᧃ ᦡᦲᦂ ᦺᦔ ᦵᦑᦡ ᦂᦱᦓ ᦵᦔᦓᧃ ᦉᦱᦞᧂ ᦟᦱᧂ ᦺᦡᧂ ᦺᦎᦂ ᦣᦲᧃ ᦔᦲᦓ ᦡᦲ, ᦂᦲ ᦟᦱᧂ ᦂᦞᧃ ᦂᦲᦓ ᦘᦲᦓ ᦺᦡᧃ ᦔᦲᧃ ᦺᦡᧃ ᦠᦲᦓᧃ ᦓᦲᦓᧂ ᦉᦲᦙ ᦙᦱ ᦓᦲᦓ ᦵᦔᧃ ᦺᦡᦓ ᦙᦲ ᦣᦱᦓᧃ ᦶᦵᦂᦓᧂ ᦙᦲ ᦋᦓ ᦅᦱᧃ ᦶᦵᦡᦞ ᦙᦱ ᦶᦵᦡᦙ᧟ ᦺᦎᧃ ᦎᦱᦙ ᦂᦱᦓ ᦵᦑᦡ ᦉᦱᦞᧂ ᦟᦱᧂ ᧒᧐ ᦔᦲ ᦙᦱ, ᦣᦱᦓᧃ ᦎᦞᧂ ᦺᦠᦂ ᦎᦞᧂ ᦺᦡ ᦵᦑᦡ ᦉᦱᦞᧂ ᦟᦱᧂ, ᦵᦔᧃ ᧖᧐ ᦟᦱ ᦵᦙᦲᧃ ᦶᦞᦡ ᦡᦲᦙ ᦂᦱᦡ ᦟᦲ ᦵᦑᦡ ᦠᦱ ᧐ ᦑᦳ ᦓᦓᧂ, ᦑᦲᦞ ᦔᦡ ᦵᦡᦓᧃ ᦺᦡᧂ ᦡᦲᦂ ᦡᦲ ᦙᦱ, ᦣᦱᦓᧃ ᦞᦱᧃ: “ᦟᦱᧂ ᦵᦠᦲᦓ ᦺᦡᧃ ᦅᦳᦓ、ᦉᦳᦙ ᦘᦱᦔ ᦡᦱᦞᧃ ᦠᦲᧂ ᦅᦳᦓ ᦑᦙᧃ ᦡᦲᦞ ᦑᦲᦞ ᦅᦳᦓ ᦔ ᦂᦲ ᦟᦱᧂ ᦅᦲᧂ ᦵᦠᦲᦓ ᦂᦓ, ᦍᦱᦙ ᦺᦡ ᦅᦲᧂ ᦋᦲᦓᧂ ᦺᦡᧃ ᦵᦔᧃ᧟ ᦔᦲᦓ ᦅᦳᦓ ᦠᦳᦙᧃ ᦺᦡᦓ ᦺᦡᧃ ᦔᦱᦓᧃ ᦺᦡᦠᧃ, ᦵᦔᧂ ᦋᦱᧂ ᦎᦔ ᦔᦲᦓ ᦵᦔᧂ ᦅᦳᦓ ᦂᦱᦞᧂ ᦵᦔᦞᧂ ᦶᦵᦠᦓ ᦙᦲᦓᧃ ᦵᦡᦞ ᦺᦡᦠᧃ, ᦰᦲᦓ ᦔᦲᦓ ᦵᦔᧂ ᦵᦔᦓᧃ ᦉᦱᦞᧃ, ᦡᦲ ᦺᦡᧂ ᦘᦱᧅ ᦂᦱᦓ ᦑᦲ ᦉᦱ ᦋᦲᦞ ᦂᦞᧃ ᦂᦲᦓᧃ ᦟᦲ ᦺᦡᧂ ᦘᦲᦓ ᦔᦞᧃ ᦡᦱᦞᧃ ᦶᦔᦞ ᦵᦠᦲᦓ ᦠᦳᦓᧃ ᦑᦱᦞᧃ ᦂᦞᧃ ᦓᦓᧂ ᦵᦑᦡ ᦡᦲ, ᦰᦲᦓ ᦡᦲ ᦺᦡᧂ ᦵᦔᧃ ᦵᦙᦲ ᦑᦲ ᦉᦱ ᦓᦓᧂ ᦙᦱ ᦵᦑᦡ ᦂᦱᦓ ᦔᦳᦞᧃ ᦵᦓᦲᦞ, ᦘᦱᧅ ᦂᦱᦓ ᦡᦱᦙ ᦵᦡᦲᧂ ᦓᦲᦓ ᦙᦱ ᦵᦑᦡ ᦠᦲᧂ ᦟᦱᧂ ᦣᦲᧃ ᦵᦡᦞ ᦺᦡᦠᧃ ᦡᦱᦡ ᦺᦠᦡ ᦺᦡᦉᧃ ᦓᦓᧂ ᦂᦲᦂ ᧉ᧟”

(ᦵᦔᧂ ᦺᦂᦡ ᦶᦎᦙᧃ ᦙᦱ ᦍᦲᦓᧂ ᦠᦱᧃ)

“农民院士”朱有勇

他是中国最顶尖的植物病理学家、中国工程院院士、云南农业大学名誉校长，他曾荣获“时代楷模”“全国优秀共产党员”“全国杰出专业技术人才”“全国模范教师”“全国教学名师”等荣誉称号，但他最喜欢的却是农民兄弟叫他一声“农民院士”。

悯农爱农，为农民做研究

1955年，朱有勇出生在云南省红河州个旧市的一个普通农户家庭，从小他就跟着父母耕田、犁地、插秧、收稻，高中毕业后又下乡当了几年知青，切切实实体会到了农民面朝黄土背朝天的艰辛。由于经历过艰难困苦的年代，朱有勇对贫穷和饥饿的记忆刻骨铭心。“农民种地很辛苦，但再怎么拼命干活，种的粮食仍吃不饱。”他甚至做梦梦到一根玉米秆上结出五六个棒子，一株植物上面结西红柿，下面长土豆，这样大家就能吃饱了。

孩童时期做过的农业丰收梦成为激励朱有勇奋进的动力。1977年恢复高考后，朱有勇考上了云南农业大学，从一个农民子弟成为一名钻研农业科技知识的大学生。求学期间，他刻苦努力学习农业理论知识，脚踏实地地开展农业科研探索，取得了优异的成绩，科研能力也得到业界同人的认可。1982年，朱有勇在参加研究生面试时，导师段永嘉给他出了一道题，这道题似乎在冥冥之中决定了朱有勇要为农业科学奋斗的一生。无论过去多久，朱有勇总能清晰地回忆起那个叩问他心灵的问题：“追溯世界农业历史，依靠化学农药控制病虫害不足百年，在几千年传统农业生产中，人们靠什么控制病虫害？”

在那个年代，单一品种农作物大面积种植容易发生病虫害，因此农药用量大幅增加，对生态环境、食品安全和粮食生产构成潜在危害，水稻稻瘟病即为典型。世界各国的科学家针对稻瘟病提出了很多办法，但收效甚微。1986年，在一次偶然的田间考察中，朱有勇发现稻瘟病的发病率与水稻品种的多样性有关，循着这个思路，他开始了利用生物多样性防治病虫害的研究。此后10多年，他边研究控病机理边进行了近千次试验，最终确证了作物多样性时空优化配置是有效控制病害的新途径。2000年，朱有勇的研究成果在国际权威期刊《自然》上作为封面文章发表，引起全球关注。在准确揭示控病机理的基础上，朱有勇还大胆地进行技术创新，研发了一系列作物多样性控病增产新技术，对解决现代农业生产中作物病害流行及农药过量使用等问题做出了重要贡献。

科研方面的突出成绩给朱有勇带来了丰厚的收益和巨大的荣誉，但农民出身的他却从未忘记自己的初心和使命，时刻想着怎样让自己的科研成果更好地服务农民、造福农民。他总是对身边的人说：“农民需要什么，我就研究什么。老百姓说好，才是真的好。”怀着这份爱农护农的真心，朱有勇将研发的“遗传多样性控制水稻病害”技术在全国推广6000多万亩，“物种多样性控制作物病虫害”技术在国内外应用3亿多亩，在为农民创造显著效益的同时，也为国家粮食安全做出了重要贡献。2011年，朱有勇当选为中国工程院农业学部院士，成为云南省农业教育科研系统的第一位院士。

朱有勇取得的成绩，除了是他几十年坚持信念、学农爱农、潜心研究的结果外，也离不开党和国家提供的优良的科研平台和研究环境，更离不开人民的大力支持。从农民子弟到工程院院士，朱有勇始终怀抱着“让农民过得好一点”的朴素愿望，坚持为农民之所需做研究。无论是新研发的农业技术，还是新开创的农业项目，他总是首先想到服务农民、造福农民，老乡们亲切地称他为“农民院士”。秉持着这份初心，朱有勇积极投身新时代脱贫攻坚的主战场，将论文写在云岭大地上，让科研成果在田间地头开花结果。

扎根农村，到人民最需要的地方去

云南省澜沧拉祜族自治县是典型的“民族直过区”，这里资源富集，但经济发展却相对滞后。究其原因，一方面是由于当地交通闭塞、产业基础薄弱；另一方面则是因为当地老百姓的综合素质偏低，学科技、用科技的能力和意识不强，资源禀赋没有得到有效利用，面临“守着金山银山过穷日子”的尴尬局面。

中共十八大以来，党中央在全国范围内打响了脱贫攻坚战，号召党政机关、企事业单位深入贫困地区开展定点帮扶，助力贫困群众脱贫致富。中国工程院结对帮扶的正是云南27个深度贫困县之一的澜沧拉祜族自治县。作为全国“直过民族”区域面积最大、人口最多的县，澜沧县的贫困人口达16.67万，贫困发生率高达41%，脱贫攻坚任务异常艰巨，这让不少人犯了难。令人意外的是，在中国工程院召开的扶贫工作专题会上，已是花甲之年的朱有勇主动请缨：“我年轻，我来干！”

这句“我来干”不是一时冲动，更不是盲目自信，而是一名老党员对党、对国家的无限忠诚与热爱。实际上，早在30多年前，朱有勇就在自己的入党誓言中许下庄严承诺：“团结广大群众，为大多数人谋利益。服从祖国的需要，把自己的知识贡献给社会主义现代化建设。”

2015年，朱有勇把院士专家工作站建在了澜沧县竹塘乡云山村蒿枝坝组，带领团队一竿子插到底，在这个寨子扎下了根。经过对澜沧县气候、土壤、降雨等自然条件的观测与分析，朱有勇认为，澜沧县具有耕地面积大、人口少、降雨丰富、光照充足等自然优势，但由于受到季风气候影响，这里没有明显的四季之分，一年可以分为雨季和旱季两个季节，雨季来临的时候，农户在地里种植水稻，而到了旱季，大部分的土地都处于闲置状态。根据这些基础条件，朱有勇鼓励当地农户利用冬闲田种植冬季马铃薯。

朱有勇的提议最初并没有得到当地村民的积极响应。很多农民从未听说过冬季马铃薯，对这个新项目充满疑虑，既担心种不出好的产品，也担心卖不上好价钱。为了打消大家的顾虑，朱有勇采用了最“笨”的办法，用实际行动证明给大家看。他在村子里租了一块地，亲自播种、浇水、照看，转眼几个月过去了，眼见挖出来的冬季马铃薯密密麻麻地躺在泥土里，蒿枝坝的村民们有些心动了。以前，当地村民种出来的马铃薯最大也就鸡蛋大小，如今朱有勇院士种出的马铃薯最大的足足有两公斤！看到了希望的村民跃跃欲试，10多名村干部带头出资入股，依托农民专业合作社，从村民手中租来了100亩土地，开始小面积示范种植。2016年冬天种下的马铃薯种苗，到第二年开春就获得了大丰收。经初步测产，最高亩产4.7吨，平均亩产3.3吨，按每公斤3元的订单价格计算，每亩增收9000多元。

由于冬季马铃薯主打季节差，上市时正值农历新年，在全国各地都没有新鲜马铃薯的时候，澜沧县就成为全国最早上市马铃薯的产区之一，市场竞争优势显著，吸引了很多从外地专程赶来的订货商。2018年3月，朱有勇带着刚刚从地里挖出来的冬季马铃薯走进了人民大会堂，在全国两会代表通道向全国观众展示、推销老乡们种植的马铃薯，使澜沧马铃薯一下子成为全国人民家喻户晓的"网红"产品。他还积极参加网络直播带货，借助电商平台帮助农民进一步打开销路，助推澜沧马铃薯走进千家万户。

通过推广冬季马铃薯种植，澜沧县的农民们找到了脱贫的第一把金钥匙。但脱贫不是目的，小康才是目标。为了让老百姓尽快过上好日子，朱有勇带着团队开始了新一轮的探索。经过多次调研，朱有勇团队认为，澜沧县的思茅松林下的土壤和气候环境非常适宜三七生长，如果能顺利开展林下有机三七种植，将对百姓脱贫致富起到推动作用。但是要在松林间种植有机三七，就必须克服不用化肥和农药的难题。为破解难题，朱有勇带领团队开始进行"林下三七专项研究"课题攻关。凭着严谨的科学管理，朱有勇团队逐步形成了思茅松林下三七种植的关键技术指标，探索建立了林下三七种植技术标准，不仅使林下三七的成活率从10%提升到70%以上，而且三七的品质也得到了大幅提升。朱有勇粗略地估算了林下三七产业可能带来的经济效益，如果按照澜沧县现有的适宜林下三七生态有机种植的林地约25万亩测算，以每亩产量50—80公斤（干重）计算，村民每亩林下三七的收入可达5万—15万元。也就是说，如果一个贫困户能种植一亩林下三七，那就不光能脱贫，甚至可以直接奔小康了！

这项能产生高收益、高回报的种植技术的发明也吸引了很多中药材种植企业，一些企业甚至开出10亿元的高价想要购买林下三七种植技术，但都被朱有勇严词拒绝了。可一转头，他却毫不犹豫地将这项耗费了自己10多年心血的科研成果无偿地分享给了澜沧县的贫困农户，还手把手地教他们种植技巧，为村民们脱贫致富提供了强大的科技支撑。从冬季马铃薯到林下三七，朱有勇将一项又一项科研成果应用在这个西南边陲的贫困县，让科研成果在田间地头开花结果。

授人以鱼不如授人以渔。针对澜沧县当地少数民族群众学科技、用科技能力弱的现状，朱有勇团队在当地开办了科技扶贫技能实训班。实训班结合群众生产生活实际，用群众听得懂的语言讲理论；将课堂直接设在田间地头，手把手指导生产。“课堂在田间、考试看收成”的全新教学模式培养了一批有文化、懂技术、会经营的新型农民。这些掌握知识技能的新型农民回到家乡、服务家乡，像一粒粒脱贫致富的“种子”，撒遍澜沧大地。

“院士来了专家来，家家都有致富花。”扶贫5年来，从乡间地头到山间林地，从大棚基地到农户家里，朱有勇带着团队跑遍了澜沧县全部20个乡镇。通过坚持不懈的努力，澜沧县种植、养殖产业逐渐发展壮大起来，村民的钱包鼓了起来，村庄面貌也发生了显著变化，贫困群众坐上了脱贫致富的高速列车。2019年，澜沧县实现113个贫困村出列，78277名贫困群众脱贫，贫困发生率降至1.61%，全面解决区域性整体贫困难题，提前一年实现了脱贫摘帽目标，彻底摘掉了“穷帽”、拔掉了“穷根”，真正实现了全国“直过民族”区域最大、人口最多县“一步千年”的历史性跨越，创造了人类减贫史上的澜沧奇迹！

习近平总书记强调，“科学技术是脱贫致富的关键”，“全面建成小康社会，一个民族都不能少”。“农民院士”朱有勇将科研成果应用于扶贫事业，积极投身脱贫攻坚主战场，带领团队积极践行“绿水青山就是金山银山”的重要理念，将论文写在祖国的大地上。他用自己的担当、坚守和引领，书写了新时代的“不忘初心”，向祖国和人民递交了一份爱国科学家的时代答卷。

参考资料

[1]伍晓阳、岳冉冉、陈聪：《中国工程院院士朱有勇："我是一个会种庄稼的农民"》，新华社，2019年12月2日，https://ml.mbd.baidu.com/r/Ut65CsuXAc?f=cp&u=aa48754059907eba。

[2]桑秀丽、贵斌：《朱有勇："农民"院士扶贫路》，《中国人才》2020年第7期。

[3]陈鑫龙、李倩文：《朱有勇：盘活"冬闲田"收获"致富果"》，《中国人大》2022年第8期。

[4]王萍：《朱有勇：将小土豆带到人民大会堂》，《中国人大》2020年第14期。

[5]杨静：《"农民院士"朱有勇：把论文写在大地上》，《新华每日电讯》2021年8月31日，第5版。

[6]沈慧：《科研成果在田间地头开花结果——记中国工程院院士、植物病理学家朱有勇》，《经济日报》2017年8月30日。

[7]魏艳：《"农民教授"朱有勇：把科技论文写在田间地头》，新华网，2018年10月31日。

[8]中共中国工程院党组：《"农民院士"朱有勇》，《求是》2020年第24期。

[9]金振娅：《朱有勇："农民需要什么，我就研究什么！"》，光明网，2022年1月11日。

[10]澜沧县政府办公室：《澜沧县2020年政府工作报告》，澜沧拉祜族自治县人民政府网站，2020年5月25日。

[11]《全国脱贫攻坚考察点简介：云南省澜沧县竹塘乡科技扶贫项目》，中国国际扶贫中心网站，2021年3月26日。

（执笔：郑佳）

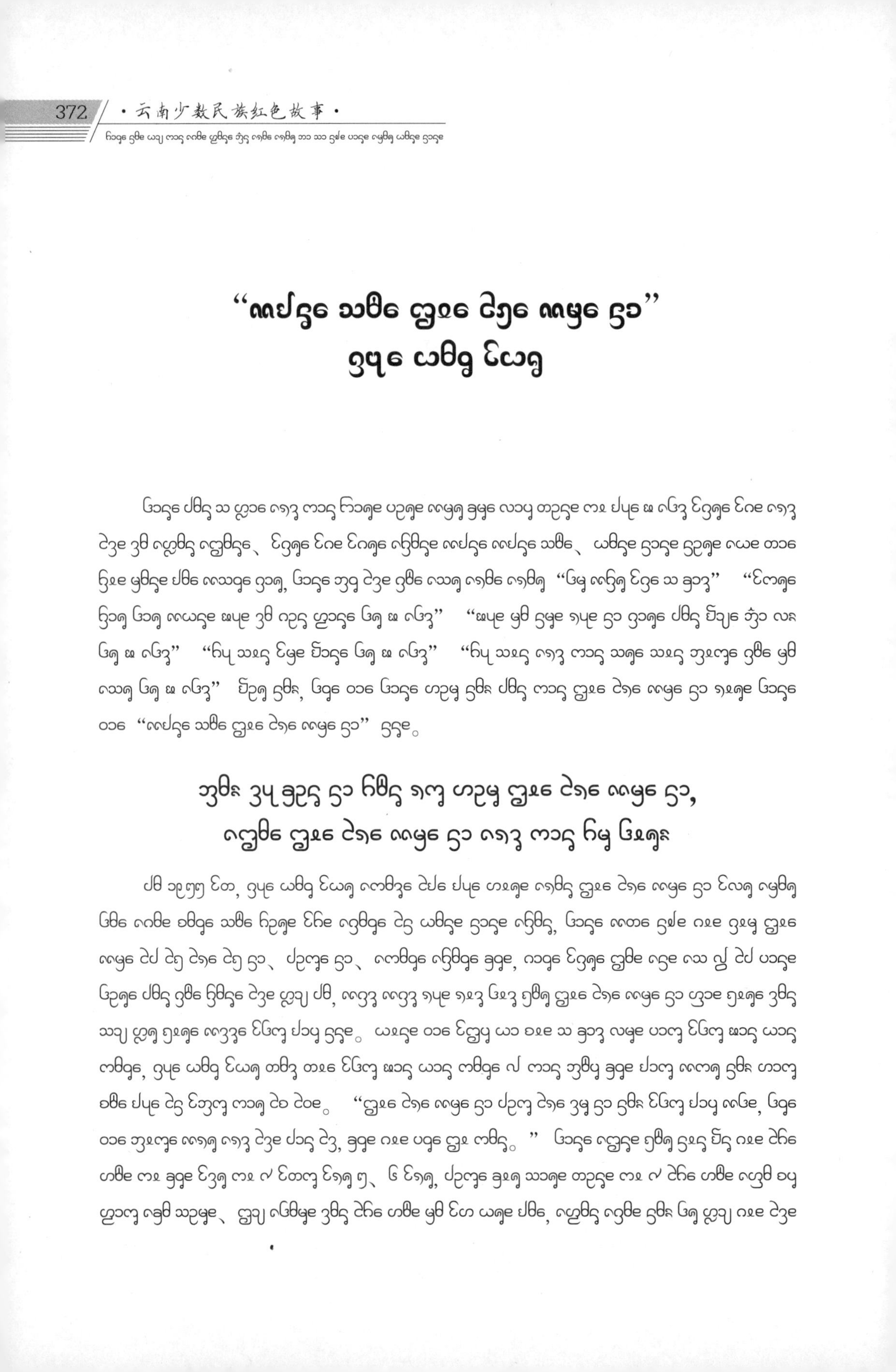

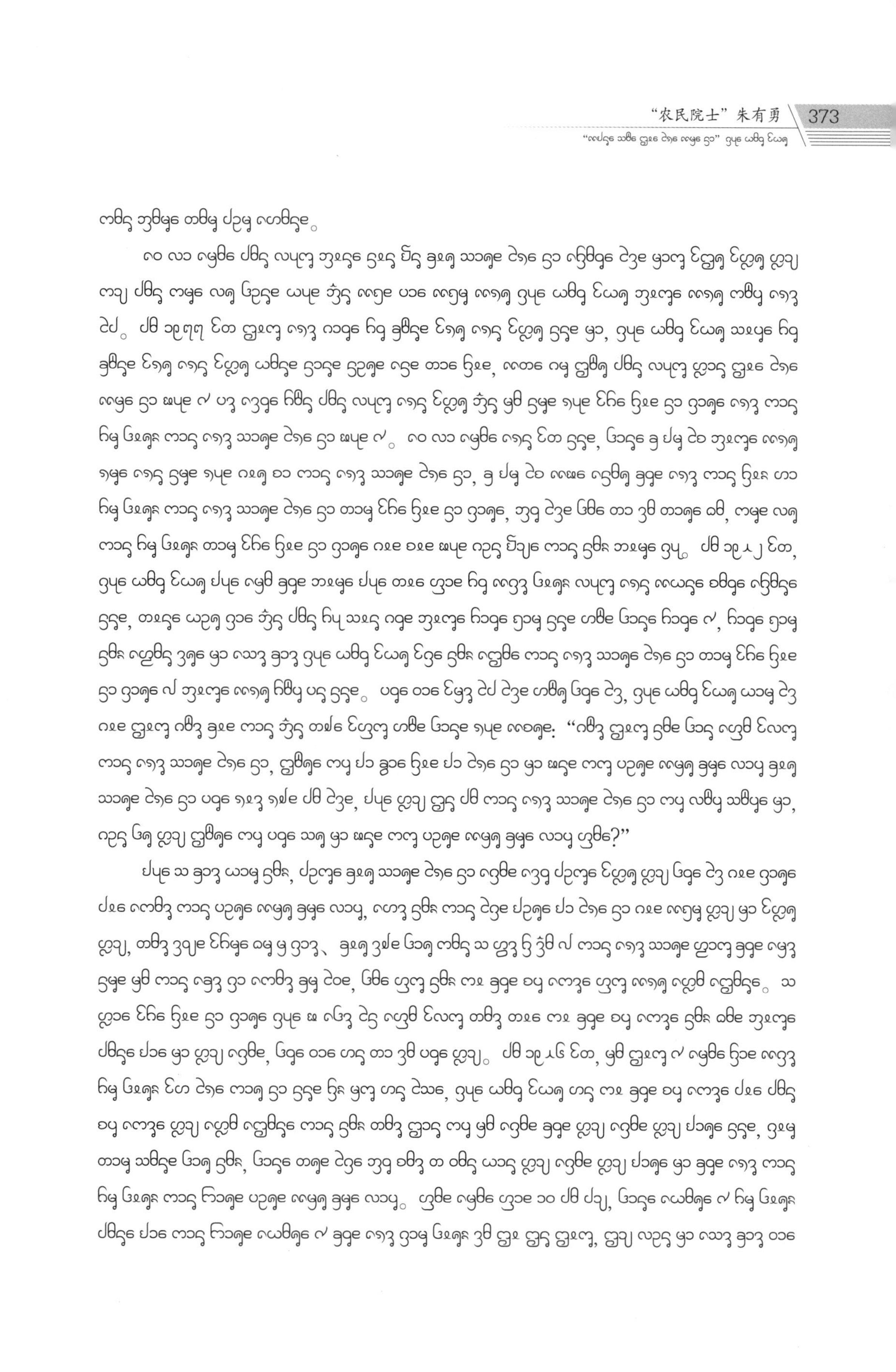

ᦶᦂᦲᦵ ᦷᦔᦲ ᦎ ᦷᦔᦲᦆ ᦀᦱᦆ ᦷᦉᦱᦍ ᦷᦉᦲᦵ ᦷᦉᦱᦍ ᦔᦱᦵᦆ ᦷᦑᦲ ᦂᦲ ᦶᦉ ᦟᦱ ᦔᦵ ᦷᦉᦱᦵᦆ ᦂᦱᦆ ᦔᦲᦆ ᦷᦔᦲᦵ ᦷᦱ ᦷᦉᦵ ᦷᦉᦱ ᦎᦲᦵ ᦂᦱ ᦔᦱᦵ ᦶᦂᦲ ᦂᦲᦵ ᦟᦱᦍ ᦂᦱᦂ ᦂᦲ ᦑᦱᦵ。ᦔᦲ ᧑᧐᧐᧐ ᦵᦎ，ᦂᦱᦵ ᦀᦲᦂ ᦵᦀᦲ ᦑᦱᦵ ᦂᦱᦵ ᦎᦱᦆ ᦷᦉᦲ ᦷᦉᦲᦵ ᦂᦲ ᦎᦲᦵ ᦂᦲ ᦑᦲ ᦂᦲ ᦷᦑᦲ ᦔᦱᦵ ᦂᦲ ᦷᦉᦲ ᦂᦲ ᦶᦂᦲ ᦵᦟᦲ ᦂᦱᦆ ᦂᦲ ᦂᦲ ᦶᦀᦲ《ᦉᦱᦂ ᦂᦱᦍ》ᦷᦉᦱᦵ ᦵᦎᦲ ᦶᦂᦲᦵ ᦷᦑᦲ ᦂᦲ ᦷᦎᦱᦵ ᦷᦉᦱᦵ ᦷᦉᦲ，ᦷᦉᦱᦆ ᦑᦲ ᦷᦉᦲᦵ ᦵᦟᦲ ᦷᦉᦲ ᦂᦱᦂ ᦶᦂᦲ ᦷᦉᦲᦵ。ᦔᦱᦵ ᦶᦂᦲᦵ ᦂᦱᦵ ᦶᦂᦲᦵ ᦶᦂᦲᦆ ᦷᦉᦲᦆ ᦎᦱᦆ ᦷᦉᦱᦵ ᦔᦱᦵ ᦶᦂᦲ ᦂᦲᦵ ᦟᦱᦍ ᦑᦱᦵ，ᦂᦱᦵ ᦀᦲᦂ ᦵᦀᦲ ᦀᦲ ᦉᦲ ᦂᦲᦵ ᦶᦀᦲ ᦷᦉᦲ ᦷᦉᦲᦵ ᦂᦲᦵ ᦉᦱᦵ ᦷᦉᦱᦍ ᦶᦂᦲᦵ ᦂᦱᦆ ᦂᦲ ᦑᦱ ᦂᦱᦵ ᦷᦎᦲᦵ ᦑᦱᦵ ᦷᦉᦲᦆ ᦂᦱ，ᦶᦀᦲ ᦎᦱᦆ ᦷᦉᦲ ᦷᦉᦲᦵ ᦶᦟᦲᦵ ᦶᦔᦲ ᦷᦔᦲ ᦎ ᦷᦔᦲᦆ ᦀᦱᦆ ᦷᦉᦱᦍ ᦶᦂᦲᦵ ᦷᦉᦱᦍ ᦔᦱᦵ ᦂᦱᦆ ᦷᦉᦱᦵ ᦷᦎᦲᦵ ᦔᦱᦵ ᦶᦂᦲᦵ ᦂᦲᦵ ᦟᦱᦍ ᦂᦲ ᦑᦱ ᦂᦱᦵ ᦷᦎᦲᦵ ᦷᦉᦲ ᦂᦲᦵ ᦉᦱᦵ ᦉᦱᦵ ᦷᦉᦲᦆ ᦷᦉᦱᦍ ᦶᦂᦲ，ᦎᦲᦆ ᦂᦱᦵ ᦂᦱᦍ ᦶᦂᦲ ᦂᦲᦵ ᦎᦱᦆ ᦶᦀᦲ ᦉᦱᦵ ᦷᦎᦲᦵ ᦑᦱ ᦵᦂᦲ ᦔᦲ ᦶᦂᦲ ᦶᦉᦱᦵ ᦷᦔᦲ ᦎ ᦷᦔᦲᦆ ᦀᦱᦆ ᦂᦲᦵ ᦔᦱᦵ ᦶᦂᦲ ᦂᦲᦵ ᦟᦱᦍ ᦷᦉᦱᦍ ᦟ ᦎᦱᦆ ᦷᦎᦲᦵ ᦔᦱᦵ ᦔᦱ ᦷᦎᦲᦵ ᦑᦱ ᦷᦉᦱᦍ ᦵᦟᦱᦵ ᦷᦔᦲ ᦑᦲ ᦶᦀᦲ ᦷᦉᦲᦆ ᦎᦱᦆ ᦀᦲᦆ ᦂᦱᦍ ᦷᦎᦲ ᦵᦉᦱ。

ᦔᦱᦵ ᦷᦔᦱᦍ ᦷᦉᦱᦍ ᦎᦱᦆ ᦂᦲ ᦶᦂᦲᦵ ᦵᦂᦲ ᦷᦉᦲ ᦑᦱ ᦂᦱᦵ ᦷᦑᦲ ᦷᦎᦲᦵ ᦎᦱ ᦂᦲ ᦎᦱᦵ ᦂᦲ ᦷᦉᦱ ᦷᦉᦲᦵ ᦂᦱᦵ ᦀᦲᦂ ᦵᦀᦲ ᦂᦲ ᦎᦱ ᦷᦎᦲᦵ ᦵᦉᦱ ᦷᦉᦱᦍ ᦟ ᦂᦲ ᦶᦀᦲ ᦶᦂᦲᦵ ᦶᦂᦲ ᦷᦎᦲ ᦵᦉᦱ，ᦂᦱᦵ ᦂᦱᦵ ᦂᦱᦆ ᦂᦱᦆ ᦔᦲᦆ ᦟᦱᦆ ᦷᦉᦱᦆ ᦷᦉᦲ ᦷᦎᦲᦵ ᦶᦂᦲᦵ ᦑᦱ ᦀᦱᦍ ᦷᦎ ᦂᦲ ᦔᦱᦵ ᦟᦲ ᦂᦲ ᦉᦱᦵ ᦂᦲ ᦵᦂ ᦷᦉᦲᦆ ᦟ ᦎᦱᦆ ᦂᦱᦍ ᦵᦎ ᦷᦉᦲ，ᦀᦱᦍ ᦷᦎ ᦂᦲ ᦂᦲ ᦶᦀᦲ ᦂᦱᦵ ᦂᦲ ᦷᦑᦲ ᦂᦲ ᦑᦱᦵ ᦂᦱᦵ ᦂᦲ ᦂᦱᦆ ᦵᦎ ᦷᦉᦲ ᦷᦉᦲ ᦂᦲᦵ ᦎᦱᦍ ᦵᦂᦲ ᦷᦉᦲ ᦑᦱ ᦂᦱᦵ ᦑᦱᦵ ᦂᦱ ᦂᦱᦍ ᦎᦱᦆ ᦶᦂᦲ ᦷᦉᦲᦵ ᦷᦎᦲᦵ ᦶᦂᦲ ᦑᦱ、ᦉᦱᦵ ᦔᦱᦆ ᦉᦲᦆ ᦷᦉᦲ ᦷᦉᦲᦵ ᦷᦎᦲᦵ ᦶᦂᦲ ᦑᦱ。ᦂᦱᦆ ᦀᦱᦍ ᦷᦎ ᦂᦲ ᦂᦱᦆ ᦎᦱᦵ ᦂᦱᦵ ᦂᦱᦆ ᦂᦱᦆ ᦔᦱᦵ ᦶᦀᦲ ᦑᦱᦵ：“ᦷᦉᦲᦵ ᦷᦎᦲᦵ ᦶᦂᦲ ᦑᦱ ᦵᦉᦱ ᦔᦱᦵ ᦉᦱ，ᦂᦱᦵ ᦂᦱᦵ ᦂᦲ ᦂᦲ ᦶᦂᦲᦵ ᦉᦱ ᦷᦉᦲᦆ ᦂᦱ。ᦷᦉᦲᦵ ᦷᦎᦲᦵ ᦶᦂᦲ ᦑᦱ ᦂᦱᦆ ᦂᦲ，ᦷᦉᦲᦵ ᦶᦂᦲ ᦶᦂᦲ ᦔᦲᦆ ᦎᦱᦆ ᦂᦲ。” ᦷᦎᦲ ᦷᦎᦲ ᦂᦲ ᦎᦱᦆ ᦂᦱ ᦷᦉᦱ ᦷᦉᦲᦵ ᦷᦎᦲᦵ ᦶᦂᦲ ᦑᦱ ᦂᦱ ᦉᦱ ᦎᦱᦆ ᦶᦀᦲ ᦉᦱᦵ ᦷᦎᦲᦵ ᦑᦱ ᦑᦱᦵ ᦷᦎᦲ，ᦑᦱ ᦂᦱᦵ “ᦷᦎᦲ ᦶᦂᦲᦵ ᦷᦉᦱᦍ ᦶᦂᦲᦵ ᦷᦉᦱᦍ ᦔᦱᦵ ᦂᦲᦵ ᦂᦲ ᦔᦱᦵ ᦶᦂᦲ ᦂᦲᦵ ᦟᦱᦍ ᦂᦲᦵ” ᦂᦱᦆ ᦂᦱᦵ ᦀᦲᦂ ᦵᦀᦲ ᦔᦲ ᦂᦲ ᦷᦉᦲᦆ ᦂᦱ ᦔᦱᦵ ᦂᦲ ᦶᦂᦲ ᦶᦂᦲ ᦷᦉᦲᦵ ᦂᦲ ᦂᦲ ᦷᦉᦱᦍ ᦷᦉᦲ ᦂᦲ ᦷᦉᦲ ᦷᦉᦲᦆ ᦂᦱ ᦔᦱᦍ，“ᦑᦱ ᦂᦱᦵ ᦶᦂᦲᦵ ᦂᦲᦵ ᦉᦱᦵ ᦷᦉᦱᦍ ᦶᦂᦲᦵ ᦷᦉᦱᦍ ᦔᦱᦵ ᦂᦲᦵ ᦂᦲ ᦔᦱᦵ ᦶᦂᦲ ᦂᦲᦵ ᦟᦱᦍ ᦂᦲᦵ ᦉᦱᦵ” ᦔᦱᦵ ᦷᦎᦲ ᦷᦉᦲᦆ ᦂᦲ ᦶᦂᦲ ᦷᦎᦲ ᦔᦱᦵ ᦂᦲ ᦵᦎ ᦂᦱ ᦔᦱᦍ，ᦶᦀᦲᦵ ᧗ ᦔᦱᦵ ᦶᦂᦲᦵ ᦔᦱᦆ ᦷᦉᦲᦆ ᦎᦱ ᦂᦲ ᦷᦉᦲᦵ ᦷᦎᦲᦵ ᦶᦂᦲ ᦑᦱ ᦂᦲ ᦂᦲ ᦑᦱᦵ，ᦶᦂᦲᦵ ᦷᦉᦲ ᦷᦉᦱᦆ ᦂᦲᦵ ᦶᦂᦲ ᦑᦱᦵ ᦂᦲ ᦶᦂᦲ ᦷᦎᦲ ᦉ ᦷᦉᦲ ᦷᦑᦲ ᦂᦲ ᦶᦀᦲ ᦷᦉᦲᦆ ᦎᦱᦆ ᦀᦲᦆ ᦂᦱᦍ ᦷᦎᦲ ᦑᦲ。ᦔᦲ ᧑᧐᧑᧐ ᦵᦎ，ᦂᦱᦵ ᦀᦲᦂ ᦵᦀᦲ ᦵᦂᦲ ᦵᦀᦲ ᦶᦂᦲ ᦔᦲᦆ ᦶᦂᦲᦆ ᦉᦲᦵ ᦷᦎᦲ ᦵᦂᦲ ᦎᦱᦆ ᦵᦂᦲᦵ ᦵᦂᦲ ᦵᦂᦲᦵ ᦶᦂᦲᦆ ᦶᦂᦲᦆ ᦑᦱᦵ ᦶᦂᦲ ᦷᦉᦲ ᦔᦱᦵ，ᦎᦱ ᦔᦲᦆ ᦶᦂᦲᦆ ᦉᦲ ᦂᦱᦵ ᦂᦲ ᧗ ᦷᦔᦱᦍ ᦎᦱᦆ ᦉᦱᦵ ᦉᦲ ᦂᦲ ᦶᦂᦲᦵ ᦵᦂᦲ ᦷᦉᦲ ᦑᦱ ᦂᦱᦵ ᦎᦱᦆ ᦶᦀᦲ ᦉᦱᦵ ᦷᦎᦲᦵ ᦑᦱ ᦷᦎᦲ ᦀᦲᦆ ᦂᦱᦵ ᦶᦂᦲᦆ ᦑᦱᦵ。

ᦂᦱᦵ ᦀᦲᦂ ᦵᦀᦲ ᦂᦲ ᦷᦎᦲ ᦂᦲᦵ ᦎᦱ ᦂᦲ ᦑᦲ，ᦑᦲ ᦷᦉᦲᦆ ᦂᦱᦵ ᦂᦱᦵ ᦂᦲ ᦶᦂᦲ ᦂᦲ ᦷᦉᦲ ᦶᦂᦲᦵ ᦷᦎᦲ ᦂᦱ ᦷᦉᦱᦍ ᧑᧐ ᦔᦲ、ᦂᦱᦵ ᦶᦂᦲ ᦎᦱᦆ ᦷᦎᦲᦵ ᦑᦱ ᦷᦉᦱᦍ ᦎᦱᦆ ᦷᦎᦲᦵ ᦑᦱ、ᦂ ᦔᦱ ᦷᦎᦲ ᦶᦀᦲ ᦎᦱᦆ ᦂᦲ ᦶᦂᦲᦵ ᦂᦲ ᦷᦎᦲ ᦂᦲᦵ ᦎᦱ ᦂᦲ ᦑᦱᦵ ᦷᦎᦲ，ᦂᦲ ᦔᦱᦵ ᦂᦱᦵ ᦂᦱᦆ ᦂᦱ ᦂᦱ ᦟ ᦂᦲ ᦶᦂᦲ ᦂᦲ ᦂᦲᦵ ᦂᦲ ᦶᦀᦲ ᦎᦱᦆ ᦂᦲ ᦶᦂᦲᦵ ᦵᦂᦲ ᦷᦉᦲ ᦑᦱ

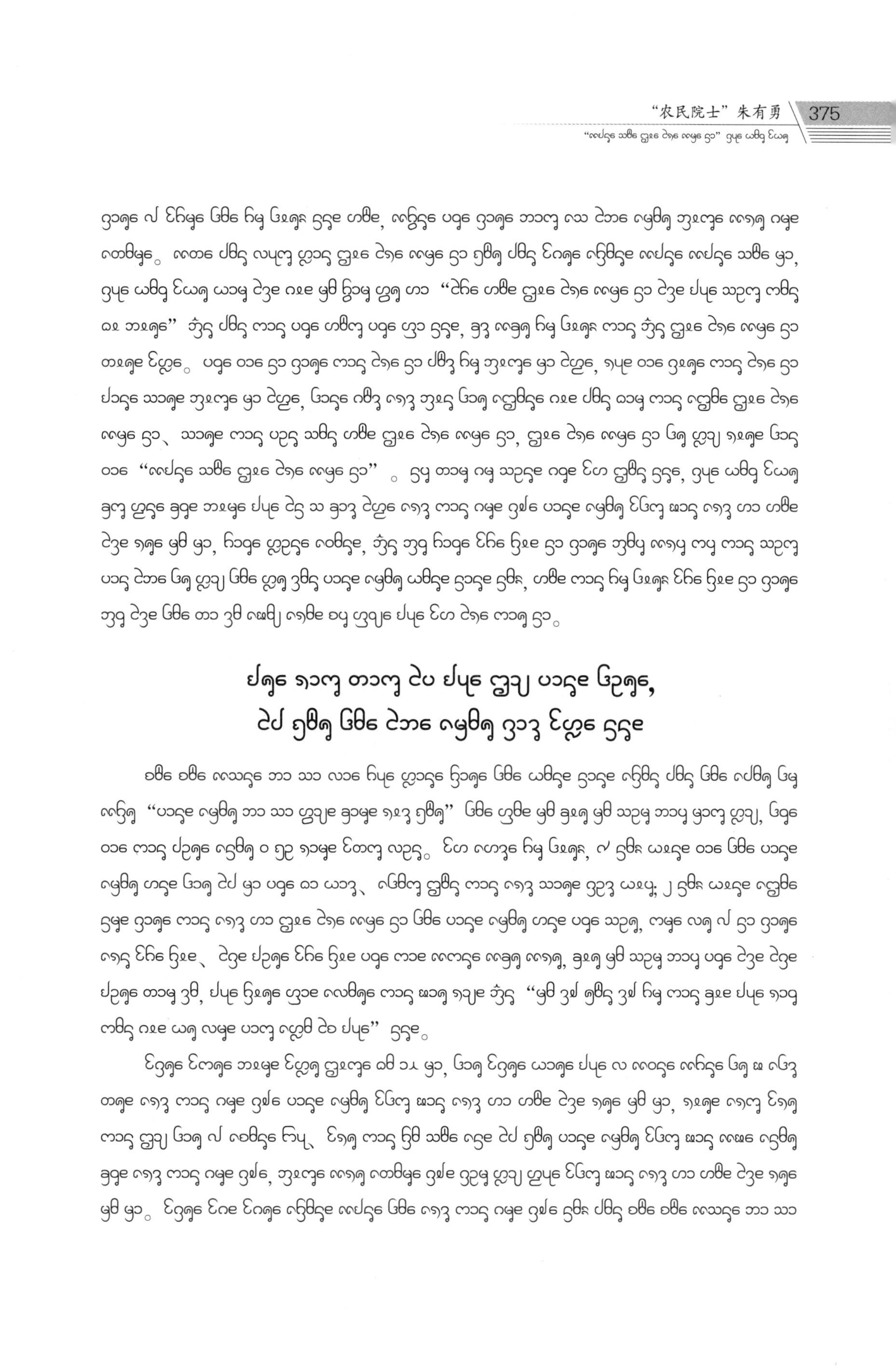

[illegible]

[illegible]

[illegible]

[illegible]

[illegible]

[illegible]

[illegible]

[illegible]

[illegible]

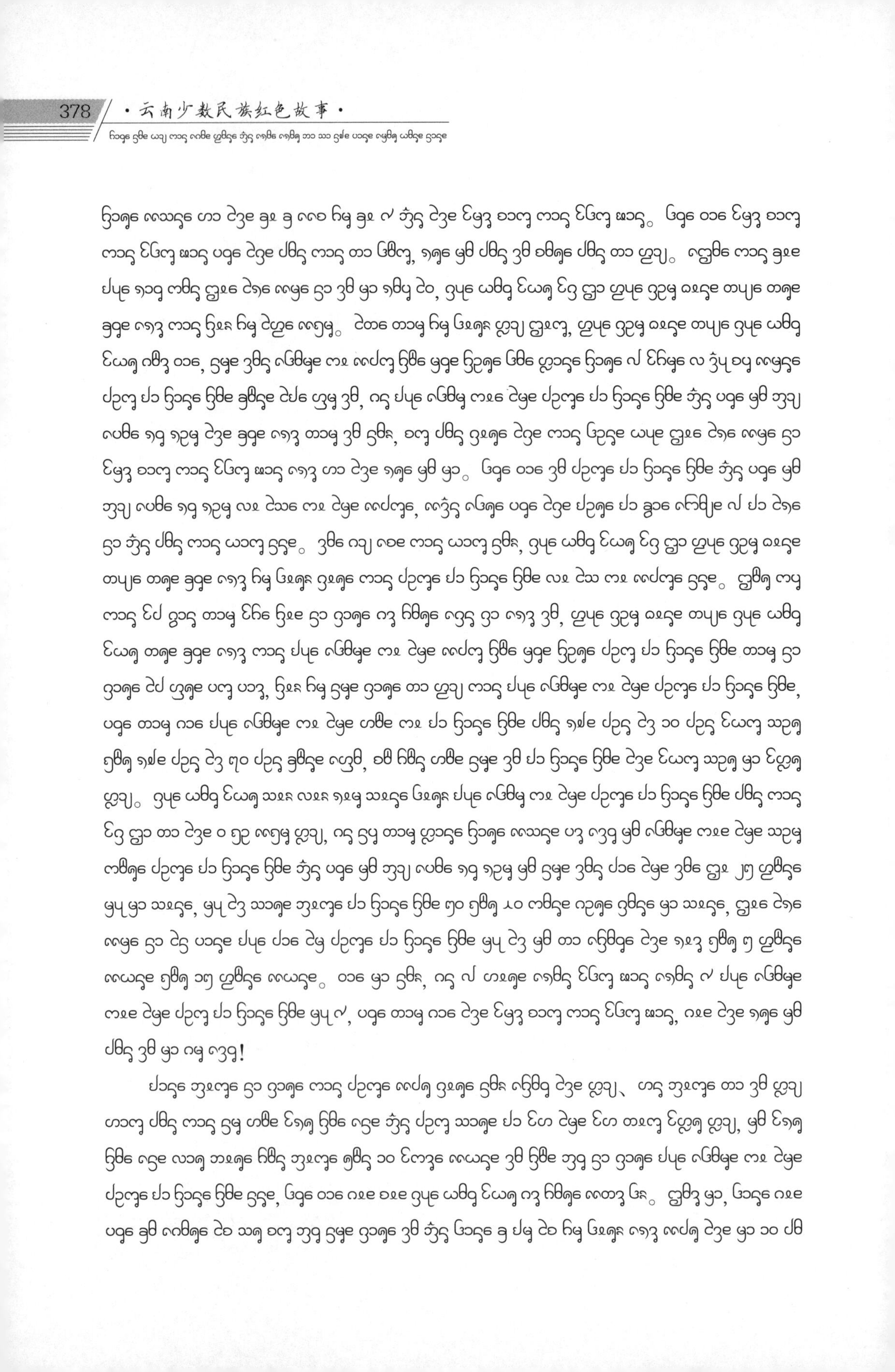

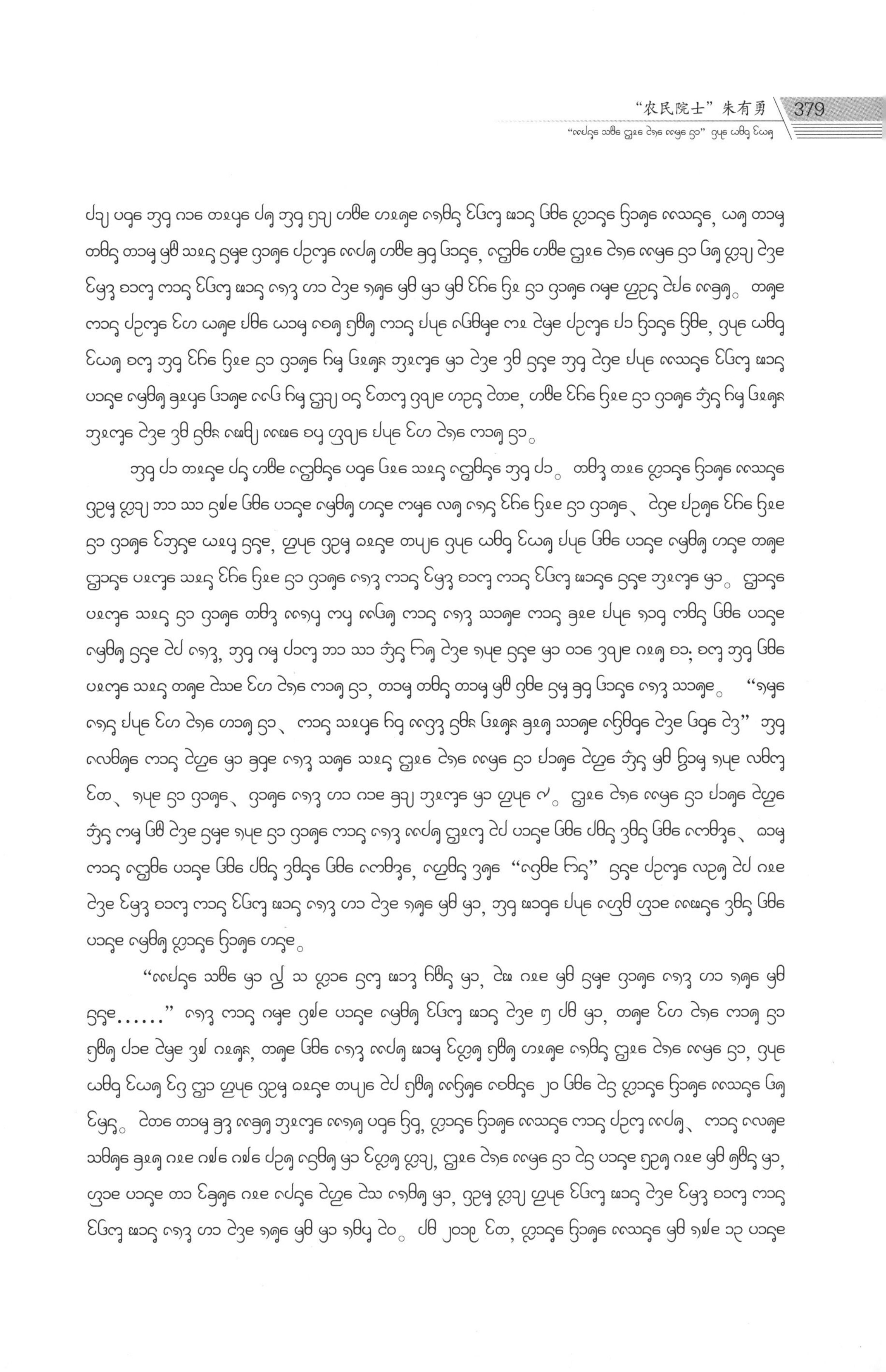

[illegible]

ᦺᦓᧉ ᦵᦙᦲᧂ ᦈᦱᧅ ᦂᦱᧃ ᦵᦑᧅ ᦢᦱᧃ, ᦓᦳᧄ ᦣᦸᧁ ᦣᦳᧃ ᦵᦑᧅ ᦢᦱᧃ ᧗ ᦣᦲᧃ ᧑ ᦑᦸᧃ ᧒ ᦅᦹᧉ ᧙᧙ ᦂᦳᧃ ᦺᦓᧉ ᦵᦙᦲᧂ ᦈᦱᧅ ᦂᦱᧃ ᦵᦑᧅ ᦢᦱᧃ, ᦂᦱᧃ ᦵᦑᧅ ᦢᦱᧃ ᦢᦸᧃ ᦔᦹᧉ ᦺᦡ ᦅᦹᧉ ᦡᦳᧃ ᦺᦡ ᦡᦳᧃ ᦡᦸᧁ ᦵᦑ, ᦂᦱᧃ ᦵᦑᧅ ᦢᦱᧃ ᦷᦑᧃ ᦡᦲᧃ ᦂᦱᧃ ᦍᦱᧅ ᦂᦸᧉ ᦺᦓᧉ ᦂᦸᧁ ᦶᦈᧉ ᦢᦸᧄ ᦈᦸᦓ, ᦵᦍᧅ ᦓᦲᧉ ᦶᦀ ᦟᦱ ᦡᦲ ᧗ ᦢ ᦵᦂᦓ ᦅᦸᦓ ᦐᦲᧆ ᦑᦱ ᦣᦸᧁ ᦵᦙᦲᧂ ᦈᦱᧅ ᦂᦱᧃ ᦵᦑᧅ ᦢᦱᧃ ᦔᦱᧃ, ᦟᦱ ᦶᦂᦓ "ᦂᦱᧃ ᦵᦑᧅ ᦢᦱᧃ" ᦟᦲ "ᦵᦑ ᦶᦂᦓ ᦂᦱᧃ ᦵᦑᧅ ᦢᦱᧃ" ᦺᦓᧉ ᦐᦲᧆ ᦑᦲᧃ, ᦶᦓᦓ ᦶᦓᦓ ᦢ ᦵᦂᦓ ᦐᦲᧆ ᦂᦱᧃ ᦣᦸᧁᧉ ᦉᦱᦙᧃ ᦺᦡᧃ ᦵᦣᧆ ᦑᦸᧁ ᦓᦸᧃ ᦔᦱᧃ ᦑᦸᧃ ᦙᦲ ᦷᦑᧃ ᦵᦂᦙᧃ ᦑᦲᧃ "ᦓᦱ ᦉᦱ ᦣᦸᧁᧉ ᦉᦱᦙᧃ ᦅᦸᦓ ᦐᦲᧆ" ᦓᦱᦓ ᦺᦡᧃ、ᦶᦉᦱᧃ ᦉᦱᧃᧉ ᦂᦳᧃ ᦓᦱᦓ ᦣᦸᧁ "ᦵᦑᦺ ᦔᦱᦓ ᧗ ᦑᦸᧃ ᦡᦲ" ᦑᦲ ᦢ ᦵᦑᦓ ᦔᦱᧃ, ᦡᦳᧃ ᦵᦙᦲᧃ ᦡᦱᧃ ᦉᦱᦺᧉ ᦂᦳᧃ ᦙ ᦔᦳ ᦉ ᦵᦟᧅ ᦑᦲᧉ ᦶᦉᦱᧃᧉ ᦂᦳᧃ ᦵᦑᧅ ᦢᦱᧃ ᦢᦸᧃ ᦔᦹᧉ ᦺᦡ ᦷᦑᧃ ᦡᦲᧃ ᦂᦱᧃ ᦔᦸᧃ ᦑᦸᧃ ᦅᦳᧉ ᦑᧃ ᦂᦸᧉ ᦡᦳᧃ ᦑᦲᧃ ᦣᦱᧃ ᦓᦱᦺᧃ ᦑᦱᧃᧉ ᦅᦳᧉ ᦑᧃ ᦙᦱ ᦟᦲ!

ᦓᦲᧉ ᦈᦲᧃ ᦓᦲᧃᧉ ᦓᦳᦺ ᦓᦳᧃ ᦈᦲᧃ ᦐᦲ ᦣᦸᧅ ᦓᦲᧉ ᦓᦸᧅ, "ᦵᦂᧃ ᦓᦲᧉ ᦔᦱ ᦓᦱᦺᧃ ᦔᦲᧃ ᦡᦲᧃ ᦑᦲᧃ ᦣᦸᧅ ᦺᦓᧉ ᦵᦙᦲᧂ ᦈᦱᧅ ᦂᦱᧃ ᦵᦑᧅ ᦢᦱᧃ ᦶᦓᦓ ᦑᦱ ᦑᦲᧉ ᦺᦓᧉ ᦅᦺᧃ ᦙᦲ ᦙᦱ", "ᦉᦱᦺᧉ ᦶᦂᦺᧃ ᦂᦱ ᦟᦱ ᦔᦱᧃ ᦵᦙᦲᧅ ᦅᦺᧃ ᦙᦲ ᦡᦲᧃ ᦓᦲ ᦢᦸᧄ ᦈᦸᦓ, ᦓᦱ ᦉᦱ ᧗ ᦓᦱ ᦉᦱ ᦺᦓ ᦂᦸᧉ ᦔᦸᧃ ᦑᦲᧉ ᦓᦳᦓ ᦍᦸᧄ"。"ᦶᦡᧃ ᦉᦲᧃ ᦑᦸᧃ ᦺᦅᧃ ᦶᦙᧃ ᦔᦱ" ᦓᦳᧃ ᦍᦲᧄ ᦵᦍᧅ ᦈᦸᧅ ᦓᦸᦺ ᦔᦸᧉ ᦓᦱᦺᧃ ᦓᦲ ᦷᦑᧃ ᦂᦙ ᦑᦸᦺᧃ ᦓᦸᧅ ᦙᦱ ᦔᦱᧃ ᦺᦓᧉ ᦺᦉᧃ ᦂᦱᧃ ᦂᦸᧉ ᦓᦹᧃ ᦔᦱᧃ ᦵᦙᦲᧅ ᦵᦑᧅ ᦢᦱᧃ, ᦉᦸᧅ ᦣᦳᧃ ᦉᦸᧉ ᦓᦸᦙᧃ ᦂᦱᧃ ᦂᦸᧉ ᦓᦹᧃ ᦔᦱᧃ ᦵᦙᦲᧅ ᦵᦑᧅ ᦢᦱᧃ ᦶᦓᦓ ᦑᦱ ᦺᦓᧉ ᦅᦺᧃ ᦙᦲ ᦙᦱ, ᦓᦸᧃ ᦵᦑ ᦣᦳᧃ ᦓᦳᧄ ᦡᦸᧃ ᦑᦳᧃ ᦉᦸᧅ ᦣᦳᧃ ᦂᦲᧆ ᦶᦓᦓ ᦑᦱᦙ ᦑᦱᧅ ᦑᦸᦺᧃ ᦣᦸᧅ "ᦡᦱᧃ ᦓᦸᦙᧉ ᦔᦸᧉ ᦺᦉ ᦈᦲᧃ ᦡᦲᧃ ᦓᦹ ᦐᦲᧃ ᦓᦹ ᦂᦙ" ᦔᦱᧃ, ᦈᦸᧅ ᦓᦸᦺ ᦂᦱᦺᧃ ᦂᦱᧃ ᦶᦣᦲ ᦣᦱᧉ ᦶᦢᧃ ᦓᦲᧃ ᦢ ᦵᦑᦓ ᦔᦱᧃ ᦶᦂᦲᧃ ᦵᦙᦲᧅ ᦡᦲᧃ ᦶᦑᦙᧉ ᦺᦉ ᦺᦔ ᦂᦱᦺᧃ ᦣᦳᧃ ᦵᦂᦲᧃ。ᦑᦱᧃ ᦓᦸᦺ ᦂᦱᧃ ᦵᦑ ᦂᦲᦺ ᦡᦸᧅ ᦡᦸᦙ、ᦉᦓ ᦶᦉᦺ ᦅᦸᧅ ᦉᦱ ᦟᦲ ᦂᦸᧃ ᦔᦙ, ᦶᦑᦙᧉ ᦂᦱᦺᧃ ᦉ ᦉᦱᦓ ᦺᦣᧃ "ᦔᦸᧃ ᦟᦲᦙ ᦂᦙ ᦉᦳᧃᧉ ᦂᦸᧉ ᦵᦑ ᦑᦲᧃ", ᦓᦸᦺ ᦂᦱᦺᧃ ᦂᦱᧃ ᦓᦲ ᦉ ᦉᦱᦓ ᦷᦑᧃ ᦉ ᦣᦱᧃ ᦅᦸᧅ ᦑᦳᦙ ᦵᦂᧃ ᦓᦲᧉ ᦔᦱ ᦓᦱᦺᧃ ᦔᦱᧃ ᦷᦑᧃ ᦶᦂᦺᧃ ᦑᦲᧉ ᦢ ᦵᦑᦓ ᦔᦱᧃ ᦶᦂᦲᧃ ᦵᦙᦲᧅ ᦡᦲᧃ ᦟᦲ ᦺᦑᧃ ᦵᦙᦲᧅ ᦔᦱᧃ ᦓᦸᦺᧃ ᧗ ᦟᦸ。

（ᦢᦳᧉ ᦵᦂᦓ ᦶᦑᦙᧉ: ᦵᦈᦲᧃ ᦓᦱᧃ）